嘉定红十字历史编年实录

（1918—2013）

（上卷）

上海市嘉定区红十字会　编

合肥工业大学出版社

图书在版编目(CIP)数据

嘉定红十字历史编年实录(1918—2013)/上海市嘉定区红十字会编. —合肥:合肥工业大学出版社,2014. 3

(红十字文化丛书)

ISBN 978-7-5650-1709-4

Ⅰ. ①嘉… Ⅱ. ①上… Ⅲ. ①红十字会—编年史—嘉定区—1918~2013 Ⅳ. ①D632. 1

中国版本图书馆 CIP 数据核字(2014)第 031229 号

嘉定红十字历史编年实录(1918—2013)

上海市嘉定区红十字会 编

责任编辑 章 建

出版发行 合肥工业大学出版社

地 址 (230009)合肥市屯溪路 193 号

网 址 www. hfutpress. com. cn

电 话 总 编 室:0551-62903038
市场营销部:0551-62903198

开 本 710 毫米×1010 毫米 1/16

印 张 45. 25

字 数 764 千字

版 次 2014 年 3 月第 1 版

印 次 2014 年 3 月第 1 次印刷

印 刷 合肥现代印务有限公司

书 号 ISBN 978-7-5650-1709-4

定 价 100. 00 元(上下卷)

《红十字文化丛书》编辑委员会

《嘉定红十字历史编年实录(1918—2013)》编辑委员会

总　序

150 年前，高举人道主义旗帜，旨在促进人类持久和平的红十字运动在欧洲兴起并迅速走向世界。一百多年来，红十字会为世界和平与发展做出的巨大贡献有目共睹，因而日益受到世界各国、各地区的欢迎，已发展成为与联合国、奥委会并称的世界三大国际组织之一。究其原因，乃其所奉行的七项基本原则——也是红十字文化的内核——涵盖了世界上各种不同文化的共同点，能为文化和制度不同的国家所接受，故而具有强大的生命力。

100 年前，红十字运动东渐登陆中国。在其中国化的发展过程中，红十字会不断吸取中国传统文化的精髓，茁壮成长，逐步形成了“人道、博爱、奉献”的文化内涵，并成为中华文化的瑰宝之一。

百余年来，红十字运动在波澜壮阔的实践中积累了丰富的经验，也留下了许多教训。经验与教训需要上升为理论，也只有理论才能更好地指导红十字事业持续、健康发展。学界、业界对此都进行了持续的关注。

2005 年 12 月 7 日，苏州大学社会学院与苏州市红十字会携手合作，成立全国首家红十字运动研究中心，旨在通过学界和业界的联合，推动和加强红十字运动的理论研究，探究红十字运动中国化的过程与特色，凝练红十字文化价值，探求红十字运动在构建国家软实力和促进中华民族伟大复兴中的地位与作用。同年 12 月 9 日，中国红十字会总会也提出，“确定一批研究课题，组织专家学者开展对国际红十字运动及中国红十字运动的深入研究”[①]。由此，学界、业界共同开展了对红十字运动

① 中国红十字会总会：《关于加强和改进宣传工作的意见》，红总字〔2005〕19 号。

的学术研究与理论探讨。

多年来，红十字运动研究中心除通过专业网站（http://www.hszyj.net）发布和交流学界、业界动态外，已出版研究成果二十余部；帮助一些地方红十字会建立与高校的合作，搭建平台，共同开展研究；举办了首届红十字运动与慈善文化国际学术研讨会；培养了一批专门研究红十字运动的生力军；积累了大量的学术资料。中心主要研究人员还借助在各地讲学的机会，传播重视红十字运动研究的理念。正是在红十字运动研究中心的引领之下，红十字运动研究在中华大地上呈现出生机勃勃的发展态势，并取得了丰硕的成果，"新红学"① 呼之欲出。仅以2011 年为例，各地以纪念辛亥革命100 周年为契机，纷纷整理、编辑出版了地方红会百年史；有的红会还与高校合作组建相关研究中心，等等②，通过这些方式，有力地推动了红十字运动研究向更深更广的方向发展。

当今世界正处于大发展大变革大调整时期，多极化、经济全球化深入发展，科学技术日新月异，各种思想文化交流、交融、交锋更加频繁，文化在综合国力竞争中的地位和作用更加凸显。2011 年 10 月 18 日，党的十七届六中全会通过的《中共中央关于深化文化体制改革推动社会主义文化大发展大繁荣若干重大问题的决定》，提出要推动社会主义文化大发展大繁荣。11 月 7 日，教育部发布了《高等学校哲学社会科学繁荣计划（2011—2020 年）》，旨在大力提升高等学校人才培养、科学研究、社会服务、文化传承创新的能力和水平。12 月 7 日，全国人大常委会副委员长、中国红十字会会长华建敏在中国红十字会九届三次理事会上提出："要深化理论研究，充分挖掘红十字文化内涵，推进红十字文化中国化，广泛传播人道理念，在全社会推动形成良好的道德风

① 在 2009 年 4 月于苏州大学召开的"红十字运动与慈善文化"国际学术研讨会上，红十字运动研究中心主任、江苏红十字运动研究基地负责人、苏州大学教授池子华指出，经过一百多年波澜壮阔的实践发展和学术界呕心沥血的开拓性研究，在人文社科领域构建一门"新红学"——红十字学，条件已经具备，时机已经成熟。见池子华：《创建"红十字学"刍议》，《中国红十字报》2009 年 4 月 17 日。

② 池子华、郝如一：《2011 年红十字理论研究之回顾》，《中国红十字报》2012 年 1 月 3 日。

尚。”[①] 红十字“文化工程”已然成为红十字会总体建设目标之一[②]。进一步加强与拓展红十字运动理论研究，尤其是对红十字文化中国化的研究，已成为历史与现实的呼唤。

有鉴于此，红十字运动研究中心继续发挥高等学校与业界合作的优势，汇聚研究队伍，科学选题，出版一套《红十字文化丛书》，弘扬有利于国家富强、民族振兴、人民幸福、社会和谐的思想和精神，凸显红十字文化在中国文化园地中的地位，使红十字文化在神州大地上更加枝繁叶茂，促进中国红十字事业可持续发展，推动红十字文化的国际交流。

《红十字文化丛书》的出版，得到了江苏省红十字会、苏州大学社会学院、苏州市红十字会、上海市嘉定区红十字会、合肥工业大学出版社等单位的鼎力支持，也得到红十字国际委员会东亚代表处及中国红十字会总会、中国红十字基金会的关心和指导，在此谨致衷心感谢。

池子华

2012 年 6 月于苏州大学

① 《中国红十字会九届三次理事会召开》，《中国红十字报》2011 年 12 月 9 日。

② 池子华：《“文化工程”应成为红十字会总体建设目标之一》，《中国红十字报》2009 年 12 月 11 日。

序

嘉定自古就是礼乐之乡、教化之地，也是一方文明、慈悲的沃土，民间素有互帮自救、守望相助的良好风尚，它与红十字“人道、博爱、奉献”的文化内涵有着天然的关联。

嘉定红十字会成立于内忧外患的1924年，迄今已有90年的历史了。在“齐卢之战”硝烟中诞生的嘉定红十字会，从一开始就投入救灾、救护、救助的运动中，对危难中的嘉定民众以及战地伤残军人带来了实际援助和精神慰藉，使他们在实践中感受红十字精神，为嘉定红十字运动的发展打下了良好的基础。

民国时期，嘉定的红十字运动开展得有声有色，频繁的活动消息曾屡见上海《申报》及嘉定的报章。其间1937年至1945年，因日军侵占嘉定，嘉定红十字会被迫终止活动；抗战胜利后，又迅速恢复组织并立即开展活动。

新中国成立后，由于认识的局限和“左”的思潮的影响，嘉定的红十字运动于1949年至1962年中断了13年；1966年至1979年又中断了13年。1979年1月，改革开放的春风吹拂神州大地，嘉定的红十字会重获新生、快速发展。新时期的红十字运动由政府牵头，全民自觉参与，其广度和深度远远超过历史上的任何时期，呈现出方兴未艾的大好形势。

90年来，嘉定的红十字运动总体上看虽有断续之处，但红十字精神薪火相传。可以说是在艰难曲折的道路上逐步发展壮大，谱写了可歌可泣的光辉篇章，在人道救助领域起到了不可或缺的政府助手作用，并且留下了宝贵而丰富的历史文献资料。历史的经验值得总结，整理编写一部有关嘉定红十字运动史料的书籍，是一项十分有意义的工作。

2012年年初，嘉定区红十字会组成编委会，并组织有关成员，正式启动了这项工程。历时两年，《嘉定红十字历史编年实录（1918—2013）》终于完稿，全书70余万字，详尽地记录了嘉定近百年红十字运动的历史事实。在编写过程中，陶继明、江汉洪、蒋惠芳、瞿大我等诸位同仁，查阅文献，披沙拣金，秉笔直书，数易其稿，付出了辛勤的劳动。

我欣喜地阅读《嘉定红十字历史编年实录（1918—2013）》书稿，我认为这也是奉献给嘉定红十字会90华诞最好的礼物，同时，也填补了地方史料的缺憾。我由衷地希望诸位同仁乘编纂《嘉定区志》的东风，再接再厉，编出高质量的《嘉定红十字志》来，我热切地期待着！是为序。

李 原

2013年12月

前 言

嘉定自古以来崇文重教，称为教化之地、礼乐之乡，儒家的仁爱理念深入人心。加之境内历代修建了多处佛寺，佛家“积德行善”的思想在民众中也有广泛的传播。儒家文化和佛教文化相互融合，滋养了古代嘉定民众的心田，从而形成了深厚的、具有嘉定特色的慈善文化底蕴，并催生了大量的慈善家和慈善组织，陆续开展了一系列的慈善活动。近现代发展起来的红十字“人道、博爱、奉献”的精神，与历史上的赈灾、救护、扶助活动，可谓是一脉相承。

嘉定的慈善文化历史，可以追溯到一千年前。北宋时期，今嘉定西门的一位大慈善家赵铸（985—1062），“幼而有志，长而能行”，凡周贫济急、造桥修庙等善事，无不竭尽所能，倾力襄助，被乡民称为“乐善居士”。南宋宁宗嘉定十年（1217）置嘉定县，以年号为名。建县之初，百废待兴。新建的嘉定县学，经费奇缺。当时有位慈善家王子昭，先后两次向县学捐义田共3302亩，充作教育经费。明朝万历年间，南翔善人任良佑捐资千金，供嘉定进京议请折漕人士之需；又捐金二百两，帮助修复嘉定孔庙。之后，嘉定代出善人，还建立了能够长期、持续运行的慈善机构，为稳定社会秩序、构建和谐社会产生过重大的作用。其中，义庄和宗祠就是非常成熟的救助模式。义庄和宗祠以土地和房屋的收益，资助有困难的族人。他们可以从义庄领取口粮、衣料、婚丧嫁娶的费用、参加科举考试的费用，还可以借住义庄的房屋、向义庄借贷等等。如清代胡起凤（胡厥文高祖）创办的安定义庄、曾铸创办的瑞芝义庄、顾溶（顾维钧父亲）创办的承裕义庄，均名重一时。其中，曾氏瑞芝义庄有田地1580亩、房屋一所，折合白银11000两；顾氏承裕义庄有田地2320亩、房屋两所，折合白银20000多两。三个义庄的资助对象，除本族人员外，还有相当一部分嘉定乡民。宗祠的规模和实力比义庄略小，如黄氏宗祠、钱氏宗祠、郁氏宗祠、周氏宗祠等，都是嘉定历史上著名的宗祠。宗祠也是社会慈善救济的组织。宗祠办义学，资助清寒子弟上学，每逢灾年还开粥厂赈济灾民。

诚然，义庄和宗祠的救助对象主要是本族人员和部分乡民，范围较窄，具有一定的局限性。嘉定历史上还出现过不少面向全县百姓的慈善机构，但它们不像义庄那样，可以包揽困难者的衣食住行、婚丧嫁娶等等。它们大都是一些专门性的救助机构，如专供无依靠的寡妇居住的“清节堂”、专门收养弃婴的“育婴堂”、专门在荒年平粜粮食的“积谷堂”、专门施舍棺木的“存仁堂”，以及专供贫困子弟读书的学校——义塾，专门收葬无主尸骸的义冢等等。

上海是中国红十运动的发祥地，清光绪三十年（1904）二月，日本和俄国为争夺我国东北发动了日俄战争，东北人民被侵略者的铁蹄和战火蹂躏。当时的社会名流对此十分关注。工部尚书吕海寰等集约上海官绅及各国驻沪代表，倡仪成立“万国红十字会上海支会”(后改名上海万国红十字会)。嘉定人朱吟江、沈信卿、王引才、牛惠霖、项如松等，从一开始就热心参与、赞助。上海万国红十字会的成立，标志着中国红十字会的诞生，这是中国慈善史上的里程碑。“人道、博爱、奉献”的红十字精神，日渐深入人心。中国的慈善事业也因红十字会的加入而成功地与国际接轨。

1924 年 9 月 1 日，中国红十字会嘉定分会成立。会长项如松，副会长朱吟江、顾吉生，代理会长戴思恭。这是嘉定红十字运动里程碑式的重要事件。嘉定分会成立后不久，南翔、娄塘、黄渡、安亭等部分乡镇相继成立分会。

中国红十字会嘉定分会是在江浙战争（齐卢战争）的硝烟中诞生的。在这场混战中，嘉定民众死亡 4000 多人，流离失所者达数万人。嘉定分会一经成立，立即组织战地救护，冒着纷飞的战火救治伤兵，还成功地护送上万名嘉定难民到上海避难。

9 月 7 日，娄塘分会从上海购买药品，救治伤病员。13 日、17 日娄塘分会王侍庭、潘指行、印霑伯等人筹资，先后三次雇船救护难民 3000 余名脱离险境。娄塘分会在娄塘镇开设避难所，收容 4600 余名难民，施诊4146人次，掩埋遗尸31具，还对流浪人员提供食宿，赢得各方赞誉。

嘉定分会的义举，得到了嘉定实业家吴蕴初的支持，他以一人之力承担了100余名赴沪避难乡亲的食宿费用。在红十字精神的感召下，外交家顾维钧成立了“嘉定兵灾筹振会”，筹款赈济灾民，共得善款4000元，其中顾维钧一人独捐2000元。

大灾之后必有大疫。嘉定分会在疫病防治方面也是竭尽全力。早在1919年8月，嘉定就已在城中沈家桥堍建立了以李国英医生为主任的县临时防疫所，这是以预防传染病为主的临时性医院，由政府及民间慈善团体支付经费，在疫病易发期间，为百姓免费接种疫苗，救治病人。在江浙战争救护实践中，南翔分会又创立了南翔镇防疫医院，葛成慧医生向时疫医院捐助300元善款。1926年7、8月间，气候炎热，气温高达摄氏43度，持续的高温使瘟疫盛行。嘉定分会建立嘉定县防疫医院（后改名为“存仁医院”），红十字会医生葛成勋等夜以继日，竭力施救。1931年8月，娄塘分会也创办了娄塘防疫所。

1932年“一·二八”淞沪抗战爆发，嘉定成为主战场。嘉定分会同仇敌忾，支持十九路军抗战，全力配合中国红十字会救护队，派出担架队收治受伤的抗日将士，提供伤员治疗场所和药品。2月10日，邑人潘指行等以嘉定北门初级中学为院址，聘周泳京等医师担任医疗，设立中国红十字会后方伤兵医院第十二医院，救治十九路军伤兵六七百人，一切药品均由嘉定分会供给。同时，嘉定分会在城厢北大街开设民众疗养院，为贫病难民施医赠药。

日军撤出嘉定后，城乡疮痍满目，贫苦难民纷纷返回故里。不少人无家可归，嘉定分会配合县兵灾救济会，在县城西门设收容所，收容无家可归的难民。

1936年7月，南翔瘟疫流行，南翔红十字分会设时疫医院，历时60天，治愈时疫杂症疮伤等病人5000余人，死亡仅一例。同年12月，为适应战备需要，南翔分会创办救护训练班，地方有识之士捐助手术器械数十件。

1937年7月7日，抗日战争全面爆发。嘉定分会未雨绸缪，在西门外棉业公会内成立仁义施诊所。“八一三”淞沪抗战爆发后，嘉定成为主战场。中国红十字会上海分会组织救护队、伤兵医院，驻扎于南翔、嘉定等地。救护队员冒着炮火，救护伤兵，不少担架队员壮烈牺牲。嘉定各界爱国人士组成抗日后援会，与嘉定分会一起，投入抗战救护事业。11 月 12 日，嘉定全境沦陷。嘉定分会被迫停止会务。但人道主义援助仍未停止，1938 年 8 月，嘉定高温，全县 18 个乡先后发生疫病，有识之士在城区设时疫医院两所，救治病人。

抗战胜利后的 1946 年 8 月，连续高温。安亭、南翔等地发生霍乱瘟疫，短短几天就夺去了 10 余人的生命，数百人染病，两地都建立了时疫医院进行防治。面对疫情，韩养恩等在《嘉定民报》呼吁重建中国红十字会嘉定分会，得到嘉定民众的热烈响应。

经过紧张筹备，1947 年 4 月 13 日，在启良中学举行中国红十字会嘉定分会复会大会，大会推选出 15 人组成的理事会，由金鼎康、浦泳任正、副会长，时有会员 500 余名。《嘉定民报》在翌日发表《吾人应该为大众服务为目的——兼祝中国红十字会嘉定分会成功》的社论。社论指出：“我们回想过去红十字会的工作与成绩，不禁令人肃然起敬，因为在每一次战争中，红十字会的工作同志，个个牺牲小我，成全大我，并且不分你我，不分敌友，不分国别，在枪林弹雨中出生入死地为大众服务。中国的红会同志，在战场上开出一朵光辉灿烂的花朵，占着东亚史上一页不可磨灭的功绩。虽是我们这块弹丸小城，说不定在这里也有不少在战场上做救护工作的同志。于是，我们除了钦佩以外，我们仍要保持过去红十字会的服务精神。”嘉定分会复会后，发起捐款活动，短短两个月，募集善款国币 2049 万元。同年 12 月，中国红十字会总会拨给大量药品，嘉定分会在城内范家花园开设诊疗所，为贫苦百姓打防疫针和治病，直至嘉定解放。

民国时期，嘉定人中涌现出一批杰出的红十字会工作者。1911 年辛亥革命爆发，适逢嘉定留日医学生葛成勋、周诗祁毕业返国，他俩与旅日医界同仁组织红十字会南京战地救护所，积极参加战事救护，葛成勋还把自己正在读书的妹妹葛成慧带去南京，一起从事救护工作。受此影响，后葛成慧留学美国获医学博士学位，学成回国即在上海中国红十字会总医院工作，并多次向时疫医院捐款。留学英国剑桥大学获得博士学位的牛惠霖、留学美国哈佛大学获博士学位的牛惠生兄弟，回国后都担任过中国红十字会总医院的院长。他们都是享有国际声誉的名医，长期从事红十字救护工作。1923 年日本关东大地震时，牛惠霖率领中国红十字会救护队东渡救援，获得日方赠送的纪念勋章。民国时期，嘉定的地方乡绅和有识之士如张公权、吴蕴初、杨卫玉、潘仰尧、潘指行、浦泳、陈邦典、金鼎康、徐翔荪、矢石麟、韩养恩等人，无一例外地都积极参与红十字运动。

新中国成立后，嘉定人更是热心慈善。1958 年 8 月，嘉定县副县长、民主建国会嘉定县小组负责人、红十字热心人士潘指行逝世，根据其生前遗愿，遗体供上海第一医学院附属中山医院作病理解剖，开嘉定自愿捐献遗体风气之先。

1962 年，在上海市红十字会帮助下，南翔镇、城厢镇以“救死扶伤，实行革命人道主义”为宗旨，恢复红十字会。在居委、工厂、学校等建立红十字卫生站48 个，发展红十字会员 1137 名。长征公社朝新大队红十字卫生站也于同年建立。1963 年，嘉定县红十字会（筹建处）在清河路嘉定县爱卫会内成立。翌年，经嘉定县人民委员会批准，嘉定县红十字会正式建立。1966 年，“文化大革命”开始后，红十字活动再次被迫停止。

如凤凰涅槃，浴火重生。1978 年，国务院以国发〔78〕63 号文批转卫生部和外交部《关于恢复红十字会国内工作的报告》，红十字会国内工作逐渐恢复。有着爱国卫生传统的南翔镇一马当先，首先恢复红十字会。1979 年 1 月，嘉定县红十字会恢复成立，产生了由王志刚任会长的理事会，随即开展一系列活动。

20 世纪 80 年代是嘉定红十字运动重要的恢复和发展时期。1980 年，娄塘、城厢、真如、安亭、黄渡等镇的红十字会先后恢复。同年，嘉定县红十字会举办青少年救护表演活动，获得社会各界的好评。1985 年为支援非洲灾民，县红十字会发起募捐活动，募集捐款 46008 元。至 1986 年年底，全县已有 9 个乡、镇建立了红十字组织，共有卫生站 96 个、青少年会员 2054 人、成人会员 1798 人，有团体会员单位 40 个、团体会员 2860 人。总计全县会员 6712 人。

至上世纪 90 年代中叶，嘉定全部街镇都建立了红十字会，并且红十字会在有条件的基层单位建立起红十字卫生站、红十字救护队，在学校中培训和发展青少年志愿者，红十字活动逐步成为常态。1988年，嘉定县红十字会开展了“国际体育援助计划活动”，共募集捐款208366元，除按规定部分上缴市红十字会外，其余171608元委托县教育局筹建嘉定县辅读学校。该校于1991年建成，当年招收三个班级38名弱智儿童入学。1989年，“嘉定县红十字卫生服务中心”建立，开展健康咨询、业务培训、预防保健、卫生宣教等服务。1991年3月，经上海市红十字会批准，江桥乡卫生院加挂“上海市江桥乡红十字卫生院”牌子。之后，嘉定县中医院、嘉定县中心医院先后冠名红十字医院。1992年1月，经嘉定县编制委办公室批复，嘉定县红十字会配备2名事业编制，红十字工作人员从兼职成为专职，嘉定红十字活动更加专业化。1992年嘉定撤县设区，嘉定县红十字会改名上海市嘉定区红十字会。

进入21世纪后，嘉定红十字运动跨入了一个新的历史时期。2005年2月，嘉定区被中国红十字会、民政部命名为“全国社区红十字服务示范区”。2005年9月，嘉定区红十字会正式建制单列，配备3名专职干部。2007年，全区12个街镇红十字会均配备了专兼职干部。还聘请了一批热心红十字会工作的专职联络员和指导员。红十字会建制单列，为红十字事业的发展提供了组织保障。截至2013年，有红十字团体会员单位426家，会员达47846人；全区建有红十字服务站158家，其中标准化红十字服务站101家。

嘉定区红十字会积极开展重特大自然灾害赈灾募捐活动。在2004年“12·26”东南亚地震海啸灾区募集赈灾活动中，共募得捐款85.76万元。为2008年“5·12”四川汶川地震灾区募集赈灾捐款3586.16万元，募集物资价值329.37万元，其中对口援建中兴镇公立卫生院项目700万元；与静安区红十字会合力援建徐渡职业高中项目总投入5738万元，其中嘉定区红十字会援助资金2700万元，该校已于2009年9月正式投入使用。此外，还为2010年“1·12”海地地震灾区募集赈灾捐款20.1万元，为2010年“4·14”青海玉树地震灾区募集赈灾捐款320.12万元，为2010年“8·7”甘肃舟曲泥石流灾区募集赈灾捐款40万元，为2012年“9·27”云南彝良地震灾区募集赈灾捐款24.97万元，为2013年“4·20”四川雅安地震灾区募集赈灾捐款313.74万元，为2013年“8·28”云南德钦县地震灾区募集赈灾款物价值近10万元。

不仅如此，嘉定区红十字会还先后建立了区红十字物资募集站、物资调剂中心、衣被捐赠接受站；创新备灾救灾模式，建立了上海小绵羊实业有限公司等9家企业备灾救灾物资仓库；全区各镇（街道）也都建立了红十字物资募集站。在2010年玉树地震时，上海小绵羊实业有限公司迅速响应，第一时间调配了价值20万元的冬被1000条送往灾区。

救护是红十字工作中的重要组成部分。2008年至2013年，嘉定区红十字会全面完成市政府和区政府救护培训实事项目，6年中共培训救护员7447名，计划完成率124.26%，普及培训64410名，计划完成率113.34%。嘉定区红十字会还在重要路口设置大型广告牌，营造宣传氛围；编印15万册《常见意外伤害及现场急救技能》知识手册，免费分发给社区居民。还借助嘉定电视台、嘉定本地报刊、网站等多种平台，开展形式多样的宣传活动。在城市主要交通路口设置主题为“掌握现场救护技能，保护生命、减少伤害”的大型广告牌；与体育局、区供销社等单位合作，在部分体育场馆、大型商场制作急救小知识版面；在社区举办现场急救知识竞赛，共有3022位市民参加了竞赛，其中1931份答案全部正确，准确率为63.9%；还开展世界急救日咨询活动，救护培训师资在广场上给市民讲解急救知识。嘉定区红十字会选派南翔镇白鹤社区居委副主任许琳参加上海代表团，赴贵州参加首届全国红十字应急救护大赛，上海代表队荣获第二名好成绩。

嘉定区红十字会积极开展各项人道救助工作，汇聚各种救助力量，拓展募集渠道，设立人道救助项目库。2008年至2013年间，“雪中送炭火灾救助”项目，共救助31人次，救助资金15.7万元；大病重病帮扶项目，共救助1745人次，救助资金1115.61万元；妇科重症救助项目，共救助202人次，救助资金20.2万元；助学成才项目，共资助370人次，救助资金75万元；造血干细胞移植救助项目，共救助5人次，救助资金22万元；“格尔爱心”项目，共救助

120 人次，救助资金 60 万元；“情暖童心”项目，共救助 203 人次，救助资金 37. 1 万元；“千万人帮万家”项目，共救助 3529 人次，救助资金 176. 45 万元；“光彩长者关怀”项目，共救助 11438 人次，救助资金 156. 4 万元；“爱心牵手”项目，共救助 16 人次，3. 9 万元；“关爱生命”项目，共救助 18 人次，救助资金 2 万元；“健康园丁”项目，共救助 1787 人次，救助资金 39 万元。上述各项目累计救助 1. 94 万余人次，救助资金达 1723. 76 万余元。项目库建设得到社会各界爱心企业的大力赞助，共募集人道救助基金、物资 3000 余万元。

嘉定区红十字会注重志愿者队伍建设。2009 年，“嘉定区红十字会志愿者服务总队”成立。总队下设遗体捐献、造血干细胞捐献、医疗服务、应急救援和综合性志愿服务 5 个直属分队与 12 支街道分队；在嘉定区中心医院建立了“嘉定区红十字志愿者服务基地”。至 2013 年，全区共有 2900 余名志愿者加入造血干细胞资料库，有 12 名志愿者已配对成功，捐献了造血干细胞，挽救了患者的生命。嘉定区遗体（角膜）捐献登记者联谊会——“春蚕之家”，成立于 2009 年，至 2013 年已有 879 人登记捐献遗体，119 人实现遗体（器官）捐献意愿，其中 1 人实现器官捐献。由红十字志愿者创作的歌颂遗体捐献者的《生命之歌》，被定为上海市遗体捐献的会歌；反映捐献造血干细胞的电视专题片《生命的华彩》、微电影《大爱无疆》，分别荣获上海市区（县）红十字青少年工作短片制作比赛优秀故事案例短片奖和上海市红十字会青少年艺术节一等奖。

嘉定区红十字会重视红十字理念的传播和理论研究，开办了红十字知识培训班，提高红十字知识普及率。通过网站、报刊等媒体发布信息，向社会展示红十字风采，扩大红十字会的社会知晓度。开展“红十字与世博”征文活动，收到征文 520 篇。嘉定区红十字会还出版了《爱的传递》一书，向民众介绍了嘉定红十字运动中的许多感人事迹。南翔镇红十字会演出的小品《着火》、马陆镇红十字会合唱的《歌声与微笑》，分别代表嘉定区红十字会参加上海世博园“2010 年世界急救日主题活动”，精彩的表演获得了中国红十字会总会、红十字国际委员会东亚地区代表、上海市红十字会有关领导和现场观众的好评。2012 年 5 月，嘉定区红十字会在嘉定区图书馆建立“嘉定区红十字文化传播基地”；2013 年，又与苏州大学合作建立了“红十字运动研究中心嘉定研究基地”。这两个基地的建立，为深入开展红十字文化的传播和理论研究搭建了平台。

2010 年，上海市红十字会成立 100 周年系列活动之一“中华文化与红十字运动——暨纪念‘5·8’世界红十字日”论坛在嘉定举办。来自国际国内红十字同仁、社会各界人士代表等 200 余人参加了论坛。在上海市红十字会成立 100 周年纪念大会上，嘉定区红十字会、徐行镇小庙村红十字会、嘉定区中心医院、上海小绵羊实业有限公司分别荣获“2006—2010 年度上海市红十字工作先进集体”。嘉定区安亭高级中学教师、嘉定区第一位嘉定籍造血干细胞捐献志愿者沈婷，以及庞珍绵、金晓萍、童生辉、瞿大我，分别荣获“2006—2010 年度上海市红十字工作先进个人”。是年，嘉定区教育系统红十字会第一次会员代表大会召开。嘉定区成立教育系统行业红十字会，标志着嘉定教育系统红十字工作将迈入一个新的阶段，无论对于进一步加快红十字事业发展，还是对于切实加强未成年人思想道德建设，都具有十分重要的意义。

红十字精神的培育要从娃娃抓起。嘉定区红十字会组织青少年开展募捐、爱心义务上街服务、慰问孤老等活动，增加青少年的“博爱”之心。2009 年，1300 余名中小学生参加“新马杯”红十字知识竞赛，嘉定区红十字会荣获全国红十字会青少年防灾避险知识竞赛最佳组织奖。2013 年，嘉定区红十字会在上海市少年儿童浏河活动营地建立“嘉定区红十字青少年培训实践基地”；城中路小学荣获上海市青少年红十字知识竞赛小学组一等奖。红十字阳光要普照每一个角落，更要惠及下一代。2013 学年，嘉定区参加少儿基金单位数为 152 家，人数为 117423 人，参加率为 99.63%。此外，嘉定区还有 10 多所民办农民工子女学校学生参加了少儿住院基金。

随着改革开放的深化，嘉定红十字会的对外交流日趋频繁，世界卫生组织以及美国、英国、日本、泰国、苏丹、斐济等国的红十会先后来嘉定，开展交流与合作。

嘉定红十字运动在其漫长的发展历程中，形成了自身的特色，归纳起来，有以下几个特点：一是参与时间早。早在 20 世纪初，当红十字理念传播到中国后，毗邻上海近郊的嘉定得风气之先，一批有识之士就积极参与筹建上海万国红十字会，做出了重要的贡献；二是参与面广。嘉定的实业、文教、医务等各界代表、社会贤达，出钱出力，大都参与了红十字运动；三是参与程度深。嘉定县红十字会成立后，南翔、娄塘、黄渡、安亭等乡镇均在短期内成立了乡镇红十字分会，形成了县、镇两级红十字网络，使红十字运动快速普及到社会底层；四是涌现出一批杰出的行业代表人物。他们中如牛惠霖、牛惠生、葛成慧等人，都有留学欧美的背景，是享有国际声誉的名医，后成为中国乃至国际红十字运动的重要人物。

嘉定红十字运动在泥泞中探索，在曲折中前进，虽曾数度中断，但“人道、博爱、奉献”的理念具有永恒的生命力，人同此心，百川总归大海。随着地区经济实力的增强和精神文明建设的推进，红十字理念更加深入人心，嘉定红十字运动正方兴未艾。

《嘉定红十字历史编年实录》（上下卷），上起1918年，下讫2013年，历95年，凡70余万言。全书采用大事记体例，个别条目采用记事本末体，史料来源于档案、报刊、志书等各类文献。在辑录时，本着尊重史实的原则，仔细核对辨析，尽可能做到求真求实，为广大读者和研究人员提供一部翔实可信的嘉定红十字运动史料。

需要说明的是，由于编者水平有限，错漏之处在所难免，还请读者批评指正。

目　录

（上卷）

1918 年

5 月 17 日 邑人朱吟江、牛惠霖、项如松、沈信卿、王引才等参与发起加入美国红十字会赞成员活动。早在 1904 年 3 月 10 日，中国红十字会在上海诞生（初名上海万国红十字会，中英法德美五国合办）后，在日俄战争、辛亥革命、二次革命等战事救护中，中国红十字会功勋卓著，红十字事业日渐发达。在这中间，嘉定籍的爱心人士捐款捐物，不乏其人。

【介绍美国红十字会赞成员启】 欧战蔓延，生灵涂炭，美国红十字会以人道为主义，视万民若同胞，无论何国，一有灾难，急赴拯救。其于欧战之伤夷出之水火登之衽席，法国报章咸颂其功德。其对我中华也，前岁皖省饥荒捐银十五万元，淮水泛滥为江淮诸地祸捐银十万元，测量河道为导淮工程之先驱，去岁天津水灾又捐银二十五万元，拯我灾黎，谋我幸福，乐善好施，不分畛域。

该会去岁以一星期之时间集巨款二千万，救比法两国灾民，老幼孱弱得救者无算。欧战所破坏者，该会力图建设之。现其会员之数已达二千二百万人，而幼年入会者亦二千二百万人，会员国籍有四十国之多，是其名虽曰美国红十字会，实则万国红十字会也。且其所汇之款百分之九十皆用于美国国境之外，四海兄弟，一视同仁，良足多焉。该会在战地所办种种事业，成效卓著，万国共钦，吾人相约为赞成员，使欧美各国知我国民对于友邦所受之苦痛急急然欲有所为，以拯救之人道邦交并获其美誉，愿仁人君子互相劝导，共襄是举。赞成员每人纳费一元五角，幼年（十八岁以下）赞成员每人纳小洋四角。征求团长已举定王正廷君，名誉征求团长美国驻沪总领事萨门斯君、美国驻京公使馆商务参赞安立德君，如荷赞成，纳费时请分途交征求赞成员队各队长代收，或直接向征求队办事处交付。办事处在英租界大马路二十六号（营业公司隔壁），各队队长芳名及住址一并录下，以便接洽。

美国红十字会征求赞成员第一队队长聂云台君，四川路三和里恒丰纱厂批发处；第二队队长唐露园君，宁波路商业储蓄银行；第三队队长蒋梦麟君，西门江苏省教育会；第四队队长钱新之君，四川路三十五号交通银行；第五队队长朱少屏君，静安寺路五十一号寰球中国学生会；第六队队长曹锡赓君，四川路百二十号青年会；第七队队长穆藕初君，江西路德大纱厂批发处；第八队队长袁礼敦君，北苏州路河沿裕昌煤号。

发起人：朱葆三、顾馨一、沈联芳、虞洽卿、苏筠尚、谢衡牕、胡稑乡、杨信之、祝兰舫、郁屏翰、朱吟江……项如松……牛惠霖……沈信卿……王引才……同启。

（原载《申报》1918 年 5 月 17 日）

1919 年

8 月 12 日　邑人牛惠霖博士，出席中国红十字会常议员大会。

【红十字会常议员会纪事】昨日，红十字会由新任蔡副会长先期柬邀海上政商学报各界开常议员大会于二马路总办事处，下午四时开会，到者计杨小川、宋汉章、傅筱庵、朱葆三、王一亭、钟紫垣、盛竹书、姚文敷、倪远甫、郑陶斋、周金箴、刘襄孙、谢蘅牕、金伯屏、袁仲蔚、朱少屏、哈少甫、沈鼎臣、劳敬修、袁伯夔、江趋丹、顿乃安、侯逸如、曹锡赓、邝富灼、胡宣明、刘武荪、黄泽卿、徐生棠、姚虞琴、谭海秋、牛惠霖、李馥荪、毛子坚等三十四人。

首由蔡会长起立发表开会宗旨，大致谓红会为慈善团体，凡属国民均应负责，故此次莅事，首先延聘各界同仁担任本会常议员，在鄙人承乏会务，固应求援于同仁，同仁等负匹夫安危之责，自必不我遐弃。观乎今日一堂济济，足征乐善好施之意，推之四海而准，此实本会无上之光荣，可为欣贺不置者。宣言毕，以（依）次提议各案，第一案沈议长提出辞职书应请公决挽留，至本日议长悬缺，并应公推临时主席以利进行案。王一亭附议，沈议长服务红会十余年来，舆论翕服，中外咸钦，此次辞职应恳切挽留，以维会务，请付表决，全体起立赞成。盛竹书起言，本日议长悬缺，鄙意拟推举王一亭君临时主席，请公决，亦全体起立赞成。当由蔡会长敦请王一亭莅议长席，遂由王一亭提议各案：（一）招商估计会内历年捐存衣饰等物以免朽蛀案；（二）会内捐存各种废弃股票并不值钱，应请公决处分案略有讨论，付表决照案通过，交会办理各案。

议毕，由主席王一亭请蔡会长出席报告会内进行事宜，旋蔡会长起立报告：（一）此次莅沪接任一切，概照向章办理，并无更张；（二）现举办红十字会学生会员，此事有美国先例可循，于红会发展具有关系，故首先注意及此；（三）延请本会常议员唐君露园为理事长，以资熟手，而利进行。

报告既毕，复由蔡会长起言，按照议事日程略已竣事，惟今日群贤毕集，盛会躬逢，千载一时，可否续举谈话会，对于本会进行事宜，随便讨论，藉资群策。旋由金伯屏提议组织常议员委员会分类担任，大致分（交际）（庶务）（卫生）（财政）（灾赈）共五科，俾各事分任而易成。次朱少屏提议本会办理杂志筹备情形，次周金箴提议安徽水灾，本会应提出讨论，俾灾黎得沾实惠。以上各案均经讨论通过，议事已毕，蔡会长复致谢各来宾，然后散会，时已六钟矣。

（原载《申报》1919 年 8 月 13 日）

8 月 30 日　本邑开设临时防疫所。

【临时防疫所之组织】 本邑卫生处请各机关组织防疫所，已得各机关赞同，县署已委任李国英女士为该院主任，设院址于沈家桥堍，即以郁荷艇罚款洋二百元为开办费云。

（原载《嘉定旅外学生联合会报》1919 年 8 月 30 日）

1920 年

8 月 16 日　邑人牛惠霖博士任中国红十字会徐家汇医院院长。

【红会自办医院之筹备】徐家汇前哈佛医院，本系中国红十字会所办，自前年归某国人接办后，中国红十字会实际上即无规模完善之大医院。兹悉该院所订合同，于明年阳历五月满期，中国红十字会拟收回自办，举牛惠霖博士主任院务，现已着手筹备云。

（原载《申报》1920 年 8 月 16 日）

1921 年

5 月 30 日　邑人牛惠生博士诊视远东运动会受伤运动员。

【红十字会救护运动员】昨日远东运动会场，中国红十字会救护队，由队长方菊影君于一时半即带同全体救护队员及汽车抬床莅场。二时半列队菲律宾队后，在会场进行运动，开始服务，救护医生之主任为牛惠生博士，并延同仁医院诸西医，莅场尽义务。红十字会徐兆蓉、黄子静两医士，亦先后莅场为治疗主任。救护队长方菊影君，专督率队员在场上为受伤者施救手术，较重者即用抬床抬赴蓬（篷）帐，请医士治疗，或主任医生牛惠生博士诊视。

昨日除被风雨所侵发寒冷者外，其因运动受伤者，计有六人。四点零五分，日本人 D. Valdaman 伤右手指。四点三十分，菲人 K. Beppn 伤左腿皮。五点钟，夏伯吉君竞走之下肺受伤，由红十字会救护车送往一品香五号寓处，牛惠生博士为之诊治。

（原载《申报》1921 年 5 月 31 日）

6 月 1 日　邑人牛惠霖博士，于时疫医院开幕式发表演说。

【红会时疫医院开幕】昨日，上海中国红十字会时疫医院开幕，院中布置甚为整齐，病室间床铺等皆颇清洁。午后四时，来宾陆续莅止，唐院长露园因病未到，由庄得之君代表，王院长一亭因事赴湖，由王叔贤君代表，杨院长小川及沪海道尹代表颜德清君，护军使代表元殿元君，海军参谋长代表罗仪程君，董事哈少甫君、张籥云君、金伯平君、劳敬修君、金星白君暨本院西医主任宝得力君、黄子静君、牛惠霖君等，联袂莅止。

牛君演说，略谓，上海时疫未发生之前，必须有预防之法，如卫生书籍及讲演卫生图书等刊印分送，俾普通人民均知食物寝处，以清洁为上，则铲除时疫之根本，可告功成，亦无设立时疫医院之必要矣。本会时疫医院设立最早，但就过去时代言之，可告无罪于上海社会。且逐渐设置完备，用盐水注射，精益求精，诚为急救良法。惟本会本志，殊非求时疫医院之口碑载道，仅求社会卫生之进步。

继由宝得力君与来宾石美玉、石非比诸君等研究治疗时疫上之学理，颇为赞许，至六时茶点而散。是日，来宾到院者有百余人之多，捐款亦甚踊跃，并闻昨日染患痧症，已有六七起之多云。

（原载《申报》1921 年 6 月 2 日）

7 月 14 日　邑人牛惠霖博士着手筹组中国红十字会总医院。

【红会总医院收回自办之筹备】 红十字会徐家汇总医院，定于年底收回自办，曾志前报。兹悉红会俟王培元医生回国后，尚拟成立制药部，设药房于热闹市区，以惠病者。总医院主任牛惠霖博士，已着手筹备组织手续，除延驻院医生二人外，并聘著名医生十二人为义务医生，如夏应瑞、俞凤宝等，皆在罗致中，看务长亦已聘定美国毕业之某女士云。

（原载《申报》1921 年 7 月 14 日）

11 月 10 日　中国红十字会常议会议员、邑人牛惠霖博士等电讯。

【红会公举理事长】 中国红十字会因理事长唐露园君昨日上午八时逝世，理事长缺出，昨日下午即由常议会开紧急会议。先举杨小川接任，杨力辞，继举上海银行行长庄得之，一致通过。即由常议会发电报告汪大燮，电文如下：

北京中国红十字总会会长钧鉴：唐理事长虞日正在会所办公，忽得中风急症，今早出缺，特开临时紧急常议会，循例公举庄得之先生担任，已于今日接办。一切照旧，藉维善举，特此敬闻。上海红十字会常议会，议长杨晟，议员金伯平、王一亭、刘燕翼、宋汉章、倪思宏、李馥荪、陈辉德、江趋丹、朱芑臣、姚虞琴、欧彬、牛惠霖、俞凤宝、刁信德、沈鼎臣、庄得之等。佳。

（原载《申报》1921 年 11 月 10 日）

12 月 7 日　邑人牛惠霖博士等接管中国红十字会徐家汇总医院。

【红十字会收回徐家汇总医院】 红十字会徐家汇总医院，租给瑙威国人，瞬已数年。唐露园在时，曾由常议会议决，收回自办，交由该会医学团牛惠霖等接管。前、昨、今三日，特由王培元前往点收，大约一月一日即可开幕。又闻该会北京医院房屋，近为交易所挖去，年终将迁入天津路时疫医院原址云。

（原载《申报》1921 年 12 月 7 日）

1923 年

1月1日 邑人牛惠霖博士主持中国红十字会徐家汇总医院。

【本会之新年希望】 今日为中华民国十二年元旦，履端于始，百度维新。我中国红十字会之希望于此新年者，厥有四端：……中国红十字会，托始甲辰，即为上海士绅醵金所成，设总办事处于上海二马路，组织医队，分赴武汉江皖京豫一带，救护伤残。黎总统在武昌，奖以所费不赀，厥功甚巨。电请南京孙前总统，准予立案。并经日本赤十字社介绍，得邀万国红十字联合会，公认为中华民国正式红十字会。自甲辰迄壬戌，十九年来，天灾人患，无岁不有。上海总办事处，亦无役不从。而组织于上海本埠者，则有五医院，曰徐家汇总医院、曰南北市两医院、曰天津路时疫医院、曰吴淞防疫医院。徐家汇总医院，曾托西医士代理数年，近岁收回自办，延请牛惠霖医博士及各名医。新又由理事长庄箓慨捐巨资，购到极大爱克司光镜，研精治疗，院务医务，皆日事扩充。北市医院，向系贷屋而居，今乃于新闸路购建广厦，迁移开幕。各医院成绩，尤愿与年俱进。又新组织救护本埠马路伤人之医队，时时奔赴，全活良多。又暹罗开万国联合大会，讨论卫生禁烟及种种公益之事，中国红会代表杨晟，已由万国红会联合会，委托组织拒土会。虽本埠总办事处，中经顿挫，譬之个人，病瘥而神旺，譬之国祚，几绝而中兴。惟愿新年成绩，更胜往年。……

（原载《申报》1923 年 1 月 1 日）

5月25日 邑人牛惠霖博士拟率中国红十字会医疗救护队赴山东临城开展人道救助。

【红会医队定期出发】 本埠中国红会总办事处，为援救临城被掳旅客，组织大规模之救护队，业已预备周详。该会总医院医长牛惠霖，率焦锡生医士及助手八人前往，凡属救护需用药品器具，亦已准备完善。该会理事长庄得之，除悉心筹划外，事前已电致交通部苏鲁各督接洽，并鲁省各红分会就近亦出救护。昨又电致枣庄中兴煤矿公司，商借该队驻地，准于本月二十六日早晨，由沪宁火车出发，奔驰往救，以期减轻中外人等在匪巢水深火热之苦痛云。

（原载《申报》1923年5月25日）

5月26日　邑人牛惠霖博士率中国红十字会救护队途径南京转车北上临城。

【红会往来之函电】 中国红会，因临城事件，与各处往来电文甚多，兹将各项原电录下：

……（五）南京分会来电　中国红十字会总办事处钧鉴：敬电悉，赴临城救护医队，宥日过宁，遵往下关车站，妥为照料。绂有叩。

（六）复南京分会电　南京分会鉴：有电悉，总办事处派赴临城救护医队为牛惠霖君，率领队员八人，并携带药品行李等数十件，准宥日上午九时快车赴宁，转车北上。希派人到下关候接照料，在宁无耽搁，并闻，畴径。

（原载《申报》1923年5月27日）

5月27日　邑人牛惠霖博士亲率中国红十字会救护医疗队赴临城救护人质。

【中国红十字会吁告同胞】 此次临城巨劫，无人不知其关系之严重。试为闭目一思，陷入深山，中外诸人，其苦痛情形，凡有血气安能坐视。本会今已出发救护医队，奔驰前往，方且自疚迟延，其歉仄何可言喻。只因素乏基金，凡百皆须临时筹募，此次尤宜计划周详、进行奋勇。本会总医院医务长牛惠霖率队亲往，选派精良之医士、熟练之看护、机警之队员、耐劳之夫役各若干人，务必深入山谷，先为中外诸人治疗疾疫，再当熟察情形，乘机设法脱离火炕。虽从井救人亦不敢避以期，无负万国联盟之天职，惟费用繁多，必陆续接济，敬呼将伯以谋后盾。倘仗义诸公热心捐助，使此次得竟救护之全功，岂仅本会感激涕零而已哉。谨此吁陈，伏希公鉴。上海二马路中国红十字会总办事处谨启。

（原载《申报》1923年5月27日）

5月28日　邑人牛惠霖博士等率中国红十字会总办事处救护员抵达山东。

【红会赴临救护队已入山】 中国红会总办事处昨接枣庄救护队员五月二十八日来函云：今日双方条件，尚未议妥，非常戒严，未能入山。昨夜有外国人鲍威尔下山，带匪三人，携有条件，仍须回山。临城已到军用飞机，匪方面有退步之意。刻接兴业银行徐君电报，营救沈君现尚未有头绪，一有头绪，及秦君父子之事，另当快函奉闻。张丹卿、王伟文、陈少庭同启。又电云：各公团地方士绅，借金家庄会议，共同组织全国公团驻枣临时救济会。该会共分八股，总务、外交、急济、医务、文书、会计、庶务、招待，每股有正主任一人、副主任二人，举牛惠霖、倪承方、吴仲刚为医务股，于今晨带救护员三人，与急济救股共同入山。枣庄医队世。

（原载《申报》1923年6月1日）

5月30日　枣庄医队致中国红十字会医疗救护队医务长牛惠霖电函。

【红会医队之电函】 中国红会，昨接枣庄医队来电二件，其一云："本会与政府代表，各派六人入山，与匪首接洽，医队继续入山，临时医院二日共诊二十余人。驻枣医队世。"又一电云："本会六代表返枣报告，此次与陈、温二委员入山谈判结果，明日先送出外人八名，余俟抚编毕后，于一星期内中外人士一概送还。驻枣医队世。"

又枣庄医队倪承方等五月三十日致医长牛惠霖函云："日昨各公团与本会医队，出一公函与匪首云，敝公团等带有被服、食物、药品多种，拟来贵山救护，请速派人接洽等语去后，于今晨已得复函允许，故准定明晨先派救护队入山，俟其返归，再同医生等进山诊视。兹将匪首复函抄录奉上，乞检阅。再贵友所云沈君修天一节，现得渠妻函云，在山情形甚苦，数日始得一饱，衣履尚不完全等语。是以此次赴山，拟多带衣履食物，以济燃眉，请转知贵友可也。现临时医院，已诊多人，病者多为矿局与铁路人员，专此奉闻，并请大安。倪承方、焦锡生上。"附录匪首与医队函云："迳复者，接奉瑶函，如亲芝宇。日前敝代表趋谒台端，诸蒙教益，感谢感谢。所云上海总商会及中国红十字会带有被服食物等品，掷赐来山，足征高厚云情，无任忻佩，专具寸笺，用特奉复，敬颂公安。孙桂枝、刘清元、褚思赈、孙美瑶、周天伦、郭琪才同启。四月十四日。"

（原载《申报》1923年6月2日）

7月1日　邑人牛惠霖博士主持之中国红十字会时疫医院开幕。

【红会时疫医院开幕纪】 本埠中国红十字会时疫医院，创办于前清戊申年，迄今已达十六年，院址在天津路三百六十一（一十六）号，每年于夏秋间治疗时疫。今已于前日（七月一号）开幕，到者有许交涉员、许工巡捐局长，以及中西人士，均经副会长杨小川、院长王一亭、理事庄得之等一一招待。并由医务长牛惠霖、西医爱而华、医员黄子静、黄戒宜、倪承方等，引导参观各部医室及新建筑之两大病房，每间可住百人。并经王院长报告去年成绩，谓去年来院就诊医愈者，计四千九百七十九人，重病住院者八百十六人，医药费年需一万元，均由会中捐款筹拨，来宾颇表满意云。

（原载《申报》1923 年 7 月 3 日）

9 月 6 日 邑人牛惠霖博士决定亲赴日本救治地震灾民。

【中国协济日灾义赈会成立】 本埠各界进行筹济日灾，较诸前二日尤为踊跃。昨日午后三时，本埠各法团、公团、善团等，假仁济堂开联席会议，商议赈济日灾。到会团体，计有仁济堂、红十字会、中国济生会、联义善会、上海总商会、宁波同乡会、海员工会、闸北慈善团、广益堂、银行公会、公教进益会、中华学慈社、青年协会、普善山庄、绍兴同乡会、上海慈善团、上海慈善救济会、工商研究会、妇孺救济会、纱厂联合会、中国义赈会、江苏防灾会、玻璃制造同业会、面粉公会、煤业公会、女青年会全国协会、沪南慈善会、县商会、上海女青年会、位中善堂、至圣会、城北慈善会、书业商会、书业公所、上海青年会等。振铃开会后，公推朱葆三主席，朱遂即席发言，谓今日为日本震灾事开会，一切情形，当请盛竹书先生报告。盛竹书报告云，震灾各种实情，报纸已有记载，诸君谅必十分注意，不必另行报告。惟此次发起情形，请约略言之。星期一孙仲英先生等在一枝香邀集谈话，到者有二十余人，即提出赈济日灾一事。众意以此事不仅中国侨商工人学生，尚留居彼地，即绝无关系，而揆诸救灾恤邻之义，亦应设法救济。况中日为同文同洲之国，迩来中日虽感情微有隔阂，然吾国德化甚深，素能力行仁义，推物与民胞，断难坐视。今吾奋救日本震灾，有二要义：一贯彻实行救灾恤邻之明训，二救济侨日同胞。总之此次协济日灾，一以慈善为念，绝无作用云云。当时到会者，一致表示赞同，即分头与各团体接洽联合办法，故有今日集会。现在招商局新铭轮已允自动开往，并有叶慎齐等三人愿意前往调查，一面仍积极筹款。顾声一、虞洽卿诸君已在筹备米面粉药品等物。前接洽红十字会，欣悉愿派救护队随带药物前往，牛惠霖博士愿亲自赴救，此外自告奋勇前往者甚多。

（原载《申报》1923 年 9 月 7 日）

9 月 8 日 中国红十字会医务长、邑人牛惠霖博士偕红会理事长庄得之出发赴日赈灾。

【红会医队今日出发】 中国红十字会理事长庄得之，医务长牛惠霖，男女医士汤铭新、焦锡生等四人，救护员八人，书记会计各一人，女看护士四人，队役四人，现款二万元，药料等品十余大箱，于今日下午三时，附搭亚细亚皇后号出发，往日本赈灾，预计月余始可返国云。

（原载《申报》1923年9月8日）

【红会救护队出发】 中国红十字会救护队，由理事长庄得之、医务长牛惠霖，率领焦锡生、汤铭新医生，刘女医生、张惠理、陈威烈、杜易、钱宝珍等救护员八人，看护妇四人，会计孙之英一人及书记一人，工役二人，于昨日下午五时，至新关码头上渡船，至吴淞口，登亚后号邮船，赴日本救护灾民。日人归国者，是日甚众，亚后号舱位异常拥挤，致尚有大方医院方菊影医生，临时因无舱位折回，未随红十字会出发。其时送行者，有杨小川、王一亭、盛竹书、广肇公所代表等。至五时半，渡船即开行。闻轮船公司对该队员，均免收船费云。

（原载《申报》1923年9月9日）

9月10日 中国红十字会就邑人牛惠霖博士偕理事长庄得之率医疗救护队赴日赈灾，通电各分会。

【红会赴日救灾之通告】 中国红十字会总办事处，昨日通电二百三十余处分会云：日本奇灾，侨胞同难，本会天职，救护维亟。现由庄（得之）理事长会同牛（惠霖）医务长率领男女医生看护二十余人，携带药物，于九月八日出发，医队驰赴日本实施救恤，以重人道，特奉闻。总办事处灰。

（原载《申报》1923年9月11日）

9月15日 中国红十字会医务长、邑人牛惠霖博士偕理事长庄得之率医疗救护队赴日赈灾消息。

【红会方面消息】 昨本埠中国红会总办事处复天津分会电云：元电悉，承询救护日灾一事，本会庚日理事长庄得之、医务长牛惠霖，率领医队，由沪出发，医生焦锡生、汤铭新、华阜熙、张信培，女医刘美锡，会计沈金涛，看护杜易、朱继善、张惠理、陈威烈、史之芬、孙有枝、钱宝珍、孙文贤，女看护曾德光、刘振华、王秀春、钱文昭，队役四人，携带药品器具九十余件。文日来电，本队到神户。元日神户中华会馆来电，有我国难民六百二十八人，乘熊野丸来沪，十七日可到。本会各医院多备病车，接待难民中病者，一面照转协济日灾义赈会接洽办理，并以附告云云。又该处接神户中华会馆电云，请告中国协济日灾义赈会，有三千一百四十元，已由汇丰银行汇上，请散放乘熊野丸抵沪之六百二十八名中国难民，每名五元，务在离船上岸前给之等语。即照转协济会速即预备办理云。

（原载《申报》1923年9月16日）

9月18日 《申报》刊登中国红十字会理事长庄得之报告其与邑人牛惠霖博士率医疗救护队赴日赈灾见闻。

【庄得之报告】中国红十字会总办事处，昨接该会理事长庄得之君，由神户寄来之救护队赴日第一次报告，其文如下：

九月八日六时，在上海新关码头出发，七时余登亚洲皇后轮，九日上午五时启碇，至下午遇风，颇觉顺波，□者甚多。十日抵长崎，由陆仲劳君上岸调查，有东京华工三十余人，步行逃灾至该处。该处中华会馆募集之捐款，业尽数汇至神户，搭救此等被难华工回国，现尚无办法。十二日晨七时到神户，神户商业会议所副会头西川庄之君、及外事课长西川涉君、兵库县厅知事官房主事藤冈长和君及神户市长石桥为之助君之代表二人来接，又有中国领事柯荣陔君，特派署员龙礼田君，招待一切上岸。由神户商业会议所备汽车，伴至该所暂歇，款以茶点。由马聘之君祥告各节，略记如下："灾情"：被害各区，以东京、横滨、琦玉县、千叶县及静国县为甚，尤以横滨为最烈。东京房屋，毁去四分之三，被难人口，一百三十余万，伤二十余万，死十万余。横滨房屋，被毁二十分之十九，该地人口，总数为四十余万，死伤达十余万，占四分之一。"救护情形"：日本政府已下动员令，招集全国工兵，先修东京建筑物及通神户之铁路，自来水已可供用，电灯在数日内亦能放光，铁路须绕道可达，时间既多，乘客亦拥挤，而终点离东京尚有约百里之遥。神户各寺院，均被改为难民收容所，想他处各寺院亦同也。"华人方面情形"：东京工人约三千，学生二千，横滨华人共七千，伤约三千，已逃至神户者三千七百人，已一次已送八百四十七人往香港，陆续□轮往天津、上海各处者，又四五百人。今晚有六百廿八人趁熊野丸回上海。所有回国之难民，概由神户中华会馆给绒毯一条、现金五元，衣履不全者，则再给衣履。该会已捐有专作华人赈款六万元，内除募自大阪五个日本团体一万元，香港东华医院五千元、天津广东会馆一千元外，其余均属捐自日本华侨者。"收容所六处"：（一）中华会馆，（二）三江公所，（三）福建公所，（四）中华义庄，（五）尚志社，（六）商业研究会。以三江公所因地点大而最多。十时余，由西川庄之君、本多一太郎君及马聘之君，伴同庄得之君、牛惠霖君及徐可陆君，往谒中国领事、神户市长、日本赤十字社兵库支部主事藤井治三郎。十二时半回所，适大阪日日新闻派记者来，要求摄影，列入今日晚报，允之，即就所门口摄焉。本日午晚二餐，均神户商业会议所作东道主，午在八阶食堂，晚至平和楼，情极殷殷可感。神户上等旅馆，均为欧美人占去，上式者亦无多空房。今晚各人，分三处宿，（一）前田旅馆，（二）田中屋旅馆，（三）西村旅馆。定明日趁上海丸往东京，船费由神户商业会议所与。日本邮船会社神户支店长黑川新次郎，接洽免去。新铭轮亦于今日安抵，据云途中遇风，几濒于险，所载米粮菜炭等物，由中国协济日灾义赈会代表叶慎奇君、庄得之君、朱芭臣君、徐可陆君，送交神户商业会议所会头龙川仪作君，掣有收条，至如何支配赈济，概由神户商业会议所办理。以后各情，容续。庄得之启。

（原载《申报》1923年9月18日）

9月29日　《申报》报道邑人牛惠霖博士担任中国红十字会全权代表，处理在日医疗救护队赈灾事物。

【红会救济日灾续闻】本埠中国红十字会总办事处理事长庄得之君，由神户于二十五日趁美公司塔虎脱船回沪，二十七日下午四时抵埠。同归医生一人、英文书记一人、仆役一人。该会救护队，前由庄君率领至日本东京，先调查灾况，即与日本赤十字社共同合作，不分畛域，救拯灾民。已在东京高树町麻布区，于本月二十日设立临时医院，现在一切事宜，全权托付医务长牛惠霖代表。驻该地者，会计员沈金涛、医士五人、男女看护十二人、队役三人，共二十一人。缘日本救济事务，至为繁重，故一时未能遽行偕返云。据庄君言，祇至彼离日时止，东京所掘之尸首，即四十七万具，横滨计三十万具，房屋焚毁倒坍者，共三十五万所。两处送至各埠安置之灾民，计一百三十五万一千人。遣送时排成行列，每排四人，人民虽在大灾惨痛之后，此时境象，仍极严肃。遣送灾民最多之处，为清水一埠云云。

（原载《申报》1923年9月29日）

10月3日　中国红十字会在《申报》就邑人牛惠霖博士率医疗救护队在日本东京设立医院救治难民事发布敬告各慈善团公启。

【中国红十字会敬告各慈善团公启】前月日本地震成灾，人畜死伤山川，奔竭星宇，焚毁种种，损失不可胜计。本会忝属同盟，特由理事长庄得之君、医务长牛惠霖君依据万国红十字会会章之规定，率同医生看护二十五人，携带医具、药品及一切应用物件，驰赴东瀛，竭力救恤，业经登入报端。谅荷各界大善士，一体鉴□。惟此次日本受灾之烈，为世界所未有，庄、牛二君前往灾地勘验，自东京以至横滨，山□变色，城市为墟。昔者锦织交错之场，今则胥为灰炉；前为轮奂崇墉之所，斯时俱是颓垣碧血，青燐四野，频闻鬼哭，断肢折足载道，时见残骸，触目伤心。其情形有非特别筹募，不足以资援救者，故庄君于前日先行回国，筹商捐务，而牛君惠霖则率医生看护二十一人，就东京麻布区设立医院为难民治疗，以冀达救人救彻之目的。所望薄海内外仁人君子善女淑媛，念切痌瘝，情殷救济或慷慨捐输或担任劝募，但使多得一金即可多活一命，早施一日即可早救一人。俾此同洲灾黎咸出水火而登衽席，则功德□有限量耶。如荷鸿施，请迳寄上海红十字会总办事处或云南路仁济善堂内附设之协济日灾义赈会，照掣收据，登报征信，无任馨香祷祝之至，专此肃启诸祈公鉴。

（原载《申报》1923 年 10 月 3 日）

10 月 11 日 邑人牛惠霖博士率中国红十字会医疗救护队自日返沪。

【红会赴日救护队返沪】 中国红十字会赴日救护队，于昨日下午返沪。所乘之船，系提督公司约弗生总统号，由牛惠霖医生率领，计医生五人、看护生十二人、女看护四人、仆役三人。据牛君告人云：救护队在东京共从事救护三星期，本月六日，始离横滨返国，在东系与日本赤十字会合作。东京赤十字会病院往日容病榻约四百五十具，自地震以后，复增病榻四百具，所诊病人，均为受火伤压伤甚重者，其中中国红会所担任医治者，计有病榻四十号。此次在日服务，中日双方，感情极洽，故当救护队动身时，赤十字院医院均冒雨到站欢送。又当该队离东，所有未经用去之药料，约值五千元，均赠日本赤十字会，此外并四千元支票一纸，俾该会得以于日后留治其他病人。该队此行共用去一万五千元，至所有该院病人，当该队行时，病势伤势，均已恢复，无复须其诊治矣。至在日华侨，以该队所知，现仅有千人尚留东京，其所以留者，系出本意，其中学生约占三百人云。

（原载《申报》1923 年 10 月 12 日）

10 月 15 日 日本赤十字社函谢中国红十字会牛惠霖医疗救护队。

【日本赤十字社函谢中国红会】 昨日中国红十字会总办事处，接日本赤十字社社长平山成赐来函云：敬启者，今次东京横滨等地方大震灾，承贵会关心堪切，医务长牛惠霖君率领救护班来此服务，勤勉尽职，不胜感谢之至。所赐药品毛巾，共计二十三箱，亦已分给，深荷救济，特此函谢云云。

（原载《申报》1923 年 10 月 16 日）

10 月 17 日 日本赤十字社社长之函谢中国红十字会牛惠霖医疗救护队。

【日本赤十字社社长之谢函】 昨日本埠中国红十字会总办事处，接到日本赤十字社社长平山成信公爵函云：敬启者，前承贵会派遣救济日灾医队，当于十月二日奉函申谢。自医务长牛惠霖君及队员诸君在东锐意尽瘁，于罹灾患者之救护，与本社事业上以多大之辅助，此节即敝社总裁载仁亲王殿下所深为嘉尚。又承惠赐各种物资并金币四千元，尤胜感菏。自谨表深厚之谢意如上。再牛君等业已回沪，乞代为致候，敬具。大正十二年十月八日。日本赤十字社社长平山成信。

（原载《申报》1923年10月18日）

11月18日 邑人牛惠霖、牛惠生兄弟全权办理红十字会上海时疫医院。

【红会医院之消息】 沪西海格路红十字会总医院，规模甚大。所治疑难杂症，成绩甚佳，牛惠霖院长，以普通病房不敷收容，特于院中空地添建普通病房数间，现已动工。上海时疫医院（西藏路）近由董事部议决，开办当年施诊医院，交牛惠霖、牛惠生医生全权办理，将于下月一日开幕云。

（原载《申报》1923年11月18日）

1924 年

6 月 21 日　邑人牛惠霖博士等主持之中国红十字会时疫医院开幕通告。

【中国红十字会时疫医院开幕通告】本年天气寒燠不时，闻已有疫症发现，滋蔓可惧，本会为防患未然起见，特开常议会议决照旧开办，仍在天津路三百十六号，择于阳历六月念二号开幕，专治急痧、霍乱、吐泻、吊脚、□瘭等症。务请官绅商学各界诸公届时宾临参观指导进行，无任盼幸。并望各病户遇有上项痧症初发时，立刻送至本院诊治，切勿挑痧，自误性命。本院备有汽车接送病人，非常安稳迅捷，如需用时随时通知预备，并不收费。电话中央五百六十九号。专此奉布，诸希台鉴。中国红十字会时疫医院院长盛竹书、王一亭、庄得之、牛惠霖谨启。收捐处：中国红十字会总办事处，九江路念六号；北市医院，新闸路念二号；南市医院，十六铺桥南首。

（原载《申报》1924 年 6 月 21 日）

6 月 22 日　邑人牛惠霖、牛惠生兄弟主持之中国红十字会时疫医院开幕。

【红十字会时疫医院开幕】中国红十字会时疫医院，于昨日下午开幕，悬旗札彩，粉刷一新。到有何护军使代表李干卿，驻沪日总领事矢田七太郎，院长庄得之、牛惠霖，常议员金伯平、哈少甫、姚虞琴，杨小川会长代表曾兰圃及各界人士约计百余人。当由该院职员导赴该院各室参观，布置精洁，秩序井然。病室计分三等，可容百余人。来宾参观后，颇加赞美。当由该院院长等款来宾以茶点，最后摄影而散。闻该院医生除驻院正院长牛惠霖、副院长牛惠生外，尚有王培元、黄子静、倪承方、黄戒宣、吕守白等医生，及男女看护十余人。常川驻院，日夜施诊。而昨日开幕时，临时来院就医者，亦有数人。又昨日临时收到捐款，约有六百余元云。

（原载《申报》1924 年 6 月 23 日）

9月2日 中国红十字会嘉定分会组建。

【中国红十字会嘉定分会成立】九月二日，中国红十字会嘉定分会成立。会长项如松，副会长朱吟江、顾吉生，代理会长戴思恭（伯寅）。嘉定红十字分会成立后，护送了大批（上万名）在齐卢战争中遭难民众到上海难民收容所避难，并在上海募集资金。战争结束后，又把他们接回安置。同时，娄塘、黄渡、南翔等分会，则开展了救济难民、施诊和设立临时防疫医院治疗伤病者等活动。

（原载2011年《嘉定卫生志·大事记》）

按：据戴思恭致函昆山红十字会分会称，嘉定红十字分会成立于9月1日。函载《申报》1924年10月5日《嘉定红会致昆山红会函》："景沂、唯一先生阁下：本月四日，接□上月所发大函，悉贵会于九月一日成立，又得两先生出而担任，造福梓桑，敬佩敬佩。此间分会，亦于九月一日成立，正会长项君如松，副会长朱君吟江，理事长顾君吉生，三君皆经商沪滨，公函属恭代为暂理。……"

9月3日 红十字会至南翔载运伤兵。

【红会之驰救伤兵】红十字会总办事处，于昨日下午四时半，接护军使署电话，嘱开救护专车，往南翔载运伤兵。当即由救护队三十余人开车前往，一面并布置天津路时疫医院作救护所，计可收容至百余人。且以自备救护火车二辆，并借商务印书馆运货大车二辆，同在车站候运。及十点三刻，伤兵运到仅有四名，而军署方面，则谓转入吴淞病院，已足治疗，因之即换车赴淞，暂入陆军医院施治云。

（原载《申报》1924年9月4日）

9月4日 《申报》刊登救济妇孺收容所简章。

【中国红十字会救济妇孺收容所简章】（一）中国红十字会，不论总会分会，为地方发生战事及灾害时救济妇孺，得设立收容所。（二）收容所之设置，□察度地方情形，如遇需要多数时，得以第一二三四所分别之，余可类推。（三）收容所需用房屋，应由地方士绅辅助租借之。（四）收容之妇妇（孺），收容所负有保护之责，地方官及各路军队，应一体从优待遇。（五）收容妇孺，除伤者病者随时分别轻重，送疗养院医治外，其并无伤病救济出险者，则由所收容之。（六）收容所安置妇孺，每所以五十人为度，逾此数，则归第二所收容。（七）收容所每所设所长一员，医生一员，女监察一员，女看护二员，夫役无定额。（八）收容所妇孺，应一律遵守本所章程，归所长管理之。（九）收容所妇孺起居饮食，应一律遵守法定时间，不得违犯（反）。（十）收容所在救护队后方设立，如值战线接近时，得与救护队随时迁退，以避危害。（十一）收容所妇孺火（伙）食，由所设备，其粮食柴火，另设输送队输送之。（十二）收容妇孺，由家属得信来所领归时，必须有三人以上之保结，并由地方保正盖戳证明，方许出所，以免朦混。（十三）本简章临时规定，如有遗漏及不适用时，得临时提出修正之。中国红十字会总办事处印行。

（原载《申报》1924年9月4日）

是日 邑人牛惠生医生驰救伤兵。

【红会医治伤兵之昨讯】 昨日九时起，红会时疫医院，初到浏河伤兵一名，继到四名，内有九岁女孩一口，系在家被流弹击伤足部者，下午又到四名。当由牛惠生医生将轻者连小孩五名，留原处疗治，其余负伤颇重，须用爱克司光照取枪弹，遂转送海格路总医院救治，按该总医院已将三等病房一律改作伤兵之用。又下午四时许，总医院电请牛医生速到，因又有伤兵五名，直接运到总医院，内有一名，势颇沉重，故请牛医生速往驰救云。

（原载《申报》1924年9月5日）

是日 嘉定等红十字分会组织救护队。

【红会救护团之统计】 自时局紧急以来，各地红十字分会均纷纷组织救护队，尤以本埠总办事处所发出之救护队为最多。昨日该处特将已经出发之救护队之一统计表，张贴门外，兹录之如下：（一）昆山总队与太仓、嘉定相呼应，（二）浏河队，（三）常州总队与宜兴、长兴、吴兴相呼应，（四）吴淞队，（五）江湾，（六）北车站，（七）镇江，（八）后备队出发南翔，（九）游行队接应各处，（十）南车站，（十一）松江。按十与十一两队，系沪城分会所组织者。

（原载《申报》1924年9月5日）

9月6日 红会救护队救治黄渡等战地伤兵。

【红会救护浏河伤兵】 红会消息，驻在浏河之救护队，以前晚双方业已开火，于势其危，因之已移至罗店，而以汽车陆续运输伤兵来沪，计常备汽车六辆，来往不绝。今日已运到伤兵三十余人，其创重者运往海格路总医院，以便用爱克司光施行手术，较轻者则住天津路时疫医院。至黄渡方面伤兵，暂时仍由浙军运至吴淞陆军病院，以四百名为足额，逾额则送红会。盖按诸红会条例，既来就医之兵士，无论何方，入院医愈之后即行收容，至战后资遣回籍，不能更行加入战争。至陆军病院，则医愈仍可入队也。

（原载《申报》1924年9月6日）

是日　娄塘红十字分会协同救护伤兵。

【娄塘红十字会分会昨讯】娄塘红十字分会组织成立，业志前报。该会已举定印霑伯为会长，王侍庭、陈仲衡为副会长，殷子盘为理事长。所聘医生印七襄、张应芹于四日由上海携带药品前往救护，到嘉城后，因两军正在激战，路途阻塞，暂驻城中，帮同嘉定红十字分会救护伤兵，候战事稍平，即当前往娄塘云。

（原载《申报》1924年9月7日）

9月7日　红十字会接收黄渡等战地伤兵。

【红会消息汇报】本埠红十字会，昨日由浏河方面接收伤兵一百十六人，死一人，系由黄渡来者。连前共约二百余人，海格路、天津路、西藏路之三医院有不敷容纳之劳，除在宝山路商务书馆另辟临时伤兵救护处外，并由牛医生向南洋医院及斜桥医院借定，亦将辟为临时救护处云。

（原载《申报》1924年9月8日）

是日　娄塘红十字分会救护难民来沪。

【娄塘镇红会救护难民来沪】嘉定浙军与太仓苏军剧战数日，西北乡娄塘等处乡间人民，无法逃避，狼狈不堪。由本镇红十字分会派救护员雇大舟三艘，装载难民三百余人，于昨晨到沪，先经旅沪同乡与新闸路口江宁公所允洽收容。该救护船到沪后，即由同乡到埠招待，安插该所内，如同乡有亲戚关系，不妨向该所探望。

（原载《申报》1924年9月8日）

9月8日　红十字会接收黄渡等处伤兵，邑人牛惠生医生主持手术。

【红会组织第七伤兵救护院】红十字会，昨日于黄渡、浏河等处接收伤兵六十余人，其第一、第二两院，均已住满。西藏路之第三院，亦住一百六十人；第四院为商务书馆，昨亦有二十五人送去；南市上海医院，现已组织第五院，新普育堂组织第六院，昨均有二十余人送去。同仁医院，现亦愿尽义务，已由牛医生与总办事处商定，作为第七伤兵救护医院。又牛医生鉴于第二医院各医生，因日夜开刀，异常辛苦，故已与第七医院约定，凡遇重伤者，则在第二、第七两院间日轮流开刀。

（原载《申报》1924年9月9日）

9月9日　红十字会接收黄渡、嘉定等方面伤兵。

【红会昨救之伤兵】红十字会，昨日至晚十二时止，接收伤兵五十八人，浏河、黄渡、嘉定方面均有。闻晚十二时后，黄渡方面尚有送来，因昨日大雨时，双方激战甚烈，且因冲锋，伤者甚众。……

（原载《申报》1924年9月10日）

9月10日　红十字会接治嘉定、黄渡等方面伤兵。

【红会昨日救护之伤兵】中国红十字会昨日由浏河、嘉定、黄渡等处运来伤兵，截至下午六时，计有七十四人，由天津路时疫医院医生分别轻重输送各医院治疗。……

（原载《申报》1924年9月11日）

9月11日　红十字会继续接治嘉定、黄渡等方面伤兵。

【红会救护消息】中国红十字会，昨日由浏河运到伤兵三十一人、黄渡四人、嘉定三人。人民之受流弹者，浏河方面五人，又小孩二人，某姓妇尚有小孩吮乳，为流弹伤及臂部，为尤可怜云。

（原载《申报》1924年9月12日）

9月12日　红十字会接治黄渡等方面伤兵，备棺南翔收殓贫户死者。

【红会派员视察各队情形】天津路红十字会第一医院，日来因战事缓和，接收伤兵较少，昨日由浏河、黄渡方面来者约三十人，内有一人因折骨而死，余者伤势均轻。

又该会昨日接到南翔商会报告，知该处贫户死者，均无棺收殓，僵摊板上，厥状甚惨。会长庄得之君得讯后，特备棺四十具，昨日派人先运去十具，以后当陆续载往。

又该会派赴外埠之第一（昆山及苏州）、第二（常州及宜兴）等各救护队，因通讯不便，情形隔膜。昨特由牛医生派请张卜熊医生为代表，前往常州、宜兴、苏州、昆山等处，详细视察各种设备、布置及救护等情形。张君已于昨日晚间十二时搭德和轮出发云。

（原载《申报》1924年9月13日）

是日　娄塘红十字分会救护难民。

【娄塘红会又救护难民来沪】娄塘红十字分会自成立以来，雇船救护难民到沪二批，计有六七百人。昨晨，又由该会载到难民三大船，约计四百余名，仍经旅沪同乡到埠招待，安插于新闸路江宁会所。现在该镇并无战事，地方治安，由本乡人士热心维持，尚属安静。惟附近各乡被难者纷纷到镇避难，尚有二三千人，一切饮食，由该分会供给，无奈粮少人多，恐有断绝之虞，即如火柴盐斤等均已告乏。闻昨日已由该分会派员来沪采办，雇船运往救济，所有逗留该镇灾民，亦拟设法雇船装运来沪云。

（原载《申报》1924年9月13日）

9月13日　红十字会救护嘉定、黄渡等处伤兵。

【红会救护杂讯】中国红十字会救护战地伤兵之昨日消息，缕述如次：

（一）昨日运到伤兵二十五人，浏河十七，嘉定六，黄渡只有二人。

（二）红十字会总办事处昨接联军第一军总司令何丰林复函云：敬复者，接准贵会二一九号公函，具悉一是，已通传各军队，一体知照，并不准随意挂用红十字旗帜袖章，以符章制。特此奉复，即希查照。

（三）领团方面，原不允伤兵运入租界，嗣经疏通，始允卸除军火，可入租界。惟各兵士所著制服，工部局已事前通知，准十四日晨派人往红十字会一律收取，故红会总办事处现正兼工赶制蓝色斜纹短衫裤，与各伤兵换。

（四）伤兵在红会养伤，往往不知自检，故红十字会总办事处特请职员中有军事知识者马少卿、边砥齐两君，轮流往各医院演讲劝化，告知红会对于伤兵义务及国际条约。

（原载《申报》1924年9月14日）

9月14日　红十字会救护黄渡等处伤兵。

【红会消息一束】红会救护伤兵之昨日消息，并志如下：

（一）自上午一时起至下午六时，计运伤兵十四人，为浏河七人、吴淞三人、黄渡四人。

（二）昨早工部局到红十字会，取去时疫医院、总医院、时济医院各伤兵制服二百余件，均由该会另制蓝斜纹短衫裤与之更换。至其余各临时医院之在租界者，仍须将制服换下，红会以兼工赶制，尚嫌不及，昨已向衣庄购得三百余身，以便更换。

（三）各医院昨日之伤兵数目，为时疫医院六五、总医院八三、时济医院一四七、公立医院七一、新普育堂一二五、商务书馆三六、同仁医院三一、南洋医院一二。

（四）沪城红十字分会救护队出发松江，已经多日。顷松江分会成立，可以完全担任一切事宜，今沪地队员医生，不敷分派，故昨日已由沪城分会将驻松队员如数调回矣。

（五）总医院原有女看护四十六人，因一时不及看护，故特临时增加男女看护各二十人云。……

（原载《申报》1924年9月15日）

9月15日　济生会派船赴马陆、方泰，救济妇孺难民。

【红会杂讯】红十字会，昨日接收伤兵共五十余人，伤均甚重。该会对于新入院伤兵之饮食，先予以稀饭，俟病势稍轻，即食以饭或馒首。盖伤兵连日战争，均饥饿过度，不应猝然予以过量之食物。……又济生会昨派一小轮及二民船赴马陆、方泰两地，救济妇孺难民，已由红会转备公文矣。

（原载《申报》1924年9月16日）

是日 红十字会救护嘉定等处伤兵。

【红十字会救护消息】 远东通讯社云，昨日所得红会救护消息汇志如下：

（一）昨日运到伤兵为浏河二十六人，嘉定一人。

（二）中国红十字会昨日假北市医院为第九临时养伤所，已留居伤兵二十二人。

（三）西藏路时济医院所住兵士，均属轻伤，每有不知自检者，劝化无效，昨已由该会将桀骜者多人转送陆军医院治疗。

（四）昨日下午一时半，何丰钰带团长一人，至天津路时疫医院慰问伤兵，每人发给五元，嘱其静养。遂由该医院派职员某君陪同何丰钰分赴其他各院慰问。

（原载《申报》1924年9月16日）

9月16日 红十字会救护黄渡、南翔等处伤兵。

【红会杂讯】 中国红十字会救护伤兵昨日之消息如下：

（一）由战线运到伤兵数目，为浏河九人，黄渡八人，南翔六人。

（二）各医院伤兵数目，为时疫医院八五，总医院一一四，时济医院一〇七，公立医院七一，新普育堂一二五，商务书馆三六，同仁医院三一，南洋医院一二，北市医院二二。

（原载《申报》1924年9月17日）

是日 娄塘红十字分会又救大批难民到沪。

【娄塘红十字分会又救大批难民到沪】 娄塘红十字分会，前曾送出难民数批，分别安插于江宁会馆、洋布公所等处。昨日（十六日）又送出难民千余名，分载大船二艘、小船七艘，由该分会救护员张国英及职员唐耀寰、陆道生、潘子久等率领到沪。据云，船至嘉定北门外张家桥时，岸上浙军，以浏河石家桥等处两军正在剧战，军事十分吃紧，喝令停船，阻止前进。后经交涉至四小时之久，始由司令部发给护照，派兵护送至南门外。船至江桥时，天色已晚，只得停船，但灾民已一日夜不得饮食，当由该地李警所长、赵分红会长招待难民等登岸食宿，其热心救济，令人称慕不止。现在灾民等到沪后，已由娄塘旅沪同人招待，安插于纱业公所、洋布公所等处云。

又据张慕歧来函云：娄塘处浏河、嘉定之间，自苏浙两军交战后，避难到镇者颇众，幸赖潘乡董、殷所长会同地方士绅周同筌、陈佩葱、周子馨、印霈伯等组织红十字分会，并捐资办理救济事务，除每日备餐供给各难民外，且陆续雇船装运来沪。昨晨八时，又有难民千余人分装九船到埠，其中无亲戚可投者，由陈缉文君设法送居江宁会馆及纱业公所等处。所需供给经费，闻有潘指行、王伯琴、陈佩葱（青）三君向各界劝募云。

（原载《申报》1924年9月17日）

9月17日　红十字会救护黄渡等处伤兵。

【红十字会消息】 昨日所得红会救护消息如下：

（一）昨日上午一时起至下午五时计由浏河运来伤兵十三人，黄渡五人。

（二）中国红十字会临时医院，昨又添设两处：一为南市护军营亚东医院；一为法租界金神父路广慈医院。

（原载《申报》1924年9月18日）

9月19日　红十字会救护黄渡、嘉定、南翔等处伤兵。

【红会消息并志】 中国红十字会昨日所得消息，并志如下：

（一）昨日上午十一时起，至下午五时半，计由黄渡运到伤兵二人，嘉定五人，南翔十人。

（二）红会总办事处于月之十三日，赴常州、苏州、昆山、太仓等处调查救护情形之医生张卜熊、书记唐如陵等，昨日已由镇江转轮到沪，向总办事处报告战线以北之一切救护情形。……

（原载《申报》1924年9月20日）

9月20日　《申报》报道娄塘红十字分会连日救护难民到沪。

【娄塘红会救护重伤难民到沪】 娄塘红十字分会连日救护难民到沪，已有三千余人，分别收容于江宁会所、大王庙（济生会收容所）、纱业公所、灵学会，约共一千余人。该分会临时医院亦早经成立，所聘医务主任印七襄热心治疗，附近乡民被流弹及土匪击伤者，每日到院医治多至一二十人。除轻伤者随时疗治随时出院外，伤势较重留院疗养者，已有数十人。昨有为土匪弹击受伤之男女五人，因伤势过重，特由分会雇船专送到沪，由驻沪派办事员陈缉文、王伯勤两君通知总会，立派病车到埠，接至天津路总会医院医治。

（原载《申报》1924年9月20日）

是日　红十字会救护黄渡、南翔、嘉定等处伤兵。

【红十字会消息】 兹将昨日之中国红十字会救护情形，汇志如下：

（一）十九日下午五时半至十二时，续收到伤兵为杭州二人，黄渡二人，浏河四人，南翔四十四人。又昨日上午一时起，至下午六时止，所收到之伤兵为嘉定二人，吴淞医院转六人，黄渡十二人，南翔十四人，浏河十四人。

（二）昨日上午，红十字会庄得之、王培元两君，向粤商医院院长陈炳谦、周清泉等商借该院为红会第十一临时医院，当经允诺，并、由该院医生孔锡鹏、许华凤、奚□中愿任医治。该院可容一百五十人，昨日已将伤兵十人运去，该会并拟假宝隆医院为第十二院，在接洽中云。……

（原载《申报》1924年9月21日）

9月21日　《申报》报道娄塘红十字分会临时救护队救助难民消息。

【娄塘临时救护队之昨讯】嘉定娄塘镇临时救护队，自战事发生后，往灾地救出难民，已达二千余人。前日（十八号），该队朱君及医生张应芹等六人，又雇船两艘，携红会护照，当日下午三时由沪启碇，行至江桥，因天色已晚，遂休息。拂晓又启程，即向嘉定进发，舟抵南门，朱君登岸，步行至西门司令部，将护照交杨司令查验，当因杨君军务纷繁，无暇及此，将原照□还朱君带出。乃又启船，下午三时余达娄塘，连夜救出当地难民男女老幼共六十余人，分载二船，昨晨复由娄塘开行至沪。经石冈门，忽有浙军数十人，上船盘问，朱君遂交出护照，给各兵士查验，乃浙军仍疑为苏方间谍，将朱君等三人带往南翔司令部。经臧致平亲自诘讯，并用电话向本埠红十字会调查。询问毕，知确系救护难民之办事职员，热心可嘉，乃派翁副官偕同乘特别军用火车，护送到沪。另有电话通知石冈门浙军，嘱将难民船两艘，速即放行，亦加派军士护送，约今日晨间可到云。

（原载《申报》1924年9月21日）

是日　红十字会连日救护嘉定、黄渡等处伤兵。

【红十字会救护消息】远东通讯社云，中国红十字会之昨日消息，分记如次：

（一）二十日下午六时至十二时，各处运到伤兵为浏河一人，吴淞医院转一人，嘉定二人，黄渡十一人。又昨日（二十一日）上午一时至下午五时半，计有广东来伤兵一人，吴淞医院转受伤营长一人，浏河五人，黄渡六人，嘉定八人，内连长一人。

（二）北市医院虽为红会临时养伤所，然所在均属前线病兵，并非伤兵。

（原载《申报》1924年9月22日）

是日　安亭救护船救护难民。

【救济安亭避难人民消息】安亭救护船迟到原因，已志前报。昨由该救护队队员葛君来沪报告云，日前开往安亭之救护船，到安后，因黄渡战事未已，来申恐途中遭遇危险，遂决意将被难者救往无锡、昆山等处。嗣该处红十字会亦派人到安，经两方之通力合作，协同救往昆山、无锡等处，往返数次，已救出七百余人云。又本埠老大房茶食号，因鉴于安亭来沪避难者困苦，特备糖糕一百余斤，送至山西路大马路口安亭同乡会内，转托散与难民云。

（原载《申报》1924年9月22日）

9月22日　《申报》报道南翔联军司令部规定红会战地救护伤兵时间等。

【联军限制红会分会员赴火线】远东通讯云：南翔联军司令部，以红会各地分会会员纷纷乘军用车赴战线救护，固属义勇可嘉，但人数一多，即难于识别。为免除危险起见，特规定每日上午下午，准各分会每次派二人乘坐军用车，来往各一次，现已通知各地红十字分会查照办理。又救护队如欲前往施救，必先通知司令部，经其许可，始准前去云。

（原载《申报》1924年9月22日）

是日　红十字会连日救护嘉定、黄渡等处伤兵。

【红十字会昨讯】中国红十字会救护伤兵昨日状况如下：

（一）前日下午五时半起至昨日下午六时，各地运到之伤兵计泗安二人，嘉定三人，吴淞八人，内连长一人，黄渡十四人，浏河十四人，闸北新营盘病兵四人。

（二）红十字会已向宝隆医院院长比爱特接洽妥协，假该医院为红会第十二临时养伤所，与红会总医院、同仁医院共三处，专治重伤兵士。

（三）常州红会第二救护队医生曹志绥昨由常到沪云：常州红会后备疗伤所，计有两处，一在第五中学校，内有伤兵八十余人；一在武进医院，有伤兵五十余人。而兵站医院为苏军所属，计有伤兵一百六十余人。

（四）各医院所住伤兵确数，为时疫医院八〇，公立上海医院一□四，新普育堂一〇八，南洋医院四六，广慈医院六三，粤商医院四，宝隆医院九，至总医院、时济医院、商务书馆、同仁医院、亚东医院五处，其数目一如昨日云。

（五）红会总办事处昨接北京总会会长颜惠庆、蔡廷干之复电云：

巧电敬悉，浙构兵，人民涂炭，悯恻殊深。幸赖诸执事竭力救护，筹措有方，至为感佩。东北风云，业形紧迫，筹备救济，难缓须臾。又水灾奇重，募捐已成弩末。应勉力筹募，救此南北灾黎，一俟募有成效，即汇沪以资接济。总会惠庆、廷干个。……

（原载《申报》1924年9月23日）

9月23日　**红十字会连日救护嘉定、黄渡等处伤兵。**

【红十字会消息】昨日红十字会救护情形，分述如下：

（一）前日下午六时至十二时，计运到浏河伤兵五人，黄渡二人，闸北新营盘病兵一人。又昨日上午一时至下午五时，计运到黄渡伤兵五人，浏河二人，嘉定二人，广东一人。并据广东兵士云，系陈炯明部，因在黄冈剿匪受伤，故由汕头搭太古船来沪。同行者十数，或伤或病，均已投其他医院矣。

（二）该会昨接北京总会公函，略谓福山李为章等请设分会，已照准。

（三）该会昨又接南浔、吴江两分会来电云：战区救护，本不分畛域，浔震相距仅十二里，分会等迭次协商，尤认有互助之必要。惟以地分苏浙，彼此通行为难，用请贵处转电各省军事长官准许，届时一体通行，并通饬所属军队查照。南浔、吴江两分会叩马。

（四）昨日各医院所有伤兵，为时疫医院七七，总医院一〇九，时济医院一二三，公立上海医院一一七，商务印书馆五四，南洋医院四三，粤商医院四二，至新普育堂及同仁、亚东、广慈、宝隆等五院，报告均未到。

（五）何丰林昨特请第一军副司令部副官长杨大明，到红十字会各医院慰问伤兵。……

（原载《申报》1924年9月24日）

是日　**《申报》报道红十字会救护南翔、黄渡等战地伤兵情形。**

【沪城红会救护伤兵】沪城红会救护队，此次又在南翔、黄渡等处一带战地救出伤兵二十一名，皆形容憔悴，或伤手臂，或伤双足。该伤兵等因与淞沪警察厅办公人员有密切联系，故于昨午后一时先到警察厅接洽，咸在头门外席地而坐，至三时许，由汽车将该伤兵等送往新普育堂及上海医院医治。

（原载《申报》1924年9月24日）

9月24日　**红十字会连日救护嘉定、黄渡、南翔等处伤兵。**

【红十字会消息】前日下午五时至昨日下午五时半，计运到黄渡伤兵十七人，嘉定三人，南翔一人，大场一人。……

（原载《申报》1924 年 9 月 25 日）

9 月 25 日 红十字会救护嘉定、黄渡、南翔等处伤兵。

【红十字会昨讯】 前日下午五时半至昨日下午六时，计运到黄渡伤兵十六人，嘉定二人，南翔二人，浏河一人。……

（原载《申报》1924 年 9 月 26 日）

9 月 26 日 红十字会连日接治黄渡等处伤兵。

【红十字会消息】（一）前日下午六时至昨日下午六时，计运到黄渡伤兵十五人，浏河五人。……（六）红会现拟在闸北南市分组救济临时避难所，收容无依难民，并商准工部局，紧急时可以移入租界。闸北业已向太阳庙对面某大栈房商妥，可容二千人云。

（原载《申报》1924 年 9 月 27 日）

9 月 27 日 《申报》报道昆山分会救护队收容安亭、望仙桥、方泰、嘉定等处难民消息。

【昆山红会之救济妇孺】 昆山红会所设第一、第二妇孺收容所，以城厢居民为多，统计二百余人。县境安亭以东为战地要冲，极为危险，第一批收容该处妇孺一百三十余人，第二次收容望仙桥、方泰、钱盆（门）塘一带妇孺一百二十余人。在西塘小学添设第三收容所，主任者朱君□贤，经费由分会支给；后浜杜氏宗祠添设第四收容所，主任者朱君志云，经费由朱、杜两君担负。安亭一带妇孺，由美国红十字会会员率领昆会救济队前往救护出险，有二女子被弹所伤，亟为医治。现美红会复往嘉定、太仓战地救护妇孺至后方留养。又驻昆无锡分会救济队在安亭附近输送妇孺两次，至无锡收容所，共计三百数十人。苏军六师某书记官，在安亭之东田塍间拾得弃孩一名，年约二三龄，已冻饿不堪。即派护兵送至昆分会招人认领，遍查在昆收容所，安亭乡人均非亲属。据护兵云，书记官年老无子，嘱令如无亲属在昆，可携至寓所善为抚养，遂由昆会为之摄影，给以衣服，仍交该护兵带往南京。救护方面，上海无锡两队均甚忙碌，出发至前线服务，掩埋队亦出发至前线，相机料理一切云。

（原载《申报》1924 年 9 月 27 日）

是日 红十字会连日救护黄渡等处伤兵。

【红十字会救护讯】 远东通讯社云，中国红十字会昨日所有消息如下：前日下午六时起至十二时，计运到浏河伤兵二人，黄渡三人。又昨日上午一时至昨日下午五时半，计运到浏河伤兵五人，黄渡十人。内有三人，转送往时济医院，三人转送往同仁医院，其余均在天津路时疫医院。

（原载《申报》1924年9月28日）

9月28日 红十字会连日救护嘉定、马陆、黄渡、南翔等处伤兵。

【红十字会昨讯】 中国红十字会昨日消息如下：（一）前日下午五时半至十二时，计运到浏河伤兵一人，嘉定三人，马陆四人，黄渡七人，其转送总医院者□人，时济医院一人，同仁医院六人，余均在时疫医院。又昨日上午一时至下午六时，计运到南翔伤兵二人，吴淞三人，嘉定四人，黄渡七人，马陆十人，内有六人转送总医院。……

（原载《申报》1924年9月29日）

9月29日 红十字会连日救护嘉定、马陆、黄渡等处伤兵。

【红十字会之救护】 中国红十字会昨日之救护情形如下：

（一）前日下午六时至十二时，运到冈村伤兵三人，马桥三人，嘉定三人，马陆六十一人。又昨日上午一时至下午六时，计运到浏河伤兵一人，罗店一人，冈北转到六人，嘉定九人，黄渡十四人，马陆八十一人。

（二）昨据调查得西藏路时济医院之救护伤兵，医士俞凤宝、黄禹九、吴子珖，看护夏志珊、朱纯懿、萧锦才，庶务张葆金、杨晞忠，挂号宋连生、庄高松，余如夫役有二十六名，汽车夫二名，饼司三名，收容伤兵一百零八人。

（三）各医院伤兵数目，为时疫医院五七，总医院一二六，公立上海医院九三，新普育堂一〇四，商务书馆三〇，同仁医院三〇，南洋医院五〇，亚东医院一四，广慈医院四八，粤商医院二九，宝隆医院二九。

（原载《申报》1924年9月30日）

9月30日 红十字会连日救护嘉定、马陆、黄渡、南翔等处伤兵。

【红十字会救护讯】 中国红十字会，昨日之救护情形如下：

（一）前日下午六时至十二时，计运到浏河伤兵一名，嘉定一名，南翔五名，黄渡五十四名。又昨日上午一时至下午五时半，计运到嘉定伤兵七名，浏河五名，南翔十三名，马陆十六名，黄渡六十四名。

（二）昨日上午八时，调查得各医院之伤兵确讯，为时疫医院六七，总医院一四三，时济医院一五三，公立上海医院一三七，新普育堂九八，商务书馆二八，同仁医院四二，南洋医院三四，亚东医院六六，广慈医院四七，粤商医院七七，宝隆医院二八。

（原载《申报》1924年10月1日）

是日 沪城分会组织临时医院，救治黄渡等处战地伤兵。

【沪城红会分会医院救治伤兵讯】 荣嘉路太平街喻义堂药业公所，组织沪城红十字分会临时医院，已于夏历九月初一日实行开办。是日晚间八时始，至昨日下午止，从黄渡、浏河等处战地，由长途汽车陆续载回伤兵，约有六七十名，分别由医生医治，其中有重伤者数名，至昨午后伤势已危险，由该院另用病车转送南市某医院医治。

（原载《申报》1924 年 10 月 1 日）

10 月 1 日 红十字会连日救护嘉定、黄渡、南翔等处伤兵。

【红会救护之昨讯】 前日下午五时半至昨日下午五时半，计运到吴淞伤兵二人，浏河五人，嘉定五人，南翔七人，黄渡四十六人。另有直接送往红会第四医院（即公立上海医院）者十七人。……昨日上午八时止，各医院所有伤兵确数，为时疫医院七一，总医院一五三，时济医院九三，公立医院一一六，新普育堂九六，商务书馆二七，同仁医院四五，南洋医院二三，亚东医院一八，广慈医院四三，粤商医院八〇，宝隆医院二人，麦根路红会医院一二。

（原载《申报》1924 年 10 月 2 日）

10 月 2 日 红十字会连日接治嘉定、马陆、黄渡、南翔等处伤兵。

【红十字会之救护】 中国红十字会，昨日之救护消息，并志于下：

（一）前日下午五时半至十二时许，计有黄渡运到伤兵二十三人，当由两人转送南洋医院，八人转送时济医院，十人转送同仁医院，三人留于时疫医院。又昨日上午十一时至下午五时一刻，计运到马陆伤兵一人，南翔一人，吴淞二人，嘉定二人，浏河八人，黄渡十五人，转送新普育堂者二人，转送公立医院者三人，转送总医院者三人，转送宝隆医院者三人，转送南洋医院者五人，留于时疫医院者十三人。

（二）昨日浏河运来汤阿凤、汤阿小两名，系居民之受流弹者，当由红会向爱文义路美国圣公会立广仁医院富（副）院长商妥，将两人送去医治，按该医院只可收容妇孺。

（三）昨日上午八时所修正之各医院伤兵确数，为时疫医院六七，总医院一六一，时济医院一一九，公立上海医院一一八，新普育堂一一〇，商务书馆二四，同仁医院四六，南洋医院五六，亚东医院三〇，广慈医院三七，粤商医院八一，宝隆医院二九。

（原载《申报》1924 年 10 月 3 日）

10 月 3 日 红十字会连日救护嘉定、黄渡、南翔、方泰等处伤兵。

【红十字会消息】 中国红十字会，昨日消息汇志于下：

（一）前日下午五时一刻至十二时，计运到青浦伤兵一人，嘉定一人，黄渡四人。又昨日上午一时至下午五时半，计运到嘉定伤兵一人，南翔一人，吴淞二人，浏河二人，黄渡二十三人。

（二）仓圣会昨日派员到红会总办事处接洽，该会亦拟组织救护队，到黄渡、方泰等处施行救护，请许用红会旗帜。

（三）昨日各医院所住伤兵确数，为天津路时疫医院七〇，海格路总医院一六三，南市公立医院一一六，南市新普育堂九六，宝山路商务书馆一六，虹口同仁医院四八，小南门南洋医院三五，沪军营亚东医院二九，金神甫路广慈医院三六，天潼路粤商医院七三，白克路宝隆医院三〇，麦根路红会医院一七，西藏路时济医院，仍为一一九，十三医院总数共为八四八。

（原载《申报》1924年10月4日）

10月4日　《申报》报道红十字总会驻昆山救护队连日接治安亭、黄渡、方泰等处伤兵和难民。

【驻昆红会救护记】昆山通信，上海总红会所派驻昆救护第一队，自出发至昆山以来，所救护伤病兵民，已达千人，其每日分别服务，异常忙碌。该队长倪承方医生，除主持队务往来各机关接洽外，复于前日施行大手术一次，及每日往昆分会所设妇孺收容所五处治病。队员瞿康伯医生，亦每日帮往收容所看治。方菊影医生，每日往该队所设临时治疗所及妇孺收容所治病。任培天医生，每日在临时治疗所及浙军俘虏收容所、妇孺收容所治病。其外耿国祥、张丹卿数君，每日出发前线救护。以上队长队员，除所任职务外，复随时出发前线救护，其所收伤兵、病民重者一二日后，或行手术后，即送后方，轻者为之治愈出院。日来合算轻者，已治愈无数，重者由队中共同行大手术者已十余人，小手术不计。近来所来伤病民更多，每日统计，总须往来看治内外科百人。日前复往太仓，运来伤病兵数百人，由倪队长共同治理，中有二师六团某营兵二名，枪伤臂部大腿部，子弹未出，即由任医生为其取出。二十九日晚十二时，更由安亭运来伤兵数十人，内伤极重者十余人，该队即于当晚为其分别治疗后，即送至第二临时治疗所安置。中有六师二十三团某营兵，枪伤小腿，子弹未出，即由方菊影医生为之取出。次日仍继续运来不已。又闻该队于救护伤病之外，不辞烦劳，复临时救护难民。前月二十日在昆车站遇苏军六师某书记官，在安亭拾得三岁弃儿一名，当由该队队员方唐任诸君，婉言收领，送至昆分会，招人认领。又二十五日出发黄渡救护时，在方泰镇救回八十岁病妇朱氏一名，及七十五岁难妇一名，令所带夫子亲运送至昆分会安置。近在第一临时治疗所，复收下难妇史王氏及朱小妹二名，均受孕足月，将及临盆，该队已代为预备各物，将为接产矣。

（原载《申报》1924年10月4日）

是日 《申报》报道昆山红会收容安亭、黄渡、外冈、望仙桥、方泰等战地难民。

【昆山红会办理之概况】 昆山红十字会详情，屡志本报。昆邑接近战地，红会亟亟于救济妇孺，原设四所，不敷容纳，复借东塘俞凤宝宅，添设第五妇孺收容所；柴王街毕庆侯宅，添设第六妇孺收容所。已收容者达千人以上，均从白鹤江、蒋浦、赵屯桥、安亭、黄渡、外冈、望仙桥、方泰战线中救护出险。流离悲惨之状，令人目不忍睹。红会亟赴苏垣购备棉被棉衣，酌量发给，并由总会救护队医士轮流检视疾病。其在蓬阆、菉葭两乡，亦经本乡董绅与昆分会洽商，在菉葭浜蓬阆镇花家桥，设立妇孺收容所一二处，由本乡红会会员主任其事。昆境、石浦、歇马桥、茜墩、陶吴家桥，虽非战地，然受兵灾损失颇巨。美国红十字会救济队司徒诸君，不避危险，分往前线，救护被难妇孺，不遗余力，知昆地收容所已极拥挤，遂约同昆、太两会职员，往常熟与赵县长、张会长商量，设立后方妇孺收容所，并借汽船一艘，为输送妇孺所需，事已妥协。掩埋队前日至黄渡附近收埋死亡者十余人，俟战事稍停，即再出发。治疗所中乡民被流弹所伤者居多，避难孕妇入院养护者，亦有数人，此九月下旬办理红会之大概情形也。

（原载《申报》1924年10月4日）

是日 红十字会连日救护嘉定、黄渡、马陆等处伤兵。

【红十字会昨讯】 前日下午五时半，至昨日下午五时半，计运到马陆镇伤兵四人，浏河四人，松江四人，嘉定七人，黄渡二十七人。……昨日各医院所有伤兵确数，为时疫医院四三，总医院一七〇，时济医院九七，公立上海医院一三六，商务书馆三五，同仁医院四七，南洋医院四五，亚东医院二七，广慈医院三七，粤商医院五六，宝隆医院三一，红会医院一四，至新普育堂则仍为九六，其总数则为八二四。

（原载《申报》1924年10月5日）

是日 嘉定分会戴思恭致函昆山分会通报救护情形。

【嘉定红会致昆山红会函】 嘉定红十字会分会戴思恭，昨致函昆山红十字会分会，希望代陈彼方当局，勿滥掷炮弹炸弹。函云：景沂、唯一先生阁下：本月四日，接□上月所发大函，悉贵会于九月一日成立，又得两先生出而担任，造福梓桑，敬佩敬佩。此间分会，亦于九月一日成立，正会长项君如松，副会长朱君吟江，理事长顾君吉生，三君皆经商沪滨，公函属恭代为暂理。恭猥以菲才，忝任城市总董，地方义务，责无旁贷。乃三日两军接触，知事先行，嘉城适当战线，幸有新来警佐彭寿蓉颇具肝胆，当经劝其勿走。匝月以来，虽十室九空，秩序幸尚不乱。敝会所属各机关，如疗养院、妇孺救济院、掩埋局，规模粗具，尚见精神，堪慰□注。即在沪项、朱、顾暨同乡诸君，亦能源源募款接济。救护船只，络绎于途，赁屋收容，心力俱瘁，报纸记载，当知其大略矣。恭自战事发生，从未离嘉一步，每日必周循城厢内外，间至近乡，盖因谣言数起，传恭已走，则纷纷逃匿，不得不示以整暇，希冀秩序不乱，或能保存一二也。所恐者大炮击城，飞机施炸，从天而降，掷地有声。其实城中驻兵甚稀，焉能命中？牺牲者无非人民生命财产。闻当道现驻昆境，可否奉恳台端就近代为陈述，务饬前方军队，尊重道德主义，爱惜国家军实，嗣后勿再用猛烈炮弹炸弹，为嘉邑稍留元气，则拜赐实多矣。专□奉恳，敬请公绥，并盼玉复。戴思恭拜启，十月四日。

（原载《申报》1924 年 10 月 5 日）

10 月 5 日 《申报》报道大场红十字分会连日救护嘉定等处难民。

【大场红会之救济讯】 红会大场分会，成立于上月四号，张行五、邢宝仪君等，为该分会救护重要职员，在浏河、罗店、大场、嘉定等处，先后救出难民共四五千人。现张、邢二君，定今晨乘坐火车，往松江一带救济云。

（原载《申报》1924 年 10 月 5 日）

是日 红十字会连日救护黄渡、马陆等处伤兵。

【红十字会救护消息】 前日下午五时半至十二时，计运到吴淞伤兵一人，黄渡四人。又昨日上午一时至下午六时，计运到浏河伤兵一人，马陆四人，黄渡十九人，内有二人转送总医院，二人转送宝隆医院，六人转送同仁医院，十四人留于时疫医院。……昨日各医院之伤兵确数，时疫医院四五，总医院一五七，时济医院九〇，公立上海医院一五一，新普育堂八九，商务书馆四一，南洋医院四四，粤商医院五三，宝隆医院二七，至同仁、亚东、广慈、及麦根路北市医院等，均与前日数目相同。共十三医院之总数，则为八百十二人云。

（原载《申报》1924 年 10 月 6 日）

是日　邑人牛惠生博士主持之红会伤兵医院伤兵获赠牛乳、饼干等食品。

【红会救伤第三院消息】西藏路红会救伤第三院，由牛惠生、俞凤宝、黄禹九主持医务，颇为忙碌。前有龚安凤女士携来番橘牛乳多件，慨赠伤兵，近日龚女士又躬自分给兵士上等饼干一百二十包。昨日又有陆丰昭女士，送来牛乳二十四罐、西式饼干十六筒，由院中医士分别给与伤势较重、不能进寻常食物者。兵士得此佳惠，均喜形于色云。

（原载《申报》1924 年 10 月 6 日）

10 月 6 日　红十字会连日救护黄渡、南翔等处伤兵。

【红十字会之救护】前日下午六时至十二时，计运到浏河二人，黄渡三人，松江二十一人，内有三人转送同仁医院，三人转送宝隆医院，十一人转送时济医院，余留时疫医院。又昨日上午一时至下午六时，计运到吴淞伤兵一人，南翔二人，松江二人，浏河四人，黄渡十七人，内有一人转送亚东医院，一人转送同仁医院，三人转公立医院，三人转时济医院，五人转总医院，七人转新普育堂，六人留时疫医院。……昨日各医院之伤兵确数，为时疫医院六四，总医院一四九，时济医院一〇〇，公立上海医院一三四，新普育堂一〇五，商务书馆四〇，同仁医院四四，南洋医院五一，亚东医院二九，广慈医院三五，粤商医院四一，宝隆医院三〇，北市医院一四，其总数为八百三十六人云。

（原载《申报》1924 年 10 月 7 日）

10 月 7 日　红十字会连日救护嘉定、黄渡等处伤兵。

【红十字会昨讯】中国红十字会昨日之救护消息如下：

（一）前日下午六时至昨日下午六时，计运到吴淞伤兵一人，嘉定三人，浏河六人，黄渡三十八人。

（二）昨日各医院之伤兵，确数为时疫医院四二，总院一五九，时济一一六，公立一四〇，新普育堂九六，商务书馆五一，南洋五〇，广慈四〇，粤商五〇，北市一七，至同仁、亚东、宝隆三医院，其数目仍与前日相同。十三医院之总数则为八六四。

（原载《申报》1924 年 10 月 8 日）

10 月 8 日　红十字会连日救护嘉定、黄渡、马陆等处伤兵。

【红十字会消息】前日下午六时至十二时，计运到嘉定伤兵一人，闵行分会转二人，黄渡八人。又昨日上午一时至下午六时，计运到浏河伤兵一人，嘉定四人，马陆三人，黄渡八人，车站病兵一名，宜兴一人，松江三人。……红会总办事处，以日来每有假红会名义，恣意招谣，殊属有碍会务，昨已谆谆告诫各分会，严禁有藉名招谣及任人利用情事。……昨日各医院之伤兵数目，为时疫医院三三，总院一六九，公立一三九，新普育堂九五，商务书馆五〇，同仁三九，亚东二五，广慈四三，粤商一〇〇，宝隆二五，北市一九，至时济、南洋两医院数目，一如前日。其总数则为九〇三。

（原载《申报》1924年10月9日）

是日 嘉定红会掩埋局局长至旅沪同乡会集议要事。

【嘉定红会消息】 嘉定红会掩埋局局长冯开生君，昨晨同队长陶吾生乘军用车至旅沪同乡会，集议要事：

——前由沪运嘉之棺材百余具，因连日掩埋已死人民兵士，至上月二十九日止，已用去一百二十八具，故所剩无多，请设法购置，以便应用。

——前日冯君亲率夫役往前线掩埋，高树旗帜，不料苏军不认，频用步枪猛击，遂即折回，故请同乡会向苏军方面领取护照，俾免危险。

——队员夫役等出入火线，流弹颇多，设或因公伤亡，将如何待遇，当先定规则，俾可激励。

（原载《申报》1924年10月9日）

10月9日 红十字会连日救护南翔、嘉定、黄渡、马陆等处伤兵。

【红十字会消息】 中国红十字会昨日消息如下：

（一）前日下午六时至十二时，计运到浏河伤兵一人，南翔一人，嘉定二人，黄渡三人。又昨日上午一时至下午五时半，计运到马陆伤兵一人，黄渡七人，松江二人。

（二）昨日组织分会者，有松江县胡家镇。

（三）昨日各医院之伤兵数目，为时疫医院三九，总院一六六，时济一一八，新普育堂一一四，商务书馆四八，同仁四三，亚东二六，广慈四〇，粤商四一，宝隆二九，北市二〇，至公立及南洋两医院，其数目仍与前日相同。十三医院之总数，则为八七三。

（原载《申报》1924年10月10日）

10月10日 红十字会连日救护南翔、嘉定、黄渡、马陆等处伤兵。

【红十字会昨讯】 前日下午五时半至十二时，计运到黄渡伤兵二人，嘉定四人。又昨日上午一时至下午五时半，计运到嘉定伤兵一人，马陆三人，黄渡四人，浏河九人，松江三人。又松居民许李氏，受有流弹，由红十字会转送广仁医院。……各医院昨日所住之伤兵，为时疫医院六二，总院一六一，时济六九，公立一四〇，新普育堂一一六，商务书馆四二，同仁四五，亚东二四，广慈二七，粤商二五，宝隆二八，北市一八，而南洋医院之五十人，已四日无所增减。至十三医院之总数，则为八百零七人云。

（原载《申报》1924年10月11日）

10月11日 红十字会连日救护、救济南翔、嘉定、黄渡、马陆等处伤兵与难民。

【红十字会消息】中国红十字会昨日之救护伤兵与救济难民消息，分录于次：

（一）前日下午五时半至十二时，计运到南翔伤兵一人，马陆二人，黄渡三人，嘉定七人，松江四人。又昨日上午一时至下午五时，计运到嘉定伤兵一人，马陆一人，浏河一人，黄渡六人，内二人转送同仁医院，三人转送粤商医院。另有嘉定难民樊陆氏受有流弹，由红会转送广仁医院。

（二）莘庄、泗泾两分会，昨到总办事处请求协助救济难民，并闻泗泾分会昨已开始营救云。

（三）南京有美国红十字会之组织，难民救济队队长为美人魏慕德，曾出发昆山等地，施行救护。惟手续上多未完备，进行殊感困难，已由上海美国红会总办事处责令解散，改组为中国红十字会。昨已得中国红会总办事处之许可，发给旗帜袖章，并代为陈报南京、镇江、常州、无锡、苏州、昆山、太仓、安亭等处军事当局，请饬属一体保护，并知照八处分会，加以联络云。

（四）昨日各医院之伤兵确数，为时疫医院四〇，总计（院）一六九，时济七五，公立一四七，新普育堂一〇六，商务书馆四六，同仁四三，广慈三七，粤商二六，宝隆二六，北市一九，至南洋、亚东两医院数目仍如前日，其总数则为八〇八。

（原载《申报》1924年10月12日）

10月12日 沪城分会连日救护嘉定等处伤兵。

【沪城红会之救治伤兵讯】沪城红十字会分会，连日救到战地送来伤兵，自前日夜晚十二点钟，计收到松江明星桥、新桥、莘庄、嘉定等处运到伤兵共十六人。据该伤兵告称，连日两军开战，联军已攻进近松江二里之地方，战事甚剧。该伤兵内有重伤者二人，到院后，不及医治而死。昨日该院将伤兵中医治较愈者，送往九亩地第二疗养院留养医治。午后，全体救护队摄影，以备稽考。

（原载《申报》1924年10月13日）

10 月 13 日　红十字会连日救护南翔、嘉定、黄渡、马陆等处伤兵。

【红十字会昨讯】中国红十字会昨日所有消息如下：

（一）前日下午五时至十二时，计运到纪王庙伤兵三人，黄渡六人，马陆十一人。又昨日上午一时至下午五时，计运到明星桥伤兵一人，南翔一人，嘉定三人，浏河三人，黄渡二十五人。

（二）南北市所有难民收容所，昨由红十字会预备旗帜，给予悬挂，至不得已时并即用红会旗帜。将难民运入租界，已得租界当局之许可，大约暂留于杨树浦平凉路等处。至于南市收容所为中华路之群□学，邑庙萃秀堂之豆业公会，小东门之泉漳会馆，西门外之京江公所，西门内之关帝庙。北市收容所为兆丰路之物华栈房，闸北大统路慈善团，闸北普善路总和栈房，普善路吴江会馆，北车站聊义善会等十处云。

（原载《申报》1924 年 10 月 14 日）

10 月 14 日　红十字会连日救护马陆、黄渡、南翔等处伤兵。

【红十字会消息】中国红十字会，昨日消息如下：

（一）前日下午五时至十二时，计运到松江伤兵一人，马陆二人，黄渡四人，南翔五人。又昨日上午一时至下午五时，计运到新桥一人，马陆一人，松江二人，黄渡八人，南翔十人。

（二）莘庄分会，昨以民船三只，救护难民来沪。又闵行分会，亦雇民船两只，救运难民云。

（三）红会救护车，经租界当局许可，可以通行之路由如下：由南市至法租界，（甲）敏体尼荫路，（乙）十六铺捕房处。由北市至英租界，（甲）北河南路界，（乙）克海能路、界路，（丙）北四川路、靶子路。

（原载《申报》1924 年 10 月 15 日）

10 月 15 日　红十字会接治南翔伤兵。

【红会昨日无伤兵到】远东通讯社云：中国红十字会天津路时疫医院，于前日下午五时至十二时，计接收南翔运到伤兵六人，内有三人转送总医院，一人转送时济医院。昨日只有贫儿院转到伤兵潘连元一名云。

（原载《申报》1924 年 10 月 16 日）

10 月 25 日　娄塘红十字分会首次护送难民回籍。

【娄塘红十字分会第一次送回难民】东南战事近二月，战地难民，大都流离失所。嘉定附近娄塘镇之各绅士，热心慈善，特设立红十字分会，救护难民来沪，多至三千余人，分居于江宁会所等处。今该会见战事□告结束，故积极办理送回原籍。曾于昨日备民船八艘，约同八百人，于昨晨八时为第一次护送回籍，护送者为陈□□君等。闻待原船回沪后，尚须陆续运送回籍云。

（原载《申报》1924 年 10 月 26 日）

10 月 27 日 红十字会驻昆山救护队经安亭、南翔返沪。

【红会驻昆救护队返沪】中国红十字会救护队第一医队队长倪承方、医官方菊影及救护员役二十余人，于前日下午二时四十分，由昆乘专车返沪，因车站司令不谙车务，于安亭、南翔延搁十余小时。至昨晨五时半，始由南翔开车直达上海。当由总会派汽车迎至天津路，该队人员自前日上车时，进午膳，晨八时抵总会后，始得饮食云。该队自八月二十八日出发，迄今已两月，救得难民千余，医治伤兵一千五百余名，异常辛苦。闻驻常州第二队昨日亦返沪，惟尚未到达云。

（原载《申报》1924 年 10 月 28 日）

11 月 1 日 《申报》报道昆山分会收容安亭、黄渡、方泰、望仙桥、外冈等处妇孺近况。

【昆山红十字分会消息】昆山红十字分会，两月以来，先后收容战地妇孺共三千余人，留养本地者十之七，输送后方者十之三。现因战事结束，妇孺归心如箭，次第运送至安亭、白鹤江、蒋浦、重固、黄渡、方泰、望仙桥、外冈等处。昆山收容所九处，均议裁撤。上海总办事处派驻之救护队，亦奉电撤回，倪队长暨方、任、唐诸医生，于十月二十六日下午率队归沪，昆会职员送至车站摄影纪念，并推王、俞两职员伴送同行，以表感忱。秋冬之交，易生疾病，自救护队撤回后，随设临时治疗所，接总办事处函，准由瞿君康伯、孙君伯颐，留驻昆会，担任医治职务。南京美医士魏君慕德、胡君润德，奉省署委托，调查掩埋及卫生事宜。刘县长亟为备具汽船，及必需用品，随带昆红会掩埋夫四名，向安亭、黄渡、浏河、南翔出发。是日李君仲霞等六人，亦由宁莅昆，分赴昆太嘉战区调查灾况云。

（原载《申报》1924 年 11 月 1 日）

11 月 3 日 美国红十字会调查望仙桥镇灾情。

【昆山红会调查望仙桥灾情】安亭北之望仙桥镇，昨有昆山美国红十字会派来会员数人察看灾情，并挨户调查难民人数，详载表册。一俟调查竣事，即赴昆山报告详情，再由该会购备急需品，按册赈济。

（原载《申报》1924 年 11 月 4 日）

11月6日　《申报》报道娄塘红十字分会江浙战争救护成绩。

【娄塘红十字会分会之成绩】 娄塘乡组织红十字会，阴历八月六日成立，当推举正副会长理事长，聘请中西医士，业已两月，事经告竣，兹将该分会所办事项约略录下：

——救济难民共四千六百余口。自八月八日始，陆续雇船送至上海，除自觅住宿外，余均分派各会馆，收容留养。又婴孩十九口，乳妇八人，留养一月余，因南路交通阻隔，不得送至上海，嗣经吴县红十字分会及美国红会员至娄，雇船救往。又愿在本镇住宿者计一千余口，分派本镇各庙宇等，日施两餐。至八月二十四日，第二混成旅二团军队莅镇后，各难民渐散□二百余人，仍在本镇留养，至九月二十二日，始得回家。

——施诊伤兵病兵。西医诊视计有三千余号，中医诊视病兵计有八百六十二号。又有灾民二百八十四号，经治见效，颇得军民感激。

——维持秩序。军事发生后，地方人士避往他□者居多，当经留沪诸君筹款接济，在乡乡佐等五人竭力维持，劝令各店铺照常卖买，并派员雇船输运食物，采办柴炭，移借碗盏器具，以济军需，并安插灾民。虽四乡多遭抢劫，而娄塘一镇，火线四围，屡经危急，尚可保全。

——掩埋尸体。唐行乡陈生林一人，陶十图陈景福一人。又有无名男尸一人，虞九图唐小妹一口，垂四图枪伤乡民朱富仁一人，西门外军士尸身四具，莱三图女尸一口，十九图枪伤乡民唐金官一人，本乡寒十图高阿大一人，让三十图施阿炳一人，三十一图夏景祥一人，三十二图冯阿福、吴阿福二人，秦家牌楼女尸一口，顾姓一口，石家桥嘉界□军尸一人，太界无号军尸十二人，女尸一口，小孩一口，另有枪毙而派员收殓家属自备棺木者不计。

（原载《申报》1924年11月6日）

11月9日　《申报》报道昆山分会在黄渡等处掩埋战地尸体。

【昆山红十字分会之成绩】 昆山红十字分会，于九月一号成立，先后组织收容所九处，蓬阆、菉葭、花家桥三处，城内六处，计收妇孺三千五百四十六人，送往后方常熟、吴县一千三百十六人。疗养院二处，医愈伤兵四百二十五人，伤亡者三；俘虏六十七人，死二；流弹被伤乡民九十一人，死三。每日上午诊治内外科，日有二百余号，疟疾、痢疾为多。掩埋二队，第一队，在黄渡、太仓等处，所见尸体浮沉田河之旁，即由夫役捞起，就地掩埋，计有一百三十余人，夫役乡民居多。第二队驻城，掩埋陆军野战医院、兵站医院、分会疗养院伤亡官长、兵士、夫役三百七十八人，均葬于各院附近荒地。每掩埋时，队员亲往督察，夫役掘坑深埋，预防疫疠。分会办事人员，一概义务。今定于月之十四号下午，召集会员筹办善后救济被难事宜。

（原载《申报》1924 年 11 月 9 日）

11 月 23 日　红十字会派员调查南翔、嘉定、黄渡一带战乱暴尸灾情。

【红会员役赴黄渡】 中国红十字会，前派徐乙藜医生赴南翔、嘉定、黄渡一带，调查暴尸灾情。经徐医生报告后，总办事处即于昨晨仍派乙藜医生偕同庶务员王锦城及茶房工役人等，乘坐内河招商轮船，前赴黄渡一带，掩埋暴尸。并闻附带钱洋、支票、棉衣、食米、面粉、锅镬等件，发给灾民。谅来春疫疠，定能稍减，一班鸠形鹄面之灾民，亦可稍慰薪忧矣。

（原载《申报》1924 年 11 月 24 日）

12 月 5 日　嘉定红十字分会宣告战事救护结束。

【中国红十字会嘉定分会告白】 本会因战事设立各项附属机关及各地办事处一律于十二月五日宣告结束，特告。

（原载《申报》1924 年 12 月 6 日）

12 月 8 日　红十字会战地专员由黄渡移驻方泰、马陆等处，连日掩埋战地人、畜尸体。

【红会战地放赈之又一报告】 本埠中国红十字会昨日接到战地放赈专员徐乙藜由黄渡来函云：日昨王铮成君来渡，适藜赴沙浦村掩埋，返渡时始知之。今日移驻方泰、马陆，首重掩埋，次及放赈。前昨两日共掩埋死尸四具，死牛一具。藜所放之赈，除地保证明外，尚有金萃派员监理。并将各机关所未到者，详加审领，不惮烦劳，择其孤苦无依者，发给米洋。至当地绅士及各机关，非常客气，并希望来岁能放春赈云。

（原载《申报》1924 年 12 月 9 日）

12 月 9 日　徐乙藜返沪报告黄渡、马陆掩埋放赈情形。

【红会派员赴黄渡掩埋放赈之报告】 中国红十字会派员赴黄渡一带掩埋放赈等情，已志本报。昨日，由徐乙藜医生仍带原队返沪。当据报称，在黄渡乡掩埋七具，□青浦镇掩埋四十具，外冈乡掩埋二具，马陆乡掩埋九具。均于宅旁路闸暴露浅葬者，皆用石灰覆盖深葬，有查考者均用标杆插记。于放赈一层，如各慈善机关所未放到而择其极贫苦者，发给衣米现洋面粉锅只等物，有病者为其诊治给药。悉经各绅董派员协同地保指引调查，监督分放云云。

（原载《申报》1924 年 12 月 10 日）

12月12日 《申报》刊登中国红十字会难民救济会启事。

【中国红十字会难民救济会（原名美国红十字会）启事】 溯自江浙军兴，承韩省长邀请南京各教会及青年会中西领袖磋商救济战地难民，当于九月十号组成美国红十字会，先后出发三队分往灾区，亲目久石，救出一千一百余人。乃因鉴夫灾区广大，难民众多，遂扩展范围，联合苏、常、锡、镇、常熟、江阴一带教会协力合作，更名为中国红十字会难民救济会。于是实地服务者有中西六十余人，并于昆山设立总事务所，当即与就地官绅及分红会等接洽，分别担任工作。吾会担任在前方专救难民脱离险地，至运送难民于后方设所收容。供给食物之责，则由彼方担任之，于是□会队员□广□区，深入险地，西自昆山，东至真茹、南翔，北至太仓之浏河，南至青浦之重固，其区域内之城镇乡村，足迹全遍。计先后救出之难民，送往各处收容者，昆山六百，太仓三百，常熟六百，沙头二百，□□七百，吴江一百五十，无锡一千四百，约计四千人。而战后□时就地收容者不在此数。及战事停止，亟谋遣送难民回家□稻，惟念衣食全无冻馁堪虞，爰向各界呼吁，募集衣食。计自各处捐来者衣被总共九千余□，白米计四十石（省长赐拨之米不在此内）。至捐款一项，由省公署拨助及经募者，计洋四千二百元。南京青年会募集者二百二十二元一角九分，昆山总办事处直接收到者五百三十三元，共计款项四千九百五十五元一角九分，除□□新旧棉被三百六十八床，计洋一千元，购买白米五十五石，山芋一百石有零，计洋五百九十三元四角四分，赈放现洋四百九十三元外，救济队员六十余人之服装旅费伙食□用运输汽船费用等计二千九百数十元（另有细账备查，盈亏与省公署结算）。至承赐助衣食药品款项诸大善士机关团体之芳名，因限于篇幅，未能一一报载，□□再为祥印报告。兹本会已于十二月一号完全结束矣，此次灾区奔走服务同胞得韩省长提挈于前，乐善君子襄助于后，幸免陨越之虞，俾贯始终之愿，何乐如之？爰将始末概述如右，并代灾黎敬致恳谢海内君子群垂止焉。中国红十字会难民救济会同人谨启。

（原载《申报》1924年12月12日）

1925 年

7 月 4 日 中国红十字会时疫医院开幕，邑人牛惠霖院长等在院招待中外来宾。

【红会时疫医院开幕纪】天津路中国红十字会时疫医院，昨日下午三时行正式开幕礼，院长盛竹书、王一亭、庄得之、牛惠霖，医生吕守白、黄子静、李景畴、陈邦兴、酆仲恩等，均在院招待来宾。到者计有荷兰总领事、工部局卫生处西员，新闻记者方菊影等、外国新闻记者鲍威尔等暨邢士廉、常之英代表及俞凤宾、哈少甫等百余人。当经该院职员鲍康宁、沈金涛领赴各病室参观。该院病室，共分三等，可容二百余人，布置甚为清洁，中西来宾咸加赞美。嗣经院长款来宾以茶点，摄影而散。该院经费，纯赖慈善家捐助，昨日已有捐款千余元，惟用费浩繁，尚赖慈善家源源补助云。时疫医院去年江浙战役收容之伤兵，现尚有数十人未痊，今皆移入红十字会南北市医院医治。

（原载《申报》1925 年 7 月 5 日）

1926 年

6 月 22 日　邑人、中国红十字会时疫医院牛惠霖院长等发布时疫医院开幕通告。

【中国红十字会时疫医院开幕通告】本年天气寒暖失时，近闻时疫业已发现，滋蔓可惧。本会为防患未然起见，仍在天津路三百十六号照章开办，择于阳历七月一号开幕，专治急痧、霍乱、吐泻、吊脚、瘰螺等症。务请官绅商学各界诸公届时宾临参观，指导进行，无任盼幸。并望各病户遇有上项痧症初发，立刻送至本院诊治，切勿挑痧自误性命。本院备有汽车接送病人，非常安稳迅捷，如需用时随时通知预备，并不收费。电话中央五百六十九号。专此奉布诸希台鉴。

中国红十字会时疫医院院长盛竹书、王一亭、庄得之、牛惠霖谨启。

收捐处：中国红十字会总办事处，九江路念六号；北市医院，新闸路念二号；南市医院，十六铺桥南首。

（原载《申报》1926 年 6 月 22 日）

6 月 23 日　中国红十字会时疫医院定期开幕，邑人牛惠霖任医务主任。

【红会时疫医院定期开幕】中国红十字会总办事处，因本年气侯，寒热不匀，近来发生时疫病者，已数见不鲜。为预防蔓延起见，仍在天津路三百十六号原址，为时疫医院。现已筹备妥协，定于七月一日，举行开幕礼。昨已分发请柬，敦请政商各界，届时前往茶会，并指教一切。兹悉该院办法，与去岁略有不同，院内病房，共分头、二、三三等，头等房每天收费三元，二等房每日收费一元，药费膳费均在内，共有十余间，可容数十人。三等房完全免费，共六大间，可容一百余人。医务主任牛惠霖，医生黄子静、吕守白、王逻章等，尚有男女看护二十人。经费如不敷，俟开幕后再向各界募捐云。

（原载《申报》1926 年 6 月 23 日）

7月1日 中国红十字会时疫医院开幕，邑人牛惠霖院长带领记者参观病房。

【红会时疫医院昨日开幕】 本埠天津路三百十六号中国红十字会时疫医院，于昨日正式开幕。到该院院长盛竹书、王一亭、庄得之、牛惠霖及来宾百余人，由红总会职员鲍原宁、沈金涛等殷勤招待，款以西点。至三时许，院长牛惠霖博士领导公平社记者登楼，参观各病房。先至割症室，内置诊病榻数张，每榻间铺陈上等绒毯，榻横头均沿窗前，窗台上各置一治疫机器。牛君云，系英国柯师医生新发明改良，纯用似盟代血水（译音），以玻璃针灌入静脉，并有华氏表，可知病者之热度，轻重即悉。继至医药室，各种药品，皆为珍贵材料，室中清洁。次至头等养疴室、二等养疴室，布置周妥，清朗雅洁。头等每日收费三元，二等二元，饮食完美，侍役女佣服侍。末至三等养疴室，每榻上铺灯草席一、粗线毯一。牛医士云，一律免费。参观毕，牛君云，本院每至夏令开幕，三个月闭幕，始自戊申，迄今丙寅，十九年矣。去岁乙丑，夏时疫症，共诊二八一六人，在院病故一四二人。今年时疫恐盛，拟在闸北再分设一院，并谈病房计分三等，可容百余人。除牛君亲自临诊外，并聘黄子静、王遐章、吕守白、李景畴等医士，帮同诊视，外雇男女看护二十余人，昼夜轮班服务。昨日开幕之始，来院就诊者，截至五时止，已有二十余号之多。

（原载《申报》1926年7月2日）

7月 气候炎旱，月抄温度达华氏102度，时疫盛行。县款产处提拨县立防疫医院银元300元，南翔防疫医院银元100元，各乡防疫费银元300元。

（原载2011年《嘉定卫生志·大事记》）

8月6日 温度达华氏103度，疫疠益炽。设时疫医院于旧游击署（今人民街原县公安局址），该院预算：办二个月需款1500元，后由葛成勋（竹书）等发起改组为存仁救护所，院址设于存仁堂（今塔前张马路口），经费除募集捐款外，存仁堂支拨大部分。

（原载2011年《嘉定卫生志·大事记》）

9月10日 红十字会医院院长、邑人牛惠霖拟柬请本市各界莅临参观。

【红十字会今日举行护士毕业礼】 海格路中国红十字会总医院，于今日下午四时，举行第二次护士毕业礼。该院院长牛惠霖医士，将柬请本埠各界莅临参观云。

（原载《申报》1926年9月10日）

1927 年

3 月 27 日 邑人牛惠霖、牛惠生兄弟为重伤兵士诊断伤情，施行外科手术。

【各界救护消息——红十字会】红十字会总办事处，前日（星期）得高昌庙海军司令部电话，请派救护队前往，该会以当时租界特别戒严，救护车不能通过，当请该部派轮运伤者至新关码头，以便救护车迎载。该部允为照办，遂由红会职员王培元、朱子京、沈金涛、边砥齐等率领救护队，乘救护车三辆，开至新关码头等候。良久始由小轮由吴淞口运到伤者十七人，扶登各救护车，分送该会总医院（在海格路）、北市医院（在新闸路）急为施治。十七人中有三人受伤甚重，故转送该会总医院，由牛惠霖、牛惠生两医士用爱克司光镜诊察，用手术割腿施治。

（原载《申报》1927 年 3 月 29 日）

6 月 12 日 《申报》刊发通告，邑人牛惠霖博士辞去红十字会总医院院长职务。

【中国红十字会总办事处广告】敝会海格路红十字会总医院，因牛惠霖医生辞职，特延聘刁信德博士为正院长兼治内科疑难各症，张逢怡博士为常川驻院院长兼外科主任，于阳历七月一日交替，特此通告。

（原载《申报》1927 年 6 月 12 日）

6 月 14 日 《申报》刊发通告，邑人牛惠霖、牛惠生兄弟受聘红十字会总医院医务研究会。

【中国红十字会总医院设立医务研究会广告】本会总办事处聘请刁信德、张逢怡两博士为院长后，赓续议案，正式聘请专门医家李清茂、徐逸民、古恩康、余凤宝、黄琼仙、萧智吉、陆锦文、牛惠霖、牛惠生、王培元十位医博士为医务研究会，以期集思广益之意，特此通告。中国红十字会总办事处谨启。

（原载《申报》1927 年 6 月 14 日）

7月1日　《申报》刊发通告，邑人牛惠霖博士办理交接。

【中国红十字会海格路总医院广告】 敝医院已于本年七月一日实行交替，所有一切款项自应划清界限，各专责成。凡本年七月一日以前出入之款，统归前任牛院长负责；七月一日起拟归现院长刁、张两君负责。尚希各界诸君一体知照是幸。特此通告。

（原载《申报》1927年7月1日）

8月13日　邑人牛惠霖博士被聘红十字会上海办事处医务委员会委员。

【彻查红十字会昨日集会】 国民革命军总司令部彻查上海红十字会委员会，于昨日上午十二时，在中央银行三楼召集第二次委员会，到者除全体委员外，并邀集红十字会理事长庄德（得）之、医师王培元到会谈话。经公推总司令部军医处长陈方之主席，主席陈君，略谓此次鄙人来沪，曾奉总司令面谕，对于彻查红会事务，须有彻底办法。其彻查原因，为红会历年积弊太深，并此次前方救护工作，不但不予协助，竟敢置若罔闻，殊失创办红会宗旨。况该会为北京政府立案成立，现在非由国民政府从新改革，决无良好组织。今日到会诸者，皆系经验宏富，且为总司令素所钦仰，对于改革红会，定有相当办法。次杨杏佛君起言，谓鄙人虽未至前敌，然于后方南京、上海等处所见所闻，都是批评前方的情形，而对于后方的救济工作，简直无人主张，殊不知前方是牺牲性命，后方不过是牺牲精神而已。现在我们应将军医处力量不足的地方，设法扶助。此次鄙人在宁，与党部诸领袖谈话，亦以救护前方伤兵，非在后方督促民众协助不可。故一面除彻查红十字会外，并组织战地救济会，由中央政治会议通过，凡在国民政府服务官员，概助月薪十分之一，为本会救济费用。又上海妇女慰劳会，已募集之款，移作本会经费，并邀集各界须有大规模之组织，总期救济前方将士，予革命军有实际上之利益云云。次由红会医生王培元报告，该会对于前线救护上，有种种之困难情形，庄德（得）之承认加入革命工作，准于最短期间，由红会先派救护队四队，每队约四十人，开拔前敌实行工作，并要求委员会予以交通上之协助，经全体委员允予转呈总司令部照办。各委员一面敦促红会前方工作，一面于彻查事宜另定方针，当公举杨杏佛、李孤帆、陈方之、魏伯桢、余云岫五人为常务委员。并公决：（一）彻查红会委员会及上海战地救济会，地址暂借福州路五号为办公处（电话中央七六九二）；（二）聘请洪雪帆君为两会事务主任，陈蔚青君为文书主任，常川驻会办事；（三）函请潘序伦、陈日平为会计委员，秦联奎为法律委员，牛惠霖、赵志芳、周君常、周文达、李稚身等为医务委员，由常务委员分头接洽；（四）请总司令部军需处长徐沁泉君为本会审查委员。末由主席讨论战地救济会进行办法，并限于最短期间必须实现，一面将会章细则等，呈请中央政治会议及总司令部核准施行，议毕散会。

（原载《申报》1927 年 8 月 14 日）

10 月 4 日　《申报》报道邑人牛惠霖、牛惠生博士受聘红十字会总医院医务团，开展医学研究活动。

【全沪医士参观红会总医院】中国红十字会海格路总医院，自本年七月，刁信德医博士接办院长以来，院务日见发达，设备尤臻美善，并组织医务团，由该会总办事处聘请李清茂、徐逸民、萧智吉、牛惠霖、俞凤宝、古恩康、黄琼仙、陆锦文、牛惠森（生）、王培元诸医博士为团员，凭个人之学术经验，随时研究疑难诸症，阐发奥谛，透抉无遗，入院病人日多，治疗奏功亦日众。其看护百余人，皆系该院附设护士学校毕业，具有专门学识，且对于病人和蔼恳挚，住院就疗者有久客忘归之劳。

（原载《申报》1927 年 10 月 4 日）

1928 年

8 月 1 日 《嘉定新声》报道南翔红十字分会将开办临时时疫医院。

【南翔开办时疫医院】本镇红十字分会，举办临时防疫医院，施行防疫注射，于五日行开院礼。

（原载《嘉定新声》1928 年 8 月 1 日）

8 月 30 日 《申报》消息，邑人牛惠霖、牛惠生受聘红十字会总医院内科医师及医务委员会委员。

【红十字会总医院之新组织】本埠海格路中国红十字会总医院，自八月一日与国立中央大学医学院订约合作以来，内部实行改进，种种设施，无不以病家之利益为前提。该院向例，本埠各名医送病人入院时，除由病者付住院费外，须另送医金。现在新章，除头等病室外，住院者均由该院各部医生主治，只付住院费及照章应纳之费，此外不另取费。至于病家原有之医师，得与该院接洽，咨送病人入院，并可到该院临诊，但以不受医金为原则。该院并为本埠诸名医便利临床诊治起见，各医师经该院认可者，得送病人入院，住头等病室，由其自行主治，收受医金。至于住院所享各种利益，如驻院医生之助诊，看护之服务，以及膳宿等事，均在住院费内，不另取资。专任医师，任外科者，有白良知（西人）、骆传荣、任廷桂、刘崇恩诸医师；任内科者，有乐文照、高镜朗、赵希昂诸医师；产科妇科有孙克基医师；小儿科有富文寿医师。兼任者，有谢应瑞、陈继尧诸医师。医院医师内科有牛惠霖、牛惠生、莫约西（西人）诸医师，内科有刁信德、俞凤宝、马礼司（西人）诸医师，眼科有李清茂医师，X 光部有殷伦登医师（西人），院长由中央大学医学院颜福庆院长兼任。设立医务委员会，赞襄一切，其委员人选，为刁信德、萧智吉、黄琼仙、牛惠霖、牛惠生、陆锦文、倪逢生、王培元。

（原载《申报》1928 年 8 月 30 日）

1929 年

1 月 27 日 中国红十字会增选邑人朱吟江为常议员。

【红十字会增举常议员】 本埠中国红十字会，前以会务未能进展，天灾匪祸，亟待救济，爰于上月下旬，特开常议会，公举江趋丹、姚虞琴为驻会办事董事，常川到会。又公举旅沪同人二十八人为常议员，议长王一亭、副议长钱新之。其致各常议员公函云：谨启者：本会成立逾廿五年，征集会员九万余人，设立分会六百，所募款近一千万，为万国缔盟日来弗入会之国际慈善机关。又经参与英美法日暹罗年会，对外得济于列国博爱恤兵之林，而于本国之兵祸、匪警、水灾、旱荒、地震、瘟疫，当仁不让，无役不从。回溯筚路蓝缕，创造之勋，感怀先哲，靡切景从。良以本会为立法司法机关，司全体之命脉。第一届大会，公举议员四十八人，十年一瞥，签退暨作古者，几逾泰半。旋经十一年夏季二届大会，公举震等四十八人为常议员，滥竽充数，深惧勿胜，列席与议健全同志，日形薄弱，整理会务，发展善业，端赖贤豪。近以相需孔亟，爰于十八年一月二十七日常议会紧急会议，公举台端为本会常议员，用当其事，得人有庆，尚希本天心仁爱之怀，收一日千里之效，中兴有望，强盛堪期，斯人苍生，匪贵议员奚属焉。谨驰寸楮，用表欢迎云云。新议员衔名列后：李伟侯、袁履登、赵晋卿、冯少山、林康侯、叶海田、王晓籁、虞洽卿、关炯之、黄涵之、陈炳谦、朱吟江、张贤清、翁寅初、黄楚九、闻兰亭、汪伯奇、张铁民、吴蕴齐、夏补宜、沈厚生、陈雪佳、谭蓉圃、杨海南、刘鸿生、周嗣舲、王绶珊、朱寿丞。

（原载《申报》1929 年 3 月 4 日）

5 月 10 日 邑人朱吟江出席中国红十字会第五届正副会长颜惠庆、王正廷就职大会。

【红会昨日欢迎正副会长就职】 中国红十字会总办事处，昨日下午四时，在汇中旅舍五楼开欢迎新任第五届正副会长就职大会。兹将情形，分记如次：

到会人员：到者有正会长颜惠庆代表史悠明，副会长王正廷、虞洽卿，议事长王一亭，理事长王培元，前届理事长庄得之，筹赈主任江趋丹、狄楚青、哈少甫、黄涵之、沈联芳、刘鸿生、杨梅南、关炯之，朱吟江、张尔云、李伟侯（江趋丹代）等。

开会情形：四时许开会，由议长王一亭主席，行礼如仪，即由主席诵读欢迎词云：惟大一统规模之初建，正展三民主义之昌期。我会本慈善宅心，为社团合组，五百余分会，十万众会员，恭逢正副会长之履新，弥殷全体同人之慰望，气清天朗，海静波平，我正副会长主席重临，德辉再仰。我副会长一膺国际折冲之大任，一负商业领袖之桀才。当此十一省灾祸频连，亿兆民倒悬未解，欲光大廿六年历史，切在抱之痌瘝，况缔交五三国联盟，系环球之听观，所愿博施济众，弭尧舜犹病之虞，从此远瞩高瞻，企禹稷符之绩，不辞□陋，藉表欢迎云云。即由王正廷博士致词，略以中国红十字会经济，实太薄弱，其他五十二国之红会，类皆各有基金，尤以美国红会基金达五千余万。我会亟应减轻会员之会费，以求会员之普及，一方并须筹集基本会额。次史悠明谓颜骏人会长，原嘱本会总医院颜福庆院长为代表，但福庆先生适又赴京开会，故嘱鄙人代表。颜会长意见，亦以筹集基金，普及会员为急务，与王部长意见亦正相同。他如收支应公开露布，亦应加之意也云云。次王一亭谓本会赈务运输，以车辆多被扣留，殊感不便，亟应设法，以拯待毙灾黎。次由江趋丹报告筹赈处赈略及筹赈情形，并由理事长报告本年二三四三个月之收支征信录。次并讨论各案如下。

议决事项：（一）推定黄涵之、庄得之、刘鸿生三人为资产委员。（二）第四届理事长庄得之报告前届副会长杨小川□□堂来函辞职，以新会长尚未就任，故迄未答复案。公决函复。（三）福山分会救护员孙明琦等十九人被害案。公决抚恤。（四）沪城分会改名为上海县分会案。通过。五时散会。

（原载《申报》1929 年 5 月 11 日）

1930 年

7 月 12 日　娄塘第五区公所召集当地慈善家十余人，集议筹设临时防疫所。

【（娄塘）五区公所筹设临时防疫所】娄塘第五区公所，为预防区内民众传染疫病起见，于本月十二日下午二时，召集当地慈善家十余人，集议筹设临时防疫所，地点在镇中集思堂，经费除呈请县府酌予补助外，均由地方热心人士分头募集，业正着手筹备，不日即可成立。

（原载《嘉定新声》1930 年 8 月 1 日）

7 月 18 日　南翔红十字分会时疫医院开幕。

【南翔设立时疫医院】南翔红十字分会，日前推请吴承志为主任，在翔商会举办时疫医院，病房假翔公学校，聘请张近枢、陆凤文诸医生担任医务，于十八日开幕。

（原载《嘉定新声》1930 年 8 月 1 日）

7 月 21 日　嘉定防疫医院开幕。

【（嘉定）筹备防疫医院】第一区公所召集地方人士，在所内讨论筹备防疫医院，经济由各发起人分头劝募，诊察设区公所余屋，病房以城隍庙之大殿改充，业已于七月二十一日行开幕礼。

（原载《嘉定新声》1930 年 8 月 1 日）

10 月 1 日　《嘉定新声》报道娄塘第五区公所施医所、防疫所闭幕。

【（娄塘）施药防疫同时闭幕】（娄塘）第五区公所设立之施医所与防疫所，自七月二十九日开幕以来，瞬已两月。在此期内，前往诊治暨注射防疫针者，不下二千余人。现届秋凉，疫疠渐少，于九月二十二日下午二时，集合全体医生与各慈善家，在寅清堂行闭幕礼，合摄一影，以留纪念。晚刻聚餐，觥筹交错，尽欢而散。

（原载《嘉定新声》1930 年 10 月 1 日）

1931 年

6 月 23 日　嘉定民教馆开始注射预防针。

【（嘉定）民教馆注射时疫预防针】 奎山区民众教育馆，以预防时疫起见，于六月二十三日起，注射虎列拉预防针，每人只收号金五分，药费不取。

（原载《嘉定新声》1931 年 7 月 1 日）

7 月 1 日　《嘉定新声》报道，嘉定第一区长将召集各界筹议临时时疫医院事宜。

【（嘉定）筹设临时医院】 第一区长顾燧，以时届夏令，疫病易生，援照历年成例，筹设临时医院，定于七月二日下午二时，在第一区公所，召集各界筹议进行办法，并报告上午收支实况暨经过情形。

（原载《嘉定新声》1931 年 7 月 1 日）

7 月 13 日　娄塘防疫所开幕。

【（娄塘）防疫所开幕】 五区公所（娄塘）除组施医所救济贫病外，复与同仁会合设防疫所，以杜疫疠，业已聘任张受益君为主任医师，自七月十三日开幕会，因系免费，民众请求注射者，几有日不遑给之势。

（原载《嘉定新声》1931 年 8 月 1 日）

7 月 24 日　娄塘施医所开幕。

【（娄塘）施医所组织成立】 五区公所（娄塘）为救济贫病起见，依照上年旧例，筹组暑期施医所，于七月二十四日开幕，为期两月。在此期内，一般食力工农前往诊治，除收号金二百文外，所有医药，概予施送，以故贫病之请求医治者，踵趾相接。

（原载《嘉定新声》1931 年 8 月 1 日）

9 月 30 日　嘉定奎山民教馆召开赈灾游艺大会筹备会。

【（嘉定）赈灾游艺大会筹备会】 本邑临时义赈会，定于十月十日在邑庙举行之赈灾游艺大会，业于九月三十日由奎山民众教育馆召集各机关、各学校开筹备筹（大）会，议决：表演所需之经费，由各表演之机关自认，关于游艺会时所需之公共费用，由事务股筹集之，推定陆麟勋为游艺会总主任，邹伯言为游艺部干事，周达荪为总务部干事，陆起凤为布置部干事。十月十日下午担任表演者，为城内各高级小学，晚间为初中及奎山民众教育馆。第一机关学校担任表演之节目，至少二节，至多四节。

（原载《嘉定新声》1931 年 10 月 1 日）

10 月 1 日　《嘉定新声》报道树德会设立赈灾经募处。

【（嘉定）树德会设立赈灾经募处】城内树德会，为赈济国内灾民计，于上月在会内设立赈灾经募处，偏发宣传品，劝导民众，如有破旧衣服鞋帽等，不论男女，不拘单夹，慷慨捐赠，概所欢迎。兹闻邑中慈善家将旧衣送往该会者甚多。第一批已解往上海华洋义赈会，指赈江北灾民，计大小棉夹单衣六千五百件，鞋四百双，帽二百只，袜二大袋，现洋二百二十九元，花衣三百五十斤，已移交本县临时义赈会，由该会转解上海华洋义赈会。第二批计大小衣服二千余件，候船运送上海华洋义赈会放赈。各捐户等名，闻将来由临时义赈会一并登报鸣谢云。

（原载《嘉定新声》1931 年 10 月 1 日）

是日　《嘉定新声》发表南翔红十字分会《续请县政府会议复议酌拨经费书》。

【（南翔红十字分会）续请县政府会议复议酌拨经费书】迳启者：查本邑行政素以城厢一隅为集中，任何事业皆感偏枯，久为各乡人所诟病而莫敢兴乎。今次本会办理防疫事务，请照例拨助经费被驳。旋闻第五、第六两区亦遭拒绝。同时，城市却得拨补二百元。同业异处，显系歧视，谓非封建手段，此乃铁证。以此类推，则将来欲求乡镇发达，不亦难乎？此请城外各区为自谋计，亟应注意者也。除函县政府续请外，另行提案，请县政会议提议。素仰贵报主张公道，不偏不倚，请以公正之评判，谋全邑各区之平允。是否有当，伫候明教。此致新声报馆。中国红十字会南翔分会启。

为请议事本会赓续举办临时防疫医院，援照历年成例，函请县政府酌拨经费。兹准县政府第三六号公函开，案准贵会公函以举办临时防疫医院需费浩大，除向各界捐募外，拟请援照成例，于地方费项下酌拨补助费，以资维持等由，并附送章程及职员等表过县具。见贵会关心民命，深用嘉佩，准经提出本政府第一零一次县政会议讨论，佥以本县地方经费均指定用途，所列二十年度预备费总数仅一百三十余元，除经陈前县长核准拨补第一区防疫经费银二百元外，余数甚微，无可支拨。所有南翔分会本年需用防疫经费，应就地方设法等语，议决在案，相应函达，即希查照等由，有彷徨难解而不敢不恳请复议者，除续请县政府外，兹将恳请复议各要点，胪举如左。

一、贵会决议因预备费总数仅二百三十余元，除拨补第一区防疫经费二百元外，余数甚微云云。寻绎意旨，是二十年度预备费总数仅有二百三十余元，而一区之防疫费已拨去十分之八．五，今才年度开始之，候至年度终了，尚有十一个月，万一发生意外之需，将完全拒绝不办乎？抑认为防疫重要而应占全部预备费十分之八．五乎？如属于前者，则不免危险；属于后者，则防疫之举第一区为要政，在别区即为无关重要，可置不问。同案异处，实何以折服人心？此准驳取舍之标准何在？应请复议者，一也。

二、同一事业，成绩有异，惩劣即所以奖优。倘因此而为标的，则为大公。然则第一区之成绩固应奖励，别区之成绩固应斥惩，或准或驳，自无间言。但所谓优劣之分，并未见有实地考查之举，更未见有考语发表，将何所依据乎？反是者，则前者有疾足之利，后有抱向隅之恨。如果不谬，则请将二十一年始先行登记，以取得尽先之利。甚或登记数年，乃不可谓不早矣。虎烈拉，夏令之疫也，及时举办，年有成规，当局督促举办之不遑，似无待私法团如本会者之自动，而再不予实力之赞助，非至感困难而终辍，不止卫生行政自治中要政之一，本会可以不办，当局则不能不办。如此欺侮乡人，不令人心灰者几希矣。此准驳取舍之标准何在？应请复议者，二也。

三、城厢民众智识较深，对于经济、卫生、防御种种，皆有充分之力。而乡民则否，既乏卫生常识，更少防御设备，筹划经费尤苦难能，是以当应为乡人谋者，较为深刻，不能谓城厢之民命为重，乡镇之民命为轻也。今一区以外，先后办同样事业，而遭屏绝拨款者，计第五、六二区，后又值第二区。此外，各地闻此消息，纵有创办之愿，将不望而却步乎。是阻遏自治之推行，实有鸿毛泰山之别。此准驳取舍之标准何在？应请复决者，三也。

四、贵会议决案，地方经费各有指定用途云云，预算全文未曾目睹，无从臆断，惟所谓指定用途者，当以自治水利、备荒、公安、警察队经费等而言。以上各款，当然有指定用途。不过，以前历年蒙拨助之防疫经费，均称由地方费项下照拨者，究竟在何款项下支付？本年县预算是否变更？旧例是否无以前之所谓地方费？否则，在此年度开始之时已无预算费，定必有非常之动支。但证诸去年度之防疫经费，第一区二百元，第二区二百元，第五期一百元（尚有其他从略）。既有成案，本年于编制预算之时，似应列入指定用途之内。倘未经列入，则第一区之得蒙拨助为不合，而各区之被拒为合法。倘已经列入而别移指定，则当有更重要之事，而有移动之必要事实，二者必居其一，群疑莫解，此准驳取舍之标准何在？应请复议者，四也。

基上四则，本会实有不能已于言者。查本邑行政任何事业，素以集中城隅，采封建旧观，对于四乡如秦之视越，久为诟病，各乡人士所痛恨，敢怒而不敢言者，不知凡几。今证之本案之同案异处，已成铁证。贵会为全县行政最高权力机关，应出之以公正普遍之旨，力免偏枯之弊，对于防疫之举，如认为必须者，则当推行之于全邑，而力予倾助。总之，预备费既属无几，第一区即不能单独得二百元之拨补，应通盘筹划，不摊支配。如第一区已得到二百元之拨助，断难拒绝各乡之补助，共同利害，大公无私。此敬，乞诸会议长官衡空鉴平，一视同仁，力矫从前城乡歧视、待遇不同之纰政，请以斯卜之，不禁为四乡民众九叩以请也。

右请议案一件，敬提嘉定县政会议诸公公鉴。

中国红十字会南翔分会会长吴承志，副会长陈廷煦。

（原载《嘉定新声》1931 年 10 月 1 日）

11 月 1 日　《嘉定新声》发表嘉定县临时义赈会章程。

《嘉定县临时义赈会章程》

一、本会由嘉定县各机关团体及地方热心人士组织而成立，定名为嘉定县临时义赈会。

二、本会以筹集本国各地赈灾及本县荒赈金物为会务范围。

三、本会筹募之金物除捐户捐赈者以其志愿外，赈金赈物以十分之四解交国民政府救济水灾委员会支配，十分之三解交江苏水灾义赈会支配，十分之三拨为本县工赈之用。

四、本会设理事若干人，由大会中选举之组织理事会，由理事中互推常务理事若干人掌理本会。日常事务均系义务职，每星期开理事会一次。

五、本会设总务、募捐二股，每股设主任一人，由理事会就理事中推选之。办事员二人，由财务与公款公产管理处选员轮充。

六、本会募捐方法分全县为若干队，每队设队长一人负责劝募，由募捐主任提请理事会委任之。

七、本会募捐时期分为四期，以七日为一期，各队须于每期结束日将各本期经募簿册、款项等交与主任，由主任结算清楚，于次日列表公布。

八、本会募得之捐款应汇出者，于各期公布日委托农民银行七区分行嘉定银行免费汇至上海，分解交国民政府救济水灾委员会及江苏水灾义赈会，其拨为本县工赈部分，交嘉定县公款公产管理处保管之。但最后一期之结算，须将本会费用从严审核，于募集金中扣除之。

九、募捐期终了后应否继续办理，由理事会召集全体大会议决之。

十、本会会址附设于北大街树德会内。

十一、本章程经大会通过，呈请县党部、县政府备案，其修改时间同。

（原载《嘉定新声》1931 年 11 月 1 日）

1932 年

2 月 10 日　《申报》发布《中国红十字会为救济受伤兵民及难民紧要启事》，在嘉定设立后方伤兵医院第十二医院，救济伤兵难民。

【中国红十字会为救济受伤兵民及难民紧要启事】本会收容伤兵伤民及难民人等日渐增多，经费缺乏，务望各界仁人君子慷慨解囊或捐劝食品以济急需，毋任感盼。

注意：本会并无捐簿及派人在外劝募，收捐处九江路二十六号。

若助鸡汁、牛奶、肉汁、饼干、橘子等物，请就近送至下列本会后方伤兵医院：第一医院（海格路红十字会总医院），第二医院（新闸路红十字会北市医院），第三医院（十六铺红十字会南市医院），第四医院（西藏路时济医院），第五医院（张家浜中德医院），第六医院（胶州路健华颐养院），第七医院（枫林桥骨科医院），第八医院（南市公立医院），第九医院（蒲石路济善医院），第十医院（新民路普善医院），第十一医院（巨籁达路五百十七号），第十二医院（嘉定），第十三医院（大南门叶露医院），第十四医院（保建路大华医院），第十五医院（江湾镇），第十六医院（大南门外新普育堂）。

（原载《申报》1932 年 2 月 10 日）

2 月 22 日　《申报》报道嘉定中国红十字会第十二伤兵医院接治伤兵。

【红会各队之救护工作】中国红十字会第六支队队员秦光弘报告，午前六时赴浏河，日鉴于昨日在该处放炮二十余管，未伤人，有伤兵二十余人，陆续运各医院。第二支队队长薛振翼，午前七时赴天通庵宝通路，救回伤兵周生林、范金标、吕坤元等三人，据称宝通路起火，该军已派一部分救火云。又第六支队队长俞松筠，午前六时赴大场，救回伤兵十人，内炮伤一人，炸伤九人。第十九支队队长朱学苑，在江□救伤兵十余名，转运嘉定。又第九支队队长陆东生，赴大场救回伤兵张兴业、□成恺、陶仁生、姚自安、王金春、何德山、林子文、马骏、王宗唐、□长义、吕正高、刘子平、张兴堂、冯相才、厉金景、罗得其等送二十二分院医治。又第十一队队长周濂泽，赴大场救回难民二十八人。又第十五支队队长吴甲三，赴大场救回难民大小廿七人，送仁济堂。又第十支队队长赴香山路八字桥一带，因该地今日无甚战事，只埋死兵四人。又第四支队队长任庭桂，赴闸北三次，大场一次，第一次无伤兵，第二次带回七名，第三次就地包扎伤兵五名。

（原载《申报》1932 年 2 月 22 日）

3 月 1 日 红十字救护队员在前往南翔一带救护受伤抗日将士途中，惨遭日军伏击杀害。

【红会三救护员尸身发现】 中国红十字会第十九支队救护员陆春华、陈祖德、潘家吉三人（系邮务公会会员），于三月一日出发南翔一带救护受伤抗日将士，因当时我军正在撤退，该队员尚未得悉，在纪王庙附近，遂被隐伏竹林内之日军捕去，生死未明。近在赵家弄之荒地上发现陆等尸身三具，面目腐烂，伤痕遍体，惟衣服尤可辨识。陆之两臂肌肉为刀割去，股部被弹穿一洞，臀部又有刀痕，厥状甚惨，不忍卒睹。家属抚死（尸）大恸，棺殓后移厝龙王庙云。

（原载《申报》1932 年 5 月 17 日）

是日 《申报》报道红十字会第二十救护队救护嘉定等处难民、伤兵。

【红会一月间工作】 中国红十字会理事长王培元，将一月来之工作，报告于常议会云：自沪变发生后，经过情形如下。（一）截止今日止，成立临时伤兵医院三十九处，并第四队真茹后方伤兵医院，第七队救护后方医院两处，共四十一处，服务员一千四百余人。（二）救护队已成立二十支队，队员四百七十一人，每日均在前线工作。（三）各方捐助车辆，计卡车固定者十二辆，临时者四辆，客车固定者二辆，均为救护队及调□医院之用。（四）难民收容所成立三处，一在潭子湾，收容约一千人，一在新闸路，收容约八百人，一在天蟾舞台，收容约五千人，共约六千八百人。早经收满（先收容，再遣□），已送回二批，现尚存约千余人，俟收容足一□□，再送回原籍。（五）现在四十一处医院中，收治伤兵若干名，伤民若干名，各院均告满额，现正继续组织中。（六）救护队二十队，每日□赴闸北、江湾、大场、吴淞、□行、杨行、刘行、真茹、罗店、嘉定、□□浜、周家桥、唐家桥、周老店、沈家桥、□家湾、蔡家宅、□家宅、唐家桥、天通庵、虬江路、海宁路、□桥等处救护难民伤兵。自战事开始日起，至今日止，在火线中救治伤兵若干人，伤民若干人，难民一万三千一百人（□除自投亲戚五百人外，余者悉送收容所）。（七）医生队设医师二人，护士二人，每日携带药品，分赴全沪各收容所，诊治病者，现已医愈五百余人。（八）医□队分赴各医院将受伤兵民逐一□□，以资备查。（九）上海战区难民救济会，所有救护车及收容所之组织旗帜，均由本会所发，（上用济字）其□□人员，均由本会发给济字袖章，盖辅各团体所设之收容所及救护队。来至本会认领济字袖章，□经本会调查核发。（十）工部局对本会之协助分□如下：（一）凡本会□员，均发有特别通行证，俾□□工作，得以进行无阻。

（原载《申报》1932 年 3 月 1 日）

3 月 4 日　红十字会救护队随十九路军于南翔战地实施救护后开赴苏州等地。

【红会救护队已出发】 中国红十字会自沪上发生战事以来，组织救护队三十余队，队员在二千以上，□日在战地救护伤兵伤民难民人等，陆续在五万以上。近因十九路军退却，战事移至南翔一带，加以日军迭向红会射击，自三日起，上海方面遂停止工作。各队员激于义愤，贯彻始终，决心仍赴我军后方工作。自四日晨起，已陆续向苏州等处进发，该会已电吴县分会预备一切。除已设立之伤兵医院外，并雍增设若干处。

（原载《申报》1932 年 3 月 5 日）

3 月 6 日　中国红十字会第七救护队经由南翔、苏州迁往昆山。

【红会苏州救护情形】 中国红十字会救护队第七支队，于三月一日由真茹移至南翔，三日至苏州。所有受伤兵士一律由车运送至苏州桃花坞钱业公会，即以该会为医院办公之所。四日应吴县地方治安会之请，复在留园设院收容伤兵，即晚起，又将伤兵运往常州。六日至昆山实验小学，为将来之伤兵医院。自六日至今，前线无甚伤兵，间有被飞机炸伤人民赴院求医云。

（原载《申报》1932 年 3 月 12 日）

3 月 7 日　《申报》报道南翔等处难民避难曹家渡收容所。

【红会办第四收容所】 我军退守第二道防线后，所有真茹、大场、南翔一带乡民，均集中曹家渡，经佛教队救护员沙守中、龚振衢等报告总办事处，允准在曹家渡保卫团设立第四收容所。陆续来投所收容考，几达三千人。一方面接洽当地朱蓉坪、汪德章、朱文博等热心办理外，一方再设法尽量收容，而免各乡民无家可归之苦。

（原载《申报》1932 年 3 月 7 日）

3月9日　《申报》报道大场红十字分会迁往嘉定办公。

【中国红十字会大场分会启事】阅三月二日《申报》知，钧会对于大场分会深为注及良感，本分会（红十字大场分会）被炸后即迁嘉定办公，继续一切应行工作，后因嘉城被炸迁徙一空，不得已先将伤兵送往太仓，并挈带医院工作人员以及嘉定、宝山两处之难民暂避青浦，深恐彼此或有隔阂，用刊数行以当面陈，再诸亲好友均此附告。中国红十字会大场分会王应游谨启。

（原载《申报》1932年3月9日）

6月16日　《申报》报道邑人朱吟江等被公推为中国红十字会时疫医院院董。

【中国红十字会第一、二时疫医院通告】大兵之后必多疫疠，本会有鉴于此，曾经议决设立时疫医院两所，定名为第一第二时疫医院。第一时疫医院在闸北新民路救火会隔壁，一千零卅六号门牌，第二时疫医院在静安寺路前面梅白格路后面张家浜，十号门牌。择于六月二十日同日开幕，专治一切痧症，如瘪螺、吊脚、绞肠、冷麻等痧，查本会时疫医院创办迄今已二十有四年，救治病人二十余万之。谱今复公推颜惠庆、王正廷、钱新之、穆藕初、狄楚青、宋汉章、黄涵之、刘鸿生、冯少山、赵晋卿、袁履登、关炯之、姚虞琴、邬志豪、冯炳南、方椒伯、秦瑞卿、黄金荣、杜月笙、张啸林、孙梅堂、谢蘅窗、朱静安、张天锡、王延松、荣宗敬、袁仲慰、张籥云、谢韬甫、陈炳谦、叶海川、谭蓉圃、顾馨一、沈联芳、哈少甫、劳敬修、余日章、周湘舲、李伟侯、陈雪佳、朱吟江、朱弃尘、蔡翔如、汪伯奇、张铁民、杨梅南、王绶珊诸君为院董，监督协助以期日臻完善。届时务祈政商工学各界诸公暨本会会员贲临参观，并指导进行，无任企盼。本会今年并不另备捐册在外募捐。各病户来院诊治，不取医资，备有汽车随时救护运送病人，亦不收费，务希各病户于痧症初发时即速送至本院诊治，专此通告诸希台鉴。第一院电话尚未装就，第二院电话三一二七一号。中国红十字会第一二时疫医院院长王一亭、虞洽卿、王晓籁、林康侯、闻兰亭、王元培谨启。

（原载《申报》1932年6月16日）

7月16日　嘉定时疫医院开幕。

【（嘉定）时疫医院成立】入夏以来，天气异常酷热，本邑医学界会同地方机关，筹设时疫医院，以资救济，而谋人民之幸福。闻该院业于上月十六日正式开幕，院址附设于南大街存仁医院，聘请许平叔为主任医师，常川该院云。

（原载《嘉定民众》1932 年 8 月 5 日）

8 月 1 日　《嘉定新声》报道娄塘设立灾后贫苦难民收容所。

【灾后收容贫苦难民】日军撤后，本邑逃在外地之难民纷回故里。平日稍有积蓄而家屋未被焚毁者，则回家不成问题。家境素贫，房屋又被焚毁者，则无家可归，县兵灾救济会，特设灾后难民收容所于西门外，由顾鸿骞主办。结果收容人数仅数十人。娄塘方面，灾后亦有收容所之设立，收容人数只数人。此次收容所，业均结束撤销。

（原载《嘉定新声》1932 年 8 月 1 日）

是日　《嘉定新声》报道华洋红会嘉定赈灾。

【华洋红会赈米贷款】日军撤退后，华洋义赈会派邑人顾兆祥等携银五千元，米一千二百包来嘉，一面分赴受灾各地视察灾况各情，一面约集一区长顾旭初、三区长徐铁如、四区长杨镜谷、五区长梅步春等，商定赈贷办法。其数目视灾情轻重而定。房屋之被毁者，得由区长证明具保，贷银三十元，不取利息，限于明夏五月内归还。后三区中，以第二次集会实行赈贷时，未有人到，未获赈贷。又本县红十字会亦将存银二千元，无利贷与因灾无力营业之小商人，限期一年归还。

（原载《嘉定新声》1932 年 8 月 1 日）

是日　《嘉定新声》综合报道历次兵灾救济会会议概况。

【（嘉定）兵灾救济会议汇志】日军犯境后，潘县长于三月三十日下午四时，在沪英租界北京路宋家弄召集本县地方行政机关各领袖暨地方公正人士，组织嘉定兵灾救济会，讨论日军出境后应如何办理善后，连合太仓、宝山县兵灾救济会，共谋一致进行。当议决（一）推选杨卫玉为正会长，顾吉生、金伯琴为副会长。（二）推选朱吟江、顾吉生、陈达哉、黄子雄、杨卫玉、为本会出席代表。（三）推选潘更生、陈兆琪、顾旭初为章程起草员。（四）推选顾吉生接洽本会会址。（五）推选若干人协同行政人员办理救济事宜。（六）电呈省府，对于日军撤退后究应如何接收，应请迅饬潘县长指示办理。

——三月三十一日第二次会议议决：（一）通过简章。（二）聘任潘指行为总务主任，陈达哉、顾旭初副之；陈兆琪为救济主任，黄子雄、黄渭源副之；顾辑卿为赈务主任，徐新甫、金叔坚副之；顾兆昌为农务主任，徐铁如、陈佩青副之；杨拙夫为调查主任，戴应乾、孙佩华副之；沈靖华为保卫主任，杨镜谷、高琛宝副之。（三）电呈省府，详叙本县被灾之重，请求指定的款，以办急赈。

——四月二日第三次会议议决：（一）聘任黄虞孙为一区，费茂泉为二区，吕舜祥为三区，陈璋甫为五区，夏琅云为六区，钱载之为八区常驻专员。（二）决定办公地点北京路宋家弄公茂号，办公时间每日上午九时至下午二时至四时。（三）规定常会期于每星期六下午四时举行，遇必要时，得召集临时会。（四）请赈务、农务、调查三股正副主任草拟赈务、农务具体方案，交下次常会讨论。

——四月九日第四次会议议决：（一）推杨镜谷向朱峙崑接洽购买棉种三百担。（二）函复上海市社会局，本县棉种已在接洽募购，请局允让棉种三百七十担，暂可无需。（三）农务股交到采办棉种、稻种、豆种办法，决定棉种已在接洽募购，稻种、豆种俟下次再行讨论。（四）推请潘县长审阅调查股所拟调查表格二种，连调查办法。（五）推童凌苍为第四区、凌春生为第七区常驻专员。

——四月十六日第五次会议议决：（一）推请一区顾兆昌、二区陈守鳌、四区陆汉槎、五区陈缉文、三区陈佩青、六区王驾云、七区凌春生、八区戴应乾回县接洽农民归耕及散放棉种。（二）由会长接洽挽留金叔坚函辞赈务股副主任。（三）推定黄子雄、潘指行参加国难救济会。

——四月二十三日第六次会议：主席报告本会因购买棉子及派员回县分配需用款项，续向旅沪同乡会临时救济委员会借到银一千八百元，连前共计借银二千元。（参看本条下面第一次会务会议议决案）决议：（一）呈请省府建设厅，准将本县征存建设经费尽数借拨，以充善后急用。（三）呈请省府财政、建设两厅，将上年令购建设公债提省之本县建设款项二万三千余元，免发债券，准予发还现款，以充地方善后经费。

——四月三十日第七次会议：只报告，无讨论事项。

——五月七日第八次会议：主席报告，奉财政厅卅代电对于本会电请将本县前解购买运河公债（前去电误为建设公债）款项发还现款一案，碍难照办。议决：（一）准潘县长向会借银三千元充回县接收时应付维持治安经费及警饷项等，须于一个月内归还。（二）潘县长于八日随同省府接收委由沪取道青浦回县，各区长及团体机关负责人员，应随同潘县长回县，共维一切。（三）电请省府委任潘县长兼军法官。（四）推定周匊忱、夏琅云、潘指行、金西林、黄天白草拟急赈款十万元用途原则方案，由潘指行召集。（五）日军撤退后，会所移设嘉定，地址由总务股择定，在沪设办事处于旅沪同乡会，并推陈兆琪为办事处主任。（六）准顾吉生辞副会长，推潘指行继任。

——五月十四日第九次会议：主席报告：（一件）省拨赈款已领到

三万元，存放嘉定银行。（一件）青浦兵灾救济会函请太嘉三县兵灾救济会，将省拨三县赈款，以一部分给青浦补充救济之用，经三县兵灾救济会联席会议议决，每县各借一千元，俟青浦领到赈款，即行归还。议决：（一）潘指行等五委员草拟省拨赈款十万元分配原则：（甲）农民之缺乏种子、肥料、农具者二万元（说明）包括购买棉种款二千元在内，办法照棉子贷放办法办理；（乙）补助仓储委员会平粜委员会亏耗一万元；（丙）农民之遭灾较重者，一万五千元；（丁）小工商之无法复业者，一万五千元（说明）办法同前；（戊）住房被毁无力建造者一万元（说明）办法同前，以建造草屋及每家三十元为度；（己）小学教员之生活艰难者，一万五千元（说明）以十年教育局欠发之一个半月薪给额为限办法同前；（庚）其他救济事项一万五千元，（说明）内一万元借予上海市灾区，俟归还后，再行支配。决议灾民回县无家可归者，应暂设收容所，所需经费，应另列一行（项）。又本县清乡，亟应举办，其经费在未有着落以前，本会应予可能范围内借给之。其余各项，均照原拟方案，惟各项数目，须俟调查后再行决定。（二）本县民食大缺，根据前案，由本会补助经费，函请县政府转知仓储委员会，速办平粜。（三）本县被灾人民，家破身亡及损失过甚，无法生活者，所在皆是，应请省府并转呈速即拨款，以资救恤。（四）函县政府转饬各区举行清洁消毒，一面由本会施行打防疫针。

——五月二十二日第十次会议：地点教育局（会址即设在该局内）主席报告：奉省府代电，对于本会电请委本县潘县长兼军法官，电业已加委。议决：（一）请农务组织与各区长接洽地方需要稻种、豆种数量及种类，赶速采办贷放。（二）各项赈款，先动支三成，以应急需。（三）将赈款支配方案中其他救济事项费一万五千元，以一万元充救恤伤亡用，五千元充防疫用。（四）即日将旅沪同乡会捐助收容所余米三十九石八斗二升九合粜去，补助仓储委员会平粜亏耗。（五）即日设法脱售余剩棉种。（六）由会长接洽挽留救济股主任陈兆琪、黄渭源。（七）呈请府省豁免二十年度漕粮。（八）本会遇紧急事件不及召集大会时，由会长召集各股正副主任开联席会议，县行政长官、各区区长、各区专员列席讨论，以资接洽。（九）常会日期定每日曜日下午二时开会，无庸每期通知。（十）战期中，各地道路桥梁多被毁损，请建局设法修理。

——五月二十九日第十一次会议：潘指行报告：电话公司来函，以无力恢复，请于建设专款项内借贷六千元，已由县政府召集会议，分配该公司借得银五千元。议决：（一）慰留调查股主任杨拙夫、服务股副主任徐新甫。（二）函复北门外被灾商民代表张善臣对于本会议决赈款分配办法，贷款建设草房及贷款于小学教育二项表示异议之解释。（三）第二区公所来函，以东翔乡马桥一带受灾极重，请派员复查，并请省战区救济会特别救济，俟调查表交到后并案办理。（四）省拨赈款已汇到三万元，分别贷放如下：丙项一万五百元，除已付二千元，改为农本贷款，由农民银行会同区公所代办，交农民银行拟具办法，付下次讨论；丁项四千五百元，由农民银行会同区公所代办，交农民银行拟具办法，付下次会议讨论；戊项三千元保留；己项四千五百元交教育局；救恤伤亡项三千元保留；防疫清洁消毒项一千五百元，半数交县政府办理清洁，半数由本会施打防疫针。（五）本会改称为江苏省战区救济委员会嘉定分会，各区设办事处，其细则由总务股拟订。（六）贷出款项将来收还后，存放本县农民银行，指定充发展本县农村经济之用，不得挪移别用。【附四月一日会务会议第一次会议】议决：向旅沪同乡会临时救济会转借银二百元，充本会办公经费。（二）聘任黄御侯、李慎修、浦树池、龚沛承、郁铁池为总务股办事人员，陈逸如、浦仰文、王天仇、李业时为救济股办事员，骆鑫生、邵绩嘉为赈务股办事员，杨希时、张云五、温崇禄、陆麟勋为调查股办事员，朱涟芳为保卫股办事员。

——六月五日第十二次会议：报告：上海地方维持会拟给嘉定造屋款三万七千五百元，附有办法。讨论：（一）旅沪同乡会临时救济会续捐到米二十九包七十余磅，应如何散放案。议决：将该项米补放于宝山某善户赈米之未及调查而未得之各灾户。（二）农本借款及小工商借款办法案。议决：将农民银行所拟草案取销团之组织，文字由主席修正后实行。（三）夏委员琅云拟具分给死伤赈款办法案。议决：暂保留。（四）上海地方维持会拨给本县建筑纪念村款七千五百元，本会应否筹备进行案。议决：组织纪念村设计委员会，推张福霖、顾兆昌、顾耀兴、顾旭初、潘指行为委员。本会事务费与救济费应否划分案。议决：应分别划清，事务费不得动用赈款。另向旅沪同乡会临时救济会请求将上次借款二千元，移拨厅用。

——六月十二日第十三次会议：报告：请免二十年分冬漕，已蒙省方批准。讨论：（一）省救济仅收到三万元，待赈孔急，在省款未经续拨以前，应否设法借垫救急案。议决：旅沪同乡会临时救济会用余捐款，工赈经费，救国基金，水灾义赈用余捐款，后拨会用余捐款等，均有借用可能，由本会函各保管机关接济办理。（二）王委员荃士提议兵灾救济仍应分兵灾救济与兵灾善后为二事。救济事宜，应定进行顺序，各事分别表。划区设立时疫医院案。议决：一、三两区，由本会酌量办理；第二项因已经议决支配在前，暂难照行；第四项各区办理时疫医院，本会应将领到赈款内之防疫项下，予以补助。

——六月十九日第十四次（会议）：讨论：杨拙夫辞调查股主任案。议决：推请武椵纯继任。（二）冬防办事处来函，所设临时收容所收容回县难民，共用费九十五元六角二分请拨发案。议决照付。

——六月二十六日第十五次会议：讨论：（一）防疫费银七百五十元，应如何支配案。议决：淞沪战区善后委员会在嘉设立时疫医院，事务费由本县担任，本会补助银三百元，其余四百五十元，另付支配。（二）县政府来函，请酌拨款项兴修毁坏桥梁，应如何办理案。议决：本会领到之赈款，系充急赈之用，且已分配无余，此项修理道路、桥梁经费，无从腾拨，应由会函复县政府，另行筹划。（三）农业改良场来函，请予救济因装运军需而遭遗失之船只，计价一百五十元，应如何办理案。议决：此项船只损失，应如何赔偿，俟将来统筹办理。（四）旅沪同乡会用余救济款（一万五千元）托本会分别赈贷，应如何办理案。议决：以三千元抚恤死亡遗族，四千五百元拨补食粮管理委员会，照原定半粜价，每石减低四角，其余归本会支配各项借款不足之用。（五）旅沪同乡会委托本会代借出款项归还办法案。议决：此项代借出款项，为系与保护借出款项混合借出，将来如不能全数收还时，应按照收还成数归还旅沪同乡会。

——七月三日第十六次会议：报告：（一件）本会驻沪办事处送到地方维持会赈衣三千七百件；又华洋义赈会函送衣服六箱，望需要者到会具领。（一件）豁免二十年夏忙冬漕征收地方维持费，兹接县政府来函，业由省政委员会第五零零次会议决通过。讨论：（一）县政府来函，拟将损失棉种垫款四千元，清（请）在救济费内补拨清（请）款，应如何办理案。议决：本会赈款已支配无余，此项棉种垫款，请县政府另行设法。（二）死伤赈款应否参照夏委员琅云拟具办法，分别给领，请讨论案。议决：寻常死亡每名给遗族恤金十二元，因公死亡者加倍，由直系亲属觅相当保证具领，如无家属者，其恤金暂为保存。（三）第二区公所来函，请补助时疫医院经费案。议决：补助银二百元。（四）陈委员璋甫、吕委员舜祥提议本会救济焚毁房屋民房与学校校舍，应否一律救济案。议决：请江苏省战区委员会一律协理救济。

——七月十日第十七次会议：报告：县教育会来函，请拨款救济文化损失，俾复原状而维教育。讨论：（一）农本及小工商借款尚有余款，应否查照灾情轻重，规定各区成数，以资分配案。议决：（一）农本放款一区已核数一千三百二十五元，续分配数一千元，计二千三百二十五元；二区已核定数四百七十五元，续分配数一千三百元，计一千七百七十五元；三区已核定数一千一百九十五元，续分配无，计一千一百九十五元；四区已核定数无，续分配数八百元；五区已核定数八百十元，续分配数一千元，计一千八百十元；六区已核定数六百四十元，续分配数无，计六百四十元；七区已核定数无，续分配二百元，计二百元；八区已核定数无，续分配二百元，计二百元。以上共计八千九百四十五元。（二）小工商放款，一区已核定数六百十五元，续分配数六百五十元，计计一千二百六十五元；二区已核定数五十元，续分配数九百元，计九百五十元；三区已核定数二百二十元，续分配数一百五十元，计三百七十元；四区已核定数无，续分配数四百元计四百元；五区已核定数四百三十元，续分配数五百元，计九百三十元；六区已核定数六十元，续分配数一百五十元，计三百十元；七区已核定数无，续分配数一百八十元，计一百八十元；八区已核定数无，续分配数一百八十元，计一百八十元。以上共计四千四百八十五元。上列各款，如再不足，以旅沪同乡会拨数内抵补之。（二）赈衣如何分配案。议决：先事整理再行分配。（三）江苏省战区救济委员会拨下赈款三万五千六百二十五元，如何分别贷放案。议决（1）住屋被毁无可居，拟重行建造者，每户补助一百元，分三期：第一期三十元，第二期三十元，第三期四十元。(2)毁屋不能建造者，每户三十元，如系租房或借房，归房客领受。(3)灾户造屋者领到第一期款后，限一个月内兴工，逾期不再付第二期款。(4)不愿受补者，听。（四）第五区公所函请拨补防疫所经费案。议决：补助银二百元。（五）第三区公所代表杨文苑提议请拨款购办夏令应用药品案。议决：补助一百元。

——七月十七日第十八次会议：讨论：（一）因伤致废者，暨失踪而未证实死亡之灾民，应否给予抚恤案。议决：因伤致残废者，每名给予抚恤金十元，失踪而未证实死亡者，缓拨。（二）第六区公所函请拨补时疫医院经费案。议决：补助银一百元。（三）潘委员忠甲提议请拨补第八区公所防疫经费案。议决：补助银一百元。

——七月二十四日第十九次会议：报告：（一件）旅沪同乡会临时救济会余款，委由本会赈贷，分配办法业于前次议决，兹已汇到现款一万三千元旅沪同乡会借据一纸，计银三千元。（一件）省救济会对于本会请求建筑纪念村校舍外，凡校舍之被毁者，即以纪念村款项重加建筑一案，经由处务会议提出讨论，此款系由地方维持会指定办法，未予通过。（一件）省救济会规定急赈善后复兴范围，以维护人民生命为急赈，补助人民需要者为善后，增进人民乐利者为复兴。（一件）本会缮写员钱介如君就第一区公所雇员，本会已另聘黄守良君为缮写员。讨论：（一）江苏省战区救济委员会上海办事处函嘱本会将急赈款内救恤卫生两项拟具计划概算表册，克日送处，俾便转请继续拨款，应如何编送案。议决：（甲）受伤灾民五〇〇人，每名给疗养费三十元，计一五〇〇〇元；（乙）残废灾民五八人，每名给养二〇〇元，计一一六〇〇元。（丙）遗族抚恤四六五人，每名给恤金二〇〇元，计九三〇〇〇元。（丁）掩埋四〇〇具，每具二〇元，计八〇〇〇元。（戊）防疫费共计银一四五四六五元。（二）本会上海办事处主任兼出席省救济委员会代表陈兆琪君因病逝世，拟推黄子雄、周匊忱二君分任，请公决案。议决：推黄子雄君为驻沪办事处主任，周匊忱君为出席省救济会代表。（三）县教育局函请购办防疫药品分发各校，以资预防，请讨论案。议决：拨补银二百元。（四）染坊、槽坊、毛巾厂、染线厂任意将不洁之水倾入河中，及以漂染纱布在河中洗涤池，不得将不洁之水倾入河中，及以漂染纱布在河中洗涤。（五）讨论关乎被毁房屋灾户救济办法，迭据各区公所询问疑义，兹归纳如下。（甲）灾户被毁房屋户主有子弟者，是否按子弟房数给予救济金；（乙）灾户被毁房屋已受过其他善团赠款者，本会给予救济金时，应否将其所受他处赠款，扣除计算；（丙）被毁房屋灾户，景况尚可敷衍，或房屋未全被毁，尚堪居住者，是否一律给予救济金。上列各项疑义，应如何解答，请讨论案。议决解答如下：（甲）子弟已成家分灶者，按户给救济金，仍作一户算。（乙）灾户曾否受过其他赈款，颇难稽考，被毁发放救济款项，一律照给，无庸扣除；（丙）被毁房屋灾户，境况较佳者，无庸给予救济金；其他境况尚可敷衍而房屋并未全毁尚堪居住者，如不建屋，不得领受救济金；如自行建筑者，给予等（第）一次救济金三十元，第二次、第三次救济金免给；如自行建屋者给予第一次、第二次救济金各三十元，第三次救济金免给；贫苦灾户房屋被毁，照本会议决办法，视其建筑与否，分别给予第一、第二、第三救济金。

——七月三十一日第十三次会议：讨论：（一）第八区区长戴元善、县保卫委员黄枕霞，以区公所暨区团部房屋被毁，函请本会拨款修理案。议决：现值办理急赈，无款可拨，俟将来办理善后时，再行讨论。（二）钱坤福君来函，向例收租成色，悉照忙漕减折，以定其轻重，去年忙漕既经豁免，业主负担已轻，劳苦农民亦宜兼筹并顾，应请县政府将去年租米酌定办理。分别减免。如有业已清偿之田户，准予本年租米内扣除，俾苏民困，而利贫农，请公决案。议决：函复由具函人迳请县政府核办。（三）第三区公所函询一宅房屋分租数家者，发给救济金时，是否以受灾房客为单位案。议决：以户为标准，不以宅为标准，房客每户各得三十元。

（原载《嘉定新声》1932 年 8 月 1 日）

是日　《嘉定新声》报道江苏省战区委员会拟定急赈、善后、复兴三项救济范围，通函太（仓）、嘉（定）、宝（山）三分会遵办。

【拟定三项救济范围】最近，江苏省战区委员会，为办理救济事业按步进行起见，拟定急赈、善后、复兴三项，明定范围，通函太、嘉、宝三分会遵办。以维护人民生命者为急赈，补助人民需要者为善后，增进人民乐利者为复兴。范围一经明定，庶几急赈款目界限釐然，而善后复兴各事项，亦得于急赈办讫以后，酌量缓急，次第进行。

（原载《嘉定新声》1932 年 8 月 1 日）

是日　《嘉定新声》通报县救济会赈恤伤亡情况。

【（嘉定）县救济会赈恤伤亡】此次中日战争，邑人被日军枪杀死亡之民众，计第一区六五人，第二区七六人，第三区六六人，第四区一一人，第五区一一四人，第六区八人，第七区二人，共计三四六人（其中因伤致废及失踪者犹不在内）。近由省战区救济委员会嘉定分会第十六、十七次委员会议议决，给予遗族恤金。寻常死亡者，每名十二元，因公死亡者加倍；残废者每名十元，业由该会函请各区公所饬知死亡直系亲属觅相当保证，填具领据，赴会具领。

（原载《嘉定新声》1932 年 8 月 1 日）

9 月 1 日　《嘉定新声》报道救济会兴建纪念村消息。

【（嘉定）救济会建筑纪念村】县战区救济会为救济被毁房屋灾户，于北门外荷花池地方，兴建第一纪念村，以供居住，计住房五十六间，礼堂、校舍及牛棚、猪棚齐备，业已兴工，计费银一万元；于南翔东乡小马桥走马塘东，兴建第二纪念村，计基地十七亩余，建住房九十七间，费银二万元，业亦兴工；于娄塘兴建第三纪念村，业正购地计划中。

（原载《嘉定新声》1932 年 9 月 1 日）

11 月 1 日　《嘉定新声》通报县救济会会议事项。

【（嘉定）县救济会会议汇志】十月二日第二八次：议决：（一）准

款产处转咨省救济会拨款救济本邑育婴堂，以便尽量收受而免弃婴。（二）第六区时疫医院，已先后拨补一百五十元，不敷之数，应自行设法弥补。（三）第二区公所将区内被毁房屋之损失较重者，列表请予救济，应照第二十一次议决办理，不予救济。

十月九日第二九次：报告：（一件）选送戴志高、陈友仁、甘允寿于上海地方维持会，为纪念村学校教员。（一件）省救济会上海办事处拨到赈款二万三千七百五十元。议决：（一）灾户领到第二期毁屋救济金后，应于五十日内一律完工，逾限不再发给第三期救济金。（二）省救济会拨给贫农与小工商两项半数赈款，属于农部分者，充作受灾最重区域开浚河流之用，以工代赈；小职工部分者，俟其余半数续拨到会，再决支配。（三）函请省救济会转呈省府，议决拨给教育机关损失费三万元，从速照数拨付，如省库实有为难者，应请由财厅指定付款机关，签发支付命令，交由三县分会，自行设法领款应用。（四）本会驻沪办事处应于十月十五日结束，所有案件款项，交本会接受。（五）惟城市各区救火会转请省救济会拨款救济，俾复灾前原状。（六）各区公所七、八月份津贴照发，九月份起停止津贴。

十月十六日第三〇次：议决：（一）南翔区防疫医院经费，本会已先后拨助五百元，所有不敷之数，应由该区自筹弥补，不再续拨。（二）准第五区公所转请省救济会拨款救济娄塘镇救济会，俾资修复。（三）娄塘灾户费路南重建草房，又兆焚如，情殊可悯，所有未领第三期救济金，应即照发，并有第五区公所酌量加给赈衣。（四）省救济会规定本县急赈款项，计建屋七五〇〇〇元，农赈三五〇〇〇元，小职工救济一五〇〇〇元。县除拨到两次计六二五〇〇元，又纪念村建筑费三七五〇〇元外，尚有二五〇〇〇元未拨，应由会催请迅拨。（五）小职工赈款，用低利借贷方法出借，工商、教育各占三分之一，教育交教育局经办，工商方面由本会拟具具体出借办法，交下次会议讨论。

十月二十三日第三一次：议决：县府函拟在救济款项下拨出一万元筹设民生工厂，俟省救济会将小职工救济款全□到后，再行决定。（二）本会常会日期重定为每两周开会一次，日期于开会前须通知各委员。

（原载《嘉定新声》1932年11月1日）

是日　《嘉定新声》报道太嘉宝救济院筹委会成立运行情况。

【（太嘉宝）救济院筹委会成立】江苏省战区救济会将结束，另设太嘉宝救济院。该院筹备委员会已于上月开成立大会，到者为舒石父、董修甲、赵启騄（舒石父代）、张公权、江恒源、韩德勤（董修甲代）、洪景平、赵正平、朱吟江、朱开侍、杨卫玉等，公推张公权为临时主席，金侯闻记录。议决：（一）通过修正简程。（二）互推舒石父、张公权、江问渔为常务委员。（三）推荐金巨山为办事主任。（四）聘请何维德为设计委员主任委员，组织设计委员会。

（原载《嘉定新声》1932年11月1日）

11月19日 太嘉宝救济院筹备会举行第三次会议。

【（太嘉宝）救济院筹备会开会】太嘉宝救济院筹备会于十一月十九日举行第三次会议，出席舒石父、江问渔（金其源代）、洪景平、朱恺侍、赵正平、张公权、董鼎之（金侯城代）、朱吟江。主席张公权，记录潘孟翘。报告：（一）函省政府关于本会修正简章第三条文，请予备案。（二）函省主席，报告勘定院址，请饬县布告。（三）函聘胡诒穀、钱振亚、胡宣明、薛次莘、林旭如、陈鹤琴、富文寿为本会设计委员会委员。决议：（一）嘉定县政府函请酌量变更院址案。议决：约该处各乡长及乡民代表到会劝导，再定办法，将此意先行函复嘉定县政府。（二）拟请拨款以利进行案。议决：请金巨山先生与舒厅长接洽。

（原载《嘉定新声》1932年12月1日）

12月1日 《嘉定新声》通报县救济会32.33次会议事项。

【（嘉定）县救济会会议汇志】十一月六日第三二次：（一件）省救济会拨到修理战区小学款项三三三三元。（一件）淞沪救济院筹备委员会允拨救济小学款项二五〇〇元。讨论：（一）县政府函转准民陆景魁被封船只于战时炸毁，请酌量拨款救济，以本会无指定款项救济，函复县政府另筹办法。（二）函请县党部将前借之救国基金四百元，允予拨补。（三）补助毁屋灾户第一期救济金未领者，即于本日截止给发，已领第一、二期救济金逾限尚未兴工或完工者，不再续发救济金。

十一月三十日第三三次：讨论：由本会转请太嘉宝救济院筹备委员会将所需地亩分于三县界内平均圈购，以昭平允。其被圈田亩较多之农户，如因缺少耕田而生活上发生影响者，应由救济院尽先救济。（二）遵淞沪纪念村委员会来函，函聘甘元寿为马桥纪念村学校教员，戴志高为北门外纪念村学校教员。

（原载《嘉定新声》1932年12月1日）

是日 《嘉定新声》发布太嘉宝救济院圈地粉制讯息。

【（太嘉宝）救济院圈地粉制讯】江苏省战区救济委员会，前经议决购地建筑太嘉宝救济院，由筹备会实地履勘，得太仓之长泾、嘉定之护民、宝山之墅沟等三乡接壤之处，有地二百余亩，尚有房屋坟墓，又当沪太汽车路旁，交通既便，位置亦宜，当即派员前往该处测量收用。测丈结束，墅沟河西沪太汽车路南首（属本邑第三区护民乡）圈得民田二百二十余亩（占全数十分之九），路北太境只圈得二十余亩，宝山县境，全未圈入。此事在圈收以前，救济院方面，未与当地人士暨田主等加以接洽，而于圈收订桩时，复不声明给价收购，以慰民情。各田主等鉴于业田被圈，生活无着，而所圈亩，几全属本县境内，而于宝山县境，则全未圈入，办理失平，群情恐慌，当经各被圈田主推出代表，于十一月十五日前往县政府陈述意见，面请县长转咨省救济委酌量变更波址，由县长亲自出见，允予照转。一面并函请救济分会俯念民艰，设法避让。县救济分会得函后，提出第三十三次会议讨论，佥以该乡民等所陈各节，不无理由，议决：由会转请太嘉宝救济院筹备会，将救济院所需地亩，分向三县界内平均圈购，以昭平允，并将被圈田亩较多之户，设法救济，以免失所。闻是项被圈田亩，业由救济院筹备会拟定给价每亩一百二十元，迁屋每间一百元，迁坟每柩二十元，办法函陈省政府分饬太嘉宝三县县长出示布告，并约该处各乡长及乡民代表到会劝导云。

（原载《嘉定新声》1932 年 12 月 1 日）

是日　《嘉定新声》通报募款筹设平民产院讯息。

【（嘉定县）募款筹设平民产院】县政府奉民政厅指令本县尽先设立平民产院，以为各县楷则。潘县长特于本月一日召集各机关团体暨地方绅士，讨论进行办法。当以县款奇绌，公决分头劝募，集款兴办。闻募捐启业已印发，启上具名者，为葛成慧、潘忠甲、顾吉生、潘仰尧、顾敬初、顾辑卿、毛西壁、吕舜祥、潘指行、朱吟江、金伯琴、黄虞孙、徐新甫、魏次言、杨卫玉、陈佩青等十六人。

（原载《嘉定新声》1932 年 12 月 1 日）

1933 年

1 月 22 日　嘉定救济会举行第 37 次会议。

【（嘉定）救济会会议汇志·一月廿二日第三十七次会议】〔甲〕报告：（一）奉省政府批复，电恳准将漕粮加价，免于续征，以事关通案，仰顾省库支绌，勉力负荷。（二）电请省政府令知财政厅，拨发三县教育机关损失未发银二万元。（三）函太仓、宝山分会，一致呈请省政府拨发三县教育机关损失费。（四）函送马桥、北门纪念村学校进行计划于淞沪纪念村委员会。（五）据情转函淞沪纪念村委员会，核拨马桥、北门纪念村学校经常费用。

（原载《练水春秋》1933 年 2 月 15 日）

2 月 6 日　县政府 165 次会议讨论嘉定救济分会省拨救济捐款分配事项等。

【（嘉定）县政府会议汇志·二月六日第一六五次会议】【一月三十日第一六四次会议】（略）。【二月六日第一六五次会议】（一）开会如仪。（二）报告上次会议录。（三）讨论：1. 江苏省战区救济会嘉定分会，函为省拨救济捐款余银二千六百四十四元六角九分七厘，议决以一千元拨补各区救火会损失，余充平民产院开办费，嘱就各区救火会，呈报兵燹损失有案者支配见复，应如何办理，请讨论案。（县长潘忠甲交议）议决：查各区救火会兵燹损失，除第一、第五两区已报战区救济会嘉定分会外，其报县有案者，计第四、第六两区，兹将补助费一千元，就各该区所报损失数比例分拨，计拨补第一区救火会六百八十元，第四区救火会四十三元□角，第五区救火会一百七十三元，第六区救火会一百零三元八角，由县拨交各该区公所转给具领。

2. 嘉定县平民产院筹备委员会简章草案，请讨论案。（县长潘忠甲交议）议决：照案通过，由县定期召集。

（原载《练水春秋》1933 年 2 月 15 日）

2月19日　嘉定救济会举行第39次会议。

【（嘉定）救济会会议记录·二月十九日第三十九次会议】（甲）报告：一、函县政府请查案支配。各区救火会补助器具损失费用，并函复情形。二、函第一、第六区区公所，掣据来会具领救火会补助费。三、函第二区区公所，彻查乡警封兰生串报朋分账款情形。四、据情转报马桥纪念村学校接替暨开学情形于淞沪纪念村委员会。五、县政府函请核发农赈一千四百十八元。（乙）讨论：一、朱学义来函报告，新华乡警封兰生串报朋分赈款，嗣据顾（顾）区长面告，确有其事，由本会函请顾区长查复，迄已多日，未据复到，应如何办理案。〔议决〕函请县政府查办。二、农本小工商放款，到期催收，现有借款人来会请求展期归还，应如何办理案。〔议决〕至迟在六月底一律归还。但已逾原限之利率，增为常年九厘。三、马桥纪念村学校学生达一百五十人，以两学级不能容纳，应如何办理案。〔议决〕函请淞沪纪念村委员会，增加一学级。四、建议淞沪纪念村委员会，纪念村学校，委托当地教育局办理案。〔议决〕通过。

（原载《练水春秋》1933年3月15日）

4月22日　县平民产院董事会成立。

【（嘉定）平民产院董事会组织成立】本县平民产院董事会，业已组织成立，于上月二十二日在县政府怀陆堂举行第一次会议，当经推定徐维震、葛成慧、顾辑卿为常务董事，所有卷宗款项，业由县政府移交董事会接管。

（原载《嘉定新声》1933年5月1日）

4月23日　太嘉宝救济院举行奠基礼。

【（太嘉宝）救济院行奠基礼】呼声雷动，人民久闻筹备之太嘉宝三县救济院，于四月廿三日在三县交界地墅沟桥举行奠基礼，由顾祝同主席。当顾祝同由沪太汽车路前往该地时，沿途如大场、刘行、罗店、墅沟等处不知由何人以何经费临时搭架高大精壮之彩牌，且沿路由宝山、嘉定、太仓三县警察暨保卫团严密戒备。除顾祝同外，到太仓洪县长、宝山金县长、第六区行政专员兼嘉定县长徐维震暨各局长、地方士绅约四百余人。行礼后，首由筹备委员会委员杨卫玉报告筹备经过，顾祝同致词，继财政厅长舒石父暨朱子桥等演说。由顾祝同奠基，其奠基石上书"太嘉宝救济院基"等字。闻该院图样已绘就，五月起开工建筑，全部落成约在半年之后。经济计划，第一步设立养老、残废、育婴、习艺等部，专门救济三县战后灾民。

（原载《嘉定新声》1933年5月1日）

4月30日　嘉定兵灾救济分会举行第40次会议。

【（嘉定）县救济分会会议纪略】本县兵灾救济分会于四月三十日举行第四十次会议，议决事项：（一）委托农民银行拟具办法，将省拨小工商救济款九千五百元，以低利贷款方法贷与缺乏资本具有相当组织之小工商。（二）函催前上海办事处主任负责追还溢支膳费银一百二十元，暨捐助智新童子军银二百元。（三）函催淞沪纪念村委员会归还代垫马桥、北门两纪念村学校各项费用。（四）转函淞沪纪念村委员会，将马桥、北门两纪念村学校教员待遇照原订标准款支给。（五）函催淞沪纪念村委员会拨款建复被寇焚毁之娄唐（塘）中心小学校舍。（六）结束各项救济事业。（七）函请省救济会转催财厅，将省拨救济太嘉宝教育机关未发之二万元，从速拨发。

（原载《嘉定新声》1933年5月1日）

6月10日　嘉定第一区公所区务会议讨论开办临时防疫医院事项等。

【（嘉定第一区公所）区务会议记录（六月十日）】出席者：黄世祚、朱天如、张俊人、印致祥、夏颂清、张振民、陶昌岐、赵镛昌、邵绩嘉、杨同曾、程朗村、俞叔葵、徐佩忠、严耀嘉、戴贯吾、黄天白。主席：黄世祚；记录：黄天白。

一、行礼如仪。二、主席报告（略）。三、讨论事项：……【一件】本区拟于七月一日开办临时防疫医院，其经费除葛成慧女士已募得三百元外，拟请县政府在准备金项下，查照成案拨发二百元，又在积存区经费内拨发三百元，不足之数，再行募集，请讨论案。

议决：照案通过。……

（原载《嘉定县第一区区政公报·第一期》1933年7月1日）

7月1日　《嘉定县第一区区政公报》公告十个月以来防疫、赈灾工作。

【（嘉定第一区公所）十个月以来重要工作报告·世祚】……（一）防疫：大兵之后必有大疫。太嘉宝三县为倭寇直接蹂躏之地，故省方对于防疫事宜非常注意，二十一年六月间派上海市卫生局医士李宣果为防疫队队长，驰赴各县，会同地方组织医院，专施治疗。本区于七月初借东门内义仓房屋开办防疫医院，顾前区长筹得经费八百元（五百元冬防办事处移拨，三百元嘉定救济分会拨给），省方派管潜午为医务主任，李少云、褚鸣皋为助手，鲍静湘女士为看护。除收容病人外，又分派卫生队至各乡镇打防疫针。比顾前任于七月十八日交卸，已用去六百余元，不佞以该项医院须于九月中结束，为期尚远，而经费不敷，何从支持？因呈准县府商请嘉定救济分会续拨银二百元，又由县政府募到天主堂沈司铎特捐银五十元，除医生方面用度无可限止，勉力应付外，其余均极力撙节，迄九月十五日结束，仅能敷用，一切器具物件均封存义仓廒间，俟下次开办时应用。（二）赈灾：自兵灾救济会改组为战区救济委员会嘉定分会，接济办理赈灾，本区东、北两门附郭及东门外斜泾一带受灾最重，被毁房屋则发补助费，死亡人口则给抚恤金。顾前任内已由各该乡造册报告，不佞接代后，陆续呈报者，亦甚多，均由区函请嘉定救济分会核准发放。此外又有越南华侨商会捐助白米三十石，上海华洋义赈会捐助赈衣一千余件，亦由救济分会分拨本区代为发放，米则按户散给印票，由灾户持票到所领取。衣则计口支配，分甲、乙、丙、丁四等先行搭配均匀，制就衣票，编定号数，发给灾户。另备号码纸卷存放匣中，灾户持票来领时，认明等级，令其自行摸取，对号发衣，是以绝无争多论少之烦扰。

（原载《嘉定县第一区区政公报》第1期，1933年7月1日）

7月11日 中国红十字会南翔分会临时防疫医院开幕。

【中国红十字会南翔分会临时防疫医院开幕广告】本院设在尹家弄区公所内，定于七月十一日开幕。每日上午，免费注射防疫针。

（原载《嘉定县第二区区政公报》第1期，1933年7月15日）

7月16日 嘉定时疫医院开幕。

【（嘉定）时疫医院成立】入夏以来，天气异常酷热，本邑医学界会同地方机关，筹设时疫医院，以资救济，而谋人民之幸福。闻该院业于上月十六日正式开幕，院址附设于南大街存仁医院，聘请许平叔为主任医师，常川该院云。

（原载《嘉定民众》1933年8月5日）

8月1日 《嘉定县第一区区政公报》公布第一区夏季时疫医院收支概况。

【（嘉定）第一区夏季时疫医院收支预算书】收入项下：一、款产处拨发，银二百元；二、第一区公所拨发，银三百元；三、存仁堂补助，银一百元；募集，银二百元。共计收入银八百元。支出项下：一、主任医师一人车马费，银五十元（说明：月支二十五元，两个月如上数）；二、专任医生一人薪水，银一百六十元（说明：月支八十元，两个月如上数）；三、助手兼药剂师一人薪水，银五十元（说明：月支二十五元，两个月如上数）；四、院疫（役）二人工费，银四十元（说明：每人月支十元，两个月如上数）；五、膳食，银六十元（说明：每日两餐，每餐大洋五角，两个月如上数）；六、消耗杂支，银四十元（说明：月支二十元，两个月如上数）；七、药品、器具，银三百五十元；八、预备费，银五十元（说明：天气酷热，时需装纱窗及搭盖凉棚等，均在是项内开支，共计支出银八百元）。附注一，款产处二百元，本奉县令，在地方预备费项下拨发，嗣经款产处查明无款可拨复县，由县令行区公所另筹。当经呈奉核准，在四城镇事业费内暂借银二百元充用。附注二，原预算助手兼药剂师一人，经主任医生申说理由，请增添助手一人月支银十五元为事实需要起见，业经照准其费，即在预备费开支，俟结束时，呈请县政府追加。

（原载《嘉定县第一区区政公报》第2期，1933年8月1日）

是日　《嘉定县第一区区政公报》公布管理夏季时疫医院规则。

【（嘉定）第一区公所管理夏季时疫医院规则】一、该院主任医生由第一区区公所订请一切设施，受第一区区公所监察。二、该院经费，规定国币八百元，由第一区区公所筹拨，医院有需用时，由主任医生缮具领状，向区公所领取。三、该院一切开支，备具单据，凡向商号购买者，以发票为凭。零星用款，由经手人缮具字条。员役领取薪工，须填写领据。医院结束时，检齐黏存，汇送第一区公所报县核销。四、购置器具、药品，均须登载簿册，结束时送由区公所按簿查点用去若干，留存若干，即行封存，以备来年之用。五、病人入院、出院，均须登簿载明姓名、性别、住址、病状及治疗情形，结束时报由区公所编造统计表，以资查考。六、该院医务上设施，由主任医生订定规则，员役一致遵守，并报告区公所备查。

（原载《嘉定县第一区区政公报》第2期，1933年8月1日）

9月8日　《申报》发表上海各慈善团体筹募黄河水灾急赈联合会成立宣言，邑人顾吉生、朱吟江、张公权等担任上海各慈善团体筹募黄河水灾急赈联合会常务委员或执行委员。

【上海各慈善团体筹募黄河水灾急赈联合会成立宣言】国民不幸，灾难洊臻，慨自民国二十年全国大水以后，人祸天灾环生迭起，哀鸿遍野，满目疮痍，同人等懔国本之危，念匹夫之责，迭经联合发起上海筹募各省水灾急赈会，上海战区难民临时救济会，上海各慈善团体赈济东北难民联合会，上海筹募豫皖鄂灾区临时义赈会，历承海内外各界同胞乐善不倦，慷慨捐输，水深火热之灾民，尚未能救济于万一，而黄河又以决口见告，横流所至，遍鲁豫陕冀皖苏六省，灾区广阔，灾民众多，巨浸稽天，城村淹没，死者漂失，生者攀号其荒凉凄惨，危机存亡之情状，实有不忍见闻者。披发缨冠，责在同室拯饥救溺，任讵异人所望。

父老兄弟诸姑姊妹体上天好生之德，发佛门普渡之心，速驾慈航，共挽浩劫，本会同人等誓当仰体仁怀，竭诚救济，务期款不虚糜，功归实际。凡我难胞实利赖之，谨此宣言，维诸公鉴。中国红十字会，华洋义赈会，中国佛教会，中国济生会，辛未救济会，联义善会，江苏灾防会，惠生慈善社，普善山庄。

委员长：许世英，副委员长：王震、王晓籁。

常务委员：（以姓氏笔画多寡为序）王正廷、朱庆澜、杜月笙、李组绅、屈映光、林康侯、陈其采、唐海安、张啸林、黄庆澜、黄伯度、邬志豪、闻兰亭、赵锡恩、郑洪年、钱镜平、关炯（之）、顾吉生。

总务组主任：屈映光，副主任：黄伯度、钱镜平；筹募组主任：杜月笙，副主任：唐海安、郑洪年；财务组主任：黄庆澜，副主任：赵锡恩、关炯（之）；查放组主任：李寿山，副主任：弘伞、冯仰山；稽核组主任：张啸林，副主任：徐永祚、奚玉书；视察组主任：王培元，副主任：明道、刘云舫。

执行委员：（以姓氏笔画多寡为序）大悲、王震、王晓籁、王正廷、王延松、王骏生、王培元、王伯元、毛和源、孔祥熙、弘伞、成静生、朱子桥、朱学范、朱企洛、朱吟江、吴蕴斋、吴芑汀、杜月笙、李子栽、李云书、李祖绅、李敏周、李寿山、汪道源、沈联芳、邵如馨、林康侯、林熙生、周骏彦、周渭石、金廷荪、明道、冼冠生、姚慕莲、屈文六、席云生、胡笔江、俞佐庭、徐补荪、徐乾麟、徐新六、许静仁、徐圣禅、孙衡甫、孙景西、陈其采、陈炳谦、陈良玉、陈蔗青、陈松源、奚萼衔、袁礼敦、陆文韶、陆京士、唐海安、许世英、舒石父、郭顺、郭乐、黄庆澜、黄伯度、黄振兴、章荣初、张啸林、张公权、张慰如、张效良、张泽普、慧开、冯炳南、冯仰山、开生、邬志豪、圆瑛、劳敬修、傅筱庵、远尘、贾士毅、童行白、董显光、闻兰亭、赵锡恩、虞洽卿、褚辅成、裴云卿、叶恭绰、熊少豪、潘志铨、蒉延芳、刘云舫、刘鸿生、慕西、鲁正炳、郑洪年、郑澄清、郑仲山、钱新之、钱镜平、骆清华、卢涧泉、简英甫、简情曼、关炯之、关云农、顾馨一、顾吉生、苏祖圭。

监察委员：（以姓氏笔画多寡为序）史量才、吴铁城、吴凯声、吴醒亚、吴开先、胡凤翔、汪伯奇、秦润卿、奚玉书、徐寄庼、徐永祚、翁寅初、张竹坪、黄金荣、黄焕南、荣宗敬、德浩、潘公展、潘序伦、简玉阶。

收款处：上海中央银行、上海华侨银行、上海市银行、中国佛教会、上海中国银行、上海银行、上海福源钱庄、上海联义善会、上海交通银行、上海广东银行、上海中国红十字会、上海惠生慈善社、上海金城银行、上海浙江兴业银行、上海中国济生会、普善山庄。

（本会）会址：上海英租界云南路仁济堂内，电报挂号七三〇八，电话九二九六〇号。

（原载《申报》1933 年 9 月 8 日）

10 月 1 日 《嘉定县第一区区政公报》通报时疫医院诊治病人情况。

【（嘉定）第一区夏季时疫医院诊治病人一览】住院：一、霍乱注射生理食盐水者三人；二、赤痢注射赤痢血清者二人；三、伤寒者六人；四、胃肠炎者十五人；五、麻拉里亚者一人；六、肠加答儿者一人。总共住院三十一人，治愈者三十人；有一人患“再归热病”当日来院，当日出院，医治不及而亡。门诊：一、肠胃炎九十六人；二、麻拉里亚九十六人；三、流行性感冒二十二人；四、痢疾三十六人；五、白喉四人；六、日射病一人；七、注射预防霍乱伤寒疫苗者一百十七人。总共门诊三百五十九人。

（原载《嘉定县第一区区政公报》第 4 期，1933 年 10 月 1 日）

是日 《嘉定县第一区区政公报》通报时疫医院收支决算书。

【（嘉定）第一区夏季时疫医院收支决算书】计开：

旧管：收二十一年临时防疫医院存银四元八角四分。

新收：一收第一区区公所银三百元；一收东南西北城镇镇公所银二百元；一收在城存仁堂银一百元。共银六百元。

劝募项下：一收各户捐助银六百七十五元（说明：此项捐户及细数，已刊第三期本报）；一收许平叔助银五十元；一收徐翔孙助银五十元；一收张灿亭助银十元。计银七百八十五元。

旧管、新收共计银一千三百八十九元八角四分。开除：

一支装修病房工料银三十五元八角六分；一支搭盖凉棚工料银十四元；一支华美药房药品银二百八十元；一支科发药房烧瓶费银八元四角；一支主任医生车马费银五十元；一支专任医生车马费银一百六十元；一支药剂师薪水银五十元；一支助手薪水银三十二元；一支院役二人工资银四十元；一支购药川旅费银六元；一支纸张、笔墨、文具银六十元一角五分；一支电灯、火油银二十二元八角；一支茶叶、开水杂支银十元〇〇二分；一支区公所施送雷允上痧药银十二元（说明：此项于捐款内开支，故附列于左）。共计支银七百八十七元八角五分。实在存银六百〇一元九角九分（说明：存放嘉定银行，备下年开办时疫医院之用。

（原载《嘉定县第一区区政公报》第4期，1933年10月1日）

1934 年

3 月 21 日 嘉定县征求红十字会会员委员会筹备会召开会议，决议征求会员事宜。

【（嘉定）红会请征求会员】嘉定县征求红十字会会员委员会筹备会，三月二十一日在县府内特开会议，主席许次玄，由张兆熙代主席报告：奉中国红十字会公函，请督同分会征求会员情形。后讨论征求会员，委员会应如何组织。议决：（一）委员人数二十一人（连委员长在内）。除各分会正副会长、理事长为当然委员外，其余由各分会各推二人，于三月二十八日前报由委员长聘请之。（二）定四月五日召开成立会。（三）本会地点附设嘉定分会内（款产处内）。

（原载《塔钟》1934 年 4 月 9 日）

4 月 20 日 《申报》刊登中国红十字会第一次征求会员委员会启事，邑人、中国红十字会征求会员委员会总队长张公权、朱吟江等联署公告，延长征募会员时间。

【中国红十字会第一次征求会员委员会启事】本会征求会员期间奉内政部批准延长一个月，展期至五月三十一日为止，务祈各界仕女踊跃加入本会各级会员，共襄善举，无任企盼，章程函索即寄，敬此公告，诸希垂鉴。中国红十字会征求会员委员会名誉总队长：蔡元培、戴传贤、蒋中正、林森、汪精卫、于右任、何应钦、王世杰、孔祥熙、许世英、黄绍竑、王用宾、朱家骅；主任王震；常务委员闻汉章、黄庆兰、虞和德、王晓籁、关炯（之）、王培元；总队长杨啸天、徐佩璜、吴醒亚、吴开先、吴铁城、许静仁、潘公展、李延安、文鸿恩、蔡增基、杜月笙、黄金荣、朱子桥、张廷荣、俞鸿钧、沈君怡、金里仁、严骏人、王儒堂、虞洽卿、方椒伯、吴蕴斋、陈光甫、郭顺、吴凯声、胡文虎、宋子良、张公权、李馥荪、陆伯鸿、胡孟嘉、张效良、王延松、谢蘅窗、秦润卿、史量才、周宗良、顾竹轩、洪雁宾、李组绅、叶扶霄、姚慕莲、沈田华、徐補荪、唐寿民、冯炳南、查勉仲、徐乾麟、张玉墀、孙梅堂、闻兰亭、关炯之、朱弃尘、王一亭、邬志豪、王彬彦、姚虞琴、黄涵之、哈少甫、穆藕初、刘襄荪、顾馨一、朱吟江、袁履登、赵晋卿、刘鸿生、王晓籁、林康侯、宋汉章、劳敬修、陈炳谦、陆连奎、沈聊芳、蔡翔如、袁仲慰、朱寿丞、王绶珊、冯少山、张铁民、谭蓉圃、狄楚青、叶海田、王培元同谨启。

（原载《申报》1934年4月20日）

5月17日 邑人吴蕴初应邀出席中国红十字会招待会。

【红会前晚欢宴各公会】中国红十字会自开始征求会员运动以来，政府当局及社会人士均极赞助。迩来新会员日有增加，该会会长虞洽卿，常务委员王晓籁，于前晚七时假座爱多亚路杭州饭店，欢宴各公会代表。到者计有顾馨一、闻兰亭、林康侯、吴蕴初、程德杰、王士弫、陈子翔、王汉良、屠开征等四十余人。席间有虞洽卿、王晓籁相继致词，略谓中国红十字会为国际慈善信团，本国（会）自成立以来，亦具有相当历史，社会及政府当有定评。回忆一二八沪战之际，我海外侨胞踊跃输将，其款项及物品悉交红会，转交我前方军队，足证外间对本会信仰之一斑。此次征求会员，意在增加本会之新细胞，俾今后本会会务，更形发达；为社会为国家作更大之贡献。望各界能予以赞助。至于本会账目，则纯采最精密之管理方法，故随时可往查阅，绝无其他团体的不可公开之处。旋由王汉良致词，略谓中国红十字会，在国际有立场，国难至此，吾全国同胞，为国家为自身，均有加入红会之必要，吾人虽不一定要到前线抗战，亦应在后方做协助工作。中国红十字会于沪战时，在战地服务之成绩，为沪人所目观，今后吾人虽不能明白言定世界大战至何时爆发，然以目前国际情势观察，战争似不可免，故吾人更宜从速加入红会，俾该会力量，更为充实，成为战时服务之有效机能云云。继则林康侯及各公会代表等，均作诚挚之演说，于九时许宾主尽欢而散。

（原载《申报》1934年5月19日）

7月15日 本邑设立时疫防疫医院。

【（嘉定）防疫医院已开办】本邑每届夏令，例有防疫医院之设立。第一区长黄世祚、第二区长顾耀兴，已于七月十五日设立时疫防疫医院。第一区设于城中存仁堂，主任许平叔。至九月十五日止，先办二月，经费八百五十元；第二区设于区公所对过，并于区公所后建筑病房，其经费，除去年积存之防疫费外，由区公所筹补。

（原载《塔钟》1934年8月9日）

9月19日　《申报》通报中国红十字会全国代表大会代表报到情况，南翔红十字分会代表列名其中。

【红十字会代表大会——报到代表一百卅七人，大会秘书处开始办公】报到代表：

截止最近，江苏省报到分会计有建阳、昆山、海安、众兴、石港、上海市、兴化、白蒲、洞庭、吕城、海门、溧阳、真茹、淮安、南翔、常州等十六处，出席代表三十九人。浙江省报到分会，计有西塘、宁波、孝丰三处，出席代表九人。河南省报到分会，计有禹城、楚旺、道口、虞城、信阳、滑县、郾城、汲县、洛阳、襄城、广武、新野、荥阳、明港十四处，出席代表二十四人。山东省报到分会，计有清平、即墨、白马庄、田马镇、黄县、昌邑六处，出席代表十一人。安徽省报到分会，计有滁县、宿松、寿县、临淮四处，出席代表十一人。河北省报到分会，计有北平、武清、定兴、永年、小站、高阳六处，出席代表十人。闽省报到分会，计有仙游、浦城二处，出席代表六人。鄂省报到分会，计有襄阳、宜昌、宜都、武穴四处，出席代表七人。绥远报到分会二处，代表二人。察哈尔报到分会一处，代表一人。广东省报到分会二处，代表七人，广西省报到分会三处，代表十一人。总计报到分会共六十二处，出席代表一百三十七人。……

（原载《申报》1934年9月19日）

9月28日　中国红十字会代表大会闭幕，邑人朱吟江当选中国红十字会第一届理事会候补理事。

【中国红十字会代表大会昨日闭幕】中国红十字会全国代表大会昨仍继续假市商会会所举行大会。遵照条例细则，修正总分会章程。下午五时半选举，深夜方始揭晓。兹分志各情于下：

修改章程：昨出席者计有军政部、海军部及各省分会代表二百余人，主席闻兰亭、关炯之、王培元、林康侯，报告大会第四次会议记录毕，旋即讨论。遵照条例细则，修正总分会章程，当场由关炯之逐条宣读，修正通过。至五时半，开始选举理监事，公推刘孟阳、稽鹤琴、董新琴、王奎璧四人为唱票员，凌古愚、周光九、颜逸岑、何静斋四人为收票，朱定一、张良弼、李应南、王培元四人为监票员，选举毕，即宣读大会宣言，宣告闭幕。

当选理事：中国红十字会第一届理事当选名单：林康侯、王培元、王晓籁、虞洽卿、关炯之、闻兰亭、杜月笙、王一亭、王正廷、朱子桥、颜惠庆、许世英、史量才、王振川、刘鸿生，以上十五人当选为理事；黄涵之、姚虞琴、顾竹轩、李应南、张仙台、钱新之、朱吟江，以上七人当选为候补理事。

大会宣言：世界局势之不安，未有更甚于今日者也，回溯十六年前欧洲大战，以全世界企望和平而结束，国际联盟以全世界企望和平而产生，所有直接参战各国，已各有悔过之心，其未经参战而间接受战事之影响者，亦各憧然于战事之太伤人道，于是弥战缩军之论，亦随之而起。一时和平之空气，弥漫于全世界，此诚可谓人类之幸运，国际之福音矣。讵为时不久，国际间又以利害之新冲突，渐发生杌陧不安之象，各国相互间虽仍阳为和平之运动，而实际为军备之扩张，于是有时局观测家，突发表一种一九三六年将发生第二次世界大战之推论。前之企望和平者，缘兹已为之短气，乃忽又发生九一八之东北事变，全世界更为之震动，以为此即第二次世界大战之征兆，各国间逐各从事于大战之准备，揭了其和平假面具，愈进行其扩张军备之竞争，如此则第二次世界大战虽未必果于一九三六年发生，恐终不过为时间问题耳。我以积弱之国，介处其间，倘果不幸而遭逢此变，试问将何以应付，岂忍坐视地方糜烂，军民死伤，而不思所以拯救之？际此时期，藉以保全我国在国际间之地位者，其惟我红十字会乎。我国之红十字会，创始于前清光绪三十年，旋于光绪三十三年，与万国红十字会缔结同盟，得列于国际之林，取得与盟各国之公认，厥后历经国内革命之战乱，及各省之内战，并救济日美俄等国天灾，更经应付九一八及一二八等事变，三十年来，总分各会，几无一日不在救护兵民伤亡之准备中。其在和平无事时期，亦无时不从事于赈灾防疫及协济邻国灾荒等事业。所不能无遗憾者，红十字会在我国事属创举，人民之认识，尚有未真，以故会员无多，资力薄弱，所办种种事业，终不免有力不从心之慨。此在平日间，尚可勉为应付，际兹第二次世界大战空气弥漫之顷，若仍因陋就简，不思所以改进，倘一旦遭逢较欧战尤烈之巨变，我华北及东南沿海一带，恐将限于不堪闻问之境，即全国通商巨埠，恐亦难保其安全，以此等规模狭小设备不完全之红十字会，将何以尽其博爱恤兵救苦救难之天职，此就应付时变而言，再就本会本身而言，本会成立于前清末季，一切组织经过三十年之沿变，时移势迁，亦急应改弦更张，以便合乎时代之需要。凡此均为召集此次全国会员代表大会之原因也。此次大会，于中华民国二十三年九月二十四日开会，于九月二十八日闭会，与会者除总会会员代表外，计各省分会一百余处，代表二百余名，所提各案，亦均能切合需要，均能切合需要，均能表示力图改进之精神，本会从此另换一番新气象，重开一个新纪元，此为本会前途贺者也。综核此次大会议决重要各案，撮记其大纲如下：（一）遵照国民政府公布中华民国红十字管理条例，及行政院公布中华民国红十字会管理条例施行细则，修改本会总分各会章程，以期组织完密。俾得增进办事之效率。（二）减低会员会费。多收青年会员，增设妇女部，并训练救护及看护人材，预储救护材料，以便平日得以充实内部，遇变亦可应付裕如。（三）于首都及各区埠设立规模完善之医院，并附设赈济及救济等机关，一便平日得以治疗平民之疾病，及拯救贫民之疾苦。遇变亦可救治中外伤兵，以重人道，庶不至临时新设，效力不充，以上不过举其荦荦大者。此外议决各案尚多，不及一一备载，于兹有郑重宣告于总分各会会员者，此次议决各案，期在必行，务使总分各会之本身组织健全，则平时战事之应付，乃生效力。须知国际间和平破裂之期不远矣，届时我国态度无论如何，其地位终极危险，凡我红会会员既无力挽救此厄运，惟有大发愿力，为本会努力服务，本爱人救人之一念，藉以博得国人及国际间之同情，其在平时，亦应努力于济贫救灾等等事业，直接为社会造福，间接亦即为己身造福也。今为唤起本会同志，及全国国民，共同注意，谨此宣言。

（原载《申报》1934年9月29日）

1935 年

7 月 30 日 邑人张公权出席中国红十字会第二次征求会员总队长招待会。

【中国红十字会今日起征求会员 四百余处分会同时举行】 本市新闸路八五六号中国红十字会，今日起举行第二次征求会员二月，至九月底截止。本市总会及全国四百四十五处分会同时举行……该会自理事会决定扩大征求新会员二月后，决于今日开始，惟并无仪式，仅于三十日晚间，假新亚酒楼宴请第二次征求会员总队长。到该会常务理事林康侯、王晓籁，理事王培元，监事汪伯奇、袁履登，及吴市长、李大超、王孝英、王延松、邝富酌、潘序伦、王云五、王汉良、张效良、周祥生、方椒伯、俞佐庭、孙梅堂、杨梅南、屈文六、林克听、李廷安、郭秉文、吴凯声、张公权、胡凤翔、徐佩璜、谢蘅窗、陈光甫等百余人。由刘鸿生致词，略谓红会事业之发展，全赖会员之推进，此次征求，定八月一日开始，望在座诸君，热心提倡，市面虽不景气，但会费数额，业已减低，请各位协助赞勋云。次由秘书长曹云祥报告组织概况，并谓美国红会会员，有千万人以上，日本亦有五百余万人，我国号称四万万同胞，入会者仅及十余万人，以此比例，本会至少应有百万以上之会员，则每人每年捐洋一元，即有百万之会费，本届征求之赞助证，即寓此意。还望各界共同赞襄厥成。并由吴市长代表李大超演讲，略谓天灾严重，大家应负责任，努力慈善事业，愈困难愈要做，一致推动进行，以达最大目的。王晓籁、俞佐庭等已均相继演说，至九时许始散。……同时该会全国各分会，亦于今日开始征求。现有分会计江苏省七十二处，浙江省二十八处，安徽省三十一处，福建省五处，河南省七十八处，湖北省二十处，江西省九处，广东省十处，广西省七处，陕西省二处，云南省二处，四川省三十三处，山西省二处，贵州省二处，山东省四十一处，河北省四十一处，热河省八处，辽宁省十五处，吉林省十八处，黑龙江省十一处，二十省共四百四十五处分会，同时实行云。

（原载《申报》1935 年 8 月 1 日）

1936 年

7 月 19 日 《太嘉宝日报》报道中国红十字会南翔分会时疫医院即将开幕。

【中国红十字会南翔分会筹设时疫医院】（嘉定通讯）南翔镇南大街尹家弄中国红十字会南翔分会，系一慈善机关，会长为黄亮揆，副会长李松樵，理事长李序伯，经济委员李樑材。日前，该会开会决议，即日筹设时疫医院后，应雇工修葺房屋，业已一新，并购办药品，聘请张近枢医师为主任，庞公哲医师为驻院医师，定于本月二十一日开幕施诊，逢星期一、三、五医治杂症，急诊随到随医，不分昼夜。惟如遇时疫横行时，则杂症暂停。该会热心公益，殊属难得。

（原载《太嘉宝日报》1936 年 7 月 19 日）

9 月 30 日 《太嘉宝日报》报道中国红十字会南翔分会时疫医院月底结束。

【中国红十字会南翔分会所设之临时时疫医院本月底结束】（嘉定通讯）南翔镇南大街尹家弄内，中国红十字会南翔分会所设之临时时疫医院开办施医以来，已二月有半，分会长黄亮揆、院务主任李序伯、医务主任张近枢、住院医师庞公哲等，均极热心，颇得地方人士称道，医愈时疫杂症疮伤等病人约有五千余人，不及医治者仅有一人。该院现以秋凉，定于本月底办理结束云。

（原载《太嘉宝日报》1936 年 9 有 30 日）

11 月 19 日 红十字总会绥委会成立，邑人朱吟江等担任委员。

【红十字总会绥委会成立】中国红十字会总会，以绥远告急，亟需加紧工作，爰特成立经济委员会，同时并举行第一次会议。该会经济委员会委员，均为本埠名流，其名单如下：王儒堂（主席）、杜月笙、刘鸿生（以上副主席）、林康侯、虞洽卿、王晓籁、钱新之、俞佐廷、穆藕初、宋汉章、袁履登、张慰如（以上常务委员）、吴铁城、朱子桥、叶誉虎、姚慕莲、赵晋卿、徐新六、朱吟江、汪伯奇、金廷荪、唐寿民、陈光甫、秦润卿、叶扶霄、卢学溥、顾馨一、叶琢堂、闻兰亭、王一亭、关炯之、陆伯鸿、黄涵之、姚虞琴、沈联芳、劳敬修、狄楚青、竺梅先、孙衡甫、吴蕴斋、王伯元、金润痒、王培元（以上委员）。该会于昨成立，即召开第一次会议，由王儒堂主席，行礼如仪后，即开始讨论二案。（一）本委员会组织规程，业已拟就草案，请讨论案，决议，修正通过。（二）值此非常时期，筹募救护经费，刻不容缓，据救护委员会颜总干事、庞副干事报告，需款甚巨（全年计算约需五十七万元），应如何筹募，请讨论案，决议，本会全体委员，每人担任募款五千元，刊印捐册，定于本年十二月一日起，至二十六年一月三十一日止，在此二个月内，筹募竣事，议毕散会。

（原载《申报》1936年11月20日）

11月30日　各慈善团体联合救灾会成立，邑人顾吉生、朱吟江等出任常务委员。

【各慈善团体联合救灾会昨成立】本市各慈善团体联合救灾会，昨日下午三时，在仁济堂举行成立大会。到会代表计孔祥熙（陈立廷代）、吴铁城（李大超代）、杜月笙、王晓籁、王一亭、张啸林、屈文六、李大超、俞佐廷、毛云、潘公展、曹云祥、朱子桥（陶弗卿代）、赵晋卿、成静生、黄涵之、关炯之、蔡劲军（殷冠之代）、潘序伦、张秉辉、朱少屏、陆伯鸿暨中国佛教会圆瑛，中华慈幼协会陈铁生，中华麻风救济会陈椿葆，中国救济妇孺会王侠甫，中国红卍字会张兰坪，仁义善会王同章，中国济生会冯仰山，中国道德会徐乾麟，普济善会沈健侯，博济善会詹希光，联义善会翁寅初，至圣善院崔福庄，中国红十字会上海分会蒋茂□，义济善会范开泰，新普育堂叶寿海等百余人。……职员一览：委员长孔祥熙，副委员长吴铁城、熊秉三、王一亭、朱子桥、叶楚伧、王正廷、屈文六、潘公展、杜月笙，总务组主任屈文六，副主任顾君扬、谢驾千、淘（陶）弗卿，筹募组主任王晓籁，副主任张慰如、李大超、穆藕初、张兰坪、俞佐廷、郑耕华、陆伯鸿，财务组主任赵晋卿，副主任林康侯、吴蕴斋、陈康庵、唐寿民，救济组主任闻兰亭，副主任钱镜平、颜福庆、冯仰山、毛云、王培元、成静生，稽核组主任张啸林，副主任徐永祚、潘序伦、陈日平，常务委员除各组正副主任为当然常务委员外，尚有宋汉章、钱新之、陈笔江、陈立廷、徐寄庼、李葭荪、沈季宜、何德奎、陈良玉、陆连奎、褚民谊、李廷安、蔡香泉、殷冠之、张秉辉、李子裁、顾馨一、劳卞宝、钱俊人、刘鸿生、黄延芳、张寿镛、黄永舟、顾吉生、徐乾麟、樊震初、叶恭绰、吴叔田、陈光甫、包天笑、圆瑛、朱吟江、胡楚卿、马荫良、汪伯奇、李迪先、李天真、黄金荣、费钧堂、姚慕莲、聂震台、秦砚哇、叶鸿英、严味莲、施耕尹、周守良、张起□、陶希泉、大悲、容虚、慧开、远尘、宏明、钟康侯、黄瑞生、郁宝清、朱子干、陈铁生、朱静安、陆隐耕、罗步洲、张竹居、朱少屏、朱燮承、曹云祥、翁寅初、王彬彦、孔宋霭龄、程修龄、马凤岐、唐冠玉、刘王立明、王孝英、马彦文、谢祖仪、张起□夫人、牛惠生夫人、□智吉夫人、梅华铨夫人、黄秀峰夫人等。

（原载《申报》1936 年 12 月 1 日）

12 月 7 日 中国红十字会南翔分会即日征求志愿队员，举办救护队训练班。

【南翔红会创办救护队训练班】（嘉定通讯）中国红十字会南翔分会，近为适应时代需要，积极筹组救护队，曾于上月间召集会员大会，讨论进行办法。当经推定郁拜赓、庞公哲、范文六、黄钦声等为正副队长，负责筹备。嗣郁队长鉴于救护队长非实施训练、灌输基本知识不可，爰即商准黄会长亮揆及监事长李序伯，于本月六日召开会员大会。经决议，遵照总会救护训练班组织章程，成立委员会，推定陆麟勋等十五人为委员，并公推李序伯、李希昭、郁拜赓、费茂泉、金为宣、陈庆荣、许仲明等七人为常务委员，李序伯为常委主席。复于七日举行第一次常会，当经决议，即日起征求志愿队员，聘定庞公哲医师及陆叔丞君为训练班正副主任，业已分呈总会及县府备案，并悉会长黄亮揆特捐置价值五百余元之全副手术器械，庞医师公哲捐助战时救护队应用器物数十件，其价值亦属颇巨云。

（原载《太嘉宝日报》1936 年 12 月 9 日）

1937 年

2月2日 邑人顾吉生、朱吟江出席华洋义赈会特别会议，募赈美国严重水灾。

【华洋义赈会昨讨论救济美国水灾】 本埠仁记路九十七号华洋义赈会，为中外人士首创之慈善团体，历办赈务，成绩卓著，该会昨接到财政部孔部长函，以美国水灾严重，邻邦自应患难相恤，托为倡导劝募救灾。闻该会已经推定会长宋汉章君加入上海慈善团体联合救灾会、中华慈幼协会、中国红十字会四团体联席会议，业商定具体办法，已志前报。昨该会又召集中西各董事，举行特别会议，到宋汉章、饶家驹、司铎、布美医师、金汉律、柏韵士、王一亭、黄涵之、张贤清、陈良三、顾吉生、王骏生、秦润卿、严成德、经润石、朱吟江等诸君。对于救济美灾备极热忱，并推举宋汉章君为参与四大慈善团体联合会议出席代表，一面分发募捐启，向国内外进行募捐事宜，如有热心慈善、敦睦邻谊仁人君子，慨助捐款，或送交仁记路九十七号华洋义赈会，或以上三团体，均于事实有济也。

（原载《申报》1937 年 2 月 3 日）

4月1日 中华医学会四届年会开幕。邑人牛惠霖、牛惠生兄弟，曾先后担任中华医学会会长。

【中华医学会四届年会今天开幕】 中华医学会第四届大会，今日下午二时，在枫林桥国立上海医学院，与上海医事中心，同时举行开幕典礼，会期自四月一日起至四月八日止，此次参加大会会员有千余人，其盛况实属空前，分志如下：

会场布置：开幕典礼会场，假国立上海医学院大礼堂，各方所赠联对镜架，满悬四周壁上，医学院二层楼上，有中外各医药厂商，临时设立陈列所，并拨出一部分余屋，供中华医学会会议及办公之用，在枫林桥堍，扎有松柏彩牌楼，上贴“欢迎各界参观上海中山医院新院舍落成”，“中华医学会第四届年会典礼”等字样。

今日秩序：今日上午八时半起，所有医学会会员代表，至国立上海医学院，向该会办事处报到，下午二时行开幕典礼，主席团为孔祥熙部长，及中华医学会会长朱恒璧，典礼开始时，由孔部长夫人行剪彩礼，典礼中有孔王两部长及朱会长致词，颜福庆院长报告筹备经过，刘瑞恒署长演说，下午八时，在静安寺路七二二号万国总会登记全体会员，并举行交谊会，由市卫生局局长李廷安，公共租界工部局卫生处处长乔登，法租界公董局卫生处处长莱蒲脱等，亲为招待，并有音乐及娱乐。

沿革组织：中华医学会系国人创办之医事学术团体，历时已二十二年，于民国二十一年，与外侨创办之中华博医会合并，该会则具五十年之历史，现有会员三千余人，总会初设南京路俞凤宾医师诊所，继迁西藏路时疫医院，民国二十年八月，以三万六千两之价，购进今之会所，是年九月，正式迁入办公。历任会长为颜福庆、伍连德、俞凤宾、刁信德、牛惠霖、刘瑞恒、林可胜、牛惠生、林宗扬，现任会长为朱恒璧，大会本定每年举行，嗣改二年一次，在沪开会，合改组前而言，是为第六次，检查委员会设委员七人，大会时，就永久会员中推选之。提名委员会，以本会已退职之会长及主席充任之。每届大会时，负次届大会提名之职，董事会，设董事六人，职权为保管财产，核准预算及负筹款之职。每次大会，改选职员二人，会长一人，副会长二人，总干事一人，中英文杂志编辑各二人，会计一人。总干事得聘请副总干事一人，事务员若干人，理事会设理事十二人，总干事、会计为当然理事，余于大会时选举之。（专门委员会）医学教育委员会，公共卫生委员会，医学标准委员会，研究委员会，出版委员会，教会医事委员会，业务保障委员会，药物化学委员会。（各地友会）厦门、广州、长沙、杭州、香港、开封、牯岭、南昌、南京、北平、上海、汕头、苏州、济南、清江浦、武汉。（大会筹备委员）筹备委员富文寿（主任）、黄子方、马雅各、施思明，招待委员颜福庆（主任）、朱恒璧、德奥格（A. W. Tucket）。宣传委员伍连德（主任）、马阴良、庞京周，娱乐委员萧智吉（主任）、褚民谊、罗爱思、李廷安，科学展览委员劳勃森（F. C. Robertson）（主任）、许思谨、钱建初，电影委员何浩澜（R. V. Deut），交通委员吴利国（主任）、凌炽恒、高维（学术讨论各组秘书）。中文组朱章赓（南京卫生署），内科组杨济时（长沙湘雅医院），外科组倪葆春（上海愚园路四一一号），妇产科组赖斗岩（国立上海医学院），放射学及生理疗法组丁果（上海同仁医院），眼科组谢福星（上海同仁医院），耳鼻喉科组胡懋廉（南京中央医院），皮肤花柳科组穆瑞五（北平协和医院），小儿科组诸福棠（北平协会医院），结核病组安特森（H. G. Anderson），（华西协和大学）麻风组马雅各（上海雷氏德医学研究院），生理学组张锡钧（北平协和医院），病理学组余贺（上海雷氏德医学研究院），医院行政管理组德奥格（上海同仁医院）。

（原载《申报》1937年4月1日）

5月4日 邑人、原中国红十字会总医院院长牛惠生博士因病医治无效逝世。

【骨科专家牛惠生博士昨晨逝世】 骨科专家牛惠生博士，因患慢性肾炎症，屡经诊治无效，于昨晨（四日）三时，在寓溘然逝世。当将遗体，移置万国殡仪馆，将于八日大殓出殡，兹志各情如下：

骨科圣手：牛氏现年四十六岁，早年毕业美国哈佛大学，得医学博士，为世界闻名之骨科圣手，回国后，曾任北平协和医院骨科教授一年，嗣返沪，办上海骨科医院，任红十字会总医院院长，上海哈佛医校、并圣约翰大学医科教授，并创办各种与医学有关之社会事业。革命军北伐时，任军医总监，奔走全国，与各地教会医院接洽救护伤兵事宜。至革命军克复北平后，始返沪继续办理骨科医院。平生活人甚众，其在党国，厥功尤伟，近年来鉴于我国科学界原有医学团体，散漫松懈，竭全副精神，扩大中华医学会之组织，策进医学研究工作，学风为之大振，中华医学会改组前后，曾两任会长，中外翕然，推为医林硕望。

昨晨逝世：牛氏来为医事努力，不幸积劳过甚，忽患不可救药之慢性肾炎症，迄将三载，经中外名医百计施治，有时虽稍痊可，终难根治。忽于近三星期来，病势转剧，卒于昨（四日）晨上午三时溘然逝世，我医界伟人，自俞凤宾博士作古后，又弱一个，闻者莫不痛惜。

弥留遗言：牛氏弥留之际，其眷属侍奉在侧，牛氏尚关切医学事业，谆谆以告家属，俟渠逝世后，所以一切丧葬礼节，悉从简单，所用棺木，不得超过四百元，并希望亲友馈致赙仪，请以现金，所有花圈幛联等物，均为谢绝，所得赙仪，悉数捐助杭州广济医院，充实骨科部分设备。

八日大殓：牛氏遗骸，于昨晨四时半，移置胶州路万国殡仪馆，牛氏亲友，在此处组织治丧处，一切布置，均遵牛氏遗嘱，力求简单，不事铺张，并定于八日中午大殓，下午二时出殡。安葬于虹桥路万国公墓。

亲友往吊：昨晨，牛氏遗骸，移置万国殡仪馆后，在沪各界闻此噩耗，纷往万国殡仪馆吊唁，计有宋子文、刘瑞恒、颜福庆、金宝善、朱恒璧、徐士浩、陈叔通，暨牛氏生前亲友数百人。

家属状况：牛氏毕生从事医事，虽收入较丰，但因兴办各种医学事业，在在需款，故未有积蓄，所遗一子，名彼德，年仅九岁，尚在中西小学读书，其夫人牛徐蘅，亦为女界英才，对于社会事业极为热心，出身于南京金陵女子大学，且曾留学美国，年来对于各种社会事业及妇孺事业，尤为□□。

（原载《申报》1937年5月5日）

6月8日 《申报》报道，中华医学会等14团体筹备牛惠生博士追悼会。

【十四团体筹备追悼牛惠生】中华医学会、全国医师联合会、上海市医师公会、圣约翰大学、上海女子医学院、金陵女子文理学院、中华基督教协进会、中华麻风救济会、中华民国红十字总会、国立上海医学院、上海中山医院、中国防痨协会、杭州广慈医院、全国新药业同业公会联合会等团体，联合组织牛惠生博士追悼会筹备处，择期举行追悼大会，并拟先期编刊牛惠生博士哀思录，藉永哀思。如有以牛博士嘉言懿行见赠者，可于七月十日前寄交上海池浜路中华医学会，以便择期举行追悼大会。

（原载《申报》1937年6月8日）

7月20日 邑人潘仰尧出席上海市救护事业协进会（上海市救护委员会）第二次全体会员大会。

【救护事业会扩大组织　昨改名为救护委员会　推颜福庆为主任委员】本会救护事业协进会，于昨日下午五时，在中汇大楼会所，举行第二次全体会员大会，到颜福庆、潘仰尧、许晓初等三十余人，公推陶百川、黄任之、庞京周为主席团。经主席团分别致开会词，并报告会务及改组原因后，卫生局李廷安，社会局代表张秉辉，相继致词，均望能扩大组织，充实力量。次由总干事王揆生报告经济收支情形，旋即讨论改组事宜，经决议如下：（一）修正会章，改名为上海市救护委员会，（二）根据会章，即席推定颜福庆、徐冠群为主任委员，徐乃礼、许冠群为副主任委员，（三）其余委员人选，待下次会员大会推定。

（原载《申报》1937年7月21日）

8月17日 《申报》报道上海市救护委员会分设急救队、伤兵医院于南翔、嘉定等处。

【后方各界战时服务】本市救护委员会，连日救护伤兵，彻夜工作，非常紧张，伤兵先由急救队驰车赴前方救护。遂即分送各救护队或医院治疗。该会现共有急救队十六队，分驻大场、闸北、真茹、南翔、莘庄等地，伤兵医院则分设昆山、嘉兴、嘉定、太仓等处，并与当地军警取得联络，各救护队员，莫不奋勇躬冒弹雨救伤，以致大场急救队之担架员全部为敌人炮火所歼灭，而为壮烈之牺牲，发生极大困难，故亟望各界节省油量捐助该会（会址新闸路八五六号中国红十字会内）。俾救护工作，不致停止。昨日前方伤兵共计二百余人，大多为轻伤者，业已分送各院诊治。

（原载《申报》1937 年 8 月 17 日）

9 月 7 日　《申报》发表总会秘书长庞京周文章《抗战中救护事业底一个横断面》，缕述红十字救护队奋不顾身，赴南翔、嘉定等各战区火线戮力救护。

【抗战中救护事业底一个横断面】……在八一三沪战快爆发前，由上海市红十字会分会、地方协会、市党部、社会局、卫生局等，和其他医药团体，赶组上海市救护委员会，会同红会总会布置一切，经费由抗敌后援会拨助，医务组医院、救护，分课处理。救护课从战事开始之前夕起，至八月二十八日止，随局势需要，陆续募集热心人士，编组救护队十队，急救队五队，奔波闸北、江湾、顾家宅、真茹、大场、南翔、吴淞、虹口、罗店、嘉定、杨行、浏河、浦东、白龙港、烂泥渡、南市、龙华等处，不舍昼夜，冒险抢救，护送受伤军民，分投特区所设各救护医院，特约医院，或昆山野战医院（按该院初设真茹，后移并昆山、□真茹院址及被炸）常熟、苏州救护医院，无锡红会临时医院受治，并为清理战场，巩固军心计，拨派普善山庄掩埋队数队，从事掩埋工作。救护队每队有五十三人，车五辆。急救队有十五至二十人，车三辆，在十八日至三十一日间，因日军不顾人道，弁绝公法，对救护人员亦存敌视，任意轰炸枪杀，致遭残杀医师，护士各二人，担架队长一人，伤队长副队长各一人，队员七人，掩埋队队员，队工各一人，失踪队员二人，伙夫一人，但各队员仍都再接再厉，奋不顾身，往往迳赴火线戮力救护。二十九日起，会中不得已改令一律昼伏夜出，迅捷施救，综计八月份战区长达数十公里，服务队员平均三七人，被救兵民总共六千七百人，在十九天内，合每人平均救出二十二个半人，每天每人救出一个多人，各队服务精神之强毅，深为各军事长官和军区当轴嘉许。惟按照过去情形，仍然不免因战区骤扩，人员车辆和财力，不敷作相当之支配，并或因各队驻所，迭遭轰炸，人员迭遭伤害，时或失却联络，尤以车辆供不应求，缺乏过甚，辄多遗误，近经竭力疏通后方交通，已可设法租用他种车辆和河道，水陆同时帮运，并将伤兵运往他处医治，以后护送工作或可稍较便利。

医院课至八月杪止，计陆续组设救护医院及特约医院各十六所，救护医院有床位三四二九张，特约医院有床位八八三张，共收伤兵四三五〇人，伤民九八八人。最近另拟在较便运输之处添设一院，另组一医药救济团，以供各院额满时临时治疗之用。并因伤兵中发现有伤寒病人，特拟专设一病兵医院，以便防治。医院床位，随时因适应需要，陆续添设，但仍时时有床位不敷，过于拥挤之患，目运送特区治疗，本属一时权宜之计，一俟后方交通稍畅，亟待力向后方医院输送。伤兵管理和出院归队问题，最近亦已和军事长官和军医者商定办法，见诸实施。

后方伤兵医院和野战医院委员会，原拟就真茹、昆山、无锡、嘉兴，设立四所，后真茹被炸，并入昆山，嘉兴另有相当设备，未往设置，无锡经国立上海医学院第一救护队向总会具领药械，前往组织，业早成立。最近因上海护委会重定救护范围，改以昆山、松江为界，无锡□院，已拨归红会总会管辖，同时另行拨给药品，促武进县府医界和商会合组一伤兵医院，同任救护。

红会总会最近除将日军非法残杀救护人员情形，报请在美王会长儒堂，提出国际联盟会，予以处置。并拟筹设俘虏医院，用示我大国民风度。藉同国际视听外，因时值疟季，前线官兵，易患疟疾，特按期运送大批金鸡纳霜，用资预防。并已建议另在某相当地点，设一后方医院，以利救济。苏州、松江、常熟，并都已发给药品，助各分会和各救护委员会，设置救护医院，海门、当涂都曾准备寄助药品，苏州护委会所组救护队，并已出发工作。

京周不敏，追随红会诸公，助理会务，凡所措施，大概已如上述周行是示，物力是资，端赖时贤。惟京周于此，也有几点，要希望我各界和医界爱国诸公鉴夺的，请顺便把他写在下面，做我这段文字的一个结尾：

（一）这次上海市救护工作，把几天的预备工作，应付这般大的战局，运输工具并且这般缺乏，根本不能相称，自然不容易办得满意。

（二）在长期抗战历程中，上海根本不是后方，上海救护医院的所以能这样风起云涌，都只因上海医界的人才和器械较多，办理比较容易一些，但是长期抗战下去，伤兵是否可以永远移樽就教，到上海来求医，还是或许要由医师们屈驾赴后方处理，这是京周所要请我医界同人详加考虑的。

（三）在长期抗战中办救护医院，应有一定的水准（中央曾有规定），要旨是在能撙节物力准备持久，在水准下，社会人士固然应当加以制裁，但必欲办到水准之上，似亦毋须提倡。京周以为大家为国家服务，应先存一无我之念，他日即不希望论功行赏，那末现在殊可不必争奇斗异，假如他处医生用客观眼光，目我上海的医生为海派，怕也不是诸公所乐闻的啦。

（四）在特区里办医院，和在战线上救护伤兵，是截然不同的两桩事情，希望办医院的，能体认到从前线救回一个伤兵，是很不容易的，对入院伤兵的留院施治，幸勿加以选择，不论轻伤重伤，苟可留治。务必一视同仁地留下施治。

（五）因为社会上一般人的不知尊重红会，往往把红会旗帜，作不正常的用途，所以特区当局对伤兵的出入，时时发生很大的周折，现在红会对章帜的使用，已有严密的规定，并已分别知照军事和特区当局，希望社会人士，对红会章帜，也严密监视，帮同杜绝朦混，以利工作。

（六）沪战救护工作为财力所限，对于热心投效的青年，尤其是对于受过救护训练的学员，未能尽量罗致，很是歉仄，但是所以未能通函录用的原因，也不少是因为诸位底住址改变，或是原通讯处已陷入战区的，此点应请多多鉴原。大家勿因失望而发生反感，是所至祷。

（七）现在有许多人士，很想到救护医院里去慰劳伤兵，红会各救护医院和特约医院，鉴于上海华洋杂处，同时必须遵守军警命令，门禁不得不稍严紧，因此却一律谢绝慰劳，开罪之处，知所不免，并祈各界多多鉴谅。

（原载《申报》1937 年 9 月 7 日）

9 月 22 日　《申报》报道日机疯狂轰炸由沪开往苏州护送难民途经南翔的汽车及南翔火车站，致五百余难民死伤。

【市救济委员会办理救济难民情形】因暴敌之不顾人道，故对于输送难民车辆及轮船，时加轰炸及扫射，以致难民死于非命者，达数千人之众。据该会之报告，八月一十二日由沪开苏之汽车七辆，经南翔时，被敌机投弹轰炸，死伤难民五六十人，同月二十八日，难民集中南火车站，准备登车出发时，被敌机投弹轰炸，死伤四百余人，九月五日，在北新泾野鸡墩，有小火轮拖带拖船送难民至苏州嘉兴二处，敌机以机枪扫射，死伤六七十人。同月十三日，仍在该处，由小火轮及民船遣送难民，又遭敌机轰炸，伤亡达四百余人，尚有自动离沪及未经该会登记之难民，所遭敌机轰炸扫射者，尚未计算在内。暴敌之残酷兽性，于此更可见一般（斑）。

（原载《申报》1937年9月22日）

10月10日 国庆日，邑人杨卫玉、潘仰尧等代表上海市地方协会，分头慰问本市各伤兵医院伤兵。

【国庆慰劳 各团体分赴前后方致敬】上海市地方协会，以本日欣逢国庆纪念，又值全面抗战之时，对于前方将士、后方伤兵，宜予盛大慰劳，以示同仇敌忾之忱。除经电呈前方请派员提取抗敌饼五十万枚，香烟五十万支，绒线马甲五百件外，另推杨卫玉、潘仰尧、王一吾、潘垂统、任矜蘋君等多人，代表本会前往本埠各伤兵医院分别慰问。据闻每一伤兵各赠卫生衫一件，袜子一双，毛巾一条，香烟一匣，此外又以童军服务极为得力，另备茶点三百分（份）送往童子军战时服务团，请为分赠。……

（原载《申报》1937年10月11日）

11月21日 邑人、原中国红十字会总医院院长牛惠霖博士，积劳成疾，不治逝世。

【牛惠霖医师逝世】名医牛惠霖博士，积劳成肝病，已数月未能应诊，前因其介弟牛惠生博士逝世，痛悼手足，病益加剧，沪战爆发，牛氏在嘉兴福音医院医治，旋由五英美名医护送来沪，腹部□水后，已略愈可，因系念伤兵车伤手术，自在病榻犹不时调度救护事宜，对蒋夫人来沪中途覆车受伤，尤为关切，劳心后病又转变。我军退守第二防线，家人不敢使知，讵昨晚得悉，系苏嘉军事吃紧，忧愤感伤，病突加剧，今晨七时，遂在静安寺路本宅弃世长逝。夫人及公子等均在侧，哀痛异常，现奉倪太夫人命，定于二十二日下午二时，在宅举行丧事礼拜。即于三时举殡，暂厝胶州路万国殡仪馆，俟择期安葬万国公墓。昨日蒋委员长夫妇、孔院长夫妇，均有唁电到沪。

牛氏略历：牛惠霖医师，现年四十九岁，上海人，弱冠毕业约翰大学后，即留学英国伦敦米而斯医学院，得医学博士学位。一九一三至一九一四年，任英国伦敦医院内外耳鼻科门诊主任医师，一九一四至一九一六欧战正烈，任英国叶普斯惠区医院，重伤兵主任医师，一九一六至一九一八年，转任伦敦密它瑟斯医院重伤兵外科手术主任，一九一八年其尊人谢世，辞职返国。即于是年担任上海仁济医院副院长兼外科主任，直至一九二四年辞去，改任该院外科顾问医师。一九二二至一九二七年，中国红十字会总会聘为海格路红十字总医院院长，同时兼任红十字会时疫医院院长，中经临城劫车案、日本大地震、华侨受灾惨重，齐卢之战，牛博士均担救护队总队长亲率焦锡生、方菊影医师等出发救治。一九二二至一九二六年并兼任西藏路上海时疫医院院长，一九二零年起，应病家要求，自设霖生医院于祁齐路，并设诊所于成都路福熙路口，以迄于今。一二八之役，任上海地方协会救护伤兵第一医院院长，红十字会第四十二伤兵医院重伤外科顾问，公共租界万国商□华队军医长，自一九三二年起任职至今。又十余年来兼任上海圣约翰大学外科教授，中央并聘为军委会、行政院、铁道部、卫生署、中央医院等医务顾问，淞沪警备司令部亦聘为医务顾问。中华医学会会长、曾连任二届，生前办理医院医学校极多，外科腹部手术尤口碑载道，前任香港总督夫人，患腹瘤，电聘伦敦著名外科医生施割，复电自称手术不如牛氏，乃用飞机迎牛氏往香港，施手术后即霍然，其盛名世界咸知云。

（原载《申报》1937 年 11 月 21 日）

12 月 1 日　《申报》报道本市收容所调查情况，中有上海太嘉宝同乡会难民收容所。

【本市各收容所调查】 自战事发生，本市难民纷集，各慈善机关团体，均从事收容救济，现除若干同乡团体，已办理结束外，多数仍照常工作，且以时届严冬，有继续增长之势。兹据新声社记者调查所悉：(一) 国际救济会，在法租界尚设有收容所四所，公共租界一所，南市难民区一〇四所；(二) 慈善团体联合救灾会救济战区难民委员会，法租界八所，公共租界四二所；(三) 慈联救济分会，法租界一七所，公共租界七八所；(四) 红卍字会，法租界四所，公共租界四所；(五) 黄卍字会，法租界一所；(六) 江宁公所，公共租界一所；(七) 镇丹金溧扬五县同乡会，法租界一所；(八) 中国济生会，公共租界二所；(九) 只圆莲社，法租界一所；(十) 太嘉宝同乡会一所。此外各同乡会亦尚有收容所，合计在公共租界约一五〇所，法租界约四〇所。人数约在十六万左右，南市难民区，除贫苦住户外，难民亦达十万。又据法公董局消息，目下流浪在法租界各里巷内者，亦有三万二千余人，至公共租界流浪难民，当亦为数甚伙。各收容所难民给养，则每人每日平均约在国币一角左右。

上海慈善团体联合救灾会救济战区难民委员会，自战局迭更后，战区外扩，难民较前激增数倍，因之内部工作，紧张异常，该会遣送股，虽因交通多阻，仍努力设法遣送。兹悉该会于上月二十八、二十九两日，遣送湘、鄂、赣、苏、鲁、豫、闽等八省难民九三九名，由怡和公司庐州福生二轮至通州，大古公司南昌轮送至福州，然后分别回籍，从事生产事业。

（原载《申报》1937年12月1日）

12月8日 中国红十字会上海国际委员会成立战区救济委办会，组团调查南翔、嘉定等处难民情况。

【红会国际委会组战区救济委办会】 中国红十字会上海国际委员会成立以来，救济工作，殊为紧张，迩以战祸蔓延，战区辽阔，难民伤兵，既日有增加，救济收容，应随而扩大，特于前日，成立战区救济委办会，推定朱友渔博士为主席，负责筹办，力谋进行。刻正筹备吴兴救济事宜，拟先拨款一千元，交由湖州教会医院作医药治疗之用。苏州广复镇收容所，刻有难民八千余人，待救孔亟。业经拨给吴县国际委员会国币一万元，俾资救济。又以租界及南市难民区所收容者，近郊居民为多，长期给养，既感困难，亦非难民所意愿。刻经该会外籍人员组织视察团，前往江湾、浦东、吴淞、浏河、南翔、昆山、大场、太仓、松江、嘉定、苏州、无锡等处，调查当地情况，以便相机遣送。该会鉴于本市各收容所纷纷请求补助，益感筹募捐款，不容稍懈，复特电纽约驻美大使王正廷博士，请转知各侨民团体拨款协助。

（原载《申报》1937年12月10日）

12月9日 《申报》报道中国红十字会上海国际委员会增聘邑人牛惠生夫人等为执行委员。

【前美总统胡佛等嘉惠我难民】 中国红十字会上海国际委员会所发起之红十字募捐周，本定一日至八日，次因南京路事件中辍数十小时，特延长二日，至本星期六开幕。又悉美国前任总统胡佛等顷正组织中华战区筹募委员会，努力向全美捐款一千万元，短期内可募足。即行汇沪。

美前总统嘉惠难民：自中日战事发生后，美国慈善家，鉴于我国难区被难人民，凄惨万状，本人类同情恻隐之念，由美前总统胡佛，前全美总商会长雪勃兰，及慈善家领袖庇亚士等发起，组中华战区筹募委员会，劝募国币一千万元，顷已有电来沪，短期内可募足汇来。

国际红会增聘执委：红十字会国际委员会顷为推进会务，更使难民得到中外妇女界援助计，于原有执委十五人外，又加聘牛惠生夫人、陈达夫人、费脱莱女士（英侨沪妇女领袖）为执行委员。

红会昨举行音乐会：中国红十字会上海国际委员会，为救济上海境内难民，并协助各医院救护事业起见，于本月一日起，举行“红十字募捐周”，连日由中西各校女生组织街头募捐队，分赴两租界进行劝募，成绩颇为可观。同时中外热心人士关怀灾黎，向该会加入为赞助员者，亦甚踊跃。该会为扩大募款救济起见，复于昨晚八时半起，假座虞洽卿路大上海剧院举行中西音乐大会，参加演奏者，均系著名音乐家，极为精彩。而各界仕女购票参加，尤形踊跃，售票所得，系以充救济难民之需。

（原载《申报》1937 年 12 月 9 日）

1939 年

2 月 27 日　《申报》报道淞沪抗战以来童子军随红十字会组织抢救南翔、嘉定等处伤兵“工作报告”。

【第五十团童军服务报告】 本市第五十团童子军，于八一三战事发生后，一部分团员，即在红十字会服务运输救护等工作，国军西移后，又随赴内地，继续服务。截止去年年底为止，前后已达十六个月，现因红十字会在港举行执监全体会议，该团特提出工作报告，以便红十字会检讨，摘录如下：

工作情况：计第一期在上海服务，自二十六年八月十三日起，至十一月八日止，共三个月。九月二十五日起，担任外交大楼伤兵分发总站工作。十月二十八日国军正移新阵地，公路桥梁，均被轰炸，多所受损，救护工作，无法施行。该团受组织探路急救队，冒险前往抢救伤兵，服务人数共六十人，经历江浙两省十余县，如吴淞、宝山、市中心区、北四川路、虬江码头、江湾、大场、庙行、顾家宅、罗店、刘行、浏河、杨行、月浦、真如、洛阳桥、南翔、嘉定、华庄、七宝、青浦、太仓、昆山、常熟、苏州、无锡、南京、松江、嘉兴、杭州等处，出勤一千八百七十一次，历程九万三千五百五十六公里，救护伤兵难民六万二千零七人。第二时期在内地，自二十六年十一月九日起，至二十七年年底止，共十二个月，其工作为：（一）自沪随军西移，经苏州至南京，再由南京转长沙达汉口，撤移医药用品及工作人员，同时由沪向浙东输送伤兵。（二）自汉口至长沙，开始南北东西之长距离奔波，调遣人员，输送伤兵。运置医药材料用品，在南浔继任前线救护工作，及输送伤兵。（三）自长沙大火后，迁至祁阳，筹备后期服务，工作人员共四十人，经历苏、浙、皖、赣、豫、鄂、陕、川、湘、桂、粤、黔、滇等十三省，八十余县，一百余处，计程四十七万六千四百零一公里，出勤一千零八十一次，运置药品一万四千一百四十四件，救护队送伤兵难童及医务人员一万一千七百五十六人，以上两个时期，共历程五十六万九千九百五十七里，运输物品一万四千一百四十四件，救送兵民七万三千七百六十三人。

殉难团员：该团参加服务而殉难之团员，共计三人，（一）何国寿，二十二岁，上海合盛洋行职员，于二十六年八月二十二日下午一时，到团报到服务，途经先施公司附近，遭弹炸死，尚有老母在堂，本人未婚。（二）杜象贤，年二十五岁，上海爱礼司洋行职员，在沪工作过度，积劳成疾，转成伤寒，于二十六年十月三十一日，殁于宝隆医院，老母在堂，有兄一人，妹二人，本人未婚。（三）苍成全，年二十二岁，上海春生运动器具公司职员，因公途经贵阳，身罹瘴气，于二十七年十二月三十一日，逝于贵阳中央医院，老父在堂，有兄一人，本人未婚，此外团员受伤者十八人。

（原载《申报》1939 年 2 月 27 日）

1946 年

2 月 12 日 嘉定善后救济协会在沪召开会议，商讨救济事项。

【(嘉定)善后救济协会在沪召开——商讨恤贫兴建等要案多项】本县善后救济协会，于十二日下午二时，假座上海华龙路八十号中华职业教育社三楼三〇三室，召开会议。出席委员有陈仲达、潘指行、徐竹漪、杨卫玉、陆麟勋、周观海、潘仰尧等人。闻救济难民衣食之规定，为年在六十岁以上，十六岁以下及怀孕满七个月以上，产后未满月者，均可得旧衣一套，面粉一百三十五斤。公教人员均可得西装大衣一件。工赈部份为修建学校，开浚河道，修筑公路等。

(原载《嘉定民报》1946 年 2 月 14 日)

6 月 2 日 南翔微音社招待本镇各界父老，拟筹办时疫医院。

【南翔时疫医院　微音社发起筹设】（南翔通讯）六月二日晚八时，微音社假合记花行茗点招待本镇各界父老，到费茂泉、陈庆荣、沈仲宣、张敏卿、吴畏三、朱福江、沈定洪、张志霄、范桂卿、王文尉、叶祚邦、张慰椿等二十余人，情绪非常热烈。谈话结束，拟筹办一时疫医院云。

(原载《嘉定民报》1946 年 6 月 6 日)

6 月 6 日 《嘉定民报》报道上海医学院医学博士安亭人李鹏冲拟在黄渡开办时疫医院。

【黄渡将设时疫医院】国立上海医学院医学博士安亭人李鹏冲，医学湛深，向在上海行医，活人无算。近应黄渡各界之请，在该镇东市设立诊所，以便病家。开诊以来，业务至为繁忙。顷李医师为注重夏令卫生起见，特联合地方各公团，设立时疫医院，先举行防疫注射，以免疫疠传布。一切正在积极进行中云。

(原载《嘉定民报》1946 年 6 月 6 日)

6 月 11 日 《嘉定民报》通报虎疫疫情及应对举措。

【虎疫续有发现　南翔展开防疫】（南翔通讯）自日前本镇发现虎疫

已志本报后，兹悉该染纱店老板金某业已病故，夥友徐焕明幸告脱险。孰知在端午佳节，在西大街般恒余铁号内，又有学徒沈时香、沈时明兄弟二人同时起病，自晨至午，病势更重，连请四医，结果兄沈时香无法救治，至傍晚即告亡故。弟时明经过情形良好，业已病愈，反籍回无锡云。该镇微音社因鉴于疫势猖獗，日前曾着请地方士绅，拟筹组一防疫医院，五日晚，且购备疫苗，为该社附设立之男女两补习班，同学免费注射。又惠民中学师生于周一亦曾普遍注射防疫针。闻该项费用系该校一部分同学自动募集并发起者。如疫势继续蔓延，将积极展开防疫工作，及组织灭蝇队云。

又讯：该社发起之南翔临时时疫医院，已于五日在文昌宫召开一次筹备会议，出席费茂泉、沈仲宣、朱福江、陈庆荣、张敏卿、谢祥鹤、严子平、张慰椿、陈士徽等。当经核定预算八百元，并推定费茂泉、沈仲宣为正副院长，总务谢祥鹤，财务陈庆荣，医务陈士徽云。

（原载《嘉定民报》1946 年 6 月 11 日）

7 月 1 日　《嘉定民报》报道南翔临时时疫医院即将开幕。

【南翔临时时疫医院开幕在即】（南翔通讯）前经微音社发起，并得地方有力份子热力推动筹设之南翔临时时疫医院，业将措办就绪，闻日前劝募之款项，已达七百多万元，并向怀少当局商得借东市汤鼎隆旧址、怀少新校址为院址，设病床十余只，购买药品二百九十万元。职员方面，业经决定者有：院长由顾区长兼任，副院长由沈仲宣担任；其他总务主任为谢祥鹤，财务主任为陈庆荣，医务主任为陈士彻，医师为震旦大学李医师，事务为范桂卿。七月初当可开幕云。

（原载《嘉定民报》1946 年 7 月 1 日）

是日　南翔临时时疫医院开幕。

【南翔时疫医院近讯】南翔临时时疫医院，于七月一日开幕后，当日即有住居鸡鸭弄四号之车行老板仲玉亭及妻马氏夫妇二人，同时患真性霍乱，极形危险，投院救治。经李、王二医师悉心医治，连连注射盐水针后，已转危为安，大约再住一二日即可出院。李王二医师系上海震旦医科大学毕业，经验相当丰富。三日，有住居西市沈祥记石作夥友沈阿五及住居鸡鸭弄妇人徐爱珍，住居塔桥堍赵陆氏，皆投院救治，俱连日门诊颇多，系较轻微的非真性霍乱。又该院为积极防治霍乱蔓延，赶办大批疫苗，希望民众赶紧前去注射防疫针云。

（原载《嘉定民报》1946 年 7 月 7 日）

7月7日　《嘉定民报》报道昆、嘉安亭两镇时疫防治情形。

【昆嘉安亭两镇公所　注射防疫针】中夏以来，天气寒暖不匀，虎烈拉流行乡间，安亭一带为最盛，中命者已达十余人，能挽救者尚属少数，经昆嘉安亭两镇公所调查后，认为斯事刻不容缓，立即筹款购买预防虎列拉药水注射，挽救当务之急，请当地名医即省立黄渡乡师、震川中学、安亭中心国民学校校医刘芝堂先生大规模注射防疫针。先由各学校、各团体、各商号注射后，继以各农工界，以及一般民众同时注射，嗣后虎列拉，当少发现。刘医师劳苦功高，两镇长为地方着想，竭尽最大努力，十分钦佩。

（原载《嘉定民报》1946年7月7日）

是日　《嘉定民报》报道沥东乡中心国民学校6月份实施防疫注射情况。

【沥东乡中心国民学校实施防疫注射】南翔通讯：沥东乡中心国民学校系张纯德氏主任，平时推行公益事业，素具热忱。兹因时屆（届）夏令，疫气猖獗，该校特购买疫苗，延姚瑞诊医师施射疫针，计于六月十四、二十一、二十八日共注射三次。除全校师生一致强迫注射外，附近居民前往注射者，每次均达二百人以上。又悉六月三十日，该中心区各乡校，将召开校务联席会议，讨论该区会考实施办法。

（原载《嘉定民报》1946年7月7日）

是日　南翔临时时疫医院举行开幕典礼。

【南翔临时时疫医院举行开幕典礼】南翔讯：本月七日上午十时，南翔临时时疫医院举行开幕典礼。许县长亲莅指导，对该院医务人员勖勉有加。本地自顾区长以下各界人士均冒雨参加。据参观结束，觉有感想两点：（一）住院者以女性为多。（二）乡民染疫者居多。依次而观，镇上男子大多因注射针结果，故感受疫症者较少。注射防疫针之重要性，由此可见一般。下午，居多旅沪闻人杨卫玉、陆麟勋氏等，因乘参加惠民中学毕业典礼之便，前往参观云。

（原载《嘉定民报》1946年7月11日）

7月10日　《嘉定民报》发表南翔临时时疫医院“特写”。

【特写·南翔临时时疫医院——人力·物力·已尽最大努力　医理·疫理·尚待普遍阐明】南翔的街是挤满人的，南翔的初夏的街头，也便显得分外闷热。河里的水腻得厚厚的，小弄里有时会烝腾着粪便的气息，人们在用着晚餐哩，飞蝇却像熟练的空军战士，在忙碌着投下疫病的细菌弹。

每天，每天，有不少负伤的人儿，送进这医院来，他们都在虎口里挣扎着的人儿，有的沙哑了喉咙，有的泻瘪了肚子，有的仰躺在抬架上，像垂死的人……他们都在各市梢，各乡村，初受病菌袭击的当儿，差不多已使尽种种陈旧的方法。当一个病人肚子被挑痧的针戳得像蜘蜂窠，肌肉因针头没有消毒而发烂发脓，神知昏迷地被送进来时，他们的家人，类多用乞怜的眼光，恳求着说："先生，给救救吧！"这仿佛没有办法的。中国人怕进医院，即使免费、送药、供膳宿，他们还是非到最后关头，不肯乞灵于这现代科学的。是过去一般洋派的医生和医院吓住了他们的呢？还是陈旧的社会太不适于呼吸现代空气了？这是一个谜，但值得我们加以探究的。

医院在东市梢，由于敌人炸弹的赐予，附近的是瓦砾空场，因此，空气也显得爽朗起来。七开间的阔门面，油迹剥落的木门在告诉我们：先祖的主人是怎样喧吓过一时的。如今已竖上了怀少教育院新址的石碑，先借作了做与病菌决战的疆场。跨进门，药味已充塞了鼻孔，大概DDT已打过了不少。一大片草场，如今已扫除清洁。里面一排平房，像是九开间，由东到西，有病房五间，办公室、膳堂、厨房等。

医师共有二位，他们都是震旦医学院毕业，都戴着眼镜，都热心而又和气。李修梧医师告诉了我好多药名：盐水针、强心针、止泻剂、河托併止吐剂、葡萄糖、肾素……他说：四天一共打脱500CC盐水针七十瓶，最多的一个，一天要打八磅。王琪医师在给一个病人看病，看他先给瞧寒热表、把脉、听心肺，反复的问着病情。于是，两个医师面对面站着商议了好一会，才诊断出：这不是时疫，这里没有药。却仍给开了方，道地的关照他到药房里配方吃了再说。他们看病一点也不马虎，用药便需先行集体研讨。他们做了日班接做夜班，还在□□地说：我们能够尽的力量太少了。

四天中，病人排号的竟有三十八人，其中男的占二十一人，给医生指定要住院的十人。现在四人已出院了。有一个出院了，因没有遵照医师的嘱咐，贪喝了开水，重新住进医院来，为了她，单单药本要费上了十多万。因此事务，范桂卿先生再三地告诉我说："人力物力，我们总算已想尽了法子，但中国的社会，对于医理，总是半懂半不懂的，才叫没有办法！"他希望：最好能发动学生来一次茶馆宣传，使染病的立刻送医，治病的听从医师，一切才好办得了。

的确，人手太少了，五间病房，十二号病床，疫病猖獗时还想尽量扩充。然而这里的看护却只有一位严小姐，她不太多开口，给人打防疫针的手法倒很熟练的。院里很想添用两位“学习看护”，但南翔的姑娘似乎太胆怯，有的自己很愿意去，却给父母阻挡了。他们以接近病人是多少危险的。可是他们没有知道，打过防疫针的人，住在消过毒的医院中，真要比飞蝇满屋的家中有保障得多哩！

据说：在这三十八个病人中间，凡是医生诊断后肯动手术的，生命都给挽回了。进院而能保持三个小时以上不生变化的，也全都有了保障。但今天却有二个病人进院后不到一点钟便死了，一个是纪王庙人，叫廖陈氏，四十七岁，她来前已请翔地某医师看过，据说已诊断得毫无把握，却再叫他们送医院，所以三点半左右到院，没有到四点钟便死了。可是李医师等还给她注射过七种药哩。从死神手里要夺回生命，真是比上火线还紧张哩。另一个却是三岁的女孩，霍乱的征象似不够明确，但已因痧针的毒引起了腹膜炎，她是丧生于迷信挑痧手的。

医院是初创的，但办事人的热忱已指明了前途的光明，我们正该为南翔人庆幸。但走到一爿羊毛作面前，听了那老板的一段话，却使我们感到一点愤慨。那自然是医院以外的事。原来南翔竟也有这样的名医，把一个慕名而来请出诊急症病家回绝了。起初对方只有八千元，他却要扳价三万四，幸而那羊毛作的老板很慷慨，懂得“救人一命，胜造浮屠七级”的旧道德，向近邻人家收齐了钱，陪同前去说情，她却又变卦了，说：“除非在镇上，晚上七时以后是不下乡了！”病家恳着求着，答允看了病护送出来，她却说，就去看，也不一定有功效，那要看各人家里上的“根基”怎样而定的。我们真不相信，一个有名的西医竟要研究人家祖上的“根基”。但瞧了羊毛作老板使手划脚的护着，附近邻家的愤愤不平，叫我们怎能替她分辨呢？

医师本是麻烦的职业，但做了医师，也只有耐心点，放点慈爱心出来，因为他们肩负着的是“救命工作”呀！

（原载《嘉定民报》1946年7月10日）

7月20日 《嘉定民报》报道南翔时疫医院近况。

【南翔时疫医院近讯】 南翔讯：南翔热心人士为防止虎疫蔓延计，特创设临时之时疫医院，原定经费为一千万元，惟自开幕以后，四乡感染时症前往请求救治者，为数颇多，半月以来，消耗资金已达六百万元以上，期限尚有二个半月，费用深感不敷。因入院诊治之病人，平均每人药本需费十余万元，而病势严重，注射盐水针者，竟达二十磅以上。顷闻该院以夏秋之交，疫疠最盛，为未雨绸缪计，望地方有力份子，慷慨解囊，予以协助云。

（原载《嘉定民报》1946 年 7 月 20 日）

7 月 26 日 《嘉定民报》报道南翔时疫医院自开幕以来防治情况。

【南翔时疫医院近讯】 南翔时疫医院，自七月一日开幕以来，已经三星期矣。此三星期中，患严重性时疫住院者四十八人，死亡三人，病愈出院者四十五人，死亡率计百分之六。三人注射盐水针共二百六十三磅，平均每人五磅半。门诊二百〇九人，注射防疫针一千五百八十三人。该院在本镇所募经费，尚不敷甚巨，希望各界人士，尽力补助云。

（原载《嘉定民报》1946 年 7 月 26 日）

8 月 3 日 《嘉定民报》发布中国红十字会嘉定分会筹备消息。

【中国红十字会组织嘉定分会】 邑人韩养恩君主持之中华民国红十字会嘉定分会，现暂设筹备处于东大街疁城镇公所内。奉总会代电，嘱迅即征求会员，以便早日建立。顷闻韩君已将登记表分送各方云。

（原载《嘉定民报》1946 年 8 月 3 日）

是日 《嘉定民报》通报南翔时疫医院开办一月业绩。

【南翔时疫医院近讯】 南翔时疫医院，自七月一日起开幕至七月卅十一日止一个月统计，患严重性时疫住院者，共计七十一人，病愈出院者六十七人，死亡四人，死亡率百分之六。注射盐水针共三百五十三磅，最多者注射廿六磅，最少者注射二磅，平均每人五磅。门诊共三百十三人，来院注射防疫针者计一千七百六十四人云。

（原载《嘉定民报》1946 年 8 月 3 日）

8 月 9 日 《嘉定民报》发布善后救济协会发放急赈面粉通告。

【本县善后救济协会发放急赈面粉】 本县善后救济协会，前于七月下旬，由善后救济总署苏宁分署配发县急赈面粉五百袋，约二万市斤，存储待放。兹悉分署第二工作队函送发放急赈面粉之应予注意事项及难民登记表到会，嘱即通知各乡（镇）公所，限于八月八日前将难民清册造齐送会，以凭查放云。

（原载《嘉定民报》1946 年 8 月 9 日）

8 月 24 日 《嘉定民报》发布中国红十字会嘉定分会筹备处通告第一号。

【中华民国红十字会嘉定县分会筹备处通告·第一号】（事由）为普遍征求基本会员由，案奉中华民国红十字会总会京总二分字第一〇六七号快邮代电内开：“嘉定县分会筹备主任韩养恩鉴：六月廿八日呈暨附表均悉，准予备案，希即遵章尽速进行征求基本会员，造册呈报正式成立，报请颁发图记，特电遵照”等因。奉此，除将会员入会登记表格函送本县各士绅尽速介绍会员外，合亟通告，如有本邑正当人士热心人群利益，富有服务精神而志愿加入本会为会员者，希予九月二十日以前至城中东大街啰城镇镇公所本筹备处填表登记为荷。特此通告。

筹备主任韩养恩

中华民国卅五年八月廿四日

（原载《嘉定民报》1946 年 8 月 24 日）

9 月 1 日　《嘉定民报》报道卫生院办理旅客注射消息。

【（嘉定）卫生院办理旅客注射已积极进行】卫生院奉县府令饬办理实施旅客防疫注射一节，略情已志本报。兹悉该院正在积极筹划，惟关于地区方面，以南翔、黄渡、安亭三地，均系交通要道，是当派员前往。惟限于工作人员之缺乏，顾此顾彼，在事实上不敷支配。昨特据情呈请县府，转令上述地区各该医院协助进行。致证明书一项，应由院方签发，以资一律。至城区方面，亦将着手施行。为求加强实施效能计，请县指派干警二名随同出发，以利进行。闻县府业已分令上述各镇公所及警察局，予以随时协助云。

（原载《嘉定民报》1946 年 9 月 1 日）

9 月 24 日　《嘉定民报》报道红十字会南翔分会筹备复会。

【红十字会南翔分会筹备复会　推前理事长张志霄赴申接洽】（南翔讯）本镇红十字会分会成立于民国十三年九月九日，会员数十人，“八一三”抗战发生，亦曾努力本位工作。地方沦陷后，会员星散，文卷、图记以及医药等件损毁殆尽。兹以抗战胜利，地方事业已在次第恢复，该会同人认为红十字会分会亦应复会，爰特推请前理事长张志霄赴申向总会接洽复会办法，一面登记旧会员，征求新会员。闻参加者甚为踊跃，将为本镇继时疫医院后又一医药救济事业云。

（原载《嘉定民报》1946 年 9 月 24 日）

9 月 27 日　中国红十字会嘉定分会筹备处发布第二号通告。

【中华民国红十字会嘉定县分会筹备处通告·第二号】案奉中华民国红十字会总会京总二分字第一六七九号代电内开：“查各国红十字会为公开会务、报告工作、争取同情，扩大征募，每年例有红十字月或红十字周之宣传。本会自二十八年始亦经发起于十月一日至十日全国分会一致发行红十字周，扩大征募。惟在战时常经中断，收效未能普及。但此项宣传易入人心，仍应赓续举行，以宏宣扬。爰经本会第一次常务理事会议决，明定每年十月一日至十日，为中国红十字会宣传周，全国分会同时举行宣传，并扩大征募。兹以为期已迫，除已编印征募手册另文寄发外，如该分会于本年内未经举行征募，或已经举行未达预定目标，均可乘时办理，仰即准备筹划，以时举行，以宏征募成绩，并将办理情形，具报为要。会长蒋梦麟申佳二分。”等因。奉此，查本筹备会前于八月二十四日起刊登通告，普遍征求会员在案。兹奉前因，爰特通告，希有志加入本会者，于上述限期以内，从速至城内东大街疁城镇公所本会筹备处接洽为要。特此通告。

中华民国红十字会总会嘉定县分会筹备主任韩养恩

中华民国三十五年九月廿七日

（原载《嘉定民报》1946年9月27日）

是日 《嘉定民报》发表中国红十字会嘉定分会征求会员宣言。

【中华民国红十字会嘉定分会征求会员宣言】 中国红十字会负着“博爱恤兵，救死扶伤”的神圣使命，抗战期间，我们的救护队与前线忠勇将士，冒着敌人的炮火，不避危险，不惜牺牲，始终尽力，达于任务，在后方红十字会从事医疗救济工作，广立医疗诊所，补助药品器材，预防流行疾病，指导卫生常识，都是非常的表现。这些广泛的为民众服务底事迹，就写成了一页光荣的史诗。

我国红十字会的创办，在日俄开战那年（一九〇四），因为救护工作需要而产生，已有四十二年的历史。历年我国任何战乱发生和水旱、天灾、风火盗贼之后，以及疫疠疾病流行之时，红十字会无不见义勇为，担当最迫切、最重要的赈济和救护，故战时为“伤兵之母”、“黎民之友”，平时是“贫病救助”、“健康导师”。诸位试想，当炮火连天，死伤枕藉之际，忽然红十字的救护出来了，那些伤病的士兵，是如何的感奋。当洪流泛滥、人畜漂流，或是田野枯萎，哀鸿遍地的苦难中，忽然爰见红十字旗出现了，那些蒙难的同胞，是如何的喜慰。红十字旗飘扬所及，许多人都得到解救。这次抗战期中，红十字会的工作，证明它对于国家、社会的贡献。现在复员善后等工作亟待开展，我们负着“服务社会，博爱人群”的使命，为增进民族健康及人类幸福，完成建国大业而工作，嘉定之分会虽已筹组成立，对于会员，实有普遍征求之必要。

红十字会会员权利：一、到红十字会诊病可预挂号。二、到红十字会的医院治疗所，可享受特别优待。三、每年免费作健康检查。四、对于团体团员，红十字会可以派员指导环境卫生，供给医药治疗。五、个人如有缺陷，可获得补救和供给，在积极方面，红十字会将普遍介绍卫生保健知识，施行救护，爱护训练，指导营养、饮食卫生。这些都是目前针对民族健康，社会福利的重要工作。我们尤其希望着各界同情与援助的朋友，请立即加入红十字会，做一位会员吧！这是最有意义而且最有利益的事，同时还要请你尽量介绍亲友、子弟加入，使红十字会的会员日益增多，红十字会得以展开胜利后的新计划。

常年会员：青年会员每年缴纳会员费五百元，普通会员每年缴纳会员费一千元；

永久会员：特别会员一次缴纳会费一万元以上，名誉会员一次缴纳会费五万元以上，团体会员一次缴纳会费十万元以上。

入会地点：嘉定城内疁城镇公所·中华民国红十字会嘉定分会。

（原载《嘉定民报》1946年9月27日）

9月29日　嘉定县红十字分会筹备处发布征募公函。

【中华民国红十字会嘉定县分会筹备处公函·第壹号】案奉中华民国红十字会总会京总二分字第一六七九号代电内开：为公开会务报告工作，争取同情，扩大征募，每年例有红十字月或红十字周之宣传。本会自二十八年始，亦经发起于十月一日至十日全国分会一致举行红十字周，扩大征募。惟在战时，常经中断，收效未能普遍。但此项宣传，易入人心，仍应赓续举行，以宏宣扬。爰经本会第一次常务理事会议决，明定每年十月一日至十日为中国红十字会宣传周，全国分会同时举行宣传，并扩大征募。兹以为期已近，除已编印征募手册另文寄发外，如该分会于本年内未经举行征募，或已经行未达预定目标，均可乘时办理，仰即准备筹划，依时举行，以宏征募成绩，并将办理情形具报为要。会长蒋梦麟申佳二分等，固奉此查本筹备会前于八月念（廿）四日起刊登通告，普遍征求会员在案。兹奉前因，相应函达，即希查照，如蒙赞助及有志加入本会者，于上述限期以内，从速至城内东大街疁城镇公所本会筹备处接洽为荷。

此致

三民主义青年团嘉定分团部
主任韩养恩　九月廿九日

（录自嘉定区档案馆，档案卷宗号102-1-65）

10月15日　《微音》刊发南翔时疫医院捐款信息。

【南翔时疫医院捐款报告〔第七号〕】顺丰纱厂五十万元，翔丰纱厂三十万元，中华珐琅厂十万零六百四十元，华生厂二十万元，胡升泰七万元，余培英、李常仁各五万元，民生药房三万元，公益、生泰各二万元，陈刘兴、严兴顺、俞丽三、李樑材、张仁滔各一万元，王阿大、张访侯各五千元。以上款项照收入册，除掣给收据外，合在登报致谢。以上共收法币一百四十万零六百四十元正。连前共收法币一千一百三十八万零五百四十元正。又嘉定县政府补助费一百五十万元正。

（原载《微音》1946年10月15日）

是日　《微音》刊发南翔时疫医院收支报告。

【南翔时疫医院收支报告】

△收入之部：

一、收捐款一千一百三十八万另五百四十元正。

一、收嘉定县政府补助费一百五十万元正。

一、收利息四十一万八千二百元正。

一、收宝康点余钞九千三百元正。

以上共收法币一千三百三十万八千另四十元正。

△支出之部：

一、支药品三百八十六万六千六百五十元正。

一、支器材二百三十四万七千九百七十元正。

一、支文具三十万九千一百七十元正。

一、支薪工二百二十七万另四百五十元正。

一、支膳食一百二十六元二千另五十元正。

一、支邮电二千一百七十元正。

一、支电灯费三万九千二百二十二元。

一、支运力十一万二千一百元正。

一、支川费二十万另四千另六十元正。

一、支修缮三十五万二千三百十元正。

一、支杂费四十七万三千五百九十元。

以上共支法币一千一百三十三万九千七百四十二元正，收支相抵，结余法币一百九十六万八千二百九十八元正。

以上账目经由费茂泉、吴畏三、顾家骥三先生会同审核无误。

（原载《微音》1946年10月15日）

1946年

1947年

1月2日 中国红十字会嘉定分会筹备处发布第三号通告。

【中华民国红十字会嘉定县分会筹备处通告·第三号】 为通告事，查本分会征求会员以来，业已多日，其名册经呈总会存案，兹奉总会京总二（卅五）分字第二八八三号代电开：该分会所征会员会费，一次全数缴会，再凭办理等因，奉此合行登报通告，希各会员如未缴送者，均限元月十五日以前缴送本分会，当掣给收据，以凭汇转办理为要，特此通告。

筹备处主任韩养恩

中华民国三十六年一月二日

（原载《嘉定民报》1947年1月3日）

4月5日 《嘉定民报》报道中国红十字会嘉定分会不日召开成立大会讯息。

【中国红十字会嘉定分会不日召开成立大会】 中华民国红十字会嘉定县分会，自韩养恩氏奉令筹备以来，一切手续业经就绪，加入会员非常踊跃。韩氏于上月赴京述职，并向总会请示推进方针。返家后即准备召开全体会员成立大会。闻会期已定于四月十二日下午一时，地点假座启良中学。届时总会及各地有关方面，均将派员莅嘉参加，定有一番盛况云。

（原载《嘉定民报》1947年4月5日）

4月13日 中国红十字会嘉定县分会举行成立大会。

【中国红十字会嘉定县分会昨日举行成立大会】 中华民国红十字会嘉定县分会，自韩养恩氏负责积极筹备以来，迄已数月，各项应有手续，均已就绪，经呈准总会，于昨日下午一时，假座启良中学，举行成立大会。出席当地各机关代表，及会员一百五十余人，盛况空前。行礼如仪，主席韩养恩报告筹备经过及收支状况颇详。继由县党部李书记长致词，略谓红会为国际人士一致重视之事业，红会之精神是舍己为人而为人谋福利的，希望每一会员，尽力宣扬，有钱出钱，有力出力，使贫苦大众得到实惠云云。又由青年团昆山分团章主任致词，略谓嘉定是本人第二故乡，特从昆山赶来参加成立大会。社会上不少自私自利的风气，红会会员要牺牲小我，成全大我。本人愿追随各位，一致努力等云。继由来宾朱树桢等相继演说后，即推选理事，计韩养恩，李纯一，高炎冰，乔祺、韩聘梅、何橘泉、钱棻、金鼎康、浦泳、杨拙夫、李葆森、顾旭初、陶悟生、秦致千、徐家璆等十五人。互准金鼎康、韩养恩、浦泳、李纯一、钱棻等五人为常务理事。一致推举金鼎康为会长，韩养恩、浦泳为副会长。旋宣讲致敬电文及发给会员证后、礼成散会。

（原载《嘉定民报》1947 年 4 月 14 日）

是日 《中华民国红十字会嘉定分会成立大会特刊》出版。

《中华民国红十字会嘉定分会成立大会特刊》

红十字会以“博爱人群 服务社会”为宗旨，号召“具有人类高尚理智的青年，请加入博爱人群的红十字会!”“不分党派宗教，不分种族国界，天下一家!”

中国红十字会服务信条：一、具丰富情感；二、抱牺牲志愿；三、本博爱襟怀；四、献科学身手；五、作精密准备；六、求迅确效率；七、策社会安全；八、增人群幸福。

《中华民国红十字会嘉定县分会成立大会特刊》要目

韩养恩《筹备之经过与将来之希望》

红十字会嘉定县分会从今天起正式成立了。回溯从开始筹备以迄成立，中间不知经过多少同人的惨淡经营，养恩躬预其事，看到筹备工作的克底于成，私衷的欣慰，非言可喻，在此我深感值得提及的，便是各位发起人的热心征募，本地各界领袖的给与同情，尤其是得到本会上峰以及有关各方面的鼓励和支持，使本分会的诞生，得以加速的实现，这是养恩在追述筹备情形之先，应该代表全体会员表示感激的。

本县分会的发动组织，是在胜利后国民政府还都以前，总会还设在重庆的小山坎。这时，养恩以战前原来会员的资格和总会取得了联系，总会方面立刻颁发给许多红十字会复员规程，同时使我组织县分会的信心，获得了大量的鼓励，遂开始向当地各界领袖及知名人士，发表我们的愿望，立即得到各方的同情，于是依照规定，由李纯一先生，高炎冰先生，钱棻先生，何橘泉先生，乔琪先生，韩聘梅及养恩七人为发起人，呈准总会，开始筹备，并展开征募运动，三个月之间，会员人数已达数百人之多，奠定了本县分会坚强的基础。

现在，一切应有的筹备手续，都已依法办理竣事，而宣告正式成立。养恩在本县分会呱呱诞生的时候，敢将本会未来的推进计划，略述大概，当然这有待于本会同人的努力和各界热心人士的共同提倡，总能达成我们的任务。我们的推进计划是：一、设置诊疗所；二、举办救护训练班；三、提倡康乐活动；四、创立义务学校；五、组织青年服务团；六、实施预防注射；七、推行社会服务；八、成立母婴保健机构；九、继续征募运动。

以上所举，皆本县分会引为切要之工作，自当竭尽绵薄，循序推行，以底于成。尤有进者，本县分会成立伊始，事属草创，当然缺点及应予改进的地方很多，深望地方人士，给与个客气的指教，则幸甚！

本分会向总会致敬电

一、南京中华民国红十字会总会转名誉会长蒋钧鉴：属县分会为恢复当地救济事业起见，经数月来积极筹备，业于本日正式依法成立，开始工作。鉴于使命之重要，自当在钧座崇高领导之下努力以赴，务期达到博爱人群、服务社会之最大目标。遥企德威，无任景行，肃电致敬，仰祈垂誉。（衔略）卯单月。

二、南京中华民国红十字总会会长蒋钧鉴：本会策博爱人群之精神，负服务社会之使命，旗帜鲜明，责任重大。属县分会有鉴于此，从数月来积极筹备，业于本日正式成立，嗣后当在钧座崇高领导之下，一本上述目标，努力推进，以副钧座谆谆训示之至意。肃电致敬，仰祈垂誉。（衔略）卯覃印。

钱棻《闲话“事业”》

一切事业的达到成功，决不是偶然的；同样，一件事业的趋于失败，也决不是偶然的。

事业怎样才会达到成功？成功的必要条件是什么？这是一个值得研究的问题。笔者的意见，第一个必要条件是毅力，任何事业，倘主持者没有坚定的毅力，结果必然会陷于畏缩不前、暮气沉沉的绝境。惟有秉着毅力，才能勇往直前冲破任何艰险的关头；才能发扬朝气，贯彻始终。第二个必要条件是计划。任何事业，倘主持者没有合理的计划，结果必然会陷于首鼠两端，自相凿枘的窘境。惟有定下计划，才能有条不紊，踏上循序推行的轨道；才能确定目标，努力以赴。第三个必要条件是人格。任何事业，倘主持者没有高尚的人格，结果必然会陷于营私舞弊，猜忌分裂的败境。惟有具备人格，才能以身作则，保持光明正大的作风；才能清心寡欲，领导大众。

相反地，事业怎样会趋于失败？失败的主要因素在那里？这也是一个值得研究的问题。笔者的意见，第一个主要因素在自私心理。任何事业，必须主持者没有自私心理，才能达到弊绝风清，涓滴归公。否则势必要感情用事，贪婪心重，是非不清，公私不分，事业就要失败。第二个主要因素在官僚习气。任何事业，必须主持者没有官僚习气，才能开诚布公，集思广益。否则势必要独断包办，脱离大众，事业也要失败。第三个主要因素在机会主义。任何事业，必须主持者没有机会主义，才能保持中心思想，一贯作风。否则势必要立场矛盾，信仰游移，事业更必然要失败的。

话扯得又远了要拉回来。今天是中华民国红十字会嘉定县分会成立，这也是一件事业，而且是实际造福大众，服务乡邦的事业。筹备工作的主持者韩养恩先生，我和他接触很长的时期，他也是一位没有钱的，但他有几分憨劲，这种憨劲是不可多得的，他具备着事业成功的必要条件。这次嘉定红会从开始筹备以至于今天的成立，应该归功于养恩先生的努力，当然不是一件偶然的事，笔者体验到一切事业成功的不易，在兴奋的今天，谨就感触所得，拉杂书来，以实本刊。

一笙《服务红十字会乃替天行道》

夫仁者，人之本心也，不待教而能之，本能也。体之在我，天下归仁，故得位则随其环境之不同，地位之各异，而为五伦；不得位则为圣贤为庶人，悉以个人之言行为成就之归束。易日元者善之长，君子体仁，足以长人，故天之云行雨施，品物流行，地之含弘光大，品物咸亨。四时有春夏秋冬，寒暖炎凉之不同；人性有刚柔静躁，智愚勤惰之不齐；人事有是非邪正、曲直顺逆之或异，而能各得其性，各随其宜，而自强不息，即天地人合作之象也，如尧之战战兢兢，日行其道；舜之孳孳事业，日日致其孝。周公诫成王以无逸，伊尹勉大甲以慎终，均自仁之发扬光大，而达致高无上之增耳，盖仁者爱人也。然不曰爱，而曰仁何也？仁为爱之体，未发之中，未形之性也。爱为仁之用，已发之情，已行之言行也。体仁方能爱，人不仁则情无可爱，而为忍人矣，故父子相逆，兄弟相弃，夫妇相离，长幼相遣，上下相违，朋友相欺，社会相诈，群众相侵，而惟以争权夺利为务，则即西哲达尔文进化论所述禽兽主义，不仁莫甚焉。孔子之为德，不厌，即体仁也，诲人不倦，即宣传文化也。缘人之进德修业，始于积善，善积于中，而后德业可成，动皆中礼，行皆守体。昔鲁欲使乐正子为政，孟子闻之，喜而不寐，乃曰：好善优于天下，而况鲁国乎？足征古圣贤对人为善之志，切望甚深，竟馨香而祝祷之也。

红十字会发起于瑞士，风行于全球，今世六十一个国家，无有一国不成立红会者，可见好善之心，中外一例，人同此心，心同此志，均以“爱、善”二字，为福国利民之无上标准，良以人所以能体四德而演进不已，必致知于始，求知所以当至，而奋发以至之，使志趣有定。向知所择善，而一归于正；向知所当终，而力行以终之，使言行有义方，而一出于正，而后天下国家可得以治平，是皆有赖乎先知先觉之善为提倡也。然何以谓之替天行道，盖有说焉。

儒家云：天命之谓性，率性之谓道，修道之为教。道家云：天道福祸淫，足征天有常道，也不为尧存，不为桀亡，应之以治，则吉，应之以乱，则凶。强本而节用，则天不能贪；养备而动时，则天不能病；修道而不二，则天不能祸。反之，本荒而用侈，则天不能使之富；养略而动罕，则天不能使之全；背道而妄行，则天不能使之吉。故受时与治世同，而殃祸与治世异，不可以怨天，其道然也。不为而成，不求而得，谓之天职。万物各得其和以生，各得养成，不见其事而见其功，谓之天功。天职既立，天地既成，形具而神生，好恶、喜怒、哀乐存焉，谓之天情。耳目口鼻形能各有接而不相能也，谓之天官。心居中虚，以治五官，谓之天君。财非其类，以养其类，谓之天养。顺其类者为福，逆其类者为祸，谓之天政。人若暗其天君，乱其天官，弃其天养，逆为天政，背其天情，以丧天功，乃兴大凶，兵戈扰攘，疫疠横行，伏尸千里，道无完人。试观世界第一、二次大战，交战国与中立国之被兵灾荒灾而死者，约有几千万人，可为铁证。苟无红会之全世界救济，则死亡必达倍蓰。若济其天君，正其天官，备其天养，顺其天政，养其天情，以全其天功，知是则政治民熙，国泰民安，感受天和，遂称盛世。故红会之使命，乃尊崇天道，表示天心，根据天理，而服务于人，而与其它救济慈善事业不同，经传云：惟天为大，惟尧则之。今可曰：惟天为仁，惟红会行之，既为法天，即为守道施教也。

楼占梅《护士之歌》

伤兵群里，血泊堆中，我们像慈母似的看护着他们；炸弹底下，炮火声中，我们像猎犬似的寻觅着伤忠。

（转载）蒋梦麟《服务与爱群·会训释》

红十字会初无会训，然“服务”“爱群”二者，固尝揭为吾人工作之旨趣矣，因加诠释，用示同人。一、释服务：庄生屡称“内圣外王”之学，近人则主“服务创造”之人生观，斯二义殆一贯，盖内圣为精神之自我发展，充实之谓美，充实之而有光辉之谓大；外王为精神之客观发展，社会文明进步，人类全体生活之日新也。

罗素谓人生有“占有”与“创造”二欲望，法当以创造欲替代占有欲，若是则服务与创造之精神尚矣。创造为人生之方法，而服务为人生之目的，内圣外王之道，若守约而施博，则创造服务二观念，尽摄之矣。国父尝诏示吾人，应以服务为目的，不当夺取为目的。又在孙文学说中，将人类气质分为三系，而规定其服务程度如下：“其一、先知先觉者为创造发明；其二、后知后觉者为仿效进行；其三、为不知不觉者为竭力乐成。”此即智者与勇者携手合作“仁者爱人”之工作也。

然服务必借助于创造，而技术活动为先。欧洲□文化史家斯潘格莱直谓“技术为生活之策略”。换言之，技术殆为生活内部与形式斗争之历程，其目的无非求生活本身内外一致耳。易称“开物成务。”开物即创造，成务即服务，所谓制器尚众，以前民用是已，一切科学研究，技术之改进，不外循二原则以进行：其一、为以最少物质产生最大能力；其二、为以最短时间控制最广空间，俾造成“有武器之手”之文化，以征服自然，利用厚生。故创造与服务，实人生之两面；技术必通过服务，始有真实之价值也。

二、释爱群：挽近自严又陵译斯宾塞尔《群学肄言》一书后，一时论客，若梁任公辈，皆着“说群”之文，以相桴应。域由学校书社之以“群”冠名者，不一而足。少年操，莫不曰“合群”、“爱群”矣。顾民元以后，报章什志，忽然不见此等文字，盖党派一词，已代之而起，知风之自，履霜至；吾有以窥乎世变之渐矣。亚理斯多德有言：“人为政治之动物”，荀卿亦曰：“人生不能无群”，又曰：“人有气，有生有知，亦且有义，故最为之下贵也，力不若牛，走不若马，而牛马为用何也？曰人能群也。人何以能群？曰分；分何以能行？曰义。故义以分则和，和则一；一则多力；多力则强；强则胜物矣。”一若是，则义利之辨判然，而连带责任，组织活动尚矣。红十字会工作，无分国界，无分种族，无分党派，无分宗教，一以增进人类幸福，促进世界大同为依归，则“爱群”一观念，今日实行重行提出之必要矣。

爱之之道，不外二途，一曰精神之改造，一曰物质的救济。夫精神活动之本质为“我向非我”，吾人必须自单纯之精神自我出发，且在为无数代所创造，并由全人类所支持之客观精神媒介中，发现其存在，任何个人，仅当其活动于全体中时，始得实在之意义；而“个人之波”，惟有荡漾在社会之无边“精神海”中，始起影响与作用也。《传》称“君子爱人以德”，佛家亦有“法施”之目，如何灌输世人以合理的生活态度与广沃的兄弟爱，而唤起其人生向上之自觉与世界无限之憧憬，实为吾人无上之使命。至物质救济，不外“平均”、“普及”、“实惠”诸原则，是在同时因地因人而制宜可耳，此不赘已。

总之，服务爱群，一用一体，工作之际，拳拳服膺，几乎道矣。

贺　辞

中国红十字会嘉定分会成立纪念　**博爱人群**　蒋梦麟题（手书）

中国红十字会嘉定分会　**博爱恤兵**　杜镛（手书）

中国红十字会嘉定分会成立纪念特刊　**泽被苍黎**　顾希平题（手书）

红十字会嘉定分会成立纪念　**宏济多端**　吴绍澍题（手书）

中国红十字会嘉定县分会成立纪念　**嘉惠人群**　上海市卫生局长张淮（手书）

中国红十字会嘉定分会成立志念　**天下一家**　胡兰生敬题（手书）

中华民国红十字会嘉定分会成立纪念　**造福地方**　王晓籁（手书）

中国红十字会嘉定分会　**乃役于人**　郑子良（手书）

中国红十字会嘉定分会成立纪念　**宣扬正气**　李纯一题（手书）

中国红十字会嘉定分会成立纪念　**伟哉我国，亚陆称雄；抗战胜利，规模大同；救济慈善，普遍国中；载兴红会，化育奇功；疁城才智，水乳交融；分会成立，福利无穷**。孙启龄撰贺

红十字会嘉定分会　**博爱精神**　沈祖懋题　卅六年四月（手书）

中国红十字会嘉定分会成立纪念　**博济利群**　武进县长孙□□（手书）

中华民国红十字会嘉定分会成立纪念　**博爱忠诚**　郭卫敬题（手书）

中华民国红十字会总会上海办事处来电致贺：中华民国红十字会嘉定县分会韩养恩先生鉴：贵分会筹组就绪，正式成立，具见热诚推进，造福人群，从此发扬光大，善业宏开，至堪钦仰，谨电奉贺，诸维鉴察为荷。总会上海办事处主任冯子明。卯灰印。

附：中华民国红十字会总会复员期间最新设施（1946年）

名誉会长：蒋中正

名誉副会长：王正廷　宋子文　蒋宋美龄　戴季陶　孔祥熙　吴铁城

会　　长：蒋梦麟

副 会 长：杜月笙　刘鸿生

常务理事：徐国懋　马超俊　蒋廷黻　蒋梦麟　金宝善　吴有训　□□声

理　　事：刘瑞恒　徐寄庼　刘鸿生　杭立武　谷正纲　王晓籁　杜月笙　钱大钧　王云五　张蔼真

秘 书 长：胡兰生

副秘书长：曾大钧　汤蠡舟

一、分会

江苏省　南京　上海　吴县　武进　砀山　青浦　泰县　江都　宝应　东台　铜山　嘉定

浙江省　永嘉　鄞县　海盐　于潜

安徽省　安庆　亳县　当涂　广德　涡阳　太和　蚌埠　寿县　宿松　怀远

江西省　南昌　九江　赣县

湖北省　汉口　光化　河口　孝威　襄阳　锺祥　黄陂　江陵　武昌　大冶

湖南省　安仁　零陵　临湘　会同　岳阳

广东省　广州　新会　汕头　江门　丰顺　揭阳　饶平

广西省　柳江　苍梧　贵县　邕宁

福建省　福州　莆田　仙游　连城

四川省　重庆　泸县　广安　遂宁　安岳　永川　内江　射洪　梁山　南川　灌县　邛崃　大竹　万县　荣昌　邻水

贵州省　镇远

云南省　昆明　保山　大理

河南省　洛阳　南阳　邓县　固始　郾城　渑池　汝南　光山　舞阳　泌阳　商邱　叶县　临汝　永城　襄城　修武　罗山　安阳　息县　汲县　新野　荥阳　尉氏　嵩县　沁阳　济源　杞县　新蔡　通许　郏县　密县

河北省　北平　天津　清苑　正定　清武

陕西省　西京

甘肃省　定西　平凉

山东省　青岛　济南　即墨　章邱　莒县　益都　胶县　昌邑

东九省　长春　铁岭　绥中　山海关　潘阳　绥远省　归绥

察哈尔　宣化　张家口

二、医院

上海　重庆　西京　北平　广州　汉口　灌县　长春　万县　内江　丰顺　章邱

三、诊疗所

上海　南京　汉口　广州　重庆　北平　长春　南昌　武进　江都　荣昌　邛崃　永城　临汝　平凉　遂宁　梁山　安阳　亳县　江陵　鄞县　即墨　孝感　嵩县

四、其他

服务站（南京）　儿童营养站（南京·上海·广州·武进·安阳·郾城）　图书阅室（南京·北平）

护士学校（上海·西京·重庆）　助产士学校（长春·汉口）　盲哑学校（长春）

附：中国红十字会嘉定分会会员名册（嘉定档案馆，卷宗号104-7-387）

中国红十字会嘉定分会会员名册（1946年）

（共计284人，其中名誉会员6人，特别会员138人，普通会员135人，青年会员5人）

会员类别	姓名	性别	年龄	籍贯	入会月日	入会地点	证书字号	备　注
名誉	浦　泳	男	三七	嘉定	九.二五	嘉定	一〇七九	本城启良学校校长
名誉	韩养恩	男	三八	嘉定	七.卅	嘉定	一〇七八	本城东大街医业
名誉	高望时	男	二八	嘉定	九.十一	嘉定	一〇八〇	西门外长泰兴花行店主
名誉	金鼎康	男	三五	嘉定	九.十一	嘉定	一〇八一	西门外成丰面粉厂经理
名誉	陆象侯	男	三一	嘉定	三.七	嘉定	一〇八二	城内东大街恒泰棉绒厂
名誉	韩聘梅	女	五二	嘉定	八.一	嘉定	一〇八三	城内南大街惠民医院医师
特别	何橘泉	男	四七	嘉定	九.十五	嘉定	一三四五四	城内南大街张马弄南首医生
特别	潘楚梅	男	四三	嘉定	八.一	嘉定	一三四五五	城内东大街文玉酱园负责人
特别	李纯一	男	四二	嘉定	八.一	嘉定	一三四五六	城内北大街清河桥北首
特别	乔　祺	男	四八	嘉定	九.一五	嘉定	一三四五七	西门外项泾桥西首乔泳兴绸布庄店主
特别	戴运乾	男	三六	嘉定	九.一	嘉定	一三四五八	城内北大街王家桥北首

（续表）

会员类别	姓名	性别	年龄	籍贯	入会月日	入会地点	证书字号	备　注
特别	赵有根	男	四三	嘉定	八．十	嘉定	一三四五九	文玉酱园通讯处航船业
特别	张慰椿	男	五一	嘉定	九．十	嘉定	一三四六〇	南翔镇復泰酱团店主
特别	严雁宾	男	三五	嘉定	九．十一	嘉定	一三四六一	城南李家弄民康药棉厂
特别	尤赉臣	男	四九	嘉定	九．十一	嘉定	一三四六二	朱树桢介绍。南门李家弄南
特别	樊其昌	男	四二	嘉定	九．十一	嘉定	一三四六三	已死
特别	钱孝慈	男	五二	嘉定	九．十一	嘉定	一三四六四	城内邮局隔壁理发店店主
特别	陆谷宜	男	四六	嘉定	九．十一	嘉定	一三四六五	南门外公和酱团店主
特别	秦致千	男	四三	嘉定	九．十一	嘉定	一三四六六	城内南大街
特别	钱　莱	男	三六	嘉定	九．十一	嘉定	一三四六七	城内塔前钱大昌百货店。教育
特别	徐家谬	男	四二	嘉定	十．一五	嘉定	一三四六六	城内西大街。教育
特别	章慎言	男	三九	嘉定	十．一五	嘉定	一三四六九	昆山。教育
特别	吴克珍	女	二九	嘉定	八．一	嘉定	一三四七〇	业医。他往
特别	居仲衡	男	四八	嘉定	十．一	嘉定	一三四七一	本城东坡桥居仲记米店店主
特别	项寿嶽	男	三六	嘉定	十．一	嘉定	一三四七二	西门城内税务局局员
特别	沈爱生	男	三八	嘉定	八．一	嘉定	一三四七三	南翔北市渔业
特别	邓晋生	男	三七	嘉定	八．一	嘉定	一三四七四	南翔北市渔业
特别	陈凤鸣	男	三二	嘉定	八．一	嘉定	一三四七五	南翔北市渔业
特别	陈寿生	男	四九	嘉定	八．一	嘉定	一三四七六	南翔北市渔业
特别	陈三宝	男	二二	嘉定	八．一	嘉定	一三四七七	南翔北市渔业
特别	邓云章	男	四三	嘉定	八．一	嘉定	一三四七八	南翔北市渔业
特别	王云章	男	四二	嘉定	八．一	嘉定	一三四七九	南翔北市渔业
特别	邓晋发	男	二八	嘉定	八．一	嘉定	一三四八〇	南翔北市渔业
特别	李荣全	男	三四	嘉定	八．一	嘉定	一三四八一	南翔北市渔业
特别	钱根兴	男	一八	嘉定	八．一	嘉定	一三四八二	南翔北市渔业
特别	周聚兴	男	四三	嘉定	八．一	嘉定	一三四八三	南翔北市渔业
特别	陈根荣	男	四一	嘉定	十一．二	嘉定	一三四八四	鱼会会员。渔业
特别	王国昌	男	四七	嘉定	八．五	嘉定	一三四八六	鱼会会员。渔业
特别	钱杏生	男	三〇	嘉定	八．五	嘉定	一三四八五	鱼会会员。渔业
特别	钱根荣	男	一八	嘉定	八．五	嘉定	一三四八七	鱼会会员。渔业
特别	甘根林	男	三八	嘉定	八．五	嘉定	一三四八八	鱼会会员。渔业

（续表）

会员类别	姓名	性别	年龄	籍贯	入会月日	入会地点	证书字号	备注
特别	邓松华	男	二五	嘉定	八．五	嘉定	一三四八九	鱼会会员。渔业
特别	唐伯生	男	三四	嘉定	八．五	嘉定	一三四九〇	鱼会会员。渔业
特别	吴效俭	男	三二	嘉定	十．十	嘉定	一三四九一	南翔镇酒业
特别	李景善	男	三七	嘉定	十．十	嘉定	一三四九二	不详
特别	翟浩文	男	四〇	嘉定	十．十	嘉定	一三四九三	本城公共体育场。教育
特别	杨　坚	男	三九	北平		嘉定	一三四九四	本城东大街管家桥西信家烟号内
特别	张乐为	男	三三	嘉定	九．十	嘉定	一三四九五	不详
特别	金寿章	男	四八	嘉定	九．十	嘉定	一三四九六	东门外徐家乡麓
特别	俞叔新	男	三七	嘉定	九．十	嘉定	一三四九七	徐行粮库
特别	周曰义	男	一七	嘉定	九．十	嘉定	一三四九八	东门外新泾桥。教育
特别	周曰仁	男	三四	嘉定	九．十	嘉定	一三四九九	东门外酒店
特别	陆世雄	男	三五	嘉定	九．十	嘉定	一三五〇〇	东门外麓
特别	张景帆	男	五二	嘉定	九．十	嘉定	一三五〇一	东门外麓
特别	孙德昌	男	二一	嘉定	九．十	嘉定	一三五〇二	东门外新泾桥镇万龄春药店医生
特别	戴中和	男	三七	嘉定	九．十	嘉定	一三五〇三	城内西大街医生
特别	陈誉佳	男	五一	嘉定	九．十	嘉定	一三五〇四	南门李冢青民康药棉厂
特别	朱石麟	男	五六	嘉定	九．十	嘉定	一三五〇五	城内东大街东坡桥间
特别	丁同庆	男	三一	嘉定	九．十	嘉定	一三五〇六	石冈乡
特别	浦叔良	男	四八	嘉定	九．十	嘉定	一三五〇七	同上
特别	乐已康	男	五一	嘉定	九．十	嘉定	一三五〇八	城内东坡桥蛙号。已死
特别	王　烈	男	二七	嘉定	九．十	嘉定	一三五〇九	不详
特别	李世隽	男	三二	嘉定	九．十	嘉定	一三五一〇	城中塔前大光照相馆馆主
特别	顾其仲	男	三九	嘉定	九．十	嘉定	一三五一一	西大街良友服装店
特别	成学儒	男	二四	嘉定	九．十	嘉定	一三五一二	南门外树行
特别	唐子园	男	二七	嘉定	九．十	嘉定	一三五一三	南翔北市渔业
特别	葛攒丰	男	四七	嘉定	九．十	嘉定	一三五一四	本城西大街
特别	童静初	男	五四	嘉定	九．十	嘉定	一三五一五	同上
特别	阳奉莪	男	五四	嘉定	九．十	嘉定	一三五一六	西门外教育
特别	庄天飞	男	三五	嘉定	九．十	嘉定	一三五一七	孩儿桥东下塘街，教育

（续表）

会员类别	姓名	性别	年龄	籍贯	入会月日	入会地点	证书字号	备注
特别	张景鱼	男	三六	嘉定	九．十	嘉定	一三五一八	本城孩儿桥南，教育
特别	陈裕如	男	五二	嘉定	九．十	嘉定	一三五一九	娄塘镇毛家宅医生（已死）
特别	陆桐生	男	五三	嘉定	九．一	嘉定	一三五二〇	城内东大街隆昌南货号经理
特别	陈其祥	男	五五	嘉定	九．一	嘉定	一三五二二	罗店镇
特别	陈桂元	男	二〇	嘉定	九．一	嘉定	一三五二一	西门外连记米店
特别	严礼华	男	三〇	嘉定	九．一	嘉定	一三五二三	罗店平民医院医师
特别	朱晋卿	男	三九	嘉定	九．一	嘉定	一三五二四	陈真祥介绍
特别	张仲芹	男	五六	嘉定	九．一	嘉定	一三五二五	真圣乡麓
特别	张宸球	男	三三	嘉定	九．一	嘉定	一三五二六	南翔江桥福田小学教育
特别	王道安	男	二六	嘉定	九．一	嘉定	一三五二七	不详
特别	朱文祺	男	二二	嘉定	九．一	嘉定	一三五二八	城中西大街恒义新南货店
特别	周永章	男	二一	嘉定	九．一	嘉定	一三五二九	城中公顺昌酱园店店员
特别	陈　文	男	三四	嘉定	九．一	嘉定	一三五三〇	不详
特别	黄子云	男	三九	嘉定	九．一	嘉定	一三五三一	葛隆镇教育
特别	徐封东	男	五一	嘉定	九．一	嘉定	一三五三二	钱门塘镇
特别	余乃苏	男	四二	嘉定	九．一	嘉定	一三五三三	马陆乡教育
特别	张青萍	男	三五	嘉定	九．一	嘉定	一三五三四	葛隆镇教育
特别	陆吉成	男	二五	嘉定	九．一	嘉定	一三五三五	东门外张锦枫介绍
特别	葛二蘧	男	五二	嘉定	九．一	嘉定	一三五三六	本城东门城内集仙宫东首牲麓场
特别	戴春洲	男	二五	嘉定	九．一	嘉定	一三五三七	城中老县前陆家馆对过烟店店员
特别	郑静芳	女	二五	嘉定	九．一	嘉定	一三五三八	张青萍女
特别	葛翊唐	男	四四	嘉定	九．一	嘉定	一三五三九	本城东坡桥西嘉泰米店
特别	周书奋	男	二八	嘉定	九．一	嘉定	一三五四〇	本城西大街华美药房
特别	居森林	男	三六	嘉定	十．一	嘉定	一三五四一	南大街李家弄内森泰皮箱店
特别	黄绍裘	男	四七	嘉定	十二．十	嘉定	一三五四二	西门外大街粮杂行
特别	吕克和	男	四六	嘉定	十二．十	嘉定	一三五四三	西门外虬桥西
特别	阳浩吉	男	二九	嘉定	十二．十	嘉定	一三五四四	
特别	潘皋民	男	四七	嘉定	十二．十	嘉定	一三五四五	本城华兴永电灯厂
特别	吴琴懋	男	四五	嘉定	十二．十	嘉定	一三五四六	

（续表）

会员类别	姓名	性别	年龄	籍贯	入会月日	入会地点	证书字号	备注
特别	朱连生	男	五二	嘉定	十二．十	嘉定	一三五四七	西门外甡号酒烛店
特别	陆轮川	男	六七	嘉定	十二．十	嘉定	一三五四八	西门外项泾桥西乔泳兴绸布庄
特别	杨君范	男	二七	嘉定	十二．十	嘉定	一三五四九	
特别	励　立	男	二四	嘉定	十二．十	嘉定	一三五五〇	西门外励贡记木行
特别	石瑞福	男	四六	嘉定	十二．十	嘉定	一三五五一	本城张马弄南世界书局（已死）
特别	居福宝	男	三六	嘉定	十二．十二	嘉定	一三五五二	北门外毛巾厂
特别	戴定生	男	四六	嘉定	十二．廿	嘉定	一三五五三	西门外渔业
特别	朱文荣	男	五七	嘉定	十二．廿	嘉定	一三五五四	东大街毛巾厂
特别	李祖根	男	二一	嘉定	十二．廿	嘉定	一三五五五	朱文荣介绍
特别	刘欣清	男	二一	嘉定	十二．廿	嘉定	一三五五六	同上
特别	张利昆	男	二九	嘉定	十二．卅一	嘉定	一三五五七	东门外徐行乡成衣业
特别	张利文	男	二六	嘉定	十二．卅一	嘉定	一三五五八	同上
特别	张利泰	男	二一	嘉定	十二．卅一	嘉定	一三五五九	同上
特别	朱梅堂	男	三〇	宝山	一．卅一	嘉定	一三五六〇	罗店南长浜桥南麓
特别	秦宝龙	男	四九	嘉定	一．卅一	嘉定	一三五六一	本城西大街成衣铺
特别	张文彬	男	四五	嘉定	一．卅一	嘉定	一三五六二	高望时介绍
特别	陈言池	男	五五	嘉定	一．卅一	嘉定	一三五六三	城内张马弄南发记东行（已死）
特别	蔡金根	男	三二	崇明	一．卅一	嘉定	一三五六四	本城南门李家弄内车业
特别	王德麟	男	三二	崇明	一．卅一	嘉定	一三五六五	同上
特别	沈松年	男	二一	嘉定	一．卅一	嘉定	一三五六六	
特别	金继华	男	二五	宝山	一．卅一	嘉定	一三五六七	
特别	徐德发	男	二八	本城	一．卅一	嘉定	一三五六八	
特别	杨树元	男	二八	本城	一．卅一	嘉定	一三五六九	
特别	周阿华	男	二八	本城	一．卅一	嘉定	一三五七〇	
特别	盛桂生	男	五一	嘉定	一．卅一	嘉定	一三五七一	南门外城河航业
特别	徐善忠	男	三六	嘉定	一．卅一	嘉定	一三五七二	本城集仙宫前宅
特别	沈其明	男	二一	嘉定	一．卅一	嘉定	一三五七三	高望时介绍
特别	陈世昌	男	三〇	嘉定	十二．卅一	嘉定	一三五七四	同上
特别	王桂金	女	二五	宝山	一．卅一	嘉定	一三五七五	罗店平民医院助产士
特别	朱元泉	男	四〇	嘉定	一．卅一	嘉定	一三五七六	东门外麓业
特别	梅仁昌	男	三一	嘉定	一．卅一	嘉定	一三五七七	本城塔前同陨的药店

（续表）

会员类别	姓名	性别	年龄	籍贯	入会月日	入会地点	证书字号	备注
特别	何学良	男	四二	盐城	一．卅一	嘉定	一三五七八	西门内蓖业
特别	潘德元	男	四三	盐城	一．卅一	嘉定	一三五七九	回乡生产，苏北盐城
特别	何学礼	男	三一	盐城	一．卅一	嘉定	一三五八〇	同上
特别	何学高	男	三二	盐城	一．卅一	嘉定	一三五八一	同上
特别	何国亮	男	一八	盐城	一．卅一	嘉定	一三五八二	同上
特别	徐桂章	男	四〇	嘉定	一．卅一	嘉定	一三五八三	西大街木业
特别	钱次阳	男	四〇	嘉定	一．卅一	嘉定	一三五八四	安亭镇教育
特别	黄德成	男	二一	嘉定	一．卅一	嘉定	一三五八五	西门外励贡记木行
特别	戴银桃	男	三一	嘉定	一．卅一	嘉定	一三五八六	西门外高宅车行
特别	佘海如	男	三九	浙江	一．卅一	嘉定	一三五八七	西门外祥泰木行
特别	朱竹君	女	二一	浙江	一．卅一	嘉定	一三五八八	
特别	徐复良	男	二〇	无锡	一．卅一	嘉定	一三五八九	
特别	陶悟生	男	五〇	嘉定	一．卅一	嘉定	一三五九〇	西门外练西公墓协理
特别	马　俊	男	三〇	嘉定	一．卅一	嘉定	一三五九一	陶悟生介绍
普通	孙禄生	男	二四	上海	十．九	本会	九八二〇	南翔镇香花桥文玉支店店友
普通	沈鸿发	男	二二	宝山	十．九	本会	九八二二	嘉定东大街文玉酱园店友
普通	陆公X	男	三八	桐乡	十．九	本会	九八二三	同上
普通	郑兆态	男	二一	嘉定	十．九	本会	九八二四	
普通	金玉桂	男	二〇	嘉定	十．九	本会	九八二五	
普通	张仁杰	男	二八	嘉定	十．九	本会	九八二六	
普通	陈纪生	男	三〇	嘉定	十．九	本会	九八二七	
普通	蒲承德	男	一八	嘉定	十．九	本会	九八二八	
普通	丁贵仁	男	一七	嘉定	十．九	本会	九八二九	
普通	沈钧琦	男	三〇	嘉定	十．九	本会	九八三〇	
普通	张家凤	男	五二	嘉定	十．九	本会	九八三一	
普通	庞岳川	男	三四	嘉定	十．九	本会	九八三二	
普通	夏德环	男	三六	嘉定	十．九	本会	九八三三	
普通	叶清华	男	二二	嘉定	十．九	本会	九八三四	察院桥东铜锡店
普通	孙达飞	男	二一	嘉定	十．九	本会	九八三五	本城三保三甲理发
普通	薛锦初	男	二四	嘉定	十．九	本会	九八三六	城内金城照相馆
普通	陈锡生	男	二二	嘉定	十．九	本会	九八三七	西大街铁店

（续表）

会员类别	姓名	性别	年龄	籍贯	入会月日	入会地点	证书字号	备注
普通	蔡福荣	男	二七	嘉定	十．九	本会	九八二一	城内西殡房看殡房
普通	陆　奇	男	二一	嘉定	十．九	本会	九八三八	
普通	朱育先	男	一七	嘉定	十．九	本会	九八三九	
普通	耿　华	男	二〇	嘉定	十．九	本会	九八四〇	城内永嘉纱厂上海申庄
普通	吴宗德	男	二四	嘉定	十．九	本会	九八四一	西门外成丰面粉厂
普通	赵福堂	男	五一	嘉定	十．九	本会	九八四二	城内东门小学桥堍道业
普通	赵有丰	男	二五	嘉定	十．九	本会	九八四三	城内东门恒泰绵绒厂
普通	苏阔华	男	四一	嘉定	十．九	本会	九八四四	同上
普通	周志澄	男	四一	嘉定	十．九	本会	九八四五	西门外成丰面粉厂
普通	凌启萍	男	四八	嘉定	十．九	本会	九八四六	西门外嘉新纱厂
普通	钱祖鉴	男	二一	嘉定	十．九	本会	九八四七	西门外成丰面粉厂
普通	蒋基启	男	二六	嘉定	十．九	本会	九八四八	西门外嘉新纱厂
普通	华光浩	男	三六	嘉定	十．九	本会	九八四九	同上
普通	高　平	男	二八	嘉定	十．九	本会	九八五〇	西门外嘉新纱厂
普通	吴宗孝	男	三〇	嘉定	十．九	本会	九八五一	同上
普通	祝崇炎	男	二五	嘉定	十．九	本会	九八五二	同上
普通	刘卓如	男	三〇	嘉定	十．九	本会	九八五三	卅六年警察局局员，已往
普通	汤志超	男	三八	嘉定	十．九	本会	九八五四	同上
普通	王葆青	男	四四	嘉定	十．九	本会	九八五五	同上
普通	魏志超	男	二七	嘉定	十．九	本会	九八五六	同上
普通	彭震中	男	二六	嘉定	十．九	本会	九八五七	同上
普通	王凯生	男	二六	嘉定	十．九	本会	九八五八	东门外麓业
普通	顾云生	男	二六	嘉定	十．九	本会	九八五九	
普通	徐文良	男	一六	嘉定	十．九	本会	九八六〇	西门外宝大祥对过锦泰瑞百货店
普通	唐元仁	男	二二	嘉定	十．九	本会	九八六一	
普通	瞿耀光	男	一九	嘉定	十．九	本会	九八六二	西门外长泰兴行
普通	朱廷铨	男	二〇	嘉定	十．九	本会	九八六三	西门外德兴粮行对过
普通	吴埭生	男	二二	嘉定	十．九	本会	九八六四	西门外吴聚兴皮鞋店
普通	丁鸿熙	男	二七	嘉定	十．九	本会	九八六五	
普通	傅　堃	男	二二	嘉定	十．九	本会	九八六六	西门大丰油号

（续表）

会员类别	姓名	性别	年龄	籍贯	入会月日	入会地点	证书字号	备　注
普通	沈　其	男	三三	嘉定	十．九	本会	九八六七	西门外大东百货商店
普通	陈冻荣	男	二〇	嘉定	十．九	本会	九八六八	
普通	印德明	男	二四	嘉定	十．九	本会	九八六九	西门外裕源恒米行
普通	钱本昌	男	二八	嘉定	十．九	本会	九八七〇	西门外长泰兴行
普通	陈在琦	男	二〇	嘉定	十．九	本会	九八七一	西门外侯黄桥西油车
普通	汪以斌	男	二二	嘉定	十．九	本会	九八七二	西门外源昌南货号
普通	XXX	男	二三	嘉定	十．九	本会	九八七三	西门外项泾桥三兴茶社
普通	斯式训	男	二一	嘉定	十．九	本会	九八七四	徐家璆介绍
普通	戴震洲	男	三三	嘉定	十．九	本会	九八七五	钱棻介绍
普通	朱曰球	男	二六	嘉定	十一．卅	本会	九八七六	黄墙医生
普通	杜占云	男	四二	嘉定	十一．卅	本会	九八七七	徐行乡教育
普通	沈久元	男	二八	嘉定	十一．卅	本会	九八九一	
普通	施玉麟	男	四三	嘉定	十一．卅	本会	九八七八	
普通	佘祖陶	男	五二	嘉定	十一．卅	本会	九八七九	
普通	顾文熙	男	三六	嘉定	十一．卅	本会	九八八〇	
普通	俞世圻	男	三六	嘉定	十一．卅	嘉定	九八八一	上海武直路第五医院会计
普通	朱企栋	男	二六	嘉定	十一．卅	嘉定	九八八二	西门外高义小学。教育
普通	严彬和	男	二五	嘉定	十一．卅	嘉定	九八八三	
普通	沈有康	男	三九	嘉定	十一．卅	嘉定	九八八四	马陆乡。教育
普通	王国良	男	二七	嘉定	十一．卅	嘉定	九八八五	
普通	张学文	男	三〇	嘉定	十一．卅	嘉定	九八八六	
普通	朱永和	男	三六	嘉定	十一．卅	嘉定	九八八七	
普通	王仰如	男	二八	嘉定	十一．卅	嘉定	九八八八	
普通	陈绪华	男	一九	嘉定	十一．卅	嘉定	九八八九	
普通	浦增钢	男	二一	嘉定	十一．卅	嘉定	九八九〇	南门城内永康桥南首
普通	唐蟾元	男	二一	嘉定	十一．卅	嘉定	九八九三	南门李家弄六店
普通	杜鑫生	男	二一	嘉定	十一．卅	嘉定	九八九二	城中塔前杜家铝皮店
普通	张殿锺	男	二六	嘉定	十一．卅	嘉定	九八九四	塔前沅茂店
普通	金守成	男	二五	嘉定	十一．卅	嘉定	九八九五	塔前沅茂店
普通	庄有成	男	二二	嘉定	十一．卅	嘉定	九八九六	塔前沅茂店
普通	陆道生	男	二三	嘉定	十一．卅	嘉定	九八九七	城中復兴馆

（续表）

会员类别	姓名	性别	年龄	籍贯	入会月日	入会地点	证书字号	备注
普通	蒋遂仁	男	三一	嘉定	十一．卅	嘉定	九八九八	嘉定工商业服务（旧商会址）
普通	金炳兴	男	二〇	嘉定	十一．卅	嘉定	九八九九	练西九保
普通	金凤云	男	一八	嘉定	十一．卅	嘉定	九九〇〇	
普通	杨忠贤	男	二〇	嘉定	十一．卅	嘉定	九九一〇	西门外宝大祥绸布号
普通	赵龙标	男	二〇	嘉定	十一．卅	嘉定	九九〇一	
普通	王秉元	男	一七	嘉定	十一．卅	嘉定	九九〇二	
普通	李士坤	男	二二	嘉定	十一．卅	嘉定	九九〇三	
普通	张学兴	男	十七	嘉定	十一．卅	嘉定	九九〇四	
普通	王金涛	男	二四	嘉定	十一．卅	嘉定	九九〇五	
普通	成正行	男	二八	嘉定	十一．卅	嘉定	九九〇六	
普通	陆希曾	男	三七	嘉定	十一．卅	嘉定	九九〇七	东门外沪太路
普通	许阔身	男	三三	嘉定	十一．卅	嘉定	九九〇八	
普通	赵永修	男	四五	嘉定	十一．卅	嘉定	九九〇九	西门外麓
普通	毛尚忠	男	二二	嘉定	十一．卅	嘉定	九九一一	西门外家庭百货号
普通	苏永卿	男	二二	嘉定	十一．卅	嘉定	九九一二	西门外源茂烛号对过
普通	罗　萍	男	二〇	嘉定	十一．卅	嘉定	九九一三	
普通	吴雪球	男	二二	嘉定	十一．卅	嘉定	九九一四	
普通	董新千	男	一七	嘉定	十一．卅	嘉定	九九一五	西门外小甡号
普通	赵尚之	男	四七	嘉定	十一．卅	嘉定	九九一六	罗店镇
普通	李善明	男	三〇	嘉定	十一．卅	嘉定	九九一七	南门学桥南首
普通	朱震邦	男	二〇	嘉定	十一．卅	嘉定	九九一八	赴松江学习
普通	汪剑鸣	男	二三	嘉定	十一．卅	嘉定	九九一九	城内北下塘街朱士龙布厂
普通	金瑞章	男	二〇	嘉定	十一．卅	嘉定	九九二〇	北门外。教育
普通	张九堂	男	三六	嘉定	十一．卅	嘉定	九九二一	
普通	张人杰	男	二四	嘉定	十一．卅	嘉定	九九二二	
普通	张大伟	男	二六	嘉定	十一．卅	嘉定	九九二三	钱棻介绍
普通	朱毓杰	男	二二	嘉定	十一．卅	嘉定	九九二四	钱棻介绍
普通	朱　克	男	二〇	嘉定	十一．卅	嘉定	九九二五	钱棻介绍
普通	唐鸿生	男	一七	嘉定	十一．卅	嘉定	九九二六	钱棻介绍
普通	朱乃启	男	一七	嘉定	十一．卅	嘉定	九九二七	钱棻介绍
普通	宋X章	男	二五	嘉定	十一．卅	嘉定	九九二八	

（续表）

会员类别	姓名	性别	年龄	籍贯	入会月日	入会地点	证书字号	备注
普通	王道南	男	二八	嘉定	十一．卅	嘉定	九九二九	
普通	张培德	男	一九	嘉定	十一．卅	嘉定	九九三〇	
普通	葛亚青	男	二〇	嘉定	十一．卅	嘉定	九九三一	
普通	周荣华	男	二六	嘉定	十一．卅	嘉定	九九三二	城内邑庙道士
普通	卜根生	男	二六	嘉定	十一．卅	嘉定	九九三三	城内电话局经理
普通	周惠明	男	三六	嘉定	十一．卅	嘉定	九九三四	城内船户登记处服务
普通	陶水天	男	二七	嘉定	十一．卅	嘉定	九九三五	西门外救火会
普通	蒋水益	男	三三	嘉定	十一．卅	嘉定	九九三六	西门虬桥西下塘街
普通	周X配	男	三六	嘉定	十一．卅	嘉定	九九三七	
普通	严成宏	男	三二	嘉定	十一．卅	嘉定	九九三八	娄塘镇严开泰粮行
普通	潘关身	男	二二	嘉定	十二．十	嘉定	九九三九	
普通	朱孟侯	男	四五	嘉定	十二．十	嘉定	九九四〇	
普通	王宝裕	男	五一	嘉定	十二．十	嘉定	九九四一	
普通	吴秋樵	男	五五	嘉定	十二．十	嘉定	九九四二	
普通	孙佩华	男	五四	嘉定	十二．十	嘉定	九九四三	西门外××经理
普通	孙炳衡	男	四一	嘉定	十二．十	嘉定	九九四四	西门成丰面粉厂
普通	赵康侯	男	二七	嘉定	十二．十	嘉定	九九四五	西门外仁昌祥纱庄
普通	张迎祺	男	二五	嘉定	十二．十	嘉定	九九四六	西门外仁昌祥纱庄
普通	李岐堂	男	三七	嘉定	十二．十	嘉定	九九四七	安亭镇医生
普通	李济舫	男	三二	嘉定	十二．十	嘉定	九九四八	城内北大街医生
普通	郑友仁	男	三七	嘉定	十二．十	嘉定	九九四九	娄塘镇女科专家
普通	金文彬	男	三七	嘉定	十二．十	嘉定	九九五〇	纪王庙镇
普通	曹中阳	男	五七	嘉定	十二．十	嘉定	九九五一	现迁移昆山北大街妇科医生
普通	杨钧伯	男	二九	嘉定	十二．十	嘉定	九九五二	外冈镇医业
普通	顾继良	男	三〇	嘉定	十二．十	嘉定	九九五三	同上
普通	孙厚甫	男	四七	嘉定	十二．十	嘉定	九九五四	东门外新泾桥万龄春药店医生
青年	陶水馥	女	一五	嘉定	九．廿一	嘉定	八七一一	西门外虬桥西
青年	黄曰威	男	一四	嘉定	九．廿一	嘉定	八七一二	陶悟生介绍
青年	黄曰娴	女	一四	嘉定	九．廿一	嘉定	八七一三	陶悟生介绍
青年	黄守淼	男	一五	嘉定	九．廿一	嘉定	八七一四	陶悟生介绍
青年	韩桂元	男	一五	嘉定	九．廿一	嘉定	八七一五	城内大东街中学读书

4月14日　《嘉定民报》发表社论，祝中国红十字会嘉定分会成功。

【社论·吾人应该为大众服务为目的——兼祝嘉定（中国）红十字会嘉定分会成功】自从人类由不识不智的野蛮时代，进入人类科学昌明的文明时代以后，人类便应该从狭窄的个人功利主义，一变而为大众服务、谋大众福利的“大我”精神。试问现在人类究竟如何？尤其是中国的人民如何？战争的酿成，实在是由个人间的利害冲突而扩大至国与国之间的利害冲突。在这种互相猜忌，专替“小我”打算的“自私心”矛盾发展的时候，要减少冲突和一切纠纷，当然是不能避免的。所以，世界各国以及我国被拖进战争的残酷的斗争中，已得到了许多悲凄警惕之教训。抚今追昔，使我们人类愤慨万分。为什么至今还是火药气味环绕在我们的四周呢？我们失望之余，唯有站在报人的立场上，向大家阐述一点意见于后。何况，红十字会嘉定分会，昨日甫经成立的时候呢？

讲到红十字会，是含有世界性的，国际性的，同时也是人类一种最有理智的表现——博爱精神。我们回想过去红十字会的工作与成绩，不禁令人肃然起敬，因为在每一次战争中，红十字会的工作同志，个个牺牲小我，成全大我，并且不分你我，不分敌友，不分国别，在枪林弹雨中出生入死地为大众服务。中国的红会同志，在战场上开出一朵光辉灿烂的花朵，占着东亚史上一页不可磨灭的功绩。虽是我们这块弹丸小城，说不定在这里也有不少在战场上做救护工作的同志。于是，我们除了钦佩以外，我们仍要保持过去红十字会的服务精神。同时，我们还得向广大的民众，阐述“牺牲小我，成全大我”之精髓，使每一个民众明白做人之道，就是“服务”。凡以服务为目的之人，始可谈“博爱”。真的，我们不应该在口头上说空话，应该从事实上表现出来。所以我们要请红十字会，多做一点有益于社会大众的事，使大众得到一些实惠——利益，如设贫，施诊所，施送药品，以及各种有关大众福利的各种公共事业。因此，我们希望本邑各界人士有钱的出钱，有力的出力，各种事业始可循序推进。不过，有一点，我们还得向大家说明一下，起先大家非常起劲，到中途人数减少，最后连人都没有，只剩下一块招牌。有名无实，还是最要不得的，而且是中国人的通病。于是我们在昨天红十字会方才成立的时候，高呼一句话：“不许失败，只许成功！”愿红十字会诸位会员与本邑各界人士共勉之。

（原载《嘉定民报》1947年4月14日）

4月20日 中国红十字会嘉定分会召开第一次理事会。

【嘉定民报】红十字会嘉定县分会，于四月二十日下午三时召开第一次理事会，当即推选金鼎康、浦泳、李纯一、徐家璆、秦致千、韩养恩、高望时等七人为常务理事，互推金鼎康为会长，韩养恩、浦泳为副会长，并又推定韩养恩氏兼任总干事。已将上项名单转报总会加聘云。

（原载《嘉定民报》1947年4月25日）

4月24日 中国红十字会总会事务课长朱勋章莅临嘉定分会指导工作。

【中国红十字会总会朱勋章氏莅嘉指导】中国红十字会总会事务课长朱勋章氏，于昨日莅嘉，下车后迳至该会嘉定分会指导工作推进，并且造福地方，博爱人群，勖勉该分会职员。后由该分会副会长浦泳、韩养恩二氏及疁城镇张镇长，伴同视察一周，旋即返京云。

（原载《嘉定民报》1947年4月25日）

5月8日 中国红十字会嘉定分会召开筹设诊疗所谈话会。

【红十字会分会今开筹设诊疗所谈话会】本县红十字会分会成立以来，积极推展会务，近为适应需要，拟筹设诊疗所，于今日下午二时在该会所召开筹设诊疗所谈话会，讨论一切进行事宜。

（原载《嘉定民报》1947年5月8日）

5月25日 中国红十字会嘉定分会召开理事谈话会。

【红十字会嘉定分会召开理事谈话会】昨日红十字会嘉定分会，为促进会务之推进及增强机构起见，特召开理事谈话会，到会者有金鼎康，杨拙夫，浦泳，徐家璆、韩养恩等。拟增加理事人数，藉以增强会务之推进，如设立施诊所，办孤儿院，开辟河道等公益事业，亟待创设。拟日后召开理事会，再行决定各种工作，择要先办云。

（原载《嘉定民报》1947年5月26日）

7月3日 《嘉定民报》报道南翔时疫医院筹措经费展开防疫工作。

【南翔时疫医院筹措经费展开防疫工作】南翔时疫医院，去年夏季，抢救时疫，成绩卓著。今又届夏令时间，防疫工作，急不容缓，院方有关人士，因假座镇公所，尽量检讨筹措经费。是项经费，约需四千万元，一俟筹有成数，即将展开防疫工作云。

（原载《嘉定民报》1947年7月3日）

7月23日 中国红十字会嘉定红会召开常务理事会。

【中国红十字会嘉定分会召开常务理事会】红十字会嘉定县分会，于前日上午九时召开常务理事会，计到者浦泳、高望时、张克龢、韩养恩、李纯一、韩聘梅、徐家璆等，商讨前奉南京总会请领拨发药品，决派高望时、韩养恩二氏克日备文晋京具领，诊疗所暂设疁城公所。又悉：正会长金鼎康氏再三恳辞，今公推副会长浦泳为该会正会长，金鼎康氏为该会名誉会长；副会长一职，公推疁城镇镇长张克龢氏递补。又讯：浦氏对于正会长一席，无意担任，将向理事会坚决表示不就云。

（原载《嘉定民报》1947 年 7 月 25 日）

8 月 6 日 《嘉定民报》报道中国红十字会嘉定分会劝捐消息。

【（嘉定）红十字会募捐·大慈善家徐翔荪慨赠药品】中国红十字会嘉定分会负责人韩养恩氏，因时值夏令，需要药品，爰向西药业领袖、大慈善家、华美大药房主徐翔荪劝募。闻徐氏钦韩氏之热心公益，特慨助防疫苗三十瓶，奎宁丸五百粒，弟弟梯十瓶，痧药水三瓶，碘酒两瓶，红汞四瓶云。

（原载《嘉定民报》1947 年 8 月 6 日）

10 月 25 日 中国红十字会嘉定分会召开征募大会。

【本邑红十字分会昨开征募大会】中国红十字会嘉定分会，奉令召开征募大会，讨论筹募基金事宜，昨日下午二时，在该会会议室召开大会，到中国红十字会总会冯子明，县党部书记长李纯一，警察局局长皮觉明（邵谷臣代），外冈分驻所巡官王葆青，保安大队副官韩谷人，青年团张青萍，疁城镇镇长张克龢，浦泳暨张锦帆、周曰臣、徐福林、朱石麟、张斌等数十人。行礼如仪后，主席韩养恩报告该分会成立后之经过，及征募大会之宗旨，并拟在最近期内，筹设诊疗所。次由中国红十字会冯主任阐述红十字会之任务，及劝募基金办法，县党部李书记长演说助人为快乐之本，救人自救等语，听者动容。嗣讨论劝募办法，散会后合摄一影，以留纪念云。

（原载《嘉定民报》1947 年 10 月 26 日）

10 月 27 日 国际救济协会主干参观嘉定普济医院。

【国际救济协会主干昨来嘉参观普济医院】国际救济协会主干琼可、章元善等昨日来嘉，参观本县公立普济医院，对于该院建筑及一切设施计划，颇为称许，并表示愿予赞助云。

（原载《嘉定民报》1947 年 10 月 28 日）

12 月 12 日 《嘉定民报》报道中国红十字会嘉定分会诊疗所定期开幕。

【红十字会嘉定分会诊疗所定期开幕】本邑红十字会，近得总会发给大量药品，因设诊疗所于东大街管家弄邑朝后范园内，聘请李天富医师担任医务主任。闻该诊所定于本月十四日举行开幕典礼，十五日开诊，该园闹中取静，环境甚佳，诚为病家治疗疾病之好所在。

（原载《嘉定民报》1947年12月12日）

12月14日 中国红十字会嘉定县分会诊疗所开幕。

【红十字会嘉定县分会诊疗所今日开幕】 中国红十字会嘉定县分会，于上月廿三日接洽上海巡回诊疗车来嘉施诊，求诊者甚多。该会鉴斯情形，特筹设诊疗所于范家园该会会所，以应需要。现已筹备就绪，定于今日上午十时，举行诊疗所开幕典礼，开始为贫病者服务。

（原载《嘉定民报》1947年12月14日）

是日 中国红十字会嘉定分会诊疗所举行开幕典礼。

【本邑红十字会分会诊疗所昨开幕】 中国红十字会嘉定县分会诊疗所，昨日上午十时，在东大街范园会所，举行开幕典礼，各界人士前往观礼者，计有李书记长纯一、蒋院长善初、皮局长觉民、秦馆长致千（梅必昌代）、顾秘书旭初（葛赞丰代），上海方面有杜月笙（秘书郭莱馨代表），红十字会总会上海办事处主任冯子明，及上海市分会代表殷新甫、汪涵美等，共百余人，济济一堂，颇极一时之盛。闻该会诊疗所定明日上午九时起开始为病家诊疗，由李天富医师主持，并聘有女护士及助产士各一人，为贫苦产妇服务，诊金药费全免，只收号金五千元云。

（原载《嘉定民报》1947年12月15日）

12月16日 《嘉定民报》刊登中国红十字会嘉定分会致谢启。

【中国红十字会嘉定县分会谢启】 本会诊疗所前日开幕，辱承各界热心人士及地方机关首长光临指教。铭感之余，尤恐招待不周，特再登报，藉伸谢悃。

（原载《嘉定民报》1947年12月16日）

是日 中国红十字会嘉定分会聘请陈朝俊、李葆森律师为法律顾问。

【通告】 陈朝俊、李葆森律师受任中国红十字会嘉定县分会常年法律顾问通告。

（原载《嘉定民报》1947年12月16日）

是日 中国红十字会嘉定分会聘请陆庆黻会计师为会计顾问。

【通告】 陆庆黻会计师受任中国红十字会嘉定县分会常年会计顾问通告。

（原载《嘉定民报》1947年12月16日）

12月29日 中国红十字会嘉定分会发表职员项寿岳免职声明。

【中华民国红十字会嘉定县分会紧要通告】本会职员项寿岳，业经免职，嗣后渠一切言行均为其个人举动，概与本会无涉，恐未周知，特此通告。

（原载《嘉定民报》1947年12月29日）

12月30日 中国红十字会嘉定分会在《嘉定民报》公布捐款人名单。

【中华民国红十字会嘉定县分会慨助捐款衔名列后承】巴凌云念万元、华美药房四十万元、周成佐一百万元、沈亦球五十万元、吴蕴初五十万元、甘林枨二万元、陈福祥念五万元、周礼章二百万元、吴伯烈十万元、宝康酱园念万元、合成毛巾厂四十万元、恒泰毛巾厂四十万元（金鼎康先生经募永嘉纱厂二百万元，成丰、嘉新厂合三百万元）、陈其祥五万元（经募朱晋卿十万元、刘永吉五万元、张鹤鸣十万元、陈雪元三万元、张子仁二万元、沈延章二万元）、陶悟生五万元（经募朱莲生五万元、大昌磁号五万元、丰茂长五万元、黄绍裘五万元、周俊甫五万元、仁昌祥五万元、王德明五万元、杨裕生五万元）、周泉生念万元（经募寿菊泉念万元、师竹居十万元、陈景明十万元）、姚旭初十万元（经募天和号十万元、朱海龙十万元、邵胜夷五万元、史锡龄五万元）、海麟纱厂五十万元（经募宣慰民念万元、陈勉哉十五万元、薛荣生十万元、钟光照十万元、邵纯甫十万元、赵俊臣五万元、彭秀华五万元、张莲生五万元、郭启鸿四万元、张镜南二万元、张世源二万元、元元号二万元、夏雨君一万元、宣寒厅二万元）、沈有恒念万元（经募翁溶德、邱声远、杨志义、李开培各捐念万元）、陆麟勋五十万元、嘉丰纱厂三百万元、顾吉生一百万元、徐新甫五十万元、守墨斋十万元、新大祥四万元、万源二万元、万兴一万元、宝康又十万元。十月至十二月廿七日止，共收捐款国币二千〇四十九万元正。除呈报外，特此登报鸣谢，藉昭徵信而扬仁风。经手人韩养恩，会计师陆庆瓛。

（原载《嘉定民报》1947年12月30日）

1948 年

1 月 9 日　中国红十字会嘉定分会诊疗所调整施诊时间。

【红十字会诊疗所改订施诊时间】中国红十字会嘉定分会诊疗所，为便利远道病家求诊起见，时自本月九日起，将施诊时间改为每日上午九时至十一时，下午一时至四时，急诊不在此例。

（原载《嘉定民报》1948 年 1 月 9 日）

6 月 17 日　中国红十字会嘉定分会发布紧要启事。

【中华民国红十字会嘉定县分会紧要启事】本会雇佣之韩仁杰（又名阿狗），早经斥退。嗣后渠一切言行，均为其个人举动，与本会无涉。如有发现在雇用期间在外假借本会名义有不正当行为者，本会当依法追究。恐未周知，特此通告。

（原载《嘉定民报》1948 年 6 月 17 日）

6 月 18 日　《嘉定民报》发布韩仁杰启事。

【韩仁杰驳复中国红十字会嘉定县分会紧要启事之启事】阅三十七年六月十七日《嘉定民报》载有中国红十字会嘉定县分会紧要启事一则，不胜骇异。查本人于去年八月初，承该会总干事韩养恩先生雇为该会工役，专事洒扫差遣之职。嗣后，韩总干事迭催收捐款，于八月十一日委为职员，所有差收捐款事宜，均经交代清楚，并无假借名誉有不正当行为。报载云云，殊属无据，本可一笑置之。只以名誉为第二生命，不容缄默。至韩总干事出此一举，人士咸知，不必细辩，除静候正当解决外，特此敬告各界，以正视听。此启。

（原载《嘉定民报》1948 年 6 月 18 日）

7 月 5 日　《嘉定民报》报道娄西施诊所筹备进展。

【娄西筹备施诊所】本县中医师公会，去年夏季筹设施诊所于四乡及城厢，成绩优良，贫病得益匪浅。兹有娄西施诊所医务主任桑天留、吴宗岐等，鉴于农村之困苦及时令之需要，与乡镇公所合作筹设娄西第一施诊所于外冈，第二施诊所于望仙。一俟筹备就绪，即行开幕云。

（原载《嘉定民报》1948 年 7 月 5 日）

1949 年

5 月 13 日　中国人民解放军解放嘉定。

10 月 1 日　中华人民共和国宣告成立。

12 月　中国人民解放军第二十军驻扎嘉定部队进行战备练兵，下水游泳的大批指战员发生急性血吸虫病感染。中国人民解放军华东军区、华东军政委员会卫生部和上海市卫生局成立上海市郊区血吸虫病防治委员会，并派出上海医学院钱惪、陶学煦等 33 名医务人员来嘉防治。

红十字会工作处于暂时停顿状态。

1950 年

3 月 5 日　韩养恩向嘉定县公安局报送嘉定县红十字分会会员名册。

顷奉谕迢，命送上卅十六年中国红十字会嘉定县分会会员名册壹份，计拾陆张。仰祈鉴察，实为公便，谨呈嘉定县公安局治安课课长钧鉴。

韩养恩谨上。一九五〇、三、五。

1952 年

1 月　成立嘉定县防疫委员会。

4 月　建立嘉定县爱国卫生运动委员会。

1958 年

8 月 5 日 嘉定县人民委员会副县长、中国民主建国会会员、县教育界、金融界知名人士潘指行先生的遗体，征得其家属同意，供上海第一医学院附属中山医院作病理解剖。县长仇泊给予高度评价。

1962 年

我县在上海市红十字会的帮助下，首先在南翔镇恢复建立红十字会，并建立红十字卫生站 40 个，发展红十字会员 1002 人。之后，又在城厢镇人民居委、城北居委以及长征公社曹新大队发展了一些红十字会员。

1963 年

红十字会嘉定县分会迁址清河路 50 号（今嘉定商城东侧）。

1964 年

10 月 13 日　上海市嘉定县爱国卫生运动委员会、嘉定县人民委员会卫生科《关于成立县红十字会的请示报告》（嘉卫发〔64〕字104号、嘉爱卫发〔64〕字第14号）。

县人委：

我县南翔、城厢两镇和长征公社曹新大队，在市红十字会的帮助下，已分别于去年和今年，建立了红十字卫生组织，并开展了群众卫生救护活动，对推动当地爱国卫生运动和计划生育的开展，起了积极作用；也发扬了救死扶伤、助人为乐、专门利人、毫不利己的新道德、新风尚。为了适应基层红十字工作的需要，进一步扩大、巩固、充实、健全基层红十字组织，并适应外宾参观、国际活动的需要，根据市红十字会的指示，拟建立县红十字会。

中国红十字会是群众卫生救护团体。在国际上，是作为开展人民外交活动的群众团体；在国内，是作为政府卫生部门进行群众卫生工作的助手，也是向群众宣传卫生知识，进行社会主义教育的一个阵地。他的主要任务是：

1. 动员会员积极参加爱国卫生运动，带头除四害、讲卫生，进行除四害、讲卫生的宣传活动，协助卫生部门进行预防传染病的宣传，接种、消毒、隔离、疫情报告和家庭护理等工作。

2. 办理会员的卫生知识教育和救护训练，进行意外伤害的急救，参加自然灾害等临时性的卫生救护工作和战时军民伤病人员的医疗包扎救护活动。

3. 教育会员发扬救死扶伤的革命人道主义精神，在卫生救护方面为群众办好事。

4. 配合有关部门进行计划生育的宣传和避孕方法指导。

5. 输血的宣传组织工作。

红十字会一般不办医院、诊所、门诊部、保健站等医疗事业，也不办理与群众卫生救护无关的事情，如商业和生产事业、企业等（但没有盈利的代卖成药、避孕工具、卫生用品等除外）。

加强红十字会工作，无疑将为我县的爱国卫生运动和计划生育工作的深入开展起积极的推动作用。

健全组织是开展工作的重要条件。红十字会是一个群众团体，他的组织不能由有关部门来代替。为此拟建立县红十字会。

根据中国红十字会章程的规定，中国红十字会的组织原则是民主集中制。各级红十字会组织都有代表大会或会员大会。由代表大会或会员大会，选举执行委员会或委员会，作为领导机构。凡是红十字会组织的重要问题，都是经过代表大会、会员大会，或者执行委员会、委员会讨论，按照多数人的意见作出决定，然后贯彻执行。县以上红十字会的执行委员会，一般还选举常务委员，组织常务委员会，负责领导经常会务。红十字会设有会长、副会长，下设办公室，有办公室秘书长和红十字工作具体干部。

县红十字会组织，在领导关系上，受县人民委员会和上级红十字会的领导，并且受县卫生部门的具体领导。

上述报告是否有当，望指示。

抄报：县委宣传部、市红十字会。

1965 年

秋季，加纳红十字会代表团来访，参观南翔红十字会和南翔香花理发店。

1966 年

“文化大革命”开始后，嘉定红十字会的活动被迫停止。

1971 年

9 月 下旬，坦桑尼亚红十字会主席皮库内比、秘书长姆·勒·玛卡等一行，访问桃浦公社。

1978 年

12 月 根据国务院“关于恢复红十字会国内工作”的指示，南翔镇红十字会首先恢复。

1979 年

1 月 嘉定县红十字会恢复成立，理事会成员即爱卫会成员，会长王志刚，副会长周文英、赵熙德、李庆涛、沈惠亭，理事共 17 人。

嘉定县红十字会理事会成员

会长：王志刚（县革会副主任）；

副会长：周文英（县妇联）、赵熙德（县人武部）、李庆涛（县卫生局）、沈惠亭（县委宣传部）；

理事：沈家娟（县工委）、陆丽生（县农田基本建设指挥部）、鲁福昌（县卫生局）、张浩华（县团委）、凌正刚（县农业局）、张本义（县畜牧局）、张增仁（县粮食局）、张振贤（县财政局）、王占忠（县公安局）、陈桂清（县文教局）、潘宝山（县商业局）、许克强（县农机工业局）、乔希仁（县交通建设局）、潘维丰（县物资局）、陈龙（县人民医院）、杨继占（县卫生防疫站）、宗月长（县除害灭病办公室）。

5 月 《嘉定县红十字会发展情况》发表，全面回顾复会以来工作状况。

中国红十字会是中华人民共和国的全国性的人民卫生救护团体。中国红十字会的宗旨是“在中华人民共和国政府的领导下，救死扶伤，实行革命的人道主义。”从红十字会的性质，宗旨出发，我县于一九六六年，在社、镇红十字工作试点基础上，积极筹备建立县红十字会，以扩大红十字会组织，发展红十字会工作。就在这时，文化大革命开始了。十年浩劫使一切活动被迫停止。粉碎“四人帮”之后，在党中央和国务院的关怀下，中国红十字会总会和市红十字会相继恢复了组织活动。在国务院（78）63 号文件和（78）244 号文件指示下。七八年十二月，我县南翔镇恢复了红十字会组织。七九年县建立了红十字会，并积极发展农村红十字会员，建立了娄塘公社红十字会。同时，还积极筹备于县级机关所在地——城厢镇，以及马陆、黄渡等公社发展红十字会组织。目前，我县南翔镇和娄塘公社已在工厂、学校、商业、居委、生产大队等系统建立了红十字卫生站六十三个，发展红十字会员五百五十人，红十字青少年会员三百八十四人。我们组织会员开展了揭批“四人帮”的活动，开展了会务知识和卫生知识的学习，组织会员积极投入以除害灭病为中心的爱国卫生运动，使红十字会工作进一步为人民保健事业服务，为“四化”建设服务，受到广大群众的欢迎。

为了提高工作效率，减少机构重叠，我县的红十字会组织无论县和社镇，基本上就是原有的爱卫会组织。红十字会理事长即为爱卫会主任委员，红十字会理事即为爱卫会委员，使红十字会工作与爱国卫生运动统筹安排，相互促进。基层的红十字卫生站领导班子也基本上与原有的群众卫生组织相结合。如居委红十字卫生站站长由居委分管卫生工作的干部兼任，或由会员选举产生。站委员会的委员一般由居委干部按自然块的分工包干者担任，如按居民自然块设卫生分站的分站长由站委员兼任。这样做，便于领导落实分工负责制。又如工厂红十字会组织，根据工厂规模大小，大（五百人以上）、中型工厂，建立厂红十字会，车间设立红十字卫生站；小型工厂建立红十字卫生站，在车间设立红十字会员小组。但无论工厂的红十字会或红十字卫生站，均与工厂爱卫会结合，二块牌子，一套班子。正副会长或站长均由爱卫会正副主任兼任。再如学校的红十字卫生站组织，其正副站长和5～9名委员，一般也均为学校原有的爱卫会成员或爱国卫生骨干、积极分子。多数学校由副校长或保健老师兼任卫生站站长，副站长由红十字青年担任。班级建立会员小组，会员组长由站委员兼任。班级多的学校也可按年级建立分站，分站长由站委员兼任。这样做，便于在组织上、工作上统一领导、统一计划、统一安排和统一检查、统一评比、统一总结，有利于推动工作向纵深发展。

关于红十字会会员，凡是热心红十字工作，乐于为群众服务的工人、农民、学生、职员、退休工人、卫生积极分子、医药卫生人员以及民兵中的卫生兵等，均可参加红十字会为会员。但参加红十字会，必须由本人报名，经红十字卫生站批准，登记入册才可。一般在居民中，每10～15户发展一名会员；在学校中，每班发展红十字青少年3～5名；在工厂，会员总人数占总人数的5%左右；在农村，以自然村为单位，每5～10户发展1～2名会员；在商店，根据商店大小，发展一名至数名会员。

红十字会员必须服从所在红十字卫生站的领导，积极参加卫生站组织的政治、业务学习，努力提高卫生知识和业务能力，并以身作则，搞好个人卫生、家庭卫生和环境卫生，在爱国卫生运动、计划生育、献血宣传等群众卫生工作中起骨干作用。红十字卫生站则从实际出发，订立必要的制度，如学习制度、会议制度、卫生宣传、防病治病、疫情报告、保健箱使用、卫生值日、好人好事记录等等。我县居委红十字卫生站，一般每星期集中活动一次，学习会务知识，学习政治时事，交流工作情况，表扬好人好事等等。每二个星期由所在地区医院（卫生院）医务人员讲解常规病、多发病的防治知识、除害知识、个人卫生、饮食卫生、环境卫生、妇儿卫生、简易治疗和外伤急救等知识。学校红十字卫生站，由学校保健老师负责，除了每周一次卫生课（卫生讲座）外，在暑假、寒假组织战地救护训练或演戏；在农村，利用雨天和晚上，由公社卫生院医务人员或赤脚医生讲解二管五改和农村多发病、常见病的防治知识和急救包扎等。工厂红十字卫生站则由厂保健站或挂钩的医疗卫生单位负责，利用工余时间，进行卫生知识普及和献血常识教育，并挑选有一定条件的会员接受比较有系统的卫生救护训练和国防救护训练。

我县红十字工作的实践证明：红十字会工作反映了广大群众的迫切要求，起了以下几方面的作用：

一、红十字会工作推动了群众爱国卫生运动向纵深方向发展

如南翔镇在大搞爱国卫生运动的二十多年中，涌现了一大批卫生积极分子，他们来自基层，扎根群众，成为爱国卫生运动的骨干力量。当南翔镇重新恢复红十字会组织后，把这批积极分子全部吸收入会，进一步发挥了他们的骨干作用。例如去年南翔镇先后开展的十多次爱国卫生突击活动中，这些红会会员都积极参加，起了模范带头作用。虽然南翔镇居委系统随着近年来镇办工业的发展，参加社会生产劳动的人增多，使居民区搞卫生的人、关心公共卫生的人员相应减少。但通过红十字会工作，把街道的退休工人、卫生积极分子组织起来，开展经常性的除害灭病运动，培养了三百户卫生之家，为爱国卫生的制度化、经常化起了很大的作用。娄塘公社建立红十字会后，三百多名红会会员立即投入了宣传突击活动，人人干劲十足，带头搞好室内外卫生工作，使娄塘镇娄塘大队的卫生水平有了显著提高。娄塘镇小东街居委是红十字卫生站的试点单位，由于会员的共同努力，以一带十，使整个居委的居民户全部达到了清洁户标准。在去年第四季度卫生评比中，还有四户被评为光荣卫生之家。娄塘阀门厂是经营木、铁等产品的一家二百多人的中型工厂，在支部领导重视和十二名红会会员做骨干的群众努力下，全厂经常处处整齐清洁，被评为县爱国卫生先进单位。该厂食堂还被评为上海市

食堂先进单位。娄塘文化站红十字卫生站积极主动编排了卫生文娱节目到各大队巡回演出。娄塘供销社红十字卫生站积极做好食品验收、食具消毒等工作，提高服务质量，如食品一店，虽经营鱼、肉、禽蛋，但柜台砧板、算盘等都经常做到无油腻。经县多次检查，达到中央颁布的十二条规定，取得了免于检查立即发放卫生许可证的荣誉。

二、推动了群众除四害活动

我县南翔镇和娄塘公社集镇都是农村集镇，周围是水稻、水生作物密布的水网地区。农村饲养禽畜又较多，使蚊蝇“四害”的密度较高。自从建立红十字会组织以后，广大红会会员、红十字青少年积极投入“除四害”战斗。如南翔镇清洁所红十字卫生站十三名会员去年灭鼠三千五百多只，给全所职工起了很大推动作用。去年该所职工创造了平均每人灭鼠一百三十多只的好成绩。南翔镇的红十字青少年会员，去年人人都超额完成了镇爱卫会规定的除害指标。南翔中学红十字卫生站去年灭蝇十万多只、灭鼠八千多只。南翔镇六个居委在夏秋季节组织红会会员组成业余孳生地除害小组，坚持每周活动一次，深入居民区搞好蚊蝇孳生地的控制，做好灭蚊灯的管理，使居民区的蚊蝇密度显著下降。镇中心有一大批居民整夏不挂蚊帐睡觉。娄塘大队二名红十字会员主动当了专职除害员，他们不怕脏，不怕累，顶烈日，冒风雨，战斗在畜棚、厕所、垃圾堆、臭水浜等蚊蝇孳生地。娄塘三队红会会员汤贤娥、林美珍在搞灭鼠测试时认真负责，一丝不苟，从白天一直工作到晚上八点多钟才回家吃晚饭。第二天一早即起床，赶在社员出工前到田野把灭鼠测定工具逐一收回，检查测定结果。退休工人、红会会员沈绍良，在灭鼠测定时夹伤了手，鲜血直流，但他不叫痛，坚持工作到结束。由于广大红会会员群众除害员的积极努力，在去年全县蚊蝇密度普遍有所增长的情况下，南翔镇和娄塘镇的蚊蝇密度均有所下降。南翔镇七九年蚊子密度比七八年下降了百分之七十三。娄塘镇七九年蚊子密度比七八年下降了百分之十四点一八，苍蝇密度下降了百分之四十二。

三、培养了青少年良好的卫生习惯

广大红十字青少年已成为搞好学校卫生的骨干力量。娄塘中心校近千名学生在七十六名红十字青少年为骨干的推动下，每天早上15分钟的卫生劳动已成为习惯。无论晴天、雨天，检查与不检查，整个校园都经常保持整齐清洁，有条不紊，找不到纸屑、痰迹，被评为县爱国卫生先进单位。南翔镇红十字会在组织红十字青少年大搞爱国卫生运动中，还狠抓了个人卫生十比竞赛（即比手，比脸，比衣裤，比鞋袜，比头发，比牙齿，比书包，比课本，比个人卫生习惯，比除四害），开展晨间检查活动，坚持每天二次做眼保健操，组织学生集体洗澡、理发等，使学生个人卫生水平有了显著提高，基本消灭了头虱，初步杜绝了学生喝生水、吃生山芋等不卫生现象。群众称赞红十字工作改变了学生卫生面貌。

四、有利于群众防病、灭病工作

实践证明，红十字卫生站和广大红十字卫生员是卫生部门的得力助手。南翔镇三十七个红十字卫生站，已担当了全镇预防接种工作。每年在卫生部门的指导下，完成流脑、麻疹、乙脑、百白破等近万人次的预防接种，接种率达90%以上。居委红十字卫生站还为年老体弱者和五保户、烈军属等上门打针服务，受到群众欢迎。南翔新风理发店认真执行刀具、用具消毒，不断改善卫生消毒设备。该商店红十字会员还为工农兵顾客治疗头部皮肤病。几年来，治疗上千例病人，被群众称为“放心理发店”。去年，南翔镇红十字卫生站还协助卫生部门开展妇科普查一千二百多人，对一千五百八十六名儿童进行了驱蛔治疗，对四百多外来人员进行了疟疾抗复发治疗和预防性服药，有力地保护了人民身体健康。娄塘大队十名红十字会会员，坚持每天对全大队一百六十多口水井实行投放漂白粉消毒，并人人备有一只保健箱，为社员防治一般常见疾病和小外伤包扎。在夏秋农忙季节，他们把药箱背到田头，对保护社员身体健康，加快农忙进度起了积极的作用。去年十二月，娄塘公社开展钩蛔虫病普查，全体红会会员不仅带头完成大便送检，而且还积极主动做好宣传发动工作。有十名红会会员主动负责把所包干地区群众的大便收集起来，不怕烦，不怕臭，亲自送至公社化验组。为支持和办好合作医疗，许多红会会员不计报酬为大队卫生室采集草药，增加合作医疗资金积累。娄塘大队红十字卫生站副站长、赤脚医生周介珍，本人患严重甲状腺机能亢进，但她多次推迟住院治疗，一心扑在工作上，积极热情为广大社员防病治病，受到广大群众的好评。

五、红十字会工作也为群众献血活动及意外事件的抢救起了很好的辅助作用

去年，南翔镇三十七个红十字卫生站在卫生部门的指导下，开展了献血宣传，并动员组织了一百三十多人去上海中心献血站献血，圆满地完成了上级部门下达的献血任务。许多身体条件合格的红十字会员积极带头献血，在群众中起了很好的推动作用。

许多红十字会会员通过医疗业务知识的培训后，主动承担了意外事

故的初步急救处理。学校的红十字青少年一般都学会了简易外伤包扎处理，受到了广大群众的好评。

我县的红十字会工作仅仅刚开始，离上级红十字会和广大群众的要求还很远。我们决心在八零年向先进国家学习，有计划地逐步发展红十字会队伍，花最少的钱办更多的事，更好地调动积极因素，更加生动活泼地把红十字会活动开展起来，使它适应“四化”建设的需要。

同年 娄塘公社红十字会建立。城厢镇、马陆、黄渡、真如、安亭等公社（镇）红十字会开始筹建。

1980 年

10 月 嘉定县红十字会举办青少年救护表演活动。

附：县红会领导《在嘉定县红十字青少年救护表演会上的讲话》。

同志们，同学们：

今天，我们嘉定红十字青少年会员第一次欢聚一起，开展了救护表演。我代表嘉定县红十字会，向到会的红十字青少年表示热烈的欢迎！向参加救护表演的青少年会员们表示热烈的祝贺和崇高的敬意！向辛勤的园丁——学校志愿红十字工作者，表示亲切的慰问和敬意！

今天的活动搞得好！大家在一起相互观摩，交流经验，取长补短，共同提高，为推动学校的红十字青少年工作起了积极的促进作用。我们希望这次活动作为一个良好的开端，为今后定期或不定期地开展红十字青少年救护演习、包扎比赛等活动，为促进我县红十字青少年工作生动活泼、扎实有效的发展，打下基础！

同志们，同学们！

开展救护活动，是每一个红十字会员的光荣职责，因为红十字会就是起源于“战地救护”，中国红十字会的宗旨，就是“救死扶伤，实行革命的人道主义”。因此，我们每一个红十字会员，包括红十字青少年会员，必须进行救护训练，掌握救护本领，努力做到“在平时参加意外伤害和自然灾害等救护工作，战时参加军民伤病员的救护活动”。我们青少年正是学知识、练本领的关键时机，“少壮不努力，老大徒伤悲”，要求每一个红十字青少年会员，不怕苦，不怕难，不怕累，刻苦练习，精益求精，练得一手过硬本领。做到在学校协助保健老师做好力所能及的简易急救和各项学校卫生工作，将来在四个现代化的建设事业中，为保护人民群众的身体健康，促进工作、学习和生产的顺利进行作出贡献！

刚才几个学校的红十字青少年救护表演已为我们做出了榜样，他们“人小志气大，苦练本领为四化”，我们要向他们学习！也使我们看到：

红十字青少年是完全能够学会和掌握卫生救护知识，发挥积极作用的。据了解，广大红十字青少年会员已能将初学到的卫生救护知识运用于学习生活中，在学校卫生工作上发挥了骨干作用。如城厢镇中心校的红十字青少年会员上学期为同学打预防针 1379 人次、处理小外伤 48 人次，无任何事故。他们坚持每天开展晨间卫生检查，宣传卫生知识，定期为低年级同学剪指甲，受到了全校师生的一致好评。南翔镇中心校的红十字青少年会员，积极开展个人卫生十比竞赛（比手，比脸，比衣裤，比鞋袜，比头发，比牙齿，比书包，比课本，比个人卫生习惯，比除四害）。他们积极宣传，带头行动，配合学校组织同学集体理发、洗澡，使全校已基本消灭了头虱病，学校的环境卫生、个人卫生有了显著进步，受到世界卫生组织国际基层讲习班外宾的赞扬。娄塘中心校的红十字青少年会员坚持每天带领同学做眼保健操，坚持每天早上十五分钟的卫生劳动，已成为制度，使学生近视眼发病显著降低，整个校园无论检查不检查经常保持整齐清洁，无纸屑，无痰迹。

广大红十字青少年会员，在日常学习生活中为保护同学们的身体健康做了大量工作，涌现了大量好人好事，值得学习，值得发扬。

我们希望我县的红十字青少年队伍能不断扩大，做到校校有红十字卫生站，班班有红十字青少年会员。要求广大青少年会员努力学习文化知识，刻苦练好卫生救护本领，以雷锋同志和易士才同志为榜样，关心集体，关心同学，协助学校搞好各项卫生工作，为保证学习任务的顺利完成多做工作，将来为四化建设做出贡献！

11 月 10 日　上海市红十字会在嘉定召开“郊县红十字工作会议”，嘉定县红十字会作工作汇报。

附：县红会《在市红十字会召开的“郊县红十字工作会议”上的汇报》。

……

我县自去年成立红十字会以来，先后在城厢、南翔等县属镇恢复了红会组织，并在娄塘、黄渡公社和真如镇发展了红十字会队伍，最近正积极筹备于马陆公社和安亭镇发展红十字会组织。到目前为止全县已建立红十字卫生站七十七个，发展群众红十字会员一千九百五十七人（其中青少年会员五百七十八人），发展红十字会团体组织的单位十四个，团体会员人数一千四百九十九人。这些会员活跃在各基层单位，结合生产、工作、学习，“救死扶伤，实行革命人道主义”。他们勤勤恳恳，任劳任怨，急人所急，助人为乐，热心为群众做好事，受到广大群众的一致好评。

主要起了以下几方面作用：

一、推动爱国卫生运动

红十字会会员是一支义务的、业余的、不脱产的群众卫生骨干队伍。他们带头除四害，讲卫生，积极参加爱国卫生运动检查，控制蚊蝇孳生地，坚持执行卫生制度，推动了爱国卫生运动。如南翔镇把各街道退休工人中的卫生积极分子组织起来，开展经常性的爱国卫生运动，去年就培养了三百多户“卫生之家”，为爱国卫生的制度化、经常化起了积极作用。城厢镇人民居委红十字卫生站采取“以一带十”的办法：一名红十字会员联系十户左右居民，使卫生工作的要求及时上通下达，落实行动，做出榜样，带动群众，使娄塘镇和娄塘大队的卫生情况有了提高。

广大的红十字会员还积极投入除四害战斗。如南翔镇清洁所红十字卫生站十三名会员，去年灭鼠二千五百多只，为全所职工做出了榜样，去年该所职工平均每人灭鼠一百三十多只。今年以来，该所职工已灭蝇七十二万余只，灭孑孓一千七百五十七斤，打捞卵块五万九千七百多块，消灭蚊子近一斤，灭鼠二千八百多只，群众赞扬他们是除四害的宣传员、侦察员、战斗员。南翔镇六个居委的一百名红十字会员，在夏秋季节组成业余除害小组，坚持每周活动一次，深入居民区，控制蚊蝇孳生地，管好灭蚊灯，使居民区的蚊蝇出没显著下降。三居委红十字会员陆其祥经常利用休息时间捕蝇灭蝇，去年他一个人灭蝇一万二千多只，被评为南翔镇爱国卫生积极分子。真如镇的红十字会员不仅带头搞卫生、除四害，而且坚持每周检查，控制蚊蝇孳生地，每月突击灭鼠一次，使四害密度成为全县最低的地区，夏秋季节镇中心的居民户大多不挂蚊帐睡觉，鼠出没由原来的百分之二十左右下降至百分之三。娄塘公社娄塘大队二名红十字会员，主动当了专职除害员，他们不怕脏，不怕累，顶烈日冒风雨，战斗在窝棚、厕所、垃圾堆、臭水滨等蚊蝇孳生地，为改变农村卫生环境做出了贡献。

二、开展各种卫生宣传活动

红十字卫生站经常组织会员采取群众喜闻乐见的方式，开展卫生宣传活动，并积极协助上级卫生部门做好献血的宣传、动员工作，扩大了献血队伍。如南翔镇许多身体条件合格的会员几年来都积极带头献血。娄塘公社红十字会积极配合卫生部门开展献血的宣传、动员工作，红十字会员带头报名，带头献血，最近全公社已超额完成了上级布置的献血任务。会员们还在计划生育方面做了大量深入细致的宣传调查工作，经常向群众发放避孕药和避孕工具，指导避孕方法。如南翔镇六居委红十字卫生站，根据该村居委双职工多、白天不在家多的特点，组织会员经常利用晚上和职工休息日上门宣传晚婚和计划生育，还把外出职工、探亲回乡职工情况摸清楚，送避孕药具上门，受到群众称赞。该居委红十字卫生站通过大量工作，建立了居委育龄妇女、散居儿童领独生子女证等几笔账，每一幢工房落实了计划生育宣传员，使该地区节育率达百分之九十九，独生子女领证达百分之九十五。

广大红十字青少年会员在学生中宣传卫生知识，检查个人卫生，对培养青少年良好的卫生习惯起了积极作用。如南翔镇红十字青少年开展了个人卫生“十比”竞赛，即：比手，比脸，比衣裤，比头发、比鞋袜，比牙齿，比书包，比课本，比个人卫生习惯，比除四害。他们开展晨间卫生检查，坚持每天两次做眼保健操，组织学生集体理发，洗澡，使学生个人卫生水平有了显著提高。城厢镇中心校红十字青少年会员坚持每天开展晨间卫生检查，宣传卫生知识，使全校经常保持无痰迹、无纸屑。高年级的青少年会员还定期为低年级小朋友剪指甲，受到了全校师生的好评。

三、进行防病防伤活动

红十字会员在医务人员指导下学习了常见病的防治知识和急救技术后，热心为群众的健康服务。如南翔镇三十二个红十字会卫生站，在卫生部门的指导下，承担了全镇的预防接种工作，每年完成流行性脑膜炎、麻疹、流行性乙型脑炎、百白破等近万人次的预防接种，接种率达百分之九十以上。南翔镇新风理发店，认真执行刀具、用具消毒，不断改善卫生消毒设备。几年来，该店红十字会员为上千名顾客治疗头部皮肤病，被群众誉为“放心理发店”。城厢镇人民居委红十字卫生站下设十四个分站，今年以来，已为群众治疗小伤小病近二百人次。南翔镇中心校红十字卫生站利用课余和寒暑假期，组织青少年会员，学习卫生救护知识，开展救护训练，该校40名青少年会员卫生救护理论知识测验平均九十分以上。他们初步掌握了止血、包扎、急救、搬运等技能。城厢镇中心校的红十字青少年会员上学期为同学打预防针一千三百七十九人次，处理小外伤四十八次，无任何事故。娄塘大队十名红十字会员，坚持每天对全大队一百六十多口水井投放漂白粉消毒剂，并人人备有一只保健箱，为社员防治一般常见疾病，进行小外伤包扎；在夏秋农忙季节，还把药箱背到田头，对保护劳动力起了积极作用。为了支持和办好合作工作，许多红十字会员不计报酬，为大队卫生室采集草药，增加合作工作资金积累。

四、开展社会服务

广大红十字会员来自群众，他们关心群众，乐于为人民做好事，并把为人民做好事看作崇高的、光荣的职责，受到了广大群众的欢迎和赞扬。如城厢镇人民居委红十字会员陆秀珍老妈妈，解放前为了生活，含着眼泪去给有钱人家当佣人，现在她光荣退休，生活乐陶陶。今年四月间她看到邻居七十七岁的葛飞老伯伯和他的老伴都病倒了，他们的子女都在外地工作，家中无人照顾。她想：我是个红十字会员，应该义不容辞去帮忙，使他们在外地工作的子女放心，安心工作，加快“四化”建设。为此，她就主动前去帮忙拎水、买菜、烧饭、洗马桶（痰盂）、打扫卫生等等。有一天，葛飞老伯伯大便失禁，一夜就换了四条裤子。第二天，陆秀珍妈妈看到后，一声不响就进去洗干净了，陆秀珍老妈妈就这样不厌其烦地精心护理了一个多月，使老两口恢复了健康。他们见人就说：“红十字会好！”葛飞老伯伯还跑到居委红十字卫生站对站长范文娟同志说：“这次我们生病都亏红十字会员来照顾，我们内心的激动无法形容。我虽年老体弱，也要为‘四化’出力！我熟悉英语，如果哪个单位需要翻译资料或辅导学习，我都可以帮忙。”城西公社城北大队第六生产队社员徐湘根在今年“双抢”轧稻时不慎轧伤了手，鲜血直流，整个右手食指被轧得烂糊糊的。人民居委红十字会员马玉英、樊素珍老妈妈和沈家和老伯伯知道后，立即赶到现场，帮助止血和急救包扎。沈家和老伯伯还会同生产队社员一起护送病人到医院急症。病人送走后，马玉英妈妈想起社员们在田间劳动，身边恐怕不一定带钱，她就拿出五元钱，由樊素珍妈妈送到医院。南翔镇第四居委红十字会员毛颖珠，常年早出晚归，活跃在居委保健工作第一线，她经常为军属、老弱病残者服务，除打针送药外，还帮助洗被褥、蚊帐、搞卫生，把党的温暖送到群众的心坎上。四居委有位低保户居民朱保功，毛颖珠经常上门为她打针服务。今年朱保功发热住院一个多月，毛颖珠天天到医院探望帮助梳头擦身，出院后还帮她买煤饼烧饭。这位无依无靠的老人感动地说；“红十字会员毛颖珠比亲生的女儿还要关心体贴。”

我县在开展红十字工作中，并不是一帆风顺的，碰到的思想阻力主要有：

1.“多余”。认为红十字会想要做的工作，例如爱国卫生、计划生育、防病宣传等，我们都已做了，何必多此一举，多一套机构，增加麻烦。

2.“行不通”。认为目前社会上都在实行经济管理，红十字会搞义务的、业余的、无报酬的工作，认为无人愿做，行不通。

3.“插不进”。理由是工作忙，无法安排。尤其是医疗单位，要帮助基层红十字卫生站开展业务培训，认为是额外负担。

针对以上思想，我们广泛开展了宣传教育，着重地宣传了红十字会的起源，中国红十字会的性质、宗旨和任务。反复讲明了中国红十字会组织是我国卫生机构的一个有力助手，它联系和依靠群众，协助政府进行广泛的卫生救护工作，讲明红十字会组织在国际交往中起着的组织和团体所不能起的和难以起到的作用。尤其当我们宣传到“我国对越南进行遣返战俘的工作，就是用红十字会的名义”之后，对大家教育很深，一致认为红十字工作不是可有可无，而是非搞不可，认识到我们做好国内工作，不仅广大群众拍手称好，而且还能为开展国防工作创造条件，使红十字工作由原来的“要我搞”变成“我要搞”，推动了红十字工作的发展。

实践证明：只要把道理向广大干部、群众讲清楚，提高他们对红十字工作的认识，排除不正确思想的障碍，事情就好办。许多红十字会员做了好事儿不声响，他们不计报酬，全心全意为人民服务，涌现了大量的好人好事。一些原来认为红十字工作是“额外负担”的单位，现在也能主动搞好红十字工作。如南翔医院对红十字青少年的培训工作专门制定了计划，落实了讲解人员，定期组织测验、演习等活动。同时还落实专人下地段，指导居委红十字卫生站工作。县中心医院还配合城厢镇人民居委红十字卫生站，开展慢性病防治，定期访视病人，开展宣传和家庭护理等工作。

我县的红十字工作虽然取得了一些成绩，但存在的问题不少，主要是发展面不广，会员人数还不多，活动还不够经常，对红十字卫生站所需的学习资料以及在药品供应上还存在不少问题，缺乏经常性表扬好人好事和经验交流等活动。

我们决心在这次会议之后，虚心向兄弟县和各先进单位学习，努力把红十字工作搞上去，我们打算：

1. 加强对红十字工作的领导，县爱卫会正副主任中，要明确有一人分管红会工作，县爱卫会办公室落实一名专职工作人员，各医院、卫生院防保组内也要有人兼职搞好红会工作。

2. 把红十字工作列入议事日程，在布置、检查、总结爱卫工作的同时，布置、检查、总结红会工作，打算在八一年把红会工作列为重点狠抓，做到逐步普及，全面推广，力争有新的起色。

3. 对现有的红会工作加以整顿、培训和提高，特别对大队、居委和学校的红十字卫生站，健全必要的活动制度，使其充分发挥作用。

4. 抓好经验交流和总结评比等工作，发扬先进，鼓舞干劲，努力把红会工作搞得更广泛，更扎实、深入，为加快“四化”建设做出更多贡献而努力奋斗！

附：红十字团体会员单位（1980）

嘉定县人民医院，会员573人，会长陈龙，副会长高钟鸣、曹瑾秋，秘书陈洪祥；

嘉定县南翔医院，会员240人，会长陈德耿，副会长马克烈、王永珍，秘书林学；

嘉定县安亭医院，会员204人，会长计耀明，副会长高云泉，秘书叶正芝；

嘉定县中医医院，会员139人，会长张恒道，副会长陈孝宗、陈丽心，秘书王金根；

嘉定县卫生防疫站，会员72人，会长王耀川，副会长叶德钊，秘书汪家骅；

嘉定县妇幼保健所，会员61人，会长陶秀红，副会长樊家萍；

嘉定县结核病防治院，会员56人，会长孙德超，副会长汤仲祥，秘书陈国勇；

嘉定县精神病防治院，会员61人，会长樊永成，副会长陆雪娟，秘书苏元康；

嘉定县卫生局药品检验所，会员5人，会长苏秀珍，副会长王帼玲；

嘉定县娄塘公社卫生院，会员69人，会长金仲文，副会长杨学明；

嘉定县朱桥公社卫生院，会员47人，会长章华础，副会长殷克忠，秘书许庆彪；

嘉定县黄渡公社卫生院，会员60人，会长朱保其，副会长黄民荣，秘书姚国宪；

嘉定县马陆公社卫生院，会员64人，会长高怀华，副会长吴绍麟、丁品元，秘书丁品元；

嘉定县江桥公社卫生院，会员48人，会长顾根生，副会长刘光前，秘书赵学仪；

嘉定县长征公社卫生院，会员 104 人，会长管鸿生，副会长侯林兴，秘书陈国生。

本年 嘉定镇（城厢）、真如、安亭公社（镇）红十字会先后恢复。

本年 嘉定县红十字会活动经费为 1000 元，其中一部分用于订制医药箱 300 只，分发给各红十字卫生站分站。药箱内配有红药水、紫药水、碘酒、纱布、棉花、胶布、护创胶布等简易药品。之后，由市、县红十字会定期下发药品，予以补充，并随不同季节，添置人丹、清凉油、十滴水，以及克感敏、APC 去痛等简易药品，免费为群众治疗小伤小病。

1981 年

5 月　嘉定县人民医院红十字会会长陈龙医师，应邀到瑞士日内瓦担任 WHO 总部临时顾问。同月起，又被聘担任该组织专家咨询团成员。

9 月　嘉定县红十字会理事会进行改选，会长由副县长周信洪兼任，副会长为李庆涛（县卫生局局长）、沈惠亭（县委宣传部副部长）、潘宝山（县供销社副主任）、陆启文（县计生委副主任）、刘世德（县建设局副局长）。

理事增为 23 人，分别是：张询祥（县科委副主任）、徐洪才（县人武部副部长）、蒋丽华（县团委副书记）、张成智（县教育局副局长）、孙智陵（县财政局局长）、解文亭（县农业局副局长）、倪永林（县水利局党组成员）、盛怀运（县农机工业局副局长）、朱安宏（县公安局副局长）、金芸玉（县环境保护办公室副主任）、王耀川（县卫生局副局长、防疫站站长）、王福民（县体委副主任）、王财岭（县工会副主席）、沈世英（县妇联副主任）、陆志明（县工商行政管理局副局长）、樊其根（县物资局党组副书记）、张本义（县畜牧水产局副局长）、殷继光（县交通局副局长）、金富根（县社队工业局副局长）、刘吉清（县粮食局副局长）、汪宝宣（县农工商联合企业总公司党组成员）、宗月长（县爱卫会办公室副主任）、蔡永兴（县文化科党组书记、科长）。

11 月 24 日　苏丹红新月会主席毛希丁博士来访，参观南翔镇第四居民委员会红十字卫生站、南翔中学、南翔中心小学红十字青少年组织。

本年　长征、江桥、黄渡等公社红十字会相继建立。截至本年底共建立红十字卫生站 105 个，会员 2949 人。此外，还有十五个医疗卫生单位发展成红十字团体会员单位，共有会员 1802 人。

本年　嘉定县红十字会活动经费为 1500 元，由上海市红十字会拨给。

1982 年

本年 上海市红十字会拨给嘉定县红十字会活动经费 1500 元，另发宣传费 600 元、药品费 500 元。凡居委、大队（村）、学校建立红十字卫生站，均由上海市红十字会发给每站建站费 15 元，以购置药箱、药品之用。全县共设家庭病床 296 张。

1980 年至本年，红十字会员为群众处理小伤小病二万余人次。县内曾先后三次组织了救护技术比赛，对优胜者发给奖品，同时还派出代表参加了上海市救护技术表演和比赛。有七个红十字卫生站经市一级的检查验收，批准成为上海市红十字救护队。

1983 年

年初 全县红十字卫生站进行了整顿，对合并迁移的单位予以除名，对年老多病者劝其离会，外出者转移组织手续，并发展了一批热心于红十字会工作的新会员。

3 月 29 日 嘉定县第二中学副校长、共产党员詹国栋，病重时立下遗愿：要求把遗体献给医学事业。是日，于上海曙光医院太平间举行遗体告别仪式后，移送上海中医学院作病理解剖，开创本县改革开放后自愿捐献遗体的新风尚。

10 月 嘉定红十字会近年工作情况汇总。

……1979 年，娄塘公社建立红十字会。1980 年，嘉定镇、真如镇、安亭镇的红十字会相继建立。1981 年，长征、江桥、黄渡公社也建立了红十字会组织，共建立红十字卫生站 105 个，会员 2949 人。此外，还有 15 个医疗卫生单位发展成红十字团体会员单位，共有会员 1802 人。1983 年初，全县红十字卫生站进行了整顿，对合并迁移的单位予以除名，对年老多病者劝其离会，外出者转移组织手续，并发展了一批热心于红十字会工作的新会员。

嘉定县红十字会的活动经费，由上海市红十字会发给。1979 年为 500 元，1980 年为 1000 元。1981～1983 三个年度均为 1500 元。1982 年还另发宣传费 600 元、药品费 500 元。凡居委、大队（村）、学校建立红十字卫生站，均由上海市红十字会发给每站建站费 15 元，以购置药箱、药品之用。1980 年，嘉定县红十字会在活动经费中，抽调了一部分定制了医药箱 300 只，分发给各红十字卫生站分站。药箱内配有红药水、紫药水、碘酒、纱布、棉花、胶布、护创胶布等简易药品。之后，由市、县红十字会定期下发药品，予以补充，并随不同季节，添置人丹、清凉油、十滴水，以及克感敏、APC 去痛等简易药品，免费为群众治疗小伤小病。

嘉定县红十字会遵循中国红十字会宗旨，除了抓紧对会务知识教育外，还狠抓了以下三件事：

一、救护技术培训：以红十字团体会员单位为师资力量，组织会员学习有关卫生知识，并挑选年龄较轻、有一定文化的会员和红十字青少年，普遍进行了救护技术培训，使全县有近半数的会员能较好地掌握止血、包扎、骨折固定、搬运等四大救护技术，进行小外伤处理。仅四大镇统计，1980 年～1982 年，红十字会员为群众处理小伤小病 2 万余人次。县内曾先后三次组织了救护技术比赛，对优胜者发给奖品，同时还派出代表参加了上海市救护技术表演和比赛。有七个红十字卫生站经市一级的检查验收，批准成为上海市红十字救护队。

二、红十字工作与卫生工作相结合：动员和组织红十字会员积极投入爱国卫生、计划生育、防病治病等群众运动之中。据四大镇统计，95% 以上的会员，多次投入爱国卫生突击，并经常带动群众搞好卫生、计划生育等工作，被群众誉为创建卫生城镇的带头人。娄塘乡娄塘村、黄渡乡杨家村等，饮水消毒工作均由红十字会员负责落实。此外，还开展献血宣传，红十字会员带头献血。1980 年以来，娄塘乡、安亭镇、南翔镇等都完成和超额完成了任务。

与此同时，还组织红十字会员开展学雷锋、树新风、做好事、送温暖活动。全县共组织红十字包户小组 306 个，对鳏、寡、孤、独和残废人等，落实专人予以生活上的照顾和料理。红十字团体会员单位设立家庭病床，上门为病家服务。1982 年全县共设家庭病床 296 张。1983 年，派出医务人员定期为老年人举办卫生知识讲座。南翔医院还开设老年保健门诊，对 65 岁以上的老年人优先挂号，优先看病，优先给药。

三、红十字会青少年工作与学校卫生工作相结合，采取定期培训、举办夏令营、开展寒假活动、组织救护比赛，以及组织上街宣传，除四害，搞卫生，为孤老、烈军属、残废人做好事等。培养他们从小树立牢固的“救死扶伤，实行革命的人道主义”的信念。全县 80% 的红十字青少年都能处理小外伤。嘉定镇中心校的红十字青少年一九八〇年以来为同学注射预防针 2510 人次，未发生任何事故。……

1984 年

2 月 22 日 嘉定县红十字会印发《关于发动会员投入“全民文明礼貌月”活动通知》（嘉红会办〔84〕字第 1 号）。

各乡、镇红十字会；各红十字团体会员单位：

近年来，我县广大红十字会员在各级党政的正确领导下，在五讲四美三热爱的活动中，做了不少有意义的工作，取得了可喜的成果，有助于推动社会主义新道德新风尚的发扬。最近，党中央、国务院和市政府重申要坚持并进一步开展“全民文明礼貌月”活动。为了坚决响应号召，积极贯彻到广大会员的实际行动中去，特作如下通知：

一、教育会员要充分认识开展五讲四美三热爱活动、建设文明单位的重要意义，与我会“救死扶伤，助人为乐”的宗旨是属于同一范畴的含义，动员他们更自觉地投身于全民文明礼貌月活动，发挥模范带头作用，学雷锋，树新风，做好事，抵制精神污染。

二、今年“全民文明礼貌月”活动的基本内容，仍然是继续治理“脏、乱、差”，进一步搞好优质服务，建立良好秩序，创造优美环境。各级红十字组织要围绕这个中心目标，结合地区、单位的不同情况，有所侧重地进行安排，为创建文明单位而努力。如学校红十字青少年要成为创建“文明学校”的骨干，不仅要努力搞好环境卫生、班级卫生，而且要按照加强爱国主义、共产主义思想教育，抵制精神污染的要求，组织各项教育活动。地区老年会员居多数，要求以互相关心，促进邻里互助，上门为孤老、残废人服务。工厂、财贸等单位的红十字组织，也应有目的、有准备地做好一些确实有助于改善单位内部精神面貌和环境面貌的事情，改善服务态度，提高服务质量。各红十字团体会员单位，要狠抓医德教育，大力宣扬、表彰在防病治病工作中，发扬救死扶伤，实行革命人道主义精神好的事迹和会员；积极搞好爱国卫生、卫生宣传和帮助基层红十字组织培训卫生骨干工作，组织会员为孤老、残疾人治病，设立家庭病床，为社会福利多做贡献。

三、组织会员积极参加集中统一的社会活动和突击性的公益劳动。三月五日，为全县统一学雷锋、做好事突击日。要着重打扫单位内部的环境卫生，重点解决若干地区、单位的“老大难”问题，消灭一些卫生死角。从三月一日起，全市贯彻、实施《上海市市容环境卫生管理规定（试行）》，广大红十字会员必须带头实施，配合宣传。在三月十二日的植树节中，要带头植树种花。三月廿日左右，要开展一次敬老活动，不仅为烈军属、孤老、困难户做好事，而且还要建立“包护小组”，使敬老服务经常持久地开展下去。

四、一九八四年为国际输血年，必须做好宣传，推动更多的会员和群众踊跃献血，以更好地满足和抢救病员的需要，贯彻“平”“战”结合。

望各级红十字组织参照上述要求，和有关部门积极配合，认真贯彻执行，并注意收集本地区、本单位的好人好事，及时上报，积极为《上海红十字》、《中国红十字》报刊，投写文稿，组织宣传报道。三月底将文明礼貌月总结及活动情况统计表，上报县红会办。

抄报：县政府办公室、县委宣传部、上海市红十字会。

本年 娄塘中心小学红十字青少年救护队获全市红旗。

1985 年

6 月 10 日　嘉定县人民政府印发《关于调整嘉定县红十字会理事成员的通知》（嘉府〔1985〕185 号）。

各乡、镇人民政府，县政府各委、办、局：

县人民政府决定：调整嘉定县红十字会理事成员，调整后的理事由陈龙、马克烈、万文海、王长城、徐洪才、孙镇、吕秉君、王耀川、张浩华、杜惠琴、傅一峰、陈烨龙、符秀珍、吴萍山、张思义、沈国景十六位同志组成。陈龙同志任嘉定县红十字会名誉会长，马克烈同志兼任会长，万文海、王长城同志任副会长。

特此通知。

抄送：上海市农委人事处，县委各部、委、办，县人大办公室，县政协秘书处，县人民检察院，县人民法院，县总工会、团委、妇联。

10 月 25 日　嘉定县红十字会工作总结。

《嘉定县红十字会工作情况及今后打算》

我县红十字会，建于 1924 年，至今已有六十一年历史了。解放前的红十字会，由热心于社会工作的人士自发组成，做了大量工作；解放后，在市红十字会的帮助下，1962 年在对外开放的南翔镇以及城厢镇、长征公社等，恢复建立了红十字会，发展了会员二千多名。1966 年正当筹建县红十字会时，文化大革命开始了，使红十字工作被迫停了下来。直至 1978 年，在国务院下达 63 号和 242 号文件“关于恢复红十字会国内工作”的指示下，我县南翔镇又迅即恢复了红十字会，1979 年正式建立了县红十字会。

几年来，我县根据中国红十字会性质、宗旨和任务，按照中国红十字会全国第三次代表大会的精神，在县委和县政府的领导下，开展了许多有利于社会，有利于人民的工作，取得了一定的成绩，为四化建设和增进同国外红十字会的友谊，做出了应有的贡献。

一、恢复组织，发展会员

七八年以来，全县先后有南翔、嘉定、安亭、真如四镇和娄塘、黄渡、长征、江桥、徐行五个乡建立了红十字会。真如镇和长征乡划入普陀区后，红十字队伍经多次的整顿和发展，目前有七个乡镇建立了红十字组织、有九十六个红十字卫生站、群众会员三千二百七十一人，全县有团体会员单位十五个，团体会员一千九百九十七人，合计会员五千二百六十八人，其中青少年会员一千五百十七人。这些会员热心于红十字工作，热心于为他人服务，做了大量的好事。

二、开展培训，做好救护工作

以红十字团体会员单位为师资力量，组织会员学习有关会务知识、卫生知识，并挑选年龄较轻有一定文化的会员和红十字青少年，普遍进行了救护技术培训。仅去年统计，全县卫生知识培训6219人次；战场救护训练2077人次；教学训练816人次。全县有近半数的会员能较好地掌握止血、包扎、骨折固定、搬运等四大救护技术，进行小外伤处理。县红十字会购置了三百只小药箱，箱内配备了外伤、中暑等简易急救药品，发至各红十字卫生站、分站，并定期为小药箱添置药物。八零年以来，全县红十字卫生站为群众免费治疗小伤小病十万余人次。县内先后三次组织了救护技术比赛，对优胜者发给奖品，有九个红十字卫生站经市红十字会的检查验收，批准成为上海市红十字救护队，领到了救护队必备的装备。娄塘中心小学红十字救护队在全市救护比赛中获得优胜红旗。

几年来，还配合卫生部门开展了献血的宣传、动员工作。红十字会员带头献血，带动子女、亲属献血，做出了好榜样。娄塘、南翔、嘉定、安亭等乡、镇均多次超额完成了献血任务。

八三年以来，还举办“老年人卫生知识讲座”十九期，听讲人数达三千余人次，深受老年人欢迎。

三、红十字工作与卫生工作相结合

动员和组织红十字会员，积极投入爱国卫生、计划生育、防病治病等群众运动中。据三个县属镇统计，95%以上的会员积极投入爱国卫生突击，并经常带动群众，搞好卫生、计划生育工作，被群众誉为“创建卫生城镇的带头人”。全县七个已建红十字会的乡、镇中，就有六个达到卫生城镇（乡镇）的标准。如嘉定镇在创建卫生城镇工作中，广大红十字会员走街串巷，在包干地段内宣传卫生，带头卫生突击，使全镇40.28%的居民评为清洁户，有46.32%评为卫生之家。安亭镇为创建卫生城镇，红十字会员不仅带头搞卫生、杀鸡鸭，而且对全镇145户养鸡户做了大量耐心细致的工作，先后处理鸡鸭三百余只，使全镇居民做到不养鸡鸭。在评上市卫生城镇后，镇里评选出卫生积极分子278人，其中百分之六十以上都是红十字会员。据去年文明礼貌月中的统计，全县红十字会员先后出动24379人次，清除死角666处，清除垃圾1393吨，处理孳生地38处，出动宣传3874人次。

四、红十字工作与五讲四美相结合

组织红十字会员开展学雷锋、树新风、做好事、送温暖活动，争当精神文明建设的骨干，全县共组织红十字包户小组306个，对鳏、寡、孤、独和残疾人等，落实专人给以生活上的照顾和料理。如南翔镇解放居委红十字会员毛颖珠，二十多年如一日，关心照顾孤老，体贴入微，做了大量好事，被称为“孤老的女儿”，事迹十分感人，被评为中国红十字会总会荣誉会员。目前，全县毛颖珠式的好会员越来越多。白鹤居委红十字卫生站不仅积极创建文明楼，使99%的居民户成为“五好户”，而且还组织了校外小小班和老年人活动室，深受群众欢迎。嘉定塔城路居委的居民，称赞红十字会员“不是亲人，胜似亲人”。

红十字团体会员单位，在精神文明建设中，深入开展救死扶伤职业道德教育，有效地改善了服务态度、提高医疗质量。县中心医院、南翔与安亭医院、中医医院等单位，去年为老年人实行“三优”门诊达3700余人次。设立家庭病床860张，派出医护人员314人次。培训群众会员骨干1400余人次，对推动全县红十字工作的深入发展起了积极作用。中医院家庭病床管理小组，去年一年开设家庭病床132张，他们风雨无阻，不辞辛苦，在病人家中抢救了多名重危病人。有个蛛网膜下腔出血伴心衰病人，昏迷二个多月，他们千方百计一日多次上门，就是深夜也守候在病人身边，终于使病人心衰改善，神志清醒，受到群众的一致好评。

今年五月为支援非洲旱灾难民，在第一时间，红十字的乡、镇发起了援非募捐活动，宣传声势之大、效果之好，为前所未有。全县参加捐款的人数达一万四千余人，共计捐款四万六千零八元肆角一分。

五、红十字青少年工作

坚持了红十字青少年工作与学校卫生工作相结合，采取定期培训、举办夏令营、开展寒假活动、组织救护比赛，以及上街宣传，除四害、搞卫生，为孤老、烈军属、残疾人做好事等等，培养他们从小树立救死扶伤、助人为乐的精神，努力使红十字青少年成为建设文明学校的骨干。

许多红十字青少年通过培训，学会了量体温、测血压、预防注射、小外伤处理等技术，增长了知识和才干。家长们称赞："这样的第二课堂好!"

六、发展友谊

几年来，我会曾接待了苏丹红星月会主席毛希丁博士；接待了日本、澳大利亚等红十字代表团的访问，与泰国、西班牙、日本、南斯拉夫、新加坡等国的红十字青少年进行了互赠礼品活动，为发展红十字会的国际友谊做出了贡献。

在国内，接待了山东省和天津市红十字代表团的参观访问；多次接待了市、区和兄弟县的参观、交流，推动了我县红十字工作的深入开展。

我县红十字工作存在的问题：

1. 部分单位没有把红十字工作列入议事日程，认为红十字工作可有可无，长期不研究、不布置、不检查，放任自流。

2. 人员不落实，乡镇红会干部不固定，有的甚至无人管。

3. 经费不足，红十字会经费靠市发给，七九年五百元，八零年一千元，八一年至今每年一千五百元，有些活动因经费限制无法开展（如水上救护训练，战地救护演习，心肺复苏培训等）。

4. 工作发展不平衡。"挂牌"单位如何起作用，没有很好研究，红十字工作与有关部门如何配合协作等方面还存在不少问题。

中国红十字会第四次代表大会指出中国红十字会工作的指导思想和任务是：在各级党委和政府的领导下，认真贯彻党的十二届三中全会决议，实事求是，从实际出发，以改革的精神努力发展群众性的卫生救护和社会福利事业，把中国红十字会办成具有中国特色的社会主义的红十字会，为"四化"服务，为统一祖国大业服务。遵照这个精神，我县的红十字工作取得政府和有关部门的支持和配合，自觉地为人民谋福利，积极主动地开展符合红十字宗旨的各项工作。我们要充分发挥红十字组织群众的优势，发动群众互救互助，为政府分忧，为群众解难，为"四化"建设服务。为此，应着重抓好下列工作：

一、积极做好组织建设工作和提高会员素质

根据工作需要，积极地、有计划、有步骤地恢复和发展红十字会组织。要在有条件的乡和工厂、商店、旅游点、运动场和其他公共场所中适当发展一批红十字单位和会员。各级红十字组织都应做到有机构、有专职人员、有经费、有活动，做到建立一个，增加一份作用。发展会员要本着自愿原则，正式办理入会手续，会员要有活动起作用，要在会员中经常进行会章教育，对现有的团体会员单位要普遍进行一次整顿，要注意在离、退休干部（特别是医护人员）中多发展一些会员，或吸收他们做志愿工作者，为红十字事业发挥余热。

二、积极做好输血与卫生救护训练工作

各级红十字会必须把公民义务献血的宣传工作作为一项重要任务抓好。要宣传普及血液生理知识，鼓励无偿献血，表扬做出优异成绩的单位和个人，逐步树立起献血光荣的社会风尚。

卫生救护训练是红十字会的传统业务之一，应继续加强，必须在普及创伤救护、水上救护和中毒等抢救知识的基础上加强心肺复苏的技术训练，训练对象要逐步扩大到服务人员、汽车司机、人民警察等，争取做到每家每户至少有一人受过训练。

三、继续做好红十字青少年工作

红十字青少年工作，在培养青少年卫生习惯，搞好学校卫生、环境卫生，培养青少年共产主义道德品质，发扬爱国主义和国际主义精神，以及增进同各国红十字青少年友谊等方面有丰富的活动内容。我们要不断总结经验，提高各中小学红十字青少年组织的活动能力，使活动规范化、多样化、知识化、趣味化，适应青少年的特点，成为培养人才，促进精神文明建设的重要阵地。

四、切实做好医疗卫生和社会服务工作

对各红十字团体会员单位，着手进行整顿，要求加强培训。进一步开展老年人医疗保健和康复医疗工作，发展家庭病床，搞好“三优”门诊，不断改善服务态度，提高医疗质量，为群众服务得更好。继续办好老年人卫生知识讲座，开展形式多样的卫生宣传，普及卫生知识。

有条件的单位，可根据需要与可能，因地制宜，量力而行的原则，积极兴办符合红十字宗旨的卫生和福利事业，为兴办红十字事业积累资金。

五、要在各级党委和政府的领导下改进工作作风，深入调查研究，积极取得各级领导的支持

与有关部门搞好关系，协商共事。在红十字会工作中有许多有待解决的问题，还会遇到许多新的困难。年内准备请红十字会理事下基层视察工作，能不能每人联系一个点。按照会章规定打算每季召开理事会，向理事会汇报工作、讨论重大问题。

希望我县红十字事业，在各级党委和政府的领导支持下，经过广大会员和志愿工作者的共同努力，开创出一个新局面，逐步探索出一条建设具有中国特色的红十字工作的道路，为社会主义“四化”建设做出更多贡献！

10 月 31 日 美国夏威夷红十字会理事郑李仙莲（美籍华人）来访嘉定县，参观县妇幼保健院、商业幼儿园等。

12 月 WHO（世界卫生组织）上海市嘉定初级卫生保健合作中心主任陈龙，应邀赴瑞士日内瓦出席 WHO 总部召开的关于“一级转诊和医院在初级卫生保健中的作用”会议。

本年 为支援非洲灾民，县红十字会发起募捐活动，募集捐款 46008.62 元。

1986 年

本年 嘉定红十字会工作，在《嘉定县一九八六年红十字工作小结》（嘉红会〔1987〕字第1号）中有全面总结。

我县一九八六年红十字工作，在上级领导的重视和关怀下，遵照“人道主义”的宗旨，依靠广大会员和志愿工作者的努力，取得了新的进展：

一、组织建设有了较快的发展

年内，桃浦乡建立了红十字会，民政局系统所属敬老院、福利工厂都建立了红十字团体会员单位，并在消防系统发展了红十字组织。许多乡、镇红十字会，狠抓了基层卫生站建站工作。据统计，年内新建红十字卫生站15个，发展会员424人，新建团体会员单位26个，会员909人。目前，全县已有九个乡、镇建立了红十字组织，共有卫生站96个，青少年会员2054人，成人会员1798人，有团体会员单位40个，团体会员2860人。总计全县会员6712人，比1985年增加了24.78%。

各级红十字组织在发展会员时，注重向会员进行红十字宗旨、性质、任务、会员权利和义务的教育，完善入会手续，对原有会员在整顿的基础上，重新登记，努力提高会员素质，激发会员为红十字会努力工作的热忱。许多乡、镇和团体会员单位，还开展了收交会费的试点工作，取得了初步经验。南翔镇共收得会费146.83元，最高金额2元，平均每人交会费0.46元。安亭镇已做到了普遍收交会费。安亭师范已将收得的会费用于本单位的红十字活动之中，深受欢迎。团体会员单位药检所，对所收集的会费，专人保管、专册登记、账目分明。

二、卫生救护训练有了新的进展

县红会办先后两次举办了救护技术和心肺复苏训练班。共培训师资96人，依靠这些力量，在基层普遍开展战地救护等卫生知识培训。一年来，接受红十字会主办的卫生救护和医疗保健知识学习的有6824人次，在县武装部的配合下，有206名民兵也接受了止血、包扎、骨折固定、搬运等四大技术训练。有廿五个单位的救护队，经红十字会规定的标准严格考核，被批准为上海市红十字救护队，共有救护队员657人。目前，全县共有市级红十字救护队34个，救护队员1077人。心肺复苏训练因为没有模具，需向市商借，未能全面推开。全县仅训练了390人次。在南翔镇交通队的协助下，还开展了对汽车驾驶员的“心复”培训试点，虽仅培训了28人，但获得了根据驾驶员特点做好培训的经验。县红十字会办公室已通过红十字总会解决外汇额度代购进口教具，为今后的“心复”培训创造了条件。

年内，还配合县卫生局进行了献血宣传、动员工作，有献血任务的黄渡、江桥乡红十字会会长、副会长，都亲自宣传、发动，落实政策，许多会员和干部都带头献血，促进了献血任务的超额完成。县中心医院红十字会秘书胡国强等九人，还带头无偿义务献血，起了表率作用。

三、开展了社会服务和社会福利活动

全县各基层红十字组织把“为政府分忧，为群众解难”作为应尽职责。动员会员积极做好力所能及的社会服务和社会福利工作。据统计，一年内红十字会员为烈军属、孤老、残疾人做好事1497人次。使用轮椅车护送病人到医院就诊2016人次，为群众治疗小伤小病26560人次，受到群众的欢迎。被誉为“孤老女儿”的优秀红十字会员毛颖珠，今年虽然有病在身，但照顾孤老不停顿。有一次，她为孤老买了二百多斤煤饼，当要拖上桥时，下腹部剧烈疼痛，两眼发黑，昏倒在地，过路人把她送到医院，经一个月的住院治疗，症状有所好转，但病根尚未找出。出院后，闲不住的毛颖珠又开始了她的助人为乐的工作。目前，全县毛颖珠式的热心为人民做好事的会员越来越多。他们把为孤老、残疾人买米、买菜、生炉子、洗衣服、送医院等作为本份工作，自觉自愿、不取报酬、日复一日，默默无闻地辛勤工作着。全县有486名会员，组成134个包护小组，常年不断地为431名孤老残疾人服务，受到了群众的好评。此外，广大会员还积极投入爱国卫生、计划生育、治安保洁等工作，被誉为创建文明单位的带头人。

医疗卫生系统的团体会员单位，在努力改善服务态度，提高医疗质量的同时，也积极开展社会服务工作。一年来，开设家庭病床6488张，极大地方便了老年、瘫痪等病人的就诊。县中心医院、中医医院以及南翔、安亭医院、黄渡卫生院等，还开设老年门诊，对老年人实行优先挂号、优先看病、优先给药。县中医医院还义务为全县280多名八十岁以上的老人进行体格检查，并对老年疑难杂症组织会诊。黄渡卫生院正副院长亲自带领医务人员下农村为老弱病残者体格检查，送医送药上门，为老年人举办卫生知识讲座。县精防院、药检所等单位，定期到嘉定镇福利院为老人治病、理发、剪指甲等。精防院红十字会还组织助困队，在农忙季节帮助家在农村缺少劳动力的职工抢收抢种。

年内，还配合民政部门开展了支援灾区募捐衣被工作，共募集衣被十四万一千余件。

四、红十字青少年活动深入开展

加强了对青少年会员的会务知识教育、卫生知识培训和救护四大技术的训练，将红十字工作列为“第二课堂”的内容之一，有计划，有制度，有活动。不少学校组织了红十字青少年智力竞赛、作文比赛、卫生知识检测、救护比赛等。在“六一”儿童节前夕，会同县教育局召开了优秀红十字青少年和志愿工作者座谈会，鼓励他们当好学校文明建设的骨干。暑假期间，县和各乡、镇都举办了红十字青少年夏令营，使全县90%以上的红十字青少年都参加了活动，接受了教育。

广大红十字青少年在“争当卫生老师的小助手”活动中做了大量工作。据统计，全县有787名红十字青少年能经常协助保健老师进行校内环境卫生检查，卫生监督岗执勤，卫生室值班，视力、身长、体重测定，辅导眼保健操等。有385名红十字青少年上街宣传“两禁”。帮助烈、军属和孤老做好事186件。红十字活动使青少年增长了知识，锻炼了独立工作能力，也成了学校文明建设的骨干。

五、改进和加强宣传工作

年内，充分利用广播、黑板报、宣传橱窗、图片展览等，大力宣传红十字会务知识，介绍红十字活动、好人好事等。会同文化局、总工会、博物馆、卫防站等单位，联合举办了“嘉定县首届祝您健康演唱大赛”和“卫生防病、计划生育艺术展览”，举办老年卫生知识讲座，以红十字为题材的作文比赛、智力竞赛、击鼓传花游戏等等，扩大红十字会的影响。据统计，年内广播宣传40余次，举办老年卫生知识讲座52次，听讲者2390人次；智力竞赛25次，参赛者872人次。三十所学校都办了“红十字园地”黑板报，县文化馆编写了以优秀红十字会员毛颖珠为题材的说唱材料，嘉定镇一中心校自编自演红十字小话剧。南翔镇红十字会的老妈妈宣传队经常配合中心工作上街宣传。

我县红十字工作存在的问题还较多，主要是：活动经费不落实，县还未给红十字经费，仅依靠市红十字会的少量补贴，限制了一些活动的开展；红会干部不落实，县仅有一人兼管，乡、镇红会干部大多不落实，兼而不管甚至无人管；县红十字会理事会年内从未活动过，工作发展不平衡，“挂牌”单位如何起作用，没有很好的研究，红十字工作如何与有关部门配合协作等方面还存在不少问题。

1987 年

2 月 9 日　嘉定县红十字会理事会改选，选出理事 24 人。名誉会长：陈龙；会长：王品祺；副会长：万文海、陈善进。

县红十字会下辖 9 个乡、镇红十字会，有个人会员 3410 人，团体会员单位 40 个，会员 2869 名。另有红十字卫生站 90 个，上海市红十字救护队 34 个，救护员 867 名。

7 月 20 日—21 日　嘉定县红十字会与县教育局联合，于上海市少年儿童活动基地浏河营地举办“嘉定县 1987 年度红十字青少年科技夏令营”，来自嘉定镇、娄塘镇和长征、江桥、桃浦三个乡的 120 名红十字青少年代表及学校保健老师、红会干部参加了这个夏令营。县人大常委会副主任、科技协会副主任章丽椿，县红十字会理事、教育局副局长张思义等有关方面领导出席了开幕式。

7 月 27 日　嘉定县红十字会下发《嘉定县 1987 年红十字青少年科技夏令营小结》（嘉红会〔1987〕6 号）。

为了丰富红十字青少年暑期生活，配合“科普之夏”活动，七月廿、廿一日两天，本会会同县教育局于上海市少年儿童活动基地浏河营地举办了“嘉定县 1987 年度红十字青少年科技夏令营”，来自嘉定镇、娄塘镇和长征、江桥、桃浦三个乡的 120 名红十字青少年代表及学校保健老师、红会干部参加了这个夏令营。县人大常委会副主任、科技协会副主任章丽椿，县红十字会理事、教育局副局长张思义等有关方面领导出席了开幕式。这次夏令营的特点是：

一、时间短，内容丰富

两天来，全体营员参加了卫生讲座、心肺复苏术训练、健康咨询、体格检查，以及钓鱼、划船、电子琴弹奏、西瓜晚会、野炊、野营、救护比赛等十多项活动。普遍反映：增进了知识，玩得开心。许多营员第一次钓鱼、划船，第一次睡绳床、进帐篷，特别高兴。联欢会上，丰富多彩的文娱节目，以及书法、美术等即兴创作，充分显示了红十字青少年的聪明才智。嘉定镇第一中心小学十岁小朋友夏青川即兴创作的国画“虎”，已赠浏河营地对外展出。

二、与科技知识的普及、教育相结合

县医学会派出了多位主治医师为营员上卫生知识课，精心进行体格检查、健康咨询和心肺复苏术培训。全体营员通过上理论课和实际操作都领到了心肺复苏培训合格证。体检中，许多营员亲自看到了鼓膜、龋齿；营员们提出的各种各样医药卫生问题，都得到了满意的解答，解开了一些疾病防治之谜。有的营员还学会了量血压。嘉定镇有个小营员当场表示：长大要当医生。

三、助人为乐，团结友爱

夏令营中，助人为乐的精神大发扬，来自十五所学校的营员，从陌生到熟悉，建立了深厚的友谊。同学间相互帮助擦席子，打开水，洗衣服，屡见不鲜；野营时，虽夏日炎炎，汗流浃背，许多同学，尤其是男同学抢搬重物，争找苦活，他们挂绳床、搭帐篷、挖行军灶等等，干得十分欢畅。聋哑学校有个同学病了，营员们有的为她搬凳，有的为她打扇，有的拿来了风油精、十滴水，使这位聋哑学生十分感动。娄塘镇的营员处处关心集体，博得好评。如：20日晚联欢会结束时，下起了倾盆大雨，他们不顾一切抢着把场上的凳子搬进屋里；21日中午，野营结束时，他们不顾炎热，帮助同学把野炊、野营物件搬到营地仓库。

此外，在救护比赛和联欢会文娱演出时，营员们都十分认真，呈现了一派你追我赶争上游的气氛。聋哑学校的营员身残志不残，在救护包扎比赛中，质量最高，速度最快。

夏令营结束时，对优秀营员，以及救护比赛、文娱演出优胜者发了奖。

四、领导重视，各方支持

县人大、科技协会、教育局等领导，都亲临营地指导，县教育局、妇联为夏令营提供了经费，浏河营地为夏令营提供了食宿和各项活动的方便，各乡、镇以及有关市局单位为夏令营解决了交通问题。娄塘镇镇长、卫生助理还亲自送营员入营。县广播电台、世界卫生组织、初级卫生保健嘉定合作中心办公室等单位，派出人员协助摄影、录像等，保证了夏令营的顺利开展。

这次夏令营存在的问题是：时间安排较紧，集体活动多，交流讨论少，加上天气热、蚊子多，造成生活上许多不便。准备工作还不够周到，如钓鱼时诱饵未及早准备好，造成被动等等。这些都有待今后改进。南翔镇、安亭镇以及徐行、黄渡等乡，均由县红十字会补贴经费自行举办红十字青少年夏令营，明年拟与今年举办的乡、镇轮调。

主送：乡、镇红十字会，市红十字会，县教育局；抄送：县红十字会理事，县科协。

9 月 截至本月底，嘉定县红十字会会员总数为 7145 名，其中团体会员单位会员数 3155 名、成人会员 2010 名、青少年会员 1980 名。本年内发展会员 1954 位，包括团体会员 1097 名、成人会员 285 名、青少年会员 572 名。开展卫生救护培训人数共计 9355 人，其中卫生知识培训 5783 人、四项技术培训 2393 人、三防知识培训 117 人，心肺复苏培训 946 人，其他培训 116 人。

11 月 14 日 美国西雅图红十字会金县分会访华团奥维尔·澳德先生等一行访问嘉定，参观长征乡朝新村红十字卫生站、长征乡敬老院等。

12 月 8 日 日本赤十字会渠手县事务局长里沼静三等访问嘉定，参观长征乡朝新村红十字卫生站、长征乡敬老院等。

12 月 23 日 嘉定县红十字会发表《一九八七年红十字工作小结》(嘉红会〔1987〕11 号)。

县红十字会理事、上海市红十字会：

1987 年，我县的红十字工作，在市红十字会和县政府的领导下，遵循“实行人道主义”的宗旨，依靠广大会员和志愿工作者的共同努刀，取得了新的进展。

一、组织建设

年初，各乡、镇红十字会对基层红十字组织均进行了整顿，在会员中又一次普遍进行了会章教育，对会员进行重新登记，提高会员素质，在整顿的基础上，新建基层红十字组织 7 个，发展新会员 580 人，新建团体会员单位 6 个，会员 219 人。目前，全县 9 个乡、镇红十字会，共有卫生站 97 个、青少年会员 1980 人、成人会员 2010 人，团体会员单位 46 个，团体会员 3193 人，总计全县共有会员 7183 人。对会员均发放了会员证书和证章。

与此同时，全面开展了收缴会费的宣传动员工作，本着自愿的原则，全县有 50% 的基层红十字组织，有 2342 个会员，交纳了会费 1152. 37 元，平均每人 0. 49 元。这些会费均由收费单位用作红十字活动经费。

二、救护训练

年内，先后为民兵、幼托保育员、汽车司机、乡村医生、敬老福利工厂报检员等举办了心肺复苏培训班，有946人接受了训练。县武装部把救护训练列为民兵集训的内容之一，部长亲自抓，有300多名老兵都领到了心肺复苏合格证。娄塘镇政府全体机关工作人员都学习了心肺复苏技术。许多保育员在学习中，一次又一次练习，她们说：想起没有救活的溺水孩子，心里就难过。马陆农机厂民兵赵明龙，曾先后见到三个小孩溺水死去，这次在领到合格证后，他说："我要是早学会这门技术，或许这三个小孩都有救。"目前，娄塘、黄渡、江桥、长征、封浜等地都出现了青年农民运用心肺复苏初期处理技术，协助医务人员救活了因溺水、触电、心肌梗塞等引起的猝死病人。

此外，还开展了急救四项技术训练2393人，卫生知识培训5783人，举办了救护技术比赛和三防救护表演等。

三、社会服务

各级红十字组织本着为群众解难、为政府分忧的精神，努力当好政府的助手。年内，新建红十字包户组53个，有219名会员常年不断地为344名孤老、残疾人服务，照料日常生活，送医送药上门。目前，全县共有包户组72个，包护对象515人，参加服务会员575人。许多红十字卫生站还关心、照顾双职工子女，为他们解决午餐、供应牛奶，安排假期内的活动等。南翔镇白鹤居委会员谢宝琴还办起了家庭小小班，组织双职工子女开展文娱活动、社会服务等。她还自费为孩子们供应点心，提供奖品，为双职工解决了后顾之忧。嘉定镇的许多红十字卫生站还积极开展老年体育活动。当"七·二八"龙卷风袭击封浜乡祝家村时，县中心医院、中医医院、南翔医院、江桥、黄渡卫生院等红十字团体会员单位，都立即派出救护队，日夜奋战，抢救伤员。为了纪念"五八"世界红十字日，根据"为儿童健康服务"这一主题，卫生系统几个团体会员单位均派出了有经验的医务人员，分别在嘉定、南翔、安亭三镇开展儿童健康咨询服务活动，为来自全县各乡、镇的300多名患有疑难杂症的儿童进行体检、诊疗和咨询，并在5月8日这一天，全县各医疗卫生单位对12周岁以下的儿童进行免费治病。

年内，还采购了轮椅车十辆，发放到新增居委，老弱病残者大呼方便；采购急救药品1000余元，发至居委红十字卫生站的1200多只医药箱，并已为群众治疗小伤小病20144人次。

四、红十字青少年工作

组织全县30所学校的红十字青少年学习会务知识，并结合教学举办了以"实行人道主义"为主题的红十字青少年征文演讲比赛，组织红十字青少年积极投入以救死扶伤、助人为乐、敬老助残、扶危济困为主要内容的社会服务活动，举办了红十字青少年和残疾儿童联欢会，分别组织了中心和小学红十字青少年作文辅导，有的学校还组织了“尊重、关心、帮助残疾人主题会”，参观聋哑学校、福利院等。这些活动，帮助学生提高对实行人道主义的理解、提高写作水平、推广普通话起了积极作用。

暑假期间，县举办了红十字青少年科技夏令营，各乡、镇亦均分头举办了夏令营，使全县90%以上的红十字青少年都参加了活动，接受了教育。

五、年内，我县长征乡还先后接待了美国的西雅图红十字代表团和日本赤十字代表团的参观。南翔镇接待了崇明县红十字会的参观。县红会办还开展了寻找台湾亲属等查人转信工作。

我县红十字工作存在的问题主要是：

1. 红十字工作人员不足：县红会办现仅有兼职人员一人，各乡镇红十字会的工作人员也大多不落实。

2. 县红十字会活动经费紧缺，乡、镇红十字会无经费。

3. 工作发展不平衡，组织发展、培训等工作进展不快。

1988 年

7 月 16 日　嘉定县红十字会（嘉红会〔88〕第 10 号）、嘉定县体育运动委员会（嘉体〔88〕第 16 号）、嘉定县教育局（嘉教〔88〕第 196 号）联合向县政府呈送《关于参加“1988 年国际体育援助计划”活动的请示》。

嘉定县人民政府：

国务院以国函〔1988〕53 号文批准了中国红十字总会、外交部、国家教委、广播影视部、国家体委《关于参加 1988 年国际体育援助计划活动的请示》。“1988 年国际体育援助计划”是一次规模空前的群众性体育和募捐活动，宗旨是“为了儿童健康”。通过实施这一计划，有助于促进社会各界对儿童健康成长的重视，推动中、小学体育活动和儿童保健事业的开展，进一步增进儿童健康。同时通过为儿童募捐的宣传教育活动，发扬人道主义精神，让全社会都来关心儿童健康，积极支持和发展儿童保健事业。市府教卫办也发出了关于参加这项活动的通知，现根据我县具体情况，提出如下几点贯彻意见：

一、建议组成“1988 年国际体育援助计划”嘉定县领导小组，由县红十字会、教育局、宣传部、体委、民政局、妇联、公安局等部门组成，请周丽玲副县长任组长。各组成单位都要抽调干部参加具体工作，组成工作班子，各乡、镇也相应建立组委会。

二、募捐范围：各机关、团体、企事业单位和个人。

三、募捐一定要坚持自愿为原则，不搞摊派，不定指标。募捐所得款项全部用于儿童卫生保健福利事业，按市府教卫办文件规定，捐款 50% 上交，50% 留县。鉴于我县尚缺残疾儿童寄托所和残疾儿童学校，建议将这次募捐所得款我县留存的 50% 部分，用于筹建残疾儿童寄托所和儿童福利事业，不得截留或移作他用。

四、活动项目及计划：

1. 九月十一日，在嘉定镇组织一次声势浩大的“与时间赛跑”活动，十四岁以下儿童千米跑、成人万米跑，届时请县领导出席起跑仪式，并做广播动员。即日起全县开始募捐，由各乡、镇1988年国际体育援助计划领导小组负责接受。

2. 县和乡、镇组织1～2次体育比赛，列入“计划”，筹备部分资金。

3. 除欢迎单位和个人直接捐款外，还可采取义诊、义卖、义演、义务服务等形式捐助。

4. 九月十一日起，在公园、车站、剧场、影院、集市贸易市场、商场等公共场所设立募捐箱，落实专人管理，并组织劝募。

五、切实加强活动中的宣传工作，利用一切可以利用的宣传工具、宣传阵地和形式，大力宣传这次活动的宗旨和举办这次活动的重大意义。除了广播电台要大力宣传外，所有的公共场所都要开展宣传，还可组织青少年学生上街宣传劝募。号召广大群众为疾病折磨的儿童募捐，呼吁全社会都来关心儿童。支持儿童卫生保健福利事业，推动我县精神文明建设发展。

7月29日　嘉定县人民政府下发《关于批转县红十字会、县体委、县教育局〈关于参加“1988年国际体育援助计划”活动的请示〉的通知》（嘉府〔1988〕121号）。

各乡镇人民政府，县政府各委、办、局：

县人民政府同意县红十字会、县体委、县教育局关于参加“1988年国际体育援助计划”活动的请示，现转发给你们，请贯彻执行。各部门要认真做好宣传发动工作，明确募捐目标。落实各项活动，为我县残疾儿童的健康做实事。

抄送：县委各部门。县人大办、县政协秘书处、县人民法院、人民检察院，各群众团体。

下半年　嘉定县红十字会开展了“1988国际体育援助计划活动”，共募集捐款208366.62元，除按规定部分上缴市红十字会外，其余171608.38元委托县教育局筹建嘉定县辅读学校（1991年建成，当年招收三个班级38名弱智儿童入学）。

12月1日　全县首次举行“世界艾滋病日”宣传活动，各镇均设宣传咨询点。

1989 年

3 月 1 日　嘉定县红十字会《关于同意江桥乡红十字会建办“江桥红十字综合服务站”的批复》（嘉红会〔1989〕第 1 号）。

江桥乡红十字会：

你会关于成立“江桥红十字综合服务站”的报告已收悉。遵照全国红十字会总会谭元鹤副会长讲话关于优化社会服务，发展福利事业的精神，鉴于江桥乡集镇不断发展，人口不断增加，为进一步发挥部分退、离休人员的技术特长和方便群众，促进经济发展，为乡红十字事业增加基金。经研究，同意建办“江桥红十字综合服务站”，属集体（乡办）企业性质，独立核算、自负盈亏。主要经营：缝纫、修鞋、钣金、铜白铁加工、修理等。望按有关规定和政策即办理登记手续。

特此批复。

抄报：嘉定县工商局、税务局、财政局、物资局、供销社。

抄送：江桥乡政府、封浜乡工商所、长征税务所、江桥乡银行。

8 月 15 日　嘉定县卫生局《关于建立“嘉定县红十字卫生服务中心”的批复》（嘉卫〔89〕第 31 号）。

嘉定县红十字卫生服务中心：

县红十字会关于建立“嘉定县红十字卫生服务中心”的请示收悉，为了贯彻中国红十字总会 1989 年确定的“县以上红十字会都要办几个服务型或生产经营实体”的任务，以增强红十字会自身活力，更好地发挥红十字会作为政府助手、人民卫生救护的社会福利团体的作用。经局领导研究讨论决定，同意建立“嘉定县红十字卫生服务中心”。

望更好地向社会开放，服务于社会，方便于群众，服务于人民，为我县人民健康预防保健做贡献。

开展各种政策许可的有偿服务，如健康咨询、业务培训、预防保健、卫生宣教等。

为了加强对卫生服务中心的监督和管理，由红十字会办冯祖竞同志兼任服务中心负责人。服务中心，独立核算，自负盈亏，按比例提成，结余部分上交县红十字会办，以利发展红十字会事业。请按规定办理各种手续。

特此批复。

抄报：县府、县委、人大、政协、周丽玲副县长、财政局、县红十字会各理事、市红会办。

10月31日 **嘉定县红十字会《关于评选嘉定县红十字会系统先进集体、先进会员、模范志愿工作者的请示》（嘉红会〔1989〕7号）。**

嘉定县人民政府：

根据上海市红十字会沪红发〔1989〕第67号文件精神，为了发扬先进，鼓舞干劲，推动我县红十字工作者的深入开展，拟在我县红十字会系统开展评选先进集体、先进会员、模范志愿工作者活动。

现将有关事项请示如下：

一、评选范围、对象和条件，按市红十字会规定办理。（见附件）

二、评选名额：县先进集体十个、先进会员和模范志愿工作者廿五名。

三、奖励办法：先进集体发给带镜框的奖状；先进会员和模范志愿工作者除发给奖状外，发给奖励金三十元，经费由县红十字会自行解决。

四、于明年一月份召开先进表彰大会，大力宣传先进思想、先进事迹。本着勤俭、简朴的精神，会期半天，不搞午餐，不发点心，不看电影。

五、加强评选工作的领导，确保先进事迹实事求是，具有代表性、典型性。通过评选达到发扬成绩、交流经验，树立典型，表彰先进，互相促进，共同提高的目的，以更好地调动各级红十字组织和广大会员、志愿工作者的积极性，促进我县的红十字工作更好地为社会主义现代化建设做出贡献。

附：《红十字会先进集体、先进会员、模范志愿工作者的评选范围、对象和条件》。

一、参加评选的范围和对象

1. 先进集体：凡工厂企业、财贸单位、城镇、乡、居委、村、口、小学校等的红十字会或红十字卫生站；各红十字团体会员单位等，在一九八八年九月底以前成立红十字组织者。

2. 先进会员：凡一九八八年九月底以前入会的红十字会员（包括红

十字青少年）和红十字医院、红十字中心、红十字团体会员单位中的会员；以及各级红十字组织中的专职、兼职红会干部，工作满一年者。

3. 模范志愿工作者：非红十字会会员的在职职工、离退休人员和社会各界人士，志愿参加红十字工作满一年者。

4. 个别红十字组织成立虽不满一年，但确有突出成绩及个别会员或志愿工作者，入会或参加工作虽不满一年，但对红十字事业有重大贡献者，经其上级红十字组织推荐，也可参加评选。

二、评选先进的条件

（一）先进集体

（1）红十字组织健全，任务明确，日常工作有人负责；定期开展活动，缴纳会费，有一定的工作制度和记录，能发挥多数会员作用

（2）有计划地组织会员学习会务、卫生救护、心肺复苏等知识，在意外伤害、工伤事故、自然灾害等突发事件中，能发扬救死扶伤、助人为乐的精神，进行急救、救护或帮助受灾、受伤者，并有显著成绩。

（3）组织发动会员或红十字青少年、志愿工作者在助人为乐、敬老助残等社会服务方面有显著成绩。

（4）积极响应号召，在爱国卫生、计划生育、献血、卫生宣传、防病、遗体捐献等方面，有显著成绩。

（5）在红十字会社会福利工作或红十字专项事业中取得较大成效，收到群众的好评。

（6）红十字团体会员单位，除能较好地完成本身的工作任务外，还能积极参加有关红十字活动，如宣传、培训、救护工作；根据上级或所在区、县红会安排，努力参加社会服务工作，认真负责地接待国内外的参观访问等，有显著成绩。

（二）先进会员（包括红十字青少年及专、兼职红会干部）

（1）能自觉遵守中国红十字会章程，热爱红十字事业，有奉献精神，积极参加红十字组织的各项活动，宣传红十字宗旨，在红十字工作中能起带头、骨干作用。

（2）在精神文明建设中，发扬无私奉献和助人为乐精神，为人民办好事、实事，受到群众好评。

（3）努力学习会务和卫生救护等知识，不断提高业务水平。

（4）红十字青少年能积极配合学校搞好学校卫生、预防保健、预防近视眼和防病工作，并能积极参加社会服务工作。

（5）专职、兼职红会干部，安心红十字工作，尽职尽责；当好领导

的参谋助手，指导帮助基层开展工作；在本地区或本单位发展组织，收缴会费，开展宣传、培训、捐募活动，兴办社会福利事业，以及献血、遗体捐献等工作中，做出显著成绩，受到群众和领导的好评。

（三）模范志愿工作者

热爱红十字事业，以无私奉献和助人为乐的精神，积极参加有关红十字工作，成绩显著，受到群众和有关红十字组织的好评。

掌握运用以上条件必须严肃认真，实事求是。有关条件基本符合并在某一方面突出者，即可推荐，不必面面俱到；同时，要防止滥竽充数，不讲究条件的情况。

1990 年

4 月 11 日 嘉定县召开献血工作会议，会上有 43 个单位被评为先进集体，29 人被评为先进个人。

4 月 12 日 嘉定县卫生局处置突发事件领导小组成立，领导小组由顾兴林、陈洪祥、吴萍山、王献球、吴德渊 5 人组成，组长顾兴林，副组长陈洪祥。

9 月 截至本月底，嘉定县红十字会会员总数为 8305 名，其中团体会员单位会员数 3509 名、成人会员 2436 名、青少年会员 2360 名。本年内发展会员 472 名，包括成人会员 56 名、青少年会员 416 名。当年小药箱使用 60282 人次；当年建立包户组数 49 个，包户对象数 133 个；参加会员数 444 人；累计包户组 158 个，包户对象 161 个，参加会员数 1426 人。（摘自《上海市红十字会工作情况年报表》〔87〕沪统制字 19 号。统计时间自 1989 年 10 月 1 日至 1990 年 9 月 30 日。）

10 月 22 日 嘉定县红十字会《关于召开县红十字会代表会议的请示》（嘉红会〔1990〕字第 4 号）。

县府：

县红十字会理事会曾于 1988 年 12 月 21 日提出召开县红十字会代表会议的意见，会议目的是宣传红十字会宗旨，激励红十字会会员，扩大红十字会影响，理顺县、乡和基层红十字会关系，推动红十字会的工作。会议内容为回顾总结县红十字会恢复以来的工作，表扬先进，讨论决定我县红十字会今后几年的工作方向和工作中心，选举县红十字会理事、会长，推举红十字会名誉理事、名誉会长。县红十字会在请示市红十字会后，决定于 1990 年政府换届工作结束后再召开代表会议，以利于红十字会干部的相对稳定和与政府工作的协调。现召开代表会议的时机已成熟，经县红十字会理事会议于今年 10 月 13 日的讨论研究，会议有关事项须向县委、县府请示。

一、县红十字会代表会议拟于今年12月10日左右召开，会期为1天。

二、按照全国红十字会章程规定，中国红十字会是一个社会团体，接受中国共产党的领导。红十字会工作受政府的领导。这次代表会议是我县恢复红十字会以来的第一次会议，会议还涉及红十字会代表的产生，理事、会长、名誉理事、名誉会长的人选和会议的具体准备工作，为此请县委、县府领导这方面工作并请县府明确卫生局协助做好会议的各项准备工作。

三、红十字会代表会议代表产生原则：

（1）已成立乡、镇红十字会的，乡、镇红十字会会长和红十字会专职干部各一人；

（2）全县48个红十字会团体会员，每单位推选一人；

（3）全县110个红十字卫生站，按学校、居委、企事业单位、农村四个系统，按地区分配名额推选代表25～30名；

（4）原县红十字会全体理事、会长、副会长、名誉会长；

（5）新加入县红十字会理事会的候选人。

四、参加会议总人数约150人，其中红十字会会员代表120人，特邀约30人（主要是未成立乡镇红十字会的分管镇长、未成立红十字团体会员单位的卫生院院长、有关局的领导）。

五、红十字会理事安排原则：

（1）原理事会人员工作没有变动的，原则上继续担任；

（2）原理事会人员工作调动，但新的工作岗位与红十字会有关的，原则上也继续担任；

（3）原理事会人员工作调动，新的岗位与红十字会理事会关系不密切的，协商确定可留可出；

（4）原理事会人员，现离退休的，原则上安排名誉理事；

（5）原理事单位、人员变动的，增补新理事；

（6）根据红十字会工作的发展拟新增加几个部门，参加红十字会任理事会，主要是工会、老龄委、体委、公安交通、劳动；

（7）名誉会长人选的安排由县委考虑。

六、红十字会理事共25人左右。理事会设会长、副会长、名誉会长、理事、名誉理事。

为了方便工作，会长请分管副县长担任，副会长由卫生局、民政局主要领导人担任。理事会下设秘书长、副秘书长，以利开展日常工作。

理事候选人协商产生，请县委把关。

以上请示，当否，请批示。

抄送：县委。

10 月 嘉定县红十字会名誉会长、世界卫生组织上海嘉定初级保健合作中心主任陈龙为尼泊尔进修生科基拉颁发结业证书。

12 月 1 日 嘉定县人民政府《关于县红十字会理事会组成人员建议名单的批复》（嘉府批〔1990〕48 号）。

县红十字会：

你会报送嘉红会〔1990〕第 4 号文《关于召开县红十字会代表会议的请示》收悉，经研究同意召开县红十字会代表会议，选举县红十字会理事、会长，推荐名誉会长。经县红会会长王品祺同志提名，并提请县委领导审定，现将新一任县红会理事会组成人员名单建议如下：

会长：周丽玲；

副会长：吴祚君、陈善进；

理事：徐洪才（县武装部）、张浩华（县人大办）、万文海（县卫生局）、张思义（县教育局）、吕秉君（县台办）、王耀川（县侨办）、吴萍山（县中心医院）、符秀珍（南翔医院）、沈国景（世界卫生组织基层合作中心）、顾兴林（县计生委）、沈惠亭（县财政局）、蒋月娥（县妇联）、邹明（团县委）、沈云娟（县政协秘书处）、吕富江（县委宣传部）、陈政（县防疫局）、阮永桃（县公安局）、李建平（县劳动局）、陆文康（县总工会）、王英浩（县体委）、王嘉禾（县老龄委）；

顾问：王品祺；

名誉会长：陈龙；

名誉理事：王长城。

上述建议名单，提请县红十字会代表会议按照组织规则进行选（推）举。

特此批复。

抄送：县委办公室、县委组织部。

是日 嘉定县编制委员会批复县卫生局，同意建立嘉定县血站。原来设在县中心医院的嘉定县献血办公室，从县中心医院内划出，与血站实行二块牌子，一套班子。

12 月 6 日 上海市从当日零点开始启用“120”急救电话号码，嘉定县医疗救护站同时开通。

12 月 14 日 嘉定县红十字会召开会员代表大会，出席代表 160 人；

选举理事24人，会长周丽玲、名誉会长陈龙、顾问王品祺。年末共有会员8302人，有红十字卫生站123个。

附：王品祺同志在嘉定县红十字会第一次代表大会上的工作报告《继往开来　群策群力　为发展嘉定县红十字事业而奋斗》。

各位代表、各位同志：

嘉定县红十字会第一次代表大会今天开幕了。

我受县红十字会理事会的委托，向大会做工作报告，请予审议。

第一部分　十二年的工作回顾

根据1978年国务院下达的“关于恢复红十字会国内工作”的指示，我县红十字会组织于1979年恢复。

十二年来，本会遵循“实行人道主义”的宗旨，从实际出发，努力当好政府的助手。主要抓了以下几件事。

一是加强组织建设，为开展红十字工作打下基础

几年来，我县以组织建设为重点，发展基层组织。1987年南翔镇首先恢复红十字组织。1979、1980两年，娄塘、城厢、真如、安亭、黄渡等社（镇），先后恢复了红十字会。1981年来，长征、江桥、徐行、洮浦等乡，也相继建立红会组织。目前，全县共有九个乡镇建立了红十字会，有卫生站123个，群众会员4796人，有团体会员单位48人，团体会员3509人，各基层红十字组织，通过不断整顿，使干部和会员的素质有了提高，志愿工作者有了增加，收缴会费工作已有进展。组织建设的发展和加强，为开展红十字会工作提供了组织保证。

二是群众性现场急救技术培训

各级红十字组织以培训班、讲座等方式，培训医疗卫生和现场急救知识共104693人次。曾先后五次组织全县性救护技术比赛，两次派出代表参加上海市救护技术表演和比赛。娄塘中心小学的红十字青少年，还在全市的救护比赛中夺冠。全县有45个救护队经市红十字会考核，被批准成为上海市红十字救护队，共有救护员1192人。

开展群众性现场急救技术培训，对抢救生命、保护健康起着积极的作用。1988年“3·24”火车相撞事件发生后，首先奔赴现场的是南翔消防队红十字救护队。他们运用学到的急救知识，正确地为伤员止血、包扎、骨折固定和搬运，为抢救生命做出了贡献。原封浜敬老院服务员倪兰芳，运用学到的心肺复苏技术，救活了一个因触电而心跳骤停的电工，已传为佳话，类似这样的事例不胜枚举。广大会员还运用学到的医疗卫生知识，积极为群众治疗小伤小病。据1981年以来的统计，达

298780人次，受到了群众的欢迎。

三是开展群众性社会福利工作，主要抓了以下几方面

1. 通过医疗卫生工作为群众服务。卫生系统的红十字团体会员单位，遵循“救死扶伤，助人为乐”的红十字精神，努力改善服务态度，提高医疗卫生工作质量。他们开设老年门诊，建立家庭病房，义务为老年人、残疾人体检，开展多种医疗咨询服务。据1985年以来的统计，服务人数达三万五千多人次。特别在火车相撞、龙卷风，以及车祸、工伤等突发性事故发生后，南翔医院、中心医院、安亭医院等都出色地完成了抢救任务，受到有关方面的赞扬。

此外，各级红十字组织和广大会员，积极参加献血的宣传、动员工作，不少会员带头无偿献血，推动了献血工作的开展。广大会员还积极投入爱国卫生、防病、计划生育等工作，为提高我县卫生和计划生育水平做出了贡献。

2. 协助民政、老龄等部门，对社会上的孤老病残和烈军属、儿童开展各种服务活动。据统计，1981年至1990年9月底，广大红十字会员为烈军属、孤老、残疾人做好事21390件。市、县红十字会先后为四大镇和黄渡、江桥等集镇的54个居委，发放了手推轮椅车各一辆。红十字会员使用轮椅车护送病人到医院就诊50434人次。累计建立红十字包户小组1216个，有4788名会员，长年不断为2662名孤老残疾人服务，受到了群众的好评。全国优秀红十字会员毛颖珠三十年如一日，热心为孤老、残疾人服务，仅去年至今年10月的统计，她先后上门为孤老和子女不在身边的老人服务9159人次，为群众治疗小伤小病1550人次，上门访视病人658人次，打针96803人次，被誉为“孤老的女儿”、“活着的雷锋”。目前，毛颖珠式热心为人民做好事的会员越来越多，他们自觉自愿、不计报酬、日复一日、默默无闻地为孤老残疾人服务，成为我县精神文明建设的带头人。

3. 开展救灾和募捐活动

1985年，为支援非洲灾民，本会发起了声势浩大的募捐活动，全县参加捐款的人数达十一万四千余人，共计捐款四万六千零八元四角一分(46008.41元)，涌现了大量助人为乐的动人事例。

1986年，配合民政部门，开展了支援灾区募捐衣服工作，共募集衣被十四万一千余件。

1988年开展的国际体育援助计划活动，共募得捐款208366.62元，除按规定上交市红十字会外，其余171608.38元，全部转县教育局，委托教育局筹建嘉定县辅读学校，目前校舍已经建成，开学在即。

四是进一步开展红十字青少年工作

全县有44所中、小学校（包括职校、中专）建立了红十字组织，会员2758人，其中青少年会员达2335人。学校红十字会在协助学校贯彻德、智、体、美、劳全面发展的教育方针，普及卫生救护知识，保护师生健康，提高学校卫生水平，动员和组织红十字青少年为社会服务等方面起了积极作用。不少学校把红十字工作列入“第二课堂”，组织会务知识学习，开展智力竞赛、作文比赛、救护比赛，组织为孤老残疾人服务等，培养他们从小树立助人为乐的精神和实行人道主义的信念。每年暑假期间，县和乡、镇都举办红十字青少年夏令营，90%以上的红十字青少年参加活动，接受教育。

五是加强了红十字宣传工作

各级红十字组织经常运用黑板报、广播、画廊，以及放映录像、电影、开展智力竞赛、猜谜灯会等各种形式，宣传红十字知识，报道红十字活动，对推进红十字事业起了重要作用。如1985年为非洲灾民捐款，1988年的国际体育援助计划活动，每年纪念“五八”世界红十字日，以及表彰先进、好人好事、寻找台湾亲人等，都进行了声势较大、形式多样的宣传，受到了群众的欢迎。据统计，1981年以来，县红十字会先后向市、县广播电台提供稿件二百九十余篇，向上海红十字报、中国红十字报刊提供稿件六十余篇。自1983年起，县每年举办老年卫生知识讲座，计42期，听讲者达11600余人次。组织智力竞赛25次，参赛者1872人次，有38所中、小学校开辟“红十字园地”。每年“五八”世界红十字日都举办黑板报比赛。县文化馆还编写了以优秀红十字会员毛颖珠为题材的说唱材料。许多学校还自编自导以红十字为题材的小话剧和音乐舞蹈节目。南翔镇红十字会的老妈妈宣传队经常配合中心工作上街宣传，这些宣传都取得良好的社会效果，扩大了红十字会的影响，促进了红十字工作的开展。

六是开展了国际国内交往和对台工作

几年来，我县曾先后接待了苏丹、日本、新西兰、澳大利亚、美国等国红十字代表团的来访，接受了西班牙、澳大利亚、日本、美国、泰国、菲律宾、印度尼西亚等国的红十字青少年送来的礼品，并组织我县的红十字青少年制作反映生活的工艺品，一一回礼。1988年，我县启良中学红十字青少年黄钥作为“世界儿童”代表，出席了于美国纽约举行的“1988年国际体育援助计划”开幕式——“与时间赛跑”活动。她还赴匈牙利布达佩斯进行红十字访问，赴英国伦敦参加世界儿童联欢，这些活动都为发展友谊，促进世界和平做出了贡献。

此外，我县还两次迎接了市红十字会在我县召开的现场会议、8次接待了外省市和兄弟区县的参观。派出了30名红十字青少年工作者和20名红十字青少年先后参加了市红十字会举办的夏令营、冬令营，两名教师参加了全国红十字夏令营，一名志愿工作者参加了中国红十字总会举办的学习班。我县红会办还与延边朝鲜族自治州红十字会建立了联谊卡，定期交换资料；与山东、河南等省红十字会经常互通信息。这些活动，不仅学习交流了先进经验，而且还广交了朋友、发展了友谊。

1987年11月以来，本会还开展了为台胞台属查人转信工作，共接待了台属30人次，发出寻人表格28份，已查有结果的4宗，收到台湾红十字组织通过日内瓦红十字国际委员会转来的台胞寻找亲人表格11份，已查有结果的10宗，使海峡两岸许多失散四十多年、一直杳无音讯的台胞和台属，得到了通讯和团聚。

七是进行了评选表彰先进工作

几年来，我县评选表彰了总会的先进集体1个（南翔镇），先进个人17人（毛颖珠、陆振帮、徐芬芬、季洪祥、沈凤娟、王长城、季秀英、陈才宣、章爱春、李菊玲、董趣英、沈运花、钱美芬、朱学忠、朱雪芬、陶金娣、冯祖竞）。推选了全国红十字会荣誉会员1人（毛颖珠）、上海市红十字会荣誉会员3人（谢宝琴、姚秀其、甘幼芬）。评选出上海市红十字会先进集体28个，先进个人78人；县红十字会先进集体31个，先进个人72人。各乡、镇红十字会也都相应地评选表彰了先进集体和先进个人，对发扬先进、鼓舞干劲、推动红十字工作起了积极作用。

各位代表：红十字会在某种特殊情况下，可以起到独特的作用。去年春夏之交，北京和部分省市发生了一场政治风波，红十字会在这场风波中，遵循人道主义宗旨，为缓解矛盾、平息事态，开展了大量的救护工作，较好地完成了任务，受到了群众的赞扬。

回顾近二十年来我县红十字会艰苦奋斗的历程，有以下基本经验和体会。

一、红十字会是为社会主义两个文明建设服务的，必须理直气壮地进行工作。我国的红十字会是人民卫生救护和社会福利团体，以实行人道主义为宗旨，根据助人为乐的精神，为社会、为人民办好事、实事。在群众卫生和社会福利方面，尽自己最大的努力去实践。因此与我国的社会主义精神文明建设和物质文明建设是完全一致的。通过反复宣传和艰苦实践，在我县，红十字会工作已逐步为社会、为人民所认识、理解和支持。

二、争取党和政府领导支持和社会各界的帮助，是开展红十字会工作的关键。红十字会虽为独立的人民团体，但根据我国国情，必须接受同级政府领导，当好政府的助手，并主动联系各有关方面，取得他们的协作支持，才能较顺利地开展工作。如“1988 年国际体育援助计划”活动，县四套班子领导亲自出席了体育场召开的动员大会，并亲自上街“与时间赛跑”，进行宣传、动员，各行各业都行动起来，动员群众“为了儿童健康”而捐款，使我县的捐款总数达全市之冠。又如开展机动车驾驶员培训，得到了公安、卫生等部门的大力支持；开展红十字青少年工作得到了教育局的悉心指导和帮助；开展红十字宣传，得到了文化、宣传等部门的大力支持等等。如果没有各级党委、政府的关怀重视，没有各有关部门的支持，红十字工作是不可能顺利前进的。

三、不断加强组织建设和宣传工作，是开展红十字工作的基础。红十字会是群众团体，不是政府机关，又不同于学会、协会。如果没有广泛的基层组织和广大会员、志愿工作者的共同奋斗，如果红十字会的性质、宗旨和任务不为广大人民所认识、理解，并给予支持，是不可能成为名副其实的群众团体的，也不能开展群众性卫生救护和社会福利工作。发展组织必须在自愿的基础上，成熟一个，发展一个。不断注意整顿、巩固、提高，避免贪多求快、一哄而起、有名无实。在组织建设中，落实好热心肯干的红会专、兼职干部十分重要，要帮助他们解决实际问题，以调动积极性。宣传工作必须持之以恒，其内容和方式，力求群众所喜闻乐见，以利取得宣传效果。

四、正确处理卫生救护和社会福利工作的关系，才能使红十字事业全面发展。救死扶伤、积极开展红十字医疗卫生工作是红十字会的传统业务，必须努力做好。总会“四大”决定，红会是人民卫生救护和社会福利团体。因此，社会福利工作也是一项重要的经常性工作，也必须努力做好。这两项工作既有联系，如医疗卫生工作为人民服务也可算社会福利工作；但也有区别，如为孤老烈军属等进行非医疗卫生方面服务等。因此，这两项工作能结合的尽可能结合，不能结合的要分别安排，相互促进，不可偏废，以求红会工作能协调地全面发展。

红十字会要为人民多办好事、实事，必须要有经济实力。因此，创办服务型或生产经营型实体，是红会逐步走上独立自主发展道路的必由之路，这是一个长期奋斗目标。我们要克服困难，尽力去创办。红会办实体要遵循红十字宗旨，遵循国家的有关规定，并以社会效益为主，盈余要用于发展红十字事业，更好地为人民服务。

五、总结交流经验，表彰先进，发扬无私奉献精神，是调动积极性促进红会工作的重要一环。几年来，我们总结推广了南翔镇开展社会服务工作的经验；安亭师范开展红十字青少年工作的经验；嘉定阀门厂、徐行化工厂开展工厂红十字工作的经验；南翔敬老院开展优质服务的经验；以及中医医院开设家庭病床，以便群众就医的经验等等。对鼓舞干劲、增强信心、提高水平、推进全县红十字工作起了很大作用。开展红十字会工作是根据无私奉献精神，发动广大会员和志愿工作者大家来做，而且是尽义务的。许多工作是利用业余时间进行的。因此难度较大，为发扬全心全意为人民服务和助人为乐的新风尚，加强精神文明的建设、表彰先进是一个重要方面。几年来，我县通过多次的评选和表彰，对调动本县红会系统和有关单位搞好红十字工作的积极性、推广先进经验、发扬无私奉献精神，取得了良好的效果。

回顾以往工作，我们深切感谢各级党政领导、各有关部门以及广大群众的关心支持，感谢各级红会的专职、兼职干部和会员、志愿工作者，以奉献精神，为开创嘉定县红十字工作的新局面所做出的贡献。

在肯定成绩和经验的同时，也应看到我们的工作还存在许多不足之处，离总会、政府和广大会员的要求，还有较大差距，与兄弟地区红会相比，也有不少差距。例如，工作发展不平衡，全县尚有十一个乡未建红会组织，部分红会组织和会员尚未发挥应有的作用。缴纳会费工作进展不快；救护培训进度也较慢；创办福利事业实体尚未开展；县和乡、镇红会的体制、编制、经费等问题尚未妥善解决，红会工作还未向村一级普及等等。这些都影响了我县红会工作的进一步发展，需要在今后工作中努力去解决。

第二部分　今后五年工作建议

各位代表，今后五年我县的红会工作，必须明确“在党的建设具有中国特色的社会主义道路上，坚持四项基本原则，坚持改革开放，继续探索建设具有中国特色的红十字会，把我国红十字会建设成为党和政府领导的、在社会主义精神文明和物质文明建设中，在人民外交和统一祖国大业中，继续发挥重要作用，独立自主开展工作的社会团体”的指导思想指引下，根据市红会提出继续抓好“一个重点”（即以组织建设为重点）、“二个网络”（即群众性的自救互救、自助互助网络），努力开创中国红十字事业的新局面的要求，围绕以上总的目标、方针和任务，我们认为，嘉定红十字系统必须做好以下几项工作：

一、继续加强组织建设。根据积极稳步的方针，搞好基层红十字组织的建设。尚未建立红十字组织的乡，要争取在2～3年内全部建会。对一些窗口单位、旅游点，以及市、县卫生、文明单位、中小学校、工厂、企业、公安、交通等各行各业，都要继续扩大红会基层组织的覆盖面。1991年全县医疗卫生单位以及中、小学校都要建立红会组织，开展活动。在农村还要逐步扩大村的红会组织。坚持建一个，发挥一个作用；建一批，巩固一批，做到工作有计划、活动经常化、制度化，使红会组织健康地向前发展。

各级红会组织都要落实好红会干部，挑选有事业性、积极肯干的同志担任。做到县有专职干部，乡、镇有兼职干部，基层单位有人负责。对红会干部和会员骨干要进行培训，发扬奉献精神，艰苦奋斗，搞好工作。

各级红会要重视收缴会费工作，一年一次，多少不限，用于基层，并加强管理。要在两三年内努力实现全部会员都交会费。

二、进一步发展红十字医疗卫生救护工作。各红十字医疗卫生机构都要发扬救死扶伤、助人为乐的红十字精神，努力改进服务态度、提高医疗质量。推广WS—频谱治疗仪，方便群众就近治疗。积极扩大卫生救护培训，1991年，争取对机动车驾驶员、交通干警全部进行培训，并按市红会要求开展对幼托机构教师、保育员、旅馆和浴室服务员、电工、乡村医生等进行现场急救技术训练，争取在五年内，全县形成粗线条的群众性卫生救护网络，做到每个乡、镇都能建立红十字救护队，每个居委都能建立红十字救护组，部分村以卫生室为基础，建立红十字救护组。1991年内，对已有41个救护队要逐个进行考核验收，以保证救护质量的提高。

三、大力发展社会福利工作。红十字会必须发展社会福利工作，这是红十字会的性质、宗旨和章程所规定的。红会的社会福利工作，要以社会需要为出发点，着重抓好社会服务的覆盖面，由点到面，由面到点，逐步做到经常化、制度化。要与民政、老龄等部门密切协作，结合社区服务，结合卫生部门的三级医疗保健网，结合红十字医疗卫生工作的发展，广泛、深入、持久地进行，尽最大可能，为老人、儿童、烈军属、残疾人及精神病人服务，积极参加爱国卫生、防病、计划生育等工作，积极协助政府做好救灾工作。

兴办红十字福利事业实体，是一项十分重要的工作，也是我县红十字系统的一项薄弱的工作。各级红会要根据总会提出的“决心要大，路子要正，步子要稳，工作要细”的原则，尽可能创办服务型或生产经营型事业实体。1991年，县开办红十字服务中心，推广和应用WS—频谱治疗仪，开展医疗咨询服务，努力扩大服务面，各乡、镇红十字会也要因地制宜，创造条件，力争办起来，要对选项、用人、管理等方面严格把关，办一些花钱少、社会效益和经济效益较高的小型服务型或生产经营型实体。

四、进一步发展红十字青少年工作，继续贯彻总会和国家教委联合下发的《学校红十字工作暂行规程》，配合教育部门，不断丰富青少年活动的内容，并完善活动方式。要使红十字助人为乐的人道主义精神与学生的思想品德教育相结合，卫生救护训练与卫生保健相结合，社会服务与劳动教育相结合。总之，要与贯彻德、智、体、美、劳的教育方针相结合。1991年，全县中、小学校（乡中心小学以上）都建立红会，并逐步使学校红十字工作向规范化、制度化、多样化、知识化、趣味化迈进。根据多层次、多渠道、多方集资、自费公助等方式，就近就地举办红十字青少年夏令营、冬令营，寓爱国主义、国际主义教育于活动之中。

五、切实加强宣传工作。宣传工作要坚持四项基本原则，为发展具有中国特色的红十字事业服务。要联系实际，面向基层、面向群众；拓展阵地、坚持经常、注意质量、提高效果；加强向各级党政领导及有关部门、单位的汇报、宣传，积极争取文化、宣传等部门的支持和帮助，以利得到领导和有关方面的重视和支持，取得全社会的理解和帮助。要利用各种机会，通过各种渠道，采用群众喜闻乐见的形式，因地制宜地深入宣传。每年“五八”世界红十字日和1994年中国红十字会建会九十周年、嘉定红十字会建会七十周年前后，各级红十字会都要因地制宜开展大规模的宣传活动，扩大红十字影响。

六、继续做好台湾事务服务工作。进一步为台属、台胞寻人服务，加强调查研究。在公安、台办等部门的支持下，努力提高寻得率，协助有关部门处理好台胞、台属往来中的衍生问题，在统一祖国大业中充分发挥红十字会的独特作用。

七、加强红会的自身建设，本着“广泛吸引群众参与，把精神文明建设活动推向前进”的精神，首先要加强红会队伍的自身建设。要进一步弘扬爱国主义精神，增强社会主义信心，培养集体主义观念，弘扬无私奉献、助人为乐的红十字精神，建设一支热心红十字事业，不计个人得失，政策水平较高，工作能力较强，具有开拓精神，年龄结构较合理的各级红会领导班子和专兼职干部、志愿工作者队伍。各级红会组织都要改进工作作风，深入调查研究，总结推广经验，提高工作效率，要充分发挥理事会的作用，要进一步争取党政领导重视，充实加强县和乡、镇红会的力量，使之能在党和政府的领导下，独立自主地开展工作。

各位代表，同志们：

红十字事业是一项人道主义的崇高事业。从事红十字工作是相当辛苦、也是十分光荣的。我们坚信，只有认真贯彻党的十三届五中全会精神和中国红十字会“五大”精神，坚定不移地坚持四项基本原则，坚持改革开放，坚持走中国特色的红十字会道路，积极争取各级党政领导、政府有关部门、社会各界和广大人民的支持，依靠各级红会组织和广大干部、会员、志愿工作者的共同努力，大家振奋精神，同心协力，艰苦奋斗，开拓前进，就一定能使我县的红十字工作适应形势的发展需要，为建设具有中国特色的红十字事业，为振兴嘉定做出应有的贡献。

1991 年

1 月 13 日—25 日 WHO 上海嘉定初级卫生保健合作中心主任吴祚君和卫生部医政司副处长王羽，赴韩国考察初级卫生保健工作。

3 月 1 日 嘉定县卫生局《关于建立“嘉定县红十字卫生服务中心”的批复》(嘉卫〔1991〕第 4 号)。

嘉定县红十字会：

关于建立“嘉定县红十字卫生服务中心”的请示收悉，为了贯彻中国红十字总会 1989 年确定的“县以上红十字会都要办几个服务型或生产经营实体”的任务以增强红十字会自身活力，更好地为社会服务，发扬人道主义精神，发挥红十字会的作用，当好政府的助手，办好救护的社会福利团体的作用。经研究决定，同意建立“嘉定县红十字卫生服务中心”。请接批复后按规定办妥各种手续。

特此批复。

抄送：县财政局，县税务局，县红十字会理事。

抄报：县府，县委，人大，政协，市红十字会。

3 月 25 日 嘉定县卫生局、嘉定县红十字会《关于我县江桥乡卫生院加挂“上海市江桥乡红十字卫生院”牌子的请示》(嘉卫〔1991〕第 7 号)。

市红十字会：

为了满足老年人的医疗需求，充分发挥我县江桥乡卫生院现有的医疗设施的效益，在市卫生局等有关部门的大力支持下，由我县江桥乡卫生院管理的“上海市退休职工特种护理院”正在筹备，拟于今年五月一日正式开张。

为适应江桥卫生院对外开放的需要，拟在我县江桥乡卫生院加挂一块“上海市江桥乡红十字卫生院”的牌子。挂牌后的卫生院，其任务、性质及管理体制不变。

当否，望批复。

4月16日 上海市卫生局、上海市红十字会《关于同意江桥乡卫生院加挂“上海市江桥乡红十字卫生院”的批复》（沪红发〔91〕第26号）。

嘉定县卫生局、县红十字会：

你局嘉卫发〔91〕第7号《关于我县江桥乡卫生院加挂“上海市江桥乡红十字卫生院”牌子的请示》收悉。经研究，同意在江桥乡卫生院加挂“上海市江桥乡红十字卫生院”和“上海市退休职工江桥护理院”牌子。加挂牌子后，其原领导关系、管理体制、任务、性质不变。望该院坚持办院宗旨，发扬救死扶伤的人道主义精神，进一步提高医疗质量，改善服务态度，做好社区医疗保健工作，发扬红十字精神，全心全意为病员服务。

特此批复。

抄报：市府教卫办。

抄送：上海市江桥卫生院、上海市退休职工管理委员会。

7月1日 以泰国红十字会副秘书长安蓬·那马塔为团长的泰国红十字代表团一行五人，参观访问我县江桥红十字卫生院暨江桥老年职工护理院，以及嘉定县辅读学校，并题词“泰国与中国红十字会的友谊长存，与嘉定红十字会的友谊长存”。上海市红十字会常务副会长郑浩奇、市红十字会秘书长王树萍、市红十字会对外联络队长潘鹤琴等陪同参观。

7月 嘉定县红十字会1988年委托县教育局筹建的嘉定县辅读学校落成，是年招收三个班级38名弱智儿童入学。

1992 年

1 月 20 日　嘉定县编制委办公室《关于配备嘉定县红十字会办公室事业编制的批复》（嘉编办〔1992〕第 02 号）。

嘉定县卫生局：

你局嘉卫人〔1991〕第 174 号文收悉。经研究同意配备嘉定县红十字会办公室事业编制 2 名。所需人员编制从你局系统事业编制中调剂解决（从县中心医院中划出 2 名编制）。

特此批复。

抄送：县委组织部、人事局、劳动局、财政局。

1 月 24 日　嘉定县红十字会举行轮椅车赠送仪式。

2 月 29 日　日本旭川庄理事长江草安彦、旭川庄事务局长柴田武男、冈山县中日友好协会事务局长松井三平一行三人，在市红十字会常务副会长邵浩奇等陪同下参观嘉定县江桥红十字卫生院、嘉定县辅读学校、嘉定老年公寓等，并由嘉定县红十字会介绍嘉定社会福利工作情况。

3 月 14 日—16 日　世界卫生组织顾问奥帕亚依（印度籍）和联合国开发计划署项目官员恰拉拉（美国籍）来嘉定初级卫生合作中心进行项目评估，并参观考察了部分医疗卫生单位。

4 月 28 日　嘉定县红十字会《关于同意嘉定县中心医院加挂“嘉定县红十字医院”的批复》（嘉红〔1992〕第 11 号）。

嘉定县中心医院：

你院嘉中心医〔92〕第 11 号《关于我院申请建立红十字医院的请示》收悉。经研究，同意加挂“嘉定县红十字医院”牌子。加挂牌子后，其原领导关系、管理体制、任务、性质不变。望你院坚持办院宗旨，发扬救死扶伤的人道主义精神，进一步提高医疗质量、改善服务态度，做好社区医疗保健工作，发扬红十字精神，全心全意为病员服务。

特此批复。

抄报：市卫生局、市红十字会、县政府、县卫生局。

4月29日 美国美中教育基金会代表团一行13人来嘉定访问，参观考察了部分中小学、县卫生学校、中医医院和南翔镇永丰村卫生室等单位，周丽玲副县长和教育局、卫生局领导与外宾就今后合作意向进行洽谈。

5月6日 嘉定县红十字会《关于同意嘉定县中医医院加挂“嘉定县红十字中医医院”的批复》（嘉红〔1992〕第12号）。

嘉定县中医医院：

你院嘉中医〔92〕第8号《关于要求挂牌嘉定县红十字医院的申请》收悉。经研究，同意加挂“嘉定县红十字中医医院”牌子。加挂牌子后，其原领导关系、管理体制、任务、性质不变。望你院坚持办院宗旨，发扬救死扶伤的人道主义精神，进一步提高医疗质量、改善服务态度，做好社区医疗保健工作，发扬红十字精神，全心全意为病员服务。

特此批复。

抄报：市卫生局、市红十字会、县政府、县卫生局。

5月8日 世界红十字纪念日，县红十字会部分理事先后考察南翔镇、江桥乡、徐行乡和嘉定镇的红十字工作，慰问红十字会员，参观基层单位，并与有关人员讨论深入发展红十字工作的一些实际问题。

各乡、镇1400余名会员高举红十字旗帜，手佩红十字臂章上街宣传；209名医务人员上街义务医疗咨询，先后诊疗病人5194人次；开展红十字黑板报展评，展出黑板933块，悬挂横幅73条；260名红十字青少年上街进行救护表演，观众数千人。1477名红十字会员分头慰问、看望了446名孤老病残人，做好事6160余件。

8月26日 嘉定县红十字会《关于建立“嘉定县退休职工戬浜护理院”和加挂“戬浜乡红十字卫生院”牌子的请示》（嘉红〔1992〕第17号）。

上海红十字会：

为满足老年人的医疗需要，做好老年临终关怀工作，充分发扬我县戬浜乡卫生院现有房屋及医疗设施的效益，在县总工会、老龄委、卫生局和戬浜乡的大力支持下，拟在“戬浜老年公寓”旁建立由我县戬浜乡卫生院管理的“嘉定县退休职工戬浜护理院”，设置床位二十张。

为适应戬浜乡对外开放的需要，拟在我县戬浜乡卫生院加挂一块“嘉定县戬浜乡红十字卫生院”的牌子，挂牌后的卫生院，其任务、性质及管理体制不变。

当否，请批示。

抄报：县政府。

10 月 11 日 国务院批准：“撤销嘉定县，设立嘉定区，以原嘉定县的行政区域为嘉定区的行政区域，区人民政府驻嘉定镇。”

12 月 25 日 日本国驻沪领事馆总领事莲见义博先生代表日本国捐款 3.44 万美元给上海市退休职工江桥护理院。该院年内还先后接受市卫生局、市退管会、市红十字会资助 39 万元，增建病房及生活用房 700 余平方米，使病床从原来的 36 张增至 80 张。该护理院主要为上海市退休职工服务，医务人员由乡卫生院统一安排，护工向社会招聘，经培训后上岗。

12 月 嘉定县红十字会发表《嘉定县 1992 年红十字工作小结》。

1992 年我县的红十字工作在党和政府的重视、关怀下，认真贯彻总会和市红会“五大”精神，奉行“人道主义”宗旨，以组织建设为重点，以建立自救互救、自助互助网络为中心，积极争取社会各方面的理解和支持，依靠了各级红会干部和广大会员的积极努力，取得了较好成绩。一年来，主要抓了以下几方面工作：

一、组织建设

根据谢丽娟会长关于“没有数量就没有质量”，“大力发展红十字会员”的要求，一年来，我们开展了较大规模的会务知识教育，大力宣传人道主义，宣传红十字会在国际国内所起的重要作用，动员一切愿意为人道主义做贡献的人们加入红十字队伍中来。年内共发展新会员 7411 人，新建红十字医院二所，在车站、宾馆、浴室公园等窗口单位都发展了红十字组织；全县医疗卫生单位，中、小学校，敬老院以及居委、公园等都 100% 建立了红十字会，做到每个基层红十字组织的会员不得少于 50 人；中、小学校的会员数已占在校人数的 10% ~20%。目前，全县已有基层红十字单位 151 个，团体会员单位 68 个；群众会员 3813 人，青少年会员 8100 人，团体会员 3571 人，共有会员 15484 人，成为历年之冠。

对原有的基层红十字组织，在年初都逐一进行了整顿，会员都重新登记注册。并花大力气，在乡、镇红会干部无编制，各项工作都十分繁忙的情况下，逐一落实乡、镇红会干部。先后二次组织乡、镇红会干部培训班，帮助提高干部素质。

在“五八”之前，全面开展了收缴会费宣传动员工作，本着自愿的原则，全县有 202 个红十字基层单位、12796 名会员交纳了会费，交纳会费率为84.2%，比去年上升了33.56%，会费总金额为10768.49元。这些会费都留收费单位用作红十字活动经费。按照市财政局、民政局关于社会团体单位缴纳会费的有关规定，组织卫生系统33个团体会员单位缴纳会费，共3900元，为卫生系统开展好红十字活动提供了资金。对会费的收支管理、合理使用等方面，年内也组织了交流和检查。

二、卫生救护训练

开展群众性现场初级急救技术训练，是红十字会的传统业务，也是我县红十字工作的重点。今年的特点是：有关部门支持，群众欢迎，训练面广，质量高。县公安局已将汽车驾驶员急救技术培训纳入审发驾驶执照的必备项目，纳入交通干警上岗的必修课，实现培训正常化。县劳动局在"五八"前夕，会同我会联合签发了《关于对电焊工、司炉工、行车工、安全员、建筑工实施现场初级急救技术培训的通知》，把急救技术培训作为保障人民生命安全，保护第一线劳动力的重要措施，纳入职工上岗应知应会的内容之一，落实专人负责，有计划有部署地进行。县教育局利用暑假空闲时期，冒着酷暑，组织全县幼教人员和中小学保健老师突击集训。县卫生局把医务人员急救技术的规范化、标准化和对乡村医生的急救技术训练纳入年终综合目标管理考核内容之一，有效地推动了急救技术训练的深入发展。上海大众汽车厂年内先后组织了十四次急救技术训练班，使全厂近400名驾驶员、安全员和部门负责人等都掌握了急救技术。据统计，年内对汽车驾驶员、交通干警、电焊工、锅炉工、乡村医生、幼教人员、中小学保健老师、红十字志愿工作者、居民、商业服务人员等进行现场初级训练共21192人次。有1551名驾驶员、619名幼教老师、249名电焊工、409名锅炉工经考试合格，领到了"现场初级急救技术培训合格证"。连同以往几年的培训，全县领到合格证的驾驶员达10069人。

年内，还着手在南翔镇、嘉定镇、黄渡乡开展了自救互救网络建设试点。医院（综合性医院）、卫生院都建立了抢救小组，并以此为龙头，派出医务人员下居委、工厂、农村进行急救技术培训，特别对位于公路沿线、事故高发地段的单位，加强训练，以便一旦出事，立即抢救。目前，南翔古猗园、黄渡禽蛋五厂等单位都有了红十字救护员。嘉定镇组织各医疗卫生单位与居委挂钩。医务人员定期下居委进行卫生知识急救技术培训。

普及急救技术，对抢救生命、保护人民健康起着不可忽视的积极作用。长征乡曹新村有个20岁的外地民工因家庭纠纷，自寻绝路，造成心跳呼吸骤停。乡干部景永兴（曾任乡村医生）发现后，立即进行心肺复苏抢救，成功地挽回了一个年轻的生命。嘉定镇人民居委居民卜根生等人，运用学到的急救技术，救活了一名煤气中毒的老人。古猗园红十字会员马富根一次在园内值勤巡逻时发现一个小孩在玩电动船时因二船相擦轧断手指一节，家长急得团团转。马富根立即上前为小孩作指压法止血，并带着断下的一节手指急送医院，受到医生和家长的称赞。全县红十字青少年运用急救技术有效地为伤员止血、包扎、骨折固定五百余起。

开展群众性现场初级急救还为提高医院抢救成功率起着积极作用。今年6月30日上午，外地民工周爱林在中外合资马陆葡萄酒厂进行电器安装时，因违章触电，造成心跳呼吸骤停，在场的驾驶员、电焊工、锅炉工等人立即为他做人工呼吸、胸外按压并急送卫生院。由于院前急救和院后抢救密切配合，发挥了奇效，使周爱林又获得了第二次生命。类似这样的抢救成功事例，仅马陆卫生院就有两起。

三、社会服务工作

一年来，我们办了以下几件有利于群众的实事：

1. 由本会牵头，会同县保险公司、教育局、卫生局实施了中、小学生、幼儿园儿童住院医疗保险，经县政府批准成立了领导小组。派出医务人员与保险公司合署办公。由于各方共同努力，全县94814名中、小学生、幼儿园儿童中就有92067人投保，投保率达97.1%，共收得保险金552402元，报销医药费20万元左右。徐行中学学生顾菲，因患白血病四处求医，搞得倾家荡产，今年参加医疗保险，一次就得到保险金3089.81元，病家十分感激。全县已有779人次的中、小学生、幼儿园儿童家庭从这个医疗保险中受益。许多家长说："每年花六元钱，买了孩子的平安，值得。"

2. 兴办红十字经济实体。根据中国红十字会总会关于"各级红十字会都要兴办服务型或生产经营型经济实体，为红十字事业积累资金"的要求，年内在县卫生局的重视和支持下，开办了康乐酒家，并得到县税务局、财政局的大力支持，予以政策优惠，预计明年将有所受益。此外，我们在嘉定、安亭等地开办了4个WS—频谱治疗仪门诊，在嘉定宾馆设立募捐箱一只。

3. 继续抓好为老年人配套服务。发动基层红十字会员与孤老病残人结对子，实行定人、定员、定时间、定内容的四定服务制度，年内新建包护组101个，共有包护组206个，有1076名会员常年不断地为445名孤老病残人提供生活和医疗保健服务，涌现了大批毛颖珠式好会员。一年来，基层红十字会的轮椅车送病人到医院就诊4126人次，为群众治疗小伤小病17087人次，对20个乡、镇敬老院（福利院）的保健员、服务员全面进行复训，帮助他们提高对老年性疾病的医疗、护理、老年心理学、营养学等卫生知识，建立了老人医疗保健登记制度，做到了小病不出院、大病不误诊。对敬老院的炊事员也全面培训，基本做到了食堂卫生、烹调正确、营养合理、适合老人需要。对江桥护理院也加强了管理，改善和提高医疗质量。自去年5月开院以来，该院已收治老人115人，有5人病情好转出院，有58人含笑告别了人生，家属都十分感激。

4. 通过医疗卫生工作为群众服务。卫生系统医疗卫生单位普遍开展了“人道主义在我心中”宣传教育和征文活动，努力改善服务态度，提高医疗卫生工作质量。开设老年门诊，实行三优服务，设立家庭病床，义务为老年人、残疾人体检，开展多种医疗咨询服务等。一年来，共设立家庭病床643张，先后上街或下乡义务医疗咨询100次，有508名医务人员参与了为11161人次的医疗咨询服务，举办老年卫生知识讲座三期，听讲者达一千余人，深受群众欢迎。

此外，还开展了为台胞台属寻人转信；协助有关部门处理好台胞来沪后的卫生问题；登记遗体捐献；动员、宣传献血等工作。

四、红十字青少年工作

全县58所中、小学校（包括中专、职校、技校、残疾人学校）和12所村校都建立了红十字组织。各校都能把人道主义教育和急救技术培训纳入第二课堂，并结合课堂教育，举办作文比赛、智力竞赛、文娱演出、夏令营等。组织红十字青少年卫生执勤。广播宣传，编写黑板报，辅导眼保健操、医务室值班，为孤老残疾人送温暖、做好事等。使他们接受了教育、增长了知识和才干，从小培养了人道主义思想和助人为乐的观点，成为学校精神文明建设的骨干，卫生、保健老师的好助手。年内，本会对52所中、小学校，517名红十字青少年进行了会务知识抽查测试，大多令人满意。据统计，年内红十字青少年接受卫生知识训练137145人次，急救技术训练17122人次，上街做好事、社会服务18427人次，有348名青少年会员常年不断地关心、照顾58名孤老病残人。

五、纪念“五八”世界红十字日

遵照今年国际统一的“人道—团结起来—共御灾害”的口号，我县层层发动，大力开展了学习、宣传、培训和做好事活动。全县有13400

余人接受了红十字知识教育。在“五八”这一天，各乡、镇红十字旗帜飘扬，1400余名会员高举红十字旗帜，手佩红十字臂章上街宣传，209名医务人员上街义务医疗咨询，先后诊疗病人5194人次。开展了红十字黑板报展评，展出黑板933块，悬挂横幅73条，260名红十字青少年上街救护表演，观众数千人。1477名红十字会员分头慰问，看望了446名孤老病残人，做好事6160余件。

在“五八”这一天，县红十字会部分理事先后视察了南翔镇、江桥乡、徐行乡和嘉定镇的红十字工作。慰问红十字会员，参观基层单位，并与有关人员讨论了深入发展红十字工作的一些实际问题，推动红十字工作的开展。

六、加强国内外联系和评选先进活动

年内，本会先后接待了日本旭川庄江草安彦一行五人来我县江桥护理院、辅读学校和戬浜老年公寓参观访问；接待中国红十字会总会、健康报社、中国青年报社等有关人员的考察、采访；接待了湖北省红十字会和湖南省大庸市红十字会的参观访问和交流。本会也组织了乡、镇红会干部赴山东济南参观学习，推动了我县红十字工作的开展。

为了发扬先进、鼓舞干劲，在全面开展年终综合目标管理检查考核的基础上，全县自下而上，向全国红十字会总会推荐先进集体1个、先进个人4名；向上海市红十字会推荐先进集体4个、先进个人13人。评选出县级先进集体5个，先进个人21人。

我县红十字工作存在的问题还不少，主要是：

一、部分地区和单位没有把红十字工作列入议事日程，红会干部兼职过多，使工作难以向深度、广度进军。

二、工作发展不平衡。红十字覆盖面不广，团体会员单位潜力较大，尚未很好发挥作用。救护训练、收缴会费，以及红十字青少年工作、社会服务等方面都有不少差距。

三、对红十字经济实体的管理缺乏经验。

1993 年

6 月 台湾家庭医师协会秘书长李龙腾率台湾家庭医学代表团一行5人，来嘉定访问，参观了初级卫生保健合作中心、马陆镇卫生院、南翔镇永乐村卫生室和老年公寓等单位。

7 月 6 日 上海市卫生局、上海市红十字会《关于同意嘉定区戬浜镇卫生院加挂“上海市嘉定区红十字老年护理医院”院牌的批复》（沪卫办〔93〕48 号）。

嘉定区卫生局、嘉定区红十字会：

嘉卫办〔1993〕第 6 号《关于建立上海市嘉定区红十字老年护理医院的请示》收悉。经研究，同意嘉定区戬浜镇卫生院加挂上海市嘉定区红十字老年护理医院院牌。该护理医院在戬浜镇卫生院设 20 张床位，在江桥镇卫生院设 44 张床位。戬浜镇卫生院加挂上海市嘉定区红十字老年护理医院院牌后，原有职责、任务和管理体制不变，同时要发扬红十字精神，加强对老年病人医疗护理质量管理，为老年病人医疗护理事业做出积极贡献。

特此批复。

抄报：市府教卫办。

抄送：市退管会。

9 月 18 日 华亭镇人民政府下发《关于成立华亭镇红十字会理事会的通知》（嘉华府〔1993〕第 97 号）。

华亭镇各单位：

红十字会是国际性的三大组织之一，它的宗旨是奉行人道主义，救死扶伤、扶危救困，它的使命是减轻人类苦难，促进世界和平。我国政府自 1904 年建立红十字会以来一直重视、支持红十字事业的发展。现根据区政府的要求，经镇人民政府研究，决定成立华亭镇红十字会组织，并由下列同志组成理事会：

会长：陈爱国；副会长：孙兴元、王鼎华；

理事：金惠先、沈惠英、吕曰丰、陈其龙；

秘书长：邵玉琴。

抄报：区红十字会。

9月21日 封浜镇人民政府下发《关于建立镇红十字会的通知》（封府〔1993〕117号）。

各村、厂企事业单位：

根据区政府及区红十字会关于镇一级都要成立红十字会组织指示精神，镇政府决定成立封浜镇红十字会。

中国红十字会的主要任务是遵循我国宪法和国家有关方针政策、协助政府动员和组织人民开展群众性的卫生救护和社会福利活动，为我国社会主义现代化建设和促进祖国统一服务，同时促进国际间红十字会及各国人民之间的友谊与合作，为世界和平及人类进步事业服务。另外，红十字会还要宣传人道主义，开展营救训练，进行群众性的卫生救护和卫生知识的宣传教育，参加公民义务献血和无偿献血的宣传。开展社会福利和社会服务活动，开办卫生保健和社会福利事业，搞好对台服务，参加国内外救灾救济等项活动。

为了加强对红十字会的领导和逐步发展村、厂红十字会工作，镇政府决定建立镇红十字会。其成员名单如下：

会长：沈文奎（副镇长）；

副会长：张泉根（民政助理）、陈阿高（文卫助理）；

理事：李春龙（人武部长）、沈宝娟（党委宣传委员）、徐金凤（镇工会副主席）、季雪琴（计生助理）、张洪明（镇团委书记）、翟昌龙（镇居委主任）、王维兴（个体协会）、左世福（中心校校长）、吴晶（中学校长）、王关宝（镇教委常务副主任）、严杏明（供销社主任）、沈亚萍（镇妇联主任）；

秘书长：顾炳泉（镇卫生院副院长）。

镇红十字会下设办公室，办公室地点设在镇卫生办公室。

特此通知。

抄报：区政府。

抄送：区红十字会、机关各组室、公司。

是日 外冈镇人民政府下发《关于成立红十字会组织和组建领导班子的通知》（外府发〔1993〕156号）。

各村、企事业单位（包括市、区属单位）：

根据《中国红十字会章程》和《上海市红十字会组织规程》，为了进一步做好本镇的红十字会工作，提高人民群众的健康水平，促进社会福利事业，推进社会主义精神文明建设，经镇政府研究，决定成立红十字会外冈理事会。

名誉会长：陈爱华（外冈镇镇长）；

会长：陈亦栋（外冈镇副镇长）；

副会长：张海明（武装部部长）、李娟（文卫助理）；

秘书长：施永林（卫生院医生）；

理事：管进华、高进生、方文熙、蔡建华、陈维娟、张云龙、张光炽、姚淑良、卫雅琴。

抄报：区红十字会。

是日 望新镇人民政府下发《关于建立望新镇红十字会的通知》。

各村、厂、企事业单位：

为了在备灾救灾，开展群众性卫生救护、社会服务、宣传人道主义，促进青少年健康成长等方面更好地开展工作，发扬救死扶伤、敬老助残、扶危济困、助人为乐的人道主义精神和社会新风尚，加强精神文明建设，根据区红十字会指示精神，经镇党委、政府研究决定建立“望新镇红十字会”。具体如下：

名称：望新镇红十字会；

会长：徐红芬（分管镇长）；

副会长：张安铨（卫生助理）、黄丽英（民政助理）、施永生（企业厂长）。

秘书长：查日平（卫生院副院长）；

理事：徐梅生（武装部长）、蔡士良（派出所所长）、周汇琴（妇联主任）、孙恒福（教委常务副主任）、王代元（老龄委主任）、朱培生（卫生院长）、马永兴（马门村主任）、钱元福（钱门村主任）、王忠元（企业厂长）、熊玉明（劳动助理）。

镇红十字会成立后，将发展团体、个人会员，向我镇宣传红十字精神，普及群众性卫生急救知识，开展各项红十字活动，包括进行红十字医疗保健、卫生防病工作，以及参加爱国卫生、计划生育、卫生宣传、有关社会服务等活动，提高我镇人民健康水平，加强精神文明建设，更好地为我镇经济建设服务。

9 月 22 日 嘉西镇人民政府下发《关于嘉西镇红十字会组成成员的通知》（嘉西府字〔1993〕第 162 号）。

各村、企事业单位，机关各部门、各公司：

嘉西镇红十字会定于九月二十八日成立，由下列同志组成：

名誉会长：印乾丰；

会长：梁云娣；

副会长：朱仁林、时美珍；

理事：邵永明、庄兴生、沈惠文、金伟荣、钱惠琴、王静娟、李星昌、朱加龙、徐永明、孙仲元、梁永才、潘加明；

秘书长：潘加明。

特此通知。

抄报：区红十字会。

9月24日 曹王镇人民政府下发《关于成立曹王镇红十字会理事会成员的通知》（曹府〔1993〕第167号）。

各村、企事业单位：

为了搞好我镇的红十字会工作，进一步弘扬人道主义，实行救死扶伤、救苦救难，更好地为人民办实事、办好事，经镇人民政府研究决定，成立曹王镇红十字会理事会。现将组成成员通知如下：

名誉会长：傅一峰、潘永生；

会长：朱泉龙；

副会长：陈建平、龚品荣、金伟仁、高秀珍、王庆洪、叶大东；

秘书长：高秀珍（兼）；

理事：韩锡庆、孔其英、王忠、韩福仁、陆仲德、顾建国、潘国强、高其荣、王玉祥、郁士龙、徐克勤、周利明。

特此通知。

抄报：区红十字会。

9月27日 区第一届红十字会理事会进行改选。

名誉会长：陈龙；会长：周丽玲；顾问：王品祺；副会长：吴祚君、陈善进（嘉红会〔1993〕第12号）。

10月5日 马陆镇人民政府下发《关于成立马陆镇红十字会的通知》（马府〔1993〕第373号）。

各村（居）委、各企事业单位：

红十字会和联合国、国际奥委会是世界最大的三个国际性组织。红十字会的宗旨是实行人道主义、救死扶伤、救苦救难，红十字会的工作是精神文明建设的一项重要内容。红十字会在国际国内的交往中可以发挥各级党政组织所不能替代的特殊作用，是各级党政组织的特殊助手。随着改革开放的不断深入，各行各业正在逐步和国际接轨，国际交流日益频繁，红十字会将逐步发挥作用，所以建立各级红十字会组织十分必要。经过一个阶段的筹备，马陆镇红十字会于一九九三年九月十七日正式成立。马陆镇红十字会理事会由王爱玲、徐家新、钱仍勃、严根赵士芳、冈田健治、潘振芳、王永宸、高其昌、倪正明等十位同志组成。王爱玲为马陆镇红十字会会长，徐家新、钱仍勃为副会长，丁品元为秘书。

马陆镇红十字会办公室设在镇爱卫办内。

特此通知。

抄送：机关各组室、马陆卫生院。

是日 方泰镇人民政府下发《关于建立方泰镇红十字会的通知》（方府〔1993〕163号）。

各村、企事业单位：

为了更好地开展群众性卫生救护，奉行人道主义宗旨，救死扶伤、扶危济困、备灾救灾、促进国际间友好交往，镇人民政府决定建立方泰镇红十字会。方泰镇红十字会由以下同志组成。

会长：邱林兴；

副会长：孙忠兴、林国良、赵建华；

理事：殷炳文、徐卫卿、张锦芳、卞忠高、邱璞、崔进元、李振元；

秘书长：孙忠兴（兼）。

方泰镇红十字会下设办公室，孙忠兴兼任办公室主任。

抄报：嘉定区红十字会。

10月16日 朱家桥镇人民政府下发《关于建立朱家桥镇红十字会的通知》（嘉朱府〔1993〕第90号）。

各村、企事业单位：

根据区人民政府关于镇人民政府都要建立红十字会的通知精神，为了实行人道主义，减轻人类因各种情况造成的苦难，促进社会安定。经研究，决定建立朱家桥镇红十字会。朱家桥镇红十字会组成人员名单如下：

会长：印惠良；

副会长：任亦明、唐身智；

理事：李惠琴、周忠伟、张丽芬、孙风云、倪善忠、滕伯球、肖惠良；

秘书：滕伯球（兼）。

特此通知。

10月18日 戬浜镇红十字会筹备组《关于成立戬浜镇红十字会的报告》。

镇人民政府：

红十字会组织主要是从事人道主义事业，救死扶伤、扶危济困，推动世界和平发展，保护人民的生命和健康，尤其在备灾救灾，开展群众性的卫生救护和社会服务，促进青少年健康成长，促进国际间友好交往等方面，红十字会是政府人道工作的好助手，也是人民群众不可缺少的自治组织。目前我国红十字会工作的重点：组织建设——健全和加强红十字会；卫生救护——组织医疗救护；输血献血——组织人员输血献血；社会服务——对散居在社会上的孤、老、病、残和军、烈属进行服务；备灾救灾——社会募捐、救护与赈济、接受、转交国际救灾款物；兴办实体——办经济实体，增强红十字会的自身活力；红十字青少年——青少年是红十字会开展社会活动的生力军，帮困助危、培养奉献精神；台湾事务——为台胞找亲、危难等提供方便，促进祖国统一。

根据国内外交往和社会发展的需要，成立红十字会组织是势在必行，根据区人民政府有关文件指示精神，各镇都要成立镇红十字会组织，根据我镇的实际情况，对镇红十字会组成人员提出如下建议：

戬浜镇红十字会组成人员：

会长：周决明；

副会长：张志冲、陈洪圻、张寿明；

秘书长：孟秀娟；

理事：陈月琴、叶备芳、胡素丰、陆耀明、杨凤娟、朱永兴、杨杏涛、陆锦章、王楷明、沈祥兴。

以上请示如无不当，请批转给基层单位。

10月29日 世界卫生组织新任驻华代表季卿礼（Dr. Gee），在卫生部国际合作司吴国高处长等陪同下，专程来嘉定参观了初级卫生保健合作中心、区中医医院、区卫生学校、马陆镇卫生院、南翔镇永乐村卫生室等单位，并与区政府、区卫生局领导就嘉定初级卫生保健合作中心与世界卫生组织的合作等问题进行了讨论。

12月4日 唐行镇人民政府下发《关于成立唐行镇红十字会理事会成员的通知》（唐府〔1993〕第89号）。

各村、企事业单：

为了发扬人道主义，实行救死扶伤，搞好扶危济困工作。根据区有关部门的精神，经镇人民政府研究决定，成立唐行镇红十字会理事会，为进一步增加世界各国人民之间的友谊交往，发展社区经济服务，现将组成人员通知如下：

名誉会长：牟善存；

会长：徐宝忠；

副会长：邵庆祥、姚文湘、王永昌、张企华；

秘书长：陈善农；

理事：孙玉其、徐宝芬、赵培英、钱小萍、项明玉、张振源、张思赞、项永生、王瑞良、唐金根、薛仲毅、顾菊兴、王成伟、赵振龙、沈仁明、高志明、陈志伟、邵康、赵启华、孙秀琴、姚冠峰、王林生、邵庆娟、周承忠。

特此通知。

抄送：区红十字会。

12 月　由上海市红十字会和中国人民保险公司上海分公司举办的《上海市婴幼儿住院医疗保险办法（试行）》在本区推广。

1994 年

1 月 10 日　上海市红十字会《关于同意上海科学技术大学成立红十字会的批复》(沪红发〔94〕第 8 号)。

上海科学技术大学：

你校沪科大〔94〕第 01 号《关于申请成立上海科学技术大学红十字会的请示》收悉。经研究，同意成立上海科学技术大学红十字会。望你校红十字会遵循人道主义宗旨，在配合学校贯彻落实党的教育方针、创建学校精神文明、搞好学校卫生、保护师生健康、开展群众性急救救护培训、社会福利及社会服务等方面发挥积极作用。

此复。

抄报：市府教委办、中国红十字会总会。

抄送：市高教局、市高校红十字工作委员会、嘉定区红十字会。

5 月 30 日　上海市红十字会《关于同意建办“上海市嘉红实业公司”的批复》(沪红发〔94〕第 52 号)。

嘉定区红十字会：

你会《关于建立“上海市嘉红实业公司”的请示报告》(嘉红会〔1994〕第 4 号)收悉。根据中国红十字会总会关于各地红十字会要积极创办经济实体和市财政局、市税务局、市工商局、市卫生局、市红十字会《关于发展红十字会企事业实体的联合通知》的精神。经研究，同意你会建办“上海市嘉红实业公司”。

有关申办及免税手续，请按有关规定到当地工商、税务等部门办理。望今后能加强经营管理，严格遵守国家法律和规定，经营盈利部分用于发展红十字事业。

特此批复。

抄送：嘉定区工商局、税务局、财政局、卫生局、嘉定区红十字会。

7月16日 嘉定区红十字会《关于同意建办“沪亭铜材厂”的批复》（嘉红会〔1994〕第4号）。

华亭镇红十字会：

你会《关于建办“沪亭铜材厂”的请示报告》收悉。根据中国红十字会关于各地红十字会要积极创办经济实体和市财政局、市税务局、市工商局、市卫生局，市红十字会《关于发展红十字会企事业实体的联合通知》的精神。本着红十字会“救死扶伤、实行人道主义、扶贫帮困”的精神，经区红会研究同意你会建办“沪亭铜材厂”。

有关申办及免税手续，请按有关规定到当地工商、税务等部门办理。望今后能加强经营管理，严格遵守国家法律和规定，经营盈利部分用于发展红十字事业。

特此批复。

抄送：嘉定区工商局、税务局、财政局、卫生局、华亭镇镇政府、镇工商所、财政所、税务所。

8月2日 嘉定区红十字会下发《关于上报新建红十字救护队的通知》（嘉红会〔1994〕第5号）。

各镇红十字会：

根据《中华人民共和国红十字会法》所赋予的职责，结合总会“六大”提出的“开展群众性卫生救护，减少因各种意外伤害造成的人员致残和死亡”的主要任务。为进一步建立健全本区群众性急救网络，更好地发挥群众性的红十字救护队在平时自然灾害、意外伤害、突发性灾害和战时的作用，保护人民群众的生命安全，本会要求各镇在年内新建一支红十字救护队，请各镇红十字会在普及群众性急救知识和技能的基础上，认真进行现场初级急救技术的自查工作。今发“红十字救护队自查评价表”及“红十字救护队名册”，请于九月底前自查结束，并将自查评分表及救护队名册上报区红会办。区红会办将组织力量予以审核，并将满90分的救护队上报市红会，争取参加市第五批红十字救护队的命名。

对部分确实存在无人管理、人员不足、无法开展活动、“挂空名”的救护队，由所属镇红十字会落实后上报我会，由我会调查核实后，上报市红会予以撤销。

9月22日 嘉定区红十字会隆重召开中国红十字会成立90周年暨嘉定红十字会成立70周年纪念大会。副区长、区红十字会会长周丽玲做报告。区委副书记陆象娟同志到会讲话。南翔镇、曹王镇等七个单位和上海三和医疗器械有限公司红十字会会长、日方董事长藤岗一郎先生等个人代表在会上作交流发言。

附：周丽玲会长在纪念大会上的讲话《发扬人道主义精神　努力发展中国特色的红十字事业》。

同志们！

值此隆重纪念中国红十字会成立九十周年、嘉定红十字会成立七十周年之际，我代表嘉定区人民政府向这次纪念大会表示热烈的祝贺！向你们并通过你们向辛勤工作在救死扶伤、救苦救难第一线的广大红十字会员和红十字工作干部表示亲切的问候和崇高的敬意！

中国红十字会自 1904 年成立以来，走过了九十年漫长的历程。中国红十字会作为国际性人道主义工作的社会救助团体，按照国际红十字运动与红新月运动所规定的“人道、公正、中立、独立、统一、志愿和普遍”七项基本原则，为民做了大量的好事、实事，在国内外已有广泛的群众基础。

嘉定红十字会自 1924 年成立后，同样在人道主义领域做了大量可歌可泣的动人事例，赢得了广大群众的尊敬和支持。

在 1924 年齐卢战争中，嘉定红十字会克服重重困难，把大批难民护送到上海难民收容所并在上海募集资金。战争结束后，把他们接回安置。对断炊缺衣者发给粮食、衣着；对房屋被毁无家可归者，拨给救济款帮助重造；给贫苦农民发放春耕资金，帮助恢复生产。据记载，当时黄渡红十字会对难民发放棉衣数百套、米百石、山芋数十担，并设立临时防疫医院，治疗伤者、病者，还发动居民清除街道、河流中赃物，掩埋尸体。娄塘红十字会救济难民 4600 余人，诊治伤病员 4146 人次，掩埋尸体 31 具。南翔成立了红十字防疫医院，设病床 30 张，免费为贫民治病。

在 1932 年“一·二八”战役中，嘉定红十字会为伤兵医院提供了大量药品，支持抗战。同年七月，在城厢、南巷开办了临时防疫医院。1946 年，嘉定红十字会大力发展“具有高尚人类理智的青年，加入博爱人群的红十字会”。至 1947 年，全县有会员五百余人。同年 12 月，在嘉定城内范家园开设诊疗所，免费接诊。

解放后，特别在 1978 年国务院关于恢复红十字会国内工作的指示以及邓小平同志建设有中国特色社会主义理论和党的基本路线指引下，红十字会抓住机遇，开拓进取，使各项工作取得了长足进步，受到广大群众的欢迎。

一、组织发展成效显著

至1993年底，全区18个乡、镇都恢复或成立了红十字会，有基层红十字会155个，有成年会员4393人，青少年会员16088人；有团体会员单位119个，团体会员13515人；共有会员33996人。目前，全区各中小学校、医疗卫生单位、敬老院、公园、消防队等单位都100%成立了红十字会。61个居委中，除了嘉定镇影院新村的五个新建居委外，亦都全部建会。各红十字组织通过不断整顿，使干部和会员的素质有了提高，志愿工作者有了增加，这些都为开展红十字工作提供了组织保证。

二、卫生救护工作产生了良好的社会效益

红十字会所从事的卫生救护工作，主要是开展现场的、群众性的初级卫生救护，是卫生行政部门“三级医疗预防保健网”的补充和延伸。历年来，我区曾先后对机动车驾驶员、电焊工、锅炉工、超重机指挥工、电梯工、中小学幼儿园保健老师，以及红十字青少年、退离休人员、居民老妈妈等开展急救技术培训，共培训152429人次。有45个救护队经市红十字会审核，被批准成为上海市红十字救护队，共有救护员1142人。

在嘉定、南翔、安亭、娄塘等镇，还建起了以红十字卫生站为依托，连接街道居委、村合作医务室，以及楼门、大院的红十字急救网络，落实了急救员、呼救员、小药箱等。

普及群众性现场初级急救技术以及急救网络建设对抢救生命、保护人民健康起着积极作用。1988年“3·24”火车相撞事件发生后，首先奔赴现场的是南翔消防队红十字救护队。他们运用学到的急救知识进行现场的初级急救，为抢救生命做出了贡献。嘉定镇人民居委的红十字急救员曾多次成功地抢救了煤气中毒、车祸大出血、高热惊厥等重危病人，在群众中传为美谈。

三、人道主义领域的社会救助活动有所发展

历年来，主要抓了以下几个方面：

1. 从抓老年和少年两个社会人群着手，参与社会保障工作

在为老年人服务方面：先后在江桥、戬浜建立了两个红十字老年护理院。一为无子女及子女不在身边，无能力照顾的患病老人，提供优质的医疗、护理、康复服务。据统计，这两个护理院自建院以来，共收治患病老人263人，有120人已愉快地走完了人生道路；有57人已康复出院，家属都十分感激。对散居在社会上的孤老病残人，发动红十字会员和他们结对子，成立包护组，实行定人、定对象、定时间、

定内容的四定服务制度。据统计，自 1981 年以来，累计成立包护组 1561 个，有 9462 名会员常年不断地为 3330 名孤老病残人服务，受到群众的好评。全国优秀红十字会员毛颖珠，自 1962 年以来，三十余年如一日，天天为孤老病残人料理家务，上门打针、换药、与孤老谈心，被誉为“孤老的女儿”“活着的雷锋”。目前，毛颖珠式的热心为人民做好事的会员越来越多，他们自觉自愿、不计报酬、日复一日、默默无闻地为孤老病残人服务，成为精神文明建设的带头人。自 1981 年以来，基层红十字会员用轮椅车送病人到医院就诊 63797 人次，为群众治疗小伤小病 366926 人次。对全区 18 个乡、镇敬老院（福利院）的保健员、服务员全面进行培训，帮助他们提高对老年性疾病的医疗护理、老年心理学、营养学等卫生知识，提高服务质量，做到小病不去院、大病不误诊。对敬老院的炊事员也全面培训，基本做到食堂卫生、烹调正确、营养合理，适合老人需要。自 1983 年起，每年举办老年卫生知识讲座，计 56 期，听讲者达 1800 余人次，以提高老年人自我保健意识。

在为少年儿童服务方面：开展了未成年人住院医疗保险，由本会牵头，会同保险公司、教育局、卫生局等单位，先后实施了中小学校、幼儿园儿童住院医疗保险，以及 0～4 岁婴幼儿住院医疗保险。据统计，去年全区 98% 中小学生、幼儿园儿童 89000 多人次及 7800 多名婴幼儿参加了保险，已有 2006 人次的儿童从这个保险中受益，共得保险金 813590.47 元。启良中学 16 岁女学生许小莺患再生障碍性贫血，一次就报销医药费 29101.12 元，病家十分感激。许多家长说：“每年花几元钱买了孩子的平安，值得。”

为了促使孤儿健康成长，本会对全区 22 名失去父母双亲的孤儿，落实了由所在地红十字会牵头，联系民政、合作医疗管理委员会以及有关企业单位等共同协商，分担孤儿的生活、学习、医疗等所需经费，共同签订了协议，使孤儿的医、教、养有了保障。

为了给弱智儿童创造良好的学习条件，在’88 国际体育援助计划活动中，嘉定红十字会办起了声势浩大的募捐活动，呼吁社会各界为弱智儿童伸出援助之手。共募得捐款 208366.62 元，为弱智儿童建造了一所占地 900 平方米，设有律动室、体育房、图书室、医务室等设施的辅读学校。共设四个班，学生 60 人。通过辅读，使学生的智力普遍有所长进，他们表演的文娱节目多次受到外宾的赞扬。有十多名学生已转入普通学校学习。

2. 通过医疗卫生工作为群众服务

各医疗卫生单位遵循红十字人道主义精神，努力改善服务态度，提高医疗卫生工作质量。他们开设老年门诊、建立家庭病床，义务为老年人、残疾人体检，开展多种医疗咨询服务。据1985年以来的统计，服务人数达75892人次。特别在火车相撞、龙卷风，以及车祸、工伤等突发性事故发生后，南翔医院、中心医院、安亭医院等都出色地完成了抢救任务。

各级红十字组织和广大会员积极参加献血和宣传、动员工作，不少会员带头无偿献血。广大会员还积极投入爱国卫生、防病、计划生育等工作。为提高卫生、计划生育水平做出了贡献。

四、红十字青少年工作蓬勃发展

全区56所中、小学校都成立了红十字组织，并把人道主义教育和急救技术培训纳入"第二课堂"，结合课堂教育，举办作文比赛、智力竞赛、文娱演出、夏（冬）令营等。组织红十字青少年卫生值勤、广播宣传、编写黑板报、辅导眼保健操、医务室值班、为孤老病残人送温暖、做好事等，使他们接受了教育，增长了知识和才干，从小培养人道主义思想和助人为乐观点，成为学校精神文明建设的骨干、卫生保健老师的好助手。

五、兴办红十字经济实体

各级红十字会和干部在实践中认识到，要弥补红十字会活动经费的不足，应走兴办实体、服务社会、增强实力、发展事业之路。在深化改革的形势下，根据中共中央关于发展第三产业的决定精神以及总会号召地区兴办福利事业的基础上，创造条件，兴办经济实体。目前，区办服务型实体有两个、镇办生产型实体4个、服务型实体两个，共8个。对经济实体的盈利，强调来源于社会、服务于社会的原则。区红会拟建立"嘉定区人道主义救助基金"为民解难。

六、开展了国际国内交流和对台工作

几十年来，本会曾先后接待了苏丹、日本、新西兰、澳大利亚、美国等红十字代表团的来访，接受了西班牙、澳大利亚、日本、美国、泰国、菲律宾、印度尼西亚等国的红十字青少年送来的礼品，并组织我区的红十字青少年制作反映生活的工艺品一一回礼。1988年启良中学红十字少年黄玥，作为世界儿童代表，出席了于美国纽约举行的"1988国际体育援助计划"开幕式——"与时间赛跑"活动；她还赴匈牙利布达佩斯进行红十字访问，赴英国伦敦参加世界儿童大联欢。这些活动都为发展友谊、促进世界和平做出了贡献。

1987年11月以来，本会还开展了为台胞台属查人转信工作，共接待了台属38人次，发出寻人表格30份，已查有结果的有4宗，受到台湾红十字组织转来的台胞寻找亲人表格11份，已查有结果的有10宗，使海峡两岸许多失散四十余年一直杳无音讯的台胞和台属得到了团聚。

同志们！在隆重纪念中国红十字会成立九十周年、嘉定红十字会建会七十周年之际，我们回顾嘉定红十字会走过的历程，目的是为了发扬人道主义精神，开拓了中国特色的红十字事业。江泽民出席于去年九月三十日签发了《中华人民共和国红十字会法》，对红十字会的宗旨和性质重新进行了规范，为红十字事业向更广阔的领域发展提供了法律依据。红十字会作为从事人道主义工作的社会救助团体，一保护人的生命和健康、发扬人道主义精神，促进和平进步事业为宗旨，让我们遵循圣洁的宗旨，坚定奉献精神，高举人道主义旗帜，沿着法制化轨道，团结一致、齐心协力、抓住机遇、锐意进取，为弘扬人道主义，促进世界和平与人类进步事业做出新的贡献！

12月　嘉定区红十字会发表《嘉定区1994年红十字工作总结》。

1994年我区红十字工作以学习、宣传、贯彻《中华人民共和国红十字会法》为中心，围绕“保护人的生命和健康”，“发扬人道主义”精神，积极争取社会各方面的理解和支持，依靠各级红会干部和广大会员的积极努力，继续拓宽人道主义服务领域，取得了较好的成绩。

一、学习、宣传、贯彻《红十字会法》

一年来，本会先后六次举办《红十字会法》宣讲员培训班，为全区各镇及医疗卫生单位、中小学校、居委、敬老院、工厂企业等单位培训《红十字会法》宣讲员计465人，并组织区红十字会理事会成员以及各级基层单位红十字会会长带头学法，使一场学习、宣传、贯彻红十字运动在我区全面展开。据不完全统计，全区共翻印、下发宣传资料四万余册，有80374人投入了学习运动。曹王镇还把学习《红十字会法》纳入普法教育计划，由镇普法办统一部署，扩大了教育面。区和各镇、基层单位还层层开展了红十字会法知识竞赛、有奖问答等，推动了学“法”运动的深入开展。

随着学“法”的不断深化，不少镇（如马陆、南翔、嘉定、曹王等）落实了红十字会经费；唐行、江桥、方泰等镇调整和加强了红会干部力量；江桥镇还召开了第一届红十字会员代表大会，第一次由会员代表民主选举镇红十字会理事会成员。各基层单位还由干部带头，落实

《红十字会法》，发动全员积极筹措“上海市人道主义救助基金”。曹王、嘉西、南翔、嘉定、徐行、娄塘、马陆、黄渡等镇受到市红会的赞扬。不少会员说：《红十字会法》为深入开展红十字工作提供了法律保障，干起来更有劲。

二、巩固、发展红十字会员队伍

为贯彻谢丽娟会长关于“没有数量就没有质量”，“大力发展红十字会员”的要求，我会在去年实现全区各镇“一片红”的基础上，年初就提出了会员数达到全区总人口数10%的要求。一年来，各镇均在大力开展学“法”运动的同时，注意做好组织发展工作，尤其注重在文明单位和容易发生意外事故的工厂企业单位发展红十字组织。据统计，全区共发展基层红十字组织28个，会员9809人。团体会员单位35个，会员11228人。目前，全区共有群众会员单位162个，群众会员25580人，其中青少年会员21507人；有团体会员单位155个，团体会员25376人，共有会员50956人，占全区总人口数10.64%。中、小学校的会员数已达到学校总人数的31.83%。全区红十字基层单位数和会员数均为历年之冠。目前，全区各镇、各医疗卫生单位、中小学校、敬老院、公园、消防队等单位都100%建立了红十字会。

为了加强对基层红十字会的领导，区划片建立了四个红十字交流协作组；各镇都建立了红十字工作月会、例会制度，以互通信息、交流经验、帮助红会干部提高工作水平，促进红十字工作的深入开展。

今年收缴会费率亦为历年之冠。全区有161个群众会员单位的28052名会员交纳会费45418.95元。会员交纳会费率为99.96%，中、小学校交纳会费为100%，团体会员单位124个交纳会费40520.50。这些会费均由收费单位留作红十字活动经费。同时还健全了会费管理制度，保证了合理使用、专款专用。

三、努力普及现场初级急救技术

开展群众性现场初级急救技术训练，是红十字会的传统业务。今年的特点是：面向农村、为农民服务。一年来，我会先后六次组织医务力量，下乡为乡村医生、农村红十字会员做心肺复苏等五大急救技术及溺水、触电、农药中毒、职业中毒等急救技术培训，组织各医疗卫生单位红十字会划片包干，做好所在地普及急救技术工作，并将其纳入考核指标，使农村急救培训工作较扎实地开展。据统计，全区有24831人接受了培训。经过历年来的努力，目前，全区已有10280名汽车驾驶员、1169名拖拉机驾驶员，641名锅炉工，354名电焊工，434名行车工、电梯工、起重机指挥工及165名乡村医生，627名幼教老师，经考试合格，领到了“上海市现场初级急救技术培训合格证”，在居委和村民中涌现了掌握现场初级急救技术的急救员199人、呼救员602人，为我区建设群众性自救互救网络打下基础。

四、积极扩大人道主义服务领域

1. 对孤儿实行“三助”

在全面调查摸底的基础上，对全区廿三名失去父母双亲的十六岁以下孤儿，发动所在地红十字会牵头，联系有关企业以及合作医疗、教委、民政等部门，对孤儿实行助医、助教、助养，各方明确职责，签订落实协议，使孤儿的生活、医疗、学习有了保障，促使了他们健康成长。曹王镇孤儿张喻，自落实“三助”以来，学习成绩明显进步，已当上了少先队干部，参加了红十字组织。她说：长大后一定要像红十字会一样，多为人民做好事。

2. 对孤儿病残人实行包护

年内除了协助民政部门抓好敬老院服务员培训，提高服务质量外，着重加强了包护组管理，强调了“四定”服务制度（定对象、定会员、定时间、定内容）及包护组名单上墙等，以提高服务质量。年内新建包护组94个，共有包护组230个，有968名会员常年不断地为孤老病残人提供生活和医疗保健服务，涌现了大批毛颖珠式好会员。年内为居委赠送轮椅24辆，下发了急救药品、气垫、氧气袋、担架、拐杖等物品，方便群众。一年来，基层红十字会员用轮椅车送病人到医院就诊2609人次。江桥、戬浜两个护理院一年来不断提高医护质量，共收治老年病人117人，有26人含笑告别了人生，57人好转出院，是老人满意、家属感激。

3. 以实际行动纪念“五八”世界红十字日

全区普遍开展了为社会做好事、实事活动。据不完全统计，有149555人参加了卫生突击，为老弱病残者做好事1400余件，有143名医务人员上街为12590余人提供了医疗咨询服务。在“五八”这一天，嘉定中心医院红十字会组织中、高级医务人员赴看守所为公安干警、武警战士以及囚犯进行医疗咨询服务。安亭师范红十字青少年赴嘉定工读学校与工读学生联欢，鼓励工读学生改邪归正，当一名祖国建设的有用人才。嘉定职业技术学校的教师、学生还上街表演急救技术，向过路行人传授急救知识，受到社会各界的好评。

4. 会同区残联、民政局、教育局、卫生局、体委等部门联合举办

"嘉定区第一届伤残人运动会"

共有386名伤残人及伤残人工作者运动员精神抖擞地参加了田径、游泳、篮球、乒乓、象棋等比赛，鼓舞了残疾人自强不息、乐观进取的斗志，促进了社会各界进一步理解、关心、支持残疾人事业，其规模、声势之大均为历史之最。

年内，还配合有关部门抓紧了未成年人医疗保险，使0~3岁儿童的保险率达82.93%，中小学生、幼儿园儿童的住院医疗保险率达107.89%，开展了遗体捐献登记、非血缘关系骨髓移植宣传和查找台湾亲人等工作。

五、加强宣传、扩大影响

年内，抓住了纪念"五八"世界红十字日及中国红十字会建会九十周年、嘉定红十字会成立七十周年纪念活动，大力宣传、大造声势，努力扩大红十字会影响。

尤其在纪念中国/嘉定红十字会成立90/70周年之际，我区召开了由各基层单位红十字会会长参加的纪念大会，把区四套班子领导及嘉定地区影响较大的企业、单位领导都请来，以红十字会在战时救济难民、救护伤员；在灾时赈灾救灾、扶危济困；在平时救死扶伤、敬老助残、为人民为社会做好事的实例，给与会者教育很深。区委副书记陆象娟要求各级党委和政府牢固确立经济越发展、越要加强红十字工作的观念，正确处理经济建设与红十字事业的关系，把红十字工作摆上议事日程。区电视台、广播电台都作了报道，造成较好影响。

据统计，在"五八"期间，区和镇举办《红十字会法》培训班109次，有11231人参加了学习，有1948名会员上街宣传《红十字会法》。开展了红十字黑板报展评，共展出黑板201块，悬挂横幅50余条，组织"人道主义在我心中"座谈会、演讲会、联欢会14次，参加者864人，有1835人参加了红十字知识竞赛，举办了红十字征文、书法、摄影、美术比赛作品计250余件，其中有6件在全市比赛中得奖。

六、红十字青少年工作

今年红十字青少年工作的特点是：学校领导重视。大部分学校领导每学期都能亲自研究部署红十字工作一次，把红十字工作与德育教育结合起来，把人道主义教育和急救技术培训纳入第二课堂，保证了红十字工作的顺利开展。许多学校还健全了制度，使红十字工作向规范化、制度化前进。据统计，年内红十字青少年接受卫生知识培训21507人次，急救技术培训22812人次，上街做好事、社会服务5125人次，有1652

名红十字青少年参加了形式多样的夏冬令营活动。

一年来，我区红十字工作存在的问题主要是：

一、宣传工作不力，以致不少人对红十字会不了解。

二、发展不平衡，部分地区红会干部不落实、不得力。

三、急救培训任务还十分艰巨。年内对汽车驾驶员的急救培训因少数单位头头思想不通而停止。摩托车、拖拉机驾驶员、有毒有害作业及建筑工地等急救培训尚未展开。

四、办经济实体由于缺乏人力、物力、财力，十分艰难，进展缓慢。已办的实体有的还需协调解决有关问题。

1995 年

3 月 15 日 嘉定区红十字会、嘉定区教育局公布由双方联合举办的“我心中的红十字”征文、绘画竞赛获奖名单。

征文竞赛获奖名单：

一等奖：王超（启良中学）；

二等奖：姚渊（疁城中学）、张嘉佳（疁城中学）；

三等奖：倪清（方泰中学）、李燕燕（嘉定职校）、金亮（朱家桥中学）；

优胜奖：张凤芬（黄渡中学）、朱培（疁城中学）、王亚敏（启良中学）、赵谦（方泰中学）、陈聪华（苏民中学）、赵晓军（疁城中学）；

组织奖：启良中学，疁城中学。

绘画竞赛获奖名单：

一等奖：卢秦（徐行中心校）；

二等奖：臧丽园（实验小学）、范燕（嘉西中心校）；

三等奖：马正（普通小学）、蒋薇（嘉西中心校）、范春峰（徐行中心校）；

优胜奖：孙晓霞（黄渡中村小学）、陶靓（三皇桥小学）、陆心远（实验小学）、王欣嵩（三皇桥小学）、赵思思（南翔镇一中心）、陈贤（南翔南华小学）。

组织奖：徐行中心校、嘉西中心校。

是日 嘉定区红十字团体年度统计信息上报，红十字团体除嘉定区红十字会外，还有嘉定、南翔等 18 个镇红十字会，中燕生物精细化工厂等 4 个团体实体，以及各团体负责人等信息。1994 年，有 8 万多人投入学法运动；新发展会员 9809 人，基层红十字组织 28 个；普及现场急救技术，成立了群众性自救互助网络；对全区 23 名孤儿实行了三助（助医、助教、助养）；成立了包护组，对孤老病残者长年不断上门服务；召开了纪念中国/嘉定红十字会成立90/70周年大会，扩大了影响；把红十字青少年工作与学校教育工作结合起来，各学校举办形式多样的夏、冬令营活动。

4月27日 嘉定区红十字会、嘉定区卫生局下发《关于在本区各红十字医疗卫生团体会员单位开展“义诊”活动的通知》（嘉红会〔1995〕第4号）。

各红十字医疗卫生团体会员单位、各镇红十字会：

根据市红会、市卫生局的通知精神，经研究决定，为隆重纪念“5·8”世界红十字日，大力弘扬红十字的救死扶伤、扶危济困、敬老助残、助人为乐的人道主义精神，认真贯彻、执行《中华人民共和国红十字会法》、5月8日在本区各红十字医疗卫生团体会员单位中开展“义诊”活动，将当日门诊挂号费、诊疗费和药品费净收入的40%作为对上海市红十字人道救助基金的捐赠，并请于5月10日前将上述款项交区红十字会办公室（清河路48号）或汇入建行嘉定支行区红十字会账户，由区红十字会汇总统一交市红十字会人道救助基金办公室。

特此通知。

8月2日 嘉定区红十字会办公室《关于建办嘉红卫生工具厂的申请》。

嘉定区红十字会：

我办根据《中华人民共和国红十字会法》的宗旨精神，实行救死扶伤、发扬人道主义精神、扶贫帮困、救苦救难、敬老助残、助人为乐、为民解忧排难、当好政府助手、充分发挥其红会的作用，为社会多做贡献。本着红会是社会救助团体、国际性组织，为履行红会职责和任务，必有一定的活动基金。中国“红会法”在第二十条、二十一条中明文规定，红会要兴办红十字会实业，成立有效的经济实体，弥补财经的短缺。

该厂为：全民性质独立独栋、自负盈亏、自主经营。

地址：嘉定区嘉定镇嘉丰路52号

经营范围：生产加工（塑料、五金、仪表、陶瓷等）

经营方式：自产自销、批发零售。

特申请。如无不妥，请批复。

是日 嘉定区红十字会《关于同意建办“嘉红卫生工具厂”的批复》（嘉红会〔1995〕第5号）。

嘉定区红十字会办公室：

你办关于建办“嘉红卫生工具厂”的请示收悉。根据《中华人民共和国红十字会法》《上海市红十字会条例》和贯彻市财政、市税务、市工商、市卫生局和市红会《关于发展红十字会企事业实体的联合通知》精神。经研究，同意你办开办“嘉红卫生工具厂”。

有关申办及免税手续请按有关规定到工商、税务等部门办理。望今后能加强经营管理，严格遵守国家法律和规定，经营盈利部分用于发展红十字事业。

特此批复。

抄送：嘉定区财政局、税务局、工商局、卫生局、市红十字会。

12 月 20 日 嘉定区红十字会公布红十字工作 1995 年度考核结果。

一、红十字会员单位红十字工作考核结果

一等奖：嘉定区妇幼保健院；

二等奖：中医院、南翔医院；

三等奖：中心医院、精防院、曹王卫生院。

二、镇红十字会工作考核结果

一等奖：马陆、曹王、朱家桥；

二等奖：安亭、嘉定、黄渡、娄塘、戬浜、方泰；

三等奖：望新、唐行、江桥、徐行、嘉西、外冈、南翔、封浜、华亭。

三、红十字青少年工作考核结果

一等奖：嘉定区职业学校、嘉定区实验中学、黄渡中学；

二等奖：曹王中心小学校、戬浜中学、疁西小学、疁城中学、娄塘中心校、普通小学、启良中学、嘉西中心校、徐行中心校、苏民中学、南翔中学、实验小学；

三等奖：马路中心校、黄渡中心校、南翔中心校、大桥中心校、方泰中心校、朱家桥中心校、外冈中心校、安师学校、娄塘中学、徐行中学、嘉定一中、三皇桥小学、戬浜中心校。

鼓励奖：唐行中心校、安亭中学、朱桥中学、嘉西中学、曹王中学、华亭中心校、迎园小学、李园中学、方泰中学、城中路小学。

12 月 全区共有红十字会会员 60836 人，占全区总人口数的 12%。年内，区、镇红十字会对全区 19 名 16 岁以下孤儿全部落实了医、教、养，为孤儿们创造了良好的生活、学习环境；对 352 名孤寡老人继续实行包护活动，提供生活和医疗保健服务。

本月 嘉定区红十字会会址由清河路 48 号迁驻金沙路 257 号。

1996 年

1 月 25 日　嘉定区红十字会发表《嘉定区 1995 年红十字青少年工作小结》。

1995 年，在教育局的大力支持下，在教育局、学校领导的重视、关心下，在全体老师的共同努力和辛勤工作下，嘉定区的红十字青少年工作取得了较好的成绩。在此，将 1995 年度的红十字青少年工作做一回顾。

一、组织建设方面

1995 年，全区共新发展青少年会员 9732 人，现有青少年会员总数 25335 人。全区所有中学及中心小学全部建立了红十字组织、建立了理事会。1995 年，又有 4 所完全村小建立了红十字组织。在学校领导的重视下，都配备了红会秘书长，负责学校的红十字青少年工作。年内，各红会组织普遍召开理事会，讨论研究红十字青少年工作，使红十字青少年工作能按部就班、有序地开展。

二、学习、宣传方面

各学校能充分利用广播、画廊、黑板报等宣传工具，宣传红十字会的会务知识；宣传《中华人民共和国红十字会法》及《上海市红十字会条例》的有关内容，各保健老师也尽职尽力、千方百计、挤出时间、精心备课，利用课余时间或第二课堂进行红会方面知识的授课。如职业学校保健师利用午间休息时间上课，做到既不影响正常课程的教育，又使红会知识得到了普及；又如黄渡中学、实验中学等学校发动同学自己动手设计版面，刊出了一张张富有新意的红十字专刊小报，使红十字青少年们相互交流了对红十字的认识，巩固了学习成果。据了解，各学校普遍进行了《中华人民共和国红十字会法》及《上海市红十字会条例》的专题学习，并结合会务知识，开展了智力竞赛、普遍测试。经测试，成绩优秀，广大青少年对红十字会有了较为系统的全面的了解。

三、救护培训方面

各学校普遍成立了救护队，并定期进行四大急救技术及心肺复苏的培训。同时，把普及救护知识列入第二课堂、列入高一新生的军训之中，并且，把救护普及与民防教育结合起来。如曹王中心校的第二课堂的救护知识普及培训搞得相当出色，做到定期活动。启良中学能自觉地把救护知识的普及列入民防教育的课程，虽然实行五天制，教学任务较为紧张，仍使救护培训工作落到了实处。由于急救技术的普及，使红十字青少年们初步掌握了急救技术，在平时的学习、生活过程中发挥了积极的作用，会员们运用学到的知识，为院前急救争取了时间。如职业学校有学生在长跑测试时突然休克、冷汗淋漓、呼吸微弱，同伴的红十字会员学生利用掌握的急救知识，一面搀扶他继续慢跑；一面通知医务室保健老师，以致没有延误病情，类似的事例举不胜举。

四、社会福利、救助方面

为培养学生从小树立救死扶伤、人道主义精神，各校纷纷成立各种形式的各具特色的包护组、服务队，为孤老、为社会、为群众服务，坚持长年累月为民服务，有的包护组几年如一日，为生活确有困难的老人提供服务。各学校还纷纷与敬老院联系，为敬老院定期打扫卫生，为老人们表演节目，敬老节来临了，学生们拿出自己的零用钱，为老人们买水果和衣物，与老人们共度节日；在1995年创建国家卫生城市的过程中，红十字青少年们更是发挥了不可低估的作用，学生们纷纷利用休息时间上街打扫卫生，保持了集镇的卫生。如南翔中学、黄渡中学自动发出为身患重病、家境贫寒、不堪重负的学生家庭募捐，真可谓雪中送炭。南翔中学的一次募捐就达万元。通过募捐，使同学们理解了互相帮助的真正含义。同时，也使同学们充分感受到人间自有真情在，充分显示了红会的救死扶伤、扶危济困的作用。

五、大型活动方面

1. 绘画、征文比赛

为参加东亚地区的“我心中的红十字会”绘画、征文比赛，在教育局的大力支持和积极配合协助下，区红会和区教育局联合于2月下旬发出了竞赛通知。在老师们的努力下，使本次活动搞得非常成功，共有1613名学生参加比赛。组委会分别对优秀作品颁予了一、二、三等奖的表彰，并对组织有力、成绩优秀的学校授予组织奖。同时，选送优秀作品与征文参加市级比赛，其中一人获二等奖、一人获优秀奖，嘉定区被授予组织奖。这些成绩的取得，应该归功于老师们，没有老师们的精心组织、积极发动、认真地筛选，取得这些成绩是不可能的。征文、绘画活动的开展，使学生对红会有了更深层次的了解，学生们通过绘画、征文充分表达了对红会的理解。

2.“五八”世界红十字日，学校普遍都进行了上街宣传，为民服务、包扎表演，吸引了众多的群众。如职校组织了43名学生上街表演四大急救技术，吸引了数千名群众驻足观看，影响颇大；徐行中心校也组织学生上街表演节目，进行救护、包扎表演；马陆中、小学生在5月8日上街打扫卫生等等。总之，各校的“五八”纪念活动内容丰富、形式多样，收到了较好的效果。

3. 冬、夏令营活动，内容丰富多彩，老师们能够充分利用寒、暑假组织红十字青少年中的骨干，参加假期活动。同时，集学习、娱乐、竞赛等于一体，真正做到寓教于乐，丰富了红十字青少年的假期生活。

总之，一年来，老师们付出了艰辛的努力，留下了辛勤的汗水，但事与愿违，还有不尽如人意的地方。如人们对红会的认识不够，表现出漠然、不理解、不支持；有个别校领导不够重视、支持；有部分学校人员调动、业务不熟等因素，造成学校之间工作的不平衡，参差不齐，这些有待于在1996年改进。

1996年，我区的红十字青少年工作，将在1995年的基础上力求有所提高，缩短学校之间的差距，使红十字青少年工作稳步向前。

一、加强组织建设，做好青少年会员的发展和接转工作，加强完全村小的建会工作，力争达到100%；充分发挥理事会的作用，做好资料工作。

二、加强保健老师的培训，包括红会知识、急救技术的培训及其他有关知识的培训，提高保健老师的业务水平。

三、举办迎合学生特点的冬、夏令营。

四、在普遍学习的基础上开展《红会法》《红会条例》的测试和竞赛。

五、加强包护培训和救护队建设，做好救护队的训教工作，在此基础上，举办救护包扎比赛。

六、加速包护组的建立，健全服务制度，为孤老、为社会提供服务，使全区孤老的包护率达100%。

1月—4月　**区红十字会将建立嘉定区人道主义救助基金作为今年工作的突破口。四月份，市红十字会又发出了“备灾救灾、人道救助”，向社会开展募集的倡议。副区长、区红十字会会长周丽玲就募捐之事接**

受电视采访，亲自募集资金，并分别召开各级红十字会干部会议，统一思想，积极行动，上下协调一致。红十字会干部们走东家、串西家，向人们广泛宣传募捐的意义。

5月 “5·8”世界红十字日期间，各镇（街道）普遍开展了上街宣传和咨询服务，共开展《红会法》《条例》《标志使用法》等学习26次，参加人数3851人，上街宣传、义务咨询活动人数754人，共展出黑板报545块，广播宣传28次，分发各类宣传资料1390份，有172名医务人员参加了医疗咨询，受服务人数3467人。各级医疗卫生单位纷纷派出医疗队为敬老院的老人义务体检，做B超、心电图、肝功能检查。安亭医院连续三年在院长带领下，前往敬老院为老人们义务体检，倾听老人们的意见，做到有求必应。

6月 “六一”儿童节期间，区红会办公室改变召集开会的惯例，与镇红会干部一起，挨家挨户上门看望孤儿，并送上慰问品，实地了解孤儿们的生活状况。

南翔医院红十字志愿服务队在社区服务中心设立了一个医务室，开设家庭病床，风雨无阻上门为居民服务。

区卫生防疫站除了每年一次为嘉定镇福利院免费消毒之外，在炎热的夏天来临之际，还送去了电风扇。

9月1日 市红十字会、市教委、市卫生局共同创办“上海市中小学生、婴幼儿住院医疗互助基金”，从而实现了全市中小学生、婴幼儿住院医疗费用的社会统筹。

9月9日 区红十字会《关于注销“健乐舞厅”营业执照的请示》（嘉红〔1996〕第4号）。

嘉定区工商局：

由于卫生局办公室地点迁移至金沙路255号，“健乐舞厅”已不能正常营业。故申请注销“健乐舞厅”营业执照。

以上请示当否，请批示。

9月9日 区红十字会《关于增加定点医院的请示》（嘉红〔1996〕第5号）。

市少儿住院基金管理办公室：

由于我区地理位置比较特殊，沿曹安路两侧的镇，习惯上就医都往市区有关医院，合作医疗等部门也都认可。特别是小孩生病（因现在都是独生子女，是父母掌上明珠），更是如此。

少儿住院基金管理办公室下发的《关于定点医院的规定》，基层医疗单位及群众反响较大，纷纷要求按照原来的医院就诊，以减少家长及病儿的往返，方便群众，真正为人民做好事、办实事。

为此，特向管理办公室申请增加定点医院，具体办法如下：

享受增加定点医院的乡镇：江桥、封浜、黄渡、安亭、南翔。

转诊手续由镇卫生院办理。

要求增加定点医院的名称：普陀区中心医院、儿童医院、新华医院等。

以上请示如无不妥，请批示。

10月 至本月底，全区共募集人道救助资金10万余元，其中5月份上缴市红十字会5.5万余元。

11月26日 上海市红十字会下发《关于荣获中国红十字会、上海市红十字会先进集体、先进个人的通知》（沪红发〔96〕第94号）。

各区、县、石化、宝钢红十字会，各有关单位红十字会：

根据中国红十字会总会红组青字〔1996〕第75号《关于下发1993—1995年度全国红十字先进集体、先进会员评选名额的通知》，依据《上海市红十字会条例》第二十二条规定，经市人民政府批准、我市开展了评选上海市红十字会先进集体和先进个人工作，并在此基础上推荐先进集体11个，先进个人70名，作为全国红十字会先进上报总会。业经中国红十字会总会批准（名单见附件）。

为了弘扬他们这种无私奉献的红十字精神，为上海的精神文明建设做出的贡献，拟以实际而又适当的形式给予表彰（具体另行通知）。市、区、县及有关单位红十字会，都应通过各种形式宣传他们的先进事迹，以他们为榜样，发扬红十字精神，促进上海的红十字事业。

请各区、县及有关单位红十字会接本通知后，统一于十二月二日—六日到市红十字会组训部领取中国红十字会、上海市红十字会先进集体、先进个人奖牌及证书、纪念品。市红十字先进个人的奖励金，由我会汇入区、县红十字会账号，每人300元。

附：荣获中国红十字会、上海市红十字会先进集体、先进个人名单（详略）。

其中，嘉定区职业技术学校红十字会、曹王镇红十字会荣获上海红十字会先进集体称号；毛颖珠、丁品元、滕柏球、黄锦德、郭秀武、岳月英、徐建生、柏正兴荣获上海市红十字会先进个人。

中国红十字会先进个人（按姓氏笔画为序）

丁伟民　丁品元　王予美　王开桂　王礼康　王国华　王燕芳

包吉庭　孙菊英　孙国华　朱　萍　许正平　沈光照　沈秀华

沈晓惠　沈燕华　陆珍萍　陆海涛　陆浚慧　陆伟华　陈　珍
陈银龙　陈惋娟　陈蔷娟　吴孟超　吴弟春　吴传恩　张荣蓉
张国成　何妙妹　李福舰　苗金花　周婉娣　周祖翰　金琴芳
林传毅　郑时芬　胡美珍　赵厚源　赵　济　赵永英　钟君良
姚凤玉　施定水　施圣鹏　施琴珍　项惠芳　姜在荣　徐淑清
徐义根　钱新民　钱德敏　钱湘雯　翁曼菅　郭　萍　郭志贤
殷民德　殷组泽　柴小苗　贾发昌　梅泉娣　草正兰　曹荣生
曹协萍　黄锦德　董塞珠　董趣英　葛尧兴　蔡　萍　滕柏球

11日　嘉定区少儿住院基金办公室发表《一九九六学年嘉定区少儿基金工作总结》。

为了减轻中小学生、婴幼儿因病、伤特别是大病、重病住院而造成的家庭经济负担，使每一位参加者都得到医疗保障，使儿童健康成长、社会稳定，从1996年9月1日起由市红十字会、区教委、市卫生局共同创办了上海市中小学生、婴幼儿住院医疗互助基金。这是一项非赢利性质的社会公益事业，实现了全市中小学生、婴幼儿住院医疗费用社会统筹，也符合“我为人人，人人为我”的人道主义宗旨。

一、领导重视，各方支持

自从7月份市少儿基金管理委员会召开了首次宣传动员大会以后，我们即向各级领导汇报，在领导的关心重视之下，相应成立了嘉定区少儿基金管理办公室。在区教育局、区卫生局等单位领导的大力支持下，专门召开了学校、医院、卫生院等单位有关人员的会议，层层宣传、动员，讲清了少儿基金是为社会分忧、为家庭解难的一件好事和实事，让大家首先从思想上高度重视这项工作。

二、开展全面调查摸底工作

对我区范围内的0～18岁儿童进行全面的调查摸底工作。我区共有中专、职技校12所，中学30所，小学26所，幼儿园33所及乡镇卫生院19所，总数约92000多中小学生及婴幼儿。

三、认真做好宣传发动工作

由于少儿基金正式启动较晚，要在10月底全面完成任务，进入由医院结算的正常运作轨道，时间非常紧、任务重、缺乏经验，加上人手又少，困难确实很多。基金办的同志在领导的关心、直接参与下，天天加班加点，从有效凭证、防伪标志的粘贴、每张医疗证编号的编制（不能有重号、错号），到医疗证、宣传材料的发放，从对每个参与单位缴费名册、情况汇总表的核对，到基金款的收齐，做了大量的烦琐、复杂的工作。这项工作是第一年开展，有些单位对此不太理解，工作积极性不高，基金办的同志就将所有材料送货上门，耐心做好宣传工作，经过上下各方齐心协作，1996年度我区0～3岁儿童共有8074人，参加人数6521人，参加率为80.77%；4～18岁儿童共有84500人，参加人数为81975，参加率为96.99%，总覆盖率为95.58%。

四、认真审核，把好质量关

对本区定点医院送上的A、B表、出院小结、住院证明单、汇总表，认真审核，提出初审意见，发现问题及时下医院检查。一开始娄塘卫生院对住院标准掌握不严，把门诊补液1～2天的也当作住院，为其办理住院基金结付手续。审核中发现以后，马上同他们联系，纠正错误。通过几个月的实际操作，将发现的主要问题汇总以后，印发给各定点医院，避免类似情况发生。

1996年11月份一位家长为其患白血病的儿子报销住院费用时，基金办的同志认真验看医疗证等的手续，并详细询问了病情，当得知该儿童还看过特殊门诊时，当即为他办理了特殊门诊报销手续。

五、树立服务意识，做好日常工作

部分家长对孩子入院后的手续不清楚，来人来电询问，我们均按政策热情回答；有些患儿家长单位对红发票中如何计算50%医疗费用报销产生疑问，我们给予耐心解释；对少数儿童不慎遗失医疗证，在接待时首先向家长宣传应如何保管医疗证，然后及时给予补证。类似问题均一一妥善解决，在符合基金管理制度的情况下，让家长享受到参加基金后的权益，既为家长排忧解难，又扩大了影响。

六、少儿基金是项“为民工程”

从1996年9月1日到1997年8月底的统计数据看，少儿基金确实是项“为民工程”。去年我区两证不齐的人次数共46人，支付金额51477.73元；特殊门诊人次数13人，支付金额7316.55元；全区21家定点医院为2318人次患儿支付738803.66元；总计共支付金额797597.94元，这还不包括三级医院统计数。

少儿基金创办一年来，经过各方面上上下下的共同努力，取得了不少成绩和社会效益，但还存在着一些不足之处，如宣传力度不够，社会影响面不大，0～3岁儿童覆盖率并不很高，学校在寒暑假为患儿开住院证明单的衔接还存在问题等。在新学期到来时，需克服不足，继续努力，为缓解家长的后顾之忧，为社会的稳定再做贡献。

12月30日 嘉定区红十字会发表《嘉定区红十字会一九九六年度

工作总结》(嘉红〔1996〕第6号)。

嘉定区红会在市红会的正确领导下，在区府及卫生局的大力支持和关怀下，以党的十四届五中全会为指针，认真贯彻、宣传、落实《中华人民共和国红会法》《上海红十字标志使用方法》，经过全体理事以及全体红会干部的努力，在全体红会会员以及各界人士的大力支持下，发扬“人道、奉献、博爱”的精神，依法建会，取得了一定的成绩。现将96年度的工作作一简单回顾。

一、认真学习、贯彻落实《中华人民共和国红十字会法》《上海市红十字会条例》《红十字标志使用办法》，依法兴会

1. 深入开展《中华人民共和国红十字会法》《上海市红十字会条例》《红十字标志使用办法》的学习，区法制办公室也将《上海市红十字会条例》作为96年度的普法内容。区红会办通过各种形式，分发宣传资料，组织镇红会干部、保健教师、卫生系统的红会干部分批分片、分组进行《红十字标志使用办法》的学习，并通过他们组织红会会员、干部群众学习，使广大的干部群众了解红会、参与红会、支持红会。如区卫生防疫站，将《红会法》《条例》的学习作为1、2月份班组学习的内容。

2. 认真学习、贯彻市六次代表大会精神。及时召开有关会议，传达六次代表大会的精神，学习领导同志的讲话，深受启发，很受鼓舞，使红会明确方向和今后的任务，提高工作的积极性，主动性。

3. 加强干部培训，提高干部队伍素质。

(1) 积极参加市红会组织的训练班。

(2) 认真组织各镇红会秘书培训，组织它们学习各类组织规程，赈灾救灾有关常识，使大家明确工作程序，了解掌握赈灾、救灾的操作程序，使各项工作能顺利开展。

(3) 组织各校保健教师学习中小学校红十字会组织规程，提高保健教师的业务水平。

4. 利用各种宣传工具，宣传红会有关知识。做到定时和突击相结合，各基层单位做到每月一次宣传红会有关知识，并能抓住“5·8”世界红十字日这个契机，大力宣传。“5·8”期间，各镇普遍开展了上街宣传和咨询服务，共开展《红会法》《条例》《标志使用法》等学习26次，参加人数3851人，上街宣传、义务咨询活动人数754人，共展出黑板报545块，广播宣传28次，分发各类宣传资料1390份，有172名医务人员参加了医疗咨询，受服务人数3467人。充分发挥会员的奉献精神，有90个包护组开展了包护活动，共做好事336件。据统计，全年开展出黑板报863块，画廊415期，广播宣传75次，印发各种宣传资料13000份，参加各类智力竞赛2384人。

5. 凭借《红会法》《条例》颁布的强劲东风，依法兴会。全年共发展红会60个，吸收会员5746名。加强会费的收缴和管理，会费收缴率达90%以上。全区52家居委已全部建会，增设的两个街道红会正在筹建之中。

6. 滥用“红十字标志”的现象正在逐步纠正。区牙病防治所在学习了《红十字标志使用办法》之后，立即取消了在房顶安置红十字的计划，并在服务牌的设计上也取消了“红十字”；安亭医院认真学习了“红十字标志使用办法”之后，立即清除了围墙四周印有“红十字”的工号牌；区卫生防疫站也自觉清除了“红十字”标志。滥用“红十字”标志的现象将越来越少。

二、备灾救灾、人道救助工作取得进展

1. 今年初，我区红会将建立嘉定区人道主义救助基金，作为今年工作的突破口，4月份，市红会又发出了“备灾救灾、人道救助”，向社会开展募集的倡议。红会办公室立即将此事向会长们进行了汇报，争取支持，副区长、红会会长周丽玲就募捐之事接受了电视采访，并亲自募集资金，还分别召开各级红会干部会议，统一思想，积极行动，上下协调一致。红会干部们走东家、串西家，向人们广泛宣传募捐的意义。经过大家的不懈努力，至10月底，全区共募集资金10万余元，5月份上交市红会5.5万余元。

2. 建立报灾救灾网络，在救灾知识普遍培训的基础上，建立了一支以各镇红会干部为主组成的报灾、救灾联络员队伍，明确逐级报灾制度，以及报灾的各种程序，并了解红会救灾的内容。

三、人道领域的救助工作常抓不懈，取得成效

1. 关心孤儿和单亲家庭儿童的成长，为孤儿们寻找五位“亲人”，完成“爱心聚焦”工作。

孤儿是祖国的花朵，关心孤儿应是全社会的责任，红会更是当仁不让。在去年实现“三助”的基础上，区红会、镇红会积极响应市红会的号召，为孤儿们寻找五位“亲人”，并签订协议，明确各方职责，使孤儿不仅在生活上、学习上、医疗上得到了保障，而且在法律监督上也有了保证，使孤儿们更加感受到社会主义大家园的温暖。区红会利用春节，召开“孤儿迎春联欢会”，周丽玲副区长委派区府办公室主任杨阳

同志参加，并作了重要讲话。他代表周丽玲会长要求各镇红会干部切实关心孤儿的生活，组织孤儿的过年年货和年夜饭。在这次迎春茶话会上，意外多了一名孤儿，这名孤儿是南翔镇红会在春节前的一次摸底、统计时发现的，这名孤儿名叫孟丽华，家住南翔镇三陈村，与宝山交界处，1982年10月出生，父母双亡，和年迈祖父母生活在一起，而祖父母无固定的生活来源，小姑娘已辍学二年，大家得知此事以后，都觉得非常难过。杨主任当场表明了态度，必须让小丽华尽快返校，并落实她的生活费、医疗费，在各方的努力下，寒假开学第一天，孟丽华背上了书包重返了校园。春节联欢会结束前，又向孤儿们分发了慰问款。

“六一”儿童节到了，区红会办公室改变召集开会的惯例，与镇红会干部一起，挨家挨户上门看望孤儿，并送上慰问品，实地了解孤儿们的生活状况。

随着离婚率的提高，单亲家庭的比率也越来越高，因此，如何关心单亲儿童也是一个新的课题。由此，红会组织把触角伸向了单亲儿童，向他们伸出了援助之手，红会干部们纷纷充当“联系人”，在单亲儿童家庭与企业之间、村委会之间周旋。如马陆镇红会要求其下属的各村红十字会，务必关心单亲儿童的成长，解决他们生活上、学习上的困难，使他们完成学业。在此基础上，还关心家庭确有困难的儿童的学习、生活，在红会干部们的努力下，由村委会牵头，解决了困难家庭儿童的就学，逢年过节还不时送上慰问品，使单亲儿童克服了心理上的缺陷，健康成长。

2. 关心孤老的生活，为孤老实行包护，为护理院落实结对的单位，各学校、居委会纷纷成立包护组、社会服务队，为全区的孤老提供各种服务。据统计，全区共有包护组256个，长年不断为老人们提供着服务，使他们安享晚年。

敬老院，是老人们集中的地方。各级医疗卫生单位更是伸出了援助之手，定期派出医德好、医术高的医务人员为老人们看病，义务咨询，讲解老年病防治知识。“5·8”期间，纷纷派出医疗队为敬老院的老人义务体检，做B超、心电图、肝功能检查。如安亭医院连续三年在院长的带领下，前往敬老院为老人们义务体检，倾听老人们的意见，做到有求必应。卫生防疫站除了每年一次为嘉定镇福利院免费消毒之外，在炎热的夏天来临之际，还送去了电风扇；中心医院在副院长王建新的带领下，冒着严寒，至敬老院义务体检60多人次，并送慰问品2180元整，似寒风中吹来阵阵暖意，温暖了老人们的心坎。

关心护理院的发展，认真落实“文明结对”工程，与区宣传部精神文明办公室联系，及时与戬浜镇、江桥镇党委宣传部门通力协作，落实了“文明结对”的前期准备工作，明确戬浜护理院与光明灯头厂结对，江桥护理院与华庄村的正常互助已开始实施。

关心因病致贫家庭的生活。曹王镇红星村有一户人家，女主人李月娟现年43岁，于1996年2月患卵巢癌，1994年其丈夫曾因脑瘤动过手术，身体尚未恢复。其公公也积劳成疾，一病不起，婆婆又因摔跤右肱骨骨折而不能动弹，李月娟一家五口人，四个病人，剩下一个儿子在念初中，为了能给李月娟治病，每月花费医疗费数千元。社会各界均伸出了友谊之手，镇红会出面号召大家募捐，区红会也从基金中提取500元予以资助。

3. 加强急救技术的培训，普及卫生知识，建立和健全救护网络。全年共有1500人接受了现场初级急救的培训，区红会为梦幻乐园的1000多名工作人员进行了全面的急救技术的培训，并经考核合格颁发了证书。全区共有52个居委会全部配备了呼救员、急救员，形成了三级急救网络。

4. 及时转发市红会下发的各种物品，使孤儿、孤老们感受到红会组织的关怀，真正体会到红会就在他们身边；加强轮椅车、小药箱的使用和管理。一年来，小药箱使用16532次，轮椅车使用3835次，频谱治疗仪治疗3115人次，为群众解决了小病小痛。

5. 积极协助献血办公室做好无偿献血的宣传。全年全区共有4992人参加无偿献血（包括家庭储血），占61.3%；做好遗体捐献的解释工作，使两位老人取得了与市第二医学院捐献办的联系。

6. 想方设法，克服困难，完成少儿住院互助基金的各项工作。在上级没有多余宣传资料的情况下，区红会办公室于8月底前翻印有关宣传资料1000多份，并分别召开各镇红会干部会议，与卫生局预防科联合召开妇幼组长会议，让大家明白此事的意义、作用、性质以及肩负的任务，做到早动员、早准备。副区长周丽玲还就此事专门召开了教育局、卫生局、红会有关领导和人员的协调会，指出此事是关系我区近10万少年儿童的利益，关系到成千上万个家庭的稳定，各方必须通力协作，力求将工作做得最好。事后，红会办及时与教育局联合召开各学校代办员会议，就有关事宜进行了培训，统一大家的思想。经过大家的共同努力，红会办克服了人少事多的重重困难，加班加点，不计报酬地埋头苦干，基本上较好地完成了各项任务，0～3岁参加率为80.77%，4～8岁参加率为96.99%，全区各学校全部参加了基金。目前，各项结算工作正在有序开展。

四、红十字青少年工作

1. 红十字青少年工作已走上正规化、经常化的轨道，全年共发展青少年会员2315人。学校将“人道”“博爱”教育纳入了学生德育教育之中。

2. 举办冬、夏令营，丰富学生的假期生活，寓教于乐。区红会和区教育局联合举办保健教师夏令营活动，进行了会务知识、组织规程、急救技术的培训，在此基础上，各学校纷纷举办各种形式的夏令营、冬令营，集学习会务、练习包扎于一体。

3. 开展青少年红十字知识的竞赛活动，共有80多名会员参加，评出一、二、三等奖若干名，以巩固学习成果，检验学习效果。

五、今年工作的不足之处

1. 急救技术的培训没有全面推行；

2. 宣传工作上没有下功夫，缺乏宣传知识；

3. 下基层指导不够，调查研究不够。

1997 年

1 月 6 日 区红十字会公布 1996 年度红十字工作考核结果。其中：

镇红十字会工作考核结果

一等奖：马陆红十字会、曹王红十字会、朱家桥红十字会；

二等奖：南翔红十字会、封浜红十字会、戬浜红十字会、黄渡红十字会、嘉定红十字会、娄塘红十字会、外冈红十字会、望新红十字会、唐行红十字会；

三等奖：华亭红十字会、安亭红十字会、方泰红十字会、江桥红十字会、徐行红十字会。

卫生系统红十字会工作考核结果

一级：中心医院、中医医院、妇保院、南翔医院、卫防站、封浜卫生院、朱家桥卫生院、救护站。

二级：望新卫生院、黄渡卫生院、徐行卫生院、曹王卫生院、娄塘卫生院、马陆卫生院、卫校、血站、精神卫生中心、华亭卫生院。

三级：唐行卫生院、安亭医院、戬浜卫生院、江桥卫生院、外冈卫生院、方泰卫生院、安亭卫生院、牙防所、药检所。

3 月 21 日 新成路街道办事处《关于成立新成路街道红十字会及其组成人员的请示》（嘉新〔1997〕第 23 号）。

嘉定区红十字会：

为开展好新成路地区的红十字会工作，根据上海市街道红十字会工作办法，经研究，拟成立新成路街道红十字会，组成人员如下：

名誉会长：陆永清。

会长：赵惠方；副会长：张惠芳、李国强。

常务理事：何柯文；理事：赵鸿兴、戈敏燕、王天明、金妙珍、陈根兴、李志兴、赵永兴、张欣泉、潘秋英、秦铨安、顾红飞。

理事会秘书长：陈秋庭。

以上请示当否，请函复。

4月1日 区红十字会《关于同意新成路街道建立红十字会的批复》（嘉红〔1997〕第3号）。

嘉定区新成路街道办事处：

你办嘉新〔1997〕第23号《关于成立新成路街道红十字会及其组成人员的请示》收悉。根据上海市乡镇、街道开展红十字会工作办法，经研究，同意你办事处建立新成路街道红十字会。希建会后积极发展会员，开展各项红十字工作，弘扬红十字精神，为两个文明建设做出新贡献。

此复。

抄送：各基层红十字会、区政府周丽玲副区长、市红十字会。

是日 区红十字会下发《关于开展"5·8"世界红十字日纪念活动的通知》（嘉红〔1997〕第4号）。

各基层红十字会：

今年是国际红十字会成立134周年，中国红十字会成立93周年和第49届"5·8"世界红十字纪念日。根据沪红发〔1997〕第15号《关于认真开展97"5·8"世界红十字日活动的通知》的精神，在"5·8"期间将继续以多种形式，重点宣传《中华人民共和国红十字会法》《中华人民共和国红十字标志使用办法》和《上海市红十字会条例》等有关法律、法规。通过开展一系列"5·8"纪念活动，进一步弘扬红十字精神，为改革开放、社会稳定和两个文明建设，为红十字工作再做贡献，以实际行动喜迎香港回归和党的十五大胜利召开。

据此红十字会决定在"5·8"纪念日前后计划开展下列诸项活动：

一、积极做好宣传工作，增强宣传力度。

1. 各基层红十字会要在"5·8"期间组织广大会员和市民认真收看电视、广播、报刊等新闻媒介举行的各类有关红十字知识的专题节目。广泛发动各会员单位及会员采用文艺、知识竞赛、演讲、黑板报、墙报和知识讲座等多种形式进行宣传活动。组织广大会员及市民积极参与"上海市红十字有奖知识竞赛"，张贴97世界红十字主题宣传画，使红十字精神家喻户晓，红十字会形象深入人心。

2. 集中开展现场初级急救知识和技能的培训。区红十字会拟定于5月8日在嘉定城区热闹街头进行急救知识和心肺复苏技能的现场表演活动，并穿插有关宣传精神的文艺节目，将融趣味性、艺术性、四大急救技术和心肺复苏于一体，让广大市民学会自救互救本领。

3. 广泛深入地宣传非血缘关系骨髓移植供者，志愿捐献遗体，倡导无偿献血的重大意义和深远影响。在“5·8”期间会同区血办积极做好无偿献血宣传工作，动员广大市民踊跃参与无偿献血活动。

二、积极会同教育部门在学校中深入贯彻国家教委和中国红十字总会联合下发的《学校红十字工作暂行规程》。“5·8”前后的全区中小学上好一堂“我心中的红十字”专题课或主题班会、队会。

三、广泛开展募捐活动，不断增强本区红十字人道救助实力。为弘扬红十字人道、博爱、奉献精神，各基层红十字会在“5·8”前后要广泛开展社会募捐活动。可在街头、饭店、商场设计募捐箱，到各有关企事业单位进行宣传、募捐。通过宣传红十字精神，募集资金，增强人道救助实力。在募集过程中，要突出涌现出来的好人好事及捐献者的人道行为和崇高精神。

四、积极开展社会服务活动。在“5·8”期间，各基层红十字会要组织医务人员因地制宜地开展各种形式医疗咨询服务和义诊活动。每个会员单位至少为身边的特困人群、烈军属、孤老孤儿、伤残人员、老年护理院、敬老院等做一次送温暖、献爱心活动，扩大红十字会影响。

五、做好红十字组织的发展工作。依照《红会法》《红会条例》的有关精神及市红十字会的要求，做好红十字组织的发展工作。区红十字会拟在“5·8”前夕指导、协助新成路街道建立红十字会，广泛吸收会员。并认真做好“5·8”前后各基层红十字会的会费收缴和宣传工作。

六、积极参与市红十字会组织的文艺会演、组织人员精心编排以宣传《红十字会法》和弘扬红十字精神为主要内容的文艺节目。

七、各基层红十字会要根据区红十字会工作布置并结合本地区实际情况，认真制定“5·8”活动计划，于4月15日前上报区红十字会办公室。在活动期间注意资料积累和收集好人好事，“5·8”结束后认真进行总结。为便于基层红十字会总结，区红十字会制定“5·8”世界红十字日活动情况汇总表，请各基层红十字会认真填写，于5月15日前将表格及书面材料上报区红十字会办公室。

抄送：市红十字会、区政府周丽玲副区长

4月28日 区红十字会下发《关于调整嘉定区红十字会理事会成员的通知》（嘉红〔1997〕第5号）。

各基层红十字会：

经一九九七年四月二十五日嘉定地区红十字会理事扩大会议讨论决定：调整嘉定区红十字会理事会成员。调整后的理事会成员是：

会长：周丽玲（嘉定区副区长）。

副会长：吴祚君（区卫生局局长）、俞志兴（区民政局局长）。

常务理事：万文海。

理事（以下按姓氏笔画排序）：卞亚芳（外冈镇副镇长）、王茂芬（区侨办主任）、王英浩（区体委主任）、王忠娟（区广电局党组成员）、毛长红（唐行镇副镇长）、甘世昌（区政协副秘书长）、甘建梁（区公安局副局长）、印惠良（朱家桥镇副镇长）、刘继忠（区民防办主任）、严菊明（南翔镇副镇长）、李军民（嘉定镇副镇长）、杨宗惠（区老龄委副主任）、杨炳奎（区中医医院院长）、杨翼飞（区劳动局副局长）、吴斌（团区委副书记）、沈征善（中心医院院长）、沈绍裘（交警大队队长）、张全生（徐行镇副镇长）、张思义（区教育局副局长）、张建良（江桥镇副镇长）、张福根（黄渡镇副镇长）、陈政（区卫防站站长）、陈继瑞（方泰镇副镇长）、陈蕴珠（曹王镇副镇长）、邵庆良（安亭镇副镇长）、范意萍（封浜镇副镇长）、金正荣（区财政局副局长）、金秀珍（娄塘镇副镇长）、周决明（戬浜镇副镇长）、周显明（华亭镇副镇长）、赵奇（马陆镇副镇长）、赵惠方（新成路街道副主任）、姚淑琴（区总工会副主席）、袁秀芬（嘉联企业集团有限公司副总经理）、顾大兴（区血站站长）、顾兴林（区计生委主任）、徐红芬（望新镇副镇长）、蒋月娥（区妇联副主任）、韩正兴（区工商局副局长）、温大建（南翔医院院长）、雷瑁梓（区委宣传部副部长）。

顾问：王品祺.

名誉会长：陈龙。

抄送：上海市红十字会

7月16日—31日 由卫生部组团，嘉定区副区长周丽玲、嘉定区卫生局局长吴祚君、初级卫生保健合作中心常务副主任张黎明，随团赴新加坡和澳大利亚，考察开展健康城市项目活动的做法和经验。

9月2日 区红十字会、区教育局、区卫生局联合下发《关于成立嘉定区中小学生、婴幼儿住院医疗互助基金管理委员会的通知》（嘉红〔1997〕第10号）。

各中、小学，幼儿园，各医疗卫生单位：

为加强对嘉定区中小学生、婴幼儿住院医疗互助基金的领导，经研究决定，成立嘉定区中小学生、婴幼儿住院医疗互助基金管理委员会。其成员如下：

主任：周丽玲，嘉定区政府副会长、嘉定区红十字会会长。

常务副主任：吴祚君，嘉定区卫生局局长、嘉定区红十字会副会长。

副主任：周志超，嘉定区教育局副局长；陈洪祥，嘉定区卫生局副局长。

委员：梁丽敏，嘉定区教育局；陶秀红，嘉定区卫生局；高亚兰，嘉定区红十字会。

管理委员会下设办公室，办公室成员如下：

主任：高亚兰。

成员：张耀华、沈素倩。

抄送：市少儿基金办

10月30日 区红十字会发表《社团自查工作总结》。

我区红会工作在党的正确领导下、区政府的重视和关怀下，本会遵循实行人道主义精神，从实际出发，结合我区的实际情况，为政府分忧解难，自一九九三年以来做了大量的工作。

一、学习宣传红十字法，弘扬红十字精神

几年来，把认真学习，积极宣传《中华人民共和国红十字会法》《中华人民共和国红十字会标志使用办法》和《上海市红十字会条例》作为本会工作的中心，红会建设的基本内容，并将二法一条例作为红会活动的准则。通过开动各种宣传工具，如：黑板报、广播电视、画廊、录像、智力竞赛、印发各种宣传资料等，弘扬红十字人道主义精神，使广大干部群众了解红会，理解红会，参与红会，支持红会工作，为开展红会工作打下了基础。每年“5·8”世界红十字会纪念日，组织医务人员上街进行医疗咨询，为敬老院老人义务体检，为孤寡老人送医上门，受到了群众的欢迎，扩大了红会在社会的影响。

二、加强红会建设工作

根据《红会法》《红会条例》的有关精神及市红会的要求，认真做好红会建设工作，目前全区17个镇均已建立了红会组织，近年新成路街道也成立了红会组织。全区现有团体会员单位149个，会员28382人，群众会员单位128个，其中成年会员795人，青少年会员28264人，全区共有会员57441人。

三、备灾救灾工作

组织各镇红会干部参加备灾救灾知识培训，并建立一支各镇红会干部为主的报灾救灾联络员队伍，建立逐级报灾救灾制度，明确了各种报灾救灾的程序和内容，使有灾及时报，有灾能及时救，提高了救灾应急能力。

四、社会服务

1. 为全区20名孤儿落实“五个一工程”，与有关单位明确职责，签订落实责任协议，使孤儿生活、医疗、学习有了保障。每年组织2次送爱心活动，赠送生活用品，鼓励他们努力学习，长大后为社会做贡献，使孤儿不孤。目前全区已有部分孤儿长大成人，走上了工作岗位。

2. 组织284个包护组，包护全区孤寡老人，并建立三定一包的服务制度，为孤寡老人提供生活和医疗服务。向各居委会发放轮椅车辆114辆，为各红十字卫生站发放小药箱，急救药品、拐杖，方便了老人，方便了群众。组织医疗卫生单位送医上门，义务体检等服务。

3. 在市红会、总工会、老龄委等各方的关心和支持下，我区相继建立了江桥、戬浜红十字护理院，几年来共救助老人579人。由于医护人员的精心护理、治疗，有部分老人恢复了健康而出院，使老人满意，家属感激。

五、急救培训工作

几年来，我们不仅在特殊工种人群中开展现场急救知识培训，还在医务人员、乡村医生、保健老师、幼教人员、中小学生会员、居民、商业服务人员中开展培训，大部分人能准确掌握各种基本急救技术。据不完全统计，全区共训练各行业人员达21192人次。

六、红十字青少年工作

红十字青少年工作已走上正规化、经常化的轨道，目前全区中小学校均已建立红会组织，举办各种夏令营，丰富学生的假期生活，并进行会员知识、急救技术的培训，开展征文活动、文娱演出、书法比赛，增长了青少年的科技知识，受到了学生的欢迎。

七、少儿住院基金工作

在市、区两级领导的重视下，建立了区少儿基金管理委员会及下设办公室，减轻本区中小学生、婴幼儿因病、伤住院的家庭经济负担，有利少年儿童健康成长和社会安定，为社会办了一件实事，为群众做了一件好事。目前全区中小学参加率达98.96%，婴幼儿参加率达90.53%。

1998 年

1 月 新春之际，区红十字会周丽玲会长、吴祚君副会长等一行，分别走访慰问我区 8 个镇 15 户贫困家庭，致以新春祝福。

4 月 区红会召开区红十字会理事会议，总结 1997 年的工作，研究部署 1998 年的工作计划及“5·8”活动安排。封浜镇、区教育局、区血站的理事分别在会上做了经验交流。

副区长、区红十字会会长周丽玲率嘉定区社区卫生服务考察团一行 6 人，赴加拿大考察社区卫生服务和老年保健。

5 月 今年“5·8”期间，以宣传《中华人民共和国红十字会法》《上海市红十字会条例》《中华人民共和国红十字标志使用办法》为重点，区红会组织人员参加红十字知识竞赛，发放“5·8”纪念章，张贴红十字“5·8”宣传画，进行红十字歌曲传唱，开展红十字青少年主题班会，举办急救技术比赛等，使红十字精神广为传播。

5 月 9 日 区红会和嘉定镇红会在新嘉商场门前联合举办“5·8”世界红十字日纪念活动。通过医疗咨询、黑板报展评、街头募捐、散发宣传材料等多种形式宣传红十字知识。

曹王镇红会组织医务人员分成 6 组深入潘桥村 11 个生产队，为 211 位 60 岁以上老人进行体格检查；对卧床不起的老人送医送药到床头，对疑难杂症进行会诊；镇红会会长陈蕴珠亲临现场，检查慰问各医疗点。妇保院红会组织医务人员深入居委，为基层人员进行急救培训。戬浜镇卫生院在院长、书记带领下分别到敬老院和福利院为老人义务体检。外冈镇卫生院院长亲自上门为高龄老人进行术后换药护理，深受病人欢迎。朱家桥镇、封浜镇、外冈镇等红会积极组织人员对本镇范围内滥用、误用红十字标志现象进行了彻底的清理，统一调换了印有红十字标志的卫生室牌子。南翔医院领导率先组织医务人员认真学法，并于“5·8”期间先后三次组织有关人员进行自查、执法，彻底清理了胸卡、氧气瓶、病房、门诊大楼上的红十字标志，维护了红十字标志的严肃性。曹王、徐行、封浜、戬浜、马陆卫生院、精神卫生中心、安亭镇卫生所、安亭医院等也立即清理了建筑物、灯箱上的红十字标志。区卫生防疫站自觉清除了新购买救护车上的红十字标志。

据统计，本次活动，全区共发放宣传材料 12566 份，上街活动人次 4199 人，黑板报展评 979 块，广播宣传 260 次，文艺演出 16 场，参加会演人次 1433 人，红十字之歌传唱 14395 人，急救培训 1017 人，全区共设医疗点 25 个，参加医务人员 303 人，被服务人次 4896 人。嘉定电视台现场报道了有关宣传活动的情况，并在“5·8”期间插播红十字宣传口号。

5 月 16 日 区红十字会在城中路小学举行“98 嘉定区红十字青少年救护技术比赛”，全区共有 52 所中小学校参加比赛。经过激烈角逐，有 14 所学校分别获奖。其中职业学校获中学组一等奖、黄渡中心校获小学组一等奖。

6 月 “六一”儿童节期间，区红十字会周丽玲会长、吴祚君副会长等走访慰问区内 20 名孤儿，祝福他们健康成长。

6 月 26 日 中共嘉定区卫生局委员会下发《关于开展向“全心全意为人民服务的好医生”陈龙同志学习的通知》，并授予陈龙同志“全心全意为人民服务的好医生”荣誉称号。陈龙同志为嘉定区红十字会名誉会长。

7 月 24 日 嘉定区真新新村街道办事处下发《关于建立真新新村街道红十字会的通知》（嘉真街〔1998〕第 47 号）。

各单位：

为了在备灾救灾、开展群众性卫生救护和社会服务、宣传人道主义、促进青少年健康成长等方面更好地开展工作，发扬救死扶伤、敬老助残、扶危济贫、助人为乐的人道主义精神和社会新风尚，加强街道地区精神文明建设，根据区红十字会指示精神，经街道党工委、办事处研究，决定成立“真新新村街道红十字会”。具体如下：

名称：真新新村街道红十字会。

名誉会长：李萍（街道办事处主任）。

会长：马秋华（街道办事处副主任）。

副会长：郁海英（文教卫生科科长）、陈政江（民政科副科长）、李洪兴（绿地医院院长）。

秘书长：张国民（文教卫生科）。

副秘书长：钟星（绿地医院防保科科长）。

理事：高善芳（经济科科长）、陈友根（劳动服务所所长）、龚培清（派出所指导员）、陈龙根（真新村村民委员会副主任）、赵秋霞（真江村村民委员会副主任）、郁永生（丰庄村村民委员会副主任）、盛新根（栅桥村村民委员会副主任）、於惜敏（丰庄一村居委主任）、沈敏山（绿地小学校长）、金仁发（真新村卫生室负责人）。

街道红十字会成立后，将发展团体、个人会员，向我街道村（居）民宣传红十字精神，普及群众性卫生急救知识，开展各项红十字活动，包括进行红十字医疗保健，卫生防病工作，以及参加爱国卫生、计划生育、卫生宣传、有关社会服务等活动，提高我街道人民健康水平，加强社区文明建设，更好地为我街道社区和经济建设服务。

7月—8月 暑期期间，区红十字会与区教育局联合在江桥举办“红十字青少年工作者夏令营活动”，全区60余所中、小学校保健老师参加了这一活动。活动集急救技术表演和参观游览等于一体，取得了圆满的效果。此外，还组织红十字青少年参加科技军事夏令营活动、在浏河青少年营地进行会务知识教育、上海一日游参观日新月异的上海风貌，以及宋庆龄墓前缅怀老一辈革命家的悼念活动，丰富了学生的课外知识。

10月31日 区红十字会于唐行镇开展纪念《红十字会法》颁布五周年宣传活动。50多名红会干部、会员参加了在唐行镇主要街道进行的宣传活动。镇红会邀请区文艺宣传队到镇进行文艺表演，同时开展了以纪念《红十字会法》颁布五周年为主要内容的黑板报展评；教委组织了部分红十字青少年到集贸市场、街道打扫卫生清除垃圾；个体户为群众义务理发、缝补、裁剪、修皮鞋、修自行车等；卫生院组织医生为群众测量血压、义诊、发放宣传材料；镇老龄委组织全镇300多名老人进行老年保健教育讲座，并对老人进行慰问。

外冈镇红会通过镇广播站把关于清理滥用红十字标志的通知作了宣传；对村卫生室牌子上的红十字标志予以清理；在热闹街头拉出“热烈庆祝中华人民共和国红十字会法颁布实施5周年”横幅；组织部分理事、医务人员对全镇23名90岁以上老人上门体检、慰问。

其他各镇相继进行了不同规模、不同形式的纪念宣传活动。

11月10日 区红十字会发表《纪念〈中华人民共和国红十字会法〉颁布五周年宣传活动小结》。

今年10月31日是《中华人民共和国红十字会法》颁布施行五周年，《上海市红十字会条例》颁布五周年。根据市红十字会要求，结合我区实际情况，分别开展了以下活动：

在10月中旬分别召开了各镇红会干部、各医疗卫生单位红会干部会议。会上，要求各基层单位采用各种形式，如广播、黑板报、画廊、上街宣传、横幅、文艺演出等进行一次较大规模的宣传活动；要求医疗单位把清理滥用红十字标志作为这次活动的重点工作。

10月28日是我国传统的敬老节，要求将宣传与敬老、尊老、爱老工作结合起来，既能扩大宣传效应，又用实际行动弘扬红十字的“人道、博爱、奉献”精神。把宣传画册、挂图发到基层单位宣传张贴，并把原有的红十字会法小册子发放宣传。

在这次活动中，许多单位非常重视，组织活动规模大、形式多。例如唐行镇红会会同镇妇联、团委、教委、卫生院、老龄委、个体协会等单位共同参与。50多名红会干部、会员参加了10月31日在唐行镇主要街道进行的宣传活动。镇红会邀请区文艺宣传队到镇进行文艺表演，同时开展了以纪念红十字会法颁布五周年为主要内容的黑板报展评；教委组织了部分红十字青少年到集贸市场、街道打扫卫生清除垃圾；个体户为群众义务理发、缝补、裁剪、修皮鞋、修自行车等；卫生院组织医生为群众测量血压、义诊、发放宣传材料；镇老龄委组织全镇300多名老人进行老年保健教育讲座，并对老人进行慰问。通过这次大规模宣传活动，不仅为广大红十字会会员提供了一次学法、知法、懂法、执法的机会，而且使更加多的群众理解、支持、参与红十字会事业。再如，外冈镇红会通过镇广播站把关于清理滥用红十字标志的通知作了宣传；对对卫生室牌子上的红十字标志予以清理；在热闹街头拉出“热烈庆祝中华人民共和国红十字会法颁布实施5周年”横幅；组织部分理事、医务人员对全镇23名90岁以上老人上门体检、慰问。

其他各镇相继进行了不同规模、不同形式的纪念宣传活动。目前，我区绝大部分医疗单位清理了滥用的红十字标志，还有个别单位亦在处理之中。通过这次活动，使红十字会法宣传贯彻落到了实处，推动了我区的红十字事业。1月以来，嘉定区中心医院将社区服务作为精神文明建设的一个窗口和经常性的一项工作，在12个居委为12384人次进行医疗咨询，与7个孤老进行结对，服务70人次，收到良好的社会效益。

区红会将爱心延伸至特困人群，为特困家庭开展地区募捐及减免医药费的资助，受到病人家属的欢迎。

年末 区红会发表《嘉定区红十字会一九九八年工作总结》。

1998年嘉定区红十字会工作遵照党的十五大精神，认真学习贯彻

《中华人民共和国红十字会法》《上海市红十字会条例》《中华人民共和国红十字标志使用办法》，广泛宣传红十字精神，树立红十字会新形象，围绕两个文明建设、积极为群众解难，为政府分忧，在组织建设、社会服务、急救培训、红十字青少年工作、少儿住院医疗互助基金等方面开展了系列活动，特别是在今年抗洪救灾中取得了一定的成绩。

一、认真贯彻法律法规，加强队伍建设，树立红会新形象

1. 认真学法、自觉执法。国家颁布的两部红十字法律法规，为红十字工作提供了法律保障。去年市红会会同市卫生局、上海警备区拟定了《上海市贯彻、落实〈中华人民共和国红十字标志使用办法〉的实施意见》，更为我们进一步执法提供有力的武器。区红会紧紧抓住这一契机，把清除红十字标志作为今年红十字重点工作之一。利用“5·8”纪念日、红会法颁布日突击宣传结合平时经常宣传，在全区掀起一场清除滥用红十字标志的活动。这一活动也得到了区卫生局领导的重视和支持，在卫生系统党政领导班子会议上做了动员宣传。朱家桥镇、封浜镇、外冈镇等红会积极组织人员对本镇范围内滥用、误用红十字标志现象进行了彻底的清理，统一调换了印有红十字标志的卫生室牌子。广大医疗卫生机构也纷纷行动起来，如南翔医院领导高度重视，率先组织医务人员认真学法，并于“5·8”期间先后三次组织有关人员进行自查、执法，彻底清理了胸卡、氧气瓶、病房、门诊大楼上的红十字标志，维护了红十字标志的严肃性。曹王、徐行、封浜、戬浜、马陆卫生院、精神卫生中心、安亭镇卫生所、安亭医院等也立即清理了建筑物、灯箱上的红十字标志。区卫生防疫站自觉清除了新购买救护车上的红十字标志。市中心医院拿出了整改方案。

2. 召开了区红十字会理事会议。4月份红会召开了理事会议，总结了1997年的工作，研究部署了1998年的工作计划及“5·8”活动的安排。封浜镇、教育局、区血站的理事分别在会上做了经验交流，以进一步促进我区红十字事业的发展。

3. 落实编制、经费，发展组织。根据沪委组〔1998〕548号文精神，在区人事局、区卫生局的共同支持下，落实了2名编制，使长期困扰红十字会的编制问题基本得到解决。根据社团有关精神，年拨经费5万，用于红会行政开支。新建立的真新新村街道在党政领导的支持下，街道建立了红会组织，落实了红会干部。目前乡镇、街道均已建会。1998年全区共发展红十字团体会员单位37个，吸收会员13384名。

4. “5·8”活动，丰富多彩。5月9日，区红会和嘉定镇红会在新嘉商场门前联合举办“5·8”世界红十字日纪念活动。通过医疗咨询、黑板报展评、街头募捐、散发宣传材料等多种形式宣传红十字知识。各镇（街道）同时设立了分会场参与这一纪念活动。嘉定电视台现场报道了有关宣传活动的情况，并在“5·8”期间插播红十字宣传口号。

“5·8”期间，区红会组织人员参加红十字知识竞赛，发放“5·8”纪念章，张贴红十字“5·8”宣传画，进行红十字歌曲传唱，开展红十字青少年主题班会，举办急救技术比赛等，使红十字精神广为传播。

各基层红会也纷纷组织医务人员深入社区，深入孤老院为孤老、特困人群服务，深受群众欢迎。如曹王镇红会组织医务人员分成6组深入潘桥村11个生产队，为211位60岁以上老人进行体格检查。对卧床不起的老人送医送药到床头，对疑难杂症进行会诊。镇红会会长陈蕴珠亲临现场，检查慰问各医疗点。妇保院红会组织医务人员深入居委，为基层人员进行急救培训。戬浜镇卫生院在院长、书记带领下分别到敬老院和福利院为老人义务体检，外冈镇卫生院院长亲自上门为高龄老人进行术后换药护理，深受病人欢迎。据统计：本次活动全区共发放宣传材料12566份，上街活动人次4199人，黑板报展评979块，广播宣传260次，文艺演出16场，参加会演人次1433人，红十字之歌传唱14395人，急救培训1017人，全区共设医疗点25个，参加医务人员303人，被服务人次4896人。

5. 组织人员，参加比赛。参加市红会组织的红十字歌曲比赛，获演出优胜奖，参加上海市红十字青少年急救比赛，获小学组三等奖，参加上海市红十字知识竞赛，人数达9364人。通过竞赛，使红十字精神深入人心。

二、当好政府在人道领域的助手，改善最易受损害人群的境况

1. 赈灾救灾，奉献爱心。今年长江、嫩江、松花江地区发生了特大洪水，灾情牵动了亿万人民的心。在市红会的紧急部署下，区红会立即行动，(1) 召开乡镇（街道）红会干部会议，要求红十字会员、红十字团体会员行动起来，向灾区人民献爱心；(2) 向区内所有三资企业发出呼吁捐款捐物；(3) 号召居民（村民）捐献旧衣被，帮助灾民渡过难关；(4) 与教育局联合举办“情系灾区手拉手街头赈灾募捐活动”；(5) 取得新闻媒介的支持，在嘉定电视台、嘉定报公布热线电话及赈灾账号，并连续报道红十字捐赠活动信息；(6) 与民政局、文化局联合举办“爱的奉献——嘉定各界抗洪赈灾文艺演出”。上述系列活动的开展得到了区内三资企业、红十字团体会员单位及广大市民的积极响应，纷

纷解囊相助。据统计，全区共募集钱款 904813.25 元，捐物价值 1533749.49 元，旧衣被 385702 件，受到市红会的表彰并授予锦旗。

各级红会干部在这次抗洪救灾中，经受了考验和锻炼，他们积极行动起来，克服人手少、时间紧、任务重等困难，为红十字救援工作做出了很大的贡献。外冈、戬浜、封浜、唐行、江桥等镇红会会长把募集工作当作头等大事来抓，他们冒着酷暑，层层作动员，发呼吁，亲自上门劝募，以实际行动支援灾区人民。马陆、封浜、外冈、华亭等镇红会干部顶着烈日，搞募捐、收衣被，表现出特别能战斗的精神风貌。在这次赈灾募集活动中，外冈镇是全区募集工作开展的最早的一家理事单位。封浜镇红会根据本镇特点，紧紧依靠三资企业，成为募捐款物最多的镇红会。嘉定镇红会克服企事业单位、居民点面广量多等困难，利用广播、黑板报、通知等各种形式发动居民募集旧衣被，为全区之首。各级政府给予红会救灾工作以大力支持，如卫生局党政领导大力支持红会依法开展工作，并提供场所、人力、物力，也是向红会捐款最多的单位。社会各界纷纷参与，如家电私营企业协会、外冈皇都毛毯厂、上海紫澜门实业发展有限公司、封浜明星橡胶厂、真新街道龙君布艺装饰有限公司等分别捐赠价值 10 万元以上的物品。区消防支队的官兵们获悉区红会缺少人手，立即派员前来支援，义务承担了搬运旧衣被的繁重劳动，使该项工作得以顺利完成。

年初，河北张家口发生地震灾难，区红会接到紧急呼吁后，立即行动，捐赠 5000 元支援灾区人民。

2. 设置募捐箱，增添备灾救灾实力。今年根据《红会法》精神及市红会的要求，在宾馆、娱乐场所、社区、商场等设置了 10 只募捐箱，通过募捐箱设置，传播人道主义精神。

3. 节日慰问、爱心关怀。新春在区红会周丽玲会长、吴祚君副会长的带领下，分别走访了 8 个镇 15 户贫困户，“六一”慰问了区内 20 名孤儿。重阳节组织医务人员对老人进行义诊，如外冈镇红会对 90 岁以上老人上门体检，徐行卫生院为百岁老人建立了健康档案。中心医院更是将社区服务作为精神文明建设的一个窗口，经常性的一项工作。今年从 1～10 月份，在 12 个居委为 12384 人次进行医疗咨询，与 7 个孤老进行结对并已服务了 70 人次，收到良好的社会效益。区红会也将爱心延伸向特困人群，如嘉定镇金沙居委居民严美贞系黑龙江返城定居知青，因患急性出血坏死性胰腺炎多次住院、手术，单位经费紧张，医疗费一直拖欠未予报销。丈夫无职业以致造成家庭经济陷入困境，无力偿还医疗费用。区红会了解这一情况后给予人道救助，并分别与居委及医院商量协定，开展地区募捐及减免医药费的资助，受到病人家属的欢迎。

三、开展急救培训，普及救护知识，增强自救互救能力

1. 举办救灾联络员培训班。为了更好地发挥红十字会在自然灾害和突发事件中应急救助的作用，协助政府做好备灾救灾工作。今年区红会在科技会堂举办了救灾联络员培训班，乡镇（街道）、居委（村）近300名红十字会干部和救灾联络员参加了学习，就当前防汛抗洪的严峻形势、红会的宗旨、灾害救济原则、报灾制度等有关知识进行了培训，使广大基层红会干部受到了一次深刻的教育，提高了救灾意识，明确了灾情上报操作程序，为今年抗洪赈灾打下了良好的基础。

2. 开展行业救护知识培训。在马陆机动车驾驶员培训学校开展急救知识培训工作，全年累计培训人数5254人。

组织师资对伊合斯电梯扶手（上海）有限公司班组长以上干部进行急救培训，普及救护知识。

各医疗卫生单位把急救技术作为医务人员上岗必须掌握的一门技术，如中心医院、南翔医院、中医医院、妇保院分别在院内开展医务人员上岗培训，举行青年、女工技能比赛等。

通过各类急救培训工作的开展，逐步建立起一支有较强应急能力的红十字备灾救灾骨干队伍，促进整体队伍素质的提高。

四、红十字青少年工作寓教育于活动中

1. 建立红十字示范学校。会同区教育局分别在中小学校建立一所红十字示范学校，并联合进行检查验收上报市红会、市教委，以点带面，推动指导全区红十字青少年工作的开展。

2. 举行救护技术比赛。5月16日在城中路小学举行“98嘉定区红十字青少年救护技术比赛”，全区共有52所中小学校参加比赛，经过激烈角逐，有14所学校分别获奖。其中职业学校获中学组一等奖、黄渡中心校获小学组一等奖。通过竞赛，在青少年中掀起一个学习急救技术的高潮，增强了青少年自救互救的能力。

3. 举办形式多样的夏令营活动。暑期，区红会与区教育局联合在江桥举办“红十字青少年工作者夏令营活动”，全区60余所中、小学校保健老师参加了这一活动，这次集急救技术表演，参观游览于一体的活动，取得了圆满的效果。

组织红十字青少年参加科技军事夏令营活动，在浏河青少年营地进行会务知识教育，上海一日游参观日新月异的上海风貌，宋庆龄墓前缅

怀老一辈革命家的悼念活动，丰富了学生的课外知识。

4. 爱心活动贯穿于学习生活之中。许多学校将红会工作作为精神文明建设的一个窗口，在校园内外广泛开展活动，奉献爱心。如嘉定职校始终将红会工作列入学校的德育教育之中，开展形式多样的活动弘扬红十字精神，如97宾馆班与市文明小区梅园新村结对，重阳节邀请7位古稀老人举行“尊老、敬老、爱老”——红十字主题班会课，角色互换、生动形象的教育使广大师生受到了一次震撼，继而在学校内掀起一股尊老、爱老、敬老的高潮。普通小学沈彦君小朋友不幸患白血病，师生纷纷伸出援助之手，在短短时间内共捐款12330.70元，用于该生的营养治疗费用。工业学校、实验中学联合前往聋哑学校与残疾儿童联欢，互勉争做社会有用之人。

区红会会同教育局在红十字青少年中开展红十字歌曲传唱活动，建立红十字卫生监督岗，进行红十字青少年入会宣誓仪式，义卖捐赠贫困地区孩子，与云南贫困地区孩子结对，使红十字精神在青少年中广为传播。

五、参与社会保障，不断完善少儿住院基金

1. 做好宣传发动工作，扩大覆盖率。少儿住院互助基金自创办以来，给全市少年儿童提供了有力的医疗保障，他的公益性日渐体现，得到了全社会的共识并关注，受到了广大市民的好评。今年在教育局、卫生局的大力支持配合下，我区共有86798名少儿参加了住院基金，其中4~18岁达79979人，占应参与人数的99.88%；0~3岁达6819人，占应参与人数的93.47%，全区覆盖率达99.35%。去年一年我区共为4615人次（不包括三级医院住院人次）患各种疾病的少儿支付了近140万元的住院医疗和特殊门诊的费用。

为了更好地宣传少儿住院基金工作，让广大市民了解、支持该项工作，协助市少儿基金办对区内6所二级医院定点单位配置了灯箱，为全区123所中小学、幼儿园发放了保健药箱，并配合市少儿基金办对一级医院进行抽查、指导，以便进一步规范完善少儿住院基金工作，更好合理使用卫生资源，管好用好基金。

2. 树立服务意识，提高管理水平。为规范少儿住院基金工作，今年建立电脑房，并抽出一名同志参加市统一组织的电脑培训，取得了合格证书，将逐步通过电脑管理取代手工操作，进一步提高业务管理水平。

认真接待各参与单位经办人员，耐心解释有关政策，热情指导业务开展，严格审核给付情况。

推行政务公开制度。进行少儿住院基金政务公开内容的登报、上墙，主动接受社会和群众的监督。

树立服务意识：为医院服务，为学校服务，为病人家属服务，真正使少儿基金起到儿童保护神的作用。

1998 年我区红会做了一些有益工作，但在红十字工作发展过程中也存在一些困难和问题，如深入基层调查研究和指导开展工作不够，宣传力度尚显不足，急救技术的复训工作限于种种原因开展难度较大等等。这些将在新一年中努力改进，使之日趋完善。

1999 年

1 月 9 日　区红十字会分别制定镇（街道）、卫生系统、学校红十字工作目标管理指标，实施年内跟踪监督，年底进行考核。区卫生局和区教育局则分别将红十字会工作列入本系统综合目标管理考核中。

2 月　春节前夕，区红十字会及各镇（街道）红十字会分别走访了全区 19 个镇（街道）的 100 户贫困家庭。

3 月 8 日　区红十字会《关于建立嘉定区救灾物资募集站的请示》（嘉红〔1999〕第 3 号）。

嘉定区卫生局：

为了进一步发挥红十字会在救灾赈济中的政府助手作用，积极履行人道主义义务，做好备灾救灾各项工作，在发生重大灾害和突发事件中能及时有效地实施救援。根据沪红发〔99〕第 15 号文有关精神，我办拟在区卫生局内长期借用仓库一间，作为嘉定区救灾物资募集站。

4 月 13 日　区红十字会致区政府《关于建立嘉定区人道救助基金的请示》（嘉红〔1999〕第 5 号）。

嘉定区人民政府：

为贯彻中国红十字会备灾救灾计划要求，增强我区备灾救灾实力，根据《中华人民共和国红十字会法》及市红十字会关于每个区县红十字会必须建立红十字人道救助基金。特请示如下：

嘉定区红十字会是依法成立的从事人道主义工作的社会救助团体，她以保护人的生命和健康，发扬人道主义精神，促进和平进步事业为宗旨，以当好政府在人道领域的助手，改善最易受损害群体的境况为己任。倡导并建立红十字人道救助基金，是与红十字会本身宗旨相符合的，为保障红十字会各项救助和服务工作有稳定的经济来源和支撑力量提供了一个重要渠道。同时通过基金的建立，在人民群众中塑造好红十字会是从事人道主义工作的社会救助团体的新形象，更是时代的要求、社会的需求。

为筹集人道救助基金，我区红十字会分别于九六、九七年两年开展的募捐活动，共募集基金32万元。为规范基金的使用和管理，并使基金保值增值，嘉定区红十字会拟建嘉定区红十字人道救助基金，并草拟了《嘉定区红十字人道救助基金管理办法》。其内容：

第一条　为了筹集开展社会救助等人道主义工作所需要的资金，进一步推动嘉定区红十字事业的发展，根据《中华人民共和国红十字会法》和市红十字会有关精神，特制定本办法。

第二条　嘉定区红十字会设立“嘉定区红十字人道救助基金”（以下简称“基金”），由嘉定区红十字会理事会下设的嘉定区红十字基金工作委员会负责进行筹集、使用和管理。

第三条　“基金”的捐款以自愿为原则，“基金”的使用应尊重捐赠者的意愿。

第四条　“基金”的来源。

一、国内企事业单位、机关、团体、各民主党派和社会各界捐款。

二、国际组织、团体、单位友好人士，港、澳、台同胞、海外侨胞的捐款。

三、社会各界捐物，由嘉定区红十字会组织义卖的收入。

四、嘉定区红十字会组织开展为其宗旨服务的有偿收入。

五、其他符合“基金”宗旨的捐款。

第五条　“基金”用途。

一、在嘉定区范围内，对因自然灾害和突发事件中的受难者和伤病员进行救助。

二、开展救死扶伤、扶危济贫、敬老助残等人道主义活动。

三、捐赠者指定的人道救助项目。

四、促进本区红十字事业发展的项目。

五、开展“基金”募集工作的宣传、办公等费用（在“基金”增值部分中开支）。

六、表彰和奖励在各项活动中做出显著成绩的红十字组织、优秀红十字工作者、会员和志愿工作者。

第六条　凡个人捐款人民币壹仟元及以上者，单位捐款人民币壹万元（捐物价值五万元）及以上者，均发给荣誉证书；凡个人捐款人民币壹万元（捐物价值五万元）及以上者，单位捐款人民币五万元（捐物价值十万元）及以上者，均发给荣誉证书、证章；凡个人捐款人民币壹拾万元及以上者，单位捐款人民币伍拾万元及以上者，将授予本会荣誉称号。对捐赠金额（包括物资折价）较大、有特殊意义的，由嘉定区红十字会举行专门捐赠仪式，并作宣传报道。

第七条　向基金捐款的单位和个人，应遵守《中华人民共和国红十字会法》《中华人民共和国税法》及其他相关法律、法规，并按照国家税法规定享受税前列支。

第八条　嘉定区红十字会设立专门“基金”账户，实行独立的会计制度，对资金、物资的收支和使用进行核算管理。

第九条　嘉定区红十字会基金工作委员会应定期向理事会报告“基金”管理、使用情况，并接受嘉定区人民政府的职能部门监督和管理。

第十条　本办法自批准之日起实施。

4月　区红十字会分别召开镇（街道）、卫生系统红十字会干部会议，认真学习市红十字会会议精神，宣传贯彻“千万人帮千家”募捐帮困活动，结合本区实际情况，布置今年“5·8”活动事项。

5月8日　“5·8”世界红十字日，区红十字会会同区血站、嘉定镇红十字会在嘉定商城广场举行大型宣传活动，开展医疗咨询服务、发放宣传材料、街头劝募、黑板报展评、无偿献血等项目。在无偿献血宣传活动中，有8家医疗卫生单位和9所中、小学校红十字会员单位参加这次活动。区政府副区长、区红十字会会长周丽玲和区卫生局党政领导亲临现场，参与指导这次活动并亲切慰问在场工作人员。

根据市红会精神要求，区红会组织了2000多名会员观看以倡导无偿献血、颂扬人道精神为题材的大型滑稽戏《正宗自家人》。

各镇（街道）同时设立分会场，同步开展形式多样、内容丰富多彩的宣传、咨询、为民服务等活动。其中南翔镇红会除了开展医疗咨询、黑板报展评等活动外，还与其他部门联合举行“社区爱心献功臣”大型活动和夕阳红艺术团文艺演出，气氛热烈，影响广泛，现场许多领导、群众纷纷慷慨解囊，募集到人道主义救助基金7000多元，并组织各乡村医生、居委干部上门为患病、特困、残疾家庭义务服务120人次；黄渡镇在上街宣传活动时，设置了募捐箱，区红会理事、黄渡镇副镇长带头募捐；为维护红十字标志的严肃性，朱家桥镇对个体开业医生滥用红十字标志进行了清理。

卫生系统的红十字会员单位，在积极配合各镇上街宣传咨询的同时，纷纷派出骨干医务力量，为敬老院、孤老、特困人群上门义务体检、看病，赠送慰问品。

教育系统发动红十字青少年进行义卖，将义卖款纳入红十字会的人道救助基金。例如，嘉定一中的红十字青少年慰问了聋哑学校的学生并赠送书籍和笔记本，高三（4）班的万晓丹、吕哲两位学生在“5·8”宣传现场，主动参加了无偿献血；职校红十字会、校领导带着慰问品看望包护点的老人，教工志愿者服务队上门为民维修家电；城中路小学四年级师生为几位家庭经济困难无法春游的同学支付活动费，使他们高高兴兴地参加集体活动；娄塘中学红会会员帮孤老家打扫卫生时，发现窗玻璃碎了好几块，会员们用自己的零花钱购买玻璃并安装好。

据统计，“5·8”期间上街宣传 6814 人次，黑板报宣传版面 1136 块，参加社会包护 1961 人，受益对象 395 人，参加医疗咨询 234 人，服务 6764 人次。

5 月 17 日 区红十字会第一届会员代表大会在迎园饭店召开。出席会议的有各界会员代表、红十字青少年和红十字志愿工作者代表等共 102 人。大会总结了四年来嘉定区红十字会工作取得的成绩，提出了今后五年的工作方向和任务，选举产生了区红十字会第一届理事会、区红会会长、常务副会长和副会长，顺利完成了区红十字会换届改选工作。常务副会长陈进根同志受区红十字会委托作题为《总结过去 开拓未来 不断推进嘉定区红十字事业发展》的工作报告。

附：《关于嘉定区红十字会第一届理事会组成成员名单的通知》（嘉红〔1999〕第 12 号）。

各基层红十字会：

经嘉定区红十字会第一次会员代表大会选举产生的第一届理事会成员及一届一次理事会选举产生的领导成员名单如下：

会长：周丽玲（嘉定区副区长）；

常务副会长：陈进根（嘉定区卫生局局长）；

（以下按姓氏笔画排序）

副会长：庄顺根（嘉定区教育局局长）、张潮（嘉定区民政局局长）；

常务理事：黄士林（嘉定区卫生局助理调研员）；

理事：马秋华（真新街道副主任）、卞亚芳（外冈镇副镇长）、王其兴（区南翔镇副镇长）、王茂芬（区三办主任）、王爱玲（戬浜镇副镇长）、王菊兴（老龄委调研员）、冯自强（上海汽车齿轮总厂副厂长）、甘世昌（区政协副秘书长）、甘建梁（区公安局副局长）、印惠良（朱家桥镇副镇长）、刘继忠（区民防办主任）、许燕华（方泰镇副镇长）、朱泉龙（曹王镇副镇长）、朱培华（马陆镇副镇长）、李军民（嘉定镇副镇长）、李国兴（华亭镇副镇长）、何蓉（江桥镇副镇长）、杨炳奎（区中医医院院长)、吴耀祥（封浜镇副镇长)、沈征善（区中心医院院长)、沈绍裘（区交巡警支队支队长)、陈蕴珠（区教育局副局长)、邵庆良（区安亭镇副镇长)、陆强（黄渡镇副镇长)、金正荣（区财政局副局长)、周利明（娄塘镇副镇长)、周金平（区武装部副部长)、封建华（唐行镇副镇长)、赵剑萍（区劳动局副局长)、赵惠方（新成路街道副主任)、胡婷（区妇联副主席)、俞建忠（区卫生局副局长)、顾大兴（区血站站长)、顾惠文（团区委副书记)、顾振良（区总工会副主席)、徐红芬（望新镇副镇长)、温大健（南翔医院院长)、雷瑁梓（区精神文明办主任)、管育民（区广播电视局副局长)、戴永贵（徐行镇副镇长)；

名誉副会长：王品祺（区人大常委会副主任)、陈龙（WHO上海嘉定PHC合作中心顾问)。

5月 嘉定区红十字会公布《先进集体、先进会员、模范志愿工作者光荣册（1996—1999年度)》。

先进集体：

嘉定镇李园二村二居委红十字会，华亭镇联华村红十字会，南翔镇南华居委红十字会，安亭镇敬老院红十字会，朱家桥镇自来水厂红十字会，娄塘镇政府机关红十字会，上海嘉盛玻璃制品有限公司红十字会、上海新嘉香料有限公司红十字会（均外冈镇)，封浜镇年丰村红十字会、上海嘉君餐饮制品有限公司红十字会（方泰镇)，马陆镇樊家村红十字会，黄渡镇绿苑居委红十字会，戬浜镇大宏村红十字会，徐行镇小庙村红十字会，曹王镇潘桥村红十字会，嘉定区妇幼保健院红十字会、江桥红十字老年护理院（均卫生系统)，苏民中学红十字会、普通小学红十字会（均教育系统)。

先进会员：

陆惠娟、顾文英（嘉定镇)，张春林、殷琴妹（南翔镇)，袁美珍、李雪和（安亭镇)，须培珍、朱林萍（娄塘镇)，蒋明娟、滕文菁（封浜镇)，封桃兴、严敏（马陆镇)，陈正华、陈敏菊（戬浜镇)，徐青、樊仁荣（徐行镇)，朱秀芬、沈惠福（曹王镇)，杜秋英、张育兴（华亭镇)，浦江兴、王英（朱桥镇)，姚庆珍、张安铨、李娟（外冈镇)，吴建萍、朱秀芬（方泰镇)，张德荣、陈丽娟（黄渡镇)，叶永林（新成路街道)，柏正兴、施永林（卫生系统)，陆志平、徐月兰、萧云飞（教育系统)。

7、8月间 区红十字会慰问全区77户恶性肿瘤和精神病人特困患者、受灾群众等家庭，发放慰问金和慰问品；向戬浜老年护理院、嘉定福利院、精神卫生中心老奶奶病房赠送食品、夏令用品等。

10月22日 区红十字会与区残联，根据台胞的要求，共同参与接受台北曹氏基金会捐赠的102辆轮椅车并组织发放；向区癌症康复俱乐部捐赠5万元。

10月29日 帕劳卫生部长上田正夫等一行3人，来本区考察初级卫生保健、健康城市项目和非传染性疾病预防和控制等工作；参观了WHO初级卫生保健合作中心、区卫生防疫站和封浜镇卫生院等单位。

10月 敬老节期间，区红十字会组织医务人员为方泰镇60岁以上老人进行医疗咨询，向敬老院全体老人赠送重阳糕，与方泰镇政府共同走访慰问了方泰镇部分高龄老人、老军人、优属老人和孤老。

11月2日 世界卫生组织执行主任陈洁等一行3人来嘉定考察非传染性疾病预防、控制吸烟和社区卫生服务等工作。

11月 区红十字会为一户遭受火灾，损失惨重的居民发动募捐，并上门送上慰问金1000元，募捐款6000余元予以救助。

12月 区红会发表《嘉定区红十字会1999年工作总结》。

1999年嘉定区红十字会工作进一步贯彻党的十五大精神，以邓小平建设有中国特色社会主义理论为指导，以《上海市红十字1996—2000规划提要》为目标，依法履行各项职责。积极开展备灾救灾、群众性培训、"千万人帮千家"系列活动，不断提高救灾应急能力和人道救助实力。贯彻依法办会、依法兴会，积极参与社会精神文明建设，弘扬'人道、博爱、奉献"精神，取得了应有的成绩。

一、以依法建会为出发点，认真贯彻执行红十字法规和条例

加强红十字会组织建设。根据《中华人民共和国红十字会法》和《上海市红十字会条例》的有关规定，于1999年5月17日成功召开了嘉定区红十字会第一次会员代表大会。大会总结了八年来嘉定区红十字会工作取得的成绩，提出了今后五年的工作方向和任务，选举了区红十字会第一届理事会、区红会会长和副会长，聘请了常务副会长，顺利完成了区红会换届改选工作。

依法加强对红十字会会员的管理。根据基层红会组织和会员变动的情况，及时进行会员调整和登记造册工作。依法落实红十字工作经费，严格财务管理及会费收缴制度，建立了经费审核、监督制度，定期接受审计部门审计，并公布审计结果。1999年末，全区有基层红会组织276个，其中年内发展6个，会费收缴率达96.4%。

继续执行《中华人民共和国红十字标志使用办法》。在1998年对医疗卫生单位清理完毕的基础上，将工作重点转向个体开业医生及无证行医者，利用“5·8”世界红十字日及初保工作检查中对滥用红十字标志的现象进行了检查清理。

积极开展红十字会理论研讨活动。发动全区红十字工作者撰写红十字理论研讨文章，活动中共收到各类论文55篇，其中两篇被录入《红十字理论与实践》一书中。通过理论研讨，引导全区红十字工作者系统学习、思考红会工作，提高理论水平，用理论指导实践。

二、以开展“千万人帮千家”系列活动为贯穿全年工作的主题，增强红十字会扶弱济困的实力

根据市红会发出的“千万人帮千家”的倡议，区红会积极响应，及时部署，结合增强全区红会系统的人道救助实力开展了系列活动。

一是在嘉定区副区长、区红会会长周丽玲的重视和支持下，制定了活动的实施目标和方案；二是分别召开各条线红会干部会议，在广泛听取意见的基础上，布置任务，许多专职干部本着对红会事业的一颗赤诚之心积极投入募捐活动中。如封浜镇红会干部马连良不顾年届退休、体弱多病，仍不辞辛苦，坚持到企事业单位上门劝募，以诚挚换取真情，被感动的三资企业纷纷解囊相助，在短时间内，募得捐款15300元；三是建立了“嘉定区红十字人道救助基金”，拟定了“基金管理办法”，经区府办转发至各镇政府（街道办事处）、各委办局及开发区，为募捐活动的规范化、合法化打下基础；四是要求各理事会单位认真落实，积极参与，充分发挥理事单位的桥梁作用。如马陆镇、安亭镇理事单位踊跃捐款2万元；五是争取新闻媒介的支持，形成宣传氛围。在《嘉定报》制作了“飘扬的红十字”专版，并刊登了“千万人帮千家——区红会致全体红十字会员、红十字青少年、红十字志愿工作者和一切同情支持红十字事业朋友们的公开信”，在嘉定电视台插播宣传口号，向全区人民发出呼吁，扩大社会影响；六是开展“5·8”街头募捐。在嘉定镇设立主会场，区红会会长周丽玲等带头捐款，红会办工作人员积极参与，取得了良好的社会效应。各镇（街道）分别设立分会场，拉开了募捐活动的序幕；七是在区教育局的大力支持下，在红十字青少年中开展义卖活动，发动红十字青少年拍卖多余的玩具、书籍，有51所学校参加了这一活动，义卖所得46000多元，取得了较好的效果；八是发动卫生系统26家红十字团体会员单位开展个人捐款活动；九是紧紧抓住区红会首届代表大会召开的契机，进行大会募捐。在会上市红会袁惠章副会长、杨钧仪部长及区红会周丽玲会长带头上台捐款，起到了表率作用，与会代表纷纷踊跃加入，个人捐款和理事单位集体捐款掀起了募捐活动的高潮；十是将募捐与帮困紧密结合，扩大红会影响。如朱家桥镇村民顾建民身患尿毒症，每周需做一次透析维持生命，用去医药费10万元，昂贵的医药费用使家庭经济一度陷入困境，区红会了解情况后，先后两次给予救助慰问，朱家桥镇红会发动镇内企业捐款18700元。

由于领导重视并带头参与，各级红会干部齐心协力，圆满完成预期目标。借助募捐活动，拓宽了红十字工作筹资渠道，增强了区红会扶贫济困的实力。

三、以抓重点、树典型为突破口，以点带面，提高全区红会系统整体工作效率和工作质量

开展“5·8”世界红十字日活动。把“5·8”世界红十字日作为宣传、推进红十字工作的重要时期。5月8日，区红会会同区血站、嘉定镇红会在嘉定商城广场前举行大型宣传活动：组织了8家医疗单位提供为民医疗咨询服务；来自9所中、小学的红十字青少年向路人分发宣传材料，进行街头劝募；17块精心设计的黑板报前吸引了众多行人驻足观看；上百名工人、干部、教师、学生踊跃加入无偿献血志愿者报名行列。“5·8”期间，各基层红会组织根据各自特点开展了为特困人群做好事、组织观看大型滑稽戏《正宗自家人》、红十字理论研讨、法规宣传、红十字青少年入会宣誓等丰富多彩的活动。例如：南翔镇红会除了开展医疗咨询、黑板报展评等活动外，还与其他部门联合举行社区爱心献功臣活动和文艺演出，气氛热烈，影响广泛，现场许多领导、群众纷纷慷慨解囊，募得人道救助基金7000多元，并组织乡村医生、居委干部上门为患病、特困、残疾家庭义务服务120人次。再如：嘉定一中的红十字青少年慰问了聋哑学校的学生，并赠送学习用品；高三（4）班的两位同学在“5·8”宣传现场，当场主动参加了无偿献血。据统计，“5·8”期间上街宣传6814人次，黑板报宣传版面1136块，参加社会包护1961人，受益对象395人，参加医疗咨询234人，服务6764人次。

抓一个重点镇。按照市红会有关精神，选择马陆镇红会作为镇级红会试点单位。该镇红会组织建设健全（居委、村全部建会），注重发挥宣传工作的作用，围绕“七个一工程”组织部分内容的试点。并开展各种帮困活动，特别是配合其他组织结对资助16名中小学生，为乡镇特困户办了一件实事。在“千万人帮千家”活动中捐款2万元，并在全区率先成立了第一个镇级红十字物资募集站，建立了镇红十字人道救助基金（资金20万元）。

建设一所红十字青少年工作示范学校。密切与区红十字达标学校——嘉定职校的联系，指导该校深入开展各项活动。8月份在区红会牵线下，嘉定职校与区消防中队举行了“军警民共育共建”签约仪式。为推广达标学校的先进经验，于12月17日召开现场交流会，60所学校的分管校长和红会干部到会，参观并学习了嘉定职校寓红十字工作于学校教育、德育工作，争创文明活动和学生社会实践之中的优秀经验。年内，继嘉定职校之后，嘉定区实验中学和实验小学跨入了红十字工作达标学校的行列。

成立一支志愿工作者队伍，促进志愿活动的开展。从全区75支志愿服务队中，选取嘉定职校志愿服务队作为区红会直属志愿服务队，予以重点帮助。这支直属服务队有72人，按专业分11组，常年为社区居民提供维修家电、政策知识宣传、绿化养护、保护老人等服务，深受群众欢迎。

四、以加强考核（监督）为手段，改进对基层红会工作的管理

制定目标管理，保证红会工作有序开展。区红会在年初分别制定镇（街道）、卫生系统、学校红十字工作目标管理指标，年内对指标落实情况进行跟踪监督，年底对照年初计划指标进行考核，使红十字工作（包括少儿基金工作）在我区得以顺利开展，并逐步走向正常化和规范化。

参与社会保障，不断完善少儿住院基金工作。密切与卫生、教育系统的联系，在做好宣传工作，不断扩大覆盖率的同时，加强监督考核，管好用好基金。根据市基金办精神按规定落实专业技术人员2名，专门从事监督检查，经常到基层了解情况，指导业务。加强内部管理，严格审核制度，保证基金的合理使用。对全区20所少儿基金定点医院的儿科医生、护士长及财会人员分别举行了儿科业务讲座和计算机输入程序的培训，使少儿基金工作管理更为科学、规范。年内，共有83823名少儿参加了住院基金，全区总覆盖率达到99.59%，其中4～18岁有76688人，占应参加人数的99.88%，0～3岁的有7135人，占应参加人数的96.60%。98学年度共有3421人次（不包括三级医院住院人次）获得109万元的住院基金补偿。

五、以备灾救灾、改善最易受损害群体境况为己任，当好政府在人道救助领域的助手

建立区物资募集站。在区卫生局的大力支持下，建立了区级红十字物资募集站，并落实了房屋。接受了三和医疗器械厂捐赠的1580只氧气袋。注重了日常的备灾工作，为救灾做好准备。

开展急救培训。年内，推选6名师资参加上海市红十字会组织的急救技能培训，并获得师资资格证书；在马陆机动车驾驶员培训中心开展急救培训41批，培训人数5080人；培训红十字青少年180名。据统计，各基层红会开展培训共计152803人次，例如：唐行镇红会在举办学校红十字青少年夏令营活动中穿插了救护知识的讲课。南翔镇红会则分期分批对乡村医生、红十字青少年、部分居民进行急救技能的培训，增强了群众性现场自救互救的能力。

建立健全报灾网络。对全区19个镇（街道）的报灾网络进行了调整登记，1999年街道报灾的突发事故2起，一是封浜镇5月份因暴雨袭击，有5户人家小屋浸水倒塌，接报后，区红会即给予款物救助；二是11月份一户居民发生火灾，损失惨重，区红会上门慰问1000元，并发动募捐，捐得6000余元予以救助。

设置募捐箱。为开展经常性募捐工作，宣传红十字精神，在一些人员往来集中的公共场所新设置募捐箱10只，落实专人负责管理，年终统一开箱清点。

协助政府做好人道救助领域的救助工作。各级红会及时、主动了解本区内最易受损害群体的情况，本着“拾遗补阙”的原则，重点对一些老弱病残孤人员给予人道救助。1999年春节前夕，区、镇红会分别走访了全区19个镇（街道）的100户贫困家庭；暑期对全区77户恶性肿瘤和精神病人特困患者、受灾群众等家庭进行了慰问，发放了慰问金和慰问品；向戬浜老年护理院、嘉定福利院、精神卫生中心老奶奶病房赠送食品、夏令用品；就江桥护理院扩建、床位调整等问题及时向区卫生局领导沟通汇报；敬老节期间，组织医务人员为方泰镇60岁以上老人进行医疗咨询，向敬老院全体老人赠送重阳糕，与方泰镇政府共同走访慰问了方泰镇部分高龄老人、老军人、优属老人和孤老。

根据台胞的要求，区红会与区残联于10月22日共同参与接受台北曹氏基金会捐赠的102辆轮椅车并组织发放；向区癌症康复俱乐部捐赠5万元。

进一步巩固社会帮困工作，建立与特困户联系网点。全年参加帮困

会员3975人，服务对象2248人，年服务28421人次。帮困形式包括春节帮困、六一资助、敬老节慰问、“5·8”及会法周探望、组织志愿者定期上门服务等。区红会在支持、指导基层帮困的同时，重点与黑龙江返沪知青严贞美联系，上门帮助解决生活上的困难。

1999年我区的红会工作虽然取得了一定的成绩，但也存在某些不足，集中体现为单位之间红十字工作发展不平衡。另外，区红会忙于事务性工作，深入基层调查尚显不够。这些都有赖于在今后逐步加以克服。

附：区红会《1999年红十字工作考核情况》。

一、基础工作

（一）组织建设

1. 经费：全年财政拨款10万元。

2. 财务管理及会费收缴：有独立账户，接受区卫生局财务审计，会费收缴率达96.4%。

3. 换届及建会工作：完成换届改选，镇（街道）均已建会。

4. 重点镇：马陆镇完成换届，成立镇红十字物资募集站，建立镇红十字人道救助基金。

5. 组织管理：年初制定条线红十字工作目标管理指标，年内跟踪监督，年底进行考核。

6. 会员管理：登记造册，电脑化管理。

（二）人道救助

1. 募捐箱：年增10只，专人管理。

2. 社区帮困：建立联系网点，参加会员3975人，对象2248人，服务28421人次。

（三）信息交流

1. 报刊发行及投稿：《上海红十字报》2266份，《中国红十字报》116份，《博爱》杂志116份；年投稿54篇，录用47篇，在《嘉定报》辟一期专刊“飘扬的红十字”。

2. 印制简报、情况汇总11篇。

3. 论文：55篇，录用2篇。

（四）红十字青少年工作：中专、技校建会100%，开展红十字青少年工作者业务培训及红十字青少年演讲比赛，并参加市级比赛。

（五）少儿住院基金

1. 落实人员和规范管理：落实2名专业人员、1名兼职人员，并按要求开展工作。

2. 覆盖率4~18岁99.88%，0~3岁96.60%。

（六）培训、救护

1. 急救培训：6名师资获资格证书；驾驶员41批，5080人；红十字青少年工作者60人、红十字青少年180人；基层红十字会52803人。举行急救比赛，上报四支队伍参加全市比赛。

2. 红十字救护队健全、提高：重新调整、登记，开展初保知识和急救技能培训。

（七）档案管理：专人负责、分类归档、装订规范，1978年以来资料齐全。

二、重点工作

（一）“5·8”活动：有计划、总结，按时上报市红会。活动形式多样、内容丰富。

（二）依法办会：有计划、安排。清理对象：个体开业医生及无证行医者。

（三）“七个一”工作试点：

1. 志愿工作者队伍：职校。按专业分组，并颁发了志愿工作者证、章，活跃在社区。

2. 物资募集站：建立区救灾物资募集站。

3. 建立健全救灾网络：镇（街道）均已建立，进行培训。1999年报灾两起，及时救助。

4. 设立人道救助基金：共有基金70万元。

5. 敬老典型：指导护理院工作，探访慰问老年病人及孤老。

6. 达标学校推广工作：加强对区达标学校工作指导，并召开现场交流会。

7. 团体会员单位：朱桥镇自来水厂红会。

三、重大系列活动

“千万人帮千家”募捐帮困系列活动：形式多样、内容丰富，上交市红会6万元。

四、其他工作

（一）突发事件处理：火灾、暴雨袭击致灾，予以救助。

（二）完成上级下达的任务：接受台北曹氏基金会捐赠的102辆轮椅车并组织发放。向区癌症康复俱乐部捐赠5万元。

（三）创新、特色工作：开展青少年义卖。

2000 年

1 月 区红十字会拟定2000年工作计划和工作要点。具体的工作要点如下：

一、继续开展“千万人帮千家”募捐活动，不断壮大协助政府帮困的实力；

二、认真做好备灾救灾工作，进一步增强救灾应急反应能力；

三、着力抓好各项基础工作，为切实履行红十字会法赋予的职责提供保证；

四、大力发展特色工作，为保护人的生命和健康做出不懈的努力。

《嘉定区红十字会2000年工作计划》

一、红十字工作

1. 认真制订《2000年嘉定区红十字工作计划》，指导全区红十字工作的开展及红十字组织的建设。

2. 开展多种形式的“千万人帮千家”活动，不断增强人道救助实力。

3. 认真做好马陆机动车驾驶员培训中心的现场初级救护培训工作，提高公民自救互救能力。

4. 积极开展红十字知识及国际人道法的培训，不断提高基层红会干部素质。

5. 举办“5·8”世界红十字纪念日的街头大型宣传活动，广泛宣传红十字基本知识。

6. 积极配合教育部门大力开展红十字青少年工作。

二、少儿基金工作

1. 负责本区的宣传发动，提高参加互助基金的覆盖率，保证充分发挥互助共济作用。

2. 做好本区参加基金少儿基本情况的收集、登统计、汇总、上报工作。

3. 办理医疗证的发放及补证工作。

4. 接受本区范围内各级指定医院的给付申请，并按规定日期完成初审，将初审结果汇总上报市基金办。

5. 协助市基金办进行对定点医院医疗质量的监督检查。

6. 认真做好特殊门诊医药费用的审核、上报及发放工作。

三、综合性工作

1. 热情接待信访、投诉。

2. 针对工作中的问题进行调查研究，提出建议。

3. 做好材料归档工作。

4. 其他日常管理、服务工作。

5. 完成上级交办事项。

《2000年嘉定区中小学校红十字工作要点》

2000年嘉定区中小学校红十字工作围绕德育、素质教育，要突出“人道的力量”这一主题，继续抓各项基础建设，开展适合中小学生生理、心理特点的活动，加强学生的红十字意识教育。为此，主要做好以下几项工作：

1. 加强学校红十字工作者队伍建设，开展红十字青少年工作者业务培训工作。

2. 做好会员发展工作，积极吸收热爱红十字事业、自愿为群众服务的学生、教职员工为红会会员，继续举办新会员入会宣誓仪式，做好老会员转会登记工作。会费实行“5·8”前后集中收缴、使用合理、专册登记、账目清楚。

3. 各学校红十字会要召开一次以“人道的力量”为主题的红十字班会。

4. 结合红十字知识竞赛，广泛组织红十字青少年积极参与。

5. 开展“5·8”世界红十字日的主题活动，要对学生进行红十字精神普及教育。结合“千万人帮千家”，组织一次全区中小学生义卖活动。

6. 继续办好红十字青少年夏（冬）令营活动，传播红十字业务知识和急救技能。

7. 组织红十字青少年积极开展各种社会服务活动，重点为各类特困人群提供力所能及的服务。

4月12日　区红十字会在嘉定职校召开现场会，推广达标学校先进经验并进行交流。

5 月 8 日 上海古猗园红十字会参加南翔镇红十字会组织的“5・8”世界红十字宣传日黑板报展评活动，并获得二等奖。

6 月 27 日 南翔镇老妈妈志愿者队伍，徒步或骑单车深入武警七支队驻地，为子弟兵缝衣补裤，开展拥军活动。

9 月 15 日 区红十字会在区教育局举行“嘉定区红十字帮困助学活动暨募捐箱发放仪式”。活动中，市、区两级红十字会共向全区 45 名特困学生发放助学金 22500 元。

9 月 26 日 南翔镇红十字会在社区服务中心会议室举办救灾联络员培训班。全镇 19 个村、12 个居委分管红十字会工作的行政副主任、救灾联络员以及 5 个团体会员单位的红十字会干部共计 60 人参加了这次培训。此次培训，特邀上海市红十字会社福部庄海君部长为学员授课。上海市红十字会办公室叶家宪主任莅临讲话，并到基层红十字会团体会员单位——上海古猗园进行现场工作指导。

10 月 14 日 上海古猗园红十字会利用业余时间，组织 7 名会员参加南翔镇 2000 年救护知识培训，以提高公园救护队和志愿服务队成员的紧急救护能力。

10 月 17 日 区红十字会在实验中学召开红十字工作现场会并对中专、技校、职校及中小学红十字青少年工作者开展红十字基本知识等业务培训，全区 59 所中小学校保健老师参加了培训。

11 月 18 日—27 日 嘉定区红十字会办公室主任高亚兰随上海市红十字会代表团赴澳大利亚考察社区卫生服务和红十字会工作。

12 月 嘉定区红会对各镇（街道）红十字志愿服务队、红十字救灾联络员、红十字会员信息做出统计。

一、嘉定区各镇（街道）红十字志愿服务队人数

马陆镇 18 人；娄塘镇 18 人；徐行镇 18 人；外冈镇 19 人；嘉定镇 19 人；安亭镇 15 人；南翔镇 16 人；新成路街道 15 人；真新街道 16 人；黄渡镇 15 人；华亭镇 18 人；江桥镇 17 人，唐行镇 8 人。（统计表略）

二、嘉定区各镇（街道）红十字救灾联络员

曹王镇 10 人；朱家桥镇 16 人；马陆镇 19 人；外冈镇 15 人；嘉定镇 25 人；南翔镇 14 人；安亭镇 32 人；娄塘镇 19 人；黄渡镇 28 人；封浜镇 20 人；戬浜镇 15 人；徐行镇 20 人；华亭镇 14 人；唐行镇 13 人；方泰镇 14 人；江桥镇 10 人；真新街道 14 人；新成路街道 15 人。（统计表略）

三、嘉定区红十字会会员

朱家桥镇：镇红会理事会10人，朱家桥卫生院42人，联华塑料制品厂273人，汇达硼砂厂47人，上海汇源包装材料厂79人，朱家桥自来水厂26人，嘉定汇丰树脂厂98人，人民村28人，白墙村18人，黎明村25人，东风村21人，潘家村23人，朱桥村19人，潘戴村21人，殷周村16人，雨化村23人，汪泾村29人，和平村22人，灯南村20人，沥江村20人，灯塔村15人，虹桥村25人，朱桥敬老院5人，朱桥水产村25人；

华亭镇：44人；

戬浜镇：戬浜中心校353人；

马陆镇：马陆中学934人，马陆村40人，印村25人，严桥村35人，樊家村39人，沈徐村24人，陆家村27人，北管村32人，邓桥村30人，李家村27人，众芳村34人，陈村村25人，石冈村21人，王家弄15人，彭赵村32人，包桥村26人，封家村25人，化工厂20人，环卫所12人，敬老院7人，制药厂19人，电镀厂32人，水产村15人，上海三和医疗器械有限公司29人，制箱厂29人，卫生院70人，新裕村9人。

南翔镇：窑村村8人，嘉翔村10人，永乐村19人，红翔村15人，永翔村11人，曙光村16人，静华村14人，新丰村15人，东开发7人，浏翔村20人，大桥小学140人，上海绿洲物业管理中心8人，嘉定二中605人；南翔医院红十字会救护队18人（2000年），南翔镇学校红十字领导小组35人。

唐行镇：镇机关49人，敬老院5人，唐行村6人，石村村5人，连俊村6人，双塘村7人，幼儿园25人，自来水厂24人。

曹王镇：电镀厂278人，制塑厂91人，日化厂75人，施庙村27人，红星村23人，和乔村26人，华东村28人，俞湾村25人，安新村52人，潘桥村28人，劳动村33人，飞虹镍网厂39人，文化印刷厂24人，摩配厂175人，色织厂494人，曹王中心校259人，上海实业化工公司403人。红十字救护队11人。

徐行镇：上海徐行药厂155人，世康特制药公司38人，上海华德公司20人，新行公司30人。丰二六街坊、丽景50人，嘉德坊、万德路50人。

真新街道：红会理事会成员17人：名誉会长李萍，会长马秋华，副会长郁海英、陈政江、李洪兴，秘书长张国民，副秘书长钟星，理事高善芳、陈友根、龚培清、陈龙根、赵秋霞、郁永生、盛新根、於惜敏、沈敏山、金仁发。地段医院、村卫生室、村（居）委21人。

12 月 区红会发表《2000 年嘉定区红十字工作考核情况》。

一、基础工作

（一）组织建设

1. 会费收缴：全区基层红会组织 354 个，其中 340 个组织上缴会费，会费收缴率达 96%，共收缴会费 125477 元（其中镇 50070 元，卫生系统 25000 元，中小学学生 50407 元），按规定上缴区红会 35312 元（见登记账册）。

2. 建会工作：全区 16 个镇、2 个街道均已建会。今年外冈、望新两镇撤二建一，根据红会法及条例的有关规定，新建外冈镇即调整了红会组织。

3. 组织管理：区红会在年初分别制定镇（街道）、卫生系统、学校红十字工作目标管理指标，年内跟踪监督，年底进行考核。区卫生局和区教育局分别将红会工作列入本系统综合目标管理考核中，从而使红十字和少儿基金工作在我区得以顺利开展。

4. 会员管理：根据市红会精神，各镇（街道）都对会员进行登记造册，区红会进行电脑管理，目前共有会员 45463 人（见会员名册）。

（二）人道救助

1. 募捐箱设置与管理：今年结合"助学帮困"活动，在全区中小学校等新设置募捐箱 100 只，发放了募捐箱管理办法，落实了专人负责管理，制作了开箱证（见红会报）。

2. 社区帮困：建立与特困户联系网点，全区共计 171 户，全部进行电脑管理（见名册）。

（三）信息交流

1. 报刊发行及投稿：积极征订二报一刊，其中《中国红十字报》110 份，《博爱》杂志 109 份，《上海红十字报》2266 份。全年区红十字会系统在《上海红十字报》刊登稿件 27 篇。向《嘉定报》、嘉定有线电视台、《健康教育》、《卫生信息》、《教育信息》共计投稿 25 篇，录用 21 篇。

2. 简报及情况汇报：全年共计印制简报、情况汇报 9 篇。

（四）红十字青少年工作

组织建设及开展活动：4 月 12 日在嘉定职校召开红十字工作现场会，推动中等技术学校红十字工作的开展；10 月 17 日在实验中学召开红十字工作现场会并对中专、技校、职校及中小学红十字青少年工作者开展业务培训，培训红十字基本知识，全区 59 所中小学校保健老师参加了这一活动（见市红十字报）。

（五）少儿住院基金

1. 落实人员和规范管理：根据市基金办精神按规定落实专业技术人员两名，专门从事监督检查，一名兼职人员负责电脑管理。并按管理办法开展各项工作：如会议制度、审核制度、监督制度、报表制度、政务公开制度、补证制度等。

2. 指标完成：中、小、幼参加基金覆盖率99.73%，0～3岁参加基金覆盖率99.18%。建立了经费结算初审制度（见材料）。

（六）培训、救护

1. 现场初级急救培训：全年区红会在马陆机动车驾驶员培训中心开展急救培训46批，培训人数6911人。培训红十字青少年10990人，居委干部2215人。各基层红会开展培训共计24547人。

2. 人道主义法培训：5月23日在备战救灾中心对30名区、镇（街道）及卫生系统红会干部开展培训；10月17日在区实验中学对59名卫生老师开展培训，共计培训人数89人，经考核88人通过并获得证书（见名册）。

3. 红十字救护队：因转岗、下岗、退休等原因，区红会对红十字救护队重新进行登记调整健全。目前共有救护队21支，计466人，全部进行电脑管理（见名册），并开展培训以提高技能在日常生活中的学以致用。如安亭镇李辉以学到的急救知识利用简易木条、红领巾为前臂骨折的儿童及时进行固定、嘉二中保健老师对脚踝骨折者的固定救护等。

（七）志愿捐献遗体工作

利用各种大型活动，积极开展遗体捐献宣传工作，认真做好登记，并进行电脑管理，目前登记在册26人（见名册）。分别做好接受单位和捐献者之间的桥梁工作，尽量满足捐献者的要求，耐心做好解释工作。

（八）档案管理

落实专人管理、资料齐全、分类归档、装订规范。积累了自1978年恢复红会工作以来的资料和图片档案。

二、重点工作

（一）大型活动

“5·8”活动有计划、有总结，按时上报市红会。活动形式多样、内容丰富。如组织会员收听、收看有关专题广播、电视节目；自制印发捐献骨髓、遗体等宣传材料；召开红十字工作表彰大会；开展“千万人帮千家”活动：卫生系统义诊（捐出5月8日当天的门诊挂号费和诊疗费收入）、教育系统义卖（学生多余的书籍和玩具拍卖）、市红会义卖品义卖、各行业募捐活动及社区帮困活动；举行大型街头宣传活动：医疗咨询、街头募捐、家电维修、急救技能表演、黑板报展评、无偿献血志愿报名等。

（二）“七个一”工作

1. 志愿工作者队伍建设并开展工作：目前全区共有志愿服务队23支，有志愿者332人，并进行电脑管理（见名册）。其中区直属一支（嘉定职校“心连心”红十字志愿服务队），颁发了志愿工作者证、章，按专业分三组，活跃在社区，维修家电、包护孤老、出黑板报、保护绿化等，活动成效显著，深受社区欢迎。今年4月“心连心”红十字志愿服务队受到市精神文明办表彰，荣获“上海市职工精神文明十佳好事”（见劳动报）。

2. 物资募集站：成立了区物资募集站，建立健全了规章制度，有物资储存，物资来源为社会各界捐赠及市红会拨给。

3. 建立健全救灾网络：全区建立了三级救灾网络，联络员计313人，并进行电脑管理。8月29日、9月26日分别请市红会领导进行救灾报灾知识培训。今年我区无大灾，仅方泰镇光明村居民张建明家遭雷击，损失较大，因报灾及时，区红会即予救助，在当地影响较大。

4. 设立人道救助基金：经社会各界支持，目前区红十字基金达80余万元。

5. 敬老典型：了解关心护理院，要求办出红十字特色，体现红十字精神。5月15日分别向江桥、戬浜两红十字护理院赠送轮椅车；重阳节组织中高级医务人员为江桥镇60岁以上老人进行义诊，并慰问江桥红十字护理院全体医务人员，向全体住院老人赠送重阳糕、生活用品等。定期组织会员慰问孤老，如职校红十字志愿服务队包护3位孤老，每月两次上门服务，受到老人赞扬（见市红十字报）。

6. 达标学校推广工作：加强对区达标学校工作的指导，经常保持联系，不断巩固提高。4月12日、10月17日分别在职校、实验中学召开现场会，推广达标学校先进经验并进行交流（见市红十字报）。

7. 团体会员单位：对团体会员单位进行调查摸底，进行电脑管理，目前团体会员单位共有199个，会员12874人。建立了团体会员单位规章制度。树立了一个典型——南翔古猗园，有总结，有经验。

三、重大系列活动

（一）募捐工作及开展活动

1. “千万人帮千家”活动：今年区红会开展大型帮困活动5次：1月初开展迎春慰问活动，对全区150户特困家庭发放慰问品及慰问金；

“5·8”期间开展为身边特困人群做一件好事，各基层组织共做好事1678件；5月15日对敬老院、护理院、部分残疾人赠送轮椅车40辆；9月15日向45名特困学生发放助学金22500元；9月29日向江桥护理院全体老人赠送重阳糕及生活用品，对江桥镇60岁以上老人开展义诊活动（见市红十字报）。

根据市红会发出“千万人帮千家”的倡议，区红会积极响应，认真部署，开展系列活动，共计募捐25万余元。根据理事会精神，不断增加基层红会实力，按比率上缴区红会16万余元，并上缴市红会5万元。

2. 红十字义卖活动：积极响应市红会号召，开展义卖活动，义卖所得5万元上缴市红会。

四、其他工作

（一）开展红十字社区建设试点工作

南翔镇作为区红十字社区建设试点镇，在去年建设的基础上，今年不断完善巩固。年初制定了试点工作计划，年中实施方案，按方案要求开展各种活动：如“5·8”大型宣传活动、红十字青少年夏令营活动、拥军活动、急救技能培训及比赛、救灾联络员培训、“温馨家园”文艺展示节、志愿者活动、“千万人帮千家”募捐及帮困活动等等，取得了一定成效。

（二）完成上级下达的任务

受区政府委托与重庆市万州区结对。2月14日区红会理事俞建忠、黄士林等一行人赴万州进行帮困慰问，对在嘉定人民援助下建成的五桥妇保院进行设备支援及技术指导，对白羊小学5名品学兼优的特困生建立结对扶贫，直至完成学业（见书面小结）。

（三）创新、特色工作

为嘉定交警大队赠送36只救护包，分别置于交通指挥岗亭和交警巡逻车上，以及时帮助意外伤害者。

（四）密切联系教育系统，做好红十字工作

结合素质教育，协助教育局组织红十字青少年夏令营活动，赴延安学习考察，进行革命传统教育。结合助学帮困，向全区中小学校配置募捐箱，宣传红十字精神，开展献爱心活动。举行红十字青少年义卖活动，共募集资金3万余元。少儿基金工作在教育局的大力支持下，不受外界因素干扰，圆满完成宣传发动工作。

2001 年

1 月 8 日 即日起，区红十字会按照市红十字会的统一部署，开展“千万人帮千家”迎春慰问活动。本次慰问活动，共向全区 17 个镇（街道）的 170 多户慰问对象发放了 34000 多元的慰问金及价值 10 万余元的慰问品。

1 月 9 日 区红十字会会长周丽玲，常务副会长陈进根，常务理事黄士林及戬浜镇、娄塘镇有关领导等一行走访了区内几家典型特困户，为特困者送去慰问金和棉被、食品等慰问品。

1 月 11 日—12 日 区红十字工作总结会在备灾救灾中心召开，区红十字团体会员单位——南翔古猗园在会上作交流发言。

2 月 21 日 区教育局、区红十字会制定《2001 年嘉定区红十字青少年工作要点》。

一、加强组织建设，健全办会制度。每学期召开一次理事会，讨论红十字工作。做好新会员的发展，举行新会员入会宣誓仪式。会员实行电脑管理，“5·8”期间进行一次调整上报，以确保会员人数真实性。加强会费收缴工作，按比例上缴区红会。

二、积极开展“5·8”世界红十字日宣传活动，形式多样，内容丰富。组织学生观看“人道的力量”电视系列片和参加社区各项献爱心活动，充分发挥红十字青少年在宣传、服务等方面的作用。

三、继续开展“千万人帮千家”募捐义卖活动，并在“5·8”期间形成高潮，提倡“捐一元钱，添一份爱”“十元不少，爱心无限”的红十字精神。

四、各校红十字会可结合青少年的生理、心理特点，配合有关部门继续办好红十字青少年夏（冬）令营活动，传播红十字基本知识和急救技能。今年区红会将有选择地在部分学校开展“国际人道法”知识的培训。

五、加强对红十字达标学校工作的指导，对已经验收达标的学校，进行复查以促使达标学校与实际情况相符；对已经具备达标学校条件的，可经教育局推荐，上报上级部门进行验收命名，做到成熟一个发展一个。

六、配合学校其他部门认真做好少儿住院基金的宣传发动工作，争取覆盖率达100%。并认真做好医疗证的发放、住院证明单的保管及寒暑假的衔接工作，保证参加基金者应享有的权益不受损害。

七、加强理论学习，提高自身素质。要认真阅读《红十字会现代管理学简明教程》《红十字理论与实践》等书籍，结合自己工作的特点、体会、经验（如志愿工作者队伍，敬老典型，红十字达标学校，红十字在学校、在社区等）撰写理论文章，于7月底上交区红会。

5月7日 区红十字会联合嘉定区教育局、嘉定团委、嘉定血站、嘉定镇红会在嘉定商厦广场前举行大型宣传活动，有医疗咨询、家电维修、红十字青少年街头募捐、无偿献血现场采血、志愿捐献骨髓报名以及系列黑板报、展板的宣传，这些无一不向市民展示红十字的人道、博爱、奉献精神。

5月8日 区红十字会开展“5·8”红十字纪念日宣传活动，包括举办红十字发展历程和取得成绩的巡回展板的展出，“红十字在社区”研讨会，国际人道法、红十字基本知识培训，开展志愿捐献遗体者座谈会、“千万人帮千家”募捐、中小学红十字青少年义卖、医疗单位“5·8”义诊、江桥红十字护理院10周年纪念等活动。

5月15日 区红十字会组织召开“遗体捐献者代表座谈会”，参加人员有离休干部、知识分子、工农代表和残疾者等。

5月23日 嘉定区红十字会在南翔镇召开“红十字在社区研讨会”，听取南翔镇红十字会介绍，参观了解放街居委红十字卫生站，以及志愿服务者在社区的事迹陈列。

5月28日 区红十字会在嘉定儿童活动中心举办红十字急救技能表演、红十字知识竞赛、小作品展览、宣传红十字精神及无偿献血的文艺节目表演、义卖等富有红十字特色的大型活动，区四套班子领导和全区中小学校师生代表参加了这次活动。

5月30日 区实验中学、城中路小学联合组成“红十字小天使服务站”，参与上海市少年儿童“庆‘六一’新世纪我能行”大型展示活动，宣传红十字精神，实践红十字救护技能，开展红十字知识宣讲服务，充分展示红十字青少年精神风貌，东视新闻、东方电台都对本次活动进行了报道。

是日 区红十字会与徐汇、青浦、奉贤共同组队代表市红十字会参加八省市红十字青少年夏令营活动，在红十字知识竞赛和急救技能比赛中，获得第一名。区红十字中医医院在参加市卫生系统第八届运动会医疗急救技能比赛中，获第二名。嘉定职校“心连心”红十字志愿服务队先进事迹在上海市中专、技、职校系统中进行经验介绍，并被市红会选送参与总会百佳先进单位的评选。

6月1日 “六一”儿童节，区红会向全区12名大病重病患儿赠送慰问品及慰问金；嘉定区城中路小学、希望城中学联合组队——红十字服务队，参与上海市少年儿童庆“六一”大展示活动。

6月 区红会对全体少儿基金参与单位进行业务培训，保证9月份少儿基金筹资工作顺利开展。

7月9日 区红十字会在南翔镇社区对100名人员进行培训，其中96名经考核通过，颁发结业证书。

8月21日 区红十字会在唐行镇红十字青少年夏令营中，对215名师生进行国际人道法等知识培训。

8月 区红十字会在南翔镇、唐行镇分别举行两次夏令营活动，将红十字会知识及急救技能培训与参观游览苏州园林、华亭导弹基地结合起来，对学生开展一次国际主义、爱国主义和集体主义教育活动。

8月下旬 区红十字会在南翔镇试点开展“三位一体”知识的培训，首期培训对象为机关、企事业单位的中层干部，并逐步延伸至社区居民。

9月2日 中秋节，区红十字会在南翔福利院举行中秋佳节义诊慰问活动，为敬老院全体老人提供医疗保健服务，并赠送价值8.6万元的生活用品及食品。

9月15日 “嘉定区红十字帮困助学活动暨募捐箱发放仪式”在区教育局四楼会议室举行，区红会常务理事黄士林主持仪式。活动中，市、区两级红十字会共向全区45名特困学生发放助学金22500元，帮助他们完成学业，减轻特困生家庭经济负担；区红十字会还为各中、小学校红十字会配发了红十字募捐箱，使募捐工作成为一项经常性的工作。

9月26日 嘉定区各镇（街道）红十字会通过包护组定期为孤老开展慰问、上门服务及义诊等活动，如职校“心连心”红十字服务队先后包护了7位孤老，长年累月，持之以恒，两位已经送终。

10月5日 安亭镇水仙居委居民包志华家中液化气泄露发生火灾，损失较大，经救灾联络员报灾，区红会即予救助，安亭镇红十字会也发动居民募捐，共计捐款8000余元，受到群众的好评。

10月11日 区红十字会于迎园饭店六楼会议室举办救灾联络员培训班，由市红十字会社福部部长庄海君主讲。

10月13日 区红十字会在重阳节向南翔福利院捐赠1万元，支持老年事业。

10月25日 上海市红十字会举行“三位一体”培训工作研讨会，嘉定区红十字会在会上作经验介绍。

10月 2001学年少儿住院基金新学年收费工作基本完成，全区参加总人数77045人，覆盖率99.93%，缴费金额2410310元。区红十字会向90位身患绝症的病者赠送价值54000元的保健品，并开展健康知识讲座及咨询活动。

11月28日 区红会在备灾救灾中心召开工作总结会，向志愿工作者颁发了证、章。嘉定职校“心连心”红十字志愿服务队、赵蔓漪、周惟淑等在志愿者工作总结会上进行了经验交流。

11月 区红十字会向教育系统捐赠6万元，并资助419名特困学生参加少儿住院基金等。

12月 区红十字会发表《嘉定区红十字会2001年工作回顾》。

第一部分：量化指标

一、组织建设

会员发展：全年发展团体会员单位14个，发展团体会员1015人，发展成人会员1259人，发展青少年会员3944人，目前共有会员46200人。

会费收缴：全年共收缴会费134408元，会费收缴率100%，上缴区红会35552.6元，上缴市红会5000元。

二、业务培训

全年现场初级急救培训27148人，其中机动车驾驶员6950人。举办人道法培训4次、计1327人。对100名社区人员进行培训，经考核96人获得证书。开展救灾联络员培训，经考核183人获得证书。开展“三位一体”知识培训，经考核43人获得证书。团体会员单位红十字会务知识普及率达55%。

三、人道救助

全年募捐32万元，募捐款上缴市红会6万元，人道救助基金余额90万元，新设置募捐箱20只，处理群众来信、来访21件，救助1万元。

四、信息交流

订阅《中国红十字报》158份，《博爱》杂志135份，《上海红十字报》5000份。年投稿44篇，其中《上海红十字报》21篇，其他报刊23篇。定期印送简报、情况汇报6篇。

五、红十字青少年工作

少儿住院基金：中、小、幼参加基金覆盖率99.87%，0～3岁参加基金覆盖率99.44%。在南翔镇、唐行镇开展夏令营2次，共计人数315人。对中小学校红十字工作者业务培训1227人次。

六、志愿工作

遗体捐献接待咨询169人次，办妥遗体捐献手续27人，角膜捐献手续20人。年发展志愿工作者204名。骨髓移植报名93人。

第二部分：特色工作

一、庆“六一”新世纪我能行活动

为进一步在青少年中宣传红十字知识，弘扬“人道、博爱、奉献”精神，不断扩大社会影响，年初我们与区少儿工作委员会、区教育局共同构思，在“六一”儿童节举办一个富有红十字特色的大型活动。5月28日下午，在嘉定儿童活动中心，举行了一场丰富多彩的寓教于乐的综合性活动。有红十字急救技能的表演、红十字知识的竞赛、小作品展览、宣传红十字精神、无偿献血文艺节目表演、义卖活动等，区四套班子领导和全区中小学校师生代表参加了这次活动。5月30日，区实验中学、城中路小学联合组成“红十字小天使服务站”，参与上海市少年儿童庆“六一”新世纪我能行大展示活动，活动中我们宣传红十字精神，实践红十字救护技能，开展红十字知识培训服务，充分展示红十字青少年精神风貌，受到与会领导的好评，扩大了社会影响，东视新闻、东方电台都报道了这次活动。

二、红十字示范镇建设初见成效

加强社区服务工作，争创红十字示范镇是去年我区红十字工作的主要任务之一。南翔镇作为区红十字社区建设试点镇，得到镇领导的高度重视，把红十字工作列入议事日程，并作为精神文明建设抓手之一。为规范该项工作，年初镇政府向全镇各单位发出“争创红十字示范镇”的通知，并制定示范镇和各示范行业标准，开展了系列争创活动，取得了初步效果，涌现了古猗园、南翔医院、老妈妈志愿服务队、李锦玲等许多先进单位和个人。5月23日在南翔镇召开“红十字在社区研讨会”，听取南翔镇红十字会介绍，参观了解放街居委红十字卫生站，以及志愿服务者在社区的事迹陈列，使与会者都得到了一次教育与启发，深深认识到，只有依托社区，红十字工作才能走进千家万户，才能进一步扩大和提高红会的知晓率，才能使红十字事业焕发新的活力。南翔镇领导在此基础上进一步统一思想，将红十字工作作为2002年创建区特色工作之一，在贸易中心成立红十字捐赠服务中心，将红十字宣传、社会捐赠、物资仓储、志愿服务、遗体捐献登记、医疗康复等融合在一起。并在镇中心地带开辟红十字宣传阵地，让红十字精神进一步深入人心，以此推动全镇精神文明建设更上一个新的台阶。

三、基金工作监督力度加大

少儿基金筹资工作在我区持续保持稳步发展，在外界大气候不稳的情况下，我们始终不受任何干扰，圆满完成任务。今年我们重点工作在节流上，制定了少儿基金监督检查评分标准，并在卫生局综合目标管理考核评分标准中单项打分。两名主治医生认真把好审核关，经常下医院检查一级医院每一份病史和抽查二级医院部分病史，针对问题指出整改意见。在初审时，对费用较高的病史抽调进行核对，发现问题及时退还纠正。全年共检查病史952份，抽调病史71份。区少儿基金办还定期召开业务院长、医务、财务科长会议，通报情况，提出意见。由于监督力度加大，反馈信息及时，考核评分制约，取得一定效果，今年1至11月份住院病人与去年同期相比下降8.5%，住院费用下降9.0%。

四、开展“三位一体”知识试点培训工作

为在社区普及“三位一体”知识培训，今年市红会要求嘉定区和静安区先期自行试点，总结经验逐步推向全市。我们在南翔镇做了尝试，根据市红会的要求，充分利用和挖掘社区资源，在社区聘请了具有丰富实践经验的专业人士担任师资（如煤气公司、消防支队、民防办、南翔医院的中高级技术人员），请他们编制了通俗易懂的教材。在教学方式上，采用多种形式，取得了一定效果。该项工作在市红会举行的“三位一体”培训工作研讨会上进行了经验介绍。

五、受政府委托与重庆万州区结对

重庆万州区与我区是姐妹城区，受政府委托我们开展了帮困助学活动，在去年资助白羊小学的基础上，今年进一步延伸至白羊初级中学，共资助11名中小学生，受到当地的好评，并向我区红会赠送了锦旗“拳拳爱心倾注特困儿童，缕缕深情凝聚希望工程”。

六、多项工作取得实效

今年我区与徐汇、青浦、奉贤共同组队代表市红会参加八省市红十字青少年夏令营活动，在红十字知识竞赛和急救技能比赛中，获得第一名，受到营员们的一致好评。积极参与少儿基金10条广告用语征集工作，经评选我区两条广告用语分别获第一、第三名。协助局工会开展急救技能比赛，并组队参加市卫生系统第八届运动会医疗急救技能比赛，我区红十字中医医院获第二名。嘉定职校“心连心”红十字志愿服务队先进事迹在上海市中专、技、职校系统中进行经验介绍，并被市红会选送参与总会百佳先进单位的评选。

七、各项基础工作更趋规范

全区镇（街道）均已建会，今年随着区域规划调整，重新摸底调查更正了各类基础资料及网络组织，配备了红会人员，建立了会员、救灾联络员、救护队、志愿工作者、帮困名单等五本电脑账册。按期召开了“区一届三次理事会”，审议并通过了工作报告及人道救助基金使用情况。制订了镇（街道）、卫生系统、学校红十字工作目标管理指标，年内跟踪监督，年底进行考核，从而使红十字工作在我区得以顺利开展。按市红会的要求建立了遗体捐献资料电脑系统网络，按时完成登记者、实现者数据的电脑输入、传输及对以往登记者的调查工作。发展了204名志愿工作者，举行了颁发证书、证章仪式，按职业进行分组。制定了团体会员单位规章制度。建立健全了物资募集站规章制度，并募集到一批物资（氧气袋、布匹）储存。

第三部分：工作方法和体会

一、开展红十字工作，必须找准与社会有关方面的共振点，走合作之路，才能事半功倍

多年以前，红会系统提出了“要想有地位，先要有作为”，有作为，单靠红会一家孤掌难鸣。现代社会是分工协作的社会，协作的基础是各取所需，各展所长，如果没有这个基础，即使暂时有依靠，也不会长久。由此出发，我们嘉定红会在制订计划、开展活动前，既考虑自己的工作需要，也研究相关单位的兴趣和积极性，通过接触沟通引发共鸣，使有关单位感到“做好红会工作，既是为红会，也是为自己”，在这个前提下，开展红会工作就少了许多抵触和摩擦，而且事半功倍。比如：开展红十字卫生志愿服务，切合了卫生系统加强精神文明建设，开展社区卫生服务的需要；红十字青少年工作为教育系统德育、素质教育提供了载体和抓手；募捐帮困既履行了红十字会职责，也为区、镇政府为民解难助了一臂之力；在南翔镇创建红十字示范镇、开展“三位一体”试点培训，与南翔镇各项工作都要争创一流的要求一拍即合；少儿基金工作与少儿家长低成本保障孩子健康的需求，与教育部门减轻因大病重病、意外伤害所承担的责任相一致；遗体捐献宣传为媒体报道精神文明建设新事物提供了素材；初级急救培训成为交通部门、企业单位减轻事故损失的一项重要手段；联合区委统战部、区三办、区献血办、区民防办、团区委、区医学会、区教育局开展大型活动，如“5·8”活动、“六一”儿童节、中秋节、敬老节慰问活动，既打出了红会的牌子，也扩大了其他社团的社会影响，可谓相得益彰。事实证明，“人道、博爱、奉献”的红十字精神与市场观念恰当融合，适应社会需求，顺势而动，红十字会就能大有作为。

二、抓住重点，全面推进是红十字工作的重要方法

红会工作任务重、事务多、涉及面广，但人手少，容易顾此失彼。因此，我们坚持抓重点工作、重要时期、重点单位。把主要精力放在组织建设、募捐帮困、社会服务、少儿基金这些方面，扩大红会的影响。抓好“5·8”红十字纪念日以及重大节日期间的红会工作，使红十字精神深入人心。在镇红会中树立南翔、马陆两个典型。南翔镇红会敢于探索，勇于创新，红十字工作全面开展，马陆镇红会深入居委宣传发动，在“千万人帮千家”活动中取得了很好效果。在学校红会工作中发挥嘉定职校在社区服务、实验中学在开展急救技能培训、实验小学在开展红十字宣传的示范作用。在卫生系统红十字团体会员单位中提倡江桥红十字护理院微笑服务，开设老人乐园，并建立“田君老人帮困基金”，帮助那些在住院期间生活困难的人，组织志愿服务队定期为病人提供红十字特色服务等。在抓住重点的基础上，区红会组织召开了社区工作研讨会、志愿者工作交流会、达标学校现场会、团体会员单位工作总结会，推广先进经验，产生了以点带面、以点促面的杠杆效应。

三、各级领导的支持为红十字会服务社会创造了有利条件

嘉定红会在市红会领导和各部门的指导下，各项工作扎实推进；区红会会长、各位副会长及理事，每年再忙，也要抽空聚在一起，商讨红会工作中的重大问题，为具体工作指明方向，出谋划策；卫生局、教育局领导将红会工作纳入综合管理考核，使得红会工作在这两个系统得以顺利开展，作为挂靠单位，卫生局领导在经费、场所上给予我们充分保障，教育局领导对少儿基金宣传发动的支持（每年联合发文，要求覆盖率力争100%），使我们收到了“跑一家胜过跑百家”的效果；区红会理事的牵线搭桥，使我们与重庆万州的特困生形成了跨省市的结对助学关系；南翔镇领导用发文的形式，协调各方，为创建红十字示范镇提供了组织保证。

四、拥有一支符合红十字工作需要的高素质的镇（街道）红会干部队伍是做好基层红会工作的重要保障

三年来，嘉定由于区划调整，镇（街道）由19个撤并到12个，再加上到龄退休的影响，镇级红会干部变动频繁。镇级红会干部素质高低、兼职到不到位将关系到红会工作的力度和效果。为此我们经常与镇（街道）红会领导联系，对一些不称职的红会干部提出我们的建议，及时予以调整，对工作突出的红会干部进行表彰奖励，使红会干部队伍建设稳定发展，涌现了许多工作扎实、富有爱心、热情肯干的红会干部。如朱桥镇红会干部滕伯球本着对红会事业的一颗赤诚之心，不辞辛劳，坚持向企事业单位和个人劝募，连续三年每年救助一位大病特困者，并按月将企业家赞助的生活费送至孤儿手中。去年10月，安亭镇居民包志华家因液化气泄漏发生火灾，安亭镇红会及时报灾，并发动居民募捐8000余元进行救助，这些都受到群众好评。

五、以“千万人帮千家”为主题的募捐帮困活动，既改善了最易受损害群体境况，又实实在在地扩大了红会的社会影响

年内通过社会各界的支持援助，募捐款总额为32万元。募捐工作为落实救助工作提供了物质基础，以前我们没有能力办或不敢多参与的事，现在我们有能力了，也敢积极参与了。去年区红会组织实施了系列帮困活动：为全区170多户特困家庭发放慰问金3.1万元及价值7.7万余元慰问品，捐款1万元为江桥护理院老人添置生活用品，对全区431名特困儿童发放慰问金74970元，组织医疗专家为敬老院老人提供义诊，并赠送价值9.6万元食品及其他生活用品，向90名癌症患者赠送5.4万元保健品，处理群众来信来访21件，发放救济款1万元，并资助重庆市万州区11名特困生助学款3370元。全年共计用去帮困款物价值35.72万元，受益人数1433人。嘉定红会在改善最易受损害群体境况的同时，自身的社会影响不断扩大，“找红会”已经成了许多困难者的自然反应。

回顾2001年，我们取得了一些成绩，但还存在一些不足之处，在新一年里我们要继续努力，不断进取，以求真务实的精神，争取更大成绩。

2002 年

1 月 上旬，区红十字会开展迎春慰问活动，在周丽玲会长、陈进根副会长的带领下，对全区 362 户特困家庭发放慰问品及慰问金；向江桥红十字护理院捐赠 2000 元为住院老人购置日用品。

1 月 10 日 市红会在南翔镇召开经验交流会，并参观人道救助中心、虹翔卫生服务站等几个点，肯定了南翔镇红十字会在拓展社区服务功能等方面所做的尝试和努力。

2 月 20 日 马陆镇人民政府决定，调整马陆镇红十字会成员（马陆镇政府〔2002〕第 57 号《马陆镇人民政府关于调整红十字会成员的通知》）。

3 月 14 日 嘉定区卫生局下发 2002 年学校预防保健工作的要求（嘉卫医防〔2002〕第 9 号《关于下发〈2002 年嘉定区学校预防保健工作要求〉的通知》）。

4 月 5 日 嘉定区娄塘镇卫生院决定，调整红十字会理事会组成人员（嘉娄卫〔2002〕第 11 号《娄塘镇卫生院关于调整红十字理事会组成人员的通知》）。

4 月 10 日 嘉定区红十字会《关于建立“嘉定区红十字会衣被捐赠接受站”的请示》（嘉红〔2002〕3 号）。

上海市红十字会：

为进一步做好人道救助工作，切实贯彻市红会关于“备灾救灾”和“注重经常性旧衣被募集工作”的精神，帮助贫困地区和灾区人民改善生活条件，同时也便于本区红会组织在接受旧衣被方面进行系统地集中存储和管理。在市红会的鼎力相助下，嘉定区红十字会拟在南翔镇德华路 603 号（建筑面积约 200 平方米）建立“嘉定区红十字会衣被捐赠接受站”。

该接受站成立后，在人员的组织管理和业务管理上由区红十字会委托南翔镇红十字会进行管理，并接受市红十字会的业务指导。接受站如有适宜的调剂衣服将进调剂中心进行调剂。

是日 区红十字会《关于建立“嘉定区红十字会物资调剂中心”的请示》(嘉红〔2002〕4号)。

上海市红十字会:

为进一步做好人道救助工作,切实贯彻市红会关于“备灾救灾”的精神要求,提高募集所得物资的适用性,经研究,拟在嘉定区南翔镇德华路603号,建立“嘉定区红十字会物资调剂中心”。

4月23日 区红十字会在区疾病控制中心举办“红十字会法律知识培训班”,对各镇、街道、医院的红十字会干部进行培训和考核,由疾控中心提供师资为所属的基层红会会员进行培训。

5月7日 区红十字会联合区卫生局、区教育局、团区委、区血站、区牙防所以及嘉定镇红十字会在嘉定商厦前举行大型“5·8”世界红十字日纪念活动,包括医疗咨询、家电维修、红十字青少年街头劝募、无偿献血、牙防所流动车的为民服务以及黑板报、展板的展览评比等。

6月1日 “六一”节期间,区红十字会向特困儿童捐赠6000元。

6月26日 区红十字会《关于成立南翔镇红十字人道救助服务中心的批复》(嘉红〔2002〕7号)。

南翔镇红十字会:

你会报来的《关于成立南翔镇红十字人道救助服务中心的请示》已收悉,经研究,同意你们成立南翔镇红十字人道救助服务中心。该中心的服务内容主要是:开展赈灾救济扶贫帮困工作,开展红十字知识培训,为弱势群体提供医疗咨询服务,为无偿献血、捐献遗体、非血亲骨髓移植登记者提供咨询服务。实行独立核算,经费自筹,自负盈亏。

希望你们接此批复后,及时办妥有关手续,积极组织,认真实施,严格管理,充分发挥红十字人道救助的服务作用,为弱势群体提供援助,排忧解难,为社区居民提供多种咨询服务。

特此批复。

附件:《协议书》。

甲方:嘉定区红十字会

乙方:嘉定区南翔镇红十字会

嘉定区红十字会衣被捐赠接受站和物资调剂中心建成以后,为了更便捷有效地进行管理,甲方嘉定区红十字会和乙方嘉定区南翔镇红十字会自愿签订本协议,以资信守。

一、甲方委托乙方对衣被捐赠接受站和物资调剂中心进行管理。

二、乙方应加强对衣被捐赠接受站和物资调剂中心的管理，物资的使用和调剂应严格按照《嘉定区红十字会衣被捐赠接受站、物资调剂中心的管理办法》进行管理和操作，并应对物资的进出建立台账资料。

三、由乙方负责招募衣被捐赠接受站和物资调剂中心日常运作所需的人员，并负责支付工作人员日常的支出和劳务费用。

四、物资调剂处理后所得经费由乙方负责列支或进入乙方的红十字人道救助基金。

五、甲方负责对乙方的管理进行监督和审核。

6月 区红十字会在抗洪救灾募集款物活动中，紧急动员布置，共募集到旧衣被2811包，募集到价值8.8万元的新物资（药品、新衣裤），募集到救灾款80334元。

7月16日 区红十字会召开一届四次理事会议。会议根据红会组织章程调整通过了24名理事，通过了区教育局局长毛长红任区红十字会副会长。周丽玲会长为所有的理事颁发了理事证书和红十字会会员证。会议审议并通过了常务副会长陈进根所作的《迎接挑战，与时俱进，开创红十字事业新局面——嘉定区红十字会2001年度工作报告、2002年工作计划》，以及《关于人道救助基金使用情况的报告》。市红十字会组训部杨钧仪部长给与会者简明扼要地介绍了红十字会组织的历史、组织章程以及有关法律法规。南翔镇和区教育局分别就如何做好镇红十字工作和红十字青少年工作在会上进行了经验交流。

7月17日—18日 安亭小学红十字会和大队部组织优秀红十字会员参加“东方少年夏令营”活动。

8月20日 嘉定区红十字会制订《在110巡逻车上配置急救箱的培训计划》（嘉红〔2002〕9号）。

上海市红十字会：

为了保护人的生命和健康，为了使红十字会能更积极有效地参与到交通事故的现场救护中，使人道救助、爱心关怀的红十字精神得到进一步弘扬，根据市红十字会的要求，嘉定区红十字会决定和嘉定区交巡警支队联合在嘉定地区的27辆110巡逻车上设置红十字急救箱，现将培训计划制订如下：

一、组织计划

1. 成立以区红十字会、区交巡警支队领导组成的领导小组，负责对本次培训制订计划、组织落实、考核验收。

2. 由区红十字会负责在8月25日以前完成制订本次培训的计划，

经双方认可后予以操作实施。

二、实施计划

1. 按应培训的交巡警人员数分班分组进行现场初级急救知识技能的培训。培训方式采用集中授课、分组指导相结合的形式，由区红十字会志愿工作者朱学忠医师担任培训教师，负责对交巡警人员进行急救四大技能（止血、包扎、固定、搬运）和心肺复苏的培训。

2. 培训从9月2日开始，具体培训课程安排的时间如下：

止血，半天；搬运、固定，半天；包扎，一天；心肺复苏，半天；考核，半天。

通过3天的培训，以及实际动手操练，使交巡警人员都能做到人人动手，个个过关。

3. 由区红十字会牵头，和区交巡警支队、医院（中心医院、南翔医院、安亭医院、中医医院）三方结为精神文明共建单位，三方通过合同签约的方式明确各自的任务和职责。

医院方无偿为红十字急救箱提供有关规定的药品、器械并一季度一次对急救箱所配药品数量、质量进行检查，根据需要及时补充和更换；交巡警方落实安排好交巡警人员、培训时间和地点，力争通过培训考核达到100%的合格率，平时加强对车上急救箱的规范化管理，以保证110巡逻车能顺利地开展实施现场急救工作。

4. 嘉定区27辆巡逻车分别由四家医院负责提供车上急救箱内的药品、器械。中心医院负责9辆车，南翔、安亭、中医医院分别负责6辆车。

考核验收：

培训结束由本次培训的领导小组和培训教师负责对学员逐个进行理论和操作的考核，要求合格率达到100%。同时做好准备，迎接9月底市里的验收。

急救箱上车仪式：

10月底举行110巡逻车上配置红十字急救箱大型活动仪式，做好宣传，让广大群众都能知晓这件对群众、对百姓有利的好事、实事。

是日　嘉定区少儿住院基金管理办公室发表《告家长书》。

亲爱的家长：

2002学年度少儿住院基金缴费办证工作即将开始。少儿住院基金是政府为广大少年儿童办的实事、好事，为学生，特别是患白血病、恶性肿瘤少儿家庭提供了医疗保障，减轻了学生因伤因病住院治疗的家庭经济负担。实施六年来，已为我区1.9万多人次患病少儿，按规定支付了483万余元医药费（Ⅰ、Ⅱ级医院），大大减轻了广大患者家庭因病致困的后顾之忧，受到广大市民，特别是患病少儿家庭的拥护和高度评价，被誉为少年儿童的“生命绿卡”。

我区2001学年度有99.93%的学生、幼儿参加了少儿住院基金，许多同学及家长本着“我为人人，人人为我”、“向社会、向同学献一份爱心”的善举，许多家长纷纷表示要向社会献一份爱心，给自己留一份放心，减少一份担心。

我们衷心希望我区广大学生、家长，发扬同学间的互助精神，积极参加少儿住院基金，希望每一所学校、每一位老师切实为学生办好这件实事。去年8月，杨晓渡副市长在少儿住院基金成立五周年大会上说：“少儿住院基金是一项造福社会、造福人民的公益性事业，各级政府领导、社会各界都要一如既往地支持这项为民工程、爱民工程。”

本学年收费标准：0～3周岁每人每年40元，外地户籍不能参加，家长凭本市常住户口簿到所在街道医院缴费；4～18周岁每人每学年30元，由学生、托儿所、幼儿园及中小学集体办理（托儿所、幼儿园外地户籍不能参加）。幼儿、学生因病、伤住院少儿住院基金每学年最高累计支付8万元。

8月25日 嘉定区娄塘镇人民政府决定，调整娄塘镇红十字会组成人员（娄府〔2002〕第91号《关于调整娄塘镇红十字会组成人员的通知》）。

9月2日—4日 南翔镇红十字救护队参加上海市备灾救灾中心进行的3天封闭式培训，通过“四大急救技能”的一招一式认真学习，积极操练，队员与队员间相互探讨、共同练习，提高了救护队员们的救援应急能力。

9月5日 上海市红十字会向部分红十字老年护理院捐赠药品仪式，在嘉定区江桥红十字老年护理院举行，市红十字会党组副书记、副会长熊仿杰主持仪式。市红十字会、市药监局领导及嘉定区红十字会、嘉定区卫生局、江桥镇政府领导，以及部分红十字老年护理院的领导参加了此次药品捐赠仪式。本次捐赠的药品为维生素E胶囊，总价值24.7万元，分别捐赠给全市12家红十字老年护理院的老年病人。

9月9日—10日 区红十字会和区交巡警支队联合对59名交巡警队员进行了现场初级急救四大技能和心肺复苏的培训，并全部进行了理论和操作的考核，平均成绩达94.85分。

9月10日—11日 区红十字会组织对嘉定区交巡警支队部分警员现场初级急救知识的培训。这次培训是根据“上海市红十字会在交巡警车上设置红十字急救箱”的要求进行的，由区红会志愿者朱学忠医师担任培训教师。部分交巡警人员通过急救四大技能（止血、包扎、固定、搬运）和心肺复苏的培训，基本掌握了急救技能。培训结束，由本次培训的领导小组和培训教师对学员逐个进行了理论和操作的考核，合格率达到100%。

9月 区红十字会荣获中国红十字会总会颁发的“2002年度报刊工作先进单位”奖牌。

区红十字会资助800名特困学生免费参加少儿住院基金，其中小学341人，中学419人，职技校40人。

10月初 区少儿基金办2002学年度少儿住院基金收费工作全部完成，参加基金总人数为73586人，覆盖率高达99.87%，除去帮困的800名中小学生，总缴费金额为2267230元，已全部解缴到市少儿住院基金账户。

10月10日 区红十字会在区教育局四楼会议室对学校红十字工作者进行红十字业务知识培训。市红十字会宣传部部长杨钧仪及嘉定区红十字志愿者朱学忠医师作为培训教师，为学校红十字工作者讲授了现场急救及红十字有关知识，包括止血、心肺复苏等现场初级急救技术，国际人道法、国际红十字组织、红十字标志、红十字起源、发展、现状、艾滋病防治等知识。

10月14日 一年一度的敬老节之际，区红十字会和区医药学会共同组织了各大医院部分内、外、妇、牙和中医专家到外冈镇为老年人服务，并分别在马门、大陆卫生室设立服务点，为老年朋友们提供了免费的健康咨询、检查、诊断等服务。与此同时，区红十字会常务理事黄士林，区医药学会理事、卫协会理事长陈洪祥和外冈镇卫生院查院长等一行走访慰问了外冈镇敬老院的老人们，向他们致以节日的问候；区红会还向老人们捐赠了慰问品。

10月16日 闵行区红十字会考核我区红十字青少年工作，对全区58所中心学校、中专职校的红十字工作者进行红十字知识的理论和操作验收，合格率为100%。

10月21日 区红十字会《关于下发〈二○○二年度镇（街道）红十字工作考核内容及评分标准〉的通知》（嘉红〔2002〕10号）。

各镇（街道）红十字会：

现将根据今年工作计划制定的《二〇〇二年度镇（街道）红十字工作考核内容及评分标准》发给你们，请认真按要求做好准备工作。具体考核时间、形式另行通知。

10月 南翔镇红十字会召开第二次会员代表大会，选举产生了新一届红十字会理事会，聘请党委书记和人大主席为名誉会长和名誉副会长。理事会定期召开会议，研究工作，落实经费，进一步健全了红十字会的组织机构。

11月7日 市红十字会社会福利部庄海君部长等一行，前来嘉定区对南翔镇创建市级红十字示范镇工作进行验收。

11月15日 区红十字会在区卫生局召开嘉定区遗体捐献志愿者座谈会，常务理事黄士林出席座谈会并与15位志愿者代表进行了交流。到目前为止，我区申请遗体捐献的共58人，已实现愿望者3人，申请者多数集中在嘉定、南翔、安亭、江桥等镇，他们中有夫妻，有一家三口，有同学同事，其中年龄最大的八十多岁，最小的年仅26岁。

是日 嘉定区徐行镇人民政府决定，调整徐行镇红十字会理事会组成人员（徐府〔2002〕第240号《关于调整徐行镇红十字会理事会组成成员的通知》）。

11月20日 区红十字会在本部召开年终考核工作部署会议。常务理事黄士林及各镇街道的红会干部出席会议。

11月26日 区红十字会、区少儿住院基金管理办公室下发《关于公布〈我与少儿住院基金〉征文评比结果的通知》（嘉红〔2002〕11号）。

各中、小学校、医疗卫生单位：

为了保障本区少年儿童健康成长，弘扬“人道、博爱、奉献”的红十字精神，反映嘉定人民互助互爱的精神风貌，宣传少儿住院基金的互助作用，今年4月，我区红十字会和少儿住院基金管理办公室在全区范围内开展《我与少儿住院基金》征文活动。

本次活动，得到了区教育、卫生系统等单位的大力支持，共收到了21篇征文。经筛选，有5篇被市少儿住院基金管理办公室收进了《爱心曲》一书中。经评比，评出了一等奖1名，二等奖2名，三等奖3名，鼓励奖15名。

特此通知。

附：《我与少儿住院基金》征文获奖名单。

一等奖：妇保院陆萍《断翅的蝴蝶，舞出生命的奇迹》。

二等奖：封浜中学黄静静《心存感激》，安亭中学张莎莎《记住这张笑脸》。

三等奖：真新街道沈钺明《病魔无情人有情》，娄塘中学朱丽英《蓝天下的至爱》，安亭中学马旖雯《花季那年》。

鼓励奖：安亭中学陈逸颖《蓝天下的挚爱》，安亭中学姚婷佳《爱在这里延伸……》，桃李园中学徐晓琳《爱心洒人间》，黄渡小学邓佳慧《请记住这张笑脸》，黄渡小学王珏《为了孩子们的笑脸》，迎园小学黄怡沁《七色之爱》，迎园小学金晶《此恩此情，铭记在心》，戬浜学校戴娅《我爱生活》，城中路小学何佳妮《我住院了》，城中路小学黄冰倩《少儿住院基金给我带来了福音》，疁西小学张莺《少儿住院基金——孩子生命的保障》，疁城实验学校红十字会《人间自有真情在》，南翔医院《我们心目中的少儿住院基金》，方泰卫生院王静《我与少儿住院基金》，中心医院顾云《加强自律、自查，合理使用少儿住院基金》。

11 月 28 日　区红十字会组织嘉定地区部分遗体捐献志愿者一行 30 人，参观市红十字会在青浦福寿园设置的上海市遗体捐献志愿者纪念碑，区红十字会常务理事黄士林也一同随行。纪念碑“精神与日月同辉，爱心与天地共存”碑铭，由上海市红十字会会长谢丽娟题写。两旁书卷式的纪念碑群镌刻着自 1982 年至 2001 年间已实现遗愿的 2180 名自愿捐献遗体者姓名。遗体志愿捐献者们默默地看着纪念碑，并共同合影以作留念。同时还瞻仰了在我南斯拉夫大使馆被轰炸事件中壮烈牺牲的两名记者——许杏虎、朱颖夫妇墓等。

近日，南翔镇召开“爱心使者”座谈会，为他们办理古猗园的免费入园证。目前全区共有 66 人办理了申请遗体捐献的登记手续，40 人办理了申请角膜捐献的登记手续，已有 3 人实现了捐献遗体的愿望。

11 月 29 日　区红十字会下发《关于在嘉定区机关、部分局机关内开展“千万人帮千家”红十字物资募集帮困的通知》。

嘉定区红十字会在南翔镇地区新建了一所嘉定区红十字会物资调剂中心，适用物资调剂处理后所得的经费全部纳入红十字人道救助基金，用来帮助那些恶性肿瘤特困患者、精神病特困患者、麻风病致残者、特困老年病人和遭遇到意外灾害的特困家庭等社会弱势群体。

为使物资调剂中心能正常开展运行，体现红十字“人道、博爱、奉献”的宗旨，区红十字会向我嘉定区机关、部分局机关发出红十字“千万人帮千家”物资募集帮困的倡议，热忱希望关心和支持红十字事业的所有朋友们，都能参与这一善举，真诚期盼您能将家里闲置的、更新换代后淘汰的各种家用电器、日常用品、文具用品、衣被等捐赠出来。

募集时间：12 月 1 日—10 日

募集物品：家里闲置的、更新换代后淘汰的（尚可使用的）各种家用小电器，如电饭煲、电热水瓶、电熨斗、电锅、电视机等；过时淘汰的六成新的衣服、被褥等；其他日常用品、文具用品等，如茶具、餐具、伞、毛巾、笔、本子、书等。

募集地点：区卫生局底楼 116 室。

12 月 12 日 嘉定区人民政府新成路街道办事处决定，组建新成路街道红十字理事会（嘉新〔2002〕第 78 号《关于新成路街道红十字会理事会组成人员的通知》）。

12 月 16 日 自区红十字会向区机关、部分局机关发出了“千万人帮千家”红十字物资募集帮困的倡议后，在区机关党工委的大力支持、区属机关（共 48 个部门）的积极响应下，至今已募集到衣物 2716 件，电脑、电视机、电饭煲、电熨斗等 310 台，估计价值约 4 万元。

是日 中国红十字会总会、民政部下发《关于开展社区红十字服务工作的通知》（红赈字〔2002〕100 号）。

各省、自治区、直辖市红十字会，民政厅（局）：

根据党的十六大报告中关于“加强公共服务设施建设，改善生活环境，发展社区服务，方便群众生活”的精神和《中共中央办公厅、国务院办公厅关于转发〈民政部关于在全国推进城市社区建设的意见〉的通知》（中办发〔2000〕23 号）的要求，以及红十字会与红新月会国际联合会关于将“社区卫生和关怀”列入四项核心工作之一的号召，各地红十字会积极配合政府，在城市社区建设中，开展多种形式的符合红十字会宗旨的社区红十字服务活动，为提高广大居民群众的生活质量，救助弱势群体，促进社会稳定发挥了积极的作用。“扎根基层、服务社区”已成为各级红十字会当前和今后一项重要工作。但从全国来看，红十字会参与社区建设工作发展还不平衡。为使红十字会工作更好地融入社区，服务社区，现就有关事项通知如下：

一、社区红十字服务工作的基本原则、目标和任务

社区红十字服务工作是政府社区建设工作的一个补充。红十字会在各级政府的支持、指导下，依照《中华人民共和国红十字会法》和《中国红十字会章程》，以社区为依托，以红十字会会员和热心公益事业的广大志愿者为服务主体，以社区居民特别是弱势群体为服务对象，开展社会服务、宣传培训、募捐救助等人道主义工作。

（一）基本原则

1. 以人为本、服务弱势——坚持以解决政府关注的难点和群众关心的热点问题为主，为社会上的弱势群体和广大居民提供人道主义服务。

2. 政府支持、突出特色——在各级政府部门的支持和指导下，根据社区建设的发展需要，选准、选好切入点，开展具有红十字会特色的社会救助与服务活动。

3. 因地制宜、资源共享——根据自身条件和当地实际，充分利用社区服务中心和社区居委会的资源，组织开展群众性的宣传、培训等公益活动。

4. 健全队伍、规范管理——在各级红十字会领导下，街道红十字会专（兼）职人员负责社区红十字服务工作，建立以红十字会会员和志愿者、社区居委会、社区群众广泛参与的红十字服务体系，明确服务对象和服务项目，组织开展服务活动，制定相应的规章制度，逐步形成从上到下的红十字救助和服务网络。

（二）目标和任务

1. 总体目标

到2010年，省、市、县级红十字会都要开展服务社区工作。省、市级红十字会主要抓总体规划、示范指导和推广进度，并且建立信息服务网络；区、县级红十字会重点抓组织管理与具体实施，逐步实现社区红十字服务工作的规范化和网络化。

2. 基本目标

（1）2004年前，各级政府将红十字会工作列入社区建设规划；各省、自治区、直辖市所属市、县级红十字会开展这项工作的进展为：东部地区实现60%以上，中部地区实现40%以上，西部地区实现30%以上；以后逐年增加10%。

（2）各省会城市和计划单列市要先行一步，在2004年前全部开展试点和推广工作。有条件的城市可根据国务院11个部委发出的《关于加快发展城市社区卫生服务的意见》（卫基妇发〔2002〕186号）参与社区卫生服务，创办社区卫生服务机构，也可将原有的红十字社区卫生服务站（点）按照11个部委《意见》的要求进行改造、充实并开展服务活动。

（3）开展“红十字关爱进社区”活动。以现有的备灾救灾中心、服务站、工作站、活动站、卫生站等为基地，开展保健、咨询、登记、募集、租借、义卖、帮困、扶老、助残等项服务；利用社区资源，进行红十字会基本知识传播；开展群众性的卫生救护培训和造血干细胞捐献宣传工作；参与无偿献血、艾滋病预防、遗体捐献等科学知识的宣传普及活动。尚无活动基地的可联合有关部门创造条件开展救助服务活动，同时要不断扩大服务队伍，增加服务项目，拓宽服务范围，增强服务技能，改进服务设施，提高服务质量，发挥红十字会在社区的救灾、救护、救助等人道主义的服务作用。

3. 主要任务

（1）社会服务

在对孤、老、病、残、困等弱势群体进行帮困救助的同时，面向广大群众，开展符合红十字会宗旨的便民、利民、助民活动。集中人力、物力、财力，充实服务设施，把公益性无偿服务、互助性低偿服务、市场性有偿服务结合起来，形成多层次、多类型、广覆盖的社区红十字服务网络，并且持久、稳定地开展下去。

（2）宣传培训

采取多种形式，宣传红十字会知识，动员社会各界关心和支持红十字事业。招募具有专业技术特长的志愿者，组织开展院前救护、居家护理、卫生保健、家庭安全等知识的培训，使社区居民增强自我保健知识，掌握自救互救技能，提高身心健康水平和生活质量。

（3）募捐救助

采取多种形式，开展募捐、租借、义卖活动，并遵照捐赠者意愿，将募集的款物和租借服务及义卖收入用于救助灾区和最需要帮助的困难群体。

二、开展社区红十字服务工作的总体要求

（一）加强领导，协调互动

各级民政部门作为推进社区建设的职能部门，要支持社区红十字服务工作，充分发挥红十字会人道主义社会救助团体在社区建设中的作用，将社区红十字服务工作纳入城市社区建设规划和社区工作的内容，并加以指导，协调各方，疏通渠道，为顺利开展社区红十字服务工作，实现基本目标和总体目标搭建工作平台。社区居委会对社区红十字服务工作给予具体指导和帮助。

各级红十字会把服务社区工作纳入议事日程，并作为一项重要工作去抓。已经开展这项工作的，要建立健全检查指导、监督保障、总结表彰和定期向政府部门通报的工作制度；尚未开展起来的，要制订计划、研究措施，为尽快开展社区红十字服务工作创造必要条件。要对红十字会会员、志愿者进行业务培训，使其明确职责，拓宽社区工作知识范围，提高社区服务管理水平，把社区红十字服务工作与社区精神文明建设紧密地结合起来，形成街道红十字会、社区居委会、红十字服务基地和驻地各行各业、广大居民群众齐抓共管、协调互动、优势互补的工作关系，为社会的不断进步和人民群众的幸福生活创造一个良好的服务环境。

（二）注重创新，力求发展

在开展社会服务、宣传培训、募捐救助工作的同时，还要随着本地经济条件和居民需求的变化，大胆探索、勇于实践，选择多种形式、拓宽工作内容、更新服务项目，并使社区红十字服务工作理念、工作方法、服务内容既适合社区整体工作的发展，又根据群众的需求不断创新。

推进社区红十字服务工作要坚持从实际出发，合理制定计划，落实整体规划；结合本地特色，进行分类指导。制订、实施计划和整体规划要做到短期与中、长期相结合，以可持续发展为着眼点；以困难群体的需求为服务内容；以群众满意为服务标准；整体工作以加强社区建设、稳定社会秩序、提高群众生活质量为目的。大、中城市的社区资源相对充裕，应在服务内容上形成各自的特色；小城市社区应结合实际在服务管理上寻求突破。要集中人力、物力、财力，抓一、二个示范区或示范点，以点带面，逐步推开。充分利用民政部命名的全国社区建设示范街的优势，开展社区红十字服务示范活动。采取多种形式，广泛筹集资金，为深入持久地开展社区红十字服务工作创造有利条件，并加强对服务基地及红十字活动专项款物的监管工作，保证社区红十字服务工作规范有序地进行。

（三）总结表彰，激励先进

要建立以服务时间和服务业绩为主要内容的考核奖励制度，制订评选奖励标准，大力宣传社区红十字服务工作中涌现出的先进人物和先进集体，特别要注意发展和培育社区红十字志愿者队伍，并在思想上激励他们、生活上关心他们、工作上爱护他们，努力为他们开展工作创造必要条件。最大限度地调动居民群众参与社区红十字服务的积极性和创造性，努力满足社区群众多层次的需求。

各地在依法开展社区红十字服务的同时，坚持“一手抓推进，一手抓研究”的工作思路，注重抓基础工作，解决关键问题。抓推进要由点到面、从大中城市向小城市直至覆盖全国；抓研究要解决不断出现的新情况、新问题，使社区红十字服务这项利国利民的人道主义事业深入持久、扎实有效地开展下去。为全面建设小康社会，加快推进社会主义现代化，开创中国特色社会主义事业新局面做出更大的贡献。

12月23日 市红十字会专家组前来嘉定，对嘉定区4所争创市级红十字达标学校的南翔中学、疁城实验学校、黄渡中心校、城中路小学进行验收。

12月25日 市红十字会常务副会长袁惠章、副会长熊仿杰等一行6人组成的调研组前来嘉定，对我区红十字会2002年度工作进行调研考评。区红十字会常务副会长陈进根、常务理事黄士林出席考评汇报。

12月 区红会制定《2002年嘉定区红十字工作报告》。

一、基础工作

（一）组织建设

1. 收缴会费：认真做好会费收缴工作，全区基层红会组织208个，其中202个组织上缴会费，会费收缴率达97%，共收缴会费85047元（其中镇街道30967元，卫生系统9950元，中小学校43880元），按规定上缴区红会28266元，上缴市红会5000元（见登记账册）。

2. 建会工作：全区12个镇（街道）均已建会，今年有5镇（街道）在去年机构撤二建一、人员变动的基础上，根据红十字会法及条例的有关规定，调整了红十字会理事成员，成立新一届红十字理事会。今年10月，南翔镇隆重召开了红十字会第二次会员代表大会，选举产生了新一届红十字会理事会，聘请党委书记和人大主席为名誉会长和名誉副会长。理事会定期召开会议，研究工作，落实经费，进一步健全了红十字会的组织机构（见理事会调整文件）。

3. 组织管理：区红会在年内分别制定镇（街道）、卫生系统、学校红十字工作目标管理指标，平时加强监督，年底进行考核。区卫生局和区教育局分别将红会工作列入本系统综合目标管理考核中，从而使红十字和少儿基金工作在我区得以顺利开展（见考核表）。今年7月6日，区红十字会召开了一届四次理事会议，对机构撤并后部分变动的理事人员根据红会组织章程重新进行了调整，从而产生了新一届红十字会理事成员，使红十字会的工作在组织机构上得到了保障。另外，在理事会上，审议并通过了红十字会的年度工作报告及人道救助基金使用情况。

4. 会员管理：今年发展成年会员284人，发展青少年会员3170人。根据市红会精神，对会员进行登记造册，并进行电脑管理。目前全区共有会员51371人，其中青少年会员18979人（见会员名册）。

（二）人道救助

1. 募捐箱设置与管理：今年共新设置募捐箱11只，南翔镇3只，黄渡镇3只，安亭镇3只，新成路街道2只。年初，对募捐箱进行了摸底大调查，对需要更换或增添的进行了相应调整。目前我区共有募捐箱98只，主要分布在各中小学校、大型超市、酒店等场所（见统计表）。全年募捐箱收入为2042.68元。另外，加强了对募捐箱的管理，根据市红会的要求，对开箱证人员进行了重新制证或换证，落实专人负责。

2. 社区帮困工作：建立与特困户联系网点，全区共计257户，建立帮困名册并全部进行电脑管理（见特困名册）。开展形式多样的帮困活动，如：春节帮困，"六一"资助，敬老节慰问，献爱心助学募捐活动，组织志愿者上门服务等。全年处理群众来信、来访12件，通过红十字人道救助基金帮困11300元。

（三）信息交流

1. 报刊发行及投稿：积极订阅二报一刊，其中《中国红十字报》152份，《博爱》杂志146份，《上海红十字报》5000份。全年区红会系统在《上海红十字报》刊登稿件17篇，向《嘉定报》、嘉定有线电视台、《卫生信息》等各种报刊共计投稿22篇，录用19篇。在市少儿住院基金征文活动中，向市少儿基金办投稿8篇，有5篇被收录到《爱心曲》一书中。获奖情况是：二等奖2名，三等奖1名，入围奖2名。

2. 简报及情况汇总：全年共印制红会工作简报、情况汇报5篇。

（四）红十字青少年工作

1. 红十字工作者业务知识验收：今年10月，我们对全区的学校红十字会工作者进行了红十字知识和急救技能的培训，既宣传和巩固了红十字知识，又对学校红十字工作起了推动和强化作用。根据市红会的工作部署，10月16日由闵行区红十字会前来监考，对全区58所中小学校、中专职校的红十字工作者进行了红十字知识的理论和操作验收，合格率100%。

2. 开展各项活动：年初通过卫生局和教育局联合印发《2002年嘉定区红十字青少年工作要点》，年中共同开展各项活动，年末进行考核验收。今年，嘉定职校、疁城实验学校、城中路小学等学校都开展了现场初级急救培训和红十字知识的学习。嘉定职校、城中路小学分别召开"我心中的红十字"和"我是一名小小红十字会会员"的主题班会，通过小品、知识竞赛、技能比赛等多种形式的活动，增进了同学们对红十字的认识与了解，激发了同学们积极参与红十字活动的兴趣，大家纷纷表示要为红十字精神的发扬光大做出自己的贡献。嘉定职校、南翔中学开展了艾滋病预防知识的培训，观看了录像片，使同学们对艾滋病的知识有了认识。暑期，南翔镇、马陆镇、唐行镇分别组织所属镇的学校红十字青少年举行夏令营活动，将红十字知识及急救技能培训与参观游览苏州园林、青浦“东方绿洲”结合起来，对学生开展一次国际主义、爱国主义和集体主义教研活动。

（五）少儿住院基金

1. 落实人员和规范管理：按规定落实少儿基金专职人员2名，为专业技术人员，从事少儿基金日常初审工作及定期下医院监督检查。今年根据市少儿基金办监督审查工作的要求，我们加强了对少儿基金费用的分析和比较，在定期召开的定点医院会议上予以通报反馈，并要求医院做好自查自纠。全年我区共为3705人次（不包括三级医院住院人次）的住院病人支付1150411.44元医疗费用，为78人次的特殊门诊患儿支付25889.86元医疗费用。

少儿基金征文：前文已述。

2. 本年度指标完成情况：在区卫生局、区教育局的大力配合下，本学年少儿基金收费工作按照市少儿基金办进度要求在规定时间内顺利完成。中、小、幼参加基金覆盖率99.88%，0～3岁参加基金覆盖率99.44%。建立并完善了经费结算的初审制度，记录齐全，归档整齐（见归档资料）。

（六）救护、培训

1. 现场初级急救培训：全年区红会在社区、企事业单位、学校开展急救技能培训（初、复训），共计培训26206人次，其中在马陆机动车驾驶员培训中心开展急救技能培训52批，培训人数4312人。根据市红会的要求，9月9日—10日区红十字会和区交巡警支队联合对59名交巡警队员进行了现场初级急救四大技能和心肺复苏的培训，并全部进行了理论和操作的考核，平均成绩94.85分。

2. 社区“三位一体”培训：去年在南翔镇试点开展了“三位一体”知识的培训，今年这项工作又逐步向社区居民拓展。此外，今年新成街道、真新街道、娄塘镇也在积极探索合适的“三位一体”培训方式，充分发挥社区卫生服务部红十字志愿者的作用，利用他们现有的医学知识、便利的工作条件，对辖区内需要帮助的老年人、儿童，挨家挨户上门，手把手地教授居家护理、家庭安全和保健知识、现场初级急救等知识，受训人数544人。

3. 红十字知识与国际人道法的培训：唐行九年制学校利用暑期夏令营活动对红十字青少年进行培训，华亭、娄塘、外冈等镇结合“四五”普法对所属的基层红会干部、机关干部、乡村医生等培训，全年共培训数 517 人。

4. “四五”普法培训：年初，区红十字会专门成立了“四五”普法领导小组，由常务副会长陈进根任组长，并落实专人负责普法工作。同时又制定了《嘉定区红十字会 2001—2005 年法制宣传教育计划》，以红头文件的形式下发到各镇、街道红十字会。在一届四次理事会上，请市红会的杨钧仪部长就红十字会的法律法规向理事们进行了培训，使理事们了解了红十字会的性质、宗旨、职责，加深了对红十字工作的认识，大家纷纷表示将会在今后的工作中支持和帮助红十字事业的发展。4 月 23 日，区红十字会又在嘉定区疾病控制中心的五楼会议室组织召开了“红十字会法律知识培训班”，对各镇、街道、医院的红十字会干部进行了培训和考核，由他们作为师资向所属的基层红会会员培训。此后，全区各镇、街道分别进行了形式各异的培训，如南翔镇、马陆镇利用镇报刊登了红十字知识竞赛试题，设立奖项，开展有奖评比活动，提高了居民的参与率，达到了宣传和扩大红十字影响的作用。另外许多镇将“四五”普法和“5·8”活动结合起来，对机关干部、乡村医生、社区居民等培训。如此层层发动，集中宣传，再加经常性培训，今年全区共培训 5618 人。

（七）志愿捐献遗体工作

利用“5·8”大型活动，利用新闻媒体、嘉定卫生信息网进行宣传，认真做好遗体捐献登记工作，对行动不便的老人，工作人员上门进行解释，并为其办理相关的登记手续。11 月 15 日，我们组织了部分遗体捐献志愿者召开了座谈会，听取了他们的建议和要求。又在 11 月 28 日组织了 30 名遗体捐献志愿者赴青浦福寿园参观“上海市遗体捐献者纪念碑”。这项活动得到了遗体捐献志愿者们的普遍好评。南翔镇召开“爱心使者”座谈会，为他们办理古猗园的免费入园证。目前全区共有 66 人办理了申请遗体捐献的登记手续，40 人办理了申请角膜捐献的登记手续，已有 3 人实现了捐献遗体的愿望。根据市红会的要求，建立了遗体捐献登记资料的电脑输入、传输工作。

二、重点工作

（一）大型活动

“5·8”世界红十字纪念日：“5·8”活动有计划、有总结，按时上报市红会。在 5 月 8 日前后，全区各镇、街道都开展了形式各异的纪念活动，有义诊、募捐、为民服务（家电维修、理发、修补衣物、裁剪）

等。5月7日区红十字会联合区卫生局、区教育局、团区委、区血站、区牙防所以及嘉定镇红十字会在嘉定商厦前举行大型“5·8”世界红十字日纪念活动，有医疗咨询、家电维修、红十字青少年街头劝募、无偿献血、牙防所流动车的为民服务以及黑板报、展板的展览评比活动。全区在这次活动中，医疗咨询近2500人，无偿献血21人，发放各种红会宣传材料、少儿基金材料5550份，各场所共展出黑板报80多块，横幅30多条，为150多人次提供家电维修、理发、修补衣物、裁剪等服务。

（二）八项工作

1. 志愿工作者队伍建设及活动：目前全区共有志愿者服务队24支，有志愿者521人，并全部进行了电脑管理（见名册）。嘉定职校的“心连心”红十字志愿服务队数年来一直坚持服务在社区，活动成效显著，深得社区群众欢迎。又如赵蔓漪医生坚持不懈地为机动车驾驶员培训急救技能，周惟椒老师为学校、为社区居民宣传红十字知识，朱学忠、印勇医师义务为学校红十字工作者、为交巡警培训现场初级急救技能。又如南翔镇的全国红十字先进个人毛颖珠会员，几十年如一日关心孤寡老人、义务为病人送医送药；丁园祥会员400多次免费上门为行动不便老人理发，红十字“人道、博爱、奉献”的精神通过这些志愿者的行动感动了广大群众。

2. 物资募集站：我区于1999年建立了物资募集站，规章制度健全，有专人落实保管，并有一批募集物资储存，如布匹、氧气袋、衣服等。今年在市红会的支持下，我们又在南翔镇地区建立了“衣被捐赠接受站”和“物资调剂中心”，并委托南翔镇红十字会进行管理。本月在嘉定区属机关内发起了“千万人帮千家”红十字物资募集的倡议活动，得到了许多区属机关的积极响应，共募集到衣物2716件，电视机、电饭煲、电熨斗等310台（只）。目前第一批物资已运往南翔镇，其中的适宜物资进入调剂中心调剂。

3. 建立救灾网络：全区建立了救灾网络，每个镇都有一支救护队，救灾联络员共计460人，并进行了电脑管理（见名册）。9月2日—4日，南翔镇红十字救护队到上海市备灾救灾中心进行了3天封闭式的培训，队员们认真学习，积极操练“四大急救技能”的一招一式，队员与队员间相互探讨，共同练习，从而提高了救护队员们的救援应急能力。

4. 设立人道救助基金：经社会各界的支持，目前区红十字人道救助基金约90多万元。

5. 红十字示范镇（街道）工作：加强社区服务工作，争创红十字示范镇是今年我区红十字工作的主要任务之一。南翔镇也把这项任务作为今年的特色工作来抓，他们建立了南翔镇红十字人道救助服务中心，该中心包括博爱苑红十字卫生站、志愿者服务俱乐部、衣被捐赠接受站、物资调剂中心、红十字知识培训中心等，将红十字知识宣传、社会捐赠、物资储存、志愿服务、遗体捐献登记、医疗康复等工作融合在一起。11 月 3 日，南翔镇顺利通过了市红会的红十字示范镇验收工作，他们的档案资料、卫生站建设、救护队工作等得到了市红会领导的肯定。并准备于今年年底在南翔镇召开红十字示范镇现场交流会。

6. 拓展红十字卫生站和敬老工作：为了配合南翔镇争创红十字示范镇（街道）工作，我区今年将重点建设的 5 个红十字卫生站（白鹤、翔华、虹翔、德华、博爱苑）全部设在南翔镇范围内，配备具有专业知识的医务人员进行义务医疗咨询，将红十字工作与社区服务有机结合起来，使红十字工作走入社区，走进千家万户，真正做到为群众排忧解难，为社区居民服务，从而提高和扩大红会的影响力。

今年 9 月 5 日，市红会在我区江桥红十字护理院隆重举行了药品捐赠仪式，并慰问了护理院的病人，向病人送上了慰问品。至今年为止，我区红会已连续 3 年在敬老节期间会同区医药学会到敬老院慰问老人，并请出高年资的主任医师为群众、为敬老院老人进行免费的医疗咨询。今年 10 月 14 日，我们来到外冈镇敬老院，向老人们送去了 1260 元生活用品和食品，又到两个村为 103 人进行了义务医疗咨询。

7. 达标学校建设与推广工作：经常与达标学校保持联系，指导开展系列工作。今年初，根据去年各学校的红十字会工作情况，区红会与区教育局联合评出了 13 所区属的红十字达标学校。在此基础上，10 月份又对这 13 所区属红十字达标学校进行了复审，上报了 2 所中学（南翔中学、疁城实验学校）、2 所小学（城中路小学、黄渡小学）到市红会创建市级红十字达标学校，现已评估验收完毕，得到了市红会专家的一致好评。这项工作的开展大大促进了学校对红十字工作的重视，也为在学生中普及红十字知识，弘扬“人道、博爱、奉献”的红十字精神，促进素质教育的提高起到了推动作用。

8. 团体会员单位：今年新发展团体会员单位 5 个，团体会员 125 人，并进行电脑管理。制定了团体会员单位规章制度，按制度开展各类活动，使各项工作有章可循。

三、重大系列活动

（一）募捐工作及开展活动

千万人帮千家：积极响应市红会号召，继续深入持久地开展“千万人帮千家”活动，结合募捐开展了系列帮困活动：1月上旬开展迎春慰问活动，在周丽玲会长、陈进根副会长的带领下，对全区362户特困家庭发放慰问品及慰问金；向江桥红十字护理院捐赠2000元为住院老人购置日用品；“六一”节向特困儿童捐赠6000元；敬老节为外冈镇敬老院的全体老人提供医疗保健服务，并赠送价值1260元的生活用品及食品；9月份资助800名特困学生免费参加少儿住院基金等。这些活动通过新闻媒体、网页的传播，在社会各界引起强烈的反响，进一步扩大了红会的知晓率。又如，嘉定区迎园小学的诸铭慧同学得了一种罕见的血液病，需要进行换肝手术，医疗费用昂贵，为了帮助这名学生，学校红十字会发出了“手拉手，帮困解难；献爱心，挽救生命”的募捐倡议。区红十字会得知后，由常务理事黄士林带领到小铭慧家上门走访，并送上慰问金1000元。红十字人道救助、爱心奉献精神在这所学校得到了弘扬。今年“千万人帮千家”募捐活动共募得140493.74元，其中学校系统23640.97元，卫生系统74143元，镇、街道37358.67元。根据市红会有关精神，捐款按比例上缴市红会6.5万元。

四、其他工作

（一）抗洪救灾募集款物活动

今年6月接到市红会的紧急募捐通知后，区红十字会积极响应，一方面向辖区内的广大企事业单位发出紧急呼吁，发出倡议书300多分，另一方面紧急召开各镇、街道红会干部会议进行布置。在社会各界的大力支持下，共募集到旧衣被2811包，募集到价值8.8万元的新物资（药品、新衣裤），募集到救灾款80334元。在这次救灾募捐活动中也涌现出了许多感人的事迹：马陆镇红十字会由于时间紧迫，他们就放弃了星期六、星期天两个休息日进行打包装运；上东光电子元件有限公司总经理饭岛实先生个人捐款1200元；嘉定区基督教两会发动了全区各教堂进行捐献，有的基督徒虽年逾花甲，收入微薄，但他们将平时节俭下来的钱捐了出来，最多的达1000元；有的基督徒还特地到商店里购买几十套新衣服捐献出来。

（二）完成上级下达的任务

1. 受卫生局委托与重庆万州区结对：重庆万州区与我区是姐妹城市，受卫生局委托我们开展了帮困助学活动，资助重庆万州区白羊小学和白羊初级中学的11名中小学生，今年已是第三个年头。区红会每学期资助2375元，每年5750元，受到当地老师和群众的好评，也激励这些学生更加发愤地学习。

2. 完成接待德国汉堡红十字访问团任务：按照市红十字会的安排，5月27日德国汉堡红十字访问团来我区职业技术学校参观红十字青少年活动。我们进行了认真的准备，由会长周丽玲亲自接待了外宾，又安排参观了上海大众汽车厂，圆满完成了接待任务。

（三）创新特色工作

1. 区级机关内发动“千万人帮千家”红十字物资募集活动：在目前大家普遍反映募捐工作较难的情况下，也为了使我区的“物资调剂中心”和“旧衣被接受站”能正常运转，在我区领导的直接支持下，于12月在全区45家区属机关内发起了“千万人帮千家”红十字募集物资的活动。本次募集有家用电器、衣物、生活用品、学习用品等。通过和区机关党工委联合发动，在全区机关内掀起了一股“千万人帮千家”红十字募集物资的高潮。区级机关干部在这次活动中起到了很好的表率作用，共有48家单位积极参与。在较短的时间内，共募集到衣被2716件，各种电器（电视机、电饭煲、电熨斗等30多件）310台（只）。

2. “物资调剂中心”和“旧衣被捐赠接受站”的建立：为了提高救灾应急能力和救灾实力，使红十字会更规范、快速、便捷地开展备灾救灾工作；另一方面，为了提高募集物资的适用性，使红十字会更好地发挥人道救助作用，在市红十字会的支持下，今年我区建立了“嘉定区物资募集调剂中心”和“嘉定区衣被捐赠接受站”，地点设在南翔镇地区，并委托南翔镇红十字会进行管理，双方签订了协议书，制定了物资募集调剂中心和旧衣被捐赠接受站的管理办法，从而使衣被的捐赠成为一种经常性、日常性的行为，也为紧急募集做好充分的准备。目前，物资的调剂和捐赠衣物的接受这两项工作在南翔镇红十字会的人道救助服务中心内开展运作。

3. 南翔镇红十字示范镇的特色工作：加强社区服务工作，争创红十字示范镇是今年我区红十字工作的主要任务之一。南翔镇也把这项任务作为今年的特色工作来抓，他们建立了南翔镇红十字人道救助服务中心，该中心包括博爱苑红十字卫生站、志愿者服务俱乐部、衣被捐赠接受站、物资调剂中心、红十字知识培训中心等，将红十字知识宣传、社会捐赠、物资储存、志愿服务、遗体捐献登记、医疗康复等工作融合在一起。他们成立了社会帮困互助基金，和民政办一起组织发动社会各界力量募捐，共募捐帮困基金360多万元，其中300万元已用于发展社会救助事业的经济实体。他们的档案资料、卫生站建设、救护队工作都在验收时受到了市红会领导的好评。

2003年

1月6日 嘉定区少儿基金办公布少儿住院基金工作先进集体、先进个人及支持少儿住院基金工作领导名单。

先进集体：区卫生局、方泰卫生院、城中路小学。

先进个人：马陆中心校朱永元、南翔中学曾文龙、职业技术学校沙桂珍、区少儿基金办沈素倩、区中心医院顾云嘉。

支持少儿住院基金工作领导：区管委会周丽玲、黄士林，学校陈蕴珠。

1月7日 区政协主席陆象娟、副区长王益德、区委组织部部长汪紫俊以及区卫生局党委书记高翊等领导在区红会有关人员的陪同下，走访慰问区内几家典型因病致贫的特困户。

1月8日 区红十字会下发《关于开展2003年迎春帮困活动的通知》（嘉红〔2003〕1号）。

各镇、街道红十字会：

为认真贯彻党的十六大精神，实践“三个代表”重要思想，弘扬红十字“人道、博爱、奉献”精神，协助政府做好帮困工作，根据市红会的要求，区红十字会经研究，决定于2003年元月在本区开展“千万人帮千家”红十字迎春帮困慰问活动，现将有关事项通知如下：

一、对象：本区困难下岗职工、贫困农村中最需要救助的家庭。以红十字会救助的五种对象为主，即恶性肿瘤特困患者、精神病特困患者、麻风病致残者、特困老年病人和遭受意外灾害的特困家庭。此外，少数民族、白血病患儿要占一定比例。

二、时间：2003年1月25日之前。

三、形式：现金和实物。各镇、街道红会应尽力向当地政府或其他社会组织争取一定的配比资金及实物。

四、要求：

1. 请将受益人员清单（姓名、年龄、电话、家庭住址、困难原因）于2003年1月25日前上报至区红十字会办公室。

2. 请将迎春帮困物资发放活动总结于2003年1月31日前上报至区红十字会办公室。

3. 区红十字会于1月中旬在嘉定镇举行帮困物资发放仪式，通知另发。

五、对行动不便或特殊困难者，上门予以慰问，对其他对象可采用上门或举行集中帮困仪式。

六、可邀请有关理事和热情支持红十字事业的企、事业单位领导及社会知名人士参加本次活动，争取以帮困促进募捐工作。

七、在整个帮困慰问活动中要争取社会各方支持配合，加大宣传力度，合理使用与红十字会有关的各种标志，及时报道典型事例，扩大红会影响。

1月10日 “上海市红十字示范镇（街道）现场交流会”在我区南翔镇人民政府隆重召开。会议由市红十字会常务副会长袁惠章主持，市红会会长谢丽娟、副会长熊仿杰、嘉定区副区长夏以群、区红会会长周丽玲、常务副会长陈进根等领导以及来自19个区县和我区部分街道的红会干部出席会议。会上，有关领导为市红十字示范镇、街道颁发了铜牌，我区南翔镇作为示范镇作经验交流。会议结束后，市、区红会的有关领导来到南翔镇人道救助服务中心，为这个全市首家人道救助服务中心的成立剪彩，谢会长、夏副区长共同为其揭牌。

1月14日 区红十字会召开“关于发放迎春帮困物资会议”。会上，区红会向各镇、街道下发了4.5万元的帮困金以及饼干、方便面、羽绒服、连衣风帽等价值约5万元的帮困物资。布置了2003年迎春帮困的工作。

1月18日 区人大副主任、区红十字会会长周丽玲、副区长夏以群在区卫生局高翊书记、陈进根局长等领导的陪同下，走访慰问外冈镇、娄塘镇几家因患重病而导致生活困难的家庭。

1月20日 真新新村街道红十字会制定相关工作制度。

《真新新村街道红十字会帮困工作制度》

人道救助帮困工作，是各级红十字会组织的主要职能和重点工作，为了切实做好，做出成效，现根据助上级组织的有关要求，结合街道实际情况，制订如下制度。

1. 人道帮困救助工作，可分为上级指令性、街道特殊性的两大部分。上级指令性的一律按上级有关指令规定进行，帮困基金亦由上级组织下拨；街道特殊性的，由街道红十字会按照特殊情况，临时决定（或按政府定向定性处置）经费由街道人道救助基金中列支；各会员单位由各单位自定、自负。

2. 街道帮困工作根据长效、有效、及时等原则，应建立特困人员名册和联系访视制度，并认真执行救灾联络制度，使帮困工作更具针对性、时效性和有效性。

3. 帮困工作应做到规范化，制度化。即按规定填报有关资料，提供有关数据，账册完整清楚，手续周到齐全，并予以备案，以便查核。

《真新新村街道红十字会会议制度》

为了规范街道红十字会的会议制度，现根据上级红十字会组织的有关规定，结合街道具体实际，制订如下制度。

1. 红十字会会员代表大会

(1) 根据有关规定，红十字会会员代表大会每5年召开一次，必要时可提前或推迟召开。

(2) 会员代表大会的会议筹备程序、要求、操作一律按红十字会有关法规条例进行。

(3) 会员代表大会的有关资料、记录保存5年，直至新一届代表大会召开方可处置。

2. 理事会议制度。

(1) 理事会议每年召开2次，原则上于上、下半年各一次，特殊情况下，由会长决定，可提前、推迟或延期召开。

(2) 理事会出席人数必须在三分之二以上方可召开。

(3) 理事会应做好翔实记录，以备查考。

3. 红十字会会员大会

红十字会会员由各会员单位主持召开。原则上每年不少于一次，可结合红十字会纪念日，活动日或其他活动期间召开。

《真新新村街道红十字会救灾报灾制度》。

为了规范红十字会救灾报灾工作，以提高灾情处理的及时性和有效性，将灾情控制在最低程度，灾害缩小到最低限度。现根据上级红十字会组织和有关规定，制订如下制度。

1. 各单位各区域的报灾工作，原则上由单位、各区域的救灾联络员负责或在特殊情况下由其他红会干部、志愿者兼办。

2. 报灾内容，应涉及灾情发生时间、地点、类别、程度、损伤和处置情况，并提出救灾要求、困难等相关问题。

3. 报灾方法可通过电话、电信，亦可以派专人到街道红十字会报告，并力争在第一时间内上报。

4. 应坚持报灾与救灾，报告与处置相结合的原则，即做到边救灾，边报灾，边报告，边处理，以利于控制灾情，减少灾害。

5. 街道红十字会有关人员接到报灾后，应视灾情、灾害实况，及时向上级组织汇报，及时奔赴现场，及时处置灾害，特别是组织现场救护，实施救灾救助。

《真新新村街道红十字会学习制度》

为了强化红十字会各级干部、各单位会员、红十字会志愿者的政治理论、业务知识的学习，以提高其思想道德素质和业务技能水平。现参照街道办事处的有关学习要求、学习制度，制订如下制度：

1. 政治理论学习各会员单位可结合本单位的学习计划，一并进行，街道全体理事红会干部由街道统一布置安排。

2. 政治理论学习的内容除了按党工委的统一安排外，红会还将根据上级的有关部署，及时组织各类学习活动。

3. 学习情况，学习成效将列入红会工作考核内容之中，与红会工作一并考核。

4. 业务技能学习的主要内容是红十字会有关法律法规，红十字基本知识“三救”（救护、救灾、救济）工作等。

5. 为了丰富学习内容，提高学习效果，途中可组织学习交流参观、知识竞赛、心得征文等形式。

1 月 20 日 上海市红十字会下发《关于下达 2002 年度区县红十字工作考核成绩的通知》（沪红发〔2003〕3 号），嘉定区红十字会工作在 2002 年度考核中荣获一等奖。

1 月 22 日 区红十字会在嘉定镇街道举行 2003 年度“红十字迎春帮困物资发放仪式”，将社会各界捐赠的大米、棉被、服装、过节食品以及慰问金发放给困难群众。

1 月 27 日 上海市红十字会、上海市民政局《关于转发中国红十字会总会、民政部〈关于开展社区红十字服务工作的通知〉的通知》（沪红发〔2003〕5 号）。

各区县红十字会、各区县民政局（处）：

近日，中国红十字会总会、民政部联合发文，对各级民政部门、各级红十字会开展社区红十字服务工作提出了基本原则、目标和任务，对红十字会今后开展社区工作具有重要的指导意义。

社区工作是红十字会当前和今后的一项重要工作，是为政府分忧，为群众解难的最好体现。各区县红十字会应在原有参与社区工作基础上，锐意进取，充分发挥红十字会人道救助团体的作用。同时，各区县民政部门对红十字社区工作应给予积极支持和指导。

现将中国红十字会总会、民政部《关于开展社区红十字服务工作的通知》（红赈字〔2002〕100号）转发给你们，请根据文件精神，结合区县工作实际，认真贯彻执行。

1月28日 区红十字会召开2002年度镇、街道红会工作总结会，评议结果为：南翔镇获特等奖；马陆镇、嘉定镇、外冈镇获一等奖；安亭镇、娄塘镇、华亭镇、新成路街道、真新新村街道获二等奖；黄渡镇、江桥镇、徐行镇获三等奖。

1月 区红十字会开展迎春帮困活动，向全区12个镇（街道）的290家特困户及10名重、大病患儿家庭发放了5.35万元的慰问金及价值4.5万元的慰问品。

是月 区红十字会制定《嘉定区红十字会2003年工作要点》。

2003年是贯彻落实党的"十六大"提出的"全面建设小康社会，开创中国特色的社会主义事业新局面"的开局之年，嘉定区红十字会将继续高举邓小平理论旗帜，以"三个代表"重要思想为指导，全体红十字会工作者将以更加高昂的工作热情、更加务实的工作态度，以求深、求实、求新、求效的工作方法，使红十字会开展的各项工作以自己的特色服务于社会，为嘉定的经济发展、社会稳定贡献一份力量。

一、加强学习，提高红十字干部队伍素质

（一）认真学习、领会、贯彻党的"十六大"精神，并通过红十字会的各项具体工作努力去实践。通过学习，提高红十字会干部的理论素养，使他们进一步明确自身的责任，能站在为人民谋利益的立场上，多思考，勤出力，为最需要帮助的人做好事、做实事，切实履行红十字宗旨。

（二）继续抓好"四五"普法规划的实施，努力完成年度计划。"四五"普法教育要以《中华人民共和国红十字会法》颁布十周年为契机，结合《上海市红十字会条例》和《公民道德建设实施纲要》以及相关法律法规的学习，重点提高红十字会工作者的行为规范和法律意识。以红十字会员、红十字志愿工作者及红十字团体单位工作人员为主要对象，以镇（街道）为基本单位，完成年内的红十字普法宣传教育的培训任务。借助黑板报、横幅、广播、电视、政府部门信息网、培训等形式，传播红十字理念，提高群众对红十字会的认知、认同，使更多的群众参与红十字会的活动。

二、加强完善红十字组织建设，推进各项基础工作

（一）做好区红会换届改选准备工作。根据《上海市红十字会组织规程》，在市红会换届改选的基础上，区红会积极筹备，认真调查，做

好召开嘉定区红十字会第二届会员代表大会的准备工作。

（二）进一步健全和完善红十字会组织。镇、街道红十字理事会人员有变化的，应及时调整理事成员；还未换届的镇（街道）红十字会，应抓紧筹备召开会员代表大会。在乡镇机构撤并后，对尚未成立红十字会组织的工业区、菊园新区街道，应主动协商，争取政府部门的支持，按照红十字会的章程规定，依照程序在年内完成建立红十字会组织的任务，同时配备好红十字会专（兼）职干部，进一步健全红十字会组织。

（三）继续做好会员发展工作。对承认红会章程、愿意奉献社会、发扬红十字精神的单位和个人，要主动热情地吸收他们为会员。通过发展会员，传播和弘扬红十字精神，聚集和整合社会上各种力量，更好地为最易受损害的群体服务。各级红会组织要及时调整会员名册，准确反映会员的变动情况。对会员、救护队、志愿服务队、救灾联络员队伍继续做好电脑的动态管理，根据变动情况及时调整名册，确保真实性。

（四）继续做好会费缴纳工作。会费是红十字会组织活动的基本经费来源之一，按期缴纳会费是会员应尽的义务，要加强对会员及团体单位会员的宣传教育，进一步规范会费收缴和管理，根据红会章程的规定及时按比例向上一级组织缴纳会费。

（五）大力发展红十字志愿工作者队伍。充实和调整红十字志愿者队伍，年内尝试建立红十字志愿者工作组，根据志愿者的专业特长设立若干专业服务组，发挥志愿者的特长，协助区红十字会做好志愿者服务工作。

三、通过开展红会活动，扩大红十字会的影响

（一）继续深入扎实地开展“千万人帮千家”募捐帮困活动。募捐工作的方法要创新、渠道要拓宽，争取募集资金得到较大的增长，从而扩大帮困的受益面，形成良性循环效应。在争取各级领导和社会支持的同时，也要动员企事业单位参加爱心救助活动，用好企业等社会力量捐赠的所得税优惠政策，积极探索在独资、合资企业中开展募捐的方法，从而推动募捐工作向企业、事业单位发展，壮大红十字人道救助基金的实力。充分发挥电视台、报刊等的宣传效应，努力使“千万人帮千家”活动做到有更多的人参与，使更多的人受益。

（二）认真组织“5·8”世界红十字日的宣传纪念活动。“5·8”活动要与普法教育相结合，与“千万人帮千家”活动相结合，注重群众参与率，注重募捐帮困的实效。“5·8”期间各镇（街道）红十字会要在社区广泛开展各种符合红十字会宗旨的便民、利民、助民活动，给困难人群以帮助。学校红十字会要积极组织青少年参加社区各项献爱心活

动，发挥红十字青少年在宣传、服务等方面的作用。各红十字团体会员单位要积极参与、支持社区红十字工作和活动。要求“千万人帮千家”募捐和帮困活动在“5·8”期间和新年前形成两次高潮，求得实效，并争取本地区广播、电视、报刊的支持，扩大红十字影响，使群众感受到红十字人道的力量，使红十字精神得到进一步的发扬光大。

四、以社区为载体，开展红十字各项服务工作

以社区为依托，以红十字会会员和热心公益事业的广大志愿者为服务主体，以社区居民特别是弱势群体为服务对象，开展社会服务、宣传培训、募捐救助等人道主义工作，为提高广大居民群众的生活质量，救助弱势群体，促进社会稳定发挥积极的作用。

（一）继续巩固和推广红十字示范镇的创建工作。在去年南翔镇成功创建为上海市红十字示范镇的基础上，一方面，南翔镇的红十字社区服务工作要做到巩固提高，要多听取社区成员的意见，多听取弱势群体的意见，不断充实服务内容，扩大服务队伍，增加服务项目，增强服务技能，改进服务设施，提高服务质量；另一方面，也要紧紧抓住这一有利时机，积极贯彻中国红十字总会和民政部《关于开展社区红十字服务工作的通知》的精神，争取民政部门的配合和支持，以点带面，年内争取在马陆镇、新城街道、嘉定镇街道开展红十字示范镇的创建工作，以加大红十字示范镇（街道）的覆盖面，逐步实现社区红十字服务工作的规范化和网络化。

（二）深入推广社区的现场初级急救、居家护理、家庭保健和安全知识（简称“三位一体”）的培训工作。年内，要选择1~2个镇（街道）开展“三位一体”培训的试点工作，通过有计划、有步骤地培训，逐步实现每100~150人中有1人接受系统培训的目标。借助“三位一体”培训工作，努力为群众提供实用型的自救互救、自我保健和家庭护理技能，以体现红十字保护人的生命和健康的宗旨。

（三）继续拓展红十字卫生站在社区的服务功能。要认真开展“红十字关爱进社区”和“红十字志愿服务在社区”的活动，以红十字卫生站为基地，积极开展医疗保健、咨询、造血干细胞捐献和遗体捐献的宣传、救灾物资募集、帮困等人道主义救助工作。利用社区，进行红十字会基本知识和红十字理念的传播，开展群众性的卫生救护培训，以及参与无偿献血、艾滋病预防、遗体捐献等科学知识的宣传普及活动。在去年南翔镇配备5个红十字卫生站的基础上，力争今年再为10个居委红十字卫生站配备必要的服务设备，对红十字卫生站的专（兼）职干部进行红十字知识、卫生救护、防灾救灾等知识的培训。

五、围绕人道救助，做好特色服务工作

（一）做好少儿住院互助基金工作。继续以多渠道、多形式的宣传来提高家长和医务人员对少儿基金的认识，一方面提高少儿基金的覆盖面，另一方面配合做好基金的使用工作。年内，区少儿基金办将加大监督检查力度，成立少儿基金监督检查专家组，加强初审，制定转院的相关规定，对不合理的支付费用，一律按规定由相关医院自负，保证基金的合理使用，保证基金的收支平衡。

（二）加强红十字青少年工作，努力做好红十字青少年会员的发展和会费的收缴及管理。以红十字活动为载体，进一步培养青少年的“人道、博爱、奉献”的红十字精神，组织学生参加社区各项献爱心活动，发挥红十字青少年在宣传、服务等方面的作用，开展义卖、劝募、知识竞赛、主题班会等活动，培养红十字青少年的奉献意识。在学校中开展不同层次的红十字知识、现场初级急救、红十字法规以及预防艾滋病知识的普及培训。在巩固和推广红十字达标学校的基础上，提高学校红十字工作的质量。各学校红十字会应配合有关部门组织好红十字青少年的夏（冬）令营活动。

（三）遗体捐献和造血干细胞捐献的宣传、登记工作。今年时值《上海市遗体捐献条例》颁布实施二周年，要做好遗体捐献和角膜捐献的宣传工作，鼓励和弘扬这一移风易俗、提升城市精神风貌的善举。继续规范和完善遗体、角膜捐献的登记、发证等服务工作。尝试建立一支遗体捐献志愿者队伍，进一步扩大宣传，做好和志愿捐献者们的联系、沟通工作，对其中的生活困难者给予一定的帮助。进一步宣传造血干细胞捐献的意义，做好无偿献血的宣传动员工作。

（四）加强备灾救灾工作。在思想上要牢固树立备灾救灾意识，抓好救灾队伍网络建设，调整和充实区以及镇、街道群众性红十字救护队，群众性红十字救护队要加强培训，开展演习；在物资储备上要充分发挥红十字物资募集站的作用，积极为自然灾害、突发事件和贫困地区募集各类物资，提高救灾实力；对去年成立的“嘉定区红十字会物资调剂中心”和“嘉定区红十字会旧衣被捐赠接受站”要加强管理，对其运作要进行跟踪和评估。

红十字募捐箱既是宣传红十字精神的好形式，又是群众奉献爱心的好渠道，要充分发挥募捐箱的宣传效应和募集善款的功能。年内争取在人流量大和购买力强的超市、酒店等场所，新设置10只以上的募捐箱，从而达到既筹集资金，又扩大红十字影响的双重目的。要切切实实地加强对募捐箱的管理。积极组织有关人员和单位参与“我与红十字募捐箱”的有奖征文活动。

2003年，我区红十字会广大会员和志愿工作者，要以弘扬红十字“人道、博爱、奉献”的宗旨为己任，进一步奋发图强、务实创新，把红十字事业不断推向前进！

同月 徐行镇红十字会制定《徐行镇2003—2005年社区红十字服务工作规划》。

中国红十字会的宗旨是“保护人的生命和健康，发扬人道主义精神，促进和平进步事业”。多年以来，我镇红十字会在区红会的领导下，顺应时代要求，坚持依法建会、依法治会、依法兴会，认真履行职责，围绕中心，服务大局，把国际红十字运动基本原则与我镇的实际相结合，充分发挥自身的优势，当好政府在人道救助领域的助手，让红十字关爱进入社区。

为了进一步加强社区建设，拓展社区服务，更好地为政府分忧，为群众解难，根据中国红十字会总会、民政部《关于开展社区红十字服务工作的通知》（红赈字〔2002〕100号）及《关于开展全国社区红十字服务示范活动的意见》（红赈字〔2003〕43号）文件的精神，按照《中华人民共和国红十字法》和《中国红十字会章程》，我镇红十字会结合镇实际情况，特制订2004—2006年社区红十字服务工作规划。

一、指导方针

坚持以邓小平理论和“三个代表”重要思想统领红十字会工作，坚持以人为本、全面协调可持续的科学发展观，坚持依法建会、依法治会、依法兴会；深入学习贯彻党的十六大，抓住机遇，迎接挑战，与时俱进，艰苦创业，着力解决镇红十字事业发展中的突出问题，理顺体制和完善机制，把我镇红十字会建设成为充满生机与活力、密切联系群众、符合自身特点的从事人道主义工作的社会救助团体；深入持久地开展人道主义救助工作，坚持围绕经济建设这个中心，协助政府发展社会救助事业，把实现好、维护好、发展好人民群众的根本利益作为出发点和落脚点，着眼于保护人的生命和健康，尤其要关注最易受损害的人群，积极创造条件，加强各红十字会成员单位的红会工作，创建市级红十字服务示范社区，保持社会稳定，促进社会和谐。

二、基本目标

围绕区红十字会关于《嘉定区2004—2006年社区红十字服务工作规划》要点，按照“高标准、全方位推进”的工作方针和中国红十字会、民政部制订的《全国社区红十字服务示范市（区）基本标准》的六项要求，根据人道性、中立性、公正性、独立性、志愿服务、统一性、普遍性这七项红十字会基本原则，采取统一部署、全面发动、抓点带面、分期到位的做法，力争2004年内全面达标，建成市级红十字服务示范社区。体现出以人为本、服务弱势；政府支持、突出特色；因地制宜、资源共享；健全队伍、规范管理。

三、组织网络

健全社区居委红十字会工作组织网络图，镇（街道）红十字会指导居（村）委会红十字会，在全镇建立12个红会小组，选出组长，各居（村）委会红十字会指导各红会小组工作，各红十字会成员单位建立起红会志愿者队伍。同时明确创建活动由红十字会、社区办共同组织领导。镇红十字会具体负责创建活动的申报及整体工作的落实，并对基层单位的业务工作进行检查和指导。各红十字会成员单位根据各自特点，具体实施创建工作有关要求，齐抓共管，层层落实，全面推进我镇红十字服务示范活动的开展。

四、主要任务

1. 宣传培训工作：红十字事业是崇高而伟大的事业，发展红十字事业，是国家的需要，人民的需要，也是时代的需要。我们要认真宣传、贯彻、执行《中华人民共和国红十字会法》及《中国红十字会章程》，为最需要帮助的人做好事、做实事，切实履行红十字宗旨。同时要采取多种形式，宣传红十字法规和红十字运动基本知识，提高红十字会员的行为规范和法律意识，提高群众对红十字会的认知、认同。要招募具有专业技术特长的志愿者，组织开展院前救护、居家护理、卫生保健、家庭安全等知识的培训，镇社区卫生服务中心要在社区进行初级卫生救护培训和卫生知识的宣传，学校要开展红十字青少年活动，各居委、村和易发生意外伤害的行业要组织群众参加意外伤害和自然灾害的现场救护，进一步提高社区群众自救互救能力，让更多的人理解、支持和参与红十字事业。

2. 社会服务工作：组建志愿者队伍，到村、居委为群众开展便民、利民、助民活动。同时对镇内弱势人群进行摸底调研后，根据他们需求开展不同类型的帮困救助，例如镇社区卫生服务中心要成立户籍制社区卫生服务队，与镇内的残疾人进行签约，义务上门进行康复服务等，培植社区红十字服务的新亮点。通过各种形式，把公益性无偿服务、互助性低偿服务、市场性有偿服务有机结合，在镇内形成多层次、多类型、广覆盖的社区红十字服务网络。

3. 募捐救助：各红十字会成员单位要在公共场所设置红十字募捐箱并进行管理。同时在红十字青少年、红十字会员中开展“捐一元钱、添一份爱”，“十元不少、爱心无限”的募捐活动。学校红十字青少年可通过手拉手献爱心红领巾助残活动，每人至少捐一元钱去帮助身边最困难的同学，并开展一些全校性的义卖活动，义卖所得全部纳入红十字人道救助基金。卫生院继续开展义诊活动，将“5·8”门诊挂号费、诊疗费收入捐赠给区红十字会人道救助基金，同时通过“医疗帮困卡”的形式帮助医疗就诊有困难的社会弱势群体，展现医院会员救死扶伤、扶危济困、助人为乐的美德。各企业、社会热心人士要参与红十字募捐活动，从而大力推进社会各界资助红十字事业的风尚。

4. 规范服务：2004 年要创建三个社区红十字卫生站，增添必要的基本服务设施，管理好红十字保健箱和简易的救护器材，提高社区应对突发公共卫生事件的防护意识和反应能力，并为群众防治小伤小病提供简易的自愿服务。同时要加强社区红十字卫生服务站的管理，健全和规范卫生服务站的服务工作和制度建设，提升社区红十字服务建设的整体水平。

展望未来，任重道远。面对新的形式和新的任务，我镇红十字会一定要大力弘扬求真务实、开拓创新、奋发图强的精神，使社区红十字服务这项事业深入持久、扎实有效地开展下去，充分发挥红十字会在救灾、救护、救助等人道主义领域的服务作用，为镇的“三个文明”建设而不懈奋斗。

2 月 18 日　嘉定区召开“嘉定区少儿住院基金工作会议”，全区 14 所定点医院的分管院长及医务科长参加会议。会议邀请市红十字会青少年工作部副部长姜黎对我区少儿住院基金工作在监督检查方面存在的问题重点进行了分析和指导。

是日　区红十字会《关于转发〈上海市红十字示范街道（乡、镇）达标验收标准〉的通知》（嘉红〔2003〕2 号）。

各镇、街道红十字会：

为使红十字工作更好地融入社区、服务社区，充分发挥红十字会在社区建设中的独特作用，我区红十字会拟通过创建上海市红十字示范镇（街道）活动，以社区为依托，以红十字会会员和热心公益事业的志愿者为服务主体，最大限度地调动居民群众参与社区红十字服务的积极性和创造性，努力满足社区群众多层次的需求，从而使社区红十字服务工作能逐步实现规范化和网络化的要求。

现将“上海市红十字示范街道（乡、镇）达标验收标准”转发下来，请各镇、街道认真学习，对照验收标准要求，制定实施计划，积极争创上海市红十字示范镇（街道）。区红会年内将根据市红会的精神，组织验收并进行表彰。

2月21日 区红十字会召开镇、街道红会干部会议，下发了《关于开展〈上海市遗体捐献条例〉实施两周年纪念活动的通知》，部署相关工作，要求各镇、街道红十字会在纪念日期间通过黑板报、报刊、电视等媒体组织开展各类宣传纪念活动，倡导移风易俗、无私奉献的社会新风尚。

3月1日 南翔镇红十字会在南翔镇红十字人道救助服务中心举行《上海市遗体捐献条例》颁布实施两周年纪念宣传活动，开展红十字知识、遗体捐献等宣传咨询，共发放《上海市遗体捐献条例》等宣传品1500多份，义务为居民测量血压180人，并进行现场募捐。

3月11日 区红十字会在南翔镇人民政府召开"嘉定区创建红十字示范镇（街道）现场交流会"，区卫生局局长、区红十字会常务副会长陈进根主持会议，区红十字会会长周丽玲、部分理事、各镇（街道）红十字会会长及红十字会干部出席会议。会上，区红十字会与各镇（街道）红十字会就2003年工作签订了目标管理协议书。

4月1日 区红十字会下发《关于开展2003年"5·8"世界红十字日活动的通知》（嘉红〔2003〕3号）。

各镇（街道）红十字会，学校红十字会，医疗卫生系统红十字团体会员单位：

今年的5月8日是第56届世界红十字日，根据市红十字会关于开展"5·8"世界红十字日活动的通知精神，今年活动的主题是"弘扬人道主义、塑造城市精神"，并要求不断拓展和深化"千万人帮千家"活动的内涵。为此，区红十字会决定对我区今年"5·8"世界红十字日纪念活动作如下安排：

一、各镇、街道（包括学校、医院团体会员单位）都要在5月8日前后开展多种形式的宣传活动，发动居委、村等基层红十字会组织积极行动，通过拉横幅、出展板、张贴"5·8"宣传画、开展社区服务等活动，在全区范围内形成比较大的声势和氛围来纪念世界红十字日。

二、从4月份起，全区开展"四五"红十字法规和红十字运动基本知识的普及工作。要求在"5·8"期间，形成学法、用法、遵法、守法的良好氛围。《上海红十字报》将刊登红十字运动基本知识竞赛题目，请各镇、街道组织不少于100人参加竞赛答题，学校、医院团体会员单位也应组织一定人员参加，将结果报区红十字会办公室，区红会将设立奖项予以奖励。

三、"5·8"期间，市红会在电台、电视台组织制作了多档红十字专题节目，请各镇、街道组织广大会员收看和收听。具体如下：

（一）5月4日，东视戏剧频道"百姓戏台"播放红十字节目专场（5月5日、7日、8日重播）；

（二）5月3日、5月10日，上海电视台新闻频道"红茶坊"栏目分两集播放红十字专题节目（5月4日、11日重播）；

（三）4月28日——5月11日，上海人民广播电台"滑稽王小毛"栏目将连续半个月播放红十字专题节目。

（四）每周六下午上视财经频道由市红十字会、市慈善基金会、市福利彩票中心联合举办"福善财经——关怀基金"栏目，播出红十字专题节目。

四、区红十字会拟定于5月8日搞一次大型的纪念"5·8"世界红十字纪念日"千万人帮千家"募捐帮困活动，要求各镇、街道、学校、医疗单位都能积极参与，从而将我区的"千万人帮千家"活动推向高潮。

在红十字青少年、红十字会员中开展"捐一元钱、添一份爱"，"十元不少、爱心无限"的募捐活动。学校红十字青少年可以通过"红领巾义卖"等形式进行募捐，捐款所得用来资助身边家庭经济困难的学生。

在医疗卫生红十字团体单位中继续开展义诊活动，将当日门诊挂号费、诊疗费收入捐赠给区红十字会人道救助基金。区红十字会用这笔善款，通过"医疗帮困卡"的形式帮助医疗就诊有困难的社会弱势群体。

在组织好全体红十字会员募捐的基础上，也要更好地发挥企业在"5·8"募捐活动中的积极性，动员企业、社会热心人士参与红十字募捐活动，从而大力推进社会各界资助红十字事业的风尚。

五、区红十字会与嘉定镇街道等联合举行纪念"5·8"世界红十字日大型义卖活动，义卖所得全部纳入红十字人道救助基金。

六、在红十字老年护理医院中开展"为病人做一件好事"活动，推动红十字老年护理医院志愿服务工作的开展，尝试让红十字志愿工作者进入医院，开展人道助医活动，为患者提供高质量的人性化服务。

希望各镇（街道）红十字会及学校、医院等红十字团体会员单位积极发动，制订好计划，认真组织并开展富有特色的"5·8"活动。于5月1日前将"5·8"活动计划、5月15日前将活动总结上报区红十字会办公室。

4月14日 区红十字会《关于印发〈嘉定区红十字会2003年工作要点〉和〈嘉定区红十字会2002年工作总结〉的通知》（嘉红〔2003〕

4号）。

各镇（街道）红十字会：

现将《嘉定区红十字会2003年工作要点》和《嘉定区红十字会2002年工作总结》印发给你们，请按照文件要求结合本单位实际认真贯彻落实。

4月19日 民营上海市沪西医院举行开张揭牌暨向嘉定区红十字会捐赠善款仪式，区红十字会会长周丽玲出席揭牌捐赠仪式，并对院方善举表示充分的肯定和衷心的感谢。在11万元的捐款中，将有6万元善款定向用于为所在地区的弱势群体发放医疗帮困卡。

5月8日 区红十字会于区卫生局大院内举行“捐赠轮椅车发放仪式”，向全区各镇、街道的20多个居委会、部分医疗单位和残疾人捐赠轮椅车共40辆，价值约3万元，以实际行动纪念第56届世界红十字日，弘扬“人道、博爱、奉献”的红十字精神，关爱社会弱势群体。区红十字会会长周丽玲出席仪式并讲话，

“5·8”期间，区红十字会在嘉定城区内人流量较多的位置，通过拉横幅、出展板等形式，大力宣传红十字知识；同时，根据市红会要求，在嘉定区的主要街道口制作2块红十字宣传广告版面进行宣传，让更多的人了解红十字会组织，支持红十字会工作。开展多种形式的“千万人帮千家”募捐（包括义卖、劝募等）活动。各镇（街道）在也通过拉横幅、张贴宣传画、出展板、开展社区服务等活动形式进行宣传和纪念，并发动村、居委等基层红十字会组织，因地制宜地开展宣传和服务活动，在全区范围内形成了较大的声势和氛围。据不完全统计，全区共拉横幅30多条，展出黑板报等展板250多块，小标语300多条。

“5·8”世界红十字日，适逢我国抗击“非典”的关键时刻。对此，区红十字会义不容辞地加入到了抗击“非典”的行列，通过工作网络，层层宣传“非典”防治知识，举办各级各类培训班近70次，下发宣传资料约8万份，对进一步提高广大群众的自我防范和自我保护意识，贡献了一份力量。

5月19日 嘉定区卫生局决定，褚文革同志任嘉定区红十字会办公室主任（嘉卫任〔2003〕8号《关于褚文革等同志任职的通知》）。

5月20日 区红十字会会长周丽玲、区卫生局党委书记、区红会理事俞建忠等一行7人对坚守在“抗非”第一线的“花桥”及“312国道”道口的医务人员、交警、志愿者等进行慰问，送上慰问金和慰问品，察看安亭医院的“非典”隔离病房。随后走访了嘉定地区安亭、南

翔、中心、江桥、外冈、娄塘、华亭等10个参与道口管理的医院，送出“抗非”慰问款、慰问品15500多元。

5月 区红十字会开展医疗帮困工作，将各红十字团体医疗单位募捐的“5·8”义诊费，转制成《医疗帮困卡》发放到我区142位因病致贫人员手中，价值42600元。

6月5日 唐行九年制学校的全体少先队员举行“守望相助、激情六一”拍卖活动，并将全部拍卖所得1548元捐给区红十字会，以捐助我区卫生系统的“非典”防治工作，以实际行动表示对我区卫生系统“抗非”工作的支持和对一线医护人员的崇敬和慰问。

6月6日 区红十字会常务副会长、区卫生局局长陈进根，区卫生局党委书记、区红会理事俞建忠，区红会常务理事黄士林等领导慰问嘉定区医疗救护站的医务人员。

6月5日—9日 区红十字会积极响应市红会号召，根据市红会文件精神，向工作在发热门诊一线的医护人员、区疾控中心参与流行病学调查的人员及各红十字卫生站的专兼职工作人员近400人发放慰问金15万元，以表达红十字会对“抗非”第一线工作人员的大力支持和无限关爱。

6月13日 区红十字会常务副会长、区卫生局局长陈进根，区卫生局党委书记、区红会理事俞建忠，区红会常务理事黄士林，区红十字会理事、娄塘镇副镇长王方文等领导，上门慰问娄塘镇3名典型的因病致贫的医保参保职工。

6月18日 嘉定区召开2003年少儿基金管委会工作会议，区红十字会会长、区人大副主任、区少儿基金管委会主任周丽玲，区红十字会常务副会长、卫生局局长陈进根，区红十字会理事、教育局副局长陈蕴珠等7名少儿基金管委会成员出席会议，并就少儿基金规范使用等有关工作进行了探讨，并达成共识。

6月20日 中国红十字会总会、民政部下发《关于开展全国社区红十字服务示范活动的意见》(红赈字〔2003〕43号)。

各省、自治区、直辖市红十字会、民政厅（局）：

为了贯彻落实中共中央办公厅、国务院办公厅《关于转发〈民政部关于在全国推进城市社区建设的意见〉的通知》（中办发〔2002〕23号）和中国红十字会总会、民政部《关于开展全国社区红十字服务工作的通知》（红赈字〔2002〕100号）精神，中国红十字会总会、民政部共同开展社区红十字服务示范活动，以大中城市为重点，通过开展具有红十字特色的扶危助困、便民利民活动，把红十字关爱送进社区，充分发挥红十字会的救灾、救护、救助等人道主义服务作用，使社区红十字服务工作能够广泛、深入、扎实、持久地开展下去，现将开展社区红十字服务示范活动的具体事项通知如下：

一、开展示范活动的目标、任务及方法

（一）开展示范活动要按照中国红十字会总会、民政部《关于开展社区红十字服务工作的通知》（以下简称《通知》）中确定的基本原则，以实现《通知》中确定的目标和任务为依据，在示范活动中不断探索社区红十字服务的有效途径。

（二）选择具备一定基础条件、社区服务工作开展得好、总结出可行经验的城市和城区，结合民政部命名的全国社区建设示范市（区），有组织、有计划、有步骤、多层面、多形式地开展示范活动，并逐步加以推广。

（三）已经开展示范活动的市（区），要总结经验，巩固成果。经省、自治区、直辖市红十字会验收合格的，可直接申报“全国社区红十字服务示范市（区）”候选单位。

（四）示范活动采取“分层选点、分级申报”的方法进行。申报全国社区红十字服务示范市、区，应附以下材料：

1. 示范单位全面开展社区红十字服务活动情况和典型材料；

2. 社区红十字服务工作长远规划和年度计划；

3. 省、自治区、直辖市推荐的示范单位所在地的群众满意程度调查情况的报告和向社会公示情况的报告。

二、示范单位的范围和推荐标准

（一）社区红十字服务示范单位分全国和省（自治区、直辖市）两级。全国社区红十字服务示范市（区）的范围是：地、县级市，市辖区。省一级社区红十字服务示范市（区）的范围和推荐标准由各省、自治区、直辖市自行确定。

（二）推荐全国社区红十字服务示范市（区），要符合《关于开展全国社区红十字服务示范活动的意见》要求和“全国社区红十字服务示范市（区）基本标准”。推荐全国社区红十字服务示范市，须有所属60%以上的区达到全国社区红十字服务示范区的基本标准；推荐全国社区红十字服务示范区，须有所属60%以上社区达到省级示范社区标准。

三、示范单位的申报

（一）开展示范活动的单位在自检的基础上，逐级申报、验收和审定。

（二）各省、自治区、直辖市红十字会要依照推荐标准，对申报的示范市、区进行逐一考核，择优推荐。对符合“全国社区红十字服务示范市（区）”基本标准的，填写《全国社区红十字服务示范市（区）申报表》（一式三份），并按要求附上有关材料报全国社区红十字服务示范活动评审委员会。

四、示范单位的确认与命名

（一）经过逐级检查、评审而确定的全国社区红十字服务示范市（区）候选单位名单，将在《中国红十字报》和《博爱》杂志公示。

（二）中国红十字会总会将以表彰会的形式，向被确认的全国社区红十字服务示范市（区）予以命名，颁发证书，并授予统一制作的标牌。

五、示范活动的组织领导

（一）全国社区红十字服务示范活动评审委员会（以下简称评委会）负责对示范活动的指导、检查，并对申报“全国社区红十字服务示范市（区）”进行评审与确认。评委会办公室设在中国红十字会总会赈济救护部。

（二）各省、自治区、直辖市红十字会要加强对示范活动的组织和领导，参照“全国社区红十字服务示范市（区）”标准，根据本地特点制订示范活动方案，提出具体要求和措施，及时指导、检查，做好全国社区红十字服务示范市（区）的申报工作。

六、工作要求

（一）各级红十字会与民政部门要加强领导、团结协作，认真组织、合理规划，依照《通知》精神，把示范活动与实践“三个代表”重要思想及履行全心全意为人民服务的宗旨结合起来。

（二）开展示范活动要扎扎实实、突出特色，勇于创新、注重实效，以点带面、分步推进，严格标准、保证质量。防止搞劳民伤财的突击行动、弄虚作假的形式主义、繁杂琐碎的层层评比和降格以求的区域平衡，确保示范活动真正达到提高服务、实惠百姓、促进文明、推动工作的目的。

（三）各省、自治区、直辖市红十字会将该会的示范活动方案报总会评委会办公室备案。

（四）各地及时对示范活动情况进行宣传报道，积极向新闻媒体和《中国红十字报》、《博爱》杂志及《中国社会报》、《社区》杂志投稿，并及时与评委会办公室沟通信息。

附：《全国社区红十字服务示范市（区）基本标准》。

（一）领导重视：把社区红十字服务工作列入工作议事日程；将社区红十字服务工作列入政府社区建设规划；有贯彻《通知》的长远规划和具体实施方案并抓好落实。

（二）组织落实、队伍健全：红十字会有专人负责社区服务工作，并有基层红十字组织，职责明确；建立社区红十字志愿者队伍；能够动员群众广泛参与红十字会组织的服务活动。

（三）制度健全、管理规范：红十字会社区工作会议有记录、活动有记载，档案齐全、制度完善。

（四）有固定的开展社区红十字服务的工作场所（站、点等），配备必要的开展工作和组织活动的设施。

（五）经费有保障：政府给予一定的经济支持，红十字会会员会费缴纳齐全，通过多渠道募捐和开展低偿、有偿服务等收入，保证社区服务活动的开展；财务管理制度健全。

（六）社区红十字服务活动经常、普遍、扎实、有效，突出特色并得到社区群众的认可。

6 月 24 日 区红十字会通过镇（街道）红会组织，开始对各镇（街道）上报的医保参保特困职工进行走访慰问，共向全区 147 名医保参保特困职工送出帮困基金 6 万元。

6 月 26 日 区红十字会对设置于真新新村街道的大型超市——易初莲花内的特大型红十字募捐箱进行清点，计得善款 22362. 30 元。

6 月 29 日 区红十字会、区教育局、区卫生局联合下发《关于调整嘉定区中小学生、婴幼儿住院医疗互助基金管理委员会成员的通知》（嘉红〔2003〕5 号）。

各中小学校、幼儿园及医疗卫生单位：

嘉定区中小学生、婴幼儿住院医疗互助基金管理委员会（以下简称“少儿基金管委会”）自 1997 年成立以来，由于其中相当一部分同志的工作单位和职务发生了变动，因此，经研究，决定调整我区少儿基金管委会成员，根据职务岗位确认管委会组成成员。今后如遇职务岗位上的人员发生变动，则由新担任该职务的同志自然接任为嘉定区少儿基金管委会成员。

新组建的嘉定区少儿基金管委会成员组成如下：

主任：区红十字会会长、区人大副主任周丽玲；

常务副主任：区红十字会常务副会长、区卫生局局长陈进根；

副主任：区红十字会理事、区教育局副局长陈蕴珠，区红十字会常务理事黄士林；

委员：区卫生局预防监督科科长谈佳弟、区教育局教育科顾丽华、区红十字会办公室主任褚文革。

少儿基金管委会下设办公室，办公室成员组成如下：

主任：褚文革；成员：李海青、沈素倩。

7月21日 区红十字会在青浦上海市备灾救灾中心举办为期2天的“创建红十字示范镇（街道）救护队培训班”。本次培训，特邀上海市红会章玉凤、苏海洪两位老师进行主讲。来自我区新成路街道、嘉定镇街道、马陆镇的42名救护队成员参加了培训。

7月23日 区红十字会走访慰问江桥镇老年护理院、马陆镇戬浜老年护理院，向老人们致以问候，并送去价值万余元的慰问品。

7月26日 区红十字会决定，组织有关镇（街道）红十字会干部参加上海市红十字会于8月2日至8月4日在青浦区上海市红十字备灾救灾中心举办的“2004年救灾干部培训班”。

7月30日至8月1日 上海市红十字会于上海市红十字备灾救灾中心（青浦区赵重路109号）举办为期三天的“2003年第三期救灾干部培训班”，区红十字会组织各镇（街道）红十字会干部参加了培训。

7、8月间 区红十字会和区教育局联合组织一期红十字青少年夏令营活动。

8月7日 “抗非”期间，江桥镇乳泉民工子弟学校、唐行九年制学校的师生将2738元募捐款，赠予区红十字会。区红十字会将这笔善款购买了慰问品，于8月7日对我区五所发热门诊定点医院（中心医院、中医医院、南翔医院、安亭医院、黄渡镇卫生院）的工作人员进行慰问，转达师生们对白衣战士的崇高敬意和感激之情。

8月8日 区红十字会召开少儿住院基金监督管理工作会议。各定点医院的业务分管院长及医务科长出席此次会议。与会者就少儿住院基金的收支、使用等情况进行了交流讨论。区红十字会常务理事、区少儿基金管委会副主任黄士林对各定点医院的工作给予了肯定，同时希望通过各定点医院的规范管理，将有限的少儿基金费用控制在有效的基本医疗范围之内。

8月 区红十字会及华亭镇、华亭村红十字会走访慰问8月7日突遭雷击身亡的外来务工人员家属，帮助毫无生活来源的母子料理后事，解决燃眉之急，渡过暂时难关。

是月 区红十字会被上海市老龄工作委员会等授予上海市特困老人助养助医工作先进单位。

9月23日 上海市红十字会、上海市民政局下发《关于转发中国红十字会总会、民政部〈关于开展全国社区红十字服务示范活动的意见〉的通知》（沪红发〔2003〕92号）。

各区、县红十字会、民政局（处）：

近日，中国红十字会总会、民政部联合发文，对各级红十字会、各级民政部门开展全国社区红十字服务示范活动提出了示范活动的评选范围、具体标准和工作要求，对于红十字会今后开展示范活动具有重要的指导意义。

随着国家经济的迅速发展和人民生活水平的不断提高，加强社区建设已列入政府计划和社会管理的重要组成部分。市委领导同志在上海市红十字会第七次会员代表大会上指出："红十字会要把工作重点逐步向社会延伸"，"把'红十字关爱进社区'纳入文明小区建设中。"

加强社区建设和拓展社区服务是红十字会当前和今后的一项重要工作，也是为政府分忧，为群众解难的最好体现。各区、县红十字会要在原有开展社区服务的基础上，根据文件提出的示范活动的目标和工作要求，积极参与和开展示范活动。通过开展具有红十字特色帮困救助、便民服务活动，把红十字关爱送进社区，使红十字会救灾、救护、救助工作，更广泛地融入社区，使红十字社区服务工作能有效、持久、扎实地开展下去。

同时，各区、县民政部门应对开展红十字示范活动给予积极地支持和指导。

现将中国红十字会总会、民政部《关于开展全国社区红十字服务示范活动的意见》（红赈字〔2003〕43号）转发给你们，请根据文件精神，结合工作实际，认真贯彻执行。同时，有条件的区、县可在自查的基础上，申报社区红十字服务示范区，经市红十字会验收和初审后，报全国社区红十字服务示范活动评审委员审定。

附件：中国红十字会总会、民政部《关于开展全国社区红十字服务示范活动的意见》（略）

9月25日　敬老节前夕，区红十字会、区医学会联合开展敬老爱老活动，对华亭、唐行敬老院近150位老人赠送价值近4千元慰问品，并特邀有关医院的专家为华亭敬老院的老人们开展免费义诊。

9月　团区委、区红十字会等单位联合举办"为了生命的希望工程——2003嘉定青年骨髓捐献志愿者行动集中血检仪式"，200多名志愿者参与血检。

10月13日　区红十字会下发《关于为受灾地区灾民募集御寒衣被的通知》（嘉红〔2003〕6号）。

各镇（街道）红十字会：

今年是我国多灾之年，五级以上的地震发生了29次，北方地区严重的虫害，江南、华南地区大范围严重的干旱，淮河流域自1954年以来最大的洪涝灾害，还有一些省市的冰雹、泥石流等多种灾害，造成了严重的人员伤亡和财产损失。目前，大部分灾区逐渐入冬，灾民急需御寒衣被。备灾救灾工作是《中华人民共和国红十字法》赋予的神圣职责，为弘扬“海纳百川，服务全国”的城市精神，本着“人道、博爱、奉献”的红十字宗旨，根据上海市红十字会《关于为受灾地区灾民募集御寒衣被的通知》（沪红发〔2003〕107号）精神，我会决定自即日起至10月21日，结合市红会发动一次为受灾地区灾民募集御寒衣被的活动。具体要求如下：

一、各镇（街道）红十字会要抓紧时间做好组织、动员、接收及运转工作；

二、御寒衣被指过冬用的棉衣、毛衣、厚外套、棉被、毛毯等御寒用品（破旧衣被、内衣、内裤及夏秋单衣不在此次募集范围，请予以谢绝）；

三、所有衣被必须洗净、打包（包装请用我会统一下发的蛇皮袋），并于10月21日前送至我办（嘉定区金沙路257号），由我办统一送交上海铁路北郊站（共和新路3501号）二库11门—12门。

四、请根据募集实际情况认真填写《嘉定区红十字会捐赠衣被接收登记表》一并上缴我办。

10月17日 区红十字会下发《关于严格参照〈上海市基本医疗保险药品目录（2003年版）〉 认真做好少儿基金用药管理工作的通知》（嘉红〔2003〕7号）。

各少儿基金定点医院：

为进一步规范少儿住院基金基本医疗用药管理，完善少儿住院基金支付政策，根据上海市少儿基金办“关于转发上海市医保局《关于印发〈上海市基本医疗保险药品目录（2003年版）〉的通知》、《关于认真做好〈上海市基本医疗保险药品目录（2003年版）〉实施工作的通知》的通知”（沪儿基金办〔2003〕23号）文件精神，我办对各定点医院的少儿基金工作作如下要求：

一、各定点医院在收治少儿基金参加对象时，应严格按照沪医保〔2003〕150、152号文件精神执行；

二、做好宣传工作，及时将本通知精神传达给有关医务人员，切实加强对少儿基金的用药管理；

三、医务人员在诊治工作中应向少儿基金参加对象耐心做好宣传解释工作，避免引起不必要的纠纷。

10月16日 江桥镇红十字会接受民企上海忆飘服饰有限公司法人代表江华、刘红霞夫妇捐助的500套崭新工作服。这是民企为受灾民众越冬御寒献上的一份厚礼。同时，当地居民亦纷纷捐出衣服，表达对灾区人民的一片心意。

10月22日 “一方有难、八方支援”。区红十字会在全区开展御寒衣被募集活动，各基层红会积极响应，自10月14日至今，共募集棉衣、毛衣、棉被等衣物计50536件，1208袋。22日上午，在区消防中队战士的协助下，将衣被送交上海市红十字会募集衣物接受点（上海铁路北郊站）。

10月22日—23日 黄渡镇红十字会组织专业教师，对上海灿坤电器公司182名班长以上干部分四批进行四项急救技术与心肺复苏技能的培训辅导。

10月27日 区红十字会《关于下发〈2003年度镇（街道）红十字工作考核内容及评分标准〉的通知》（嘉红〔2003〕8号）。

各镇（街道）红十字会：

现将根据今年工作计划、区红会与各镇（街道）签订的目标管理签约书内容制定的《2003年度镇（街道）红十字工作考核内容及评分标准》发给你们，请按照要求认真做好准备工作。具体考核时间、考核形式另行通知。

2003年全区共12个镇（街道）40个居（村）委申报嘉定区红十字卫生站。分别是：嘉定镇街道劳动居委红十字卫生站，嘉定镇街道塔城路居委红十字卫生站，嘉定镇街道梅园居委红十字卫生站，嘉定镇街道汇龙潭红十字卫生站，嘉定镇街道人民居委红十字卫生站，嘉定镇街道嘉中居委红十字卫生站，嘉定镇街道桃园家园中心红十字卫生站，嘉定镇街道小囡桥居委红十字卫生站，马陆镇育兰新村红十字卫生站，马陆镇彭赵村红十字卫生站，马陆镇天马新村红十字卫生站，马陆镇樱花新村红十字卫生站，马陆镇碧海居委红十字卫生站，新成路街道嘉乐居委红十字卫生站，新成路街道迎园社区居委红十字卫生站，新成路街道新成社区居委红十字卫生站，新成路街道新望社区居委红十字卫生站，新成路街道仓场社区居委红十字卫生站，真新新村街道丰庄一居红十字卫生站，真新新村街道双河居委红十字卫生站，真新新村街道新丰居委红十字卫生站，安亭镇玉兰二村居委红十字卫生站，安亭镇芙蓉居委红十字卫生站，安亭镇方泰居委红十字卫生站，南翔镇永乐村红十字卫生站，南翔镇静安村红十字卫生站，南翔镇南华社区居委红十字卫生站，嘉定工业区福蕴居委红十字卫生站，嘉定工业区娄塘敬老院红十字卫生站，嘉定工业区凤池居委红十字卫生站，江桥镇第三居委红十字卫生站，江桥镇第四居委红十字卫生站，黄渡镇黄沈村红十字卫生站，黄渡镇绿苑居委红十字卫生站，外冈镇杏花居委红十字卫生站，外冈镇大陆村红十字卫生站，华亭镇沁园居委红十字卫生站，华亭镇联华村红十字卫生站，徐行镇大石皮村红十字卫生站，徐行镇钱桥村红十字卫生站。

嘉定区红十字卫生站推荐点：嘉定镇街道梅园居委红十字卫生站，南翔镇虹翔居委红十字卫生站。

10月28日 区红十字会特邀市红会信息传播部田永波部长为60多名学校红会工作者进行培训，以纪念《中华人民共和国红十字会法》颁布施行10周年。此次培训，主要围绕红十字法律法规知识以及红会工作与“三个代表”重要思想的结合等内容予以展开，指出红十字会工作就是一项服务社会的工作，并结合实例生动说明当代红会工作者应具备的素质。

10月31日 华亭镇通过镇广播站开设红十字专题节目，重点宣传《中华人民共和国红十字会法》，纪念《中华人民共和国红十字会法》颁布10周年。

10月 2003学年我区少儿基金覆盖率达99.8%，有73924人参加，基金总额为2307240元。经区少儿基金管委会研究决定，区红十字会、区教育局共同承担对该学年31所学校中的339名特困生的少儿基金参加费用。

11月3日 上海市红十字会《关于下发〈上海市红十字示范社区验收标准〉的通知》（沪红发〔2003〕114号）。

各区、县红十字会：

为认真贯彻落实中国红十字会总会、民政部《关于开展全国社区红十字服务示范活动的意见》的要求，规范管理、健全队伍，更好地推进社区红十字服务工作，把“红十字关爱送进社区”，使红十字会的救灾、救护、救助工作能更广泛、有效、持久地开展下去。近日，根据总会全国示范社区的基本标准，结合上海的实际工作情况，我会制定了《上海市红十字示范社区验收标准》，现下发给你们。请根据要求，结合工作实际，认真贯彻执行。同时对2002年命名的红十字示范街道（镇）进行巩固和提高。本市红十字示范社区的上报和验收工作从2004年起进行，届时将召开全市的红十字示范社区命名大会。

附件：《上海市红十字示范社区验收标准》。

为了贯彻落实中国红十字会总会、民政部《关于开展社区红十字服务工作的通知》和《关于开展全国社区红十字服务示范活动的意见》以及《上海市乡镇、街道开展红十字工作办法》的要求，更好地推进社区红十字服务工作，把红十字关爱送进社区，使红十字会的救灾、救护、救助工作能更广泛地融入社区，特制定验收标准。

一、组织落实、队伍健全

1. 街道（镇）要有专人负责和分管社区红十字会工作，政府应给予一定的经费保障（每年拨款2万元以上）。

2. 辖区内有90%以上的居（村）委会、企事业、学校、医院、敬老院等单位成立基层红十字组织，建立热心、有专长的红十字志愿工作者队伍，广泛动员群众参与红十字会开展的服务活动。

二、管理规范、制度健全

1. 制订社区红十字工作的年度计划和长远规划。

2. 将红十字会工作纳入政府年度工作规划并进行年终考核。

3. 开展日常的红十字会工作，如：募捐、会费收缴、培训等，并形成定期的工作制度；各项红十字活动、工作会议等要有记录（包括图片、报道、简讯、总结等），影像、文字资料档案齐全。

三、积极开展各项工作

1. 传播红十字知识。充分利用社区原有的资源，如报栏、广告牌、图片、画廊等形式，广泛宣传红十字“人道、博爱、奉献”精神，做好红十字报刊征订工作。

2. 开展红十字募捐工作。积极开展上级红十字会组织的定向捐款、捐物募捐活动，并建立红十字人道救助基金，开展社区救助工作。

3. 建立特困人员帮困名册。建立社区特困家庭中因病致贫、意外伤害等困难人群的帮困救助名册，协助上级红十字会开展帮困慰问活动，有条件的可会同有关部门或基层红十字组织开展辖区内的帮困活动。

4. 加强红十字卫生站建设。以每6000人左右应建一所卫生站的要求，区、县辖区内的红十字卫生站设置数必须达到60%以上。对辖区内居委红十字卫生站要加强管理和指导，关心和支持，红十字卫生站各项工作使其成为沟通居民、开展服务的基地。

5. 建立红十字救灾联络员队伍。建立一支以街道为主，由居（村）委会相关人员组成的救灾联络员队伍，定期接受红十字会相关知识的培训和复训。在自然灾害等发生时，进行及时报灾和协助上级红十字会开展救助工作。

6. 建立群众性的红十字救护队。建立一支以街道为主，由基层红十字组织人员参与的群众性红十字救护队。平时开展救护知识的演练、评比，在意外伤害、突发事件中能协助社区有关部门开展救护工作。

7. 定期对基层红十字组织开展红十字会务知识，红十字法规以及初级急救、居家护理、家庭保健与安全知识培训。开展公民无偿献血，造血干细胞、遗体捐献，健康保健的宣传、推进工作。

8. 开拓思路，结合地区特点，开展具有红十字特色的社区服务，积极完成政府和上级红十字会下达的各项任务。

11 月 28 日　截至本月，嘉定区红十字会实有会员 35445 人，其中今年新增 7346 人。各镇（街道）实际数/本年增加数情况：嘉定镇街道 5534/854，新成路街道 1847/651，真新新村街道 2833/559，江桥镇 4045/1347，黄渡镇 1639/139，安亭镇 2252/691，南翔镇 4995/1470，外冈镇 983/91，马陆镇 3233/310，娄塘镇 3486/734，华亭镇 1130/216，徐行镇 3468/284。

12 月 4 日　上海市少儿基金专家组于 11 月 19 日—20 日和 12 月 3 日—4 日，先后两次来我区检查定点医院少儿基金住院病史质量情况，共检查了 5 所少儿基金定点医院（安亭医院、南翔医院、黄渡镇卫生院、外冈镇卫生院、徐行镇卫生院），检查当年1 ~9月份住院病史 479 份。

12 月 17 日　区红十字会第一届理事会第五次会议在区卫生局七楼会议室召开。会议审议通过了嘉定区红十字会 2003 年度工作报告和区红十字人道救助基金收支使用情况，并增补张根兴、徐海云为区红十字会理事，原理事王方文、张红霞、顾大兴因职务变动分别调整为韩强、王生兴、周健华。

12 月 25 日　区红十字会下发《关于增补及调整嘉定区红十字会第一届理事会部分理事成员的通知》（嘉红〔2003〕10 号）。

各基层红十字会：

根据上海市红十字会组织规程，嘉定区红十字会对个别理事进行了调整和补充，并在 12 月 17 日召开的一届五次理事会上表决通过。新增补及调整的区红十字会理事共 5 人，名单如下：

一、增补的区红十字会理事成员

张根兴，嘉定区地区管理办公室主任、党支部书记；徐海云，菊园新区管委会副主任。

二、调整的区红十字会理事成员

韩强，工业区管委会社会发展部部长；王生兴，安亭镇副镇长；周建华，嘉定区血站站长、党支部书记。

原娄塘镇副镇长王方文、原安亭镇副镇长张红霞、原嘉定区血站站长顾大兴的红十字会理事职务自行免去。

附：嘉定区红十字会第一届理事会成员名单

会长：周丽玲（区人大副主任）；

常务副会长：陈进根（区卫生局局长）；

副会长：毛长红（区教育局局长）、张潮（区民政局局长）；

常务理事：黄士林（区卫生局助理调研员）。

理事：马秋华（真新街道办事处副主任）、王建明（区武装部副部长）、王晓燕（马陆镇副镇长）、王生兴（安亭镇副镇长）、水洪（新成路街道办事处副主任）、甘永康（区团委副书记）、冯自强（上海汽车齿轮总厂副厂长）、朱青（区政协副秘书长）、庄琴（区中医医院党总书记、常务副院长）、何蓉（江桥镇副镇长）、陈政华（徐行镇副镇长）、陈蕴珠（区教育局副局长）、张树纯（区公安局副局长）、张剑铭（南翔镇副镇长）、张根兴（嘉定区地区管理办公室主任、党支部书记）、范思陶（区中心医院院长）、周建华（嘉定区血站站长、党支部书记）、赵剑萍（区劳动和社会保障局副局长）、赵维克（嘉定镇街道办事处副主任）、胡明华（区财政局副局长）、俞建忠（区卫生局党委书记）、席平阶（区民防办公室主任）、钱小萍（黄渡镇副镇长）、徐卫卿（南翔医院院长）、徐建元（外冈镇副镇长）、徐海云（菊园新区管委会副主任）、黄家善（区台办副主任）、蒋丽敏（区妇联副主席）、韩强（工业区管委会社会发展部部长）、雷建平（区交巡警支队支队长）、雷瑁梓（区宣传部副部长）、蔡金龙（华亭镇副镇长）、管育民（区广播电视台副台长）、樊国强（区总工会副主席）。

名誉副会长：王品祺（区人大副主任）、陈龙（WHO 上海嘉定 PHC 合作中心顾问）。

是日 区红十字会下发《关于开展“千万人帮千家”——2004 年红十字迎春帮困活动的通知》（嘉红〔2003〕9 号）。

各镇（街道）红十字会：

在上海市红十字会第七次会员代表大会精神的鼓舞下，为更好地贯彻市政府提出的关于加大春节前帮困力度的要求，嘉定区红十字会根据市红会《关于举行“千万人帮千家”——2004 年红十字迎春募捐帮困活动的通知》（沪红发〔2003〕120号）精神，结合本区实际情况，经研究决定，在本区范围内开展2004年迎春帮困慰问活动。现将有关事项通知如下：

一、活动时间

2003年12月28日—2004年1月20日。

二、慰问对象

以红十字会“千万人帮千家”活动规定的五种对象为主，即特困家庭中的肿瘤病患者、麻风病致残者、精神病患者、重病老人、遭遇到意外的受害者等。此外，少数民族居民、白血病患儿要占一定比例。

三、帮困慰问形式

现金和实物。各镇、街道红会应尽力向当地政府或其他社会组织争取一定的配比资金及实物。

四、活动要求

1. 对行动不便或有特殊困难者，予以上门慰问，对其他对象可采取上门慰问或举行集中帮困仪式。

2. 可邀请有关理事和热情支持红十字事业的企、事业单位领导及社会知名人士参加本次活动，争取以帮困促进募捐工作。

3. 在整个帮困慰问活动中要争取社会各方的支持配合，加大宣传力度，争取新闻媒体及电视台的支持，对典型事例要及时进行宣传报道，扩大红十字会影响面。

4. 区红十字会拟于1月中旬举行帮困物资发放仪式，通知另发。

五、汇总要求

请将《2004年红十字迎春帮困名单汇总表》（样张附后）及汇总表软盘、迎春帮困活动总结于2004年1月30日前上报区红十字会办公室。

附：“千万人帮千家”——2004年红十字迎春帮困名单汇总表（略）

12月26日 区红十字会《关于印发〈嘉定区2004-2006年社区红十字服务工作规划〉的通知》（嘉红〔2003〕11号）。

各镇（街道）红十字会：

为进一步推动我区红十字社区服务工作的深入开展，充分发挥红十字会在救灾、救护、救助等人道主义领域的服务作用，现将《嘉定区2004—2006年社区红十字服务工作规划》印发给你们，请按照文件要求，结合实际情况，认真贯彻落实。

附件：《嘉定区2004—2006年社区红十字服务工作规划》。

随着国家经济的迅速发展和人民生活水平的不断提高，加强社区建设已列入政府计划和社会管理的重要组成部分。市委领导在上海市红十字会第七次会员代表大会上也明确指出："红十字会要把工作重点逐步向社区延伸"，"把'红十字关爱进社区'纳入文明小区建设中"。为此，嘉定区红十字会要在原有基础上，进一步加强社区建设，拓展社区服务，更好地为政府分忧，为群众解难，积极参与和开展社区红十字服务活动，根据中国红十字会总会、民政部《关于开展社区红十字服务工作的通知》（红赈字〔2002〕100号）及《关于开展全国社区红十字服务示范活动的意见》（红赈字〔2003〕43号）等文件精神，在政府部门的支持、指导下，按照《中华人民共和国红十字会法》和《中国红十字会章程》，以社区为依托，以红十字会会员和热心公益事业的广大志愿者为服务主体，以社区居民特别是弱势群体为服务对象，通过开展具有红十字特色的帮困救助、便民服务活动，把红十字关爱送进社区，使红十字社区服务工作能有效、持久、扎实地开展下去。现将我区2004—2006年社区红十字服务工作规划如下：

一、基本原则

（一）以人为本、服务弱势——坚持以解决政府关注的难点和群众关心的热点问题为主，为社会上的弱势群体和广大居民提供人道主义服务。

（二）政府支持、突出特色——在各级政府部门的支持和指导下，根据社区建设的发展需要，选准、选好切入点，开展具有红十字会特色的社会救助与服务活动。

（三）因地制宜、资源共享——根据自身条件和当地实际，充分利用社区服务中心和社区居委会的资源，组织开展群众性的宣传、培训等公益活动。

（四）健全队伍、规范管理——在各级红十字会领导下，街道（镇）红十字会专（兼）职人员负责社区红十字服务工作，建立以红十字会会员和志愿者、社区居委会、社区群众广泛参与的红十字服务体系，明确服务对象和服务项目，组织开展服务活动，制定相应的规章制度，逐步形成从上到下的红十字救助和服务网络。

二、工作目标

（一）总体目标

积极开展社区服务工作，到2006年，根据市红十字会总体规划要求，重点抓组织管理与具体实施，逐步实现社区红十字服务工作的规范化和网络化。

（二）具体目标

1. 2003年底，嘉定镇街道、新成路街道、马陆镇在南翔镇成功创建为上海市红十字服务示范镇的基础上，积极开展市红十字服务示范社区创建工作，争取于2004年初通过市红会的验收，圆满创建成功。

2. 2004年，把红十字会工作重点逐步向社会延伸，在各有关部门的支持与配合下，将“红十字关爱进社区”工作的有关内容纳入“文明社区、文明小区考核标准”以及“健康城区三年行动计划评估方案”，以保障社区红十字服务工作能稳妥有序地开展下去。各级政府将红十字会工作列入社区建设规划，在安亭镇、真新新村街道、工业区等镇（街道）内积极开展上海市红十字服务示范社区创建活动，巩固成绩，发扬特色，完善网络，健全队伍，将红十字服务进一步深入社区、深入群众，力争以满意的成绩创建成为全国红十字服务示范区。

3. 2005年，以点带面，逐步推广，选择条件成熟的镇（街道）继续开展上海市红十字服务示范社区创建活动，争取在江桥镇、徐行镇、外冈镇、华亭镇等镇街道内开展创建活动，巩固和发展红十字卫生站工作，在年内创建成为上海市红十字服务示范社区。根据上级要求，结合区域实际，积极参与社区卫生服务，加强对原有红十字社区卫生服务站的改造充实和规范管理，拓展服务内容，以进一步深入开展红十字社区服务活动。

4. 2006年，将菊园新区、黄渡镇列入年度创建计划，全面完成我区各镇、街道、工业区、新区的示范社区创建工作，实现创建合格率达到100%。同时，不断巩固社区红十字服务工作，提高服务质量，增加服务项目，统筹规划，抓住重点，创出特色，逐步实现社区红十字服务工作的规范化和网络化。真正实现“红十字关爱进社区”的目标，以现有的物资募集站、服务站、工作站、活动站、卫生站等为基地，开展保健、咨询、登记、募集、租借、义卖、帮困、扶老、助残等各项服务；充分利用社区资源，进行红十字会基本知识传播；开展群众性的卫生救护培训和造血干细胞捐献宣传工作；参与无偿献血、艾滋病预防、遗体捐献等科学知识的宣传普及活动。尚无活动基地的可联合有关部门创造条件开展救助服务活动，同时要不断扩大服务队伍，增加服务项目，拓宽服务范围，增强服务技能，改进服务设施，提高服务质量，发挥红十字会在社区救灾、救护、救助等人道主义领域的服务作用。

三、主要任务

（一）社会服务

在对孤、老、病、残、困等弱势群体进行帮困救助的同时，面向广大群众，开展符合红十字会宗旨的便民、利民、助民活动。集中人力、物力、财力，充实服务设施，把公益性无偿服务、互助性低偿服务、市场性有偿服务有机地结合起来，形成多层次、多类型、广覆盖的社区红十字服务网络，并且持久、稳定地开展下去。

（二）宣传培训

采取多种形式，宣传红十字会知识，动员社会各界关心和支持红十字事业。招募具有专业技术特长的志愿者，组织开展院前救护、居家护理、卫生保健、家庭安全等知识的培训，使社区居民增强自我保健意识，掌握自救互救技能，提高身心健康水平和生活质量。

（三）募捐救助

采取多种形式，开展募捐、租借、义卖活动，并遵照捐赠者意愿，将募集的款物和租借服务及义卖收入用于救助灾区和最需要帮助的困难群体。

嘉定区红十字会将进一步理顺思路，调整步伐，依法开展社区红十字服务工作，坚持"一手抓推进、一手抓研究"，扎实基础，突出特色，脚踏实地地开展便民利民服务，以点到面，使社区红十字服务工作逐步推广，赢得广大社区群众的认可和信赖，使社区红十字服务这项利国利民的人道主义事业深入持久、扎实有效地开展下去，为全面建设小康社会，加快推进社会主义现代化建设，开创中国特色的社会主义事业新局面做出更大的贡献。

12月28日　区红十字会、区民政局联合下发《关于开展社区红十字服务示范工作的实施意见》（嘉红〔2003〕12号）。

为了更好贯彻中国红十字会总会、民政部《关于开展社区红十字会服务工作的通知》（红赈字〔2002〕100号）及《关于开展全国社区红十字服务示范活动的意见》（红赈字〔2003〕43号）等文件精神，切实为提高广大居民群众生活质量，救助弱势群体，促进社会稳定发挥积极作用，使红十字会工作更好地融入社区、服务社区，在政府有关部门的支持、指导下，结合本区实际指定如下实施意见：

一、基本原则

社区红十字服务工作是政府社区建设工作的一个补充。红十字会在各级政府的支持领导下，依照《中华人民共和国红十字会法》和《中国红十字会章程》，以社区为依托，以红十字会会员和热心公益事业的广大志愿者为服务主体，以社区群众特别是弱势群体为服务对象，开展社会服务、宣传培训、募捐救助等人道主义工作。坚持"以人为本、服务弱势；政府支持、突出特色；因地制宜、资源共享；健全队伍、规范管理”的基本原则，探索嘉定社区红十字服务工作新特色。

二、组织管理

建立有区红十字会、区民政局、区文明办以及区健康促进委员会有关人员参加的工作领导小组。

三、工作目标

（一）区红十字会

1. 2003年，嘉定镇街道、新成路街道、马陆镇在南翔镇成功创建为上海市红十字服务示范镇的基础上，积极开展市红十字服务示范社区创建工作，争取于2004年初通过市红会的验收，创建成功。

2. 2004年，把红十字会工作重点逐步向社会延伸，在安亭镇、徐行镇、真新新村街道、工业区等镇（街道）内积极开展上海市红十字服务示范社区创建活动，巩固成绩，发扬特色，完善网络，健全队伍，将红十字服务进一步深入社区、深入群众，力争以满意的成绩创建成为红十字服务示范社区。

3. 2005年，以点带面，逐步推广，选择条件成熟的镇（街道）继续开展上海市红十字服务示范社区创建活动，争取在江桥镇、外冈镇、华亭镇等镇街道内开展创建活动，巩固和发展红十字卫生站工作，在年内创建成为上海市红十字服务示范社区。

4. 2006年，将菊园新区、黄渡镇列入年度创建计划，全面完成我区各镇、街道、工业区、新区的示范社区创建工作，实现创建合格率达到100%。

（二）镇（街道）

各镇（街道）政府将红十字会工作列入社区建设规划，三年内完成社区红十字服务网络。有计划地按每6000人设置一个红十字卫生站，配备必要的服务设施以及宣传培训的教室。要有一支愿意奉献社会、服务社会、具有爱心的红十字志愿工作者队伍，以人为本，开展无偿服务。弘扬“人道、博爱、奉献”精神，塑造上海城市精神。有条件的镇可结合本地区的实际和红十字会工作特点，创造性开展服务工作。

（三）开展社区红十字服务工作必须具备的条件。

1. 硬件标准。必须具备有20平方米左右的服务用房（可与社区卫生服务中心、村卫生室、社区文化活动场所合用，做到资源共享），社区红十字卫生站配备服务设施、轮椅车、血压计、拐杖、人体秤等。有红十字知识宣传版面。

2. 软件标准。红十字组织网络健全，有志愿工作者服务网络（社区服务、宣传培训、募捐救助、救灾联络等小组、救护救助小组）。

四、工作任务

（一）社会服务

在对孤、老、病、残、困等弱势群体进行帮困救助的同时，面向广大群众，开展符合红十字会宗旨的便民、利民、助民活动。集中人力、物力、财力，充实服务设施，把公益性无偿服务、互助性低偿服务、市场性有偿服务有机地结合起来，形成多层次、多类型、广覆盖的社区红十字服务网络，并且持久、稳定地开展下去。

（二）宣传培训

采取多种形式，宣传红十字会知识，动员社会各界关心和支持红十字事业。招募具有专业技术特长的志愿工作者，组织开展院前救护、居家护理、卫生保健、家庭安全等知识的培训，使社区居民增强自我保健意识，掌握自救互救技能，提高身心健康水平和生活质量。

（三）募捐救助

采取多种形式，开展募捐、租借、义卖活动，并遵照捐赠者意愿，将募集的款物和租借服务及义卖收入用于救助灾区和最需要帮助的困难群体。建立联系方便、热心为群众服务的救灾联络员队伍，一旦小区内发生灾情，立即报灾，充分发挥红十字救灾减灾的特殊作用，最大程度的减少灾害对人民群众造成的损失。

五、工作要求

（一）加强领导，协调互动

民政部门将社区红十字服务工作纳入城市社区建设规划和社区工作的内容，并加以指导。

文明办要把社区红十字工作纳入精神文明建设的重要内容，统一协调、统一部署、统一检查。

红十字会把服务社区工作纳入议事日程，并作为一项重要工作去抓。要制定计划、研究措施，要对红十字会会员、志愿工作者进行业务培训，使其明确职责，拓宽社区工作知识范围，提高社区服务管理水平，把社区红十字服务工作与社区精神文明建设紧密地结合起来，形成街道红十字会、社区居委会、红十字服务基地和驻地各行各业、广大群众齐抓共管、协调互动、优势互补的工作关系，为社会的不断进步和人民群众的幸福生活创造一个良好的服务环境。

（二）注重创新，力求发展

要结合本地经济条件和群众需求的变化，大力探索、勇于实践，选择多种形式，拓宽工作内容、更新服务项目，并使社区红十字服务工作理念、工作方法、服务内容既适合社区整体工作的发展，又根据群众的需求不断创新。

推进社区红十字会服务工作要坚持从实际出发，合理制订计划，落实整体规划；结合本地特色，进行分类指导。制订、实施计划和整体规划要做到短期与中、长期相结合，以可持续发展为着眼点；以困难群体的需求为服务内容；以群众满意为服务标准；整体工作以加强社区建设、稳定社会秩序、提高群众生活质量为目的。采取多种形式，广泛筹集资金，为深入持久地开展社区红十字服务工作创造有利条件，并加强对服务基地及红十字活动专项款物的监督工作，保证社区红十字服务工作规范有序地进行。

（三）总结表彰，激励先进

大力宣传社区红十字服务工作中涌现的先进人物和先进集体，特别要注意发展和培育社区红十字志愿工作者队伍，并在思想上激励他们，生活上关心他们，工作上爱护他们。年内，召开社区红十字服务工作经验交流会，进行总结评估，以后阶段性进行总结表彰。

12月 区红会发布《嘉定区红十字会2003年工作总结》。

2003年嘉定区红十字会以邓小平理论和“三个代表”重要思想为指引，在嘉定区委、区政府的领导下，在上海市红十字会的具体指导下，以《中华人民共和国红十字会法》《上海市红十字会条例》为依据，以改善最易受损害群体境况为目标，认真履行作为政府人道救助助手的职能，为嘉定的经济发展和社会稳定发挥了自己独特的作用。

一、赈济救护人道救助工作取得显著成效

赈济救护、备灾救灾作为红十字会的主要工作职责，今年，我区红十字会也将这项工作作为扩大红十字会影响的重点工作去抓、去做。

（一）利用民营企业的资本优势弘扬红十字精神

随着改革开放的深入，市场经济的搞活，越来越多的民营单位投资注册上海、注册嘉定。红十字会如何到民营单位中去宣传红十字会法，普及红十字知识，利用民营企业的资本优势来弘扬红十字“人道、博爱、奉献”的精神，这是我们红十字会在新形势下需要面对和研究的一个新课题。

今年，我区红十字会在这方面进行了积极的探索和尝试。我区有2所民营医院今年被批准成立。医院开张之际，在我们常务副会长的宣传带动下，他们分别向我区红十字会捐助了5万元用于帮助那些家庭困难、经济无助的人们。其中的一家沪西医院又另外制作了200张医疗帮困卡，共计价值6万元，发放到医院所在地附近的困难群众手中，起到了扩大红十字影响，宣传红十字精神的作用。

家住真新新村街道新丰居委的丁鹤亭老伯，自己家境十分贫困，一老养一老的重担压得他喘不过气来，区红十字会在其最困难无助的时刻送上了一张“医疗帮困卡”，令他感激不尽。在10月份区红十字会发起的向灾区人民捐衣被活动中，他毅然决定从并不富裕的日常收入中拿出500元钱，买了5条崭新的棉被捐赠给灾区人民。红十字会所倡导的“我为人人、人人为我”的互助精神，就这样在群众中普及开来，上海的城市精神也是这样在被很好地诠释和提升着。

（二）多方共同协作，做好帮困救助工作

今年，区红十字会通过区卫生局，要求各红十字团体医疗单位将“5·8世界红十字日”这一天的诊疗费上交区红会，由区红会办将这笔经费转制成医疗帮困卡，发放到全区各镇、街道的患有疾病且生活困难的群众中。共计发出医疗帮困卡142张，价值42600元。

6月份，区红十字会和区医保办联合开展了对本区域内医保特困职工的走访慰问活动，共对我区147名医保参保特困职工进行了走访慰问，送出帮困基金6万元，对那些因病致贫的参保职工在经济上给予了一定的补助。

今年是我国的多灾之年，在大部分灾区逐渐入冬的10月，根据市红会的要求，区红十字会发动全区12个镇（街道）积极开展御寒衣被的募集活动。各基层红会干部克服时间紧、任务重、人手少的困难，仅短短一周时间，共募集棉衣、棉被、毛毯等御寒衣被50536件，1208袋，估计价值近50万元。我区江桥镇的一对民营企业夫妇捐赠出了厂内500套崭新的工作服，他们说：“我们也是从困难地区来的，在党的政策指引下，逐渐摆脱了贫困。现在灾区群众有困难，我们理应帮一把。”质朴的话语表达了对灾区人民的一片爱心。

今年区红十字会的人道救助基金总额达到121.6万元。区红十字会通过多种形式的帮困活动，如：春节帮困、敬老节慰问、医疗帮困、少儿住院基金特困生资助等，共计发放帮困慰问金397731元。

二、创建上海市红十字示范镇（街道）工作规范有序地推进

社区红十字服务工作是政府社区建设工作的一个补充，创建上海市红十字示范社区正是这项工作的一个抓手。我区红十字会在去年南翔镇成功创建成为市级红十字示范镇的基础上，今年继续将这项工作有计划、有步骤地向前推进着。3月份在南翔镇召开了全区创建上海市红十

字示范镇（街道）经验交流会，会上，嘉定镇街道、新成路街道、马陆镇3个镇（街道）分别和区红十字会签订了目标管理签约书，将年内创建成市级红十字示范社区作为签约的一项重要内容做出了郑重地承诺。年内，他们分别召开了红十字会代表大会，对救护队人员进行了演练和培训，在社区群众中开展普及红十字知识、募捐救助、便民利民等工作，完善和健全红十字卫生站的建设，使红十字卫生站成为传播人道主义的窗口，实施便民服务的基地。明年，又有安亭镇、真新街道、工业区等镇提出作为第三批创建上海市红十字示范社区的单位。通过这样分步推进，以点带面，最后逐步实现全区所有的镇、街道均创建成上海市红十字示范社区的目标，为创建全国社区红十字服务示范区打下扎实的基础，真正做到为群众排忧解难，为社区居民服务，从而提高和扩大红会的影响力。

三、少儿住院基金的经费支出得到了合理而有效地控制

今年6月，我们调整了区少儿住院基金管委会成员，并召开了管委会会议。在新学年收费工作开始前，进行了广泛而深入的宣传。一方面由区教育局对今年的收费工作要求通过红头文件的形式下发到各学校和幼托机构，文件中明确提出：要求覆盖率达到100%。另一方面又利用红十字会组织网络，通过各镇、街道的报刊、广播、电台进行宣传，区少儿基金办通过嘉定电视台制作了一档少儿基金的专题节目，在电视台连续播放了一周。又将少儿基金的宣传材料、新学年的收费工作要求等放到嘉定区卫生局的网站上，利用现代信息手段进行宣传。2003学年我区少儿基金参加的覆盖率平均为99.8%，有73924人参加，基金总额为2307240元。

区红十字会为全区31所中小学校的339名特困学生，资助了每人30元参加少儿基金的费用，让那些家庭经济困难的学生也能参加少儿基金，享受少儿基金的医疗保障政策。

为了更加合理地控制和使用好这笔来之不易的少儿基金经费，今年，我们成立了区少儿基金病史质量检查专家组，由四所区级医院的医保办主任和区少儿基金办人员组成，对全区少儿基金定点医院在用药、检查、治疗、收费等方面进行检查，以期做到“五个合理”，减少少儿基金的不合理支出。全年共抽查病史1114份，对检查中发现的不合理情况又在随后召开的定点医院监督工作会议上进行了通报，进一步规范了监督管理，保证少儿基金经费的合理使用。

由于监督力度的加强，今年我区少儿基金支出费用扭转了前5年的

支大于收的情况，2002 学年基金的收支比为 95.2%，基本做到了“收支平衡、略有结余”。

四、志愿服务和宣传培训工作稳步向前发展

在今年 3 月 1 日的“上海市遗体捐献纪念日”这一天，区红十字会走访了部分遗体捐献志愿者，并通过嘉定电视台、嘉定报进行了宣传，鼓励和弘扬了这一移风易俗，提升城市精神风貌的善举。在做好宣传的同时，我们也在不断地提高为遗体捐献志愿者服务的水平。今年起我们向遗体捐献志愿者们每人赠阅一份《上海红十字》报。12 个镇、街道红十字会也作为遗体捐献咨询点，一方面进行宣传，另一方面也为那些行动不便、年老体弱者进行上门解释宣传，为其办理相关的登记手续。目前，我区共有 93 人登记捐献遗体，1 人登记捐献角膜。近日，我区红会会长周丽玲夫妇也办理了志愿捐献遗体登记的手续。

9 月份，区红十字会和团区委联合举办了“为了生命的希望工程——2003 嘉定青年骨髓捐献志愿者行动集中血检仪式”，仪式隆重又热烈。当天现场采血者达到了 200 多人，团区委、区红会办的许多同志都当场加入了这一有意义的队伍之中。

10 月 31 日是《中华人民共和国红十字会法》颁布施行 10 周年纪念日，区红十字会通过各镇、街道红十字会组织，在全区范围内以拉横幅、贴标语、出展板等多种形式，积极营造宣传纪念活动的氛围，让更多的社会人士通过我们的宣传来认识和了解红十字会的性质，支持和参与红十字会的活动。

今年区红十字会除了在社区、学校、机动车驾驶员培训中心开展急救技能培训外，又拓展到在外资、独资企业中进行急救技能的培训，对部分中外合资、外商独资企业中的相关人员共 7 批、119 人进行了现场初级急救技能的培训。这样做既达到了宣传红十字会知识的目的，也为红十字会工作逐步渗入到外资企业中打下了基础。

2003 年嘉定区红十字会取得了一些成绩，但从发展的角度来看，从社会对红十字事业的要求来看，还存在着许多不足，需要在今后的工作中继续努力，提高认识，不断增强紧迫感，树立责任感，从而把嘉定区红十字会的事业推向新阶段。

嘉定红十字历史编年实录

（1918—2013）

（下卷）

上海市嘉定区红十字会　编

合肥工业大学出版社

目　　录

（下卷）

2004 年

1 月 2 日 区红十字会《关于嘉定区江桥红十字老年护理院申请整修经费的请示》（嘉红〔2004〕1 号）。

上海市红十字会：

为适应人口老龄化的发展趋势，我区于 1992 年在江桥镇创办了全市第一所红十字老年护理院。此举得到市领导的充分肯定，原上海市委副书记、市老龄委主任杨堤、副市长谢丽娟及市总工会领导亲自参加了开院仪式。当时由于条件限制，老年护理院借用江桥卫生院的病房。随着老年病人日趋增多，现有病房的条件（病室拥挤不堪，加上房屋陈旧、漏水等），已无法满足老年病人就医的需求。

鉴于以上情况，该院拟利用原封浜镇卫生院的卫生资源，把护理院搬迁至原封浜镇卫生院，这样既可以使原封浜镇卫生院的医疗房屋设备和人力资源得到充分利用和发挥，又可以为老年病人创造一个良好的就医生活环境。为此，该院设想对原封浜镇卫生院病房做一些简单的改建和整修，以适应老年人住院。改建项目及资金大体如下：（1）安装电梯约 27 万元；（2）楼层维修 20 万元；（3）厕所改建、门窗维修、墙面刷白、电线重布约 35 万元，合计需资金 82 万元。

恳请市红会根据上述实际情况，给予一定的资金支持。

1 月 6 日 区红十字会制订《嘉定区 2004 年社区红十字服务示范活动计划》。

社区红十字服务工作是政府社区建设工作的一个补充，“扎根基层、服务社区”已成为各级红十字会当前和今后的一项重要工作。为此，嘉定区红十字会将认真贯彻落实中国红十字会总会、民政部《关于开展全国社区红十字服务示范活动的意见》（红赈字〔2003〕43 号）文件精神，按照《中华人民共和国红十字会法》和《中国红十字会章程》，以社区为依托，以红十字会会员和热心公益事业的广大志愿者为服务主体，以社区居民特别是弱势群体为服务对象，结合区域实际，积极开展具有红十字特色的扶危助困、便民利民活动，把红十字关爱送进社区。现将2004年示范活动计划如下：

一、健全组织、加强领导

为把社区红十字服务工作深入持久地开展下去，要进一步加强宣传力度，向社会各界、向各级领导宣传红十字知识及社区红十字工作相关内容，争取取得各有关部门和各级领导的大力支持，把社区红十字服务工作列入主要工作议事日程；并将社区红十字服务工作列入政府社区建设规划，制定并落实长远规划和具体实施方案，加强自我检查和自我监督，保障示范活动的有序开展。

同时，要加强组织建设，成立社区红十字服务示范活动领导小组，健全红十字工作网络，逐步形成从上到下的红十字救助和服务网络。各级红十字会要明确专人负责社区服务工作，制订并落实工作职责，随时接受群众监督和评价。积极发展红十字会会员，建立健全社区红十字志愿者队伍，广泛动员群众参与，凝聚社会力量，更好地为弱势群体服务。

二、明确目标、规范管理

2004年，我区红十字会将开展全国社区红十字服务示范区创建达标工作，根据创建要求，年内实现60%以上的镇（街道）创建成为上海市红十字示范社区，积极开展“红十字关爱进社区”活动。要在南翔镇、嘉定镇街道、新成路街道、马陆镇成功创建的基础上，继续开展示范社区创建活动，力争在安亭镇、真新新村街道、工业区等镇（街道）内积极开展创建活动，并将创建要求列入与各镇（街道）签订的《目标管理协议书》内容，有力保障创建工作顺利实施；同时，进一步加强业务指导和日常监督，深入开展红十字服务工作，满足社区居民的需要。

要围绕社区红十字服务工作的基本原则，以现有的募集站、服务站、工作站、活动站、卫生站等为基地，开展保健、咨询、登记、募集、租借、义卖、帮困、扶老、助残等各项服务；利用社区资源，进行红十字会基本知识传播；开展群众性的卫生救护培训和造血干细胞捐献宣传工作；参与无偿献血、艾滋病预防、遗体捐献等科学知识的宣传普及活动。要不断扩大服务队伍，增加服务项目，拓宽服务范围，增强服务技能，改进服务设施，提高服务质量，发挥红十字会在社区救灾、救护、救助等人道主义领域的服务作用。

建立和完善社区红十字活动场所，配备必要的工作和活动设施，制订相应的措施，加强物资的日常管理。尚无活动场所的要积极主动地争取联合有关部门，为开展救助服务活动创造条件。积极争取政府有关部门的经济支持，同时加强资金的自筹力度，规范使用经费，做到财务账目齐全，资产账务相符，手续合法完备，管理井然有序。加强规范管理，制定和完善相应的规章制度，规范台账登记，开展各类活动和召开会议记录要及时、完整，确保社区工作档案齐全，管理规范。

三、服务群众、满意社区

（一）社会服务

在对孤、老、病、残、困等弱势群体进行帮困救助的同时，面向广大群众，开展符合红十字会宗旨的便民、利民、助民活动。集中人力、物力、财力，充实服务设施，把公益性无偿服务、互助性低偿服务、市场性有偿服务有机结合起来，形成多层次、多类型、广覆盖的社区红十字服务网络，并且持久、稳定地开展下去。

（二）宣传培训

采取多种形式，宣传红十字会知识，动员社会各界关心和支持红十字事业。招募具有专业技术特长的志愿者，组织开展院前救护、居家护理、卫生保健、家庭安全等知识的培训，使社区居民增强自我保健意识，掌握自救互救技能，提高身心健康水平和生活质量。

（三）募捐救助

采取多种形式，开展募捐、租借、义卖活动，并遵照捐赠者意愿，将募集的款物和租借服务及义卖收入用于救助灾区和最需要帮助的困难群体。

嘉定区红十字会将本着“以人为本、服务弱势；政府支持、突出特色；因地制宜、资源共享；健全队伍、规范管理”的原则，积极开展社区红十字服务示范活动，力争在年内以满意的成绩创建成为全国红十字服务示范区，并在此基础上，进一步扎实巩固，把红十字关爱继续深入社区，充分发挥红十字会的救灾、救护、救助等人道主义服务作用，使社区红十字服务工作能够广泛、深入、扎实、持久地开展下去，造福于民。

1月7日　区委副书记沈锦生、区人大副主任陆奎明及区卫生局副局长郑益川等领导在区红会有关人员陪同下，走访慰问嘉定工业区内两家典型的因病致贫特困家庭，向他们表示最亲切的慰问，并送上慰问金及慰问品。

1月8日　徐行镇红十字会制订《徐行镇2004年社区红十字服务示范活动计划》。

为贯彻落实中国红十字会总会、民政部《关于开展社区红十字服务工作的通知》（红赈字〔2002〕100号）和《关于开展全国社区红十字服务示范活动的意见》（红赈字〔2003〕43号）的精神，大力开展社区红十字服务示范活动，推进爱心服务进社区更加深入持久地开展下去。现提出年度实施计划如下：

一、总体目标

围绕区红十字会《关于〈嘉定区2004—2006年社区红十字服务工作规划〉的通知》，以及《嘉定区2004年社区红十字服务示范活动计划》的总体要求，按照“高标准建设、全方位推进”的工作方针和中国红十字会、民政部制订的“全国社区红十字服务示范市（区）基本标准”的六项要求，采取统一部署，全面发动，抓点带面，分期到位的做法，力争2004年内全面达标，建成市级红十字服务示范社区。

二、组织领导

创建活动由红十字会、社区办共同组织领导。镇红十字会具体负责创建活动的申报及整体工作的落实，并对基层单位的业务工作进行检查和指导。各红十字会成员单位根据各自特点，具体实施创建工作有关要求，齐抓共管，层层落实，全面推进我镇红十字服务示范活动的开展。

三、主要措施和工作要求

1. 充分认识开展争创活动的重要性和必要性。各红十字会员单位要密切配合，按照中国红十字会总会、民政部《通知》和市、区红十字会的《通知》精神，围绕有关文件要求，制定本社区开展社区红十字服务的工作规划和年度计划，并认真组织落实。要发动各级红十字组织和广大会员、红十字志愿者，以实践“三个代表”重要思想为指导，把红十字服务示范活动与贯彻《公民道德建设实施纲要》，倡导奉献社会、助人为乐的文明新风紧密结合起来，全面推进红十字服务示范活动深入持久的开展。

2. 将社区红十字服务工作纳入社区建设和社区服务的总体规划，重视发挥红十字会作为政府人道工作的助手作用，为红十字会参与社区服务工作提供指导和帮助。

3. 各红十字会员单位要从实际出发，以社区为依托，开展具有特色的社区红十字服务活动，充分发挥红十字会在社区建设中的群体作用，大力宣传“人道、博爱、奉献”的红十字精神，普及卫生救护与常见病防治知识，普及输血献血知识与预防艾滋病的宣传教育，努力做好人道主义救助和送温暖服务工作，不断充实社区红十字服务活动的内涵，建设和完善社区红十字服务网络，为建立多样化的社区服务体系，提升社区建设的整体水平而努力。

4. 要大力加强“社区红十字卫生站”的建设，今年拟再创建三个社区红十字卫生站，不断发展和扩大红十字志愿工作者队伍。积极开展“红十字关爱进社区”“爱心服务进万家”的红十字志愿服务活动，把卫生救护与预防保健知识送进千家万户，同时要认真落实服务制度，积极推进“校社”（学校红十字会与所在社区）、“院社”（医疗卫生团体会员单位与所在社区）结对挂钩志愿服务活动，培植社区红十字服务的新亮点，大力促进邻里互助“帮、代”活动的开展，努力建设遍布社区的群众性自助互助活动，不断扩大服务范围，进一步提升社区红十字服务水平，使创建活动有助于运用群众的力量推动全社会文明程度的提高。

5. 加强对社区红十字卫生服务站的扶持，为社区开展红十字志愿服务活动培训一批红十字骨干，并增添必要的基本服务设施，管理好红十字保健箱和简易的救护器材，提高社区应对突发公共卫生事件的防护意识和反应能力，并为群众防治小伤小病提供简易的志愿服务。

6. 要加强社区红十字卫生服务站的管理，健全和规范卫生服务站的服务工作，建立表彰奖励制度。

1 月 15 日 上海市红十字会下发《关于下达 2003 年度区县考核结果的通知》（沪红发〔2004〕5 号），嘉定区红十字会荣获 2003 年度区县红十字会工作考核一等奖。

1 月 17 日 区红十字会召开 2003 年镇、街道红十字工作考核总结会。会议由区红会常务理事黄士林主持，区红会常务副会长陈进根、区红会原办公室主任褚文革、新任主任朱培令以及各基层单位红会干部参加了本次会议。会上，黄士林同志向获奖镇（街道）红十字会颁授奖牌。嘉定镇街道、新成路街道、马陆镇、南翔镇获一等奖；真新新村街道、嘉定工业区、外冈镇、安亭镇、华亭镇、徐行镇获二等奖；黄渡镇、江桥镇获三等奖。

1 月 19 日 区红会会长、区人大常委会副主任周丽玲，区红会常务副会长、区卫生局局长陈进根，区红会常务理事黄士林等领导走访慰问了徐行镇及外冈镇 3 户特困家庭，向他们表示节日的问候，鼓励他们树立信心，勇敢面对生活。

与此同时，各基层红会组织也纷纷行动，积极配合区红会在各自的辖区内开展迎春慰问活动。根据区红会下拨的资金和物品，许多镇（街道）都相应地匹配了一定的物资，力求进一步扩大救助群众的覆盖面。

各镇（街道）红会分管领导都亲自带头参与走访慰问工作，把红十字爱心送到每一户特困家庭。

2004年迎春帮困活动，我区红会共向全区13个镇（街道）的375名特困人员发放了9.45万元慰问金及价值18.3万元的慰问品，及时地为他们送去了新春的祝福和贴心的关爱，使他们切实感受到党和政府的关心，感受到红十字会的关怀和社会大家庭的温暖。

1月 嘉定区红十字会制定出台《2004年工作计划》。

2004年是全面落实十六大和十六届三中全会精神，深化改革、扩大开放、促进发展的一年，又是中国红十字总会成立一百周年、嘉定区红十字会成立八十周年的喜庆之年，红十字会工作必将面临许多机遇和发展。为此，各级红十字会一定要以邓小平理论和“三个代表”重要思想为指导，全面贯彻十六大和十六届三中全会精神，学习和贯彻好《上海市红十字会2003—2008年工作规划》，坚持解放思想，实事求是，坚持以人为本，不断培育和发展红十字工作的新优势，努力当好政府在人道救助领域的助手，为塑造上海城市精神，推进嘉定的新一轮发展做出应有的贡献。

一、深入学习理论和法规，推动红十字运动理念传播

（一）组织各级红十字会干部认真学习党的十六大精神和十六届三中全会精神，并同红十字会法律法规的学习结合起来。通过学习，使广大红会干部认识到，保护人的生命和健康就是保护和发展生产力，弘扬“人道、博爱、奉献”精神符合先进文化的前进方向，改善最易受损害群体生活的目标与代表最广大人民群众的利益相一致。只有坚持红十字会宗旨与实践“三个代表”重要思想的一致性，才能使红十字会各项工作更符合社会实际的需要。

（二）要结合“四五”普法规划，认真做好对红十字法律法规的传播培训工作。通过对《上海市红十字会条例》《上海市遗体捐献条例》的学习，以及对上海市红十字会第七次会员代表大会精神的学习，提高红十字干部依法办事的能力。通过完成2000人的红十字普法宣传教育的培训，提高社会对红十字法规的知晓度，使更多的群众积极参与红十字事业。

（三）借助嘉定区红十字会成立八十周年的喜庆日子，在“5·8世界红十字日”期间开展大型隆重的纪念宣传活动，各镇、街道也要积极行动，通过多种形式活动，在全区范围内形成比较大的声势和氛围来搞好纪念活动。这些活动通过电视、广播、报纸等媒体大力加以宣传，增强社会各界对红十字会工作的认识、理解，为红十字事业的发展建立更广泛的群众基础。

二、加强红十字会组织建设，迎接区红十字会第二次会员代表大会召开

（一）做好嘉定区红十字会的换届改选工作。在对基层红十字会组织和理事情况调研的基础上，认真做好思想发动、组织准备、文件起草等各项工作，确保嘉定区红十字会第二次会员代表大会的顺利召开。

（二）要依据《上海市红十字会条例》和《上海市红十字会2003—2008年工作规划》的要求，对理顺区、镇（街道）红十字会管理体制进行积极而有效地探索。积极争取有关部门的支持，学习先行者经验，力争在人员编制、机构单列上迈出一步。

（三）切实做好团体会员单位和会员的发展工作。根据嘉定国际汽车城的定位和发展，尤其要注重在独资、合资以及民营企业、服务行业等单位中，发展红十字组织，壮大红十字队伍。

（四）做好1999—2003年度红十字系统先进集体、先进个人的评选和表彰工作。各镇、街道要根据评选要求，积极推荐，认真评选，以达到大力弘扬先进、促进红十字会事业发展的目的。

三、深化赈济救护工作，继续开展“千万人帮千家”活动

（一）继续开展好“千万人帮千家”活动，要创新工作方法，多形式、多渠道地募集人道救助基金，以增加基金的总量，增强救助力度，扩大受助群众面。尤其是在几个重要的节日里更要精心安排对特困人群实施帮困救助项目和服务，从而推动募捐、帮困两项工作的良性循环。设置募捐箱是筹集资金，扩大红十字会影响的有效方法。各镇、街道要重视这项工作，并切切实实地把它管理好。

（二）要深入贯彻《中国红十字会自然灾害和突发事件救助规则》，完善备灾救灾制度。加强对物资募集的规范化管理，借助镇、街道的力量，不断增加物资储备，不断增强对应急救助的能力。各镇、街道的群众性红十字救护队要经常训练，并开展演练、评比活动。做到在发生灾害的紧急情况下，有实际救护能力的救护队能拉得出，用得上。

四、以红十字社区工作为重点，争创全国红十字示范区

（一）继续巩固和推广红十字示范社区的创建工作。在南翔镇、嘉定镇街道、新成街道、马陆镇成功创建为上海市红十字示范社区的基础上，一方面，对已创建成功的镇、街道的红十字社区服务工作要做到巩固提高，充实服务内容，扩大服务队伍，增加服务项目，增强服务技能，改进服务设施，提高服务质量；另一方面，也要进一步贯彻落实中国红十字总会和民政部《关于开展社区红十字服务工作的通知》的精神，争取民政部门、地区办等政府部门的支持，年内在工业区、安亭、真新等镇开展第三批红十字示范社区的创建工作，以加大红十字示范社区的覆盖面，为创建全国红十字示范区打下扎实的基础。

（二）加强对红十字卫生站的建设和管理，使其真正成为社区红十字活动的场所，成为开展医疗咨询、康复保健、红十字知识传播和培训、造血干细胞捐献宣传、遗体捐献登记、救灾物资募集、帮困等一系列人道主义救助工作的窗口。在已经配备45个红十字卫生站的基础上，力争再为10个居委红十字卫生站配备必要的服务设备；对红十字卫生站的专（兼）职干部经常性地进行红十字知识、卫生救护、防灾救灾等知识的培训和复训。借助红十字卫生站的专（兼）职干部，在社区中进行现场初级急救、居家护理、家庭保健和安全知识的普及和培训，使居民群众获得实用型的自救互救、自我保健和家庭护理技能，以体现红十字保护人的生命和健康的宗旨。

五、围绕人道救助，做好特色工作

（一）做好少儿住院互助基金工作。要通过典型事例，开展多渠道、多形式的宣传，提高家长和医务人员对少儿基金的认识。一方面提高少儿基金的覆盖面，使更多的适龄儿童受益；另一方面，使医务人员自觉地配合使用好基金，减少基金不合理的支出。继续发挥区少儿基金监督检查专家组的作用，加强初审，制定转院的相关制度，对不合理的支付费用一律按规定由相关医院自负，保证基金的合理使用，保证基金的收支平衡。

（二）进一步做好红十字青少年的工作。以红十字活动为载体，培养青少年的“人道、博爱、奉献”的红十字精神。继续做好红十字青少年会员的发展和会费的收缴及管理。在学校中开展不同层次的红十字知识、现场初级急救、红十字法规以及预防艾滋病知识的普及培训。在巩固和推广红十字达标学校的基础上，提高学校的红十字工作质量。学校红十字会应配合相关部门组织好红十字青少年的夏（冬）令营活动。

（三）遗体捐献和造血干细胞捐献的宣传、登记工作。继续规范和完善遗体、角膜捐献的登记、发证等服务工作。在红十字卫生站设立遗体捐献、造血干细胞捐献的咨询宣传点。利用“遗体捐献纪念日”“世界红十字日”等节日大力宣传，积极倡导这一移风易俗，提升城市精神风貌的善举。

红十字事业是一项造福人类的崇高事业，我们所面临的任务艰巨而繁重，我们的前景宽广而美好。我们要在党的十六大精神指导下，团结奋进，扎实工作，开拓创新，不断把红十字事业推向前进。

2月2日 全区红会迎春帮困慰问活动圆满结束。本次活动，区红十字会共向全区13个镇（街道）的375名特困人员发放了9.45万元慰问金及价值18.3万元的慰问品。

2月9日 区红十字会于红会大院举行"嘉定区红十字卫生站物资发放仪式"，对创建成功的40所红十字卫生站进行授牌。同时向全区40所红十字卫生站发放了包括轮椅车、拐杖、血压器、听诊器、氧气袋、体重秤、遥控超声波血液循环机、募捐箱、书报架等在内的物资40套，价值约20万元。区红十字会常务理事黄士林主持仪式，南翔镇虹翔居委红十字卫生站代表作了经验交流。

2月17日 区红十字会《关于嘉定区少儿住院基金管理办公室固定资产报废的请示》（嘉红〔2004〕2号）。

上海市少儿住院基金管理办公室：

于1998年1月起，贵办曾先后为我区少儿住院基金管理办公室配备了复印机、电脑等办公设备。由于使用年限已久，其中两台设备，即SHARP SF-1020复印机及联想逐日1616D电脑，因陈旧老化而无法正常使用，已闲置近两年，对我办日常工作的开展带来了许多不便。

基于上述情况，我办根据市少儿基金办《关于固定资产报废处理若干意见的通知》（沪儿基金办〔2004〕3号文）精神，拟对这两台设备进行报废处理，以进一步规范固定资产管理，方便我办日常工作的开展。

2月19日 区红十字会下发《关于规范少儿住院基金新生儿收费工作的通知》（嘉红〔2004〕3号）。

卫生系统各少儿基金收费单位：

为加强对少儿住院基金工作的管理，我区根据上海市少儿住院基金管理办公室的要求，进一步规范新生儿收费工作。具体要求如下：

一、上报时间：原规定各收费单位办理新生儿参加少儿住院基金手续后，于每年的2月份和8月份将收费材料集中上报区少儿基金办，现调整为每月15日前上报上月办理的新生儿收费材料（参加对象及具体办理规定不变）。

二、上报材料：汇总表2份、缴费名册1份、名册软盘、现金及收款凭证（区少儿基金办存查联）。

三、本通知自2004年3月起执行。

四、新学年度收费工作另行布置，不参照本通知执行。

2月24日 区红十字会上报《关于嘉定区少儿住院基金管理办公室聘用人员的报告》。

上海市少儿住院基金管理办公室：

嘉定区红十字会少儿基金办承担着全区约75000名婴幼儿、中小学生住院医疗互助基金的办理、收费、医疗证发放、住院基金经费结算的初审、监督检查、特殊门诊费用审核报销等一系列工作，工作量大且要求高。

我区少儿基金办原有退休返聘主治医师一名，故我办拟正式聘用李嘉同志为少儿基金办工作人员。特此报告。

是日 区红十字会《关于印发〈嘉定区红十字会2004年工作计划〉和〈嘉定区红十字会2003年工作总结〉的通知》（嘉红〔2004〕4号）。

各镇（街道）红十字会、卫生系统红十字团体会员单位：

现将《嘉定区红十字会2004年工作计划》和《嘉定区红十字会2003年工作总结》印发给你们，请按照文件要求结合本单位实际认真贯彻落实。

同日 区红十字《关于召开嘉定区红十字会第三次会员代表大会的请示》（嘉红〔2004〕5号）。

中共嘉定区委：

上海市嘉定区红十字会于1999年5月召开了第二次会员代表大会，五年来，在区委、区政府的关心支持下，在市红十字会指导帮助下，嘉定的红十字事业取得了较大的发展。嘉定区红十字会以弘扬“人道、博爱、奉献”的红十字精神为宗旨，积极参与嘉定区精神文明建设，在备灾救灾、人道救助、志愿服务、卫生救护训练、少儿住院基金以及培养红十字青少年工作中，发挥了党领导下人民团体的桥梁和纽带作用、政府的助手作用，赢得了人民群众的信任和积极参与。根据《中华人民共和国红十字会法》《中国红十字会章程》《上海市红十字会条例》等有关规定，会员代表大会每五年召开一次，应于2004年换届。经研究，拟定于2004年4月中旬召开嘉定区红十字会第三次会员代表大会。现将有关事项请示如下：

一、大会的主要任务

这次大会将在嘉定区委和区政府正确领导下，认真学习贯彻党的十六大会议精神，以“三个代表”重要思想为指导，以《中华人民共和国红十字会法》《中国红十字会章程》为依据，按照中国红十字会关于建设有中国特色的红十字事业要求，回顾总结嘉定区红十字会第二届理事会五年来的工作以及今后工作规划，探索在社会主义民主政治和市场经济条件下的红十字工作特点和优势，选举产生嘉定区红十字会第三届理事会，进一步动员全区红十字会会员、红十字志愿工作者在参与嘉定的两个文明建设中继续发挥积极作用，为加快嘉定汽车城建设，促进嘉定经济持续健康发展，塑造上海城市精神做出新的贡献。

二、会议的主要议程

（一）审议通过嘉定区红十字会第二届理事会工作报告及工作规划；

（二）表彰嘉定区红十字会系统 1999—2003 年先进集体、先进个人、模范志愿工作者；

（三）选举产生嘉定区红十字会第三届理事会理事；

（四）选举产生嘉定区红十字会第三届理事会会长、副会长、常务理事；聘请名誉会长、名誉副会长；

（五）通过大会决议。

三、会议的规模和时间

作为本区红十字会系统的一次盛会，本次代表大会应有较为广泛的代表性和一定的社会影响，会议贯彻简朴、务实的精神，会议人数为 200 名。大会拟定于 4 月中旬召开，会期半天。

四、代表的名额、构成及产生

（一）代表名额及构成

1. 区级机关代表：19 名，占 9.5%；

2. 镇（街道）代表：78 名，占 39%；

3. 企业界代表：20 名，占 10%；

4. 红十字医疗卫生单位代表：27 名，占 13.5%；

5. 教育系统及红十字青少年代表（包括大学）：29 名，占 14.5%；

6. 社会团体代表：10 名，占 5%；

7. 特邀代表：17 名，占 8.5%。

（二）代表的产生

嘉定区红十字会第三届理事会理事候选人为当然代表；各红十字会组织按代表名额分配数，在广泛征求会员意见并听取代表人选所在单位意见后，由理事会确认；特邀代表由区红十字会与有关方面协商后确定；根据工作需要，由区红十字会确定列席代表。

五、嘉定区红十字会第三届理事会组成名额和领导职数

根据《上海市红十字会组织规程》和有关部门意见，结合嘉定的实际情况，嘉定区红十字会第三届理事会理事50名，常务理事5名，其中会长1名、常务副会长1名、副会长2名。

六、组织做好有关筹备工作

嘉定区红十字会第三次会员代表大会，拟邀请区委、区政府、区人大、区政协有关领导，上海市红十字会领导出席大会。并请区委主要领导和上海市红十字会领导讲话。同时请嘉定电视台、嘉定报作相应的宣传报道。

附件：嘉定区红十字会第三届理事会名誉会长、名誉副会长、会长、常务副会长、副会长、常务理事建议名单（略）。

同日 区红十字会下发《关于评选1999—2003年度嘉定区红十字会先进集体、先进会员、模范志愿工作者的通知》（嘉红〔2004〕6号）。

各部、委、办、局、街道、镇、社会团体、企业：

为进一步调动各级红十字组织以及红十字工作者、广大会员、志愿工作者的积极性，更好地发挥先进模范人物的骨干带头作用，深入实践“三个代表”重要思想，促进本区红十字工作的进一步发展，为此，我区红十字会系统将开展1999—2003年度先进集体、先进会员、模范志愿工作者评比表彰工作。现将有关事项通知如下：

一、评选范围和对象

1. 先进集体：本区红十字会系统内成立满三年的各级红十字组织。

2. 先进会员：红十字会会员（含红十字青少年会员）、从事红十字工作的专（兼）职工作人员，工作满三年，红十字工作成绩显著的。

3. 模范志愿工作者：非红十字会会员的在职职工、离退休人员和社会各界人士，对红十字事业有重大贡献者。

4. 红十字组织成立不满三年和入会或参加工作不满三年的，因红十字工作成绩特别突出或对红十字事业有重大贡献者，经其上级红十字组织推荐，也可参加评选。

二、评选条件

（一）先进集体评选条件

1. 领导班子讲学习、讲政治、讲正气，坚持党的基本路线，模范贯彻执行党和国家的方针、政策，遵守法律法规；团结协作，求真务实，

清正廉洁，充分发挥红十字会工作人员的积极性，密切联系群众，具有较强的凝聚力和战斗力；发扬“人道、博爱、奉献”的红十字精神，认真宣传、执行《红十字会法》《红十字会条例》，在本区红十字会系统堪称楷模。

2. 红十字组织健全、会议制度（理事会、会员代表大会）完善、会员管理规范（登记造册、收缴会费90%以上）、建立完整的档案资料。

3. 开展救灾的准备工作（设立人道救助基金、成立物资募集站、设置募捐箱、健全救灾网络），并有规范的管理制度。在自然灾害、突发事件的救援、救助工作中，反应迅速，救援及时，社会反映良好，成绩显著。

4. 在开展红十字青少年工作、遗体捐献工作、造血干细胞捐献和无偿献血宣传、动员等工作中有一定成绩。

5. 注重红十字运动知识的传播，对红十字会员（红十字医院员工）积极开展红十字知识与群众性现场初级急救知识培训。“5·8”活动有规模、有新意、有成效。

6. 积极主动地参加红十字会各类活动，完成上级红十字会交办的各项任务，成效显著。

（二）先进会员评选条件

1. 坚持党的基本路线，遵纪守法，爱岗敬业；为红十字事业发展无私奉献，做出突出成绩，在红十字会系统有一定影响的优秀者。

2. 认真学习宣传《红十字会法》《红十字会条例》。自觉遵守《中国红十字会章程》，热爱红十字事业，有奉献精神。关心、支持红十字工作，积极参加红十字会组织的各项活动，在红十字工作中起带头骨干作用，按时缴纳会费。

3. 努力学习红十字运动和卫生救护等知识，掌握现场初级急救技能，并能在日常生活中产生作用，取得成效。

4. 发扬无私奉献和助人为乐的红十字精神，为群众办好事、实事，受到群众好评。

5. 红十字青少年能积极协助老师搞好班级、学校红十字工作，积极参加学校健康教育和社区服务，有突出事迹。

6. 专（兼）职红十字会工作者热爱红十字事业，尽职尽责；在红十字会的各项工作与活动中，做出显著成绩。

（三）模范志愿工作者评选条件

热爱红十字事业，具有人道、博爱、奉献的红十字精神，积极支持并参与有关红十字工作与活动，有突出贡献者。

三、评选方法

1. 各团体会员单位、红十字医院、红十字老年护理医院，以及辖区内中小学校、中专职技校红十字会、居（村）委会红十字会、红十字卫生站的评选推荐材料由所在镇（街道）红十字会审核后上报区红十字会。镇（街道）红十字会的评选推荐材料直接报区红十字会，由区先进评审工作组直接评选。

2. 申报先进集体、先进会员、模范志愿工作者分别填写《嘉定区红十字先进集体呈报表》和《嘉定区红十字先进会员、模范志愿工作者呈报表》（见附件一、二）。呈报表要求填写完整，主要事迹突出，文字简练。先进集体事迹材料2000字以上；先进个人事迹材料1500字以上。呈报表及事迹材料要求电脑打印（A4纸），并于3月20日前报区红十字会办公室，逾期视作自动放弃。

3. 区红会根据各镇（街道）红十字会近五年来的工作情况与实绩，对先进集体、先进会员、模范志愿工作者的名额予以分配。（分配名额见附件三）

四、表彰和奖励

对获得嘉定区红十字会先进集体的单位颁发奖杯，对先进会员、模范志愿工作者颁发奖金和证书，以资鼓励。

五、组织领导

为加强评选先进工作的组织领导，本会决定成立以常务副会长陈进根为组长的嘉定区红十字会先进评审工作组（见附件四），对推荐的先进集体及个人进行评审、抽查，发现与上报材料不相符的，将予以撤换。

评选工作是一项政策性强的工作，各级红十字会领导要高度重视，精心组织，严格把关，确保评选工作顺利、有序地进行。

附件：（略）。

2月25日 区红十字会下发《关于推荐嘉定区红十字会第三次会员代表大会代表的通知》（嘉红〔2004〕7号）。

各部、委、办、局、街道、镇、社会团体、企业：

按照《中华人民共和国红十字会法》《中国红十字会章程》和《上海市红十字会条例》等规定，上海市嘉定区红十字会将于四月中旬召开“上海市嘉定区红十字会第三次会员代表大会”。为了使代表大会顺利召开，请各有关单位认真做好代表推荐工作，现将有关事项通知如下：

一、代表的条件

代表大会的代表，应该是有选举权的红十字会会员，他们应该是红十字会员中的优秀分子。

1. 坚持党的基本路线，遵纪守法，爱岗敬业。

2. 自觉遵守《中国红十字会章程》，参加红十字会组织，热爱红十字事业，有奉献精神。

3. 关心、支持红十字工作，积极参加红十字会组织的各项活动。

4. 红十字青少年能积极协助老师搞好班级、学校红十字工作，积极参加学校健康教育和社区服务。

5. 模范志愿工作者。

二、代表的产生

嘉定区红十字会第三届理事会理事候选人为当然代表，各红十字会组织按代表名额分配数，在广泛征求会员意见并听取代表人选所在单位意见后，由理事会确认；特邀代表由区红十字会与有关方面协商后确定；根据工作需要，由区红十字会确定列席代表。

三、时间安排

2004 年 3 月 20 日各单位确定代表人选名单，上报区红十字会办公室。

附件：嘉定区红十字会第三次会员代表大会代表推荐表（略）

是日 区红十字会下发《关于推荐嘉定区红十字会第三届理事会理事候选人的通知》（嘉红〔2004〕8 号）。

各部、委、办、局、街道、镇、社会团体、企业：

按照《中华人民共和国红十字会法》《中国红十字会章程》和《上海市红十字会条例》等规定，嘉定区红十字会将于 4 月中旬召开“嘉定区红十字会第三次会员代表大会”，选举产生嘉定区红十字会第三届理事会理事。为此，请有关单位收到通知后，推荐 1 名热爱红十字事业、热心红十字工作、能组织动员本单位职工或社会力量参加红十字活动，愿为红十字事业做出奉献，并能抽出时间参加红十字理事工作的人员为理事候选人（一般为单位主管这方面工作的领导或社会知名人士）。望能于 3 月 20 日前将理事候选人名单报嘉定区红十字会办公室。

附件：嘉定区第三届红十字会理事登记表（略）。

2 月 29 日 区红十字会组织已实现志愿遗体捐献者家属赴青浦福寿园参加市红十字会组织的纪念活动。

3 月 4 日 区红十字会《关于召开嘉定区红十字会第三次会员代表大会申请专项经费的请示》（嘉红〔2004〕9 号）。

嘉定区卫生局：

按照《中华人民共和国红十字会法》《中国红十字会章程》和《上海市红十字会条例》等规定，我会将于4月中旬召开“嘉定区红十字会第三次会员代表大会”。为充分做好筹备工作，确保代表大会能顺利召开，特申请专项经费4万元，具体使用如下：

代表纪念品：20000 元（100 元/人 * 200 人）；先进个人奖励：12000 元（300 元/人 * 40 人）；场租费：1500 元；资料费：3000 元；其他费用：3500 元。

以上请示如无不当，请批复。

是日 上海市红十字会下发《关于调整上海市红十字医疗机构名称的通知》（沪红发〔2004〕29 号），“上海市嘉定区江桥红十字老年护理院”调整为“上海市嘉定区红十字江桥老年护理院”，“上海市嘉定区红十字老年护理院”名称不变。

3 月 5 日 区红十字会组织嘉定地区 19 名遗体志愿捐献者参观同济大学遗体接受站，并与遗体接受站老师进行座谈交流。

3 月 10 日 区红十字会在各中小学校开展以“庆百年、博爱行”为主题的中国红十字会成立一百周年纪念活动，全区有 2 万多名青少年会员参加了由各学校红十字会组织的纪念活动。

3 月 12 日 区红十字会下发《关于开展“嘉定区少儿住院基金未覆盖适龄儿童情况调查”的通知》（嘉红〔2004〕9 号）。

各镇（街道）红十字会：

为顺应社会发展的需要，进一步扩大少儿住院基金的覆盖面，我区少儿基金办根据市少儿基金办要求，将在本区内开展少儿基金未覆盖适龄儿童情况调查工作，并着重对各镇（街道）的“外来媳妇”子女情况进行一次个案问卷调查。通过调查分析，取得客观、正确的数据，提供市少儿住院基金管委会领导决策参考。现将“外来媳妇”子女情况调查工作布置如下：

一、调查范围：各镇（街道）在所辖区域内随机抽取 5 个村（居）委会，对其中出生年月在 1999. 8. 7—2003. 8. 6 的所有“外来媳妇”子女的家长进行个案问卷调查。

二、调查要求：请各镇（街道）根据调查表内容，保质保量地做好调查工作，确保统计数据准确无误，并于 4 月 1 日前将汇总表（附件一）和个案调查表（附件二）上缴区少儿基金办。

三、本次调查工作的个案调查表，上缴后经我办验收合格将给予一定的经费补贴，每份个案调查表一元。

附件一：嘉定区各镇（街道）调查情况汇总表（略）。

附件二：“外来媳妇”的子女（出生日期在1999.8.7—2003.8.6）情况调查表（略）。

3月25日 区红十字会就今年“5·8”世界红十字日纪念活动做出安排。拟于5月7日在登龙广场设立主会场，举行“千万人帮千家”募捐帮困仪式，同时还将开展专家医疗义诊、进行志愿遗体捐献登记、设立无偿献血点以及开展黑板报展评等。

3月26日 中共嘉定区委批复区红十字会，同意召开嘉定区红十字会第三次会员代表大会（嘉委〔2004〕34号《关于同意召开嘉定区红十字会第三次会员代表大会的批复》）。

4月1日 区红十字会《关于申请〈嘉定报〉专版用于宣传红十字工作的请示》（嘉红〔2004〕10号）。

区人民政府办公室：

为了进一步弘扬“人道、博爱、奉献”的红十字精神，在中国红十字会成立100周年、嘉定红十字会成立80周年盛大节日里，我区红十字会拟在嘉定地区加大宣传力度，通过《嘉定报》介绍中国红十字会运动，嘉定红十字会发展历史，红十字会的工作职责，介绍人道救助、遗体捐献、造血干细胞捐献等工作内容，让嘉定的老百姓进一步了解红十字会，支持红十字会的工作，积极参与到人道救助、遗体捐献、造血干细胞捐献、无偿献血等公益事业中来，为改善嘉定地区最易受损害人群生活境况，当好政府的助手发挥积极而独特的作用，特此在2004年5月8日（世界红十字纪念日）前，申请一个专版用于宣传。

4月8日 区红十字会制定“5·8”世界红十字日纪念活动计划（嘉红〔2004〕11号），要求各镇（街道）红十字会、学校红十字会、医疗卫生系统红十字团体会员单位等在“5·8”期间，强化宣传效果，创新活动形式，进一步扩大红十字会的社会影响。

4月12日 区红十字会《关于邀请区委书记陈先国等领导同志出席嘉定区红十字会第三次会员代表大会的请示》（嘉红〔2004〕12号）。

中共嘉定区委：

嘉定区红十字会第三次会员代表大会拟定于4月23日在嘉定区政府广厦厅召开，会期半天（下午1：30开始，区领导出席约1小时）。会议出席200余名代表，代表着全区社会各界近4万名红十字会员和红十字志愿工作者。会议主要内容：审议通过“嘉定区红十字会第二届理事会工作报告及工作规划”；选举产生嘉定区红十字会第三届理事会；表彰嘉定区红十字会系统1999—2003年先进集体、先进个人、模范志愿工作者。

本次会议是嘉定区红十字会1999年以来的一次重要会议，会议召开，必将对进一步发展嘉定区红十字事业、培育城市精神起到积极的促进作用。为此，特邀请区委书记陈先国同志出席大会并讲话。会议还邀请区长金建忠、区人大主任曹一丁、区政协主席周关东等领导出席大会。

4月16日　区红十字会《关于对1999—2003年度嘉定区红十字会先进集体、先进会员及模范志愿工作者予以表彰的决定》（嘉红〔2004〕13号）。

各镇（街道）红十字会、委办局、学校红十字会、医院红十字团体会员单位及各有关红十字单位：

为弘扬红十字人道主义精神，更好地发挥先进模范的骨干带头作用，深入实践“三个代表”重要思想，促进我区红十字工作的进一步发展，根据《上海市红十字会条例》，嘉定区红十字会决定，对南翔镇红十字会等15个红十字会先进集体、刘惠萍等35名红十字会先进会员、吴荣伯等4名模范志愿工作者予以表彰。

希望获奖的单位和个人保持荣誉，再接再厉，为嘉定红十字事业的发展，做出更大的努力。同时我们号召广大会员、志愿工作者积极行动起来，以先进模范为榜样，不断发扬红十字“人道、博爱、奉献”的精神，为提升城市精神风貌，推进嘉定社会经济持续、稳定发展做出应有的贡献。

附件：1999—2003年度嘉定区红十字会先进集体、先进会员、模范志愿工作者名单。（略）

4月20日　区红十字会发表《告红十字会员、红十字志愿工作者、红十字青少年书》。

各位红十字会员、红十字志愿工作者、红十字青少年：

大家好！首先，祝大家身体健康，生活幸福！

2004年是中国红十字会成立100周年，嘉定区红十字会成立80周年，本着“人道、博爱、奉献”的红十字宗旨，嘉定区红十字会将紧紧围绕上海市红十字会“庆百年博爱行”活动，加大帮困力度，扩大帮困覆盖面，以人道的力量为本市弱势群体送上关爱。

今天的上海已日益展现出国际大都市的生机与活力，然而社会的发展总有不平衡性：当我们沐浴阳光、享受生活的同时，还有许多患恶性肿瘤、精神病、麻风病等疾病的人们正在忍受巨大病痛，面对巨额医药费眉头紧锁；还有许多老人们正因为慢性病缠身而倍感无助、经济拮据；还有许多美好、幼小的生命正在遭受白血病的折磨，期盼能够在爱的怀抱中健康成长；还有那些遭遇突发性灾害的特困家庭，面对突如其来的不幸束手无策……

点点星光，照亮黑夜；颗颗爱心，温暖人生。在爱与被爱的世界里，我们都期盼身边的每一个人平安、健康和快乐。爱心使我们彼此沟通，爱心让我们推己及人。

红十字事业是一项崇高而伟大的事业。嘉定区红十字会长期致力于人道主义救助工作，广泛动员社会力量改善最易受损害群体境况。众人拾柴火焰高！“十元不少、爱心无限”！各位红十字会员、红十字志愿工作者、红十字青少年，请积极加入到“庆百年博爱行”活动中来，以真诚的善举支持我们所共同热爱的红十字事业，用爱心点燃那些正在遭受不幸的人们生活的希望，让关怀温暖他们今后的人生。

选择博爱，就选择了崇高；选择奉献，就选择了快乐。我们期盼着，需要帮助的人们也在期盼着……

4月22日 区卫生局、区红十字会共同决定，在区卫生系统开展“5·8”世界红十字日义诊、募捐活动，要求卫生系统各有关单位，将5月8日世界红十字日当天的门诊挂号费、诊疗费收入捐赠给嘉定区红十字会人道救助基金。区红会则将通过“医疗帮困卡”的形式，帮助就诊有困难的社会弱势群体。

4月23日 嘉定区红十字会第三次会员代表大会在嘉定区人民政府广厦厅隆重召开。区委书记陈先国、区长金建忠、区人大主任曹一丁、区政协主席周关东，以及上海市红十字会常务副会长熊仿杰等有关领导出席会议。会议审议并通过了嘉定区卫生局局长、区红十字常务副会长陈进根代表第二届理事会所做的《以特色谋发展、不断推进红十字事业》的工作报告。

区委书记陈先国、上海市红十字会常务副会长熊仿杰等领导在大会上作了讲话。

会议选举产生了由51名理事组成的区红十字会第三届理事会。选举副区长夏以群为区红十字会会长，区卫生局局长陈进根为常务副会长，区民政局局长张潮、区教育局局长毛长红为副会长；聘请区长金建忠为名誉会长、区人大副主任周丽玲为名誉副会长。选举夏以群、陈进根、张潮、毛长红、黄士林（区卫生局助理调研员）为常务理事，朱培令为秘书长。

会议还表彰了1999—2003年度嘉定区红十字会先进集体、先进会员、模范志愿工作者。

先进集体：南翔镇红十字会、嘉定镇街道办事处、嘉定镇街道梅园社区居民委员会、新成路街道仓场社区居民委员会、徐行镇大石皮村民委员会、南翔中学、封浜中学、外冈中学、城中路小学、马陆镇卫生院（护理院）、真新地段医院、黄渡镇卫生院、华亭镇卫生院、上海嘉方大型预制构建有限公司、上海内野有限公司。

先进会员：刘惠萍（嘉定镇街道办事处）、侯小珍（塔城路社区居委会）、郑华（新成路街道红十字会）、赵坚（迎园医院）、陈宇（真新新村街道真江居委会）、薛丽琪（新丰社区居委会）、王绮（工业区娄塘村委会）、朱亚萍（娄塘卫生院）、吴世琪（安亭镇塔庙村委会）、陆全华（上海松鹤经济发展有限公司）、岳月英（黄渡镇黄渡中学）、冯惠仙（江桥镇第三居委会）、陈思慧（江桥中心校）、许兰杭（南翔镇上海长园电子材料有限公司）、陈德耿（虹翔社区居委会）、朱燕萍（马陆镇中心校）、张寿明（马陆镇红十字会）、张光炽（外冈镇爱卫办）、张健（外冈镇卫生院）、沈燕（徐行镇钱桥村委会）、樊仁荣（嘉定新行医药化工（集团）有限公司）、周根兴（华亭镇联华村委会）、潘丽萍（唐行九年制学校）、李雪珍（嘉定区实验小学）、张燕（真新小学）、陆志平（启良中学）、顾翠莺（上海市民办桃李园学校）、蔡海英（普通小学）、丁慧贞（区中医医院）、王颐进（区疾病控制中心）、李瑾仙（南翔医院）、陈文华（江桥镇卫生院老年病房）、范思陶（区中心医院）、赵杏珍（区妇保院）、蒋伯华（安亭医院）。

模范志愿工作者：吴伯荣（黄渡镇上海飞众汽车配件有限公司）、朱学忠（区中心医院）、许燕华（区级机关工作委员会）、詹峰（沪西医院）。

是日　《嘉定区红十字会第三次会员代表大会决议》通过。

嘉定区红十字会第三次会员代表大会于2004年4月23日在嘉定区政府广厦厅举行。大会听取、审议并通过了陈进根同志代表第二届理事会所做的《以特色谋发展，不断推进红十字事业》的工作报告及工作规划，选举产生了第三届理事会，聘请了名誉会长、副会长。大会认为，嘉定区红十字会第二届理事会，以改善最易受损害群体的境况为工作目标，忠实地履行了政府在人道领域助手的职责。嘉定区红十字会工作在全区广大会员和志愿工作者以及社会各界的参与和支持下，在备灾救灾、卫生救护、红十字知识与国际人道法的传播、开展红十字青少年活动、少儿住院医疗互助基金、推动无偿献血、组织造血干细胞捐献志愿者、遗体捐献登记、开展社区服务和红十字卫生站建设、招募红十字志愿工作者等方面，取得了可喜的成绩，受到社会各界的肯定。

大会号召，嘉定区各级红十字会组织，红十字会全体专兼职工作人员、红十字会会员和红十字志愿工作者，要认真学习贯彻党的十六届三中全会精神，高举邓小平理论和“三个代表”伟大旗帜；学习、贯彻、执行《中华人民共和国红十字会法》和《上海市红十字会条例》，认真贯彻上海市红十字会第七次会员代表大会精神，以嘉定区第三次会员代表大会提出的各项任务为己任，高举人道主义旗帜，团结、凝聚社会各方面的力量，齐心协力，艰苦奋斗，以与时俱进、开拓创新的精神，把创建红十字示范区作为精神文明建设的抓手，为开创嘉定区红十字事业的新局面，为嘉定经济社会稳定协调、持续发展做出新的贡献！

同日 区红十字会第三次会员代表大会全体代表致嘉定区红十字会第二届理事会的感谢信。

嘉定区红十字会第二届理事会全体理事：

值此嘉定区红十字会第二届理事会各项工作圆满结束之际，嘉定区红十字会第三次会员代表大会全体代表向第二届理事会全体理事五年来辛勤的工作和做出的贡献表示崇高的敬意和衷心的感谢！

嘉定区红十字会在上海市红十字会直接关心指导下，在嘉定区委、区政府正确领导和亲切关怀下，通过第二届理事会全体理事的共同努力，使嘉定区红十字事业获得了很大发展，受到社会各界的肯定和好评。

在已经过去的五年里，你们为红十字事业尽心尽责，带领广大红十字工作者和会员，团结、实干、开拓、高效地开展红十字工作，依法履行职责，为嘉定红十字事业的发展，为嘉定的三个文明建设做出了积极的贡献，你们用智慧丰富了人道救助工作的内涵，用爱心温暖了更多的弱势群体，用行动弘扬了“人道、博爱、奉献”的红十字精神。

今天，在中国红十字会百年华诞、嘉定红十字会成立八十周年的大喜日子里，迎来了嘉定区红十字会第三次会员代表大会的胜利召开。我们深信，新一届理事会将以你们为榜样，认真贯彻落实“三个代表”重要思想，开创具有嘉定特色的红十字事业新局面，与时俱进，开拓创新，求真务实，努力工作，为塑造上海城市精神，为嘉定经济社会持续稳定发展，为嘉定成功举办 F1 赛事做出新贡献。

大会衷心祝愿第二届理事会全体理事身心健康，并继续关心支持嘉定红十字事业发展。最后让我们以热烈的掌声再次向第二届全体理事表示最诚挚的感谢！

同日 区红十字会常务副会长陈进根做《以特色谋发展，不断推进红十字事业——嘉定区红十字会第三次会员代表大会工作报告》。

各位理事、各位代表：

我受嘉定区红十字会第二届理事会的委托向大会做工作报告，请予以审议。

嘉定区红十字会第二次会员代表大会是在1999年5月召开的，按照《中国红十字会章程》和《上海市红十字会组织规程》的规定，每五年召开一次会员代表大会，所以第三次会员代表大会于今天召开。

本次大会的主要任务是：以邓小平理论和“三个代表”重要思想为指导，以《中华人民共和国红十字会法》《上海市红十字会条例》为依据，按照上海市红十字会在第七次会员代表大会上提出的五年奋斗目标的要求，回顾总结嘉定区红十字会第二届理事会五年来的工作，探索在新的形势下红十字会工作的特点和优势，确定嘉定区红十字会今后的工作任务和方向，选举产生新一届理事会。

下面，我分两部分向大会做报告。

第一部分　过去五年工作的回顾

五年来，在区委、区人大、区政府、区政协及社会各界的支持和关心下，在上海市红十字会的具体指导下，嘉定区红十字会以改善最易受损害群体境况为目标，认真履行作为政府人道救助助手的职能，在备灾救灾、人道救助、红十字社区服务、红十字青少年工作等方面取得了较为显著的成绩，连续四年在市红十字会的年终考核中，被评为一等奖，为嘉定的经济发展和社会稳定发挥了自己独特的作用。下面我从六个方面回顾五年来我区红十字会工作。

一、依法建会，进一步健全红十字会的组织机构

根据区行政区划的调整，在部分镇、街道机构撤二建一、人员变动的情况下，区红十字会根据红十字会法和条例的有关规定，及时调整红十字会理事成员。每年按期召开区红十字会理事会议，审议年度工作报告和区红十字会人道救助基金的收支情况。

全区13个镇、街道、新区、开发区已先后全部建立了红十字会，依法召开红十字会代表大会和理事会，许多居（村）委会也建立了基层红十字会组织，由此而形成的区、镇、村三级红十字会组织网络，为开展各类红十字活动奠定了良好的组织基础。目前我区红会共有团体会员单位237个、红十字会会员35445人。

二、人道救助，赈济救护工作有成效

（一）增强备灾救灾的实力和能力

在政府和社会各界的支持下，“嘉定区红十字会物资募集站”于1999年建成，当年就接受了三和医疗器械厂捐赠的1580只氧气袋。建立了规范的物资管理制度，落实专人负责，设立专门账户，做到专物专用、单独核算、手续规范，平时做好募集站的物资接受和调拨工作。

为了提高救灾应急能力和救灾实力，使红十字会更规范、快速、便捷地开展备灾救灾工作；另一方面，也为了提高募集物资的适用性，使红十字会更好地发挥人道救助作用，壮大红十字人道救助基金的实力。在市红十字会的支持下，2002年我区建立了“嘉定区物资募集调剂中心”和“嘉定区旧衣被捐赠接受站”。地点设在南翔镇地区，并委托南翔镇红十字会进行管理，双方签订了协议书，制定了物资募集调剂中心和旧衣被捐赠接受站的管理办法。从而使衣被的募集成为一种经常性、日常性的行为，也为紧急募集做好充分的准备。在目前大家普遍反映募捐工作较难开展的情况下，也为了使我区的“物资调剂中心”和“旧衣被接受站”能正常运转，在区领导的积极支持下，通过区机关党工委发动，于2002年12月在全区区级机关内发起了“千万人帮千家”红十字募集物资的活动。本次募集有家用电器、衣物、生活用品、学习用品等。在全区机关内掀起了一股“千万人帮千家”红十字募集物资的高潮。区级机关干部在这次活动中起到了很好的表率作用，共有48家单位积极参与。在较短的时间内，共募集到衣被2716件，各种电器（电视机、电饭煲、电熨斗等30多件）310台（只），估计价值4万元。

（二）积极参与重大灾害救助工作

1999年的台湾地震，2000年的内蒙古雪灾和吉林、湖南等省水灾，2002年全国18个省市的灾情，以及2003年新疆地震、四川泥石流等灾害，区红十字会在市红会的统一部署下，积极行动，迅速组织援助。五年来，大量救灾物资和旧衣被送往灾区群众手中。在这些衣物募集活动中，也涌现了许多感人事迹。如2003年家住真新新村街道新丰居委的丁鹤亭老伯，自己家境十分贫困，一老养一老的重担压得他喘不过气来，但在向灾区人民捐衣被活动中，他不惜花费500多元，买了5条崭新的棉被送到居委募集站。2002年嘉定区基督教两会发动了全区各教堂进行捐赠，有的基督徒年逾花甲，收入微薄，但他们将平时节俭下来的钱捐了出来，最多的达1000元；有的基督徒还特地到商店里购买几十套新衣服捐赠出来。

（三）“千万人帮千家”活动取得实效

从1999年开始，区红十字会坚持以“肿瘤病特困患者、精神病特困患者、麻风病致残者、因病致贫的特困老人和遭受意外灾害的特困家庭”为主要帮助对象。每年新春前后，区红十字会通过各镇、街道红会组织，在全区掀起迎春募捐帮困活动的高潮，把社会各界的关爱传送到他们的心坎上，使他们深切体会到社会主义大家庭的温暖和红十字“人道、博爱、奉献”精神的力量。

2003年，区红十字会在区卫生局、各红十字团体医疗单位的大力支持下，向全区发放了323张医疗帮困卡，价值9.7万元，用来帮助那些因病致贫的困难家庭。5年来，区红十字会向各镇（街道）红十字会、红十字医院、敬老院、福利院、部分残疾个人赠送了178辆轮椅车。通过春节帮困、敬老节慰问、医疗帮困、少儿住院基金特困生资助等共计发放帮困慰问款物价值近160万元，受益人数约6000人次。自从2000年和重庆万州地区结对，开展帮困助学活动以来，已连续5年资助万州区白羊小学和白羊初级中学的70人次中小学生，资助金额14850元。

（四）募捐箱的设置和管理

红十字募捐箱既是宣传红十字精神的好形式，又是群众奉献爱心的好渠道。在人流量大和购买力强的超市、酒店等场所，全区共设有募捐箱151只。5年来，共积少成多，募集了28246.26元钱款。2003年7月，我们对设在曹安路易初莲花超市的大型募捐箱进行开箱清点，从上午10点开箱起一直忙碌到次日凌晨，才将募捐箱内的所有善款清点结束，共计有各类纸币10300多张，各类硬币190500枚，清点得善款共22362.30元。

三、红十字青少年工作再上新台阶

（一）红十字达标学校工作

红十字达标学校的评选创建，就是要使学校的红十字工作更规范、更具特色，更能体现其实际培育合格人才的意义。五年来，我区共有市级红十字达标学校7所，嘉定区职业技术学校是我区第一所创建的红十字达标学校，另有实验小学、实验中学、南翔中学、疁城实验学校、城中路小学、黄渡小学6所学校通过市红会组织的红十字达标学校评估验收工作，得到了市红会专家的一致好评。

（二）少儿住院基金工作

少儿住院基金已成为儿童医疗的基本保障。基金以红十字组织网络为依托，在区教育局、区卫生局的大力配合下，制订了公平与效率原则相结合的基金支付政策，建立了合理使用医疗资源的监督机制，严格实施会计制度和年审制度。基金运作七年来，其公益性特点愈加显示，为保障少年儿童的健康成长发挥了积极的作用。

我区每年有7万至8万名婴幼儿、中、小学生参加少儿基金。五年来（1999学年度——2002学年度），基金共为全区18218人次的住院患儿支付了987.7万元的住院医疗费用，为231人次的特门患儿支付了10.4万元的特殊门诊费用，大大减轻了患病儿童的家庭经济负担。

为了宣传少儿住院基金，反映上海人民互助互爱的精神风貌，2002年由市少儿基金办发起在全市范围内开展“我与少儿住院基金”征文活动。我区共推送了8篇文章，2篇获二等奖，1篇获三等奖，另有2篇获入围奖。这5篇文章全部被收录进了征文集《爱心曲》一书中。

2002年底由中国红十字会总会和中国儿童少年基金会联合举办了第四届“春蕾杯”征文活动。在区教育局和各中小学校的支持配合下，我区共有193人参加了此次征文活动。在上海地区的初审中，嘉一联合中学石伟同学的《生命的颜色》获一等奖，另有3人获二等奖，4人获三等奖。在最后全国赛区的评选活动中，石伟同学和安亭小学贾冬艳的《特快专递》同获二等奖，另有5人获三等奖，9人获优秀奖。

四、志愿服务工作得到拓展和深化

自从《上海市遗体捐献条例》于2001年3月经市人大审议通过正式实施以来，这一弘扬移风易俗、提升上海城市精神的新风尚得到了广大市民的积极响应。到目前为止，我区共有131人登记捐献遗体、角膜，他们中有夫妻，有一家三口，有同学同事，其中年龄最大的89岁，最小的仅25岁。各镇、街道红十字会作为遗体捐献咨询点，一方面进行宣传，另一方面为那些行动不便、年老体弱者进行上门解释宣传，为其办理相关的登记手续。

2002年，区红会组织30名遗体捐献志愿者赴青浦福寿园参观了“上海市遗体捐献者纪念碑”。2003年，在《上海市遗体捐献条例》实施2周年之际，上海市红十字会决定，将每年的3月1日定为“上海市遗体捐献纪念日”，区红十字会利用这一契机，在这一天走访了部分遗体捐献志愿者，并通过嘉定电视台、嘉定报进行了宣传。

2003年开始，我们向遗体捐献志愿者们每人赠阅一份《上海红十字》报，一方面表达我们的感激和敬佩之情，另一方面也让他们进一步了解红十字会的工作和性质。这一举措得到了许多遗体捐献志愿者们的好评，他们有的写来了感谢信，有的写信来要求加入红十字志愿者队伍，表示愿意为宣传红十字精神出一份力。我们还主动上医院在病榻旁或上门为有这一意愿的志愿者办理相关的登记手续。南翔镇红十字会召开“爱心使者座谈会”，为他们办理古猗园的免费入园证。

2003 年 9 月，区红十字会和团区委一起联合举办了“为了生命的希望工程——2003 嘉定青年骨髓捐献志愿者行动集中血检仪式”，仪式隆重又热烈。当天现场采血者达到了 200 多人，团区委、区红会办的许多同志都当场加入了这一有意义的队伍之中。

五、红十字社区服务工作取得新进展

（一）创建上海市红十字示范镇（街道）

社区红十字服务工作是政府社区建设工作的一个补充，创建上海市红十字示范镇（街道）正是这项工作的一个抓手。2002 年，南翔镇红十字会积极探索、努力实践，把创建红十字示范镇这项任务作为特色工作来抓，建立了南翔镇红十字人道救助服务中心，将红十字知识宣传、社会捐赠、物资储存、志愿服务、遗体捐献登记、医疗康复等工作融合在一起。通过创建人道救助服务中心，全方位拓展红十字在社区的服务功能。2002 年 11 月，南翔镇顺利通过了市红会的验收，成功创建了市级红十字示范镇。2003 年 1 月，市红会在南翔镇召开了上海市创建红十字示范镇（街道）现场经验交流会，市红会谢丽娟会长出席了交流会，并对南翔镇红十字会的工作给予了充分的肯定和热情的鼓励。

2003 年嘉定镇街道、新成路街道、马陆镇 3 个镇、街道也积极行动，成为第二批创建上海市红十字示范社区的镇（街道），并于近期，通过了市红会组织的评审验收工作，为创建全国社区红十字服务示范区打下扎实的基础。

（二）红十字卫生站的建设

红十字卫生站是社区红十字服务工作的场所，是传播人道主义的窗口，是实施便民服务的基地，其功能确立为开展红十字保健指导、便民服务、现场初级急救培训、传播红十字知识和实施帮困救助工作。开展的服务项目除了原来的测血压、测体重、出借轮椅车等外，又添置了按摩椅、氧气袋、担架、拐杖、小药箱和健康读物等。2002 年，南翔镇建成了 5 所红十字卫生站，去年全区又有 40 所红十字卫生站建成，形式多数为续建和合建，也有新建的。红十字卫生站的建设使红十字工作走入社区、走进千家万户，真正做到为群众排忧解难，为社区居民服务，从而提高和扩大红会的影响力。

六、“四五”普法和救护培训工作稳步推进

区红会将红十字知识、国际人道法的培训传播工作作为重要工作内容，列入与各镇（街道）签订的《红十字目标管理签约书》内，从体制上保证了传播工作的有效实施。我们一方面完善健全培训工作师资队伍，从各镇（街道）、医院中选拔表达能力强、又热衷于红十字工作的优秀红会干部作为区红十字会的师资培训队伍，对他们进行强化培训，系统管理，为开展红十字传播工作奠定了良好的基础；另一方面通过各镇、街道根据不同年龄层次，针对不同对象，采取不同的培训方法，来增强培训的效果，使红十字工作赢得了广泛的群众基础，实实在在地为红十字知识的进一步渗透作了不懈地努力。

2001年在纪念市红会建会90周年和“5·8”世界红十字日期间，组织观看反映市红会90年历程的纪录片、《人道的力量》电视片和红十字主题巡回展，同时印发了宣传资料。同年5月7日，又联合有关部门在嘉定商厦前举行大型宣传活动。

2003年10月31日是《中华人民共和国红十字会法》颁布施行10周年的纪念日，区红十字会紧紧抓住这一有利契机，通过各镇、街道红十字会组织，在全区范围内以拉横幅、贴标语、出展板等多种形式，积极营造宣传纪念活动氛围。如：黄渡镇结合区域实际情况，积极开展无偿献血等宣传活动，使红十字会“人道、博爱、奉献”的精神更好地得到了弘扬；嘉定镇街道组织群众观看了红十字会发展历程的电教片，总人次为5320人，使广大市民深受教育；华亭镇通过镇广播站在10月31日开设红十字专题节目，重点宣传《中华人民共和国红十字会法》；南翔镇组织遗体捐献者进行活动，为他们测量血压，组织开展健身等活动。利用上海市红十字会第七次会员代表大会顺利召开这一契机，在全区范围内开展学习市委主要领导讲话的征文活动，各镇（街道）纷纷结合实际情况，开展了“我心中的红十字”等各类主题征文活动，让红十字会员通过学习，进一步认清形势，调整步伐，积极投身于红十字会工作中。

每年，区红十字会在社区、企事业、学校中开展急救技能培训。5年来在马陆机动车驾驶员培训中心开展急救技能培训约250批，培训人数32483人。2002年9月，区红十字会和区交巡警支队联合对59名交巡警队员进行了现场初级急救四大技能和心肺复苏的培训，并进行了理论和操作的考核。

2002年，区红十字会组织举办了“红十字会法律知识培训班”，对各镇、街道、医院的红十字会干部进行了培训和考核，由他们作为师资向所属的基层红会会员培训。此后，全区各镇、街道分别进行了形式各异的培训，如南翔镇、马陆镇利用镇报刊登了红十字知识竞赛试题，设立奖项，开展有奖评比活动，提高了居民的参与率，达到了宣传和扩大红十字影响的作用。

2002 年 10 月，对全区的学校红十字工作者进行了红十字知识和急救技能的培训，既宣传和巩固了红十字知识，又对学校红十字工作起了推动和强化作用。之后，对本区中小学校、中专职校的 58 名红十字工作者进行了红十字知识的理论和操作验收，取得了较好的成绩。

2003 年区红十字会又在一些中外合资、外商独资的企业中对相关人员进行了现场初级急救技能的培训，共 7 批 119 人。这样做既达到了宣传红十字会知识的目的，也为红十字会工作逐步渗透到外资企业中打下了基础。

五年来，红十字会广大专兼职干部勤奋工作，敬业奉献，以坚韧不拔的毅力克服困难，以与时俱进的精神开拓创新，使红会这一具有特色的人道救助团体的形象在群众中愈加鲜明，为红十字事业的继续发展打下了较好的基础。

回顾五年来的工作和所取得的成绩，我们感到这和区委区府领导的重视和支持、市红会的关心和指导、社会各界的理解和支持，以及广大红十字会干部、志愿工作者、红十字会会员的共同努力是分不开的。借此机会，请允许我代表嘉定区红十字会向热心支持红十字事业的各级领导、同志们表示衷心的感谢。

在肯定上述成绩的同时，我们也应该清醒地看到，在推进红十字事业的进程中，还有许多困难和不足：如红十字会体制和编制有待进一步理顺；在提高群众对红十字会的知晓度和参与面上需进一步加大力度；在红十字人道救助适应社会需求的能力上需进一步提高等等。这些问题和不足，都需要我们在今后的工作中去努力而认真地解决。

第二部分　今后的工作任务

今后几年，是上海朝着建设社会主义现代化国际大都市这一宏伟目标阔步前进的时期，也是嘉定经济进入新一轮发展的大好时期，嘉定区红十字会一定要以邓小平理论和“三个代表”重要思想为指导，全面贯彻十六大和十六届三中全会精神，同时，要紧紧抓住中国红十字总会建会 100 周年、嘉定区红十字会建会 80 周年的契机，学习和贯彻好《上海市红十字会 2003—2008 年工作规划》，坚持解放思想，实事求是，坚持以人为本，不断培育和发展红十字工作的新优势，努力当好政府在人道救助领域的助手，为塑造上海城市精神，推进嘉定的新一轮发展做出应有的贡献。现将今后的工作任务提以下几点建议，请代表们一并审议。

一、深入学习贯彻法规，加强红十字会的信息传播工作

（一）要深入学习、贯彻红十字会法，要结合“四五”普法规划，认真做好红十字会法规的传播，提高工作人员依法办事能力，提高社会对红十字会法规的知晓度。

（二）要在进一步拓展红十字事业的基础上，探索新时期红十字工作的新思路和新方法，不断提高红十字工作的科学性、开创性和群众性。

（三）要加大红十字会宣传力度，通过多种信息传播渠道，增强宣传工作的针对性和时效性，增强社会各界对红十字会工作的认识、理解，为红十字事业的发展建立更广泛的群众基础。

（四）要不断拓展红十字文化领域，通过开展丰富多彩、喜闻乐见的红十字宣传活动，弘扬红十字人道主义精神。

二、加强组织建设，健全红十字组织

（一）要结合嘉定发展的实际情况，在独资、合资以及民营企业、服务行业等单位中，每年发展一批红十字会组织，不断壮大红十字会队伍。

（二）要积极发展会员，会员人数在原有的基础上，每年增加10%。要加强对会员进行红十字运动知识的普及培训，通过按期收缴会费、开展各类活动，以提高对红十字事业的责任感。创建新的工作机制，提高会员参与红十字运动的积极性。

（三）要充分发挥各级理事会的作用，使理事结合各自所从事的工作，通过参加各类活动，切实履行对红十字会工作支持和监督的职责。

（四）要加强对各级红十字工作者的培训。对街道、镇红十字会工作人员要进行较为系统的红十字运动知识培训；对辖区内从事基层红十字工作的人员定期进行红十字会业务知识培训，以达到红十字岗位培训要求。

三、进一步做好社区红十字工作

（一）要认真贯彻落实总会和民政部《关于开展社区红十字服务工作的通知》，进一步完善、发展红十字示范街道、乡镇的建设，积极争取把红十字工作列入街道、镇政府的工作议程，纳入文明小区工作范

畴，以利“红十字关爱进社区”活动的全面实施，力争完成创建全国社区红十字服务示范区工作。

（二）要进一步做好居委会红十字会工作，健全制度，规范管理，充分发挥他们在传播红十字知识，开展人道救助、社会服务等方面的积极作用。要不断探索村红十字工作的模式并逐步实施。

（三）要结合社区的需求，因地制宜地建设好红十字卫生站，使其成为社区红十字服务活动场所。要采取多种方式，每年为5~10个红十字卫生站添置便民器材，使其更好地为群众提供服务。

（四）要制定切实可行的规划，做好社区群众性现场初级急救、居家护理、家庭保健与安全知识的普及培训工作，要在推广试点经验的基础上逐步推开，并取得一定成效。

四、不断拓展人道救助工作

（一）要深入贯彻《中国红十字会自然灾害和突发事件救助规则》，完善备灾救灾制度。加强对物资募集站的规范化管理，不断增加物资储备，增强应急救助能力。

（二）要继续开展好“千万人帮千家”活动，要创新工作方法，多形式、多渠道地募集人道救助基金，以增加基金的总量，增强救助力度。街道、镇红十字会应逐步建立人道救助基金，按照《上海市红十字人道救助基金管理办法》规范管理，以形成多层次的人道救助网络。

（三）要加强救灾网络建设。各街道、镇红十字会要积极创造条件，建立一支群众性红十字救护队。要巩固发展社区救灾联络员队伍。广泛深入开展救护培训工作，使今后每年普及救护培训人数达到全区总人口的1%~1.5%。

（四）要进一步加强对红十字医疗机构开展人道主义工作的指导，围绕保护人的生命和健康，发扬红十字精神，使他们认真履行红十字职责，积极参与人道主义救助工作和社区服务，真正成为体现红十字“人道、博爱、奉献”精神的窗口。

五、要做好红十字青少年和少儿住院基金工作

（一）要以红十字工作达标学校为示范，做好学校红十字会工作。要做好青少年会员的发展工作，通过各类培训，提高他们对红十字运动的认识和参与意识。

（二）要在区教育局、区卫生局等有关部门的支持下，进一步做好少儿住院基金工作。不断加大少儿住院基金的宣传力度，扩大覆盖和受益面。完善基金各项管理制度，保证基金合理运作。

六、大力发展志愿工作者队伍，推进各项事业发展

（一）要大力发展红十字志愿者工作者队伍，并根据他们的专业特点和爱好组成各专业小组，协助红十字会做好志愿服务。要积极探索志愿服务形式，不断扩大志愿服务内容。

（二）要继续做好造血干细胞捐献的宣传、发动工作。要依法积极参与输血献血工作，推动无偿献血。

（三）要认真贯彻执行《上海市遗体捐献条例》，进一步完善遗体捐献登记、接受站工作制度。要指导镇、街道红十字会工作人员做好对遗体捐献登记者的服务工作。居（村）委会红十字会，应逐步设立遗体捐献咨询点。

各位理事、各位代表，红十字事业是一项造福人类的崇高事业，当前既面临着良好的机遇，也面临着严峻的挑战。让我们在党的“十六大”精神指导下，在区委、区政府的领导下，在市红会的具体帮助下，团结奋进、扎实工作、开拓创新，不断把嘉定区的红十字事业推向前进。

谢谢大家！

同日 嘉定区委书记陈先国《在嘉定区红十字会第三次会员代表大会上的讲话》。

各位代表、同志们：

在中国红十字会百年华诞、嘉定红十字会成立八十周年的喜庆日子里，我们迎来了嘉定区红十字会第三次会员代表大会的胜利召开，这是嘉定区红十字会面向新世纪、总结新经验、谋求新发展的一次盛会。在此，我代表区委、区政府向大会表示热烈的祝贺！向出席大会的全体代表致以诚挚的问候！向上海市红十字会领导熊仿杰常务副会长莅临会议给予关心和指导表示衷心的感谢！向全区红十字会工作者、广大会员、志愿工作者以及关心支持红十字事业的社会各界人士表示崇高的敬意！

刚才，陈进根同志代表区红十字会第二届理事会向大会作了工作报告，五年来，区红十字会紧紧围绕红十字会服务宗旨，积极探索，勇于实践，奋发进取，在赈济救护、人道救助、社区服务、法制宣传、红十字知识普及、少儿住院基金、遗体捐献、现场初级急救知识普及等方面做了大量的、卓有成效的工作，促进了红十字事业的长足发展。各级红十字会以及广大志愿工作者积极替政府分忧，为群众解难，全力帮助最易受损害的群体，热忱服务于广大人民群众，起到了党和政府联系群众的桥梁、纽带作用，为促进嘉定精神文明、物质文明和政治文明建设，

为嘉定经济社会持续稳定和发展做出了应有的贡献。

近年来，市委、市政府十分关注郊区的发展，要求郊区成为上海新一轮发展的发动机和主战场，并在基础设施建设、产业发展政策方面给予政治聚焦，嘉定面临的发展机遇可谓千载难逢。上海国际汽车城的强势崛起，加快了汽车产业的积聚，促进了第三产业的发展，带动了科技进步和人才集聚，加快了城市化的进程；连续七年的F1赛事，全球数十亿观众的目光聚焦，对于我区投资环境的改善，城市文明程度的提升都将产生深远的影响，并将进一步提升区域的综合竞争力；上海市工业试点园区政策的出台，轨道交通二、三线的规划，嘉定新城地位的确立，都有利于加快“三个集中”，增强嘉定可持续发展的能力。面临新的发展形势，我区红十字会也将遇到许多新情况、新问题，如何进一步开拓思路，勇于改革，不断创新，把嘉定区红十字会事业推向一个新的台阶？借此机会，我想提出三点意见，供同志们参考：

一、提高认识，明确使命，大力发扬红十字精神

红十字会是保护人的生命和健康、维护世界和平的重要国际组织，其关爱生命、倡导和平的宗旨赢得了全人类的赞同和信赖。红十字会作为政府在人道救助领域的一个重要助手，担负着十分重要的职责。因此，各级红十字会组织应该充分认识自身的地位和作用，进一步增强责任感和使命感，树立全面的发展观，站在新的起点上，振奋精神，以红十字“人道、博爱、奉献”精神为指引，紧跟时代步伐，进一步动员、组织、汇集社会各界的力量，大力开展救灾、救护、救济等一系列工作，促进和平进步事业，改善易受损害群体的境况，积极化解社会矛盾，以实现人道关爱。

二、理顺体系，完善网络，不断壮大红十字队伍

目前，我区13个街道（镇）都成立了红十字基层组织，并在各村（居）委会成立了红十字小组，会员近4万人，完善的工作网络为红十字工作的有序开展奠定了良好的基础。然而，就目前来看，各级红会组织在机构、人员、经费等方面还没有完全到位，在一定程度上影响了红十字工作的进一步开展。因此，各级党委和政府要加强领导，“支持和资助”“保障和监督”红十字会工作，努力为他们开展人道主义工作创造便利条件，提供活动舞台，要在理顺红十字机构管理体制上多下工夫，要根据实际工作需要，争取各级红十字会组织依法取得独立的社会团体法人资格，落实人员，保障经费，配备相应的软硬件设施，使红十字会能直接面向群众，独立自主地开展工作，更好地发挥其应有的作用。同时，各级红十字会也要不断地加强队伍建设，特别是要对专职工作者加强教育、严格管理，通过培训、交流、轮岗等办法，努力提高各方面的能力，塑造一支爱岗敬业、乐于奉献、勇于进取的工作队伍。

要进一步吸收红十字会会员和志愿工作者，壮大红十字工作队伍，鼓励和引导社会各界积极参与红十字事业，特别要鼓励和引导大企业、大公司尽力资助红十字事业，动员更广泛的社会力量，共同推进嘉定区红十字事业的发展。

三、深化内涵，拓展领域，深入开展红十字工作

红十字会所倡导的“人道、博爱、奉献”精神，是人类文明进步的标志，也是建设社会主义先进文化的重要内容。各级红十字会组织要深刻领会其内涵，不断拓展服务领域，壮大组织力量，充实工作内容，深入持久地开展红十字工作。要根据自己的组织特点和优势，积极开展各种富有意义的活动，进一步巩固和发展赈济救护、人道救助工作，全面增强人道救助的能力和水平，使红十字会真正成为政府在人道救助领域的得力助手；要继续开展志愿无偿遗体捐献、造血干细胞捐献工作，广泛宣传弘扬移风易俗的良好风尚，不断提升城市文明程度；要深入开展“生命绿卡”——少儿住院互助基金工作，以优质的服务为少年儿童提供基本医疗保障，促进儿童健康和社会稳定；更要进一步普及红十字知识，结合现代化建设的新实践，以内容丰富多彩、群众喜闻乐见的活动形式，让更多社会人士参与到红十字工作中来，为红十字工作开创更广阔的活动舞台。同时，红十字会还要将工作重点逐步向社区延伸，根据社会和群众的实际需要，充分发挥红十字会独特的、不可替代的组织优势，凝聚群众，凝聚社会，把“红十字关爱进社区”纳入文明小区建设中，特别是要加强红十字卫生站建设，在传播红十字知识、开展卫生救护、推进居家护理等方面发挥更大的作用，为红十字事业争取更扎实、更广泛的群众基础。

各位代表、同志们：

发展红十字事业是国家的需要、人民的需要、时代的需要，也是全面建设小康社会的需要。我们相信，随着改革开放和现代化建设的不断推进，随着嘉定新一轮发展的不断深入，我们嘉定区红十字事业的发展前景将越来越宽广。希望大家振奋精神，立足实际，努力开创红十字事业的新局面，为嘉定的经济和社会全面发展做出更大的贡献。

谢谢大家！

同日 上海市红十字会常务副会长熊仿杰《在嘉定区红十字会第三次会员代表大会上的讲话》。

尊敬的陈先国书记、曹一丁主任、金建忠区长、周关东主席，各位代表、同志们、朋友们：

今天，嘉定区红十字会第三次会员代表大会在这里隆重召开，请允许我代表谢丽娟会长和上海市红十字会向此次代表大会的顺利召开表示热烈的祝贺！向长期以来关心支持红十字事业的嘉定区委、区人大、区政府、区政协领导以及社会各界表示衷心的感谢！向关心支持嘉定区红十字事业的广大红十字会会员、志愿工作者和各级专兼职红十字会干部表示亲切的问候！向即将产生的嘉定区第三届理事会表示诚挚的祝贺！向在本次大会中受到表彰的红十字会先进集体、先进会员及模范志愿工作者表示崇高的敬意！值此中国红十字会百年华诞、嘉定区红十字会建会八十周年大庆之际，嘉定区红十字会在这里召开第三次会员代表大会，是总结经验、把握当前、开拓未来的一个大好时机，是把嘉定区红十字事业更好地推上新台阶的良好起点。今天，中共嘉定区委书记陈先国同志亲自出席会议并作重要讲话，区人民政府金建忠区长、区人大曹一丁主任、区政协周关东主席等领导同志都出席了会议，这必将极大地振奋全区红十字工作者的工作热情和奋斗精神，有力地推动嘉定区红十字事业的发展。

回顾过去的五年，在区委、区政府的领导下，在周丽玲同志的带领下，嘉定区红十字会能够紧紧围绕《中华人民共和国红十字会法》，坚持以“人道、博爱、奉献”的红十字精神为宗旨，勇于开拓，积极进取，奋发工作，作为政府部门在人道救助领域的助手，能结合嘉定实际，紧跟时代步伐，积极开展各项工作，取得了显著的成绩，获得了很多有意义、有价值的经验，对上海市的红十字工作做出了积极的贡献。特别在备灾救灾、人道救助、赈济救护方面，嘉定区红十字会不仅在本区域的自然灾害和突发事件救援中发挥了其应有的作用，而且能紧紧围绕上海市红十字会的工作要求，积极开展物资募集、备灾救灾工作，提供相应的援助。开展了“千万人帮千家”活动，在迎春慰问、因病致贫帮困、突发事件帮困、灾害救助等领域发挥了积极的作用，为社会的稳定和发展做出了积极的贡献；同时，加强红十字人道救助基金的募集力度，通过多种形式，积极争取社会各界对区红十字会的人道援助，建立“区红十字会救灾物资募集站”“嘉定区物资募集调剂中心”和“嘉定区旧衣被捐赠接受站”，加强物资储备和调剂，为紧急募集做好了充分准备。嘉定区红十字会认真普及红十字法律法规及现场初级急救知识，积极开展卫生救护培训工作，建立师资队伍；创建红十字示范社区，以红十字卫生站为抓手，将红十字关爱送进社区，为政府分忧，为群众解难，为红十字事业在社会的进一步深入奠定了良好的基础。积极开展少儿住院医疗互助基金、遗体捐献、造血干细胞捐献等一系列工作，为红十字事业的进一步发展做出了很大的努力。同时，注重红十字知识的宣传普及，坚持开展各类富有特色、形式多样的活动，展现了红十字会的美好形象。五年来，嘉定区红十字会认真履行《中华人民共和国红十字会法》赋予的神圣使命，以扎实的工作业绩实践了“三个代表”重要思想和“人道、博爱、奉献”的红十字精神，你们的工作有特色、有特点、有创新、有实效，你们为嘉定的社会发展、文明建设发挥了重要的作用，为发展有中国特色的红十字事业做出了贡献。这次会员代表大会贯彻“三个代表”重要思想，总结以往工作的经验，拟定嘉定区红十字事业的发展规划，选举产生新一届理事会和领导人，所以，这是一次团结鼓劲的大会，是一次承前启后的大会。

各位代表们、同志们，红十字事业的前景是广阔的，路途是艰辛的，今天，我们在这里召开嘉定区红十字会第三次会员代表大会，就是要在认真总结经验成绩、认真回顾过去工作的基础上，进一步贯彻落实“三个代表”重要思想，加快发展红十字事业，为全面建设小康社会做贡献。各级红十字会一定要深入学习、提高认识、深入探索、认真贯彻。也希望各级党委和政府能够进一步地关心和支持红十字事业，帮助解决工作中的实际困难和问题，为更好地发挥红十字会的作用创造必要的条件。今后，各级红十字会要继续努力，重点做好以下几项工作：

一、高举邓小平理论和“三个代表”重要思想的伟大旗帜，深入学习、宣传、贯彻《中华人民共和国红十字会法》，大力加强“四五”普法教育，依法办会，依法兴会，维护红十字会的合法权益。

二、抓住中国红十字会百年华诞的契机，进一步加大宣传力度，扩大宣传范围，强化宣传效果，让红十字“人道、博爱、奉献”的精神能够深入人心，让人民群众了解、理解、支持、参与红十字会的活动，为红十字工作的开展奠定广泛的社会基础和群众基础。

三、进一步争取政府的关心和支持，要根据《上海市红十字会2003—2008年工作规划提要》的要求，力争在2～3年内，使区红十字会实现机构合理设置，配好配足专职干部，以合理健全的体制保障红十字事业的进一步发展。

四、加强组织建设，重视并加强“内练素质、外树形象”，不断提高红十字工作人员的综合素质，大力加强各级红十字会的作风建设和干部培训，努力塑造一支具有实干精神、爱岗敬业、勇于进取、富有战斗力的红十字会专兼职干部队伍。积极发展红十字会会员和志愿工作者，凝聚一切可以凝聚的力量，进一步壮大红十字会队伍，共同把红十字事业推向前进。

五、当好政府的忠实助手，以改善最易受损害群体生活境况为抓手，动员一切人道力量，积极拓展业务。结合新形势新特点，努力把做好红十字会工作与实践“三个代表”重要思想紧密结合起来，创造性地开展各项工作，为嘉定的经济和社会发展服务。

六、抓好特色工作，做好基础工作，紧紧围绕市红会总体工作目标，把红十字工作进一步深入到社区，加强对社区红十字卫生站的建设和管理，使其真正成为红十字会面向社会、面向群众的一个窗口，更好地服务于广大居民，为红十字示范区的创建提供有力的组织保障和群众基础。

各位代表、同志们：

当前红十字事业面临着良好的机遇，同时也面临着严峻的考验。我们一定要善于把握机遇，迎接挑战，紧紧抓住“庆百年、博爱行”的良好时机，通过开展一系列生动而有意义的纪念活动，努力做好各项工作，把红十字事业的发展推向新高潮。我相信，在嘉定区委、区政府的领导关心下，在各有关部门和社会各界的关心、支持和配合下，在新一届理事会的带领下，嘉定区红十字事业一定能健康蓬勃地发展，充分发挥其独具的魅力和优势，造福于社会，造福于群众，为建设有中国特色的红十字事业做出更大的贡献！

同日　嘉定区红十字会会长、嘉定区副区长夏以群《在嘉定区红十字会第三次会员代表大会闭幕式上的讲话》。

各位代表、同志们：

大家下午好！嘉定区红十字会第三次会员代表大会，在全体代表的共同努力下，圆满完成了预定议程，即将胜利结束。在此，我对代表们的热诚合作表示由衷的感谢，并对这次会议的圆满成功表示热烈的祝贺！

今天的大会审议了嘉定区红十字会第二届理事会的工作报告和工作规划，进一步明确了今后嘉定区红十字事业发展的目标和任务，选举产生了新一届红十字会理事会。在此请允许我代表全体理事，感谢代表们的信任，同时，我由衷地感谢各位代表和第三届理事会理事们对我的信任。第二届理事会和全体同志在周丽玲主任的带领下，工作非常出色，成绩显著，在市红十字会也享有很高的声誉，这对我而言是一次非常严峻的考验，使我感到压力很大，但我看到在座的同志们热心支持红十字事业，是红十字事业发展的坚强后盾，同时我也相信周主任在今后的工作中定会给我很多的帮助和指导，这给我增添了很大的信心。作为我来讲，我将尽心尽力在全区各级红十字组织的协同下，在全体红十字工作者的支持下，紧紧依靠全体新一届理事的共同努力，接好接力棒。

今天，我区四套班子领导非常重视，都出席了会议，陈书记还作了重要讲话。上海市红十字会常务副会长熊仿杰同志也出席了大会，并对我区的红十字会工作提出了很多建设性的指导意见。这充分体现了嘉定区委、区人大、区政府、区政协和市红十字会对嘉定红十字工作的重视和关心。五年来，嘉定区红十字工作在嘉定区委、区政府的关心支持下，在上海市红十字会的指导帮助下取得了显著的成绩，各级红十字组织本着人道主义原则，依法履行各项职责，积极开展具有中国社会主义特色的红十字活动，在赈灾救护、人道救助、社区服务、法制宣传、红十字知识普及、少儿互助基金、造血干细胞捐献、遗体捐献、普及群众性现场初级急救与安全知识等方面做了大量富有成效的工作，在嘉定的社会经济建设和两个文明建设中发挥了特殊而积极的作用。在此，我们向为嘉定区红十字事业做出贡献的第二届理事会理事和全区红十字会会员、红十字志愿工作者、红十字专兼职干部以及关心和支持红十字事业的社会各界表示崇高的敬意和衷心的感谢！今后的任务是相当艰巨的，我们要发扬成绩，并紧跟时代发展的步伐，进一步开创红十字工作的新局面。我在想，下一步我们还要从以下三个方面进一步做好工作：

第一，认清形势、与时俱进。要把红十字事业同嘉定两个文明建设的发展紧密结合起来，充分发挥红十字会在社会各个领域的积极作用，注重工作内涵，当好政府助手；各部门、各系统要高度重视，大力支持和配合红十字会开展工作，共同努力把红十字事业推上新台阶。

第二，领导重视、组织落实。各级人民政府要重视和加强对红十字工作的领导，为红十字会开展各项工作创造必要的条件，尽快采取措施，完善红十字会管理体制，健全机构，配备好专职工作人员，支持红十字工作者努力扩大社会影响，积极地争取社会各界的参与和支持，各级领导要切实帮助和解决工作中存在的困难和问题，保障红十字工作的顺利开展；各级红十字组织和工作者也要有清醒的认识，增强工作的自豪感和责任感，乐于奉献，来推动我区红十字事业不断向前发展。

第三，抓好基础、突出重点。嘉定区红十字会要紧紧围绕市红会工作重点，同时要结合区域实际情况，采取有效措施，抓好基础工作，突出工作重点，认真做好赈济救助、红十字青少年、少儿住院基金、遗体捐献、造血干细胞捐献等一系列基础工作。积极开展社区红十字服务工作，调动社会的一切力量来服务于社会，把红十字服务进一步深入社区，巩固发展红十字卫生站，使其真正成为便民服务的基地；并在社区积极发展红十字会员和红十字志愿工作者，广泛开展群众性现场初级急救、居家护理、家庭保健与安全知识的普及，为嘉定区申报2004年度全国红十字服务示范区达标工作打下坚实的基础。

代表们、同志们：

红十字事业是一项造福人类、崇高而伟大的事业，今年又恰逢中国红十字会百年华诞，嘉定红十字会建会八十周年，在这红十字会的盛大节日里，我们的任务光荣而艰巨。各位理事、各位代表、广大红十字会员和志愿工作者们，要按照本次代表大会的精神，进一步贯彻落实《中华人民共和国红十字会法》和《上海市红十字会条例》的精神，以改善最易受损害群体的境况为己任，为不断拓宽红十字人道主义服务领域而努力奋斗！社会各界也要一如既往地积极参与和资助红十字事业、壮大红十字人道救助的力量，形成全社会支持和参与红十字事业的良好氛围。我们深信在各级红会的共同努力下，在社会各界的大力支持下，依靠新一届理事会全体理事的集体智慧和共同努力，抓住机遇，开拓创新，依法兴会，一定能够使嘉定区红十字事业有新的发展、取得卓越的成效，为促进嘉定社会经济持续、稳定、健康发展，为社会主义的文明进步做出新的贡献。

谢谢大家！

同日 嘉定区红十字会第三届理事会成员名单公布。

名誉会长、名誉副会长、会长、常务副会长、副会长名单：

名誉会长：金建忠（嘉定区区长）

名誉副会长：周丽玲（嘉定区人大副主任）

会长：夏以群（嘉定区副区长）

常务副会长：陈进根（嘉定区卫生局局长）

副会长：张　潮（嘉定区民政局局长）

毛长红（嘉定区教育局局长）

嘉定区红十字会第三届理事会常务理事、秘书长名单：

常务理事：夏以群（嘉定区副区长）、陈进根（嘉定区卫生局局长）、张潮（嘉定区民政局局长）、毛长红（嘉定区教育局局长）、黄士林（嘉定区卫生局助理调研员）。

秘书长：朱培令（嘉定区红十字会办公室主任）

嘉定区红十字会第三届理事会理事名单（按姓氏笔画为序）：

于　民（上海大学嘉定分校综合办公室副主任）

马秋华（嘉定区真新新村街道办事处副主任）

水　洪（嘉定区新成路街道办事处副主任）

毛长红（嘉定区教育局局长）

王　雷（嘉定区外事办副主任）

王生兴（嘉定区安亭镇副镇长）

王台宝（嘉定区台湾同胞投资企业协会会长）

王晓燕（嘉定区马陆镇副镇长）

王麒麒（上海大众汽车有限公司人员服务部经理）

卢秀臻（嘉定区工商联合会党组书记）

朱　青（嘉定区政协副秘书长）

朱兴华（嘉定区民宗办副主任）

朱培令（嘉定区红十字会办公室主任）

朱建忠（嘉定区团委副书记）

邬百根（上海鹿城建筑安装工程有限公司总经理）

庄顺根（上海科技职业学院党委书记）

刘雅谷（嘉定区基督教协会会长）

张　潮（嘉定区民政局局长）

张　枫（嘉定区财政局副局长）

张树纯（上海市公安局嘉定区分局副局长）

张剑铭（嘉定区南翔镇副镇长）

张根兴（嘉定区地区管理办公室主任）

沈　硕（嘉定区经济委员会副主任）

何　蓉（嘉定区江桥镇副镇长）

陈进根（嘉定区卫生局局长）

陈振华（嘉定区徐行镇副镇长）

汪秀娥（嘉定区妇幼保健院院长）

林　军（嘉定区民防办公室副主任）

房和平（嘉定区安亭医院院长）

范思陶（嘉定区中心医院院长）

郑益川（嘉定区卫生局副局长）

封树云（嘉定区残疾人联合会副理事长）

俞勇彪（嘉定区教育局副局长）

赵汉鸣（嘉定区中医医院院长）

赵剑萍（嘉定区劳动和社会保障局副局长）

赵维克（嘉定镇街道办事处副主任）

夏以群（嘉定区副区长）

钱小萍（嘉定区黄渡镇副镇长）

徐卫卿（嘉定区南翔医院院长）

徐建元（嘉定区外冈镇副镇长）

徐海云（嘉定区菊园新区管委会副主任）

秦高荣（嘉定区机关事务管理局副局长）

黄士林（嘉定区卫生局助理调研员）

黄家善（嘉定区台办副主任）

韩　强（嘉定区工业区管委会社会发展部部长）

蒋丽敏（嘉定区妇联副主席）

雷建平（嘉定公安分局交巡警支队支队长）

管育民（嘉定区广播电视台副台长）

臧新兴（嘉定区血站站长）

樊立新（嘉定区华亭镇副镇长）

樊国强（嘉定区总工会副主席）

同日　嘉定区红十字会第三次会员代表大会《关于理顺嘉定区红十字代表大会届次的说明》。

嘉定县红十字会第一次会员代表大会于1990年12月14日召开，选举产生以周丽玲为会长的第五届理事会，1993年撤县建区时，经1993年9月24日理事扩大会讨论决定下发《关于调整嘉定区红十字会理事成员的通知》（嘉红会〔1993〕第11号），组成以周丽玲为会长的嘉定区第一届理事会，领导和主持嘉定区的红十字会工作。1999年5月召开嘉定区第一次红十字会员代表大会，选举产生新一届理事会，依次计算，到2004年召开会员代表大会应该产生嘉定区第三届理事会。本着实事求是、尊重历史原则，结合嘉定的实际情况，同时为理顺和体现嘉定区红十字代表大会和理事会届次的一致性和统一性，所以将本次召开的会员代表大会和产生的新一届理事会确定为嘉定区红十字会第三次会员代表大会和嘉定区红十字会第三届理事会。特此说明。

4月23日 嘉定区红十字会就“千万人帮千家”募捐帮困活动发出《倡议书》。

__________单位：

您好！首先向您致以最真诚的问候，并祝贵单位事业兴旺，财源茂盛，万事如意！

红十字会是一个从事人道救助工作的国际性组织，肩负着保护人的生命和健康、维护世界和平的重要使命。上海是中国红十字会诞生地，2004年，值中国红十字会成立100周年、嘉定区红十字会成立80周年之际，本着“人道、博爱、奉献”的红十字宗旨，嘉定区红十字会将紧紧围绕上海市红十字会“庆百年博爱行”活动，以人道救助的力量为弱势群体送上关爱。

社会经济的发展促进了人类的文明和进步，贵单位良好的经济运作不仅创造出丰富的社会物质资源，更为上海演绎国际大都市的蓬勃生机增添了光彩。但是，我们注意到，经济改革中所产生的一些矛盾也日益显现，当我们沐浴阳光、享受生活的同时，还有许多传染性肝炎、慢性肾病患者及身患恶性肿瘤、精神病、麻风病、艾滋病的人们正在忍受巨大的病痛，面对巨额的医药费眉头紧锁；还有许多老人们正因为慢性病缠身而倍感无助、经济拮据；还有许多美好而幼小的生命正在遭受白血病的折磨，期盼能够在爱的怀抱中健康成长；还有那些遭遇突发性灾害的特困家庭，面对突如其来的不幸束手无策……

点点星光，照亮黑夜；颗颗爱心，温暖人生。在爱与被爱的世界里，我们都期盼身边的每一个人平安、健康和快乐。如果世界上真有一种语言可以超越国度，消除冷漠与偏见，沟通所有的心灵，相信那就是爱——用爱心搭建桥梁，用爱心推己及人。

江泽民同志指出，红十字事业是一项崇高而伟大的事业。嘉定区红十字会长期致力于人道主义救助工作，广泛动员社会力量改善最易受损害群体的境况。我们衷心盼望您能关心、信任和支持红十字事业，加入到2004年红十字“庆百年博爱行”活动中，慷慨解囊，以真诚的善举来关心和帮助那些正在遭受不幸、需要更多关注的人们，用爱心点燃他们的希望，让关怀温暖他们的人生。选择博爱，您就选择了崇高；选择奉献，您就选择了快乐。我们期盼着，需要帮助的人们也在期盼着……

您的捐款将全部纳入红十字会人道救助基金，专款专用，并可以根据您的意愿，用于帮助上述弱势群体；您的善举，将获得上海市红十字会颁发的荣誉证书或证章；根据捐赠情况，我们将为有关单位及个人单独或集体举行捐赠仪式，或邀请参加帮困慰问活动，通过新闻媒体公开宣传鸣谢；上海市红十字会还将视情邀请您参加“庆百年博爱行”的有关活动。另外，根据《中华人民共和国红十字会法》规定，您向红十字会捐赠的用于捐助和公益事业的物资，将按照国家有关规定享受减税、免税的优惠待遇。

众人拾柴火焰高，我们诚邀您伸出双手、献上爱心，与嘉定红十字事业携手并进，共创未来！

4月28日　区红十字会发出《庆百年博爱行——嘉定区红十字会呼吁一切关心支持红十字事业的朋友们伸出援助之手》呼吁书。

各位红十字会员、关心支持红十字事业的朋友们：

大家好！首先，祝大家身体健康，生活幸福！

2004年是中国红十字会成立100周年，嘉定区红十字会成立80周年，本着“人道、博爱、奉献”的红十字宗旨，嘉定区红十字会将紧紧围绕上海市红十字会“庆百年博爱行”活动，加大帮困力度，扩大救助覆盖面，以人道的力量为本区弱势群体送上关爱。

今天的上海正日益展现出国际大都市的生机与活力，然而社会的发展总有不平衡性：当我们沐浴阳光、享受生活的同时，那些身患恶性肿瘤、精神病、麻风病等疾病的人们正在忍受着巨大的病痛，面对巨额医疗费用而眉头紧锁；还有许多老人们正因为慢性病缠身而倍感无助、经济拮据；更有许多美好、幼小的生命正在遭受白血病的折磨，期盼能够在爱的怀抱中健康成长；还有那些遭遇突发性灾害的特困家庭，面对突如其来的不幸束手无策……

点点星光，照亮黑夜；颗颗爱心，温暖人生。在爱与被爱的世界里，我们期盼身边的每一个人都能平安、健康和快乐。爱心使我们彼此沟通，爱心让我们推己及人。

红十字事业是一项崇高而伟大的事业。嘉定区红十字会长期致力于人道主义救助工作，广泛动员社会力量改善最易受损害群体的生活境况。众人拾柴火焰高！“十元不少、爱心无限”！各位红十字会员、关心支持红十字事业的朋友们，请积极加入到“庆百年博爱行”活动中来，以真诚的善举支持我们所共同热爱的红十字事业，用爱心点燃那些正在遭受不幸的人们生活的希望，让关怀温暖他们今后的人生。

选择博爱，就选择了崇高；选择奉献，就选择了快乐。我们期盼着，需要帮助的人们也在期盼着……

是日 嘉定区红十字会物资调剂中心（2004 年救灾工作）接受捐赠物资统计如下。

徐行镇：上海意胜实业有限公司衣服 78 件，价值 3900 元；上海意胜实业有限公司衬衫 64 件，价值 2560 元；上海意胜实业有限公司裤子 267 条，价值 13350 元；徐行镇红十字会衣服 49 件，价值 1470 元，又裤子 6 条，价值 120 元。

黄渡镇：上海彩裳高级服装有限公司女西裤 22 条，价值 3300 元，又男风衣 34 件，价值 13600 元；上海绿达羽绒服装厂单外衣 25 件，价值 1250 元，又滑雪衫 20 件，价值 1600 元；嘉定区黄渡镇邓家角村儿童滑雪衫 26 件，价值 1300 元，又童裤 39 条，价值 780 元，童装衣服 4 件，价值 120 元。

马陆镇：上海智苓服装有限公司印花短袖衬衫 240 件，价值 7200 元。

华亭镇：上海锦锡羽绒服装厂腈棉毛领服 620 件，价值 36120 元。

真新街道：真新新村街道红十字会皮鞋、凉鞋、杂鞋 29 双，价值 1450 元，又棉被 20 条，价值 1500 元。

菊园新区：菊园新区管委会服装 39 件，价值 2340 元。

嘉定镇街道：嘉定镇街道裤子 38 条，价值 2280 元；衣服 20 件，价值 1600 元；棉被 4 条，价值 400 元。

南翔镇：南翔镇红十字会马夹 63 件，价值 3150 元，皮裤 37 条，价值 3700 元，皮风衣 71 件，价值 10650 元，棉被 4 条，价值 400 元，羽绒被 1 条，价值 200 元，枕芯 50 只，价值 100 元，皮上衣 1 件，价值 200 元；新丰村羊毛裤 40 条，价值 1600 元；水产村羽绒风衣 31 件，价值 7750 元；虹翔居委西装 35 套，价值 5250 元。

江桥镇：江桥镇红十字会棉被 26 条，价值 1170 元。

上海嘉丰棉纺织厂：高弹棉棉被 100 条，价值 8000 元。

上海中西制药有限公司：硫酸庆大霉素 3360 支，价值 14112 元，又林可霉素 2060 支，价值 29252 元，氧氟沙星 1600 支，价值 24000 元，强的松 3600 支，价值 18720 元。

4 月 区红十字会会长分别同各镇、街道红十字会会长签订《红十字目标管理责任书》，将创建“上海市红十字服务示范社区”作为红十字目标管理责任书的重要内容，要求相关各镇（街道）通过创建验收，为全国社区红十字服务示范区的创建工作奠定良好基础。

5月4日 《嘉定报》开辟红十字专版，介绍红十字运动的百年历史及嘉定区红十字会发展简史、工作职责及工作内容，进一步宣传遗体（角膜）捐献、造血干细胞捐献、少儿住院基金、“千万人帮千家”等一系列工作。

5月7日 嘉定区红十字会在嘉定商城门口开展“5·8”世界红十字日纪念活动。有近20名医疗专家现场为民众进行义务医疗咨询和诊疗服务，8人当场登记了造血干细胞捐献，4人进行了遗体捐献咨询，43名青少年会员参加红十字上街劝募活动，共募得善款1712.90元。

区红十字会常务副会长、区卫生局局长陈进根亲临现场，对活动予以关心指导，向参与活动的志愿者们表示慰问，并当场进行募捐。

5月8日 区红十字会开展医疗帮困工作，向就诊有困难的社会弱势群体发放《医疗帮困卡》132张，价值39600元。

是日 嘉定区卫生局机关、卫生工作者协会、疾病预防控制中心、卫生监督所等有关单位联合举行“5·8”世界红十字日人道募捐仪式。区红会常务副会长、区卫生局局长陈进根向与会干部职工发出倡议，呼吁各位红十字会会员以及关心支持红十字事业的朋友们伸出友谊之手，奉献一份爱心。仪式上，160多名职工当场进行了募捐，共募集到善款4340元（其中卫生局机关27人募集1820元）。

卫生系统各基层医疗卫生单位也纷纷加入到红十字人道募捐活动中，将世界红十字日当天的门诊挂号费、诊疗费收入共计32290.20元捐赠给嘉定区红十字会人道救助基金。同时还募集到职工个人捐款30317元。

同日 真新新村街道红十字会开展书画义卖活动，当场义卖书画作品32幅，募集人道帮困基金5.2万多元，创下了建会5年以来领导重视程度、宣传发动广度、社会参与力度、募集基金额度、辐射效果强度五个之最。

5月18日 区红十字会发布《关于“上海市嘉定区红十字会医疗帮困卡”使用的通知》。

……持卡人在嘉定区域内各公立医院门诊就诊所发生的费用可予以报销，在各私营医院及嘉定区以外的医院就诊所发生的费用不属于本卡报销范围。

持卡人在门诊就诊所发生的医疗费用满350元后，凭医疗帮困卡、发票及身份证于2005年6月1日—2005年6月30日期间到各镇（街道）红十字会进行审验、报销。

各镇（街道）红十字会工作人员对持卡人的医疗帮困卡、医疗费用发票、身份证进行仔细审核无误后，予以暂时垫付报销费用，报销最高额度为350元。

各镇（街道）红十字会垫付后，凭医疗帮困卡及发票于2005年7月1日—2005年7月31日期间向嘉定区红十字会办公室报销有关费用；

本卡使用期限为一年，即2004年6月1日—2005年5月31日。

5月20日 2004年嘉定区红十字会黑板报展评获奖情况如下：

一等奖：嘉定区城中路小学、嘉定区牙病防治所；

二等奖：嘉定区疁西小学、嘉定区聋哑技术学校、嘉定区中心医院、嘉定区妇幼保健院；

三等奖：嘉定区桃李园实验学校、嘉定区大众工业学校、嘉定外国语实验学校、嘉定区普通小学、嘉定区疁城实验学校、嘉定区中医医院。

5月25日 区红十字会《关于嘉定区红十字会物资调剂中心申请物资调配的请示》（嘉红〔2004〕14号）。

上海市红十字会：

根据上海市红十字会《关于同意建立“嘉定区红十字会物资调剂中心”的批复》（沪红发〔2002〕字第60号）的精神，经多方协商并审批，嘉定区红十字会物资调剂中心于2003年1月10日在南翔镇正式揭牌成立，谢丽娟会长到会表示祝贺。该中心地处南翔德华路458号，占地面积100多平方米，每天开放，有专人负责、管理规范。调剂中心首批物资由嘉定区党工委发动职工募集，经过一年多的运行，义卖所得专款全部纳入人道救助基金，专用于人道救助，为改善社会弱势群体的生活状况发挥了积极的作用。由于缺乏经常性的物资募集渠道，目前该物资调剂中心的物资紧缺，我区红十字会和南翔镇红十字会正积极筹集物资来源，同时恳请上海市红十字会予以业务指导和物资调拨，以充分发挥嘉定区红十字会物资调剂中心的作用，使中心能持续、稳定地发展下去，为社会弱势群体服务。

是日 区红十字会《关于将红十字社区工作纳入文明社区、文明小区、文明镇、文明村创建工作的函》（嘉红〔2004〕15号）。

嘉定区精神文明建设办公室：

嘉定区红十字会是一个人道主义救助团体，依照《中华人民共和国红十字会法》开展人道救助领域的服务工作，认真履行各项职责，特别是近年来开展的社区红十字示范活动，在开展红十字卫生站建设、积极开展群众性卫生救护等工作，受到了社区居民的欢迎。加强社区建设和拓展社区服务是红十字会当前和今后的一项重要工作，是为政府分忧、为群众解难的最好体现。

随着国家经济的迅速发展和人民生活水平的不断提高，加强社区建设已列入政府计划和社会管理的重要组成部分。市委领导在上海市红十字会第七次代表大会上指出："红十字会要把工作重点逐步向社会延伸。""把'红十字关爱进社区'纳入文明小区建设中。"市红十字会名誉副会长、副市长杨晓渡同志指出："要将社区红十字会工作，列入创建文明小区的内容之一。"为了更好地贯彻落实市委、市政府领导的讲话精神，切实为群众办好事、做实事，使红十字会的救灾、救护、救助工作更能广泛地融入社区建设，拟将红十字关爱进社区工作的有关内容纳入文明社区、文明小区、文明镇、文明村的创建工作，具体内容为：一、开展红十字卫生站的服务工作；二、积极开展救灾、救护、救助工作；三、传播红十字知识，积极开展无偿献血、造血干细胞捐献、遗体捐献、健康保健的宣传推进工作。

通过纳入文明社区、文明小区、文明镇、文明村的创建工作，使"人道、博爱、奉献"的精神在社区得到更广泛的传播，把温暖、健康和关爱带给社区居民。

妥否，请函复。

6月3日　区红十字会、区少儿住院基金办《关于更名后的"上海市嘉定工业区地段医院"为少儿住院基金定点医院的请示》（嘉红〔2004〕16号）。

上海市少儿住院基金办：

上海市嘉定区娄塘镇卫生院是少儿住院基金定点医院，日前，为适应新的行政建制，根据嘉定区机构编制委员会《关于上海市嘉定区娄塘镇卫生院更名的批复》（嘉编〔2004〕10号）以及上海市卫生局关于《医疗机构名称核准的通知》（沪卫医名准字〔2003〕第253号）文件精神，"上海市嘉定区娄塘镇卫生院"更名为"上海市嘉定工业区地段医院"。该医院原为上海市医保局定点医院，有关更名手续正在办理之中。为此，申请新命名的"上海市嘉定工业区地段医院"为我区少儿住院基金定点医院。

以上请示当否，请批复。

附件：

1.《关于上海市嘉定区娄塘镇卫生院更名的批复》（略）。

2. 医疗机构名称核准通知（略）。

6 月 7 日　区红十字会《关于将社区红十字服务工作纳入建设健康城区三年行动计划评估方案的函》（嘉红〔2004〕17 号）。

嘉定区健康促进委员会：

嘉定区红十字会是一个人道主义救助团体，依照《中华人民共和国红十字会法》开展人道救助领域的服务工作，认真履行各项职责，特别是近年来开展的社区红十字示范活动，在开展红十字卫生站建设、积极开展群众性卫生救护工作等方面，受到了社区居民的欢迎。

随着国家经济的迅速发展和人民生活水平的不断提高，加强社区建设已列入政府计划和社会管理的重要组成部分。市委领导在上海市红十字会第七次会员代表大会上指出："红十字会要把工作重点逐步向社会延伸。"为了更好地贯彻落实讲话精神，切实为群众办好事、做实事，使红十字会的救灾、救护、救助工作更能广泛地融入社区建设，拟将红十字关爱进社区工作的有关内容纳入建设健康城区三年行动计划评估方案。具体内容为：一、社区以每 6000 人左右建一所红十字卫生站的标准进行设置；二、配备轮椅车、拐杖、体重秤、药箱等必要的物资并提供有关服务；三、开展初级急救、居家护理、家庭保健与安全知识的培训。

通过将社区红十字服务工作的有关内容纳入建设健康城区三年行动计划评估方案，把初级急救、居家护理、家庭保健与安全知识渗透到居民的日常生活中，把初级急救抢在第一时间完成，把灾害降低到最小的程度，把红十字"保护人的生命和健康；保障人类尊严"的宗旨落实到社区居民，把红十字关爱送进社区。

妥否，请函复。

6 月 10 日　区红十字会《关于申请医保"清欠款"用于医保参保对象帮困的请示》（嘉红〔2004〕18 号）。

嘉定区卫生局：

嘉定区医疗保险办公室曾接受一笔医保"清欠款"，夏以群副区长、区卫生局俞建忠书记指示要将这笔款项用于医保参保对象的帮困，由区红十字会具体实施操作。2003 年 6 月，嘉定区红十字会、嘉定区医疗保险办公室曾联合开展医保帮困活动，对辖区内 147 名医保参保特困对象进行了帮困补助，帮困金额达 6 万元，受到了帮困对象的一致好评。为了使这项工作顺利有序地开展下去，在"庆百年、博爱行"的活动中，向更多处于困境的医保参保对象送上一份关爱，今年我办拟再次申请医保“清欠款”7万元，会同区医保办继续开展医保帮困工作，帮困对象为医保参保对象中因病致贫的肿瘤患者、精神病患者以及重病的老人。

以上请示妥否，请批复。

是日 区红十字会向社会公示“全国社区红十字服务示范区”申报工作（起止日期：2004年6月11日—2004年6月21日），听取意见、建议。

6月18日 嘉定区精神文明建设委员会办公室复函区红十字会（嘉文明办〔2004〕8号），（同意）将区红十字会社区工作纳入文明社区、文明小区、文明镇、文明村创建工作。

6月22日 区红十字会下发《关于调整嘉定区中小学生、婴幼儿住院医疗互助基金管理委员会成员的通知》（嘉红〔2004〕19号）

各有关单位：

根据嘉定区红十字会、嘉定区教育局、嘉定区卫生局《关于调整嘉定区中小学生、婴幼儿住院医疗互助基金管理委员会成员的通知》（嘉红〔2003〕5号）文件精神，根据职务岗位确认管委会组成成员，如遇职务岗位上的人员发生变动，则新担任该职务的同志自然接任为嘉定区少儿基金管委会成员。经研究决定，调整后少儿基金管委会组成成员名单如下：

主任：区红十字会会长、副区长夏以群。

常务副主任：区红十字会常务副会长、区卫生局局长陈进根。

副主任：区教育局副局长陈蕴珠、区红十字会常务理事黄士林。

委员：区卫生局预防监督科副科长杜惠琴，区教育局教育科刘琴，区红十字会秘书长、区红会办主任朱培令。

少儿基金管委会下设办公室，办公室成员组成如下：

主任：朱培令。成员：李海青、沈素倩。

附1：嘉定区红十字青少年工作委员会名单。

主任：毛长红（嘉定区教育局局长、区红会副会长）。

副主任：俞勇彪（嘉定区教育局副局长、区红会理事）、黄士林（嘉定区卫生局协理员、区红会常务理事）。

秘书长：朱培令（嘉定区红十字会秘书长、红会办主任）。

委员：刘琴（嘉定区教育局教育科）、唐惠兴（嘉定区城中路小学）、高康（嘉定区第一中学）、印建芬（嘉定区疁城实验学校）、徐福生（上海大众工业学校）、吴沪生（嘉定区民办桃李园实验学校）。

附2：《嘉定区红十字青少年工作委员会职责》。

为充分发挥青少年工作委员会的作用，认真贯彻执行国家教育方针，开展精神文明建设，加强青少年德育教育，全面推进素质教育，青少年工作委员会结合青少年特点开展以下工作：

一、将红十字青少年工作纳入议事日程，加强组织建设，定期召开会议。根据《中国红十字会章程》与《上海市红十字会组织规程》，督促学校及时调整红十字会理事会，年组织活动两次以上。

二、指导学校积极做好会员发展工作，实施动态管理，加强会员培训教育，做到入会前教育、入会后培训率达80%以上。

三、学习宣传和贯彻执行《中华人民共和国红十字会法》《中华人民共和国红十字标志使用办法》以及《上海市红十字会条例》等有关法规，指导学校组织教职工及学生认真学习红十字有关知识。

四、进一步宣传红十字知识，积极营造红十字氛围，督促学校做好报刊订阅及投稿工作。

五、弘扬红十字精神，结合学校素质教育，努力培养学生的创新精神和实践能力，使广大红十字青少年成为受益者、服务者和参与管理者，促进学生德智体美全面发展。

六、指导学校开展与红十字人道主义精神有关的思想品德、卫生与健康知识等相关教育。在校内外广泛开展体现人道主义精神的救死扶伤、扶危济困、敬老助残、尊师爱幼等助人为乐的活动，弘扬“人道、博爱、奉献”精神。

七、根据青少年的年龄特点，在各学校内开展形式活泼、有益于青少年身心健康的夏（冬）令营活动，丰富学生的第二课堂。

八、协助开展少儿住院基金工作，保障学生权益。

九、组织红十字青少年会员同友好国家及地区的红十字青少年会员进行通信、交换纪念品、开展交流等活动，以增进友谊，培养爱国主义和国际主义精神。

十、指导各学校教职工会员积极参加学校红十字会组织的各项活动，并做好对青少年会员日常活动的指导工作。

6月23日　**区红十字会《关于转发〈关于将红十字社区工作纳入精神文明创建内容的函〉的通知》（嘉红〔2004〕20号）。**

各镇、街道、工业区、菊园新区红十字会、文明办：

为保障社区红十字服务工作顺利有序地开展，把社区红十字会工作内容有机地融入文明社区、文明小区和文明村镇的创建工作中去，现将嘉定区精神文明建设委员会办公室《关于将红十字社区工作纳入精神文明创建内容的函》（嘉文明办〔2004〕第8号文）转发给你们，请参照文件精神，认真开展社区红十字服务工作，把红十字关爱进一步深入社区、深入群众，使社区红十字服务工作能够广泛、深入、扎实、持久地开展下去。

6月24日 区红会发布《嘉定区红十字社区服务工作群众满意度调查情况报告》。

为进一步加强社区建设和拓展红十字会服务，嘉定区红十字会积极开展“全国社区红十字服务示范区”创建工作，以红十字卫生站为窗口，在全区范围内大力开展社区红十字服务工作。为了更好地加强和推进这项工作的开展，我区于2004年6月10日—6月18日期间，对全区45所红十字卫生站的社区红十字服务工作进行了评议调查，下发“红十字社区服务工作评议调查表”，共调查居民236人，满意率为96.51%。

6月25日 2004学年嘉定区少儿住院基金工作会议在区教师进修学院召开。会上，区教师进修学院对全区各中小学校、幼儿园、职技校的卫生保健老师进行了新学年收费工作的培训，区教育局副局长陈蕴珠出席会议并对各学校提出了要求。

7月6日 区红十字会《关于申请〈嘉定报〉专版用于宣传少儿基金工作的请示》（嘉红〔2004〕21号）。

区人民政府办公室：

上海市少儿住院基金是由市红十字会、市教育委员会、市卫生局联合举办的一项非赢利性的互助共济的社会公益事业，少儿住院基金为因病、伤住院的孩子按规定支付部分医疗费用，以减轻病孩家庭经济负担，有利于少年儿童的健康成长和社会的稳定。为顺应时代发展的需要，2004学年，少儿住院基金扩大了参加对象的范围，调整了医疗费用支付比例及最高支付额度。为了做好2004学年少儿住院基金工作，我区红十字会拟在嘉定地区加大宣传力度，通过《嘉定报》介绍少儿住院基金的性质、特点、运行模式、参加方法、享受待遇等有关内容，让我区所有符合少儿基金参加对象的少年儿童都能享受到少儿住院基金的保障。特此，拟在2004年8月中旬（2004学年少儿基金收费工作前夕），申请一个《嘉定报》专版用于宣传少儿基金工作，以实现全社会互助共济、风险共担，发挥其积极而独特的作用。

以上请示妥否，请批示。

是日　上海市社区工作评审小组对我区开展“全国社区红十字服务示范区”创建工作进行初审，评审现场会设于嘉定镇街道。上海市红十字会常务副会长熊仿杰、区红十字会会长夏以群等有关领导出席会议。通过评审，我会以75%达标、25%基本达标的结果通过了市级验收。

7月13日　市、区、镇三级红十字会走访慰问7月12日遭受强风暴雨侵袭的我区真新新村街道和江桥镇的受灾家庭，并送去慰问金5500元。

7月23日　上海市红十字会常务副会长熊仿杰、赈济救护部副部长黄蔚等领导前来嘉定调研，就嘉定区红十字物资调剂中心的运作等问题进行座谈、探讨。

7月26日　区红十字会决定，组织有关镇（街道）红十字会干部参加8月2日至4日于青浦区赵巷镇上海市红十字备灾救灾中心举办的“2004年救灾干部培训班”。

7月27日　区红十字会请示市红十字会，申请专款救助真新新村街道、江桥镇遭遇强风暴雨侵袭的受灾家庭。

7月下旬　中共嘉定区区级机关工作委员会响应区红会“千万人帮千家”募捐倡议，在系统内1767名党员、干部和职工中开展募捐活动，为区红十字会募得捐款89779.50元。

8月3日　区红十字会办公室《关于嘉定工业区赵厅村遭龙卷风侵袭的情况报告》。

上海市红十字会：

2004年7月30日17：20左右，龙卷风袭击了嘉定工业区赵厅村，共计27户居民住房受损，其中战斗十一组22户、战斗三组5户，无人员伤亡，造成直接经济损失4万元。

灾情发生后，工业区有关领导及工业区红十字会领导在第一时间赶赴现场察看灾情，并慰问受灾群众。

嘉定区红十字会于8月2日上午接到工业区红会的灾情报告，经了解，受灾面积较小，且未造成人员伤亡，因此区红十字会未作处理。目前，住房修复工作及其他善后处理工作已基本结束，受灾群众情绪稳定。

8月5日、12日　区红十字会在安亭镇的上海德尔福派克电器有限公司，为外企员工举办两期红十字现场初级急救技术培训班，该企业34名员工参加了培训。包括其他企业，共计为近230名员工进行了培训。

8月11日 区红十字会下发《关于开展对我国部分受灾地区进行援助工作的通知》(嘉红〔2004〕22号)。

各镇、街道、工业区、菊园新区红十字会:

今年7月以来,我国湖南、河南、云南、广西、贵州、重庆、四川、吉林、安徽、山东等17个省(自治区、直辖市)的部分地区相继出现连续强风降雨天气,山洪暴发、山体滑坡和泥石流等灾害频繁发生,当地人民生命和财产遭受严重损失。目前,洪涝灾害共造成全国农作物受灾面积516.2万公顷,其中绝收面积85.6万公顷;受灾人口7801.1万人,死亡439人,伤病21614人,转移安置人口146.3万人;倒塌房屋27.5万间,损坏房屋104.7万间,因灾害造成直接经济损失219.5亿元。

灾害救助是红十字会的重要职责之一。根据党中央和国务院提出的确保做好今年防汛抗洪工作和安全度汛,妥善安排好受灾群众生活的有关要求,依据《中华人民共和国红十字会法》和中国红十字会总会《关于发布救助2004年洪涝灾害呼吁的通知》的要求,我区红十字会要根据上海市红十字会《关于开展对我国部分地区灾害援助工作的通知》(沪红发〔2004〕96号)文件精神,积极配合市红会开展灾害援助工作,现将有关事项通知如下:

一、定于8月10日—20日期间开展对我国部分地区的灾害援助工作。

二、各镇(街道)红十字会要积极行动起来,向本辖区内的企事业单位和居民发出呼吁,通过赈灾募捐积极开展灾害救助工作,动员更多的社会资源投入到当前的洪涝灾害救助工作中,为政府分忧,为群众解难。

三、此次募集的救灾物资主要为目前灾区急需的:食品、药品(主要为常用药品及消毒、防病药品)、棉被(棉毯)、秋冬季服装等(暂不接收旧衣被及物品)。

四、以"十元不少,爱心无限"为主题,镇(街道)红十字会开展募捐活动,同时接受救灾捐款并登记造册。

五、请于8月20日前将救灾物资、救灾款(全额)及有关材料送交区红十字会办公室,由区红十字会统一送往上海市红十字会,发送至受灾地区。

六、请认真及时地做好此次灾害援助工作有关材料的收集、整理和归档工作。

附件：《关于对我国部分地区灾害援助的呼吁书》。

据民政部7月27日灾情通报，今年7月以来，我国湖南、河南、云南、广西、重庆、四川、吉林、江西、山东等17个省（自治区、直辖市）的部分地区相继出现连续强风降雨天气，山洪暴发、山体滑坡和泥石流等灾害频繁发生，当地人民生命和财产遭受严重损失。目前，洪涝灾害共造成全国农作物受灾面积516.2万公顷，其中绝收面积85.6万公顷；受灾人口7801.1万人，死亡439人，伤病21614人，转移安置人口146.3万人；倒塌房屋27.5万间，损坏房屋104.7万间，因灾害造成直接经济损失219.5亿元。

灾害援助是红十字会的重要职责之一。根据党中央和国务院提出的确保做好今年防汛抗洪工作和安全度汛，妥善安排好受灾群众生活的有关要求，依据《中华人民共和国红十字会法》和中国红十字会总会向全国各省（自治区、直辖市）红十字会发出的呼吁要求，上海市红十字会向全市各企事业单位和广大市民发出呼吁，通过赈灾募捐积极开展灾害救助工作，动员更多的社会资源投入到当前的洪涝灾害救助工作中。

人道救助，爱心关怀。今年的受灾地区均为老少边穷地区，自救能力较弱。灾区目前急需食品、药品（主要为常用药品及消毒、防病药品）、棉被（棉毯）、秋冬季服装（暂不收旧衣被）等救灾物资。衷心希望本区关注社会公益事业的各企事业单位和广大市民能慷慨解囊，踊跃捐款、捐物。十元不少，爱心无限！相信在社会各界的关心和支持下，灾区人民一定能战胜灾害、渡过难关！

是日　区红十字会举办红十字青少年工作培训班，邀请市红会青少年工作部部长杨钧仪对我区50多所中、小学校红会干部进行了红十字青少年工作的培训。

8月12日　区红十字会、区少儿基金办《关于转发〈关于下发2004学年少儿住院基金收费及医疗费用支出若干规定的通知〉的通知》（嘉红〔2004〕23号）。

各少儿基金收费单位、少儿基金定点医院：

为进一步做好2004学年少儿住院基金工作，现将上海市中小学生、婴幼儿住院医疗互助基金管理办公室《关于下发2004学年少儿住院基金收费及医疗费用支出若干规定的通知》（沪儿基金办〔2004〕22号）转发给你们。

2004学年少儿住院基金工作与往年相比服务范围扩大，具体政策也有一定调整，各单位要认真学习文件精神，切实做好这项工作。各收费单位要认真开展宣传发动工作，力争少儿基金覆盖率达到100%；各定点医院要加强管理，做好医疗费用结算等一系列工作，切实保障少年儿童的健康成长，维护和促进社会的稳定与发展。

附件：关于下发2004学年少儿住院基金收费及医疗费用支出若干规定的通知（略）。

8月13日—15日 区红十字会与区教育局联合组织学校红十字会片组长等11人赴厦门市考察红十字会工作。

8月18日 区红十字会办公室《关于嘉定区黄渡镇遭龙卷风侵袭的情况报告》。

上海市红十字会：

2004年8月16日14：50左右，龙卷风袭击了嘉定区黄渡镇，侵袭时间约15分钟，受灾面积2.5万平方米。灾害造成34户房屋受损，其中严重受损4户、轻度受损30户；造成9人受伤，其中1名外来人员右足背骨折，于普陀区中心医院接受治疗，目前伤势稳定；其余8名伤员均为皮肤外伤，伤势较轻。由于强风将遮阴棚等物吹上高压线，导致5条220KV的高压线路共50多处发生故障，造成短路跳闸，并影响到黄渡镇变电站，导致我市7个区的用户供电受到不同程度的影响。

灾情发生后，黄渡镇党政班子领导及镇红十字会有关人员在第一时间赶赴现场指挥，嘉定区区委书记陈先国、区长金建忠等区四套班子领导随后赶至现场，察看灾情，并慰问受灾群众。

嘉定区红十字会于8月17日上午接到黄渡镇红会的灾情报告。目前，住房修复工作及其他善后处理工作正在进行之中，受灾群众情绪稳定。

8月20日 区红十字会《关于转发〈关于下发〈上海市红十字示范社区验收标准〉的通知〉的通知》（嘉红〔2004〕24号）。

各镇、街道、工业区、新区红十字会：

为进一步推进社区红十字服务工作的开展，把“红十字关爱”送进社区，让红十字工作更好地融入社区、服务社区，充分发挥红十字会在社区建设中的独特作用，上海市红十字会结合市实际工作情况，修订了《上海市红十字示范社区验收标准》。现将上海市红十字会《关于下发〈上海市红十字示范社区验收标准〉的通知》（沪红发〔2004〕97号文）转发给你们。

请各单位认真学习文件精神，根据验收标准的具体要求，结合区域实际，落实各项措施，积极开展示范社区创建活动；已创建成功的单位，应对照标准落实整改措施，把上海市红十字示范社区创建工作推上新台阶，努力满足社区群众多层次的服务需求，使红十字会的救灾、救护、救助工作能更广泛、有效、持久地开展下去。

8 月 23 日 区红十字会下发《关于开展全区红十字卫生站情况调查的通知》（嘉红〔2004〕25 号）。

各镇、街道、工业区、新区红十字会：

为了更好地贯彻落实中国红十字会总会、民政部《关于开展社区红十字服务工作的通知》和《关于开展全国社区红十字服务示范活动的意见》以及市委、市府领导提出的“红十字会要把工作重点逐步向社区延伸”、“要巩固发展红十字卫生站，使其真正成为便民服务的基地”的指示精神，根据上海市红十字会《关于开展全市红十字卫生站情况调查的通知》（沪红发〔2004〕99 号）精神，我办将对全区红十字卫生站的管理和服务情况作一次全面的调查，现将具体事宜通知如下：

一、各镇、街道红十字会要尽快开展调查工作，务必认真、详实地填写表一、表二的有关内容（表格附后），要求一式三份，二份请于 9 月 1 日之前报嘉定区红十字会办公室，一份由单位留存。

二、上海市红十字会将根据实际情况，对部分红十字卫生站情况进行调研和抽查。

8 月 26 日 嘉定区少儿住院基金收费监督工作会议召开，各定点医院的业务分管院长、医务科长以及部分收费单位分管领导出席会议。区红十字会常务理事、区少儿基金管委会副主任黄士林主持会议，并作总结讲话，强调了会议的两个中心内容，即一方面加大宣传力度，提高覆盖率；另一方面加强监督力度，管好、用好基金。

9 月 1 日 上海市中小学生、婴幼儿住院医疗互助基金管理办公室批复嘉定区红十字会、嘉定区少儿住院基金管理办公室（沪儿基金办〔2004〕35 号），同意上海市嘉定工业区地段医院为少儿住院基金定点医院。

9 月 6 日 8 月 11 日起，区红十字会在全区范围内开展对我国部分受灾地区的援助工作，至 9 月 6 日止，共募集各类崭新的棉被、羽绒服、衣裤以及药品等救灾物资 12000 余件，估价 22 万余元；救灾款 13283 元。

9 月 16 日 区红十字会、区教育局《关于转发〈关于贯彻中国红十字会总会、中华人民共和国教育部〈学校红十字会工作规则〉实施意见的通知〉的通知》（嘉红〔2004〕26 号）。

各中、小学校、中专、职（技）校红十字会：

为进一步规范我区的学校红十字会工作，现将上海市红十字会、上海市教育委员会《关于贯彻中国红十字会总会、中华人民共和国教育部

〈学校红十字会工作规则〉实施意见的通知》（沪红发〔2003〕15号）转发给你们，请根据文件精神，加强组织建设，认真、规范地开展各项工作，把我区学校红十字会工作推上一个新台阶。

附件：《关于贯彻中国红十字会总会、中华人民共和国教育部〈学校红十字会工作规则〉实施意见的通知》（略）。

9月20日 嘉定区交巡警支队开展“千万人帮千家”募捐帮困活动，将18850元募捐款送到区红十字会。

10月8日 区红十字会决定，组织各镇、街道、工业区、新区红十字会同志，参加10月18日—22日由市红十字会于青浦上海市红十字备灾救灾中心举办的“中国红十字会彩票公益金项目救护师资培训班”。

10月18日 区红十字会与区医学会联合在嘉定工业区开展“敬老爱老医疗咨询活动”，服务达80余人次；向区红十字老年护理院、江桥镇红十字老年护理院以及工业区敬老院的老人送出慰问品194份，价值近9000元。各镇（街道）红十字会共慰问老人近800人次，送出慰问品及慰问金价值约6万元。

10月19日 区红十字会向上海德尔福派克电器系统有限公司发出“千万人帮千家”募捐帮困活动劝募书，募集扶贫帮困善款。

10月21日 区红十字会在嘉定区委党校开展安全员急救培训，全区63家施工企业的94名安全员参加了培训，由嘉定区红十字会师资朱学忠老师主讲。培训围绕现场急救“四项技术”（止血法、包扎法、骨折固定法、搬运法）、心肺复苏急救技术以及常见意外伤的处理等内容展开，尤其是对施工现场极易发生的各类事故的急救处置，通过现场演示和操作，让安全员对现场急救技术有更为直观的认识和了解，学以致用。

10月30日 区红十字会《关于下发〈2004年度镇（街道）红十字会工作考核内容及评分标准〉的通知》（嘉红〔2004〕27号）。

各镇、街道、工业区、新区红十字会：

根据上海市红十字会2004年度考核内容及评分标准，结合我区年初红十字工作计划以及区红会与各镇（街道）签订的红十字目标管理责任书等有关内容，现将《2004年度镇（街道）红十字会工作考核内容及评分标准》下发给你们，请按照要求认真做好准备工作。具体考核时间、考核形式另行通知。

附件：《2004年度镇（街道）红十字会工作考核内容及评分标准》（略）。

10 月 2004 学年少儿住院基金新学年收费工作基本完成，全区参加总人数 76690 人，覆盖率 98.87%，缴费金额 4011440 元。其中外来媳妇的学龄前子女 1574 人，缴费金额 94440 元；各学校中外来民工子女参加 9556 人，缴费金额 477800 元；外籍学生参加 16 人，缴费金额 800 元。

11 月 1 日 区红十字会部署各镇、街道、工业区、新区红十字会，对 2004 年红十字运动基本知识传播和“四五”普法工作进行总结并上报区红十字会。据统计，全区共举办了 40 期红十字运动基本知识传播培训班，有 4385 人参加了培训；举办了 34 期“四五”普法培训班，有 4107 人接受了培训。

11 月 29 日 区红十字会办公室下发《关于邀请出席全国社区红十字服务示范区评审工作会的通知》。

各镇、街道、工业区、新区红十字会：

为贯彻落实中国红十字会总会、民政部《关于开展全国社区红十字服务示范活动的意见》，进一步推进社区红十字服务工作的开展，使“红十字关爱进社区”活动更加深入。在申报、初审的基础上，由中国红十字会总会、民政部组成评审小组的全国社区红十字服务示范区评审工作现已开始。

兹定于 2004 年 12 月 2 日上午 9 时整在南翔镇人民政府（沪宜公路 8 号）二楼会议室召开“全国社区红十字服务示范区评审工作会”，对我区开展社区红十字服务示范活动进行评审。各镇（街道）出席人员如下：

1. 嘉定镇街道、新成路街道、真新新村街道、南翔镇、安亭镇、马陆镇、徐行镇、工业区红十字会会长（分管领导）及红会干部；

2. 江桥镇、黄渡镇、外冈镇、华亭镇、菊园新区红会干部。

会议重要，请各镇（街道）红十字会以上出席对象安排好工作，准时参加。

12 月 2 日 全国社区红十字服务示范区评审组对我区的创建工作进行评审。总会顾问孙爱明、总会赈济救护部社区服务处干部章红梅、北京市红十字会业务部干部陈波、天津市红十字会救护部副部长刘亚洲、上海市红十字会赈济救护部副处级调研员赵清永五位专家组成评审组。市红会常务副会长熊仿杰、赈济救护部副部长滕桂香、黄蔚，嘉定区副区长、区红会会长夏以群等领导出席会议。评审小组听取了我区创建工作报告，针对创建情况进行提问，认真审阅了创建活动资料，并实地参观了南翔镇虹翔居委及永乐村红十字卫生站。通过验收，评审小组一致认为，嘉定区红十字会在社区红十字服务方面做了大量的工作，取得了良好的社会效益，为红十字服务在社区的深入开展做出了积极的贡献。

12月17日 区红十字会下发《关于开展“庆百年博爱行”——2005年“千万人帮千家”红十字迎春募捐帮困活动的通知》（嘉红〔2004〕28号）。

各镇、街道、工业区、新区红十字会：

2004年，为纪念中国红十字会100周年诞辰，我区红十字会以“庆百年博爱行”为主题，开展了一系列切实有效的红十字人道主义活动，为群众解难，为政府分忧。为更好地贯彻落实市府提出的“做好为民实事工程”的有关精神，忠实履行政府人道救助领域助手的职责，配合政府加大迎春帮困工作力度。根据上海市红十字会《关于开展“庆百年博爱行”——2005年“千万人帮千家”红十字迎春募捐帮困活动的通知》（沪红发〔2004〕114号）文件精神，结合本区实际情况，我区将于2004年12月下旬起在全区范围内开展“庆百年博爱行”——2005年“千万人帮千家”红十字迎春募捐帮困活动，现将有关事宜通知如下：

一、活动时间

迎春募捐帮困活动从2004年12月下旬起至2005年1月下旬。

二、慰问对象

以红十字会“千万人帮千家”活动规定的五种对象为主，即对特困家庭中的肿瘤病患者、麻风病致残者、精神病患者、重病老人、遭遇意外事故的受害者等实施帮困慰问。其中五种对象中的少数民族居民、白血病患儿要适当兼顾。

三、募捐帮困形式

1. 以现金和实物的形式实施帮困。各镇、街道红会应尽力向当地政府或其他社会组织争取一定的配比资金及实物。

2. 各级红十字会要抓住迎春帮困活动这一有利契机，积极开展多种形式的募捐活动，做到募捐与帮困相结合，力争以帮困慰问活动促进募捐活动的进一步开展。

3. 在迎春帮困慰问活动中，应邀请有关理事和热心支持红十字事业的企、事业单位领导及社会知名人士参加慰问和现场募捐，以吸引更多的人关心和支持红十字事业。

四、活动要求

1. 对行动不便或有特殊困难者，予以上门慰问，对其他对象可采取上门慰问的形式或举行集中帮困仪式。

2. 在整个帮困慰问活动中要争取社会各方的支持与配合，加大宣传力度，争取有线电视台等各类媒体的支持，对典型事例要及时进行宣传报道，扩大红十字会影响面。

五、汇总要求

请将迎春帮困活动小结、红十字迎春帮困名单汇总表及软盘于2005年2月15日前上报区红十字会办公室。

12月下旬 嘉定区红十字会根据市红会《关于开展“庆百年博爱行”——2005年“千万人帮千家”红十字迎春募捐帮困活动的通知》（沪红发〔2004〕114号）精神，结合区域实际情况，在全区范围内开展2005年“千万人帮千家”红十字迎春募捐帮困活动。

12月23日 区红十字会《关于申请〈嘉定报〉专版用于红十字帮困工作的请示》（嘉红〔2004〕29号）。

区政府办公室：

红十字会是以“人道、博爱、奉献”为宗旨的社会团体，以关爱社会弱势群体，努力减轻人们的疾苦，优先救济困难最紧迫的人为己任，为促进人与人的相互了解、友谊和合作，在人道救助领域当好政府的助手，为构建和谐社会发挥积极的作用。为进一步加大对贫困人群的帮困救助力度，及时解决他们在生活中碰到的困难，提供急需的物资，同时也为机关、事业、企业各单位，社会各界人士搭建奉献爱心的平台，嘉定区红十字会拟在《嘉定报》定期（每月1—2期专版）刊登求助信息以及接受帮助的有关内容。

以上请示妥否，请批示。

12月24日 区红十字会向各基层红十字会印发第三届理事会理事成员名单，计有51位同志当选为新一届理事，区长金建忠为名誉会长，区人大副主任周丽玲为名誉副会长，副区长夏以群为会长，区卫生局局长陈进根为常务副会长，区民政局局长张潮、区教育局局长毛长红为副会长，区卫生局助理调研员黄士林为常务理事，区红十字会办公室主任朱培令为秘书长。

12月31日 区红十字会于区卫生局召开“嘉定区红十字会2004年募捐帮困工作会议”，副区长、区红会会长夏以群对2004年红十字会“千万人帮千家”募捐工作进行了总结，并向募捐工作先进单位颁发荣誉证章。

2005 年

1 月 4 日　区红十字会发出《关于向东南亚地区海啸灾害事故紧急捐款的呼吁书》。

2004 年 12 月 26 日，印度洋地区发生地震和海啸，目前已造成高达 14 万人死亡。国际社会在灾区实施的救援行动遇到很大的困难，且在印度和斯里兰卡等灾民营中已发现痢疾、疟疾、登革热等病例，疾病的治疗、控制和预防需要更多的经费投入。

国际灾害援助是红十字会的重要职责之一。为援助遭受地震和海啸影响的灾民，中国红十字会积极响应国际联合会的呼吁，并已于 2004 年 12 月 27 日、30 日分别捐助救灾款 66 万美元。然而，由于灾情严重，各受灾国灾民的需求不断增大。中国红十字会向全国各省级红十字会呼吁，要求积极开展救灾工作。为此，嘉定区红十字会根据上海市红十字会《关于东南亚地区海啸灾害事故捐款捐物情况的答复口径》《关于积极响应中国红十字会发出紧急捐款呼吁的通知》等文件精神，向我区各企、事业单位和广大市民发出紧急捐款呼吁，希望更多的社会救助款投入到当前东南亚地区的地震和海啸灾害救助工作中去。

根据红十字会与红新月会国际联合会规定：大型灾害发生后，只有应灾国明确要求，规定品种、规格、品名，才能对口进行捐物。且中国国内出口物资要接受整套检验，运输问题也很复杂，故本次募捐谢绝捐物。

本次救灾工作中，请各企、事业单位及广大市民的捐款一律交嘉定区红十字会，汇入嘉定区红十字人道救助基金（基金账号：嘉定区红十字人道救助基金　069079-02015513980　交通银行嘉定支行），由嘉定区红十字会汇总后统一汇入上海市红十字会人道救助基金。

如有疑难问题，请及时与嘉定区红十字会联系。

是日　嘉定区启良中学红十字会的陆老师和嘉定区卫生局离休干部党支部的于志锦书记，分别代表学校红十字会和离休支部的老干部们向嘉定区红十字会捐出500元和1000元赈灾善款。

1月5日　区红十字会在区卫生局业务大楼门口举行“灾害无情、爱心无限”——支援东南亚地区海啸受灾国救灾捐款活动。嘉定区卫生局机关、区疾病预防控制中心及卫生监督所、区血站、区卫生工作者协会、区爱国卫生委员会、区初级卫生保健管理办公室、区医疗保险事务中心、区红十字会等单位的220名干部职工当场募捐，共筹集捐款13305元。嘉定区副区长、红十字会会长夏以群个人募捐1000元；区红十字会常务副会长、区卫生局局长陈进根，区卫生局党委书记俞建忠，副局长方云芬、潘加生，科长陆璇等领导均募捐200元。嘉一联中的学生陆逸菲，当她得知妈妈所在单位在向海啸受灾国捐款后，执意要将自己平时省下的1000元压岁钱捐赠出来，请她妈妈带到募捐现场，表达她对灾区人民的关爱之情。

家住马陆不愿留名的孙先生，虽然双腿行走不便，但他拄着双拐来到了区红十字会，向灾区人民捐上500元。

截至今日，区红十字会已经接收到募捐款15555元，这些善款将全部用于东南亚地区的救灾工作。

此外，区红十字会还将在欧尚、乐购等大卖场设置募捐点，以方便嘉定居民募捐。

1月6日　四位来自嘉定葛隆药师殿学佛团的代表，代表近400名佛教信众、男女居士来到区红十字会，向灾区人民捐出30008元善款。

1月7日　嘉定区癌症康复协会的代表向区红十字会送来305名癌症患者捐献的1734.95元善款，以表达对东南亚震灾、海啸地区的一片关爱之情。

1月9日　区红会发表《嘉定区红十字会2004年工作总结》。

2004年嘉定区红十字会在嘉定区委、区政府的正确领导和上海市红十字会的具体关心指导下，认真贯彻执行《上海市红十字会2003—2008年工作规划提要》，以改善最易受损害群体境况为目标，发挥特色、服务社会，认真履行作为政府人道救助助手的职能，紧紧围绕“庆百年博爱行”活动主题，在备灾救灾、人道救助、红十字社区服务等方面开展了以下几项主要工作：

一、组织建设

加强组织建设，根据有关规定，按时召开代表大会，代表大会得到区领导的高度重视，四套班子的领导出席了大会，嘉定区委书记陈先国同志作了重要讲话。上海市红十字会常务副会长熊仿杰等有关领导也出席了大会，熊仿杰同志对嘉定红十字会工作提出了指导性意见，为嘉定今后的红十字工作指明了方向。

会员代表大会的顺利召开，极大地振奋全区红十字工作者的工作热情和奋斗精神，有力地推动了嘉定区红十字事业的发展。

（一）会员管理：年内对全区所有红十字会员名册重新整理，会员名册电脑管理。据统计，2004 年 11 月我区会员总数为 41926 人，其中青少年会员 28480 人，会员总数比上年 35445 人增加了 6481 人，增加比例为 18.3%。规范会费收缴，区红会办根据收缴比例共收到会费 35805.9 元。

（二）年终报表：及时准确完成年度业务统计报表，电脑打印，确保报表整洁、清晰、美观，并按时上交市红会。

（三）对团体会员单位指导：截至 2004 年 12 月底，全区共有团体会员单位 248 家，会员单位信息均登记造册，输入电脑。年内发展团体会员单位 35 家，其中有 7 家企业。在救灾款物募集、人道救助基金募集、社区服务等各项活动中，各团体会员单位都能积极参与，为红十字服务工作的开展发挥了积极的作用。

二、赈济救护

（一）人道救助基金募集（“庆百年博爱行”、“千万人帮千家”）：为规范人道救助基金的管理，我区制定了《嘉定区红十字人道救助基金管理办法》《嘉定区红十字人道救助基金管理办法实施补充意见》等制度；年内募集人道救助基金 88.89 万元，到 2004 年底，人道救助基金总额为 188.48 万元。

（二）捐款上缴市红会：

1. “千万人帮千家”人道救助基金上缴市红会 12 万元；

2. 在“庆百年博爱行”开幕式上，嘉定区中心医院及嘉定、江桥护理院向市红会捐款 1.3 万元；在抗洪救灾工作中，积极发动社会各界踊跃募捐，上缴市红会捐款 11283 元，捐物价值 22.75 万元。

（三）募捐箱管理：年内选择大型超市、私营城、酒店等有条件的场所新设募捐箱 47 只，目前，全区共有募捐箱 160 只（包括社区红十字卫生站募捐箱 45 只）。募捐箱信息输入电脑，规范管理，开启有记录，年内共收到募捐箱捐款 5473.77 元。

（四）物资募集站：今年共募集到价值 22.75 万元的药品、棉被、衣服等各类物资，按照《嘉定区红十字会衣被捐赠接受站、物资调剂中心管理办法》的有关规定，出入库手续完备，登记齐全。现有库存物资管理规范，账物相符，手续完备，所有账目均输入电脑，清晰准确。

（五）帮困救助：建立帮困户名册，全区共有特困户988户，资料输入电脑。认真及时处理来信来访，年内共处理来信来访19人次，其中9人为帮困申请，帮困额为6400元。开展迎春帮困、医疗帮困、医保帮困、少儿基金帮困、助学帮困、敬老慰问等各项活动，使用人道救助基金21.2万元，帮困慰问人数达1241人。

三、社区红十字服务工作

（一）红十字卫生站：制订《嘉定区2004—2006年社区红十字服务工作规划》，通过协调，将红十字社区工作纳入区精神文明创建内容及建设健康城区三年行动计划及评估体系内容。制定《红十字卫生站管理办法》，加强对红十字卫生站建设的管理。全区45个卫生站均落实场地、人员和经费，正常有序地开展社区服务工作。

（二）申报示范城区（街道）工作：我区红会通过市红会初审并参加总会示范活动，全区共有8个镇（街道）参加上海市红十字服务示范社区的创建工作。在总会验收活动中，各项工作得到了评审组成员的一致认可。

（三）救灾网络：建立救灾网络，全区共有救灾联络员251名，资料输入电脑；建立群众性救护队，共有救护队成员284人，积极发挥作用，定期在社区内开展活动，普及救护知识。今年夏天在我区真新、江桥等地区发生的强风暴雨灾害中，我区红会及时上报灾情，市、区、镇红会在第一时间内上门慰问伤亡人员及其家属，送出慰问款5500元，为安抚受灾群众情绪起到了积极的作用，充分发挥了救灾网络、救灾联络员在救灾工作中的作用。

四、大型活动

红十字大型活动：为纪念“5·8”世界红十字日，我区于5月7日上午在嘉定商城门口开展“5·8”世界红十字日纪念活动，活动邀请了近20名医疗专家开展医疗咨询和诊疗服务。同时，还邀请了2名造血干细胞捐献志愿者和2名遗体捐献志愿者，进行现场咨询和登记；嘉定区血站也大力配合活动的开展，27名志愿者当场献血；43名红十字青少年会员参加红十字上街劝募活动，共募得善款1712.90元。另外，组织开展黑板报展评，并向行人发放专版刊登红十字会有关内容的《嘉定报》以及遗体捐献、造血干细胞捐献、少儿住院基金、健康保健等宣传资料上千份。此次活动通过嘉定电视台公开在媒体报道。

五、志愿服务工作

（一）志愿工作者队伍建设：建立志愿工作者队伍，加强规范管理，名册输入电脑。目前，我区共有622名红十字志愿工作者，对其中近400名工作者填写志愿工作者登记表，发放志愿工作者证书，实行挂牌上岗，规范服务。

（二）遗体捐献登记站工作：有专人负责遗体捐献登记工作；志愿捐献者资料每月及时上传市红会及接受站；统计表按时上报，数据填写准确；积极开展“遗体捐献纪念日”活动，组织已实现遗愿的捐献者家属11人参加市红会组织的纪念活动；组织19名遗体志愿捐献者赴同济大学遗体接受站进行实地参观，并召开座谈会；向捐献志愿者发放首日封和感谢信，在嘉定报刊登专刊，通过宣传和活动，遗体捐献越来越为人们所接受，我区今年遗体捐献登记人员有54人，比历年的年平均数增加了一倍多，现有登记人数163人，角膜捐献登记人员1名。我区13个镇（街道）均设有登记分站，方便群众就近登记，必要时提供上门登记服务；并在45个红十字卫生站建立遗体捐献咨询点。

（三）红十字培训工作：全年开展群众性现场初级急救培训达7010人次；开展“三位一体”培训达23676人次。

（四）无偿献血：积极开展无偿献血宣传活动，在“5·8”世界红十字纪念日等大型活动中会同区血站开展无偿献血工作，进一步推动了无偿献血事业的发展。

（五）造血干细胞捐献：开展造血干细胞捐献的宣传活动，在大型纪念活动中，以及在全区45个红十字卫生站发放宣传资料，今年共有19名志愿者前来登记。

加大宣传力度，在今年的《嘉定报》上刊登了两期红十字专版，介绍红十字运动有关知识，宣传遗体（角膜）捐献、造血干细胞捐献等一系列工作，在嘉定形成一个良好的氛围。

六、红十字青少年工作

（一）红十字达标学校：按“沪红发〔2003〕15号文”要求理顺红十字达标学校管理体制，全区57所中小学校、职技校均成立学校红十字会，年内民办槎溪高级中学、南苑中学、李园中学、封浜中学等4所学校创建区级红十字达标学校，经区红会、区教育局验收达标。

（二）红十字青少年工作委员会：经嘉定区红十字会常务理事会研究决定，成立嘉定区红十字青少年工作委员会，制定工作职责，并积极开展工作。

（三）少儿住院基金基础工作：2004 学年少儿住院基金的覆盖范围、收费标准、结算比例等都有了新的调整，面对困难和压力，我们早作计划、充分准备，采取一系列措施，及时完成收缴任务。今年参加总人数 76690 人，覆盖率 98.87%，收费总金额 4011440 元，参加总人数比去年增加 2766 人，收费总金额比去年提高了 73.9%；其中外来媳妇的学龄前子女增加了 1574 人。基金收缴规范，名册齐全，各项财务管理制度完善，管理有序。

（四）少儿住院基金审核监督：2003 学年召开定点医院会议两次，会议记录完整；按时准确上报费用分析月报，并在定点医院会议上公布数据分析情况，实行动态反馈，发挥监控作用；加强日常管理，做好初审、复审及专家会审的准备；做好大病门诊审核结算，按规定及时上报；每月定期组织区少儿基金专家组成员对定点医院进行检查，当场反馈检查结果，提出整改意见，详细登记，定期分析；积极配合市专家组的工作，2003 学年少儿住院基金使用比例控制在 99.64%。

（五）红十字青少年培训：在学校内开展项目初级急救知识及人道法的传播、培训，在 3 月 10 日庆百年活动中，通过多种形式对万余名红十字青少年进行了急救知识及人道法的传播培训。

七、信息交流工作

今年是第 57 届世界红十字日。为隆重纪念这具有特殊意义的日子，我们紧紧围绕“庆百年、博爱行”这一活动主题，在全区范围内以开展“四五”红十字法规和红十字运动基本知识的普及培训、拉横幅、出展板、电视台及报刊宣传、举行大型的纪念活动、义务医疗咨询等多彩的形式、丰富的内容、深刻的寓意积极开展纪念活动。同时按照信息传播部要求做好宣传资料的征订和信息交流工作：

（一）宣传资料：征订《中国红十字报》、《博爱》杂志各 129 份，征订《上海红十字报》5250 份；“5·8”期间购买 1.47 万元的横幅、首日封等宣传资料。

（二）“四五”普法、人道法传播：开展“四五”普法培训及宣传达 21559 人次，人道法培训 385 人次。

（三）简报及情况汇报：年内发行简报 6 份，并及时上报市红会；在《上海市红十字报》上刊登简讯 23 条，在《嘉定报》等报刊上刊登简讯 11 条，并通过嘉定卫生信息网发布简讯；另外，在嘉定电视台宣传 14 次。各类活动及时书面上报市红会，声像资料齐全。

八、特色工作

（一）会员发展和规范管理（详见汇报材料）。

（二）现场初级急救培训到工地。

为进一步促进施工企业应急救援组织的建立以及完善施工现场应急救援人员的配备，嘉定区红十字会根据嘉定区副区长、区红十字会会长夏以群把红十字急救培训落实到建筑工地上的指示精神，在嘉定区建委、区建筑业管理所的大力支持下，会同嘉定区建设工程安全质量监督站联合举办了两期“专职安全员红十字现场初级急救知识培训班”，并将培训作为我区施工企业安全生产许可证申领、发放工作的一项内容。

全区73家施工企业的104名安全员参加了培训，培训围绕现场急救“四项技术”（止血法、包扎法、骨折固定法、搬运法）、心肺复苏急救技术以及常见意外伤的处理等内容展开，着重对施工现场极易发生的各类事故的现场急救进行了生动具体的讲解，并通过现场演示和操作，使各位安全员对现场急救技术有了更为直观的认识和了解。他们普遍认为，参加这次培训很有必要，掌握一定的急救知识和急救技术，对于处理意外伤害、减少因事故造成的损失具有非常积极的作用，特别是在建筑工地等容易发生意外事故的施工现场，显得尤为重要。

这次对施工单位专职安全员进行现场初级急救的培训，是我区红十字现场初级急救技术深入建筑业的初步尝试，培训工作的顺利开展，为保障施工现场安全，应对突发事件，提高紧急救护、自救互救能力，保障施工人员人身安全，促进施工单位的安全工作起到了非常积极的作用。今年我区急救培训工作有新的突破，共有228人取得现场初级急救培训合格证书。

附：2005年工作要点。

一、加强组织建设，根据上海市编办和嘉定编办有关文件精神，积极准备，认真做好理顺编制体制工作。

二、进一步加强红十字精神宣传力度，在“5·8”世界红十字日活动期间，开展大型隆重的宣传纪念活动，从而进一步增强社会各界对红十字会工作的认识和理解，为红十字事业的发展奠定更广泛的群众基础。

三、拓宽“千万人帮千家”的募捐渠道，及早编制募捐计划，争取在项目募捐上有所突破，加强募捐力度，增强救助能力，扩大受助范围，以帮困来推动募捐工作。

四、不断巩固和完善全国社区红十字服务示范区。切实加强对红十字卫生站的建设和管理，把“红十字关爱”送进社区，抓好一支救护队伍，开展“三位一体”培训，不断提高居民的自救互救能力。

五、在加强和巩固红十字青少年工作现有成绩的基础上，争取在大学中开展红十字工作，力争有所突破，完善会员制度，争取在青少年会员中实行会员注册制度。

2005 年已经到来，在全国红十字会第八次会员代表大会会议精神的强劲东风鼓舞下，在市红会的关心和指导下，我们要团结一致，齐心协力，扎实工作，开拓创新，为红十字会工作不断上新的台阶而努力。

1 月 10 日 区红十字会制订 2005 年工作计划，确定年度工作要点。一是以《上海市红十字会条例》颁布十周年为契机，加大宣传力度，推进依法兴会；二是加强组织建设，理顺红十字会管理体制；三是不断拓宽募捐渠道，努力做好救助帮困工作；四是以红十字卫生站为抓手，深入开展社区红十字服务工作；五是深化红十字青少年工作，规范少儿住院基金管理；六是大力发展志愿工作者队伍，推进红十字事业不断向前发展。

1 月 24 日 嘉定区人大副主任陆奎明、副区长邵林初、区政协副主席沈云娟、区卫生局副局长潘家生等领导在区红会有关人员的陪同下，走访慰问了新成路街道、真新新村街道的 2 户因患重病而导致生活困难的家庭，为他们送上了 500 元慰问金及一条棉被，并向他们表示最亲切的慰问，鼓励他们树立信心，克服暂时困难，勇敢面对生活。

各镇（街道）红会分管领导都亲自带头参与走访慰问工作，把红十字爱心送到每一户特困家庭。

1 月 27 日 区红十字会在徐行镇协通度假村召开 2004 年度镇、街道红十字会工作总结会，对获奖的镇、街道进行颁奖。2004 年真新新村街道、嘉定镇街道、南翔镇、安亭镇荣获考核一等奖；徐行镇、嘉定工业区、马陆镇、新成路街道荣获二等奖；江桥镇、外冈镇、华亭镇、黄渡镇、菊园新区荣获三等奖。

1 月 区红十字会开展 2005 年“千万人帮千家”红十字迎春帮困活动，向全区 13 个镇（街道）红会发放了 210500 元慰问金及价值 193273 元的慰问品，镇（街道）红会配备慰问金 37800 元，共向全区 964 名特困人员进行了走访慰问，在新年前夕送去了冬日里浓浓的情意和暖暖的问候。

2 月 2 日 上海市红十字会下发通知，2004 年度区县红十字会工作考核结果，嘉定区红十字会为“优秀”。

2月16日 中国红十字会总会、民政部下发《关于表彰全国社区红十字服务示范市（区）的决定》（红赈字〔2005〕16号），嘉定区被命名为全国社区红十字服务示范区。

2月25日—27日 中国红十字会在福建省厦门市组织召开"中国红十字会2005年工作会议暨全国社区红十字服务示范市（区）命名表彰大会"，对2004年成功创建全国社区红十字服务示范市（区）的28个单位进行表彰，我区红十字会常务理事黄士林代表嘉定区红十字会出席大会，接受命名表彰。

2月 2004年12月26日东南亚地震、海啸发生后，区红十字会向全社会发出紧急募捐呼吁，在不到一个月的时间里，募集海啸救灾款85.76万元，估计约有5万余名嘉定居民参与了募捐活动。

3月1日 为纪念《上海市遗体捐献条例》实施四周年暨上海市遗体捐献纪念日，区红十字会组织45名遗体（角膜）捐献志愿者及捐献者家属赴青浦福寿园参加上海市红十字会组织的"上海市遗体捐献纪念日活动暨上海市红十字青少年教育基地揭牌仪式"，并向全区168名遗体（角膜）捐献志愿者送上一封慰问信。

3月11日 区红十字会决定，于2005年3月18日（星期五）在嘉定区卫生局召开"嘉定区红十字会第三届理事会第三次会议"，议程包括：通过调整理事决议，向新任理事颁发证书；审议通过嘉定区红十字会2004年工作报告；传达中国红十字总会2005年工作会议暨全国红十字服务示范区命名表彰大会会议精神；向理事会报告红十字人道救助基金财务情况；区红十字会与镇（街道）红十字会签订目标管理责任书等。

3月16日 区红十字会下发《关于调整嘉定区中小学生、婴幼儿住院医疗互助基金管理委员会成员的通知》（嘉红〔2005〕4号）。

各有关单位：

根据嘉定区红十字会、嘉定区教育局、嘉定区卫生局《关于调整嘉定区中小学生、婴幼儿住院医疗互助基金管理委员会成员的通知》（嘉红〔2003〕5号）文件精神，根据职务岗位确认管委会组成成员，如遇职务岗位上的人员发生变动，则新担任该职务的同志自然接任为嘉定区少儿基金管委会成员。经研究决定，调整后少儿基金管委会组成成员名单如下：

主　　任：区红十字会会长、副区长夏以群。

常务副主任：区红十字会常务副会长、区卫生局局长陈进根。

副　主　任：区教育局副局长俞勇彪、区红十字会常务理事黄士林。

委　　员：区卫生局预防监督科科长杜惠琴，区教育局教育科钱晓强，区红十字会秘书长、区红会办主任朱培令。

少儿基金管委会下设办公室，办公室成员组成如下：

主　　任：朱培令；成员：李海青、沈素倩。

3月18日　区红十字会第三届理事会第三次会议在区卫生局顺利召开。会议由区红会副会长、区教育局局长毛长红主持，区红会会长、副区长夏以群，区红会常务副会长、区卫生局局长陈进根等领导出席会议。会议审议了工作报告，并通过了调整理事的名单。有6名理事因工作调动不再担任理事职务，有关单位推荐了相应岗位的领导同志担任区红十字会理事，夏以群会长为5位新任理事颁发了理事证书。陈进根同志向各位理事作了题为《以"庆百年博爱行"为抓手、开创红十字事业新业绩》的工作报告。夏以群会长同全区13个镇、街道、工业区、新区红十字会的会长签订了《嘉定区红十字会二〇〇五年红十字目标管理责任书》，进一步明确了年度工作要求。

是日　嘉定区红十字会第三届理事会第三次会议宣布《关于通过调整理事的决议》。

根据《中国红十字会章程》有关规定，经嘉定区红十字会第三届理事会第三次会议审议并通过，原嘉定区红十字会第三届理事会理事：工业区韩强、外冈镇徐建元、徐行镇陈振华、卫生局郑益川、中心医院范思陶、区政协朱青等同志因工作变动等原因，不再担任理事，原理事单位依次推荐张敏、朱敏、王瑛瑾、方云芬、应秀玲等同志继任理事。

附继任理事基本情况：

张敏，男，工业区管委会社会发展部部长；

朱敏，男，外冈镇人民政府副镇长；

王瑛瑾，女，徐行镇人民政府副镇长；

方云芬，女，嘉定区卫生局副局长；

应秀玲，女，嘉定区中心医院院长、书记。

同日　区红十字会、区教育局联合下发《关于开展"生命绿卡——爱心故事"征文演讲比赛的通知》（嘉红〔2005〕5号）。

嘉定区各中、小学校、职（技）校：

上海市中小学生、婴幼儿住院医疗互助基金是由市红十字会、市教育委员会、市卫生局联合举办的一项非盈利的互助共济的社会公益性事业。自1996年成立以来，少儿基金已进入了第九个年头。八年来，少儿住院基金先后为55.8万人次患病少年儿童支付了4.1亿元人民币的医疗费用，有效减轻了患儿家庭的经济负担，保障了全市少年儿童的健康成长，促进了社会的稳定与发展。因此，被社会各界和广大市民誉称为“少年儿童健康的保护神”。

为了使广大少年儿童进一步了解参加少儿住院基金的意义，崇尚我为人人，人人为我的理念，树立相互关爱的道德品质，进一步做好少儿住院基金工作。根据上海市少儿基金办《关于开展〈生命绿卡——爱心故事〉演讲比赛的通知》的精神，我区红十字会结合区域实际，积极参与市红十字会、市教委、市卫生局、少年报社及市少儿基金办联合举办的“生命绿卡——爱心故事”演讲比赛。现将有关事宜通知如下：

一、参加人员

（一）参加少儿住院基金在校就读的高中（含中专、职技校）、初中、小学学生；

（二）参加少儿住院基金学校的教师和学生的家长。

二、选拔方式

（一）本次选拔赛分两大组进行：

1. 学生组：分三个年级组［高中（含中专、职技校）、初中、小学］分别进行。要求每个学校选送学生优秀文章2篇报区少儿基金办，由区基金办会同区教育局教育科组织专家评定，每个年级组评选出一等奖1名，二等奖2名，三等奖3名，并择优选送15篇文章参加市级选拔，经市专家评审后，择优参加演讲决赛。

2. 成人组（教师和家长）：要求每个学校选送教师或家长的优秀文章1篇报区少儿基金办，经专家评定，选出一等奖1名，二等奖2名，三等奖3名。

（二）选拔赛的形式为文字稿，决赛的形式为演讲。经市级评选出的优秀文章将在少年报和红十字报上刊登。

三、征文（演讲）主题

通过具体的事例，以不同的视角反映少儿住院基金帮助患病少年儿童战胜疾病，减轻家庭经济负担，有利于少年儿童健康成长，体现互助互爱、人人为我、我为人人的良好道德品质，体现“向社会献一片爱心、给家庭留一份安心”的精神风貌，以及工作中的酸甜苦辣。

四、组稿要求

字迹端正、清晰，文字简洁流畅，真情感人。高中组组稿字数不少于1200字；初中组组稿字数不少于800字；小学组组稿字数不少于400字；成人组组稿字数不少于1200字。

请各学校接到本通知后，积极组织学生、教师及学生家长踊跃参与，并请于4月8日前将选拔出的参赛征文及人员名单（见附件）上报嘉定区少儿住院基金管理办公室。

3月29日 区红十字会《关于印发〈嘉定区红十字会2005年工作计划〉和〈嘉定区红十字会2004年工作总结〉的通知》（嘉红〔2005〕6号）。

各镇（街道）红十字会、卫生系统红十字团体会员单位：

现将《嘉定区红十字会2005年工作计划》和《嘉定区红十字会2004年工作总结》印发给你们，请按照文件要求结合本单位实际认真贯彻落实。

4月12日 区红十字会制订纪念“5·8”世界红十字日活动计划，内容包括：一、加强宣传力度，营造纪念氛围；二、倡导人道理念，开展纪念活动；三、注重积累总结，做好上报工作。

4月13日 区红十字会《关于申请〈嘉定报〉专版开展“红十字知识有奖竞答”活动的请示》（嘉红〔2005〕8号）。

区政府办公室：

今年5月8日，是第58届世界红十字日；6月16日，是《上海市红十字会条例》颁布10周年。为纪念这两个具有特殊意义的节日，嘉定区红十字会拟于“5·8”期间，通过《嘉定报》开展“红十字知识有奖竞答”活动，以此进一步推动普及“四五”红十字法律法规、红十字运动基本知识及国际人道法知识，让更多的居民参与进来，在全区营造学法、用法、遵法、守法的良好氛围，进一步扩大红十字会的社会影响，弘扬“人道、博爱、奉献”的红十字精神，为提升我区城市精神风貌、提高人文素质发挥积极而独特的作用。

为此，区红十字会拟于2005年5月8日前夕，申请一个《嘉定报》专版用于开展“红十字知识有奖竞答”活动。

4月19日 区红十字会《关于开展“5·8”世界红十字日大型纪念活动的请示》（嘉红〔2005〕9号）。

嘉定公安分局治安支队：

今年5月8日是第58届世界红十字日，6月16日是《上海市红十字会条例》颁布10周年。为纪念这两个具有特殊意义的节日，嘉定区红十字会拟于5月8日下午，在嘉定镇街道清河路登龙广场举办“5·8”世界红十字日大型纪念活动，举行“青春，点燃生命的希望——嘉定区青年献血志愿者行动暨造血干细胞集中血检仪式”，并开展医疗服务、家电维修等服务项目，参加活动人数约300人。通过活动来进一步扩大红十字会的社会影响，弘扬“人道、博爱、奉献”的红十字精神，为提升我区城市精神风貌、提高人文素质发挥积极而独特的作用。以上请示当否，请批复。

4月20日 区红十字会举办“嘉定区红十字会国际人道法培训班”，邀请上海市红十字会信息传播部部长田永波主讲，全区13个镇、街道、工业区、菊园新区红十字会的红会干部、红十字卫生站负责人、红十字志愿工作者、红会会员等202人参加了培训。

5月8日 共青团嘉定区委、区卫生局、区红十字会联合举办的“青春，点燃生命的希望——嘉定区无偿献血青年志愿者宣传服务队成立仪式暨造血干细胞捐献集中血检活动”，于嘉定镇清河路灯笼广场隆重举行。市红会常务副会长熊仿杰，区委副书记陆学明，副区长、区红会会长夏以群，区卫生局局长、区红会常务副会长陈进根，区卫生局党委书记俞建忠，团区委书记甘永康等领导出席仪式。成立“无偿献血青年志愿者宣传服务队”，300名志愿者当场进行了血检，22名志愿者参加无偿献血；同时，开展“红十字为民服务”近百人。

是日 为纪念第58届世界红十字日及《上海市红十字会条例》颁布十周年，普及红十字法律法规、红十字运动基本知识及国际人道法知识，进一步弘扬“人道、博爱、奉献”的红十字精神，嘉定区红十字会于世界红十字纪念日活动期间，举办红十字法律法规及基本知识竞赛，通过《嘉定报》及嘉定卫生健康网开展红十字知识有奖竞赛活动。有10605人参加了竞赛活动，在答案完全准确的7897张答题卡中按规定抽取产生了100名获奖者，每人发放了价值50元的奖品。

区红十字会开展了对农村贫困家庭的医疗帮困工作，将全区各红十字团体医疗单位“5·8世界红十字日”当天募捐的诊疗费及有关企业的募捐款制成医疗帮困卡，于8月底之前发放到全区132名因病致贫的困难群众手中，价值46200元。

同日 真新新村街道红十字会召开第二次会员代表大会，区红十字会常务理事黄士林到会祝贺。

5月17日 区红十字会下发《关于加强社区红十字志愿工作者队伍建设的通知》（嘉红〔2005〕10号）。

各镇、街道、工业区、菊园新区红十字会：

为了更好地贯彻落实中国红十字会总会、民政部《关于开展社区红十字服务工作的通知》和《关于开展全国社区红十字服务示范活动的意见》以及市委、市府领导提出的“红十字会要把工作重点逐步向社区延伸”、“要在社区积极发展红十字会员和志愿工作者，广泛开展救护培训”、“巩固发展红十字卫生站，使其真正成为便民服务的基地”的指示精神，我会根据上海市红十字会《关于加强社区红十字志愿工作者队伍建设的通知》（沪红发〔2005〕51号）文件精神，要求各镇（街道）充分利用社区资源，动员和招募更多的社会热心人士，作为社区红十字志愿工作者，参与和协助红十字会开展社区服务工作，把红十字关爱送进社区，使红十字会救灾、救助、救护工作能广泛、深入、持久、扎实地开展下去。现将加强社区红十字志愿工作者队伍建设的具体要求通知如下：

一、组建群众性社区红十字救护队

各镇（街道）要建立一支群众性的社区红十字救护队，并进行统一培训。对已成立的红十字救护队，要加强队伍的调整、充实和提高，并进行复训。凡经过培训和复训的救护队员，均颁发由市红十字会印制的资格证书和志愿工作者证书。要充分发挥红十字救护队在社区开展急救、救护培训以及在意外伤害和突发事件中的自救互救和指导作用。

二、组建社区红十字卫生站志愿工作者队伍

招募社区内有专长的离退休人员，建立一支稳定的、能长期参加红十字卫生站服务工作的志愿工作者队伍（每个卫生站争取配备5至8名志愿工作者），协助社区红十字卫生站专兼职干部，开展红十字知识传播、便民服务和人道救助等日常工作。

三、组建社区红十字综合服务志愿工作者队伍

发展来自于社区企事业单位（街道、医院、学校、企业等）在职和离退休人员，组建一支具有不同专业技能、服务时间灵活、热心社会公益事业的综合性志愿服务队，协助红十字会在社区广泛开展救灾、救助、募捐工作；开展小修小补、理发、社区医疗健康咨询等便民服务。

请各镇（街道）红十字会根据通知要求，结合具体情况，认真做好社区志愿工作者队伍的动员、招募、疏理、培训及活动开展等各项工作。并认真填写附表内容（见附件），于6月6日前将附表及软盘上报

嘉定区红十字会办公室。

5月19日 嘉定区召开少儿基金收费监督工作会议，各一级定点医院院长、二级定点医院院长及分管院长出席会议。区红会办主任朱培令向与会人员汇报了我区2004学年少儿基金工作的开展情况。会上，区卫生局副局长方云芬要求各定点医院进一步落实考核制度、加强监督力度，正确使用基金，保障患儿的基本医疗需求，使有限的基金能发挥更大的保障作用。

5月27日 区红十字会《关于进一步加强本区红十字会工作意见的请示》（嘉红〔2005〕11号）。

嘉定区人民政府：

根据《国务院办公厅转发中国红十字会总会关于进一步加强红十字会工作意见的通知》（国办发〔2004〕85号）和《上海市人民政府办公厅转发市红十字会关于进一步加强本市红十字会工作意见的通知》（沪发〔2005〕12号）通知精神，现就我区进一步加强红十字会工作提出意见。如无不妥，请批转各镇人民政府、街道办事处和区各委办局等单位遵照执行。

附：《关于进一步加强本区红十字会工作的意见》。

根据《国务院办公厅转发中国红十字会总会关于进一步加强红十字会工作意见的通知》（国办发〔2004〕85号）和《上海市人民政府办公厅转发市红十字会关于进一步加强本市红十字会工作意见的通知》（沪发〔2005〕12号）通知精神，现就进一步加强我区红十字会工作提出如下意见。

一、充分认识红十字会的地位和作用

国际红十字运动以“人道、公正、中立、独立、志愿服务、统一、普遍”为基本原则，以保护人的生命和健康，保护人类尊严，促进人与人之间的相互了解、友谊和合作，促进持久和平为宗旨。中国红十字会奉行国际红十字运动的基本原则和宗旨，弘扬“人道、博爱、奉献”的红十字精神，致力于“动员人道力量、改善最易受损害群体的境况”，协助政府开展人道主义救助工作，是我国社会主义现代化建设的重要力量。大力发展红十字事业，是实践“三个代表”重要思想，树立和落实以人为本、全面协调可持续科学发展观的必然要求，是国家的需要、人民的需要、也是时代发展的需要，对加强社会主义物质文明、政治文明和精神文明建设的协调发展，构建社会主义和谐社会，实现全面建设小康社会的目标，具有重要的意义和作用。

各镇（街道、工业区、菊园新区）人民政府、各部门及有关单位要高度重视、关心和支持红十字会工作，把支持红十字事业的发展作为义不容辞的重要责任。要认真贯彻落实《中华人民共和国红十字会法》和《上海市红十字会条例》，保障各级红十字会依法独立自主地开展工作。要把支持红十字事业发展的工作摆到重要议事日程，纳入地方经济社会发展计划。要与转变政府职能紧密结合起来，切实加强红十字会工作，充分发挥红十字会在协助政府开展人道主义援助和促进经济社会发展等方面的积极作用。要充分调动社会各方面的积极性，形成全社会支持红十字会工作的良好局面。

二、切实加强对红十字事业的扶持

要加大对红十字事业的支持力度，切实帮助解决红十字事业发展中遇到的困难和问题。帮助并鼓励红十字会继续做好备灾救灾、社会募捐、初级卫生救护培训、社区红十字服务、宣传推动无偿献血、中国造血干细胞捐献者资料库建设、遗体（角膜）捐献、宣传预防艾滋病防治知识和关怀艾滋病病毒感染者及患者、红十字青少年活动以及跨地区交流与合作等公益性工作。要依法将资助红十字事业的经费纳入各级财政预算，支持红十字会的人道主义救助工作和有关公益性工作。

要充分利用社区资源，支持和加强红十字卫生站建设，把社区红十字服务工作纳入文明小区建设规划中。充分发挥红十字会会员和志愿工作者的积极作用，推动社区红十字工作的开展。

各理事单位、文明单位、危险作业单位要积极支持红十字会开展群众性卫生救护知识、防灾逃生知识、家庭护理知识、居家安全保健知识的培训，并把培训与安全生产、职业培训、精神文明建设以及发展红十字会组织结合起来。通过培训，增强市民在应对突发性事故灾害中的自救互救能力，进一步保障人民群众的生命安全。

对红十字会兴办与其宗旨相符的社会福利事业和社区红十字服务项目，要按照有关规定给予政策优惠和扶持；对红十字会的救灾救助物资，要按照法律和行政法规的有关规定优先运输、优先放行，并减免有关费用。

各新闻媒体要积极支持红十字公益宣传，让红十字“人道、博爱、奉献”精神，成为嘉定精神文明建设中一道靓丽的风景。

三、切实帮助红十字会提高救助能力

要帮助红十字会建立有效筹资机制，不断增强救助能力。支持红十字会依据《中华人民共和国红十字会法》《中华人民共和国公益事业捐赠法》及《上海市红十字会条例》的有关规定募集资金，支持红十字会拓宽民间捐资、社会募捐等各种筹资渠道。

红十字人道救助作为政府在人道救助方面的有效补充，有其不同于其他社团组织的特殊性和重要性。因此，在建立各级灾害救助体系、人道救助体系中，要充分考虑发挥红十字会的作用。

四、大力加强红十字会组织机构和干部队伍建设

要支持红十字会加强干部队伍和组织机构建设，提高依法履行职责以及开展各项活动的能力和水平。要按照《中华人民共和国红十字会法》《上海市红十字会条例》的规定以及《关于理顺区县红十字会管理体制有关问题的通知》（沪编〔2004〕161号）的要求，切实完善红十字会管理体制。

各镇（街道）要配备有事业心、有责任心、有爱心的红十字会专（兼）职干部，并加强对干部的培训，不断提高干部的思想政策水平和业务能力，努力建设一支爱岗敬业、乐于奉献、勇于开拓、精通业务、廉洁公正、会做群众工作的干部队伍。

区红十字会理事单位要积极加入团体会员单位，为红十字事业多做贡献。要充分发挥各级红十字会理事会、基层组织、会员和志愿工作者的作用，广泛动员社会力量，合理利用社会资源，形成优势互补、有效合作、共同提高的社会化工作体制，努力把红十字会建设成为充满生机与活力、密切联系群众、符合自身特点的从事人道主义工作的社会救助团体。

6月1日 区红十字会开展“庆六一、献爱心”活动，向区内部分大病儿童送去节日祝福。嘉定区副区长、区红十字会会长夏以群，区红会常务副会长陈进根，常务理事黄士林等领导先后上门走访慰问了9位大病儿童，给他们送上慰问金共计9000元，并向每一位小朋友送上节日礼品一份，祝他们儿童节快乐，早日战胜病魔，恢复健康。

6月7日 上海市红十字会下发《关于印度洋海啸募捐工作的表彰决定》（沪红发〔2005〕72号），嘉定区红十字会被授予“海啸募捐工作优秀组织奖”。

6月12日 区红十字会就“5·8”世界红十字日纪念活动开展情况进行总结。初步统计，全区各级红十字会在“5·8”期间，组织观看红十字系列节目5万余人次；上街宣传近3千人次；举办“四五”普法培训班52次，参加培训4644人次；参加黑板报展评599块；广播及画廊宣传436次；争做好人好事2424件；医疗咨询服务设点122个，参加医务人员300余名，服务8487人次。

6月20日 区红十字会下发《关于认真做好2005年洪涝灾害救助工作的通知》（嘉红〔2005〕12号）。

各镇、街道、工业区、菊园新区红十字会：

自今年5月以来，中国南方从四川东南部向东到浙江一带出现一条东西走向的强降雨带，特别是湖南、贵州两省几乎全部受到强降雨影响，湖南中西部局部地区24小时降雨量超过200毫米，强降雨导致湖南、四川、贵州等省部分地区出现严重山洪、山体滑坡和泥石流灾害。此外，5月28日以来，新疆阿勒泰地区普降大雨，部分地区发生洪涝灾害。目前，湖南、四川、贵州、新疆等4省（区）受灾人口592.8万人，因灾死亡88人，失踪73人，紧急转移安置21.5万人；倒塌房屋6.4万间，农作物受灾面积31.1万公顷；交通、水利、电力、通讯等基础设施损毁严重，因灾直接经济损失24.7亿元。6月10日，黑龙江省牡丹江地区宁安市沙兰镇遭受百年不遇的山洪和泥石流灾害，截至6月17日已造成106人死亡，其中学生102人。

灾害发生后，党中央、国务院高度重视。总会接到湖南等省上报的灾情后，迅速展开了灾害救助工作。同时，总会积极提倡非受灾省市红十字会帮助受灾省市红十字会开展救灾工作。

灾害援助是红十字会的重要职责之一。根据党中央和国务院提出的确保做好今年防汛抗洪工作和安全度汛，妥善安排好受灾群众生活的有关要求，依据《中华人民共和国红十字会法》、中国红十字会总会《关于做好2005年洪涝灾害救助工作的通知》以及上海市红十字会《关于认真做好2005年洪涝灾害救助工作的通知》（沪红发〔2005〕76号）的要求，结合我区具体情况，现将有关事项通知如下：

一、各镇（街道）红十字会要认真做好防大灾的准备工作，做好赈灾募捐款的接受工作，同时做好接受救灾捐款的登记、上报工作。

二、此次募集的救灾物资主要为目前灾区急需的食品、药品（主要为常用药品及消毒、防病药品）、棉被（棉毯）、秋冬季服装等。由于目前红十字会尚不具备清洁消毒条件，个人捐赠的物品及旧衣被暂不接收。

三、救灾工作结束后，所接受的救灾款物全部上交区红十字会，由区红十字会统一送往上海市红十字会，发送至受灾地区。目前，市红会已紧急向受灾特别严重的湖南省红十字会发送救灾物资折合人民币100万元。

四、请于每周四16：00前将《镇（街道）红十字会接受救灾捐款情况统计表》（见附件一）上报区红十字会办公室（传真：50530302）；如接受捐物请填写《镇（街道）红十字会接受救灾捐物情况统计表》（见附件二），并及时上报。在接受救灾捐赠过程中，要认真做好信息收集、简报工作。

五、因本市已进入汛期，请各镇（街道）红十字会关注本辖区内灾害发生情况，及时上报区红十字会办公室。

6月23日 区少儿住院基金管委会工作会议在区卫生局召开，区红十字会会长夏以群、常务副会长陈进根、区教育局局长助理朱芳等7名管委会成员均出席会议。会议总结了我区少儿住院基金在收支运作、监督审核、财务管理、帮困救助等各方面的工作开展情况，并就新学年收费等各项工作达成共识。

6月28日 区红十字会在区教师进修学院召开2005学年我区学校少儿住院基金工作会议，对全区各中小学校、幼儿园、职（技）校的少儿基金工作分管领导及经办人员进行新学年收费工作培训，下发了上海市中小学生、婴幼儿住院医疗互助基金管理办公室《关于下发2005学年少儿住院基金收费及医疗费用支出若干规定的通知》（沪儿基金办〔2005〕14号）及宣传资料。区教育局局长助理朱芳出席会议。

6月30日 区红十字会对上半年主要工作进行小结。在迎春帮困工作中，区红十字会向全区13个镇（街道）红会发放了210500元慰问金及价值193273元的慰问品，镇（街道）红十字会配备慰问金37800元，走访慰问了全区964名特困人员。当印度洋地区遭遇地震和海啸灾难后，区红十字会迅速开展赈灾募捐，在不到一个月的时间里，募集救灾款85.76万元。

7月7日 区红十字会的工作人员，在嘉定乐购生活购物有限公司超市工作人员的配合下，对设置在超市二楼卖场出口的红十字募捐箱内的善款进行了清点，共清点出善款2106.30元。

7月 区红十字会对农村贫困家庭开展医疗帮困工作，将各医疗单位“世界红十字日”当天募捐的诊疗费及有关企业的募捐款制成医疗帮困卡，发放到全区132名因病致贫的困难群众手中，价值46200元。

8月4日 区红十字会下发《关于成功创建全国社区红十字服务示范区的通知》（嘉红〔2005〕14号）。

各镇、街道、工业区、菊园新区红十字会：

创建全国红十字服务示范区是嘉定区红十字会近两年来的重点工作。为把我区的社区红十字服务工作推上一个新台阶，区红会在辖区内积极开展社区红十字服务工作，以社区红十字卫生站为窗口，推出无偿、低偿服务，为社区居民、特别是社会弱势群体提供血压测量、足底按摩、“三位一体”知识培训以及轮椅车、拐杖出借等服务项目，切切实实为社区居民做好事、办实事，为“红十字关爱进社区”注入了丰富而实质性的内涵。

根据中国红十字会总会、中华人民共和国民政部联合下发的《关于表彰全国社区红十字服务示范市（区）的决定》（红赈字〔2005〕16号），上海市嘉定区等28个市（区）被授予“全国社区红十字服务示范市（区）”称号并予以表彰（见附件）。

根据全国社区红十字服务示范区评审标准，必须有60%以上的社区达到省（市）示范标准。我区嘉定镇街道、新成路街道、真新新村街道、嘉定工业区、南翔镇、安亭镇、马陆镇、徐行镇共8个镇（街道）先后积极开展上海市红十字示范社区的创建工作，2004年积极配合嘉定区红十字会创建“全国社区红十字服务示范区”并获得成功，得到中国红十字会总会、中华人民共和国民政部的表彰。

全国社区红十字服务示范活动是一项实事工程，民心工程。在两年多的创建过程中，我们进行了一系列有益的尝试，收到了很好的社会效益，更积累了许多宝贵的经验。希望以上各镇（街道）把这个荣誉作为一个新的起点，在此基础上，继续努力，夯实基础，打造特色，再创佳绩，为上海市红十字会2005年度红十字示范社区的复审做好各项工作；其他镇（街道）要积极创造条件，创建上海市红十字示范社区，使社区红十字服务不断赢得广大社区群众的认可和信赖，保障和促进这项利国利民的人道主义事业深入持久、扎实有效地开展下去，为构建和谐社会，推进社会主义现代化建设，促进嘉定社会经济持续、稳定、健康发展做出更大的贡献。

8月9日 区红十字会组织全区各镇、街道、工业区、菊园新区红十字会干部等14人赴南汇区红十字会参观学习。

8月中旬 区红十字会在“6·20抗洪救灾”活动中，共计接受救灾款1501笔，其中个人1500笔、单位1笔；累计募集款23000元，其中个人20000元，单位3000元。

8月31日 区红十字会下发《关于开展区级群众性红十字救护队复训、验收工作和“世界急救日”活动的通知》（嘉红〔2005〕16号）。

各镇、街道、工业区、菊园新区红十字会：

为了更好地贯彻落实中国红十字会总会、民政部《关于开展社区红十字服务工作的通知》和《关于开展全国社区红十字服务示范活动的意见》的通知和市委、市府领导提出的“红十字会要把工作重点逐步向社区延伸”，“要在社区积极发展红十字会员和红十字志愿工作者，广泛开展群众性急救救护知识”的指示精神，根据上海市红十字会《关于开展区（县）级群众性红十字救护队复训、验收工作和“世界急救日”纪念活动的通知》（沪红发〔2005〕101号）精神，现将我区开展救护队复训、验收和“世界急救日”工作有关要求通知如下：

一、区级群众性红十字救护队复训、验收工作

积极参加市红会组织的区级群众性红十字救护队的复训和验收工作，使其能在今后的工作中，协助区红会在社区开展急救知识的培训以及突发事件中的自救互救等工作。具体安排如下：

（一）时间：2005年9月22日—23日（具体日程安排见附件一）。

（二）地点：徐汇区教育活动基地（上海江秋度假村：位于松江区佘山镇九江公路）。

（三）参加对象：嘉定区红十字会群众性救护队队员共15名，区红十字会领队1名（见附件二）。

（四）复训和验收内容：现场急救知识与技能，分队操作演练，现场操作验收和竞赛评比。

（五）其他事项：

1. 区红十字会群众性救护队队员要严格按照组建要求组队，不得随意替换人员；所有救护队员必须掌握现场初级急救技能；验收报到时每位队员须出示总会颁发的《救护培训师资证书》。

2. 在复训前，区红会将组织救护队队员按照市红会“现场急救手册”第四章的内容进行复习和操练。

3. 对验收合格的区（县）级救护队，市红会将统一发放队旗、队服和基本装备。

4. 区红十字会将落实人员做好止血带、夹板、三角巾和毛巾等器材的准备工作。

5. 复训和验收的所有费用由市红十字会支出。

6. 区红十字会将统一安排车辆参加复训、验收工作，组织救护队员统一往返。

二、开展“世界急救日”纪念活动

红十字会与红新月会国际联合会确定今年9月10日“世界急救日”的主题为“救护与弱势群体”。上海市红十字会要求各基层红会在世界急救日期间，结合市红会的复训和验收要求，组织群众性救护队和社区救护队在公共场所和社区开展急救培训，救护演练和竞赛活动。我区具体工作安排如下：

（一）根据市红会文件要求，区红十字会将于纪念日期间，结合市红会救护队复训和验收工作，开展“世界急救日”纪念活动，开展红十字救护队现场急救表演、红十字青少年现场急救宣传与示范等活动，进一步加大宣传力度，营造良好氛围，积极推动急救工作深入开展。

（二）各镇（街道）红十字会应结合区域实际，因地制宜地开展纪念活动。在开展“世界急救日”纪念活动中，应注意资料的收集与积累；活动结束后，要认真总结，并于9月15日前将活动开展情况书面上报嘉定区红十字会办公室。

附件：（略）。

8月 区红十字会向2004年申报的40所红十字卫生站发放第一批配备物资，含体重秤、轮椅车、拐杖、书报架、药箱、血压器、听诊器、募捐箱、宣传版面、薄荷膏、摩擦膏等物资共40套，价值近20万元。

9月6日 区红十字会、区教育局联合下发《关于开展嘉定区中小学生现场初级急救及灾害逃生技能分级培训的通知》（嘉红〔2005〕18号）。

嘉定区各中小学校红十字会：

为进一步提高学生的自我保护能力，普及急救与灾害逃生知识，根据上海市红十字会、上海市教育委员会《关于贯彻中国红十字会总会、中华人民共和国教育部〈学校红十字会工作规则〉实施意见的通知》（沪红发〔2003〕15号）及上海市红十字会《关于下发上海市红十字会中小学校现场初级急救及灾害逃生技能分级培训大纲的通知》（沪红发〔2005〕59号）的精神，嘉定区红十字会、嘉定区教育局计划于四年时间内，在全区各中小学校开展现场初级急救及灾害逃生技能的分级培训。现通知如下：

一、培训目的

通过开展现场初级急救与灾害逃生技能的分级培训，使全区中小学生能掌握一定程度的自救互救与逃生技能，在遇到自然灾害、突发事件与意外伤害时，能在最短的时间内做出正确的判断、选择适当的应变措施，以进一步提高自我保护能力，保障青少年的健康成长。

二、培训对象

全区各中小学校（含中专、职技校）中的全体学生，重点培训对象如下：

（一）小学：四年级学生；

（二）初中：初一年级学生；

（三）高中：高一年级学生；

（四）中专、职技校：全体学生。

三、培训内容

根据实用性、针对性的原则，按照小学、初中、高中（中专、职技校）三个级别，由浅至深地进行现场初级急救与灾害逃生技能培训。内容包括：灾害逃生、止血、包扎、骨折固定、搬运、心肺复苏技能及交通、用电、用气安全知识等（见附件一）。具体如下：

（一）小学

1. 三年级及其以下的学生要了解火灾、地震、燃气中毒的逃生知识，初步掌握交通安全规范及手指、手掌、颜面部的止血方法，培训时间不少于4课时；

2. 四年级及其以上的学生要在初步掌握火灾、地震、燃气中毒的逃生技能，交通安全规范及手指、手掌、颜面部止血方法的基础上，了解手臂出血的止血法（指压法、橡皮止血带止血法）以及膝关节、手部的三角巾包扎技能，培训时间不少于7课时。

（二）初中

初中学生应较熟练地掌握火灾、地震、燃气中毒的逃生技能，手指、手掌、颜面部、手臂出血的止血法（指压法、屈肢加垫法、橡皮止血带止血法）以及膝关节、手部、头部的三角巾包扎技能，并了解手臂、小腿部位的骨折固定、搬运技能，了解心肺复苏知识，培训时间不少于10课时。

（三）高中（中专、职技校）

高中（中专、职技校）学生应熟练掌握火灾、地震、燃气中毒的逃生技能，头面部、四肢出血的止血法（指压法、屈肢加垫法、橡皮止血带止血法），头面部、四肢损伤的三角巾和毛巾包扎技能，以及四肢的骨折固定、搬运技能，并初步掌握心肺复苏知识与操作技能。有条件的学校可结合军训、运动会进行培训，培训时间不少于13课时。

四、培训方法与步骤

（一）宣传筹备阶段

区红十字会与区教育局共同协商培训工作有关事宜，由区教育局组织召开各学校卫生保健教师会议，具体布置培训工作；各学校按照要求上报计划培训人数。组织开展师资培训，选送学校中具有教学经验、能熟练掌握操作技术的教师参加市红十字会或区红十字会的师资培训，作为开展培训的骨干力量。

（二）实施培训阶段

各学校制订培训计划，有步骤地开展培训工作。在培训过程中，应注意信息资料（包括声像资料）的收集与积累，做好培训对象的登记造册及活动记载等工作，并及时上报有关信息，加强沟通联系，提高培训质量，增进培训效果。

（三）总结评估阶段

区红十字会与区教育局对各学校的培训工作开展情况进行总结性评估，通过调查问卷、开展操作竞赛等形式，了解学生掌握知识与操作技能的情况，对培训工作开展到位、效果显著的学校予以表彰。

五、培训要求

（一）各学校在思想上要高度重视，要充分认识在学生中开展“现场初级急救、防灾逃生”培训的重要意义，坚持实事求是、扎扎实实的原则，有效落实培训工作各项要求。

（二）学校应安排整体素质较高、具有较强的动手操作能力的教师参与培训，担任师资；同时结合学校特点，充分创造条件，因地制宜地运用各种适合学生特点的形式多样、生动活泼的方式开展培训，真正把这项工作做深、做实。

（三）各学校要根据文件精神，结合学校实际工作，稳妥有序地开展培训工作，做到有计划、有落实、有效果、有总结。在坚持完成重点对象培训的基础上，争取把培训工作在全校学生中全面展开，要让每个学生都能在九年制义务教育期间接受到这项培训，在完成教学计划内课程的基础上，掌握一门实用有效的生活技能，从而更加健康、茁壮地成长。

附件：（略）。

9月8日 区红十字会荣获2004—2005年度中国红十字会总会“报刊宣传组织工作三等奖”。

是日 中共上海市嘉定区委办公室下发《中共上海市嘉定区委办公室关于印发〈上海市嘉定区红十字会职能配置和人员编制规定〉的通知》（嘉委办〔2005〕38号），设置上海市嘉定区红十字会，机关行政编制为3名。设会长1名（由区领导兼任），常务副会长1名、副会长1名、科级领导1名。

9月10日 区红十字会在清河路登龙广场开展“世界急救日”纪念活动，城中路小学的12名红十字青少年会员以及嘉定镇街道的12名社区红十字志愿工作者先后向行人演示现场急救技术，普及急救知识。同时，开展为民服务约 50 人次。

9 月 29 日 中共上海市嘉定区委员会下发《关于成立中共上海市嘉定区红十字会党组、纪检组及其组成人员的通知》（嘉委〔2005〕90 号），决定成立中共上海市嘉定区红十字会党组和纪检组。陈进根同志任党组书记、纪检组组长；潘加生同志任党组成员。

是日 中共上海市嘉定区委员会下发《关于提名潘加生同志任职的通知》（嘉委〔2005〕91 号），提名潘加生同志任上海市嘉定区红十字会副会长、常务理事。

9 月 30 日 区红十字会下发《关于开展“千万人帮万家”敬老慰问活动的通知》（嘉红〔2005〕19 号）。

各镇、街道、工业区、菊园新区红十字会：

今年的 10 月 11 日（农历九月九日）是我国传统佳节“重阳节”，也是上海市第十八个敬老节。为了弘扬“人道、博爱、奉献”精神，体现中华民族尊老敬老的传统美德，营造全社会都来关爱老年群体的氛围，根据市红十字会要求，各级红十字会要在敬老节来临之际，积极动员社会力量，开展敬老爱老活动，特别是对特困老年病人做好节日慰问工作。现将有关事项通知如下：

一、活动对象：各镇（街道）社区中特困老年病人以及志愿者中的特困老人。

二、活动形式：各镇（街道）红十字会可组织理事、会员和红十字团体会员单位的代表慰问特困老人，也可组织社会志愿者和老人一起开展节日联欢活动。

三、活动时间：2005 年 10 月 8 日—11 日为活动开展时间。

四、活动经费：各镇（街道）红十字会可发动所在地区的企事业单位支持、参与这次活动，也可在帮困基金中支付。慰问以赠送食品、日常生活用品为主，少数特困老年病人可以适当给予慰问金。

五、活动要求：

（一）要把敬老活动作为创建精神文明、构建和谐社会的重要内容，宣传、弘扬人道主义宗旨的实事来精心组织、认真落实。

（二）积极动员社会各界和企事业单位的资助，做好媒体宣传和信息上报工作，并于 10 月 25 日前将活动开展情况书面上报嘉定区红十字会。

10 月 11 日 区红十字会机构单列后的第一个敬老节，区红十字会与上海嘉定乐购生活购物有限公司联合开展敬老慰问活动，向区红十字老年护理院、江桥红十字老年护理院的老人等送出慰问品 203 份，价值 10500 多元（其中嘉定乐购出资 3000 多元），送出慰问金 600 元，并向老人献上热情洋溢的慰问信。常务副会长陈进根、副会长潘加生、乐购客服部服务科科长解冬蕾等参加敬老慰问活动。

全区各级红十字会共慰问老人 1481 人次，送出慰问品及慰问金共计价值 84421 元。

10 月 2005 学年少儿住院基金新学年收费工作基本完成，全区参加总人数 76669 人，覆盖率 99.29%，缴费金额 83460 元。其中外来媳妇的学龄前子女有 1391 人，缴费金额为 83460 元；未入学残障少儿参加 9 人，缴费金额为 540 元。

区红十字会和区教育局共同对 42 所学校中 298 名特困学生参加少儿基金进行了资助，帮困金额 14900 元。

11 月 9 日 上海市红十字会、上海市民政局下发《关于命名 2005 年度上海市红十字示范社区的决定》（沪红发〔2005〕119 号），嘉定镇街道、真新新村街道、新成路街道、嘉定工业区、安亭镇、南翔镇、马陆镇、徐行镇被命名为上海市红十字示范社区。

11 月 28 日 区红十字下发《关于举行"千万人帮万家"——2006 年红十字迎春帮困活动的通知》（嘉红〔2005〕22 号）。

各镇、街道、工业区、菊园新区红十字会：

为加大迎春帮困工作力度，忠实履行政府人道救助领域助手的职责，组织动员社会各界进一步弘扬"人道、博爱、奉献"精神，加大募捐帮困力度，根据上海市红十字会统一安排和要求，全区范围内开展"千万人帮万家"——2006 年红十字迎春募捐帮困活动，现将有关事项通知如下：

一、时间

2005 年 12 月下旬至 2006 年 1 月 20 日

二、慰问对象

按"千万人帮万家"规定的五种对象，即对特困家庭中的肿瘤病患者、麻风病致残者、精神病患者、重病老人、遭受到意外灾害的受害者等实施帮困慰问。其中五种对象中的少数民族居民、白血病患儿要有一定比例。

三、帮困慰问人数及金额

嘉定区红十字会 2006 年迎春帮困 800 人次（家庭），每人次（家庭）帮困款物合计不少于 500 元。

四、帮困形式及要求

1. 以现金和实物的形式实施帮困。各镇、街道红会应尽力向当地政府或其他社会组织争取一定的配比资金及实物。

2. 在迎春帮困慰问活动中，应邀请有关理事和热心支持红十字事业的企、事业单位领导及社会知名人士参加慰问和现场募捐，让更多的人关心和支持红十字事业。

3. 对行动不便或有特殊困难者，予以上门慰问，对其他对象可采取上门慰问的形式或举行集中帮困仪式。

4. 各级红十字会要抓住迎春帮困活动这一有利契机，积极开展多种形式的募捐活动，做到募捐与帮困相结合，力争以帮困慰问活动促进募捐活动的进一步开展。

5. 在整个帮困慰问活动中要争取社会各方的支持与配合，加大宣传力度，争取有线电视台等各类媒体的支持，对典型事例要及时进行宣传报道，扩大红十字会影响面。

五、活动汇总

请将迎春帮困活动小结、红十字迎春帮困名单汇总表及软盘于2006年2月15日前上报区红十字会办公室。

11月29日 区红十字会《关于调整嘉定区红十字会第三届常务理事会名单的请示》（嘉红〔2005〕23号）。

中共上海市嘉定区委员会：

嘉定区红十字会于2005年4月23日召开第三次会员代表大会，选举产生第三届常务理事会。2005年9月根据中共上海市嘉定区委办公室《关于印发〈上海市嘉定区红十字会职能配置和人员编制规定〉的通知》（嘉委办〔2005〕38号）文件精神建制单列，为进一步加强我区的红十字会工作，加强领导力量，根据中共上海市嘉定区委员会《关于提名潘加生同志任职的通知》（嘉委〔2005〕91号）精神，经嘉定区红十字会常务理事会审议，按照《上海市红十字会组织规程》的有关规定，潘加生同志得到了超过半数以上理事的赞同票，选举为副会长。经调整后的嘉定区红十字会第三届常务理事会名单如下：

会　　长：夏以群，嘉定区副区长（兼）。

常务副会长：陈进根，嘉定区红十字会。

副 会 长：潘加生，嘉定区红十字会；张潮，嘉定区民政局局长（兼）；毛长红，嘉定区教育局局长（兼）。

秘 书 长：朱培令，嘉定区红十字会。

以上请示如无不妥，请批转有关单位。

11月 嘉定区红十字会荣获上海市红十字会颁发的“四五”普法表彰单位二等奖的奖牌。

12月1日 区红十字会《关于建立上海市嘉定区红十字会事务中心的请示》（嘉红〔2005〕24号）。

嘉定区人民政府：

根据上海市机构编制委员会办公室《关于理顺区县红十字会管理体制有关问题的通知》（沪编〔2004〕161号）精神，在嘉定区委、区政府的关心和重视下，嘉定区红十字会于2005年9月建制单列，共配置行政编制3人（常务副会长、副会长、科级领导）。随着工作的开展，在实际操作过程中，碰到了许多困难和问题，现将有关情况作一汇报：

一、原有人员情况

嘉定区红十字会在建制单列前共有工作人员5名，其中行政编制2名（专职分管领导和秘书长），事业编制1名（办公室），聘用人员2名（主治医师和财务人员）。

二、现状及建议

随着机构的单列，上海市红十字会对区县的工作要求提高、工作内容增加，同时作为一个独立的机构，党、工、纪检、组织、人事、档案、宣传、财务等工作都有新的工作内容和要求，有的工作必须有专业技术人员来承担。根据其他区县的情况，南汇区、宝山区红十字会已相继成立了下属事业单位，静安区、松江区等区县也在筹备之中，以期通过增加事业编制等办法来解决行政编制的不足。为了使我区红十字会的各项工作能顺利开展，结合我区工作实际，拟在我区建立上海市嘉定区红十字会事务中心，提出以下建议：

红十字会事务中心为全民事业单位，隶属于区红十字会，机构级别为正科级。配置全民事业编制3名，其中1名由区卫生工作者协会调入（已从卫生工作者协会借用两年多、熟悉业务），另外2名通过社会公开招考进入。

根据工作任务，同时配置2名非事业编制人员，通过聘用社会人员的方法，将所需经费纳入财政预算，来保障区红十字会各项工作的正常运转。

以上请示如无不妥，请予审批。

附件一：《嘉定区红十字会事务中心工作职责》。

（一）贯彻实施嘉定区红十字会事业发展规划和红十字会工作年度计划。落实各镇（街道）红十字会、团体会员单位建设，发展红十字会会员、志愿工作者，壮大红十字队伍。

（二）协助区红十字会做好红十字会行政事务，做好红十字会有关会议的筹备工作。

（三）协助区红十字会开展救灾的准备工作，依法募集物资和款项，实施赈灾救援，开展人道救助、帮助改善最易受损害群体的境况及开展人道领域内的社会服务。认真做好募捐箱的管理。

（四）协助区红十字会开展红十字法律、法规及国际人道法的传播，认真做好红十字会网站建设，红十字工作简报、信息的撰写和编辑，筹备策划世界红十字日等大型活动。

（五）制订群众性现场初级急救培训计划，开展群众性救护队培训，普及群众卫生救护和防灾、防病知识，提高市民在突发事件和灾害中的自救互救能力。落实社区服务工作，抓好红十字卫生站建设。

（六）协助区红十字会开展造血干细胞的宣传、发动、组织工作，认真做好志愿捐献遗体宣传、组织、登记工作。

（七）开展学校红十字工作，培养红十字青少年，开展红十字青少年活动；做好婴幼儿、青少年医疗保障工作，负责少儿住院互助基金的宣传、缴费、统计、审核、给付等日常管理工作。

（八）协助区红十字会做好文秘、收发、档案、统计、总务、财务、仓库、物资管理等工作。

（九）承办区红十字会交办的其他事项。

附件二：《事业编制人员及非事业编制人员岗位任职条件》。

（一）事业编制人员岗位任职条件

文书档案职：具备大专以上学历；中共党员；35周岁以下；熟悉红十字有关法规、条例以及相关业务知识；熟悉办公室工作要求及规范；有相应的专业技术证书（助理馆员以上）；有较强的口头表达能力和文书撰写能力；能熟练应用计算机信息技术；有较强的组织协调和管理能力；能独立开展各项工作。

宣传培训职：具备本科以上学历；35周岁以下；熟悉红十字会业务知识及有关要求；能掌握计算机管理和维护；具有较强的口头表达能力；能够开展业务培训；有相应的专业技术证书（计算机或医师资格证书）；有较强的组织协调能力；能独立开展各项工作。

少儿住院基金管理职：具有本科以上学历；40周岁左右；具有儿科主治医师以上专业技术资格证书；熟悉、掌握市卫生局、市医保局、市少儿住院基金办的有关政策与规定；有一定的医疗、经济、法律方面的综合业务知识；有一定的组织协调能力、文字综合能力。

（二）非事业编制人员岗位任职条件

财务管理职：具有大专以上学历；35周岁以下；有相应专业技术证书（助理会计师以上）；有较强的业务能力；能独立开展工作并协助做好其他工作。

仓库管理职：具有中专以上学历；40周岁以下；有仓库管理的相应知识；爱岗敬业；有一定的组织协调能力；能独立开展工作并协助做好其他工作。

12月3日 嘉定区人民政府对《嘉定区红十字会关于配置办公用房的请示》（嘉红〔2005〕20号）批复：拟将原轨道公司（南大街272号）二楼办公室调剂给区红十字会作为办公用房，总面积为205平方米。

12月9日 国际红十字委员会辛格先生、任浩先生在上海市红十字会副会长李明磊、青少年工作部部长杨钧仪及区有关领导的陪同下，来到我区南翔中学视察“探索国际人道法培训试点工作”开展情况，对培训工作情况给予了充分的肯定。

12月14日 中共上海市嘉定区区级机关工作委员会下发《关于建立中共上海市嘉定区红十字会支部委员会的通知》（嘉党工〔2005〕77号），决定建立中共上海市嘉定区红十字会支部委员会，潘加生同志任党支部书记。

12月15日 上海市嘉定区区级机关工会工作委员会下发《关于建立上海市嘉定区红十字会机关工会委员会的函》，决定建立上海市嘉定区红十字会机关工会委员会。

12月16日 嘉定区红会组织召开全区各镇、街道、工业区、菊园新区红十字会年度工作考核会议，对各镇（街道）红会一年来红十字会工作开展情况进行考核。会议由区红会副会长潘加生主持。会上，各镇（街道）红会汇报交流各自组织建设、赈济救护、社区红十字、志愿服务、红十字青少年、红十字培训、举办大型活动以及特色重点工作等。会议同时部署近期迎春帮困等工作。

12月 2005学年，嘉定区少儿住院基金参加总人数76669人，覆盖率99.29%，收费总金额4024590元，其中外来媳妇的学龄前子女1391人，未入学残障少儿9人。2004学年上海少儿住院基金为我区4467人次的患儿支付了400.99万元的医疗费用，其中为92人次的大病特殊门诊患儿支付了10.2万元的特殊门诊费用，总支出占收费总金额的97.3%，有效保障了参加少儿住院基金的少年儿童的合法权益，缓解了大病重病儿童的家庭经济压力。

2006 年

1 月 10 日　区红十字会开展 2006 年“千万人帮万家”红十字迎春帮困活动，向嘉定地区 798 户贫困家庭及三家养老机构的 398 位老人送出慰问金 40 万元及价值 45236 元的慰问品。副会长潘家生及各镇、街道红十字会会长等参加走访慰问活动。

1 月 17 日　嘉定区成佳学校举行“嘉定红十字会、乐购捐赠仪式”，上海嘉定乐购生活购物有限公司在区红十字会的联系安排下，向各班级学生捐赠了价值 3352 元的学习用品，并带领部分学生参观了乐购超市的面包制作流水线。

1 月 18 日　区红十字会召开 2005 年度镇（街道）红十字会工作总结会，对获奖的镇、街道进行颁奖。2005 年，南翔镇、真新新村街道、嘉定镇街道、马陆镇、徐行镇红十字会荣获考核一等奖；新成路街道、黄渡镇、安亭镇、嘉定工业区红十字会荣获二等奖；外冈镇、江桥镇、华亭镇、菊园新区红十字会荣获三等奖。

2 月 26 日　区红十字会组织全区 40 名遗体捐献志愿者及实现者家属赴青浦福寿园，参加市红十字会举办的“纪念《上海市遗体捐献条例》实施五周年暨上海市红十字遗体（角膜）捐献者纪念网站开通仪式”，并于当天下午参加在上海市红十字备灾救灾中心召开的“纪念《上海市遗体捐献条例》颁布五周年座谈会”。同时，区红会还向全区 202 位志愿捐献者以及 17 位实现者家属寄送慰问信。

3 月 1 日　根据上海市红十字会《关于下发上海市第四批红十字达标学校名单的通知》（沪红发〔2006〕16 号），我区启良中学、疁西小学、真新小学、绿地小学成功创建为上海市红十字工作达标学校。

3 月 6 日　区红十字会《关于建立上海市嘉定区红十字会事务中心的请示》（嘉红〔2006〕4 号）。

区机构编制委员会：

根据上海市机构编制委员会办公室《关于理顺区县红十字会管理体

制有关问题的通知》（沪编〔2004〕161号）精神，在嘉定区委、区政府的关心和重视下，嘉定区红十字会于2005年9月建制单列，共配置行政编制3人（常务副会长、副会长、科级领导）。随着工作的开展，在实际操作过程中，碰到了许多困难和问题，现将有关情况作一汇报：

一、原有人员情况

嘉定区红十字会在建制单列前共有工作人员5名，其中行政编制2名（专职分管领导和秘书长），事业编制1名（办公室），聘用人员2名（主治医师和财务人员）。

二、现状及建议

随着机构的单列，上海市红十字会对区县的工作要求提高、工作内容增加，同时作为一个独立的机构，党、工、纪检、组织、人事、档案、宣传、财务等工作都有新的工作内容和要求，有的工作必须有专业技术人员来承担。根据其他区县的情况，南汇区、宝山区红十字会已相继成立了下属事业单位，静安区、松江区等区县也在筹备之中，以期通过增加事业编制等办法来解决行政编制的不足。为了使我区红十字会各项工作的能顺利开展，结合我区工作实际，拟在我区建立上海市嘉定区红十字会事务中心，提出以下建议：

红十字会事务中心为全民事业单位，隶属于区红十字会，机构级别为正科级。配置全民事业编制3名，其中1名由区卫生工作者协会调入（已从卫生工作者协会借用两年多、熟悉业务），另外2名通过社会公开招考进入。

以上请示如无不妥，请予审批。

3月7日 区红十字会组织全区各镇、街道、工业区、菊园新区红会干部参观同济大学红十字遗体接受站，以进一步提高基层干部对遗体捐献工作的认识，倡导移风易俗的新风尚。

3月15日 中共上海市嘉定区红十字会党组《嘉定区红十字会关于增补副会长的请示》（嘉红党组〔2006〕1号）。

中共上海市嘉定区委员会：

嘉定区红十字会于2004年5月召开了第三次会员代表大会，经选举产生并经区委组织部审核批准，组成嘉定区红十字会第三届常务理事会，由分管副区长夏以群同志担任会长，卫生局、教育局、民政局正职行政领导分别担任常务副会长、副会长。

2005年9月，区红十字会机构单列，由于区卫生局局长陈进根调到区红十字会担任常务副会长（驻会），因此区卫生局局长没有再兼任红十字会副会长。参照上海市红十字会常务理事会及副会长人员构成，结合嘉定区红十字会实际工作需要，建议增补区卫生局现任局长郑益川同志兼任区红十字会副会长（不驻会）。

是日 区红十字会《关于嘉定区红十字会筹建工作的情况汇报》。

区府领导：

区红十字会于2005年9月根据区委办《关于印发〈上海市嘉定区红十字会职能配置和人员编制规定〉的通知》（区委办〔2005〕38号）精神，自10月份起红会人员编制正式从区卫生局单列出来，并正式进入机构筹建阶段。经过将近半年的筹建工作，在区府领导的关心下，以及在区机管局、财政局和国资公司等单位的大力支持下，目前筹建工作进展比较顺利，现将有关事项汇报如下：

一、办公场所落实的进展情况

2005年底，我会与区机管局商量，经区府花区长同意，将南大街272号（原轨道公司二楼）作为我会的办公用房，总面积为205平方米。

轨道公司于今年1月搬出，我会即与区机管局商量装潢方案，并落实装潢公司进行装修。因1月份正处于春节期间，装潢时间只能在2月中旬开始，并于月底前结束。

目前，装潢已完成，办公家具已到位。政务网连接由区信息委在本周五接通，电讯由区电信局在本周日接通。电脑等办公设施正在由区政府采购中心采购过程中。因此，办公用房筹备工作就绪，准备在3月19日进行搬迁（通过政务网告知相关单位），3月20日正式到新址办公。

红十字会办公机构搬迁后，原在卫生局老院子的汤氏住宅三间用于红十字物资募集站的备灾仓库仍归红十字会使用，此事已与区机管局、卫生局领导协调过，同意继续使用。

二、开办经费使用的情况

今年，区财政给予红十字会开办专项经费20万元。经费使用由装潢、办公家具和办公设备三部分组成，根据目前开支情况来看：装潢预算在5万元内，办公家具在7万元内，办公设备在8万元内，资金能够平衡。

三、需要区府领导协调解决的事项

根据上海市机构编制委员会办公室《关于理顺区县红十字会管理体制有关问题的通知》（沪编〔2004〕161号）精神，在嘉定区委、区政府的关心和重视下，嘉定区红十字会于2005年9月建制单列，共配置行政编制3人（常务副会长、副会长、科级领导）。随着工作的开展，在实际操作过程中，碰到了许多困难和问题。

（一）原有人员情况

嘉定区红十字会在建制单列前共有工作人员5名，其中行政编制2名（专职分管领导和秘书长），事业编制1名（办公室），聘用人员2名（主治医师和财务人员）。

（二）现状及建议

随着机构的单列，上海市红十字会对区县的工作要求提高、工作内容增加，同时作为一个独立的机构，党、工、纪检、组织、人事、宣传、档案、财务等工作都有新的工作内容和要求，从办公室工作来讲，增加了信息化、统计、收发文处理、文书档案等行政事务；从组织人事来讲，增加了单位人员的工资福利、考核奖惩、人事档案、人事信息、人事统计报表等工作；从财务来讲，增加了单位财务管理和会计核算、单位国有资产管理、职工住房公积金、养老保险金、应缴个人所得税的核算与管理、职务工资的发放和编制工作，以及机关行政经费、少儿住院基金、人道救助基金的账户管理，负责财务统计报表等；从党的工作来讲，增加了组织、宣传、纪检、统战、信访、党支部、工会等工作；同时红十字会在宣传上需加大力度，需要建立红十字会工作网站，要有专职人员来承担初级急救的培训，少儿住院基金管理要不断完善，造血干细胞捐献、遗体捐献等工作，随着志愿者队伍的扩大，需要加强管理和跟踪服务。

从其他区县单列后编制和人员落实的情况来看，南汇区有4个行政编制加4个事业编制，宝山区红十字会也成立了事务中心，形成2+6（2个行政编制、6个事业编制）的格局，另外金山区红十字会3+5、松江区红十字会3+4、杨浦区红十字会3+2，以通过增加事业编制等办法来解决行政编制的不足。为了使我区红十字会各项工作能顺利开展，因此，我会急需建立事业编制性质的事务中心，配备全民事业编制3名，其中1名由卫协会调入（已从区卫协会借用三年、业务熟悉），另外2名通过社会公开招考进入。

报区府花以友、夏以群副区长。

3月20日 区红十字会在区政府及有关单位的大力支持下，正式迁入新址（南大街272号）办公；原金沙路257号汤氏住宅的三间用房仍用于红十字物资募集站的备灾仓库，以解决红十字救灾物资的存放问题。

3月21日 区红十字会三届四次理事会议在区政府A200会议室召开。会议由区红十字会副会长、区教育局局长毛长红主持，区红会会长、副区长夏以群，区红会副会长、区民政局局长张潮，区红会副会长潘加生等领导出席会议。会议调整（增补）了8名同志为区红会第三届理事会理事，审议通过了《嘉定区红十字会三届四次理事会工作报告》和《嘉定区红十字人道救助基金财务报告》，还与各镇、街道签订了《2006年镇（街道）红十字目标管理责任书》。

附：《嘉定区红十字人道救助基金2005年度财务收支情况报告》。

2005年度基金总收入1437051.12元，基金总支出为1140324.30元，本年度基金结余296726.82元。至2005年底基金滚存经费结余为2187033.86元。

一、收入情况

总收入1437051.12元。

1. 人道救助收入1421925.53元

其中：

（1）上海红会、各社会人士“人道救助捐款”1700元；

（2）各医院、卫生院、中小学、局、委等“千万人帮千家”募捐款收入60060.50元、红会募捐收入440369元；

（3）易初莲花、欧尚、乐购超市、华亭镇红会、银行、城中路小学等“募捐箱”捐款收入13027.34元；

（4）中心医院、南翔医院、安亭医院、中医医院、妇幼保健院、牙防所、嘉定镇街道医院、马陆镇卫生院、黄渡镇卫生院、江桥镇卫生院等各医院“5·8”义诊费收入25875.90元；

（5）各学校、企事业单位“海啸”募捐款收入857627.79元；

（6）嘉一中“艾滋病重灾区”募捐款收入265元；

（7）嘉定镇街道、新成路街道“抗洪救灾款”收入23000元。

2. 其他收入15125.59元（利息收入）

二、支出情况

总支出1140324.30元

支出共分七项，其中：

1. 市救助基金会救灾募捐款837746.40元（“海啸”募捐款814746.40元、“抗洪”募捐款23000元）；

2. 救助基金支出255634.10元：

（1）2005年1月份发放迎春帮困款208000元；

（2）支付各镇（街道）生活困难、重病人员救助基金款38896元；

（3）帮困助学937.20元；

（4）重阳节敬老院慰问支出7519.70元；

（5）探望艾滋病人281.20元；

3. 医保帮困款专款支出40284.90元；

4. 其他公用支出6658.90元，其中：办公设备800元（购点钞机一台）、物资运输费用810元、购现金解款单及支票凭证等468.90元、“海啸”捐款宣传横幅180元、定做及修理募捐箱3210元、制作医疗帮困卡400元、假币120元、海啸募捐单位贺卡620元等。

3月28日 区红十字会机关工会委员会《关于朱培令同志担任上海市嘉定区红十字会机关工会委员会主席的请示》（嘉红工〔2006〕1号）。

嘉定区区级机关工会工作委员会：

根据《中华人民共和国工会法》的有关规定，经嘉定区红十字会机关工会委员会选举，朱培令同志当选上海市嘉定区红十字会机关工会委员会主席。

4月5日 区红十字会《关于印发〈嘉定区红十字会2006年工作要点〉和〈嘉定区红十字会2005年工作总结〉的通知》（嘉红〔2006〕6号）。

嘉定区各镇、街道、工业区、菊园新区红十字会、卫生系统红十字团体会员单位：

现将《嘉定区红十字会2006年工作要点》和《嘉定区红十字会2005年工作总结》印发给你们，请按照文件要求结合本单位实际认真贯彻落实。

附：《嘉定区红十字会2006年工作要点》。

2006年是嘉定全面实施“十一五”发展规划的开局之年，也是落实“汽车嘉定”功能定位的第一年。区红十字会作为政府人道救助领域的助手，2006年工作的指导思想是：高举邓小平理论伟大旗帜，全面贯彻“三个代表”重要思想，以科学发展观统领红会工作全局，围绕区委、区府的中心工作，坚持以改善最易受损害群体的境况为己任，紧密结合红十字“救灾、救护、救助”工作，为构建嘉定和谐社会做出积极努力。2006年主要的工作目标和任务：

一、落实十项实事项目

关爱白血病及大病儿童覆盖率100%，对区内大病儿童进行救助，帮助其克服困难；

自然灾害救助率达到100%，对区内发生的突发性自然灾害在第一时间予以救助，解决其生活基本需要；

为100名特困生家庭送温暖，使贫困家庭的孩子能安心学习，感受到来自社会的温暖；

免费为250名特困学生参加少儿基金，享受少儿基金的阳光，得到基本的少儿医疗保障，减少因病致贫；

培训100名社区红十字志愿工作者，使志愿者能够熟悉、掌握社区服务工作基本技能；

培训群众初级急救知识与技能5000人次，使群众掌握初级急救知识，减少灾害发生时的伤害；

新建社区红十字卫生站50个，把红十字关爱送进社区；

募集人道救助基金100万元以上，进一步增强红十字人道救助能力；

为800户贫困家庭"迎春帮困送温暖"，使贫困家庭能过上愉快的节日；

造血干细胞志愿者入库人数在2005年基础上增长50%以上，为上海建成10万人份的资料库贡献力量。

二、完成四大工作任务

（一）加强组织建设，广泛动员，进一步扩大红十字会社会影响

1. 在区红十字会组织机构建立健全的基础上建立事务中心，配备专职干部，确保红十字会各项工作的顺利开展。

2. 督促、指导镇（街道）红十字会按期召开代表大会（5个镇街道），规范组织建设，逐步实现每个镇（街道）均有一名专职红会干部，居委会（村委会）有专人兼管红十字会工作，不断促进镇（街道）依法办会、依法治会、依法兴会。

3. 加大红十字会法的宣传力度，推动红十字会各项工作贯彻落实，认真做好传播工作，提高依法办事能力，认真组织实施人道法传播计划。

4. 完善队伍建设，充分发挥红十字会理事、会员的作用，切实履行对红十字会工作的支持与监督职责。

5. 加强对红十字会工作者的培训，提高对红十字会的认识，不断拓展红十字会文化领域，通过各种媒体的宣传，增加社会各界对红十字会的社会认可度和公信度。

6. 积极发展会员，会员人数在原有基础上增加10%。要在独资、合资及民营企业、服务行业等单位中，发展团体会员单位，不断壮大红

十字会队伍，进一步规范会员发展、编号造册、会费收缴等基础工作。

（二）打造帮困品牌，继续拓展人道救助工作

1. 在开展好“千万人帮万家”、“5·8”世界红十字纪念日、“世界急救日”等活动的前提下，多形式、多渠道地募集人道救助基金，规范基金管理，增强救助力度，形成多层次的人道救助网络。

2. 进一步完善备灾救灾制度，加强救灾网络建设，巩固和发展社区救灾联络员队伍，增强应急救助能力，建立救灾四级预案机制。

3. 围绕“保护人的生命和健康”这一宗旨，积极参与人道主义工作与服务。

（三）加强阵地建设，巩固社区红十字工作

1. 加强对红十字卫生站的建设和管理，使其真正成为社区红十字活动的场所，成为开展医疗咨询、康复保健、红十字知识传播和培训、造血干细胞捐献宣传、遗体捐献登记、救灾物资募集、帮困工作的窗口。

2. 巩固提高红十字示范社区的服务质量和水平，2006 年红十字示范社区创建率达 70%。

3. 发展志愿工作者队伍。充分利用现有的红十字服务阵地，挖掘志愿者潜力，发挥志愿者作用，调动志愿者的工作积极性，制定切实可行的工作计划，进一步推广红十字工作。

4. 广泛开展救护知识理论和操作的培训，选拔优秀选手参加上海市红十字会组织的“世界急救日”竞赛活动。

（四）树立奉献意识，继续做好红十字青少年和少儿基金工作

1. 坚持弘扬红十字“人道、博爱、奉献”精神，认真贯彻《学校红十字会工作规则》，结合青少年的道德素质教育，倡导“人人为我、我为人人”的思想和行为理念。扩大学校红十字工作覆盖面，逐步将民工子弟学校纳入红会管理范畴，实行属地化管理。以创建红十字达标学校为抓手，结合未成年人思想道德建设和学生素质教育，加强对青少年会员进行急救知识与逃生技能的培训，积极开展“珍惜生命、注重健康”、“关爱他人、奉献社会”等适合青少年特点的各项活动，寓教育于活动中，进一步提高他们对红十字运动的认识与参与度。

2. 在区教育局、卫生局等有关部门的支持下，进一步做好少儿住院基金工作。以少儿住院基金成立十周年为契机，通过报刊、电视、网络等手段有效宣传十年来少儿基金取得的成绩、发挥的作用，通过典型事例宣传以扩大影响。进一步完善新生儿参加少儿住院基金的宣传工作，积极主动地做好外来民工和外来媳妇子女参加基金的宣传动员工作，完

善基金各项管理制度，保证基金合理运作。

3. 加强基金管理队伍的建设，开展多层次的业务培训，提高业务管理水平和服务意识，不断拓展服务内容，使少儿住院基金成为未成年人的一项基本医疗保障制度。

4月12日 嘉定区机构编制委员会下发《关于建立上海市嘉定区红十字会事务中心的批复》（嘉编〔2006〕12号），正式成立嘉定区红十字会事务中心，为全民事业单位，隶属于区红十字会，机构级别为正科级，配置全民事业编制3名。

4月14日 区红十字会部署开展2006年“5·8”世界红十字日纪念活动，要求各镇、街道、工业区、菊园新区红十字会，学校红十字会，医疗卫生系统红十字团体会员单位等，加大宣传力度，从“帮助困难人群、构建和谐社会”的高度，以最大的热情、最大的诚意，通过各种形式，开展红十字人道救助基金募捐等各项活动，努力完成今年预定的目标，并及时上报活动计划、活动情况和活动总结。

4月18日 根据上海市嘉定区区级机关工会工作委员会《关于同意朱培令同志任上海市嘉定区红十字会机关工会委员会主席的批复》（嘉机工〔2006〕14号），朱培令同志任区红十字会机关工会委员会主席。

4月 根据市红十字会关于“为我市部分区县的60名特困居民免费开展白内障复明手术”的精神，区红十字会先后安排12名患白内障的农村贫困居民前往复旦大学附属眼耳鼻喉科医院进行体格检查，有9名患者成功实施了白内障复明手术，重见了光明。

5月20日 区委统战部、区红十字会、区教育局、区卫生局在博乐广场联合举办“凝聚各界人士，点燃生命的希望——嘉定区各界人士无偿献血、造血干细胞捐献集中血检仪式”，区委副书记、区人大主任曹一丁，区委常委、区政协副主任、区委统战部部长张敏，副区长、区红十字会会长夏以群等领导出席仪式。活动现场，有234名志愿者参加了造血干细胞捐献血检；85名志愿者参加了无偿献血，献血量17400毫升；开展医疗服务169人次、其他服务96人次；红十字青少年会员上街劝募计569.67元。举办黑板报、展板评比活动，来自我区49所学校的57块版面参加了展评，封浜中心校、城中路小学分别在黑板报和展板评比中荣获一等奖，迎园中学、新成路小学等10所学校也分别获得了二至三等奖。

5月25日 区红十字会制定2006年培训工作实施意见，拟对各镇（街道）红十字会及红十字卫生站干部、公务员、中小学校（包括中专、职技校）学生、外来务工人员和其他红十字工作者、热心社会公益事业的人士等进行分期、分批培训，以提高他们相应岗位的理论知识、管理水平和实践技能等。

5月31日 区红十字会下发《上海市嘉定区红十字会关于郑益川同志任职的通知》（嘉红〔2006〕9号）。

各镇、街道、工业区、菊园新区红十字会：

根据《中国红十字会章程》和《上海市红十字会组织规程》的有关规定，经区红十字会第三届理事会理事投票表决，超过半数以上理事同意，区卫生局局长郑益川同志兼任区红十字会副会长。

6月1日 “六一”国际儿童节之际，区红十字会等有关领导走访慰问了区内10名患大病的特困儿童，向他们表示节日的问候，并送出慰问金共1万元。

6月5日 区红十字会下发《上海市嘉定区红十字会关于陈进根同志任职的通知》（嘉红〔2006〕10号）。

上海市嘉定区红十字会事务中心：

经研究决定：陈进根同志兼任上海市嘉定区红十字会事务中心主任。

特此通知。

6月8日—9日 区红十字会在区委党校举办“2006年嘉定区红十字卫生站干部培训班”，来自全区13个镇、街道、工业区、菊园新区的55位卫生站负责人参加培训。

6月10日 区红十字会在徐行成人学校对110名本地农民工进行急救知识技能培训。今年4月以来，分别对海扬光学科技（上海）有限公司、上海中康制衣有限公司及上海宇纶塑胶制品有限公司，以外来务工人员为主要对象的179名员工开展了急救技术培训。

7月7日 区红十字会部署，第二个“世界急救日”期间，组织开展以“救护培训与安全生产”，“救护培训与健康生活”，“救护培训与世博会”，“急救能挽救生命、防止受伤和疾病”，“急救能建立人与人之间的联系和关爱，通过互相帮助促进社区能力的提高”等为主要内容的宣传、救护师资培训、群众性的现场救护竞赛等活动。

7月10日 区红十字会召开各镇（街道）红会干部会议，学习上海市红十字会、嘉定区红十字会《关于开展“世界急救日”活动的通知》等文件精神，明确工作目标，布置相关事宜。

7月13日—14日 区红十字会在区卫生培训中心举办了一期为期

两天的“红十字现场初级急救救护师资培训班”。参加培训的27名学员，将作为基层红十字救护队的培训师资，全面负责辖区内初级急救普及培训及红十字救护队的培训、演练工作。

7月19日 区红十字会在浏岛度假村举办各镇、街道、工业区、菊园新区红十字会会长培训班，区红会会长、常务副会长、副会长以及各镇（街道）红十字会会长等20余人参加培训。培训围绕红十字现场初级急救技术和红十字会的理论知识展开，并进行了测试。

同时，区少儿住院基金管委会工作会议在浏岛度假村顺利召开。会议调整了管委会成员名单，并就我区少儿住院基金工作开展情况向管委会进行了汇报，对新学年收费工作进行了充分的交流和讨论。

7月20日 区红十字会下发《关于调整嘉定区中小学生、婴幼儿住院医疗互助基金管理委员会成员的通知》（嘉红〔2006〕14号）。

各有关单位：

根据嘉定区红十字会、嘉定区教育局、嘉定区卫生局《关于调整嘉定区中小学生、婴幼儿住院医疗互助基金管理委员会成员的通知》（嘉红〔2003〕5号）精神，根据职务岗位确认管委会组成成员，如遇职务岗位上的人员发生变动，则新担任该职务的同志自然接任为嘉定区少儿基金管委会成员。经研究决定，调整后少儿基金管委会组成成员名单如下：

主　任：区人民政府副区长、区红十字会会长夏以群。

常务副主任：区红十字会常务副会长陈进根。

副　主　任：区红十字会副会长潘加生、区教育局副局长朱芳、区卫生局副局长方云芬。

委　员：区红十字会秘书长朱培令、区教育局基础教育科科员钱晓强、区卫生局预防监督科科长杜惠琴。

少儿基金管委会下设办公室，办公室成员组成为：

主任朱培令，成员李海青、沈素倩。

8月19日 为纪念“世界急救日”，区红十字会、区爱国卫生运动委员会、区教育局在嘉定一中音乐厅联合举办“嘉定区纪念‘世界急救日’现场急救竞赛”，全区13个镇、街道、工业区、菊园新区的红十字救护队参加竞赛。真新街道红十字救护队荣获一等奖，南翔镇、菊园新区荣获二等奖，外冈镇、嘉定镇街道、黄渡镇荣获三等奖，安亭中学荣获表演奖。

8月 嘉定区红十字会荣获上海市红十字会颁发的“造血干细胞捐献优秀组织奖”。

同月 区红十字会积极开展向我国遭受自然灾害的地区募捐工作，在20多天时间内，募集救灾款232809.40元；募集崭新衣物1554件，价值181370元。

9月1日 中共上海市嘉定区红十字会党组制定《关于加强“三重一大”监督管理的规定（试行）》。

为进一步深入贯彻区委关于加强领导班子民主管理、民主决策、民主监督的要求，改革和完善决策机制，规范领导干部决策行为，严格决策程序，防止决策失误，推进决策的科学化、民主化，经党组研究决定，特制定本规定。

一、“三重一大”的范围

“三重一大”是指重大决策、重要干部任免、重大项目安排和大额资金使用。

（一）重大决策包括：

1. 全区红十字事业发展规划、年度工作重点等重要问题；

2. 廉政建设、维护稳定、表彰奖惩等重要问题；

3. 向上级请示、报告的重要事项。

（二）重要干部任免包括：

1. 机关科级、事业单位主要负责干部的任免；

2. 后备干部人选推荐；

3. 荣誉人选推荐；

4. 对干部的考核奖励和对违纪违法干部的处理意见。

（三）重大项目安排及大额资金使用包括：

1. 年度财政预算方案及决算情况；

2. 其他大额资金使用项目。

二、“三重一大”的决策形式及程序

（一）重大决策

涉及重大决策问题，应根据具体情况，经会党组、行政领导酝酿，提出初步设想，在认真听取各方面意见的基础上，由党组集体讨论后做出决策。

（二）重要干部任免

根据《党政领导干部选拔任用工作条例》的规定，机关科级、事业单位主要负责干部的任免，通过组织考察、征求意见，经过必要程序后，由红十字会党组集体讨论做出任免决定。对意见分歧较大或者有重大问题尚未核实的，应当暂缓决定。

（三）年度财政预算方案、决算及大额资金使用

年度财政预算方案根据财政的有关规定认真贯彻执行。

大额度资金必须由使用部门拟定支出计划或报告，经分管领导审阅同意，提交党组讨论决定。

三、“三重一大”的监督管理

（一）党组成员要严格按照党风廉政建设责任制的要求，带头执行“三重一大”的有关规定。

（二）凡涉及“三重一大”问题的有关会议，必须有翔实的会议记录，会议记录存档备查。

（三）对于凡未按规定程序审批或未按规定要求签字的，相关部门拒绝加盖公章，涉及资金支出的财务部门拒绝拨款报账。

（四）严格按规定实行党务、政务、财务公开。行政干部任免、奖惩及财务支出等事项，按规定进行公示或公布，接受群众监督。

（五）加大对大宗物品政府采购的监督力度，从源头抓起，对违反“三重一大”规定的相关责任人要追究责任，对造成严重后果的，要从严处理。

四、“三重一大”的责任追究

有下列情形之一的，应追究责任：

（一）未按规定内容、范围、程序报红十字会党组集体研究决定的；

（二）擅自改变党组集体决定或不按集体决定办事的；

（三）擅自泄露党组集体研究决定的应保密事项的；

（四）弄虚作假，骗取党组做出决定的。

属于个人责任的，按以下形式追究：情节轻微的，对主要责任人给予批评教育、诫勉谈话；情节较重、造成一定损失的，责令主要责任人写出书面检查或通报批评；情节严重、造成恶劣影响和重大损失的，上报上级给予主要责任人党纪政纪处分，建议调离岗位。

本规定的执行情况，由红十字会纪检组长实行监督。

9月20日 周太彤副市长率领市医保局、市教委、市卫生局、市发改委、市财政局等部门领导来我区视察少儿学生医疗保障制度的实施情况，区委代理书记、区长金建忠，副区长夏以群等领导陪同视察，对我区少儿医保工作开展情况表示满意。

从9月1日到9月20日，区红十字会共接待来信、来访374人次，办理基本医疗保障报销手续28人次。

9月30日 区红十字会、上海嘉定乐购生活购物有限公司联合向嘉

定区红十字老年护理院、江桥镇红十字老年护理院的住院老人送上月饼、麦片等节日慰问品200份，总价值9980元；并向老人们送上慰问信。

10月 2006学年少儿住院基金新学年收费工作基本完成，全区参加少儿住院基金77537人，覆盖率99.85%，缴费金额4074830元。其中未入学残障少儿13人、辍学学生5人、复读生19人、“外来媳妇学龄前子女”782人、持有效《上海市居住证》318人。

11月2日 红十字国际委员会中国事务总代表Daniel Fasnacht（丹耐尔·法斯那切特）先生和红十字国际委员会东亚办事处任浩先生，在中国红十字会总会组织与青少年工作处孟辕同志、上海市红十字会副会长李明磊等领导的陪同下，对我区南翔中学“探索国际人道法”培训工作开展情况进行视察并表示非常满意。

11月10日 区红十字会领导在马陆镇红十字会领导的陪同下，代表市红十字会把6万元救助款送到马陆镇陆家村再生障碍性贫血患儿朱晓文的家中。这笔善款是由上海“剪刀、石头、布家居生活广场”为其开展的专项募捐，大大缓解了患儿家庭的经济压力。

11月22日—23日 区红十字会、区教育局组成评审小组对争创区级红十字达标学校的单位进行验收，江桥小学、马陆小学、新成路小学、方泰小学、封浜小学、江桥中学、迎园中学、外冈中学、成佳学校共9所学校成功创建为区级红十字工作达标学校。

12月19日 区红十字会下发通知，部署开展2007年“千万人帮万家”红十字迎春募捐帮困活动，进一步弘扬“人道、博爱、奉献”的红十字精神，要求各镇、街道、工业区、菊园新区红十字会，按照通知要求做好有关事项。

12月29日 嘉定区组织召开少儿住院基金专家组工作会议，对我区2006年少儿基金工作情况进行总结回顾。区红会常务副会长、少儿基金管委会常务副主任陈进根，副会长、管委会副主任潘加生出席会议。

12月30日 区红十字会制定红十字会2006—2010年法制宣传教育规划，以《中华人民共和国红十字会法》为重点，并结合我区实际情况，加强《中华人民共和国献血法》《中华人民共和国公益事业捐赠法》《中华人民共和国红十字标志使用办法》《上海市红十字会条例》《上海市遗体捐献条例》等地方性法规的普及教育，以进一步提高红十字会法律法规在广大市民中的知晓率和红十字系统依法办会、依法办事的水平。

12 月 31 日 区红十字会《关于印发〈嘉定区红十字会 2006—2010 年法制宣传教育规划〉的通知》（嘉红〔2006〕22 号）。

各镇、街道、工业区、菊园新区红十字会：

现将《嘉定区红十字会 2006—2010 年法制宣传教育规划》下发给你们，请结合区域实际，认真贯彻落实有关工作。

附件：《嘉定区红十字会 2006—2010 年法制宣传教育规划》（略）。

12 月 区红十字会和区教育局各拿出一部分资金，对我区 36 所学校中 340 名特困学生参加少儿基金进行资助，帮困金额 17000 元。

2007 年

1 月 9 日　区红十字会常务副会长陈进根，区红十字会副会长、区教育局局长毛长红，区教育局副局长、区红十字会理事朱芳等在有关领导的陪同下，亲切探望了身患重病的高佳辉等几位大病患儿，送上鲜花和慰问金。

1 月 10 日　区红十字会制定区红十字会 2007 年工作要点。

一是以“五五”普法规划为契机，加大宣传力度，推进依法兴会；

二是着力构建全区备灾救灾工作体系；

三是以红十字卫生站为抓手，深入开展社区红十字服务工作；

四是不断加强社会募捐工作力度，夯实人道救助基金；

五是大力发展志愿工作者队伍，推进红十字事业发展；

六是切实做好红十字的社会宣传工作；

七是大力普及初级卫生救护知识和技能；

八是积极开展扶贫帮困送温暖活动；

九是树立奉献意识，开展学校红十字工作；

十是切实做好少儿医疗保障和少儿住院互助基金工作。

1 月 18 日　区红会三届五次理事会议在区委党校 209 会议室顺利召开。会议由区红会副会长、区教育局局长毛长红主持，区红会会长、副区长夏以群，区红会常务副会长陈进根，区红会副会长、区卫生局局长郑益川，区红会副会长潘加生等领导出席会议。会议调整（增补）了 7 名同志为区红会第三届理事会理事，审议通过了工作报告和区红十字人道救助基金财务报告，夏以群会长与 13 个街镇红十字会会长签订了《二○○七年红十字目标管理责任书》。

附：《嘉定区红十字会第三届理事会第五次会议关于通过调整理事的决议》。

根据《中国红十字会章程》的有关规定，经嘉定区红十字会第三届理事会第五次会议审议并通过，原嘉定区红十字会第三届理事会理事：

菊园新区于海联、真新街道马秋华、徐行镇王瑛瑾、江桥镇何蓉、嘉定镇街道赵维克、地区办张根兴、交警支队雷建平七位同志因工作变动等原因，不再担任理事，原理事单位依次推荐李龙弟、水洁、张敏、金惠萍、高纪文、叶晓华、范佳平同志继任理事。

原外冈镇朱敏同志因工作变动，不再担任理事。

增补区外事办赵志坚、黄渡镇徐绮红两位同志为嘉定区红十字会第三届理事会理事。

1月26日 区红十字会召开2006年度镇（街道）红十字会工作总结会，对各街、镇工作开展情况进行回顾和总结，对获奖的镇、街道进行颁奖。2006年，南翔镇、徐行镇、真新街道、安亭镇、嘉定镇街道、马陆镇、新成路街道考核成绩优秀；华亭镇、江桥镇、菊园新区、嘉定工业区、外冈镇、黄渡镇考核成绩优良。

2月5日 由嘉定区委、区府主办，区民政局、区红十字会协办的2007年嘉定区“蓝天下的至爱”主会场活动在区政府博乐厅举行。金建忠、孙继伟、曹一丁、陈士维、周关东等区四套班子领导出席活动并慷慨解囊。此次活动共募集善款1893万余元，再一次见证了嘉定人民对社会公益事业的大力支持。

2月7日 副区长、区红会会长夏以群，区红会常务副会长陈进根，区红会副会长潘加生等领导在江桥镇红会会长的陪同下，走访慰问了三户特困家庭。

2月8日 区红十字会《关于印发〈嘉定区红十字会2007年工作要点〉和〈嘉定区红十字会2006年工作总结〉的通知》（嘉红〔2007〕2号）。

嘉定区各镇、街道、工业区、菊园新区红十字会，卫生系统红十字团体会员单位：

现将《嘉定区红十字会2007年工作要点》和《嘉定区红十字会2006年工作总结》印发给你们，请按照文件要求，结合本单位实际，抓好落实。

附件（略）。

2月9日 区红十字会下发《关于开展上海市红十字遗体捐献宣传周活动的通知》（嘉红〔2007〕3号）。

区各镇、街道、工业区、菊园新区红十字会：

3月1日，是上海市红十字遗体捐献纪念日，今年又恰逢本市红十字遗体捐献工作开展二十五周年。为进一步鼓励遗体捐献行为，促进医学科学发展，倡导社会新风，推进本区的精神文明建设。根据上海市红十字会有关文件精神，我区将积极开展上海市红十字遗体捐献宣传周活动，现将有关事项通知如下：

一、3月1日，区红十字会将组织部分遗体捐献志愿者、实现者家属参加市红十字会在上海福寿园举行的“走过25年，寻找生命最后奉献的感动记忆”瞻仰、祭奠活动。

二、区红十字会将抓住宣传周活动的契机，充分发挥本地区的宣传资源，通过各种群众喜闻乐见的形式，因地制宜地开展内容丰富的宣传、服务活动，大力宣传《上海市遗体捐献条例》和本地区遗体捐献的典型事例，推进遗体捐献工作的深入开展。

三、各镇（街道）红十字会要充分利用红十字遗体捐献咨询站、社区红十字卫生站的宣传阵地，大力开展面向社区居民的宣传、服务活动；并通过召开座谈会、为遗体捐献登记者中的弱势群体送温暖等形式，加强与志愿者的联络，提供优质贴心的服务，进一步体现各级红十字会对遗体捐献登记者的尊重与关爱。

四、宣传周活动前后，各级红十字会要注意发现和收集本地区遗体捐献志愿者、实现者的典型事例，并于2月26日前，按照“关于征集上海市遗体（角膜）捐献相关实物、照片、文章的启事”（附件1）的要求，上报1~2件作品或实物。活动结束后，请将本地区活动简讯于3月20日前，报区红十字会办公室。

2月11日 “嘉定区佛教云翔十方医疗帮困基金启动仪式”在位于嘉定区南翔镇的上海云翔寺举行。云翔寺住持慧禅法师、区卫生局局长郑益川、区红十字会常务副会长陈进根在仪式上签订了关于设立“嘉定区佛教云翔十方医疗帮困基金”的协议，由云翔寺出资150万元分5年实施，主要用于资助嘉定区境内经济困难的乳腺癌患者、白血病等大病患儿以及身患重病、大病的退休人员。

1月—2月 区红十字会开展2007年“千万人帮万家”红十字迎春帮困活动，向嘉定地区1031户贫困家庭送出慰问金49.5万元及价值18.08万元的慰问品。

3月1日 区红十字会组织全区30多名遗体捐献志愿者和实现者家属赴青浦福寿园参加上海市红十字会遗体捐献工作开展25周年纪念活动。

3月8日 《上海市嘉定区红十字会关于朱培令等同志任免职的通知》（嘉红〔2007〕5号）。

上海市嘉定区红十字会事务中心：

经研究决定：朱培令同志兼任上海市嘉定区红十字会事务中心主任。陈进根同志不再兼任上海市嘉定区红十字会事务中心主任职务。

特此通知。

3月10日 区红十字会和南翔镇红十字会工作人员陪同上海市红十字会的专家在上海奇鑫木业有限公司举办来沪务工人员艾滋病知识预防普及培训。该培训项目由荷兰红十字会委托上海市红十字会承办，由上海市性病艾滋病防治协会副会长、国家卫生部性病专家咨询委员会委员乐嘉豫教授主讲。

3月28日 区红十字会部署开展“5·8”世界红十字日纪念活动，主要内容包括：一、拟于5月7日在博乐广场组织医疗专家开展医疗义诊、咨询，遗体（角膜）、造血干细胞捐献的宣传咨询等。二、5月8日于区府博乐厅举行纪念大会，同时进行区红十字会网站开通、区市民医疗救助启动仪式，表彰2004—2006年度优秀志愿工作者。三、各镇（街道）红十字会、各医疗卫生机构，要结合自身实际，组织开展富有特色的宣传、救护培训、募捐等纪念活动。

3月31日 区红十字会对安亭的昆洲实业（上海）有限公司34名骨干员工开展初级急救培训。培训的主要内容包括：红十字基本知识、四项急救技术（止血、包扎、骨折固定、搬运）、心肺复苏等。

4月1日 区红十字会在马陆外来务工人员的集中居住地——永盛公寓，对上海亚尔光源有限公司的87名员工进行四项急救技术、心肺复苏和避险逃生的基本知识的培训。

4月26日 区红十字会决定，2007年5月8日在区政府（博乐南路111号）广厦厅召开“嘉定区纪念第60届‘5·8’世界红十字日大会”。主要内容为：（一）嘉定区市民大病重病帮扶项目实施计划启动仪式；（二）表彰2003—2006年度嘉定区红十字会造血干细胞捐献优秀组织者、遗体捐献优秀志愿者、优秀志愿工作者；（三）嘉定区红十字会网站开通仪式。

4月30日 区红十字会、区民政局制定下发《嘉定区市民大病重病帮扶项目实施计划（试行）》（嘉红〔2007〕13号）。

附：《嘉定区市民大病重病帮扶项目实施计划（试行）》。

一、指导思想

为进一步完善现代社会救助体系，维护社会稳定，促进社会和谐，缓解市民因病致贫或因病返贫的家庭困难，特制订本计划。

本计划按照“政府牵头、部门配合、社会参与”的工作原则和社区市民综合帮扶工作要求，坚持实行社会救助“一口上下”的运行机制，在政府的积极倡导和推动下，充分调动社会积极因素，有效整合各种帮扶资源，根据辖区群众的实际情况开展工作。

二、主管部门

嘉定区红十字会、嘉定区民政局为本计划的共同主管部门，嘉定区红十字会具体负责实施。

三、资金来源

（一）嘉定区“市民综合帮扶专项资金”划拨一部分；

（二）嘉定区红十字会筹集一部分；

（三）各街道、镇、工业区、菊园新区（以下简称“街镇”）社会互助资金承担实际救助发生数额的三分之一。

四、帮扶条件

帮扶对象须符合下列条件：

（一）具有本区常住户籍的城乡居民；

（二）患大病、重病；

（三）家庭人均收入低于上年度嘉定区职工年平均工资；

（四）已完成（享受）医疗综合减负、医疗救助等前位保障措施并且确实因大病、重病造成基本生活困难的家庭。

五、帮扶程序

（一）申请

申请者本人（或直系亲属、监护人）向户籍所在地红十字会提出书面申请，如实填写《嘉定区市民大病重病帮扶审批表》，并携带如下有关证件、证明和材料：

1. 本人身份证或户口簿原件及复印件；

2. 医疗单位诊断证明，医疗费支付发票复印件；

3. 前位保障所支付的相关单位证明原件；

4. 家庭成员收入证明原件等。

（二）受理

1. 初审。街镇红十字会自接到申请之日起20个工作日内，对申请人证明材料进行核实，并对申请人资格进行初审。初审合格条件为前位保障后待帮扶总金额超过本计划规定的起付线。

起付线=家庭年收入-当年度上海市城镇最低救助标准×12×家庭人数。

2. 审批。经初审合格的，由街镇红十字会报区红十字会审批。

3. 审核与备案。区红十字会审批后提交区社会救助工作领导小组办公室审核备案。

4. 信息上报。本计划作为区社会救助“一口上下”实体运作项目，相关帮扶信息录入区社会救助“一口上下”信息系统。

（三）支付

区红十字会将审批结果及救助金下拨到街镇红十字会，由街镇红十字会负责下发。

六、帮扶要求

（一）病种：

1. 慢性肾功能衰竭（尿毒症）；

2. 恶性肿瘤；

3. 严重传染性肝炎；

4. 白血病、血友病和再生障碍性贫血；

5. 颅脑肿瘤需手术者及脑中风急性期；

6. 精神病；

7. 心脏病（限于心脏瓣膜置换手术、冠状动脉旁路手术、安装起搏器、心脏搭桥手术）；

8. 严重烧伤等突发性非工伤灾祸治疗期的；

9. 除上述8类病种之外其他危及生命安全的。

（二）就诊机构：本市所有医保定点医院。

（三）“本年度待帮扶总金额”定义如下：本年度待帮扶总金额=全年自负医药费−前位保障支付额。

全年自负医药费是指当年度内，发生按照本市基本医疗保险诊疗项目、医疗服务设施和用药范围以及支付标准规定执行的医药费发票自负总额。

前位保障是指应先于本计划帮扶之前支付的、申请人有条件享受的所有社会医疗保障和补助，包括“城保”基本医疗保险、大病保险、综合减负；“镇保”基本医疗保险、大病保险；少儿住院互助基金、少儿学生医疗保障；农村合作医疗保险及大病补助；总工会互助保障；公务员医疗补助；民政救助；红十字会救助等。

本年度个人自负医药费用不包括以下各项费用：

1. 应由前位保障支付而未支付，暂由自己垫付的医疗费用；

2. 不能提供有效原始证明（发票）的医疗费用；

3. 跨年度累计的医疗费用；

4. 交通肇事、打架斗殴、吸毒、酗酒和赌博等不法行为、自杀行为及属工伤认定范围内的致伤发生的医疗费用。

七、帮扶标准

凡符合本计划规定，本年度个人自负医药费发票额总额超过帮扶起付线的金额（简称“待帮扶金额”），按以下标准分段确定帮扶比例：

（一）待帮扶金额在2万元以内（含2万元）部分，帮扶40%，余者自负；

（二）待帮扶金额在2万元以上4万元以内（含4万元）部分，帮扶50%，余者自负；

（三）待帮扶金额在4万元以上6万元以内（含6万元）部分，帮扶60%，余者自负；

（四）待帮扶金额在6万元以上部分，帮扶70%，余者自负。

帮扶金额全年累计最高不超过6万元。

帮扶条件和标准将根据资金募集情况作适时调整。

八、帮扶对象违法行为的处理

帮扶金发放后将上网公告，对采用虚报或者隐瞒实情、伪造证明材料等手段骗取、冒领帮扶金的，一经查实，将追回其已经领取的帮扶金，并依法追究法律责任。

九、本计划由区红十字会负责解释。

十、本计划自二〇〇七年一月一日起试行。

是日　区红十字会下发《关于表彰2003—2006年度嘉定区红十字会造血干细胞捐献优秀组织、遗体捐献优秀志愿者、优秀志愿工作者的通知》（嘉红〔2007〕14号）：

各镇、街道、嘉定工业区、菊园新区红十字会，各有关单位：

为深入实践“三个代表”重要思想，进一步推动我区造血干细胞捐献、遗体捐献和红十字志愿服务工作的开展，更好地发挥先进单位（个人）的模范带头作用，促进我区红十字工作的进一步发展，嘉定区红十字会决定对共青团嘉定区南翔镇委员会等5个造血干细胞捐献优秀组织，陆开斌等10名遗体捐献优秀志愿者，王兰英等20名优秀红十字志愿工作者予以表彰。

希望获奖的单位和个人保持荣誉，再接再厉，为嘉定红十字事业的发展做出更大的努力。同时我们号召广大红十字会员、志愿工作者积极行动起来，以先进模范为榜样，不断发扬“人道、博爱、奉献”的红十字精神，为提升城市精神风貌，推进嘉定社会经济持续、稳定、健康发展做出应有的贡献。

附件：《2003—2006年度嘉定区红十字会造血干细胞捐献优秀组织、遗体捐献优秀志愿者、优秀志愿工作者名单》。

造血干细胞捐献优秀组织奖：

共青团上海市嘉定区南翔镇委员会、共青团上海市嘉定区真新街道工作委员会、共青团上海市嘉定区学校工作委员会、共青团上海市嘉定区卫生局委员会、共青团上海市公安局嘉定分局委员会。

遗体捐献优秀志愿者：

陆开斌、陈旗（嘉定镇街道叶池社区）、葛金星（新成路街道新望社区）、刘卓（菊园新区管委会）、张绪西（江桥镇张掖社区）、顾建成（安亭镇紫荆社区）、朱诚敏（南翔镇翔华社区）、吴贞祥（南翔镇德园社区）、龚晓敏（马陆镇众芳村）、杨德勤（嘉定武术培训学校）。

优秀志愿工作者：

王兰英（嘉定镇街道桃园社区）、杨珊妹（嘉定镇街道小囡桥社区）、张泉（新成路街道新成社区）、周平（新成路街道仓场社区）、周梦圣（真新街道吉镇社区）、邱怡敏（菊园新区社区卫生服务中心）、王惠芬（嘉定工业区横沥社区）、陈德元（嘉定工业区福蕴社区）、李云芳（江桥镇杨柳社区）、金仕娟（黄渡镇黄沈村）、王麟妹（安亭镇玉兰第二社区）、武廷良（安亭镇紫荆社区）、陈德耿（南翔镇虹翔社区）、赵根娣（南翔镇白鹤社区）、孙永远（马陆镇卫生院）、赵秀英（马陆镇天马社区）、董汉云（外冈镇爱国卫生运动委员会）、姚雪英（徐行镇曹王村）、龚丽娜（徐行镇卫生院）、陈滨（华亭镇联华村）。

5月7日 区红十字会、嘉定镇街道红十字会联合在清河路工人影剧院广场举行纪念“5·8”上街服务活动。开展医疗服务143人次，其他宣传咨询及服务17人次，有23位市民无偿献血8800毫升；红十字青少年会员和社区志愿者向路人演示现场急救技术。

5月8日 嘉定区纪念第60届“5·8”世界红十字日大会在区政府广厦厅隆重举行。会议由嘉定区副区长、红十字会会长夏以群主持，区委副书记曹一丁、区人大副主任张国民、区政协副主席章宇慧、区红十字会名誉副会长周丽玲等领导出席会议。会议举行了“嘉定区市民大病重病帮扶项目实施计划”启动仪式；表彰了2003—2006年度嘉定区红十字会造血干细胞捐献优秀组织者、遗体捐献优秀志愿者以及优秀志愿工作者；举行了嘉定区红十字会网站开通仪式。中共嘉定区委副书记曹一丁在大会上讲话。

5月10日 区红十字会与团区委在博乐广场联合举行造血干细胞捐献集中血检活动，来自全区19个单位团组织的190名志愿者参加了血检。

5月28日 上海中亚医院举行4周年“感恩·回报”暨“爱心联盟单位”授牌仪式，全体医务人员发起捐助，向红十字会捐款5000元，我会授予上海中亚医院为“爱心联盟单位”。

6月1日 为庆祝“六一”国际儿童节，区红会等有关领导走访慰问了区内34名患大病的特困儿童，向他们表示节日的问候，并送出慰问金共8.4万元。

6月6日 区红十字会下发《关于配合做好云南省地震救灾工作的通知》（嘉红〔2007〕16号）。

各镇、街道、工业区、菊园新区红十字会：

6月3日凌晨，云南省普洱市宁洱县发生6.4级强烈地震，已造成300余人受伤，3人死亡，全县共3.5万余户、18万余人不同程度受灾，给当地人民生命财产造成了严重损失。上海市红十字会已经开展救援工作，紧急调拨了213箱价值31.02万元的救灾物资运往灾区。

根据中央领导关于“动员一切力量，切实做好抗震救灾工作”和上海市委、市政府有关灾害救助的指示精神，市红十字会下发《关于配合做好云南省地震救灾工作的通知》（沪红发〔2007〕55号），对这项工作提出了具体要求。现结合我区实际情况，将有关事项通知如下：

一、各镇（街道）红十字会要以高度的责任感和使命感，急灾民所急，想灾民所想，加强值班，认真做好救灾捐款的组织、宣传发动和接受工作以及咨询电话的接听。及时完成救灾捐款的登记、统计、上报工作（于每周四16：00前报区红十字办公室）。

二、此次救灾募捐以接受捐款为主，救灾物资暂不接受。如灾情进一步发展需募集救灾物资，我会将另行通知。

三、在接受捐款工作中，如有典型感人事例，请及时将信息上报至区红十字会。

四、救灾募捐工作结束后一周内，请及时将救灾款全额上交区红十字会，由区红十字会统一上交市红十字会，转赠给受灾地区。书面总结同时报区红十字会办公室。

6月7日—9日 区红十字会在黄山对各街镇红十字会干部等20人举办为期3天的《嘉定区市民大病重病帮扶项目实施计划》业务培

训班。

7月2日 区红十字会作出上半年工作总结暨下半年工作设想。

上半年主要工作有：1月，召开了区红十字会三届五次会议；5月，召开了第60届“5·8”世界红十字日纪念大会；至6月底，全区发展红十字团体会员单位5个，团体会员1392人；发展红十字个人会员2649人；共募集人道救助基金50.81万元，募集物资价值0.44万元。积极开展各种形式的帮困救助，累计帮困现金51.9万元，帮困物资价值19.07万元，受助1213人次。处理群众来信来访10人次，补助4人次，帮困金额3000元；共开展急救培训16次，培训了822人，其中有104人获得了《初级急救知识培训合格证书》；到6月底，我区已办理遗体（角膜）捐献登记手续45人，累计办理登记手续的志愿者达278人；自去年10月到今年6月底，共有1882名新生儿参加少儿住院基金，收费金额112920元；受理网上结算1009人次，支付金额843882.64元。2006年9月至2007年6月期间，共为2469人次患儿结算医疗费用2393881.97万元，其中住院2412人次，费用2267450.97万元；大病门诊57人次，费用126431万元；最高报销金额34950.96元。

下半年工作设想是：一是继续做好现场初级急救与灾害逃生技能的培训工作；二是加强宣传工作；三是督促、指导部分基层红十字会组织建设和红十字示范社区创建工作。

7月18日—20日 区红十字会在上海市红十字救灾备灾中心（青浦区赵重路109号）举办“红十字救护师资培训班”，采用集中封闭的形式，对全区各街镇选拔出的25位学员进行培训。

7月23日 区红十字会下发《关于转发〈关于积极开展救灾募捐工作的紧急通知〉的通知》（嘉红〔2007〕19号）。

各镇、街道、工业区、菊园新区红十字会：

现将上海市红十字会《关于积极开展救灾募捐工作的紧急通知》（沪红发〔2007〕66号）转发给你们，请认真按照市红十字会文件精神，积极开展救灾募捐工作，并继续按照嘉红〔2007〕16号文件要求做好上报工作。

附件：《关于积极开展救灾募捐工作的紧急通知》（略）。

7月31日 区少儿住院基金管委会工作会议在区政府南翔厅顺利召开，副区长、区红会会长夏以群，常务副会长陈进根，副会长潘加生以及教育局、卫生局有关人员出席会议。会议汇报了我区少儿基金工作开展情况，并对新学年收费工作进行了交流和讨论。

8 月 18 日 由区红十字会主办，区爱卫会、区教育局、区卫生局协办的“嘉定区纪念‘世界急救日’现场急救竞赛”在菊园文化中心举行。来自 13 个街镇的红十字救护队参加了竞赛，安亭中学和妇幼保健院红十字救护队参加了表演。南翔镇红十字救护队获得一等奖，菊园新区、徐行镇获得二等奖，黄渡镇、马陆镇、外冈镇获得三等奖。

8 月 21 日 嘉定区妇幼保健院红十字救护队参加市红十字会举办的急救小品比赛，参赛作品《车祸》在 16 个参赛区（县）中获优胜奖。

8 月 30 日 区红十字会在上海科技职业学院报告厅举办“五王”普法及国际人道法培训班，来自全区 13 个街镇的红会干部、红十字志愿者、红十字会会员共 209 人参加了培训。

6 月—8 月 区红十字会在全区范围内开展救灾募捐工作，在两个多月时间内，共接受专项救灾款 28.82 万元。

9 月 8 日 区红十字会参加由市红十字会、市文明办、市教委等九家单位在闸北区体育馆联合主办的“2007 年‘世界急救日’——上海市红十字会群众性现场初级救护比赛”，来自全市 19 个区、县和部分高校的 60 多支救护队参加了比赛。南翔镇、妇幼保健院、安亭中学红十字救护队代表我区分别参加了社区组、企（事）业组和学生组的比赛。最终，安亭中学获得学生组一等奖的殊荣，南翔镇获得社区组三等奖，妇幼保健院获得企（事）业组优胜奖。

9 月 20 日 区人大常委会副主任张国民、教科文卫主任朱楚龙等同志视察区红十字会工作，听取了常务副会长陈进根同志的工作汇报，张国民副主任对我区红十字会今后的工作提出了要求。

10 月 12 日 内蒙古自治区红十字会代表团一行 15 人在秘书长陈华的带领下来我区红十字会参观考察。区红会常务副会长陈进根、副会长潘加生等领导参加接待工作。上午，双方就本地区红十字工作开展情况进行了学习交流。下午，代表团实地参观了“嘉定区红十字会物资调剂中心”和南翔镇鸿翔居委红十字服务站，对我区社区红十字服务站的运作情况进行了详细了解。

10 月 15 日 区红十字会部署总结 2005—2007 年传播工作，要求各镇、街道、工业区、菊园新区红十字会于 10 月 22 日前上报总结材料。

是日 市红十字会和市教委评审小组一行四人到我区开展市第五批红十字工作达标学校验收工作。在迎园小学集中听取了马陆小学、迎园小学、江桥小学、江桥中学四所创建学校分管领导的工作汇报，认真审阅了工作台账，实地察看了学校整体环境、红十字活动室等有关情况，并分别对各校师生作了红十字问卷调查。

11 月 2 日 根据中共上海市嘉定区委组织部《关于朱培令同志任职的通知》（嘉委组任〔2007〕59 号），朱培令同志任中共上海市嘉定区红十字会党组成员。

11 月 2007 学年少儿住院基金新学年收费工作基本完成，全区参加少儿住院基金 80796 人次，覆盖率 99.85%，缴费金额 4286950 元；少儿医保登记 64599 人；本市城镇低保家庭子女少儿住院基金缴费减免人数 1022 人，减免金额 51830 元。据统计，2006 学年市少儿住院基金共为我区 4337 人次患儿支付住院及特殊门诊医疗费 434.63 万元，占总收入的 103.56%。

至 11 月底，我区共发展红十字团体会员单位 44 个，团体会员 10368 人；发展红十字个人会员 2651 人，为红十字队伍注入了新鲜血液。到目前为止，区红十字会累计发展团体会员单位 332 个，发展会员 59511 人。

12 月 12 日 区红十字会部署开展 2008 年"千万人帮万家"红十字迎春募捐帮困活动，要求各镇、街道、工业区、菊园新区红十字会做好相关工作。

12 月 13 日 区红十字会 2007 年各镇、街道、工业区、菊园新区红十字会年度工作考核会议在松江召开，区红会常务副会长陈进根、副会长潘加生等领导参加会议。

12 月 24 日 根据上海市红十字会《关于命名上海市第五批红十字工作达标学校的通知》（沪红发〔2007〕118 号）精神，我区马陆小学、迎园小学、江桥小学、江桥中学被正式命名为上海市红十字工作达标学校。

12 月下旬 区红十字会选派五位具有奉献精神、热心红十字工作、具备一定教学带教经验的同志，参加为期一周的 2007 年上海市红十字会福利彩票基金急救师资培训班。

12 月 29 日 区委常委、区政协副主席、区统战部部长、区光彩事业促进会会长张敏，区委统战部副部长、区工商联党组书记卢秀臻等领导调研区红十字会工作。区红十字会常务副会长陈进根就 2007 年区红十字会、区民政局联合实施的《嘉定区市民大病重病帮扶项目实施计划》的有关政策作了介绍。张部长对《嘉定区市民大病重病帮扶项目实施计划》表示了充分肯定，并将确定光彩事业的部分捐款用于扶持该项目，拟投入总资金 70 万，分三年实施，用于改善弱势群体的生活境况。

12月 《嘉定区红十字会2007年工作概况》发布。

2007年，嘉定区红十字会紧紧围绕区委、区政府中心工作，履行“救灾、救济、救护”的工作职能，以宣传培训、人道救助为重点，在赈济救护、社区服务、少儿医疗保障等领域扎实开展工作。全年募集人道救助基金217.44万元，人道救助支出87.62万元，发放帮困物资价值18.08万元，受益1515人次。年内，区红十字会第三届理事会第五次会议召开。各镇、街道进一步规范红十字会工作，菊园新区、外冈镇、黄渡镇、嘉定工业区、华亭镇、江桥镇先后召开会员代表大会。全年发展红十字团体会员单位44个、个人会员2651人。至年底，实有红十字团体会员单位332个、会员59511人。

【嘉定区红十字会网站开通】 5月8日，在嘉定区纪念第六十届“5·8”世界红十字日大会上，举行了区红十字会网站开通仪式。区红十字会网站设首页、新闻动态、组织机构、赈济救护、社区工作、志愿服务、政策法规、宣传培训、青少年工作、少儿医疗保障等11个栏目，并包含多个公益视频。区红十字会网站及时将区内各级红十字会组织开展活动情况上网发布，确保信息的即时性、真实性和生动性。全年发布动态新闻39条，公告及通知5条；受理群众网上咨询办事3件，网站成为红十字会与市民沟通的桥梁与纽带。

【《嘉定区市民大病重病帮扶项目实施计划》启动】 年内，《嘉定区市民大病重病帮扶项目实施计划（试行）》在嘉定区纪念第六十届“5·8”世界红十字日大会上启动。该计划由区民政局、区红十字会联合实施，将对全区因患八类大病重病而致贫的人群给予最高额6万元的帮困救助金，对于大病特困家庭具有重大的意义。为保证帮扶项目的顺利实施，区红十字会于6月组织各镇、街道红十字会干部开展专题培训，通过红十字会网站和宣传告知书来进一步扩大宣传面。年内，区红十字会共受理帮扶申请对象215人次，帮困金额133.78万元，其中最高帮扶额4.23万元。

【救助帮困】 年内，区红十字会认真履行救助职能，积极开展人道救助基金募集工作。全年累计募集人道救助基金217.44万元，募集物资折合人民币0.44万元。至年底，人道救助基金账户余额356.23万元。年内，区红十字会在“千万人帮万家”迎春帮困活动中，向1031户贫困家庭发放49.5万元慰问金及价值18.08万元的慰问品；儿童节期间，向34名大病儿童发放帮困金8.4万元；认真组织救灾募捐工作，募集救灾款28.82万元；及时处理来信来访，补助6人次，帮困金额0.46万元。全年人道救助基金支出87.62万元，发放帮困物品价值18.08万元，受益1515人次。

【遗体捐献】 2007年，全区接受遗体捐献登记82人，撤销登记1人；角膜捐献登记1人。累计遗体捐献志愿者344人、角膜捐献志愿者5人，其中实现遗愿的有29人。年内，区红十字会开展“遗体捐献纪念日”活动，组织30余名志愿者和实现者家属赴青浦福寿园参加“上海市红十字会遗体捐献工作开展25周年纪念活动”。

【“5·8”纪念活动】 2007年，区红十字会积极开展“5·8”世界红十字日纪念活动，以弘扬“人道、博爱、奉献”的红十字精神，扩大红十字会的社会影响力。5月7日，区红十字会与嘉定镇街道红十字会联合在工人影剧场前举行上街志愿服务活动，160位市民接受医疗咨询及服务，有23位市民无偿献血8800毫升；红十字青少年会员和社区志愿者演示现场初级急救技术。5月8日，“嘉定区纪念第60届‘5·8’世界红十字日大会”在区综合办公楼召开，会上举行“嘉定区市民大病重病帮扶项目实施计划”启动和嘉定区红十字会网站开通仪式，表彰2003—2006年度嘉定区红十字会造血干细胞捐献优秀组织、遗体捐献优秀志愿者以及优秀志愿工作者。5月10日，区红十字会与团区委在博乐广场联合举行造血干细胞捐献集中血检活动，来自区内19个单位团组织的190名志愿者参加血检，以实际行动向社会展示团员青年积极向上的精神风貌。“5·8”期间，在嘉定电视台的协助下摄制、播映宣传造血干细胞捐献的专题片——《点燃生命的希望》，有力地推动了造血干细胞捐献工作的开展。

【现场急救竞赛活动】 8月18日，由区红十字会主办，区爱卫会、区教育局、区卫生局协办的“嘉定区纪念‘世界急救日’现场急救竞赛”在菊园新区文化活动中心举行。各镇、街道的红十字救护队参赛，安亭中学和区妇幼保健院红十字救护队参加救护表演。通过激烈角逐，南翔镇红十字救护队获一等奖，菊园新区、徐行镇红十字救护队获二等奖，黄渡镇、马陆镇、外冈镇红十字救护队获三等奖。8月21日，区妇幼保健院红十字救护队表演的《车祸》参加市红十字会举办的急救小品比赛，获优胜奖。9月8日，区红十字会选派三支救护队参加“2007年‘世界急救日’——上海市红十字会群众性现场初级救护比赛”，安亭中学红十字救护队获学生组一等奖，南翔镇红十字救护队获社区组三等奖，区妇幼保健院红十字救护队获企（事）业组优胜奖。

【培训与宣传】 2007年，区红十字会认真实施“五五”普法规划，抓好现场初级急救知识培训工作，以普及红十字知识，提高基层红十字工作者的法制观念和专业素质，提高广大市民自救互救能力。8月30日，区红十字会举办嘉定区“五五”普法培训班，来自各镇、街道的红十字会干部、志愿者、会员共209人参加。年内，各级红十字会组织开展红十字知识传播及“五五”普法培训，培训学员万余人次；8613人参加现场初级急救知识培训，其中324人获得初级急救知识培训合格证书，25人获得嘉定区红十字会救护师资上岗证。11月15日，区红十字会与菊园新区管委会、区民防办联合举办“社区人民防空应急行动人员掩（隐）蔽暨防灾减灾演练”活动，向社区群众普及现场急救和灾害逃生知识。

【红十字青少年教育】 年内，城中路小学成功创建为全国红十字模范学校。12月24日，马陆小学、迎园小学、江桥小学、江桥中学被命名为上海市红十字工作达标学校。年内，全区各中、小学校认真开展日常性红十字青少年工作，组织中小学生开展红十字现场初级急救与灾害逃生技能培训、国际人道法培训，开展爱心义卖、会员入会仪式、红十字主题班会等活动，以进一步丰富红十字活动内涵，普及红十字知识，弘扬红十字精神。

【少儿住院基金与基本医疗保障】 2007学年，少儿住院基金进一步扩大覆盖面，调整有关政策，区少儿住院基金管理办公室结合区域实际，扎实细致地开展新学年收费登记工作。新学年参加少儿住院基金80796人次，覆盖率99.95%，缴费金额428.7万元；少儿学生基本医疗保障登记64599人。认真做好城镇低保家庭子女少儿住院基金缴费减免工作，减免人数1022人，减免金额5.18万元。2006学年，组织区少儿基金监督专家组对全区13所定点医院共809份少儿住院病史进行监督检查，占全年病史量的27%；借调病史及明细账各53份送市基金办复审；市基金办对4所医院进行追款，追款金额0.58万元。2006学年，市少儿住院基金为我区4337人次患儿支付医疗费用434.63万元，其中为310人次患儿支付大病特殊门诊费用17.32万元，学年总支出占总收入的103.56%。认真实施少儿学生基本医疗保障工作，自6月1日起，区内13家定点医院全面开展网上结算，为患儿家长提供方便。2006学年，共为3027人次患儿结算医疗费用270.5万元，其中住院结算2962人次，费用255.99万元；大病门诊结算65人次，费用14.51万元；最高报销金额3.5万元。

【荣誉榜】

2007 年 9 月，荣获 2006—2007 年度中国红十字会总会宣传组织工作表扬奖（中国红十字会总会报刊社）。

2007 年 10 月，荣获 2007 年度上海红十字报刊工作二等奖（上海市红十字会）。

2007 年 12 月，荣获 2007 年度上海市红十字会造血干细胞捐献征募工作优秀组织奖（上海市红十字会）。

2007 年 12 月，荣获上海市红十字会 2005—2007 年度红十字运动基本知识传播工作一等奖（上海市红十字会）。

2008 年

1 月 21 日　上海市嘉定区光彩事业促进会实施医疗援助项目捐赠签约仪式在嘉定区红十字会举行。区光彩会会长张敏，区民政局、卫生局、红十字会、工商联等领导出席。张敏会长向区民政局捐赠 2008 年至 2010 年（三年）医疗援助项目资金 120 万元，其中区红十字会接受 70 万元，主要用于“嘉定区市民大病重病帮扶项目实施计划”。仪式结束后，张敏等有关领导和捐赠单位代表走访了 2 户重大病对象，送去补助金 3 万多元。

1 月 23 日　区红十字会在工业区管委会召开 2007 年度街镇红十字会工作年终总结会。南翔镇、马陆镇获年度红十字工作考核特等奖；真新街道、徐行镇、黄渡镇、嘉定镇街道、外冈镇、江桥镇、菊园新区获一等奖；安亭镇、新成路街道、华亭镇、嘉定工业区获二等奖。

1 月　区红十字会开展 2008 年“千万人帮万家”红十字迎春帮困活动，向嘉定地区 560 户贫困家庭发放慰问金 28 万元，捐赠电饭煲等帮困物资价值 6 万元。

同月　区红十字会《关于转发〈中国红十字会总会 2008 年国内雪灾呼吁〉的通知》（嘉红〔2008〕1 号）。

各镇、街道、工业区、菊园新区红十字会：

现将《中国红十字会总会 2008 年国内雪灾呼吁》转发给你们，请根据文件精神，认真做好雪灾募捐的发动和接受捐款工作并按时上报统计报表。

附件：中国红十字会总会 2008 年国内雪灾呼吁、2008 年雪灾救助情况统计报表（略）。

2 月 15 日　根据中国红十字会总会、教育部《关于表彰全国红十字模范校的决定》（红总字〔2007〕68 号）：嘉定区城中路小学于 2007 年 12 月 28 日被评为全国红十字模范学校。该校在市红十字会举办的第五批红十字达标学校经验交流会上做经验介绍。

是日　区红十字会下发《关于开展上海市遗体捐献宣传服务周活动的通知》（嘉红〔2008〕2号）。

各镇、街道、工业区、菊园新区红十字会：

今年3月1日，是第五个上海市红十字遗体捐献纪念日。为鼓励遗体捐献行为，树立尊重捐献人的社会风尚，进一步发展医学科学事业，促进社会主义精神文明建设，我区将根据上海市红十字会有关文件精神，于2008年3月1日至7日期间，以“关爱生命、走近志愿者”为主题，开展遗体捐献宣传服务周活动。现将有关事项通知如下：

一、3月1日，区红十字会将组织部分遗体捐献志愿者、实现者家属参加市红十字会在上海福寿园举行的现场瞻仰和纪念活动。

二、全区各级红十字会在宣传服务周期间，要充分运用本地区的宣传资源，通过有线电视、报刊、户外公益广告、宣传板报、横幅等各类形式开展宣传活动，向各级领导干部、广大群众宣传《上海市遗体捐献条例》；同时大力宣传本地区遗体捐献志愿者人生最后奉献的事迹，传承“让生命在奉献中延续，让高尚在人世间永存”的风范，推进遗体捐献工作的深入开展。

三、各街镇红十字会在宣传服务周期间，可结合本地区实际，组织捐献志愿者、实现者家属前往福寿园开展瞻仰、纪念活动；邀请志愿者代表召开座谈会；为志愿者开展形式多样的服务活动，以体现“关爱生命、走近志愿者”的人文关怀。

四、宣传服务周期间，各街镇红十字会应注意收集活动照片、相关报道等资料及先进事例；纪念活动后，以简报、小结等形式，将开展纪念活动情况于3月20日前上报嘉定区红十字会办公室。

2月22日　区红十字会决定，2月29日（星期五）在嘉定区政府A200会议室召开“嘉定区红十字会第三届理事会第六次会议暨市政府实事项目启动仪式”。

截至2月22日，区红十字共募捐到雪灾救助款169676.5元，其中个人募捐37592.5元，单位募捐132084元。

2月25日　区红十字会函请区残疾人联合会，另推荐一名热爱红十字事业，热心红十字工作，能组织动员本单位职工或社会力量参与红十字活动，并能抽出时间参与红十字理事工作的人员为理事候选人，接替因工作变动的前任。

2月28日　区红十字会下发《关于表彰2007年红十字募捐箱管理先进单位的决定》（嘉红〔2008〕3号）。

各镇、街道、工业区、菊园新区红十字会及有关单位：

2007年，全区设置红十字募捐箱的单位认真贯彻执行《中华人民共和国红十字会法》《上海市红十字会条例》及《上海市红十字会关于红十字募捐箱管理的规定》的有关精神，认真做好募捐箱管理工作，为我区红十字事业发展做出了积极的贡献，并涌现出了一批先进集体。为表彰先进、树立典型，进一步促进募捐箱管理工作再上新台阶，根据《嘉定区红十字募捐箱管理先进评比办法》，对上海大众汽车马陆销售服务有限公司、上海新欧尚超市有限公司嘉定店、上海易初莲花连锁超市有限公司易初莲花曹安店三家先进单位予以表彰。

希望受到表彰的单位再接再厉，继续努力，为全区红十字募捐箱募捐发展做出新的更大的贡献。同时，号召其他募捐箱管理单位，要以先进单位为榜样，适应新形势、新要求，争创先进，努力开创募捐箱管理工作新局面。

2月29日 区红十字会第三届理事会第六次会议在区政府A200会议室顺利召开。会议由区红会副会长、区教育局局长毛长红主持。区红会会长、副区长夏以群，常务副会长陈进根、副会长潘加生等38名理事以及有关企业代表出席会议。

会议审议通过了7位理事的调整名单，夏以群会长向新任理事颁发了证书，并向他们表示祝贺；陈进根常务副会长代表区红十字会常务理事会做工作报告；潘加生副会长向理事会报告了2007年嘉定区红十字人道救助基金财务情况。为有效落实市政府实事项目，更好地完成1370名红十字救护员和10650名现场急救普及数任务和2008年其他各项工作任务，夏以群会长同13个街镇红十字会会长签订了《嘉定区红十字会二〇〇八年红十字目标管理责任书》。

之后，潘加生副会长代表嘉定区红十字会与上海邑亘网络管理有限公司王佩苏总经理签订了募捐箱捐赠合作协议，该公司依托先进的电子视频技术，采用与传统募捐箱相结合的手段，面向社会推出了一种新型的室内电子视频募捐箱，来播放募捐宣传广告，营造生动活泼的宣传氛围，为城市公众提供方便快捷的捐款渠道。随后，会议对2007年红十字募捐箱管理先进单位上海新欧尚超市有限公司嘉定店、上海大众汽车马陆销售服务有限公司、上海易初莲花连锁超市有限公司易初莲花曹安店进行了表彰，鼓励他们再接再厉，为我区红十字募捐箱的募捐工作做出更大的贡献，并号召其他募捐箱设立单位，以先进为榜样，努力开创募捐箱管理工作新局面。

最后，夏以群会长讲话，她对全体理事及社会各界一年来对红十字会工作的关心和支持表示由衷的感谢，肯定了区红十字会在2007年所取得的成绩，特别是在人道救助基金募集、现场初级急救知识培训、网站开通等方面成效显著；就2008年红十字会工作提出三点要求：一是红十字工作者要具有奉献精神，担负起发展红十字事业的重大使命；二是要健全网络，提高素质，不断壮大红十字队伍；三是要抓住重点，深化内涵，深入开展红十字工作。夏会长指出，2008年要继续完善并进一步推动“嘉定区市民大病重病帮扶项目实施计划”的开展；从今天起，全面启动市政府实事项目，大力开展群众性现场初级急救培训和灾害逃生技能培训工作；并就当前少儿医疗保障、雪灾恢复重建等有关工作提出了要求。

是日　《嘉定区红十字会第三届理事会第六次会议关于调整理事的决议》。

根据《中国红十字会章程》的有关规定，经嘉定区红十字会第三届理事会第六次会议审议并通过：原嘉定区红十字会第三届理事会理事区外事办赵志坚、区总工会樊国强、区妇联王洪英、区残联封树云、区劳动和社会保障局赵剑萍、嘉定镇街道高纪文、基督教善牧堂刘雅谷七位同志因工作变动等原因，不再担任理事，依次由倪琴、杨炳康、钱伟勤、王建平、沈洪明、时洁、徐玉兰同志继任第三届理事会理事。

2月　年初，我国南方部分地区发生大雪灾情，区红十字会积极开展雨雪冰冻灾害募捐活动，共接受专项救灾款45.41万元。

3月1日　区红十字会组织48名遗体捐献志愿者及实现者家属参加市红十字会在青浦福寿园举办的纪念活动。

同日　区红十字会在上海市备灾救灾中心召开“嘉定区遗体捐献纪念日活动座谈会”。

3月3日　《上海市嘉定区人民政府关于成立嘉定区现场急救普及培训领导小组的通知》（嘉府任〔2008〕2号）。

各镇人民政府，区政府各委、办、局、街道办事处，嘉定工业区、菊园新区管委会：

经区政府研究，决定成立嘉定区现场急救普及培训领导小组。组成人员如下：

组　长：夏以群（副区长）

副组长：陈进根（区红十字会常务副会长）

　　　　沈　燕（区府办副主任）

潘加生（区红十字会副会长）

成　员：（以姓氏笔画为序）

方云芬（区卫生局副局长）

水　洁（真新街道办事处副主任）

王生兴（安亭镇人民政府副镇长）

王陈芳（新成路街道办事处副主任）

王晓燕（马陆镇人民政府副镇长）

叶晓华（区地区办主任）

朱　芳（区教育局副局长）

朱培令（区红十字会秘书长）

张　枫（区财政局副局长）

张　敏（徐行镇人民政府副镇长）

张剑铭（南翔镇人民政府副镇长）

张树纯（公安嘉定分局副局长）

时　洁（嘉定镇街道办事处副主任）

李　华（区建交委副主任）

李龙弟（菊园新区管委会副主任）

周金平（区民防办副主任）

金惠萍（江桥镇人民政府副镇长）

徐绮红（黄渡镇人民政府副镇长）

袁　浩（区旅游局副局长）

谈亚芬（嘉定工业区管委会副主任）

钱小萍（外冈镇人民政府副镇长）

樊立新（华亭镇人民政府副镇长）

嘉定区现场急救普及培训领导小组办公室设在区红十字会，办公室主任由潘加生兼任，副主任由朱培令兼任。

今后，嘉定区现场急救普及培训领导小组组成人员如有变动，由该成员单位分管领导自然替补。

3 月 11 日　区红十字会《关于印发〈嘉定区红十字会 2008 年工作要点〉和〈嘉定区红十字会 2007 年工作总结〉的通知》（嘉红〔2008〕4 号）。

嘉定区各镇、街道、工业区、菊园新区红十字会，卫生系统红十字团体会员单位：

现将《嘉定区红十字会 2008 年工作要点》和《嘉定区红十字会

2007年工作总结》印发给你们，请按照文件要求，结合辖区实际，认真落实有关工作。

附件一、《嘉定区红十字会2008年工作要点》。

附件二、《嘉定区红十字会2007年工作总结》（略）。

《嘉定区红十字会2008年工作要点》

2008年嘉定区红十字会工作指导思想：高举中国特色社会主义伟大旗帜，以邓小平理论和"三个代表"重要思想为指导，深入贯彻落实科学发展观，认真学习贯彻十七大精神，以《中华人民共和国红十字会法》为依据，按照区委、区府对全区工作的总体部署，围绕中心，服务大局，积极开拓，不断进取。根据既定的工作目标，采取有力的工作措施，抓落实、抓推进、抓提高、抓实效，争取新突破，求得新发展，创造新业绩，做出新贡献。2008年我们要集中人力、财力、物力，认真做好以下重点工作：

一、以"五五"普法规划为契机，加大宣传力度，推进依法兴会

（一）深入学习、贯彻《中华人民共和国红十字会法》，结合"五五"普法规划，认真做好红十字会法律、法规的传播，通过嘉定区红十字会网站以及各种媒体的信息传播，提高社会对红十字会法律、法规的知晓率，使更多群众能积极参与红十字事业，不断探索新时期红十字工作的新思路和新方法。

（二）以红十字传统节日为抓手，加大宣传力度，在"5·8世界红十字纪念日""世界急救日"开展大型纪念活动，集中进行宣传，各镇、街道积极参与，通过多种形式，在全区范围内以较大的声势和较好的氛围来开展纪念活动。活动要通过电视、广播、报纸等媒体大力宣传，以增强社会各界对红十字会工作的认识和理解，为红十字事业的发展奠定更广泛的群众基础。

二、加强组织建设，不断壮大红十字队伍

（一）按照《中华人民共和国红十字会法》规定，指导镇、街道红十字会按期召开代表大会，条件成熟的依法取得社团法人资格。

（二）召开区第三届理事会第六次会议，汇报2007年工作，讨论研究2008年工作计划。充分发挥各级理事会的作用，各位理事结合各自所从事的工作，通过参与各类活动，切实履行对红十字会工作支持和监督的职责。

（三）积极发展会员，会员人数在原有基础上增加10%。年内在独资、合资及民营企业、服务行业等单位中，发展一批红十字会组织，不断壮大红十字会队伍；进一步规范发展手续，完善登记、造册工作。同时要加强对会员进行红十字运动基本知识的普及培训，通过按期收缴会费、开展各类活动，来提高对红十字事业的荣誉感和责任心。

三、不断拓宽募捐渠道，努力做好救助帮困工作

（一）继续开展好“千万人帮万家”活动，要创新工作方法，以“5·8世界红十字纪念日”为契机，多形式、多渠道地募集人道救助基金，增加基金总量，增强救助力度，年内力争募捐超过100万元。同时积极做好迎春帮困慰问和日常突发性灾害的救助工作，尤其是在几个重要的节日里，更要精心安排对特困人群实施帮困救助服务，从而推动募捐、帮困工作良性循环。

（二）深入贯彻《中国红十字会自然灾害和突发事件救助规则》，完善《嘉定区红十字会自然灾害等突发事件应急预案》。充分发挥区红十字物资募集站的作用，不断增加物资储备，增强应急救助能力。完善救灾联络员网络建设，积极开展培训，使红十字报灾、救灾工作及时规范。做好对突发事故的救助工作，力争在第一时间，为需要帮助的受难（害）者提供人道主义的救助。

（三）根据政府“一口上下”的原则，把募捐工作融入区统一部署的工作中去，进一步做好嘉定区大病、重病帮扶项目有关工作，总结经验，不断探索、创新募捐工作方式。通过调研，把弱势群体最需要的事项列为救助项目。

（四）加强募捐箱管理工作。设置募捐箱是筹集人道救助基金、扩大红十字会影响的有效方法和途径，各镇、街道要高度重视，并切切实实地管理好。根据《嘉定区红十字募捐箱管理先进单位评比办法（试行)》的要求，落实措施，确定目标，狠抓实效，力争年募捐箱募集款达到10万元。

四、开展初级急救培训，保质保量完成市政府实事项目

（一）建立、健全红十字会应急网络，在各街镇建立红十字救护队，加强建设和管理。每个社区成立一支救护队，作为骨干力量，经常性开展培训和演练。在2008年的“世界急救日”期间，会同有关部门组织红十字救护知识竞赛和演练，加强应急能力建设，提高自然灾害、突发事件发生时的应对能力。

（二）加强师资队伍的建设，在区内公开招募师资志愿者，并定期对他们进行必要的培训，充实师资队伍，在区内形成三级授课队伍：区级师资、街镇级师资、初级师资，保证授课质量。

（三）在居（村）委会、相关行业建立红十字救护小组，把社区相关单位和社区红十字志愿者骨干培训成合格的红十字救护队员。

（四）做好全区救护工作的普及培训，2008年完成1370名救护员和10640名群众性现场初级急救培训。

五、以红十字服务站为抓手，深入开展社区红十字服务工作

（一）继续巩固和推广红十字服务示范社区的创建工作。要进一步巩固和提高红十字社区服务工作，充实服务内容，增加服务项目，扩大服务队伍，增强服务技能，改善服务设施，提高服务质量，把红十字关爱进社区活动落到实处。

（二）加强对红十字服务站的建设和管理，使其真正成为社区红十字活动的场所，成为开展医疗咨询、康复保健、红十字知识传播和培训、造血干细胞捐献宣传、遗体捐献登记、救灾物资募集、帮困等一系列人道主义救助工作的窗口。规范全区139个红十字服务站管理，对服务站的专（兼）职干部经常性地进行红十字知识、卫生救护、防灾救灾等知识的培训和复训，做到持证上岗。

（三）加强居（村）委会红十字工作，健全制度，规范管理，依靠红十字服务站的专（兼）职人员，在社区中进行现场初级急救、居家护理、家庭保健和安全知识的普及和培训，使居民群众获得实用型的自救互救、自我保健和家庭护理技能，以体现红十字会“保护人的生命和健康”的宗旨。

六、深化红十字青少年工作，储蓄后备力量

（一）认真贯彻落实中国红十字会、教育部关于《学校红十字会工作规则》，建立红十字青少年工作委员会，指导学校开展红十字会工作。开展既适合青少年特点又体现人道精神的各项活动，努力创造条件举办适合红十字青少年特点的夏令营等活动，丰富红十字青少年活动的形式与内容，全面培养他们爱人、助人和奉献情操，为精神文明建设服务，为红十字事业培养后备力量。

（二）以红十字工作达标学校创建为抓手，结合未成年人思想道德建设和学生素质教育，加强对青少年会员急救知识和逃生技能的培训，积极开展“珍惜生命、注重健康”、“关爱他人、奉献社会”等适合青少年特点的各项活动，寓教育于活动中，使学生们从小养成良好的品质。

七、做好少儿学生医保和少儿住院基金管理工作，为孩子的健康成长提供保障

（一）在区教育局、卫生局等有关部门的支持下，进一步做好少儿学生医保和少儿住院基金工作。做好少儿学生医疗保障的登记工作和少儿住院基金的收费工作，覆盖率力争99%以上。做好各种审核、统计、分析、结算等各项工作，完善各项管理制度，保证少儿学生医保和少儿住院基金的正常运行。

（二）加强基金管理队伍的建设，开展多层次的业务培训，提高业务管理水平和服务意识，规范窗口服务，认真做好来信、来电、来访接待工作，不断拓展服务内容，使少儿住院基金成为未成年人的一项基本医疗保障制度。

（三）加强对医疗机构的监督与管理。继续发挥区少儿基金监督检查专家组的作用，加强对定点医院的初审，严格遵守少儿住院互助基金有关制度，力争做到“五个合理”，确保基金的合理使用，维护基金的收支平衡。

八、大力发展志愿工作者队伍，推进红十字事业发展

（一）加强红十字志愿工作者队伍的建设，逐步建立健全红十字志愿工作者工作制度，规范工作程序，积极探索志愿服务形式，不断扩大志愿服务内容。

（二）做好造血干细胞捐献的宣传、发动工作，与团区委联合举行“为了生命的希望工程——中华骨髓库验血入库”活动；积极参与献血宣传工作，推动无偿献血。

（三）认真贯彻执行《上海市遗体捐献条例》，进一步完善遗体捐献登记制度，充分发挥区、镇（街道）、居委红十字遗体捐献咨询站、点的作用，积极指导遗体捐献宣传、登记、发证等服务工作，利用“遗体捐献纪念日”“世界红十字日”等节日大力宣传，积极倡导这一移风易俗、提升城市精神风貌的善举。

新的一年，带来了新的机遇和挑战，我们要充分做好准备，迎接挑战、抓住机遇，开拓创新、团结奋进，扎实工作、努力实践，不断培育和发展红十字工作的新优势，更好地发挥政府助手的作用，努力开创嘉定红十字事业的新局面。

3月12日 区红会制定《嘉定区红十字会2008—2010年现场急救普及培训工作实施意见》（嘉红〔2008〕5号）。

为落实上海市政府实事项目，进一步规范现场急救培训工作，根据中国红十字会总会和上海市红十字会救护培训工作的要求，制定本实施意见。

一、统一教学计划

为确保急救培训教学活动有序推进，切实提高广大市民的自救互救能力，通过对培训人数、内容、形式和学时等提出具体的要求，统一本区的教学计划。

（一）培训人数

到2010年，我区完成现场急救救护员培训4100人，现场急救普及培训31900人。

各镇、街道、工业区、菊园新区（以下简称“街镇”）的培训人数，原则上根据户籍人口比例安排（见附件2）。

（二）培训内容

心肺复苏：心脏按压、人工呼吸；

四项技术：止血、包扎、骨折固定、伤员搬运；

逃生技能：火灾、触电、溺水、煤气中毒、地震等。

（三）培训形式

课堂集中讲授、示范演示与实际操作训练相结合。

（四）培训课时

现场急救救护员培训（以下简称“救护员培训”）为16学时；

现场急救普及培训（以下简称为“普及培训”）为8学时。

（五）教学安排

救护员培训教学安排见附件3；

普及培训教学安排见附件4。

（六）教研活动

区、各街镇设立现场急救培训站；

区红十字会组建培训工作教研组、各街镇组建教学小组，根据教学大纲，开展教研活动；

救护员培训教学大纲见附件5；

普及培训教学大纲见附件6。

（七）教学档案

各街镇建立教学档案，包括办班计划、师资名册、学员名册、试卷等与教学活动相关的资料。

二、统一教材

为规范教学活动，培训使用统一教材。教材由市红十字会编印。

三、统一教学质量

为使学员通过掌握基本救护理论和实践操作技能，在实施现场急救中达到挽救生命、减少伤残的目标，针对不同对象制定教学质量标准，在培训中应严格执行。

质量标准见附件5、附件6的目标部分。

四、统一考核发证

为提高教学质量，保证教学效果，有效实施紧急救护，参加培训学员经考核合格者统一发证。

（一）统一考核

1. 考核原则：考核工作由市、区红十字会负责组织实施。

2. 考核形式：原则上以基础知识和实践操作相结合的形式进行。

3. 理论考试：市红十字会建立理论考试试题库。

4. 实践操作：根据教学大纲要点，心肺复苏考核采用心肺复苏模具，四项技术考核采用模拟操作。

（二）统一发证

各街镇培训班证书由区红十字会统一编号、盖章并颁发。

（三）评估督导

为加强对现场急救培训工作的指导，及时对培训质量进行评估，不断提高教学质量和效果，以保证此项工作持续、有效地进行，市、区红十字会成立培训工作督导组。

1. 督导原则：市、区红十字培训工作督导组对各街镇各教学点培训工作进行督导。

2. 督导方式：督导组抽查培训质量，形成书面评估意见；负责汇报、反馈督导情况，对培训质量不合格单位提出整改意见。

3. 督导组成员必须持有市、区红十字会颁发的督导上岗证。

4. 各街镇每月上报本月完成培训进度、下月培训计划，年底前上报年度培训工作总结以及下年度培训工作计划。

5. 各街镇、社区单位、居（村）委会、楼宇建立群众性救护组织网络。

附件1：嘉定区红十字会2008年落实市政府实事项目实施方案。

附件2：嘉定区2008—2010年现场急救培训人数（以下略）。

附件3：现场急救救护员培训教学安排（16学时救护员课程）。

附件4：现场急救普及培训教学安排（8小时普及课程）。

附件5：现场急救救护员培训教学大纲（16学时救护员课程）。

附件6：现场急救普及培训教学大纲（8学时救护员课程）。

嘉定区红十字会2008年落实市政府实事项目实施方案

2008年，我区红十字会落实市政府实事项目的目标是：以心肺复苏、止血、包扎、骨折固定、避险逃生等内容为重点，完成1370名红十字救护员培训和10650名群众性现场初级急救培训。为保质保量地完成上述培训目标，制订实施方案如下：

一、时间进度安排

（一）宣传动员及启动阶段（1—3月）

1. 成立嘉定区现场急救普及培训领导小组；

2. 制订《嘉定区2008—2010年现场急救普及培训工作实施意见》，下达街镇培训指标数；

3. 与各街镇红十字会会长签订《市政府实事项目责任书》；

4. 完成救护师资的选拔以及培训器材的初步配置工作。

（二）重点培训实施阶段（4—6月）

完成50名救护师资的培训；根据培训大纲和计划要求，开展区内重点人群和救护员的急救培训工作。

（三）普及培训实施阶段（7—10月）

全面完成我区2008年1370名救护员培训和10650名群众性现场急救培训工作；区红十字会通过下基层督导、统计报表、召开座谈会等形式，及时掌握培训工作进展情况；在此基础上，建立健全我区红十字急救网络。

（四）总结评估验收阶段（11—12月）

对我区全年急救培训工作开展情况进行汇总和总结；对各街镇红十字会开展急救培训情况进行评估、验收和表彰；迎接市红十字会的评估验收。

二、职责分工

落实市政府实事项目以条块结合、以块为主的方式进行。

（一）区红十字会职责

1. 对全区急救培训工作进行总体规划、组织协调和业务指导；

2. 负责师资培训有关事项；

3. 负责区内重点行业救护员以及高校学生的普及培训工作；负责对街镇救护员培训进行授课及操作指导；

4. 培训经费预算、调控、下拨和培训器材的配备；

5. 负责全区急救培训工作的评估和验收。

（二）街镇红十字会职责

1. 做好辖区内急救培训工作的组织和协调，制订培训实施方案和工作计划；

2. 全面完成辖区内群众性现场初级急救培训指标，选拔好师资并发挥好其作用，组织落实好培训对象，保证培训时间和质量，通过考核验收；

3. 承担群众性普及培训的教学工作；协助区红十字会做好救护员培训的有关教学工作；

4. 做好培训的统计上报、宣传、总结、资料归档等有关工作。

三、教学方式

（一）区红十字会成立教研组，设置教学点，配置10名教师，全面负责培训指导工作。主要承担重点行业、高校学生的教学任务。对各街镇救护员培训进行授课和操作指导。

（二）各街镇红十字会组建教研小组，配置3~5名教师，以各街镇成人教育学校为教学点，负责普及培训教学，并配合区教研组对救护员进行培训。

四、培训对象

（一）重点人群及救护员培训主要为以下行业的人员：旅游业导游、公安系统执勤干警、消防人员、保安公司保安人员及建交委系统工地的安全员、驾驶员等。

（二）群众性现场初级急救培训对象主要为学生和教职员工、机关人员、企事业单位员工、居委干部、社区居民等。

五、经费物资保障

（一）培训器材配置

区级设1个培训点、13个街镇各设1个培训点，即全区14个培训点的培训器材均由区红十字会统一配备，包括模拟人、夹板、三角巾、毛巾、止血带和教材等。

每个培训点的器材配备大致如下：模拟人2个、夹板5套、三角巾40条、毛巾40条、止血带40根，培训教材根据培训人数予以配备。

（二）培训经费

1. 急救培训所需经费由区红十字会统一拨付。救护员培训按每人80元拨付、群众性现场初级急救培训按每人40元拨付，经费的支付以实际培训并通过验收评估的人数为准。

2. 经费下拨按阶段分批实施：首次下拨50%的启动经费；培训工作开展后至验收评估之前（10月底之前），下拨30%；顺利通过市、区级验收评估，下拨20%。

3. 培训经费必须设财务单独课目、专款专用，不可挪作他用。街镇红十字会的培训经费用于培训场地的租用、师资的讲课费、学员的就餐费以及有关培训材料等开支。区红十字会掌握的部分培训经费用于重点人群和救护员培训、物资采购、评估验收、总结表彰等开支。其中群众普及培训按每8个学时支付200元作为师资讲课费，救护员培训按每16个学时支付500元作为师资讲课费。

六、验收评估要求

各街镇红十字会应根据本实施方案，结合辖区内的培训指标数，制订相应的实施方案，按照时间进度稳妥有序地开展培训工作，并及时进行自我评估和总结上报。在培训过程中，要争取社会各方的支持与配合，加大宣传力度，争取有线电视台等各类媒体的支持，以进一步宣传市政府实事项目落实情况，扩大红十字会的社会影响力。同时，要注意积累和妥善保存有关培训资料，如师资名单、培训计划和总结、培训通知、签到、培训人员名单、试卷以及声像资料等，作为验收评估的依据。

3月15日 以苏继军为团长的内蒙古鄂尔多斯市红十字会考察团一行24人来到嘉定，考察嘉定区红十字工作，在南翔镇德园居委召开座谈会。区红十字会常务副会长陈进根就我区红十字工作情况作了介绍，双方进行了互动交流。之后，考察团一行参观了红十字募集站和虹翔社区红十字服务站。

3月28日 嘉定区《常见意外伤害及现场急救技能》知识手册首发仪式暨嘉定镇街道红十字会志愿者之家揭牌仪式在嘉定镇街道桃园居委举行，向该街道18个居委的代表赠送了市民普及读物34000册。

4月8日 区红十字会《关于下发〈2008年度嘉定区各街镇红十字会工作考核内容及评分标准〉的通知》（嘉红〔2008〕6号）。

各镇、街道、工业区、菊园新区红十字会：

根据我会2008年度工作要点，结合《红十字目标管理责任书》的有关内容，现将《2008年度嘉定区各街镇红十字会工作考核内容及评分标准》下发给你们。

今年的考核工作以实事求是、客观公正为原则，根据考评得分确定奖励等次。具体标准为：>100分为特等奖，95~100分为一等奖，85~94分为二等奖，<85分为三等奖。请各单位认真对照考核内容，务实工作，勇于创新，力争在考核中取得优异成绩。

是日 区红十字会下发《关于开展2008年纪念“5·8”世界红十字日活动的通知》（嘉红〔2008〕7号），要求各镇、街道、工业区、菊园新区红十字会，学校红十字会，医疗卫生系统红十字团体会员单位在5月7日—14日“上海市红十字博爱周”期间，认真组织开展各项纪念活动，不断扩大红十字运动的社会影响力。

4月15日 区委副书记曹一丁到区红十字会调研，常务副会长陈进根就我区红十字会主要工作做了汇报。

4月16日 嘉定区红十字会、共青团嘉定区委员会联合下发《关于继续开展造血干细胞捐献志愿者征募工作的通知》（嘉红〔2008〕8号）。

各镇、街道、嘉定工业区、菊园新区红十字会，各镇、街道、嘉定工业区、菊园新区、委、局、院、公司团委（直属总支、支部）：

为保护人的生命和健康，挽救白血病病人的生命，上海市红十字会自1992年起开展非血缘关系造血干细胞移植供者征募工作，截至2008年2月底，上海市分库入库志愿者78308名，移植118例。由于非血缘关系造血干细胞配型相符率较低，因此，需要更多的志愿者加入，才能满足患者的需要。为了推动造血干细胞捐献事业的深入开展，让更多的白血病患者点燃生命的希望，需要继续深入开展造血干细胞捐献志愿者的征募工作。现将有关事项通知如下：

一、组织各类宣传活动。各级团组织、红十字会要充分结合区域实际，运用宣传橱窗、黑板报、张贴宣传海报、发放宣传资料、专题展板、举办知识讲座等形式，因地制宜地开展各类宣传培训活动，普及造血干细胞捐献知识，提高市民的知晓率，特别是让广大青年了解有关知识，理解自我奉献对他人的重要意义，为造血干细胞捐献征募工作奠定良好的基础。

二、深入开展组织发动。各级团组织、红十字会要以“自愿无偿”为原则，充分调动18~45周岁的广大青年积极参与社会公益事业的积极性，特别是要注重发挥党、团员的模范带头作用。同时，要以“五四”青年节、“五八”世界红十字日、“七一”党生日、“十二五”世界志愿者日等节日为契机，开展广泛动员，大力征募志愿者。

三、认真做好血样采集的组织工作。造血干细胞捐献志愿者的入库血检分为个人血检和团体血检：个人血检可自行前往上海血样采集室；团体血检（50人以上）由上海市分库安排上门血检，具体有关事项请与区红十字会联系，联系人：葛文华，联系电话：59537812。

团区委和区红十字会将在2008年5月中下旬安排集中血检活动，请各单位团组织将报名参加血检的志愿者名单汇总后填写《嘉定区造血干细胞捐献志愿者汇总表》，于5月10日前上报共青团上海市嘉定区委员会（嘉定区博乐南路111号），联系电话：69989888×2962，联系人：陆英。

造血干细胞捐献工作是挽救生命的好事和实事，希望各有关单位认真落实，切实抓好志愿者的征募工作，为在上海早日建成10万人规模的造血干细胞捐献者资料库做出应有的贡献。

4月17日—19日　区红会组织各街镇红十字会干部赴珠海考察学习募捐箱管理先进经验，听取了珠海市红十字会在募捐箱管理方面的介绍，并实地考察了当地红十字募捐箱设置点。

4月25日　区红十字志愿工作者，对上海大学悉尼商学院40余名新志愿工作者进行培训，年内共发展红十字志愿工作者102名。

5月8日　区红会围绕“携手人道、服务奥运”的活动主题，联合有关单位在嘉定商城门口举行纪念第61届“5·8”世界红十字日活动，开展医疗咨询、理发、小家电维修等服务项目。

5月9日　区红十字会《关于转发上海市少儿住院基金管理办公室〈关于做好手足口病医疗费用结算工作的通知〉的通知》（嘉红〔2008〕9号）。

嘉定区各少儿住院基金定点医院：

现将上海市中小学生、婴幼儿住院医疗互助基金管理办公室《关于做好手足口病医疗费用结算工作的通知》（沪儿基金办〔2008〕14号）转发给你们。请根据文件精神，认真做好结算工作。

5月14日　区红十字会下发《关于开展为四川地震救灾募捐的紧急通知》（嘉红〔2008〕10号）。

各镇、街道、工业区、菊园新区红十字会：

5月12日，四川汶川县发生7.8级地震，此次地震强度大，波及面广，给当地人民生命和财产造成巨大损失。现根据中国红十字会紧急呼吁精神，号召社会各界积极行动起来，参与到四川地震灾害紧急救助和灾后重建工作中，为灾区群众奉献爱心，凝聚人道力量，帮助他们渡过难关，重建家园。现具体要求如下：

一、各镇（街道）红十字会要以高度的责任感和使命感，妥善安排工作，加强值班，认真做好捐赠咨询电话的接听工作及救灾捐款的接受工作。

二、本次救灾募捐工作个人捐赠仅限于捐款；如有单位捐赠物资的仅限于生产和销售的帐篷、棉被、方便食品、饮用水、医疗用品、环境消毒剂和饮水消毒剂等紧急救助物资。

三、做好救灾捐赠的登记、统计、上报工作。

附：《携手人道　抗震救灾——嘉定区红十字会5·12地震紧急呼吁》。

据国家地震台网测定，北京时间5月12日14时28分，四川汶川县发生7.8级地震，此次地震强度大，波及面广，损失严重。根据中国红十字会紧急呼吁精神，目前灾区急需帐篷、棉被、紧急食品、饮用水、医疗用品、环境消毒剂和饮水消毒剂等物资。在此，嘉定区红十字会呼吁社会各界和广大市民积极行动起来，发扬中华民族“一方有难、八方支援”的传统美德，积极捐款捐物，参与到灾害紧急救助当中来，为灾区群众奉献爱心，携手人道，救助受到地震影响的群众。鉴于运输条件所限，尽量以现金方式捐助。捐款方式如下：

1. 直接到嘉定区红十字会（南大街272号）募捐。

2. 通过银行账号捐款。

如捐献物资，目前仅限企事业单位自己生产和销售的帐篷、棉被、方便食品、饮用水、医疗用品、环境消毒剂和饮水消毒剂等紧急救助物资。

重要提示：上海市红十字会及各区（县）红十字会尚未开通网上捐款及短信平台捐款等其他捐款方式。

5月19日　上午8点30分，在上海华山医院综合楼12楼病房内，嘉定区造血干细胞捐赠第一人陆水军实施了造血干细胞捐献移植手术，采集的造血干细胞移植给浙江一名白血病患者。

5月20日　区红会在区委党校举办“嘉定区红十字会‘五五’普法及国际人道法培训班”，对来自13个街镇的救护师资、红十字专（兼）职干部、红十字志愿工作者等共109人进行相关知识培训。

5月29日　区红会开展“嘉定区佛教云翔十方医疗帮困活动”，区红十字会常务副会长陈进根、区教育局副局长汪卫平等领导走访慰问了区内三名大病儿童。全年累计对39名大病、重病患儿进行帮困，帮困金额达10万元。

6月2日　区红十字会下发《关于建立急救培训督导组的通知》（嘉红〔2008〕11号）。

各镇、街道、嘉定工业区、菊园新区红十字会：

为加强对全区现场急救培训工作的指导，及时对培训质量进行评估，不断提高教学质量和效果，以保证培训工作持续、有效地进行，嘉定区红十字会决定建立培训工作督导机制。区红十字会机关的同志和区培训基地的师资共12名同志分成三个小组，将从本月起对各镇、街道红十字会的急救培训工作进行督导。督导组主要任务是加强对基层培训工作的指导、了解培训工作的进展及基本情况，抽查培训质量，对培训中存在的问题提出整改意见。

6月17日 区红十字会现场急救培训工作会议在南翔镇文化活动中心举行，区现场急救培训工作领导小组成员参加会议。与会人员观看了南翔镇红十字会救护队的急救表演；各街镇分管副镇长就急救培训工作开展情况做了汇报；常务副会长陈进根就目前我区的急救培训工作作了汇总；副区长夏以群就如何推进急救培训工作提出了要求。

6月18日 区红十字会与团区委在菊园新区文化活动中心联合举办造血干细胞捐献集中血检活动，有196名青年志愿者经初检合格进行了集中采血。

7月15日 嘉定区区级机关党工委与区红十字会联合在区委党校举办首期“嘉定区区级机关现场急救骨干培训班”，60余名机关干部参加了初级急救技术普及培训。培训班邀请区红十字会救护师资、上海医药高等专科学校副教授王惠琴老师主讲。

7月16日 区红十字会对上半年工作进行总结，并提出下半年工作设想。

上半年工作总结——组织建设工作：顺利召开了区红十字会第三届理事会第六次会议；对红十字会员发展情况进行全面梳理，至6月底，我区共有红十字团体会员单位318个，红十字成人会员1561人，进一步规范了红十字会组织建设。

募捐帮困工作：共募集人道救助基金3616.38万元，募集物资价值337.41万元，其中四川地震专项募捐3555.81万元，物资价值327.21万元；对2007年因患八类大病重病发生的符合帮扶项目的对象予以帮困，帮困达29人次，帮困金额12.49万元。

宣传培训工作：通过网站共发布新闻48条，有效地宣传了我区红十字会的工作动态；共完成救护员培训899人，普及培训1367人。

志愿服务工作：到7月底将完成300名造血干细胞捐献志愿者的指标；到6月底，已办理遗体（角膜）捐献登记手续37人，累计办理登记手续的志愿者达357人，实现夙愿者有28名；新吸收了来自上海大学悉尼商学院、上海大学数码学院、嘉定区中心医院等单位的红十字志愿工作者102名。

红十字青少年工作：组织区内约5000名学生参加“红十字青少年

与奥运同行——自救互救知识竞赛。”；安排了七所学校的校红十字会领导参加上海市达标学校红十字工作培训班，城中路小学被评为全国红十字模范校；2007 学年（至 6 月底），共受理少儿学保费用结算 2631 人次，支付金额 164.31 万元。

下半年工作设想——一是稳步实施市政府实事项目；二是加强红十字募捐箱的管理；三是有效推进“嘉定区市民大病重病帮扶项目实施计划”的开展；四是开展区级红十字工作达标学校创建；五是做好 2008 学年少儿基金及少儿学保收费登记工作。

7 月 18 日 区红十字会在菊园新区文化活动中心举办“嘉定区救护普及培训示范课”，对各街镇救护师资进行了培训示范，统一了普及培训教案。

7 月 29 日 区红十字会下发《关于调整十三种传染病少儿住院互助基金费用支付规定的通知》（嘉红〔2008〕12 号）。

嘉定区各少儿住院互助基金定点医院：

根据上海市中小学生、婴幼儿住院医疗互助基金管理办公室《关于下发 2008 学年少儿住院互助基金收费及医疗费用支出若干规定的通知》（沪儿基金办〔2008〕18 号）精神，对患乙型脑炎、白喉、斑疹伤寒、伤寒（副伤寒）、猩红热、流行性脑膜炎、麻疹、脊髓灰质炎、炭疽、急性传染性肝炎、出血热、钩端螺旋体病、暴发性菌痢等十三种传染病所发生的住院医疗费用，少儿住院基金按规定支付起付标准以上部分的 50%，自 2008 年 9 月 1 日起实施。

请各定点医院严格按照上述规定执行。

7 月 30 日 区红十字会《关于申请〈嘉定报〉专版开展现场急救有奖知识竞赛的请示》（嘉红〔2008〕13 号）。

区政府办公室：

为有效落实市政府实事项目，推动我区群众性现场初级急救培训工作的开展，经副区长、区红十字会会长夏以群同意，拟于“世界急救日”前夕，通过《嘉定报》开展急救知识竞赛，涉及心肺复苏、止血、包扎、骨折固定、搬运、灾害逃生及常见意外伤害的处理等方面的基本知识，从而在全区营造“掌握急救技能、开展自救互救”的良好氛围，以提升市民综合素质，并达到在突发事件中挽救生命、减少伤残的目的。为此，我会拟于 8 月下旬申请《嘉定报》专版（半版）用于开展现场急救有奖知识竞赛。

7 月 31 日 嘉定区红十字会和嘉定区小庙村村委会在小庙村会议室

举行共建“爱心联盟”单位签约仪式。

8 月 13 日 区少儿住院基金管委会工作会议在区政府 D303 会议室召开，区红会会长夏以群、常务副会长陈进根、区教育局副局长朱芳以及教育局、卫生局有关人员出席会议。会议对我区少儿基金工作开展情况进行了总结，并就新学年收费工作进行交流、讨论。

8 月 19 日 区红十字会的救护师资冒着酷暑，前往位于奉贤区的上海市教委青少年社会实践基地，对在该基地进行军训的 480 名上海市行政管理学校的新生进行救护培训。

是日 区红十字会、区民政局联合下发《关于调整〈嘉定区市民大病重病帮扶项目实施计划（试行）〉有关内容的通知》（嘉红〔2008〕14 号）。

各镇、街道、嘉定工业区、菊园新区红十字会、民政部门：

自 2007 年 1 月 1 日《嘉定区市民大病重病帮扶项目实施计划（试行）》实施以来，一定程度缓解了市民因病致贫或因病返贫的家庭困难。为进一步完善帮扶计划，加大救助力度，经区红十字会、区民政局协商一致，就《嘉定区市民大病重病帮扶项目实施计划（试行）》作如下调整：

“起付线=家庭年收入-当年度上海市城镇最低救助标准×12×家庭人数”调整为“起付线=家庭年收入-当年度上海市城镇低收入标准×12×家庭人数”。

上述调整自 2008 年 1 月 1 日起施行。

8 月—9 月 “世界急救日”期间，区红会举办“现场急救知识竞赛”，在《嘉定报》上刊登试题，在区红十字会网站上宣传现场自救互救知识。本次竞赛活动共收到市民知识竞赛答题卡 3022 份，其中 1931 份答案正确，准确率为 63.9%，并从中抽取一等奖 10 名，二等奖 30 名，三等奖 80 名。

9 月 2 日 由市红十字会、市文明办等联合主办的纪念 2008 年“世界急救日”活动在中福会少年宫小伙伴剧场举行，我区参赛队菊园新区红十字救护队获操作比赛第二名。

9 月 3 日—6 日 区红十字会组织部分理事赴内蒙古鄂尔多斯市考察学习，受到当地红十字会的热情接待。鄂尔多斯市红十字会常务副会长李晓庆就当地红十字工作开展情况作了介绍，双方进行了友好的交流与探讨。

9 月 17 日 菊园新区红十字救护队作为表演嘉宾在上海电视台高清晰演播室参加救护知识竞赛决赛录制，于 9 月 27 日晚 10：30 在东方新娱乐播出。

9月25日 上海市红十字会党组书记、第一副会长马强来我区调研，实地视察了地处南翔镇的嘉定区红十字人道救助中心，并听取了陈进根同志的工作汇报。

截至8月底，区红十字会累计发展红十字基层组织69个，团体会员单位318个，成人会员1561人，青少年会员30524人，为红十字工作的广泛开展奠定了扎实的组织基础；已完成救护员培训1687人，完成率123.14%；普及培训7259人，完成率68.16%；目前全区14个培训站中，有6个站点已完成全年的培训任务，至10月底将全面完成今年的培训目标。截至9月24日，共募集救灾款3582.8万元、物资329万元；红十字募捐箱募集捐款10.5万元；市民大病重病帮扶项目共补助52人次，补助金额24.45万元。

9月27日—28日 区红十字会在上海永成展示道具制作有限公司开办了为期两天的红十字现场初级急救救护员培训班，为学员详细讲解、演示现场急救等知识，为即将召开的世博会做好服务准备工作。

9月 嘉定区红十字会荣获上海市红十字会颁发的“2008上海市群众性现场救护暨实施市政府实事项目知识竞赛操作演练优胜奖”。

10月7日 区红十字会常务副会长陈进根与区红十字老年护理院、江桥红十字老年护理院签订冠名红十字医疗机构协议书，并到病房看望住院老人，送上重阳节礼品。

是日 重阳节当天，副会长潘加生前往“爱心联盟”单位徐行镇小庙村，向村里60岁以上的1335位老人送上了与区电信局共同准备的重阳糕；并上门慰问了数位80多岁的老人。

10月16日 区红十字会组织部分街镇红会干部赴徐汇区红十字会学习遗体捐献工作经验，并参观了志愿者之家，受到了对方的热情接待。

10月29日 奉贤区红十字会常务副会长沈春梅等一行20余人，在嘉定区红会副会长潘加生等陪同下，到我区城中路小学参观交流学校红十字工作。

10月31日 区红十字会有效落实市政府实事项目，2008年培训目标是救护员1370人，普及培训10650人。到10月底，我区共培训救护员1753名，完成率127.96%；普及培训11002名，完成率103.31%。

10月 嘉定区红十字会被上海市红十字会授予“5·12”汶川地震抗震救灾最佳组织奖的奖牌。5月12日四川汶川发生里氏8级强烈地震，区红十字会紧急行动，严密部署，全力以赴开展抗震救灾募捐工作。全年共接受社会各界四川地震专项捐赠款物3915.53万元，其中接受捐款3586.16万元，接受捐赠物资价值人民币329.37万元。

11月5日 嘉定区红十字会落实2008年市政府救护培训实事项目评审会在马陆镇举行，上海市红十字会考核组成员一行四人在市红会常务副会长熊仿杰的带领下，对我区今年完成市政府实事项目——救护培训工作进行督导考核，对嘉定区红会的培训工作给予肯定。

11月17日 区红十字会召开各街镇红十字会干部会议，总结评审2008年初级急救培训工作，对年度救护培训工作先进单位新成路街道、马陆镇、黄渡镇、华亭镇进行表彰。

11月 2008学年少儿住院基金新学年收费工作顺利完成，全区参加少儿基金82412人次，覆盖率99.64%，缴费金额4374780元；少儿居保登记63049人；本市城镇低保家庭子女缴费减免1141人、57850元；地震灾区学生减免82人、4150元。2007学年市少儿基金共为我区4258人次患儿支付住院及特殊门诊医疗费433万元，占总收入的97.6%。

12月5日 根据中共上海市嘉定区委组织部《关于汪丽萍、潘加生同志职务任免的通知》（嘉委组任〔2008〕97号）：汪丽萍同志任中共上海市嘉定区红十字会党组成员，免去潘加生同志区红十字会党组成员职务。

是日 根据中共上海市嘉定区委员会《关于提名王晓燕等同志职务任免的通知》（嘉委〔2008〕70号）：提名王晓燕同志任区红十字会常务副会长（正处），提名汪丽萍同志任区红十字会副会长。免去陈进根同志常务副会长、潘加生同志副会长职务。

同日 根据中共上海市嘉定区委员会《关于陈建平等同志职务任免的通知》（嘉委〔2008〕71号）：王晓燕同志任中共上海市嘉定区红十字会党组书记、党组纪检组组长；陈进根同志任区红十字会调研员。

12月9日 区红十字会部署开展2009年“千万人帮万家”红十字迎春募捐帮困活动，并下发《通知》（嘉红〔2008〕17号）至各镇、街道、工业区、菊园新区红十字会，要求结合各自实际，不拘形式，开展好相关各项工作，上报活动小结。

12月10日 区红十字会召开2008年度街镇红十字会工作考核会议，听取各街镇年度红十字工作汇报。区红会陈进根、潘加生等领导出席会议。

12月22日 区红十字会募捐箱管理工作会议在区政府广厦厅举行。

市红十字会副会长孙大红，嘉定区副区长夏以群、区政协副主席章宇慧等领导，部分兄弟区县红十字会领导以及募捐箱设置单位代表出席会议。陈进根同志就2008年募捐箱管理工作做了汇报；会议对获得2008年募捐箱管理的先进单位进行了表彰；孙大红副会长、夏以群副区长分别作了讲话。

是日 区红十字会、区教育局联合下发《关于下发嘉定区2008年红十字达标学校名单的通知》（嘉红〔2008〕20号）。

各有关单位：

嘉定区2008年红十字达标学校验收工作已圆满结束，经过评审小组的集体评议，上海市嘉定区南翔小学、上海市嘉定区叶城小学顺利通过评审、验收，达到了区级红十字达标学校的标准。

特此通知。

12月 区红十字会总结2008年工作概况。

2008年，嘉定区红十字会紧紧围绕年度工作要点，大力弘扬红十字“人道、博爱、奉献”的精神，充分发挥“救灾、救护、救助”的职能，在赈济救护、社区服务、红十字青少年、少儿医疗保障等人道领域取得了较大的成绩。全年募集人道救助基金3824.10万元，募集物资价值329.37万元。人道救助基金支出3851.60万元，其中对本辖区贫困人群实施帮困救助1015人次，发放帮困基金219.28（根据人道基金财务报告），帮困物资价值6万元。年内，区红十字会第三届理事会第六次会议召开。各街镇进一步规范红十字会工作，安亭镇、南翔镇、马陆镇、嘉定镇街道先后顺利召开红十字会会员代表大会，有效推动了红十字工作在基层的深入开展。对历年来发展的团体会员单位和个人会员进行全面梳理，目前我区缴纳会费的红十字团体会员单位共316个，成人会员1689人，青少年会员26855人。

【救助帮困】 年内，区红十字会认真履行救助职能，积极开展人道救助基金募集和帮困救助工作。全年累计募集人道救助基金3824.10万元，募集物资价值329.37万元。至年底，人道救助基金账户余额328.73万元。年内，区红十字会在“千万人帮万家”迎春帮困活动中，向嘉定地区560户贫困家庭送出28万元慰问金及价值6万元的慰问品；开展“佛教云翔十方医疗帮困”活动，向39名大病儿童发放帮困金10万元；稳步实施《嘉定区市民大病重病帮扶项目实施计划》，全年受理帮扶申请对象406人次，帮困金额219.28万元，其中最高帮扶额6万元，有效减轻了贫困对象的家庭经济负担；认真组织对南方雨雪冰冻灾害地区的救灾募捐工作，募集救灾款45.41万元；积极开展四川汶川地震救灾募捐工作，共接受社会各界专项捐赠款物3915.53万元，其中接受捐款3586.16万元，接受捐赠物资价值329.37万元；及时处理来信来访，补助1人次，帮困金额0.2万元。全年人道救助基金支出3851.60万元，其中区内帮困救助1015人次，发放帮困基金219.28（根据人道基金财务报告）万元，发放帮困物资价值6万元。

【遗体捐献】 2008年，全区接受遗体捐献登记70人、角膜捐献登记1人、撤销6人、转入1人。目前实有遗体捐献志愿者409人、角膜捐献志愿者6人，实现遗愿的有33人。开展“遗体捐献纪念日”活动，组织48名遗体捐献志愿者及实现者家属参加市红十字会在青浦福寿园举办的纪念活动，在上海市备灾救灾中心召开“嘉定区遗体捐献纪念日活动座谈会”，志愿者们纷纷表达了对遗体捐献行为的深刻认识和坚定信念，同时也对红十字会开展遗体捐献工作提出了宝贵的意见和建议。

【造血干细胞捐献工作】 5月19日，嘉定区造血干细胞捐赠第一人陆水军顺利实施移植手术，采集的造血干细胞移植给浙江一名白血病患者，为其点燃生命的希望。积极举办造血干细胞捐献集中血检活动，6月18日，我会与团区委在菊园新区文化活动中心联合举办造血干细胞捐献集中血检活动，有196名青年志愿者光荣地成为上海造血干细胞资料库中的一员。此外，嘉定公安分局、黄渡镇分别举办造血干细胞捐献集中血检仪式。全年我区造血干细胞捐献志愿者累计达300余名。

【“5·8”纪念活动】 2008年，区红十字会积极开展纪念第61届“5·8”世界红十字日活动，围绕“携手人道、服务奥运”的活动主题，于5月8日上午联合有关单位在嘉定商城门口举行志愿服务活动，开展医疗义诊、理发、小家电维修、发放宣传纪念品、无偿献血、遗体（角膜）捐献和造血干细胞捐献宣传咨询等活动项目，获得了良好的社会反响。与此同时，各街镇红十字会也纷纷结合区域实际，分别在纪念日前后开展形式多样的纪念活动，在全区营造了良好的氛围。

【培训与宣传】 2008年，区红十字会认真实施“五五”普法规划，进一步普及红十字知识，提高基层红十字工作者的法制观念和专业素质。4月25日在上海大学悉尼商学院对40多名志愿工作者开展了红十字运动基本知识培训。5月20日举办“嘉定区红十字会‘五五’普法及国际人道法培训班”，对来自各街镇的救护师资、红十字专（兼）职干部、红十字志愿工作者等共109人进行了红十字会相关知识培训。全年，各级红十字会开展“五五”普法培训达5000人次，有效提高了红十字法律法规的社会知晓率。充分发挥嘉定区红十字会网站及各类媒体的信息宣传作用，全年通过网站发布新闻68条，公告通知7条；通过嘉定电视台发布新闻9条、《嘉定报》发布新闻4条，有效地宣传了我区红十字会的工作动态。

【现场初级急救培训工作】 2008年，上海市政府将现场初级急救培训工作列为市政府实事项目，其中我区2008—2010年内要完成4100名红十字救护员和31900名现场急救普及。年初，我区制定并下发《嘉定区红十字会2008—2010年现场急救普及培训工作实施意见》；与各街镇红十字会会长签订《嘉定区红十字会二〇〇八年红十字目标管理责任书》，明确培训任务和目标；成立嘉定区现场急救普及培训领导小组，为培训工作的顺利实施奠定了良好的基础。全年我区共培训救护员1753名，完成率127.96%；普及培训11002名，完成率103.31%，超额完成了今年的培训任务。11月5日下午，上海市红十字会考核组对我区落实市政府实事项目进行督导考核，对我会救护培训工作开展情况给予了好评与肯定。年内，新成路街道、马陆镇、黄渡镇和华亭镇被评为2008年嘉定区红十字救护培训工作先进单位。

【红十字青少年教育】 "5·8"活动期间，区内约5000名学生参加了"红十字青少年与奥运同行——自救互救知识竞赛"，并纷纷结合学校特点，开展入会宣誓仪式、爱心募捐、红十字主题班会等活动，极大地丰富了学生的校园生活。开展"书信传递关爱——给灾区同龄人写一封信"活动，全区有2万余名青少年参加活动，其中有20多封优秀信件经市红十字会转交四川省红十字会，帮助地震灾区遭受重大创伤的孩子重建信心。年内，南翔小学、叶城路小学成功创建为嘉定区红十字工作达标学校，进一步提高了学校红十字工作水平。

【少儿住院基金与基本医疗保险】 2008学年，少儿住院基金政策又有新的调整，区少儿住院基金管理办公室认真开展宣传培训，稳妥落实各项任务，顺利完成新学年收费登记工作。2008学年我区参加少儿基金82412人次，覆盖率99.64%，缴费金额437.48万元；少儿居保登记63049人。认真做好少儿基金缴费减免工作，其中低保减免1141名，减免费用5.79万元；地震灾区学生减免83人，减免费用0.42万元。2007学年，组织区少儿基金监督专家组对区内定点医院的668份少儿住院病史进行监督检查，占全年病史量的21%；借调病史及明细账各19份送市基金办复审；市基金办对4所医院进行追款，追款金额5.22万元。2007学年，市少儿住院基金共为我区4258人次患儿支付住院及特殊门诊医疗费433.00万元，占学年总收入的97.64%，其中为293次患儿支付大病特殊门诊费用16.80万元。

认真实施少儿学生基本医疗保险工作，2007学年我区共受理少儿居保费用结算3128人次，支付金额198.87万元。其中住院结算3087人次、191.71万元；大病门诊结算41人次、7.16万元；最高报销金额1.01万元。

【荣誉榜】

嘉定区红十字会，2008年2月荣获2007年度上海市红十字会造血干细胞捐献征募“优秀组织奖”（上海市红十字会）。

嘉定区红十字会，2008年3月荣获上海市红十字会2005—2007年度红十字运动基本知识传播工作一等奖（上海市红十字会）。

嘉定区南翔镇红十字志愿者服务队，2008年4月被评为上海市红十字志愿服务先进集体（上海市红十字会）。

嘉定区红十字会，2008年9月荣获纪念2008年“世界急救日”暨实施市政府实事项目群众性现场救护操作比赛（社区组）二等奖（上海市红十字会）。

嘉定区红十字会，2008年9月荣获2007—2008年度中国红十字会总会报刊宣传表扬奖（中国红十字会总会报刊社）。

嘉定区红十字会，2008年10月荣获上海市红十字会抗震救灾最佳组织奖（上海市红十字会）。

嘉定区红十字会，2008年10月荣获2008年度上海市红十字报刊工作二等奖（上海市红十字会）。

个人：

杨珊姝，2008年4月被评为上海市红十字志愿服务先进个人（上海市红十字会）。

李峰，2008年10月被评为上海市红十字会抗震救灾先进个人（上海市红十字会）。

李海青，2008年10月被评为“十佳百优千星”红十字会员之星（中国红十字会总会）。

张寿明，2008年10月被评为“十佳百优千星”红十字会员之星（中国红十字会总会）。

陈德耿，2008年10月被评为“十佳百优千星”红十字志愿者之星（中国红十字会总会）。

周平，2008年10月被评为“十佳百优千星”红十字志愿者之星（中国红十字会总会）。

2009 年

1 月 6 日 2009 年嘉定镇街道制定《“蓝天下的至爱——送温暖、保民生、创和谐”系列慈善活动实施方案》。

各社区、企事业单位、机关各科室：

为了全面贯彻落实党的十七大精神，根据民政部《关于进一步开展经常性社会捐助活动的意见》，按照上级部署，结合嘉定区人民政府办公室转发《区民政局关于 2009 年“蓝天下的至爱”大型募捐活动实施方案》的通知精神，结合街道实际，特制定如下活动方案：

一、活动目的

通过举办慈善系列活动，进一步扩大我街道救助帮困事业的影响，不断增强社区单位和居民的慈善理念，弘扬慈善精神，激发慈善热情，营造出“我爱人人，人人爱我”的良好氛围，使困难家庭感受到党和政府以及社会各界的关爱和温暖，促进“和谐示范街道”的创建。

二、活动主题

送温暖、保民生、创和谐。

三、活动形式

1. “蓝天下的至爱”慈善拍卖活动；

2. “蓝天下的至爱”上街募捐活动；

3. “蓝天下的至爱”设摊服务活动。

四、活动时间和地点

整个活动时间：2009 年元月 18 日 09：30—11：30。

1. “蓝天下的至爱”慈善拍卖活动时间和地点：2009 年元月 18 日 09：30，登龙广场。

2. “蓝天下的至爱”上街募捐活动时间和地点：2009 年元月 18 日 09：30—11：30，主要集中在欧尚超市、登龙广场、罗宾森广场和清河路等繁华地段。

3. “蓝天下的至爱”设摊服务活动时间和地点：2009年元月18日09：30—11：30，在清河路北侧街面沿线（登龙广场对面）。

五、活动范围

街道机关、辖区内各企事业单位、两新组织、社区党（总）支部、社区居委会、民间组织、个人、嘉城经济中心、博庆公司等。

六、组织领导

1. 组织机构

主办：中共嘉定镇街道党工委、嘉定镇街道办事处。

承办：嘉定镇街道社会救助事务管理所、嘉定镇街道民间组织服务中心。

2. 活动指挥部

总 指 挥：俞 敏（街道党工委副书记）。

副总指挥：时 洁（街道党工委委员、办事处副主任）。

成 员：张国民、陈少雄、徐建通、张 剑、沈晓华、顾煜文、许勤民、陈晓兰、王 敏、范锦明。

办公室设在街道社会救助事务管理所，由王敏任主任。

七、部门职责

1. 党政办：配合社会救助事务管理所做好系列慈善活动中的有关协调工作。

2. 街道社会救助事务管理所：负责活动策划、协调及系列慈善活动的筹备组织工作，募捐款收集汇总、统计上报、上缴办理和信息上报等工作。

3. 街道机关、企事业单位、社区、辖区单位、两新组织、嘉城中心、博庆公司负责本单位人员积极参加慈善拍卖活动。

4. 宣传科：协调《嘉定报》、电视台等相关媒体，做好募捐各类活动的宣传工作。

5. 民间组织服务中心：负责“蓝天下的至爱”慈善拍卖活动的一切事宜。

6. 社会发展科：负责“蓝天下的至爱”红十字会设摊服务活动一切事宜，并落实上街劝募志愿者70名。

7. 团工委：负责上街劝募工作一切事宜并落实上街劝募志愿者50名。

8. 嘉城派出所：配合做好募捐活动期间的安全保卫工作。

9. 财政所：配合社会救助所做好资金汇总工作。

八、款项汇总

1. 此次募捐款所需出具的收据凭证全部由区民政局负责。

2. 本次上街劝募活动的募捐款参照募捐箱的管理使用方法，募捐结束后，街道将募捐款清点好交到慈善基金嘉定区分会，区分会于活动结束后将募捐款返还到街道账户。

九、上街募集活动

此次上街劝募活动主要由街道团工委负责实施，上街劝募活动由头戴印有慈善标识的工作帽，手持白色慈善募捐袋的劝募者在指定地点进行流动劝募，并对捐赠者赠以爱心粘贴标志。

十一、其他事项

募捐办公室联系地址：塔城路360弄8号（社会救助事务管理所）。

十二、具体要求

在街道党工委、办事处的统一部署下，各部门、社区、企事业单位、各级组织主要领导要高度重视、精心组织、层层发动，在全街道营造出“我爱人人，人人爱我”的良好氛围，加大募捐力度，确保活动圆满成功。

附：“蓝天下的至爱——送温暖、保民生、创和谐”宣传口号（摘录）。

万人捐、帮万家，让特困家庭过好年

发展慈善公益事业，促进社会文明进步

乐善好施，扶贫帮困

发扬人道主义精神，热情参与慈善活动

弘扬慈善理念，传播慈善文化

携手慈善，博爱申城

爱心飞扬嘉定城，温暖洒向全社会

慈善暖人心，互助见真情

捐款有价，爱心无价

凝聚爱的力量，共建和谐社会

1月7日　区红十字会《关于推荐嘉定区红十字会第三届理事会理事候选人的函》。

嘉定区基督教两会：

贵单位徐玉兰同志因工作变动将不再分管单位红十字工作，请推荐一名热爱红十字事业，热心红十字工作，能组织动员本单位职工或社会力量参与红十字活动，并能抽出时间参与红十字理事工作的人员为理事候选人（一般为单位主管这方面工作的领导）。

请于1月12日前将《嘉定区红十字会第三届理事登记表》（一式三份）交区红十字会办公室。

附件：《嘉定区红十字会第三届理事登记表》（略）。

1月9日 区红十字会决定，2009年1月16日召开“嘉定区红十字会第三届理事会第七次会议”。会议议程包括：

一、讨论、通过调整理事名单，夏以群会长向新任理事颁发证书。

二、选举常务副会长、副会长。

三、审议、通过嘉定区红十字会2008年工作报告及2009年工作要点。

四、向理事会报告人道救助基金财务情况。

五、夏以群会长与镇、街道红十字会会长签订目标管理责任书。

六、嘉定区副区长、区红十字会会长夏以群讲话。

1月16日 区红十字会第三届理事会第七次会议在区政府A200会议室顺利召开。副区长夏以群等39名理事出席，卫生局局长郑益川主持会议。会议调整、增补了7名理事；选举王晓燕、汪丽萍分别担任常务副会长、副会长职务；审议通过了区红十字会工作报告及人道救助基金财务报告；副区长、区红十字会会长夏以群与街镇红会会长签订了2009年目标管理责任书并作讲话。

附件1：《嘉定区红十字会第三届理事会第七次会议关于调整及增补理事的决议》。

根据《中国红十字会章程》的有关规定，经嘉定区红十字会第三届理事会第七次会议审议并通过：原嘉定区红十字会第三届理事会理事、区红十字会潘加生、区卫生局方云芬、地区办叶晓华、真新街道水洁、基督教两会徐玉兰五位同志因工作调动等原因，不再担任理事。区红十字会汪丽萍、区卫生局许文忠、地区办夏峰、马陆镇王春、真新街道吴国平、基督教两会罗玉华、上海邑亘网络管理有限公司王金彪七位同志任区红十字会第三届理事会理事。

附件2：《嘉定区红十字会关于常务副会长、副会长选举结果的报告》。

2009年1月16日，嘉定区红十字会召开第三届理事会第七次会议，对区委提名的常务副会长、副会长人选进行了民主投票选举。会议应到理事55人，实到理事39人，发出选票39张，收回选票39张，有效票39张，投票有效。其中常务副会长王晓燕得票39张，副会长汪丽萍得票38张。

通过此次民主选举，王晓燕同志正式当选为嘉定区红十字会第三届理事会常务副会长，汪丽萍同志正式当选为嘉定区红十字会第三届理事会副会长。

特此报告。

附件3：陈进根同志《嘉定区红十字会第三届理事会第七次会议工作报告》（摘录）。

报告从五个方面回顾了2008年工作。一是在组织建设方面，顺利召开了区红十字会第三届理事会第六次会议，通过了理事调整；全区各街镇红十字会，如期召开了代表大会；城中路小学为全国红十字模范学校，南翔小学、叶城路小学成功创建嘉定区红十字达标学校；与上海邑亘网络管理有限公司签订了《电子募捐箱捐赠合作协议》；全面梳理红十字会员发展状况。与13个街镇红十字会签订了《红十字目标管理责任书》。

二是在募捐救助方面，通过与“蓝天下至爱”联合募捐、新设电子募捐箱121只，为人道救助基金搭建了互动的平台，拓宽了红十字人道救助基金募集渠道，促使人道救助基金大幅增长。全区共募集人道救助基金3824.10万元，募集物资价值329.37万元，受理补助对象405人次、发放帮困金280.69万元。“5·12”汶川地震灾难发生后，区红会紧急行动，严密部署，全力以赴开展救灾募捐工作，共计募集款物3915.53万元，其中接受捐款3586.16万元、物资329.37万元，所有款物均在第一时间上缴市红十字会，统一发往灾区。

三是在培训、宣传方面，根据现场初级急救培训列入2008年市政府实事项目的工作要求，区红十字会共培训救护员1753名、完成率127.96%，普及培训11002人次、完成率103.31%，超额完成培训任务。在重要路口设置大型广告牌，营造宣传氛围；编印9万册《常见意外伤害及现场急救技能》知识手册，免费分发给社区居民；参加了第21个“世界艾滋病日”大型主题宣传系列活动，尽力帮助社区居民正确认识艾滋病，逐渐消除社会对感染者和患者的歧视；利用红十字会网站，全年共发布新闻近80条。

四是在爱心服务方面，实现了造血干细胞捐赠零的突破，嘉定区造血干细胞捐赠第一人陆水军在上海华山医院为浙江一名白血病患者实施了造血干细胞捐献移植手术；在“点燃生命的希望”造血干细胞捐献志愿者集中血检活动中，共有368名来自公安系统、教育系统、黄渡镇、江桥镇、真新街道、工业区以及社会各界的志愿者初检合格后采血入库，光荣地成为上海造血干细胞资料库中的一员。全年已办理遗体（角膜）捐献登记手续71人，其中角膜捐献登记1人；累计办理登记手续的志愿者达415人，其中角膜捐献6人；目前已实现遗体捐献夙愿的志愿者达33名。全区红十字服务站达140个，各站点开展服务达267187人次。新吸收来自上海大学悉尼商学院、上海大学数码学院、嘉定区中心医院等单位的红十字志愿工作者达102名。

五是在规范管理方面，加强审核监督，保障基金的收支平衡。

报告还提出了“2009年工作要点”，包括：注重宣传培训，努力营造爱心氛围；强化组织建设，着力壮大红十字队伍；拓宽募捐渠道，不断加大救助力度；加强规范管理，有力促进工作成效；深入开展调研，充分挖掘社会资源共五个方面。

报告最后指出，新的形势，党对红十字组织寄予更高的希望，民众对红十字有更多的要求，红十字工作充满机遇和挑战。为此，区红十字会将扎实工作、锐意进取，紧紧抓住红十字会会员代表大会的召开这一有利契机，有效推动我区红十字事业深入、健康、持久地发展，为构建和谐嘉定贡献一份力量。

附件4：《嘉定区红十字人道救助基金2008年度财务收支报告》。

各位理事：我受常务理事会委托，向理事会报告嘉定区红十字人道救助基金2008年度财务收支情况：

2008年初基金余额356.23万元（其中大病帮扶款98.06万元）。

2008年度基金总收入3824.1万元（其中；民政、各街镇重大病帮扶款收入120.04万元）。

基金总支出为3851.6万元（其中；民政、各街镇重大病帮扶款支出155.18元）。

本年度基金结余-27.5万元（其中；民政、各街镇重大病帮扶款结余-35.13万元）。

至2008年底基金滚存经费结余为328.73万元。

一、收入情况

总收入3824.1万元

1. 人道救助收入3650.28万元

（1）“云翔十方帮困金”10万元。（2）各镇街道等单位“千万人帮万家”募捐收入42.57万元。（3）“募捐箱”捐款收入11.53万元。

（4）四川地震救灾捐款3586.16万元。（5）缅甸热带风暴捐款0.02万元。

2. 利息收入2.97万元。

3. 市拨“千万人帮万家”专款5.4万元。

4. 雪灾救助款45.41万元。其中：曹王禅寺捐款8万元。

5. 各镇、民政等重大病帮扶款收入120.04万元。

民政局“蓝天下至爱”80万元，新时达公司10万元，教育局5万元，徐行6.2万元，外冈8.34万元，江桥10.5万元。

二、支出情况

总支出3851.6万元。

（1）各镇“千万人帮万家”帮困支出54.1万元。（2）付市红十字会四川地震救灾款3586.16万元。（3）支付各街镇“云翔十方”少儿六病帮困金10万元。（4）购募捐箱、荣誉证书支出0.75万元。（5）付市红十字会雪灾救助款45.41万元。（6）各街镇重大病帮扶款支出155.18万元，其中民政局“蓝天下至爱”支付83.12万元。

附件5：夏以群会长《在嘉定区红十字会第三届理事会第七次会议上的讲话》。

各位理事：

今天我们在这里召开区红十字会第三届理事会第七次会议。会议对部分理事进行了调整；选举产生了新一任常务副会长和副会长；对区红十字会2008年工作总结、2009年工作要点以及区红十字人道救助基金财务报告进行了审议，使我们对过去一年的工作有了一个比较全面的了解，对新一年的工作也有了明确的目标和方向。刚刚过去的2008年，对我们每一个人来讲都是不平凡的一年，全国人民经历了庆奥运、迎世博和改革开放30周年的欢欣鼓舞，也经受了雨雪冰冻灾害、四川汶川大地震和藏乱等严峻考验。2008年对红十字会而言也是特殊而又重要的一年，在各项工作中始终有我们红十字会的身影。全区各级红十字会组织充分发挥“救灾、救护、救助”的工作职能，以急救培训、救灾救助为重点，在赈济救护、宣传培训、志愿服务、红十字青少年、少儿医疗保障等人道领域扎实有效地开展了一系列工作，促进了红十字事业的健康发展。在四川地震募捐工作中，区红十字会在第一时间向社会发出紧急呼吁，并快速行动起来，全力投入到抗震救灾工作中，先后共接受社会各界专项捐赠款物3915.53万元，是我会成立以来规模最大的一次募捐。全国人民在危难时刻团结一心，守望相助。我们也在关键时刻发挥了重要的作用，向社会展现了红十字会的风采。2008年上海市政府将现场初级急救培训列为市政府实事项目，我区全年共培训救护员1753名，完成率128%；普及培训11002名，完成率103%，超额、按时、圆满、保质保量地完成了今年的培训任务，有效提高了市民自救互救和灾害逃生的能力。此外，2007年区民政局、区红十字会联合启动的《嘉定区市民大病重病帮扶项目实施计划》现在实施的效果非常好，深受老百姓的欢迎，在2007—2008年发挥了很好的扶危济困作用……这些成绩的取得离不开社会各界的积极参与，离不开红十字会专兼职干部、会员和志愿者的辛勤工作，也离不开在座各位理事的大力支持。借此机会，我代表嘉定区红十字会向各位理事长期以来对红十字事业的关心与支持表示由衷的感谢！现在，我就2009年工作提三点要求：

一、积极弘扬爱心，为提升城市文明程度发挥作用

一方面，我们要进一步加大红十字会的宣传力度，大力弘扬“人道、博爱、奉献”的红十字精神，努力营造良好的社会氛围。要借助电视台、报纸、网络等各种途径来加强宣传，如免费电影放映前将红十字宣传内容放进去、电子募捐箱等。并通过“千万人帮万家”募捐活动、重大病帮扶项目、“5·8”世界红十字日等好时机扩大红十字会的社会影响，凝聚更多的社会人士参与红十字会的活动。在今年的街镇责任书中把发展会员和志愿者作为第一条，我们要作为年终考核的加分内容。应该说，在2008年的抗震救灾活动中，嘉定市民踊跃捐款捐物，奉献爱心，表现出了非常好的文明素质，这正是“人道、博爱、奉献”精神的具体体现。我们红十字会就是要通过这种具体的人道主义行为，唤醒人们互帮互助的信念。另一方面，我们要通过开展“千万人帮万家”募捐帮困活动、初级急救培训等服务工作，动员、组织全社会的力量，大力开展符合红十字会宗旨的各项工作，竭诚为人民办好事、做实事，积极化解社会矛盾，实现人道关爱，切实发挥好政府在人道领域的助手作用。

二、在工作中要勤于创新，不断拓展人道服务项目

近年来，我区红十字会的各项工作均取得了显著的成效，红十字精神也越来越深入人心。今年，全区各级红十字会要在前几年工作成效比较显著的前提下，立足当前，结合自己的组织特点和优势，积极开展各种富有意义的活动，进一步巩固和发展现有工作内容，并在此基础上，不断开拓创新，探索更新的服务项目，把红十字精神发扬光大。《嘉定

区市民大病重病帮扶项目实施计划》就是一个成功的范例。红十字会对于在扶贫帮困实施过程中碰到的新问题，要提供更有效的帮助方式，帮困不仅仅是金钱，而是要帮助其真正脱贫，要通过心理疏导，引导他们积极面对，这也是红十字关爱的体现。2009 年，我们要结合区域的实际情况，研究探索新的人道服务形式，通过调研逐步把弱势群体最需要的事项列为救助项目，为政府分忧，为百姓解难。在此，我希望各位理事能群策群力，为我们红十字事业的发展出谋划策，提出好的意见和建议。

三、抓住契机，开拓前进，促进红十字工作再上新台阶

2009 年，大事、喜事多，但危机也比较多，如金融危机目前对我们的影响还不是很大，但我们必须做好心理准备，一旦失业率上升、贫困人口增加，我们就要开展大量的相应工作。年内，我们将依法召开区红十字会第四次会员代表大会，认真总结第三届理事会五年来的工作情况，并展望规划今后的工作。我们要借代表大会召开之机，积极探索在社会主义新形势下红十字工作的特点与优势，鼓励和动员社会各界积极参与红十字活动，推动红十字事业快速发展。特别是要加强对寺庙的动员，鼓励寺庙多为社区老百姓讲经，以调整百姓心态。要进一步健全和完善工作网络，按照《中华人民共和国红十字会法》的规定，逐步让条件成熟的镇、街道红十字会依法取得社团法人资格。全体红十字工作者要努力学习，终生学习，不断提高自身水平，提高为民服务的能力。要力争在今后的五年内，使我区的红十字工作在原有的基础上有一个大的飞跃，在各人道服务领域取得更深入而持久的成效，为世博会的召开、为和谐嘉定的构建贡献力量。

陈会长在上一届工作中已经作了很好的铺垫，打下了良好的基础，王会长基层工作经验丰富。我相信，也有信心，我区的红十字事业将会获得更好更快的发展。

1 月 18 日 区红十字会参与由嘉定镇街道主办的“蓝天下的至爱——送温暖、保民生、创和谐”系列慈善活动。组织志愿者在清河路开展服务，发放宣传资料 500 余份；组织 30 多名中小学生在博乐路进行劝募，募集善款 2597.91 元。

1 月 20 日 区红十字会在菊园新区召开 2008 年度街镇红十字工作总结表彰会。陈进根同志总结区红十字会工作，对各街镇红十字工作考核情况进行点评；常务副会长王晓燕部署 2009 年工作。2008 年，马陆镇、南翔镇获考核特等奖；新成路街道、菊园新区、黄渡镇、江桥镇、工业区、华亭镇、外冈镇获一等奖；安亭镇、嘉定镇街道、徐行镇、真新街道获二等奖。

是日 区红十字会《关于常务副会长、副会长选举结果的报告》（嘉红〔2009〕1号）。

中共嘉定区委员会、嘉定区人民政府：

2009年1月16日，嘉定区红十字会召开第三届理事会第七次会议，对区委提名的常务副会长、副会长人选进行了民主投票选举。会议应到理事55人，实到理事39人，发出选票39张，收回选票39张，有效票39张，选举有效。其中常务副会长王晓燕得票39张，副会长汪丽萍得票38张。

通过此次民主选举，王晓燕同志正式当选为嘉定区红十字会第三届理事会常务副会长，汪丽萍同志正式当选为嘉定区红十字会第三届理事会副会长。

特此报告。

是日 区委常委、统战部部长张敏，在区红十字会常务副会长王晓燕等陪同下走访慰问了3户重大病对象，并向他（她）们送去近6万元补助金。

1月21日 区红十字会副会长汪丽萍在有关人员的陪同下走访慰问了2户困难家庭，同时把“千万人帮万家”慰问金500元及慰问品送到他们手中，并祝他们早日康复，渡过最困难的时期。

1月22日 区委书记金建忠，区委副书记、区长孙继伟，区人大常委会主任陈士维，区政协主席周关东等区四套班子领导分五路走访慰问我区部分困难群众，向他们致以节日的问候，鼓励困难群众坚定生活的信心和勇气，依靠自身努力和社会帮助战胜困难，摆脱困境，并向他们送上慰问金和慰问品。

据统计，在2009年“千万人帮万家”迎春帮困活动中，区红十字会共向嘉定地区555户贫困家庭送出了27.75万元慰问金及价值22.75万元的帮困物资。

1月31日 在乐购广场开展“TESCO乐购—嘉定区成佳学校共建联谊”活动。区红十字会和成佳学校有关领导及学生参加活动，副会长汪丽萍发表讲话。学生们积极参与跳绳、呼啦圈、拍皮球等比赛，脸上无不洋溢着快乐的表情。

2月5日 区红十字会《关于印发〈嘉定区红十字会2009年工作要点〉和〈嘉定区红十字会2008年工作总结〉的通知》（嘉红〔2009〕2号）。

嘉定区各镇、街道、工业区、菊园新区红十字会：

现将《嘉定区红十字会2009年工作要点》和《嘉定区红十字会2008年工作总结》印发给你们，请按照文件要求，结合辖区实际，认真落实有关工作。

附件一、《嘉定区红十字会2009年工作要点》(略)。

附件二、《嘉定区红十字会2008年工作总结》(略)。

2月9日 《嘉定区红十字会关于调配办公用房的请示》（嘉红〔2009〕3号)。

嘉定区人民政府：

随着区红十字事业的不断发展，机构体制的不断理顺和工作人员的逐步到位，区红十字会现有办公场所已远远不能适应工作的需要。同时原有办公地点与机管局下属离退休干部活动室相邻，娱乐与工作的环境不相适应，根据市红十字会的要求和区红十字会履行的职能，结合红十字工作面向群众的特点，请区人民政府安排适当的办公用房调配给区红十字会。

一、基本情况

在区委、区政府的高度重视下，我区红十字会自2005年9月起机构单列成为正处级单位，编制3人，于2006年3月迁址于南大街272号办公楼（约$300m^2$)，仓库（约$100m^2$）保留在金沙路257号。2006年4月因工作需要，经区编委同意建立了嘉定区红十字会事务中心，编制3人。2006年9月根据市统一安排，开展少儿医保工作，市红十字会下拨经费聘用人员4名。2008年12月，根据区委干部统一安排，增加公务员1人。现有人员情况：公务员4人，事业3人，其他聘用人员4人，合计11人。

二、办公用房设置安排

1. 备灾救灾仓库：约需$200m^2$。

区红十字会承担着“救灾、救护、救助”三大重要职能，建立约$200m^2$备灾救灾仓库是专用于储存备灾救灾物资，一般要求救灾物资储备量价值为100万元以上。这是认真履行上述三大重要职能的需要，也是区红十字系统在应对自然灾害和突发事件中完善应急预案机制的需要，更是当好政府人道领域助手和构建和谐社会的需要。

2. 少儿医疗保障服务窗口：约需$100m^2$。

区红十字会少儿住院基金管理办公室是承担我区8万余名少年儿童基本医疗保障服务的窗口，每天要接待数十名少儿家长及相关单位前来办理少儿大病医疗门诊报销和住院结算、业务咨询等。因此，建立良好的少儿医疗保障服务窗口，是红十字会优化服务环境、体现政府服务形象的重要所在。

3. 物资储备仓库及办公用品仓库：约需 $50m^2$。

区红十字会除了专用备灾救灾仓库外，还需用于经常性的区内帮困救助物资的储备，每年有上级红十字会下拨和区红十字会募集近百万的物资；用于市政府实事项目救护培训物资的存放、红十字救护队物资的储备等。区红十字会、区红十字会事务中心办公物资等的存放。

4. 遗体捐献志愿者之家等活动用房：约需 $100m^2$。

区红十字会现有遗体捐献志愿者近400人，为进一步开展好遗体捐献工作，拟建立志愿者之家约 $50m^2$，同时区红十字会承担了全区初级急救培训工作，每年要完成13000人左右的培训任务，需要有一个培训教室约 $50m^2$。

5. 常规办公用房：约需 $370m^2$。

含工作人员办公室 $260m^2$、财务室 $20m^2$、文印室和档案室 $30m^2$、大会议室 $40m^2$、小会议室 $20m^2$。

以上合计为 $820m^2$。

妥否？请批复。

是日 元宵节这天，曾经受到社会关爱的小孔晨离开了人世。虽然他的父亲背负近二十万债务，但还是毅然向区红十字会捐赠了5000元爱心款感恩社会。因为是江桥镇共青团、红十字会发起的募捐行动，使小孔晨造血干细胞手术得以顺利实施，只是继发感染无情地夺走了年幼的生命。为此，江桥镇政府为他举行了一个特殊而动人的捐赠仪式。

2月23日 中共上海市嘉定区红十字会支部委员会《关于汪丽萍同志担任中共上海市嘉定区红十字会支部委员会委员、书记的请示》（嘉红党支〔2009〕1号）。

中共上海市嘉定区区级机关工作委员会：

根据《中国共产党章程》《中国共产党基层组织选举工作暂行条例》及嘉定区委组织部《关于开展基层党组织领导班子成员“公推直选”试点工作的实施意见》精神的有关规定，经区红十字会全体党员的投票选举，汪丽萍同志当选为中共上海市嘉定区红十字会支部委员会委员、书记。

妥否，请批示。

2月24日 区红十字会召开各街镇红十字工作会议，传达市红十字会对当前市政府实事项目——现场初级急救培训工作提出的全面自查、及时补课、加强管理、完善制度、强化监督、重抓质量等六项具体要求。部署2009年区红十字工作，对遗体捐献纪念日活动、急救培训、重大病帮扶、募捐箱管理、组织建设等进行了具体布置。副会长汪丽萍主持会议。

2月26日 红十字国际委员会代表辛格和红十字国际委员会东亚地区办事处助理赵琪，在中国红十字总会组织青少年处处长沈南冰、上海市红十字会党组书记马强、副会长李明磊、嘉定区红十字会会长夏以群等有关领导陪同下，赴安亭中学视察我区探索国际人道法培训工作的情况。

2月27日 区红十字会在秋霞圃召开遗体捐献登记者及实现者家属代表座谈会，中心医院向登记者颁发就医VIP卡。

3月1日 区红十字会组织30余名遗体捐献登记者及实现者家属代表参加市红十字会在青浦福寿园举办的纪念活动。

3月5日 区红十字会《关于调拨物资的请示》（嘉红〔2009〕4号）。

上海市红十字会赈济救护部：

为了体现红十字"人道、博爱、奉献"精神，把红十字的关怀送到弱势群体中去，我会决定每季一次送医下乡，并向低保低收入家庭赠送物资。首次活动定于3月14日开展，届时我会将组织区中心医院医生志愿者送医下乡到徐行镇小庙村。鉴于我会目前库存物资比较匮乏的情况，因此特向贵部申请调拨物资，恳请给予帮助解决为盼。

3月11日 区红十字会召开深入学习实践科学发展观活动动员会，全体党员、部分群众代表及区委第二指导检查组领导出席会议。

3月12日 区红十字会《关于下发〈2009年度嘉定区各街镇红十字会工作考核内容及评分标准〉的通知》（嘉红〔2009〕5号）。

嘉定区各镇、街道、工业区、菊园新区红十字会：

根据我会2009年度工作要点，结合《红十字目标管理责任书》的有关内容，现将《2009年度嘉定区各街镇红十字会工作考核内容及评分标准》下发给你们。

考核工作坚持实事求是、客观公正的原则，根据考评得分确定奖励等次。具体标准为：>100分为特等奖，95～100分为一等奖，85～94分为二等奖，<85分为三等奖。请各单位认真对照考核内容，务实工作，勇于创新，力争在考核中取得优异成绩。

附件：《2009年度嘉定区各街镇红十字会工作考核内容及评分标

准》（略）。

3月14日 区红十字会在徐行镇小庙村社区服务中心广场举行“红十字关爱进农村、播撒爱心传真情”活动，开展医疗咨询、上门慰问、平价商品出售等爱心活动，受到群众好评。

是日 嘉定镇街道红十字会在街道第三届邻里节开展现场初级急救技能比赛，来自街道辖区18个社区睦邻点的90多名社区居民，踊跃参加活动。

3月16日 区红十字会下发《关于领导班子工作职责分工的通知》（嘉红〔2009〕6号）。

嘉定区红十字会事务中心：

根据嘉定区红十字会的工作职能范围，确定领导班子工作职责分工如下：

一、王晓燕同志：党组书记、常务副会长

负责全面工作；分管财务、组织、人事、纪检工作。

二、汪丽萍同志：党组成员、副会长

协助常务副会长做好工作；分管宣传、机关党支部、大型活动、网站等工作。

三、朱培令同志：党组成员、秘书长

分管事务中心、办公室、工会、信访、档案、保密、安全等工作；协助做好组织、人事、纪检具体工作。

3月19日 中共上海市嘉定区红十字会党组《关于成立嘉定区红十字会深入学习实践科学发展观活动领导小组及其组成人员的通知》（嘉红党组〔2009〕1号）。

嘉定区红十字会事务中心、机关党支部：

根据《中共上海市嘉定区委关于嘉定区第一批开展深入学习实践科学发展观活动的实施方案》（嘉委发〔2009〕10号）的总体要求和部署，嘉定区红十字会决定成立深入学习实践科学发展观活动领导小组。组成人员如下：

组长：王晓燕（党组书记、常务副会长）

组员：汪丽萍（党支部书记、副会长）

朱培令（党组成员、秘书长）

区红十字会深入学习实践科学发展观活动领导小组下设办公室，汪丽萍同志任办公室主任，李海青同志为办公室成员。

是日 中共上海市嘉定区红十字会党组制定《嘉定区红十字会深入学习实践科学发展观活动的实施方案》（嘉红党组〔2009〕2号）。

嘉定区红十字会事务中心、机关党支部：

嘉定区红十字会是区委确定的第一批开展深入学习实践科学发展观活动的单位，按照《中共上海市嘉定区委关于嘉定区第一批开展深入学习实践科学发展观活动的实施方案》的要求，结合单位实际，现就开展深入学习实践科学发展观活动（以下简称“学习实践活动”）提出如下实施方案。

一、学习实践活动的指导思想

以邓小平理论和“三个代表”重要思想为指导，高举中国特色社会主义理论伟大旗帜，全面贯彻落实党的十七大精神，紧紧围绕“科学发展”这一主题和“党员干部受教育、科学发展上水平、人民群众得实惠”的总体要求，组织广大党员特别是处以上领导干部开展深入学习实践科学发展观活动，着力转变不适应、不符合科学发展要求的思想观念；着力解决影响和制约科学发展的突出问题以及党员干部党性党风党纪方面群众反映强烈的突出问题；着力构建有利于科学发展的体制机制，提高领导科学发展、促进社会和谐的能力，努力推进红十字事业向前发展。

二、学习实践活动的主要原则

为确保学习实践活动深入开展，取得应有的成效，必须坚持以下原则：

（一）坚持解放思想。要实现红十字事业科学发展，首要的就是思想的解放。在学习实践活动中，要不背过去包袱、不被习惯做法束缚、不为任何风险所惧、不受现有知识条件局限、不被地区思维所惑，使思想和行动更加符合红十字运动发展规律，更加贴近当前工作的实际，更好地满足最易受损人群的需求。

（二）突出实践特色。实践性是科学发展观的本质特征，开展学习实践活动要突出实践性要求。紧紧围绕区委要求，抓住“学习实践科学发展观，增强红十字救灾、救护、救助能力”这一区红十字会确定的学习实践科学发展观活动载体，通过学习推动实践，通过实践深化学习。

（三）贯彻群众路线。查找问题、分析检查、整改落实，要充分发扬民主，吸收群众参与，认真倾听党代会代表、人大代表、政协委员、街镇红十字会、服务对象的意见和建议，自觉接受群众的批评监督，鼓励各界人士为红十字事业发展献计献策。

（四）正面教育为主。大力介绍学习实践科学发展观先进单位、先进个人事迹，全面回顾国际红十字运动百年发展历史，认真总结近年来区红十字会所取得的成就，引导广大党员干部特别是领导干部牢记使命，明确责任，以更加昂扬的精神状态投入到红十字事业之中。

三、学习实践活动的目标要求

深入开展学习实践活动，要努力实现“党员干部受教育、科学发展上水平、人民群众得实惠”的总体要求和“提高思想认识、解决突出问题、创新体制机制、促进科学发展”的目标。党员干部受教育是搞好学习实践活动的基础。通过学习实践活动，进一步提高对科学发展观的认识，进一步以科学发展观审视过去、规划未来，着力把握发展规律、创新发展理念、转变发展方式、破解发展难题，切实加强党性修养、树立和弘扬优良作风，增强贯彻落实科学发展观的自觉性和坚定性。科学发展上水平是搞好学习实践活动的核心。通过学习实践活动，增强信心、增添力量，努力把科学发展观转化为自觉行动，转化为推动科学发展的坚强意志、谋划科学发展的正确思路、领导科学发展的实际能力、促进科学发展的政策措施，努力在坚持改革开放上实现新突破，在推动经济又好又快发展上取得新进展，在促进社会和谐上见到新成效。人民群众得实惠是搞好学习实践活动的目的。通过学习实践活动，切实解决群众反映强烈的突出问题，更好地服务群众，不断让广大人民群众得到实实在在的利益，使学习贯彻科学发展观的过程成为不断为民造福的过程，成为不断提高人民生活质量和水平的过程，成为不断保障人民经济、政治、文化、社会权益的过程，让发展成果惠及广大人民群众。

四、学习实践活动的方法步骤

根据区委要求，学习实践科学发展观活动从2009年3月开始，至2009年8月结束。共分三个阶段进行，具体安排如下：

（一）学习调研阶段（3月上旬—4月下旬）

1. 活动筹备启动

（1）传达上级有关精神。召开党员会议，传达我区党政主要领导干部专题研讨班精神，统一思想，提高认识，明确要求。

（2）成立领导小组和办公室。由党组书记、常务副会长王晓燕任组长，党支部书记、副会长汪丽萍、秘书长朱培令任组员。下设办公室，由汪丽萍同志任主任，李海青同志为组员。

（3）拟定学习实践活动实施方案。根据上级要求，结合单位实际，拟定区红十字会学习实践科学发展观活动实施方案，报区学习实践活动领导小组审查备案。

（4）筹备召开动员会。动员会定于3月11日下午召开，党组书记王晓燕作动员报告，机关全体人员、部分受邀代表参加会议。

2. 精心组织学习培训

采取个人自学、专题辅导、体会交流等形式，组织广大党员干部认真学习《毛泽东邓小平江泽民论科学发展》和《科学发展观重要论述摘编》，处级以上党员领导干部还要认真学习《深入学习实践科学发展观活动领导干部学习文件选编》，注重通读精读，融会贯通。同时还要认真学习党的十七大和党中央的一系列指导精神，学习九届市委六次、七次全会和四届区委七次、八次全会精神。

3. 深入进行调查研究

紧紧围绕科学发展观和红十字工作重点，确定重要课题，由会领导分别带队到基层红十字会开展调研，广泛听取干部群众和社会各界对红十字工作的意见和建议，梳理出影响和制约本单位科学发展的突出问题，针对问题探求改进意见，形成调查报告，切实把深入调研和深化学习紧密结合起来。

4. 围绕科学发展进行解放思想讨论

紧密结合当前形势和本单位实际，组织全体党员广泛开展解放思想讨论，努力在事关本单位要不要科学发展、能不能科学发展、现阶段落实科学发展该干什么等重大问题上形成共识，并向党组提出建设性的意见，做到“建言、献计、出力”。

（二）分析检查阶段（5月上旬—6月中旬）

1. 召开领导班子专题民主生活会。5月下旬，召开党组专题民主生活会，领导班子成员重点围绕科学发展观要求进行对照检查，着力查找不适应、不符合科学发展观要求的思想观念问题；查找个人和班子在贯彻落实科学发展观方面存在的突出问题；查找党性党风党纪方面群众反映强烈的突出问题；查找影响科学发展的体制机制问题，分析原因，开展批评与自我批评，明确努力方向。

2. 形成领导班子分析检查报告。充分运用学习调研、征求意见和专题民主生活会成果，认真回顾十六大以来贯彻落实科学发展观情况，查摆贯彻落实科学发展观方面存在的突出问题，深刻分析主客观原因特别是主观原因，确定贯彻落实科学发展观的主要思路和加强领导班子自身建设的具体措施。分析检查报告初稿形成后，以适当方式征求各方意见，提交党组扩大会议讨论后，形成分析检查报告。

3. 组织对分析检查报告的群众评议。领导班子分析检查报告形成后，及时以座谈会或书面形式，征求机关人员、下属事业单位党员、街镇红十字会干部、服务对象等意见，组织群众评议。根据评议意见，进一步修改完善分析检查报告，并报区学习实践活动指导检查组。

（三）整改落实阶段（6 月下旬—8 月中旬）

1. 制定整改落实方案。以分析检查报告为依据，对查摆出来的问题，按轻重缓急和难易程度，分别提出整改落实方案，明确目标、方式和时限要求，明确分管领导、分管部门，并以适当方式向党员群众公布，做出公开承诺。

2. 努力解决突出问题。坚持有什么问题就解决什么问题，什么问题突出就重点解决什么问题，努力为广大群众多办看得见、摸得着、促进科学发展的实事。

3. 完善体制机制。从促进科学发展的需要出发，对现有的规章制度进行认真清理，不断修订和完善有利于科学发展的制度措施，并逐步形成贯彻落实科学发展观的长效机制。

4. 及时做好总结工作。学习实践活动基本完成时，及时做好工作总结，并组织群众开展满意度测评。主要测评内容是群众对本单位开展学习实践活动情况的满意度。根据测评情况，进一步完善整改措施，确保在学习实践活动中尚未解决的突出问题继续得到有效解决。活动结束后，认真做好材料的整理归档工作。

五、学习实践活动的具体要求

在党员中深入开展学习实践科学发展观活动，是当前区红十字会工作的头等大事，必须以高度的政治责任感扎实抓好各项工作的落实。

一要领导带头。活动搞得好不好，关键看领导。处以上领导干部既是学习实践活动的主体，又是学习实践活动的客体，一定要承担起学习实践活动的领导责任，自觉做到：带头深入学习、作动员报告，带头调查研究、听取群众意见，带头撰写民主生活会发言材料、开展批评与自我批评，带头参与思想解放讨论、查找个人和班子突出问题，带头制定整改措施、落实整改要求，努力以自己的模范行动推进学习实践活动的深入开展。

二要积极参与。广大党员干部要充分认清开展深入学习实践科学发展观活动的重大意义，防止和克服因学习实践活动内容多、时间长、其他工作忙而产生的厌烦、应付、躲避等情绪和现象，努力做到：无特殊情况不请假、学习活动时间不挪作他用、座谈讨论不泛泛而谈、建议意见不流于形式。

三要统筹兼顾。学习实践活动期间，各部门要从实际出发，把学习实践活动同做好各方面工作有机结合起来，精心组织，统筹安排，协调配合，做到两手抓、两不误、两促进。

四要保证质量。学习实践活动要把深入学习、提高认识贯穿始终，把解放思想、改革创新贯穿始终，把解决问题、完善体制机制贯穿始终，把依靠群众、发扬民主贯穿始终，坚持进度服从质量，边推进活动边及时整改，确保学习实践科学发展观活动扎实有效。

3月23日 区红十字会专门召开教研组会议，总结2008年培训工作，学习市红会2月11日实事项目教学研讨会精神，结合我区一年来救护培训工作的实际情况，探讨研究2009年的教学内容，调整教学方案。

3月24日 区红十字会《关于申请〈嘉定报〉专版开展红十字志愿者招募的请示》（嘉红〔2009〕7号）。

嘉定区人民政府办公室：

为有效推动我区红十字事业的健康发展，为广大具有一技之长的热心市民提供志愿服务和奉献爱心的舞台，我会拟于“世界红十字日”前夕，通过《嘉定报》刊登红十字志愿者招募启事，涉及志愿者申请条件、申请方式和途径等方面的内容，旨在营造广大市民积极参与志愿服务的良好氛围，从而达到提升城市精神文明风貌的目的。

为此，我会拟于3月底申请《嘉定报》专版（半版）用于开展红十字志愿者招募。

当否，请批示。

附：《嘉定区红十字志愿者招募启事》。

“志愿服务”是国际红十字运动的七项基本原则之一。嘉定区红十字会多年来一直开展志愿服务工作，随着社会的发展，越来越多的志愿者积极参与到红十字救济、救助、救护工作中，以爱心和专长为社会弱势群体提供着援助，在帮助最易受损害群体、服务社会大众方面发挥了红十字志愿服务广泛而独特的作用。

今年5月8日是第62个世界红十字日，嘉定区红十字会届时将成立志愿者服务总队，下设五支直属分队：遗体捐献志愿者服务队、造血干细胞志愿者服务队、医疗服务志愿者服务队、救护师资志愿者服务队、综合性志愿者服务队，根据区红十字会相关工作的需求，现在全区范围内公开招募符合以下条件的志愿者：

1. 遗体捐献志愿者服务队：（20名）

已经进行遗体捐献登记，年龄在18~65周岁，身体健康，业余时间充裕，并有志参与红十字会遗体捐献相关工作，服从红十字会工作安排，遵守红十字会志愿者行为规范；

2. 造血干细胞志愿者服务队：（20名）

已经进行造血干细胞血检，年龄在18～45周岁，身体健康，业余时间充裕，并有志参与红十字会造血干细胞捐献相关工作，服从红十字会工作安排，遵守红十字会志愿者行为规范；

3. 医疗服务志愿者服务队：（20名）

医学专业，年龄在18～65周岁，身体健康，业余时间充裕，并有志参与红十字会医疗服务工作，服从红十字会工作安排，遵守红十字会志愿者行为规范；

报名方式：携带两张一寸免冠照片、身份证、相关证件（专业资格证、遗体捐献纪念证、造血干细胞捐献卡）。

3月26日　上海市嘉定区中小学生、婴幼儿住院医疗互助基金管理办公室《关于转发上海市少儿住院基金管理办公室〈关于调整少儿住院互助基金药品支付范围的通知〉的通知》（嘉儿基金办〔2009〕1号）。

嘉定区各少儿住院基金定点医院：

现将上海市中小学生、婴幼儿住院医疗互助基金管理办公室《关于调整少儿住院互助基金药品支付范围的通知》（沪儿基金办〔2009〕8号）转发给你们。请根据文件精神，及时贯彻落实。

附件：《关于调整少儿住院互助基金药品支付范围的通知》（略）。

3月27日　区红十字会下发《关于开展2009年纪念“5·8”世界红十字日活动的通知》（嘉红〔2009〕8号），拟于“5·8”世界红十字日前后，开展以“凝聚人道力量、重建美好家园”为主题的纪念活动，要求各镇、街道、工业区、菊园新区红十字会，学校红十字会，医疗卫生系统红十字团体会员单位，发动基层红十字会在辖区内通过拉横幅、张贴宣传画以及媒体、网络等多种形式，大力宣传第62届世界红十字纪念日，积极营造良好的活动氛围，不断扩大红十字运动的社会影响力。

3月31日　上海市红十字会副会长李明磊、志愿服务部部长高亚兰、备灾救灾中心副主任汤兆祥等一行四人前来嘉定区红十字会指导工作。区红十字会常务副会长王晓燕就我区红十字会工作存在的困难与问题、当前红十字工作开展情况等向市领导做了汇报。市红会领导对我区造血干细胞捐献工作、志愿服务队成立、“5·8”世界红十字日大型活动、社会募集等方面工作提出了指导性的意见和建议。

4月1日　区红十字会召开深入学习实践科学发展观活动讨论会。会议由副会长汪丽萍主持，区红十字会全体党员、部分群众代表出席会议。

4月8日　区红十字会在上海嘉定曹王禅寺举行“嘉定区遗体捐献基金设立暨捐赠仪式”，该寺分十年出资50万元设立“嘉定区遗体捐献基金”，用于对遗体捐献登记者的人道关爱。区委统战部、区红十字会、区佛教协会及徐行镇相关领导出席。

4月10日　区红十字会制定《嘉定区纪念“5·8”世界红十字日暨“嘉定区红十字志愿服务总队成立仪式”活动方案》。

活动时间：2009年5月7日上午8：30。

地点：嘉定区博乐广场。

出席对象：有关领导、各志愿者服务队（每队20人）、参加造血干细胞集中血检、遗体捐献登记者、现场服务志愿者等相关人员约800人。

活动内容：

一、嘉定区红十字志愿服务总队成立仪式。

（一）城中路小学表演急救操。

（二）志愿者宣读红十字运动七项基本原则。

（三）成立仪式开始：夏区长宣布成立嘉定区红十字志愿服务总队及总队长人选。

（四）志愿者宣读嘉定区红十字会志愿服务队规程。

（五）授旗仪式。

1. 领导向总队队长授旗。

2. 领导向各直属分队分队长（四支专业服务队，一支综合性服务队）授旗。

3. 领导向各街镇综合服务队队长授旗。

（六）表彰造血干细胞捐献者：由领导给获奖者颁奖，小学生献花（造血干细胞捐献者陆水军、沈婷）。

（七）志愿者代表发言：沈婷发言（嘉定区2009年4月16日成功捐献造血干细胞）。

（八）志愿者宣誓：拟请优秀志愿者（一位大学生）领誓。

（九）领导讲话。

1. 市红十字会领导讲话。

2. 区有关领导讲话。

二、嘉定区2009年造血干细胞集中血检活动：与团区委合作举办造血干细胞集中血检。

三、广场其他活动。

（一）开展红十字运动基本知识、红十字相关工作及法律法规的宣传、遗体捐献、造血干细胞捐献相关内容咨询。

（二）请有一技之长的志愿者开展为民服务：义卖、量血压、推拿、医疗咨询、理发、小家电维修等。

（三）请区血站献血车来广场，开展现场无偿献血。

（四）开展现场劝募活动：拟请城中路小学部分学生参加劝募活动。

4月16日 安亭中学语文老师沈婷在华山医院实施造血干细胞捐献移植（上海市第139例），接受者是江苏一位18岁的男生。上海市红十字会、共青团上海市委、嘉定区红十字会、共青团嘉定区委、嘉定区教育局、安亭中学的有关领导等来到医院进行慰问并颁发荣誉证章。

4月24日 区红十字会召开解放思想讨论会，听取群众代表意见和建议。区委学习实践活动第二指导检查组领导到会指导。

4月27日 区红十字会下发《关于成立嘉定区红十字志愿服务总队的通知》（嘉红〔2009〕9号）。

各镇、街道、工业区、菊园新区红十字会：

为进一步弘扬“人道、博爱、奉献”的红十字精神，积极营造文明城市的崭新风貌，鼓励更多的热心市民参与到红十字救济、救助、救护等志愿服务活动中，以爱心和专长为弱势群体提供援助，为社会大众提供服务，嘉定区红十字会决定成立“嘉定区红十字志愿服务总队”，下设十八支服务队，具体如下：

嘉定区红十字遗体捐献志愿服务队、嘉定区红十字造血干细胞志愿服务队、嘉定区红十字医疗志愿服务队、嘉定区红十字综合志愿服务队、嘉定区红十字应急志愿服务队、安亭镇红十字志愿服务队、马陆镇红十字志愿服务队、南翔镇红十字志愿服务队、江桥镇红十字志愿服务队、黄渡镇红十字志愿服务队、徐行镇红十字志愿服务队、外冈镇红十字志愿服务队、华亭镇红十字志愿服务队、嘉定镇街道红十字志愿服务队、新成路街道红十字志愿服务队、真新街道红十字志愿服务队、嘉定工业区红十字志愿服务队、菊园新区红十字志愿服务队。

4月28日 《嘉定区红十字会关于添置办公设备的请示》（嘉红〔2009〕10号）。

嘉定区人民政府：

为了更好地开展红十字工作，嘉定区红十字会于2009年2月向区政府请示，要求调配办公用房。在区委、区政府的关心支持下，决定将嘉定区南大街272号办公大楼主楼一楼全部调拨给我会。现需添置以下办公设备：

大会议室椭圆桌：10000元×1只=10000元；椅子：200元×60把=12000元；会议室音响设备：20000元×1套=20000元；小会议室会议桌：6000元×1只=6000元；椅子200元×20把=4000元；沙发（五件套）：5800元×1套=5800元；窗帘：500元×13套=6500元；旗杆：10000元×1个=10000元；保密柜：5000元×2个=10000元；档案柜1000元×5组=5000元；5P大金立式空调：15600元×2台=31200元；1.5P大金挂壁式空调：3650元×4台=14600元；报警系统安装：3200元；红十字会门头：6200元；增加物业管理费：51000元。以上经费合计19.55万元。

当否，请审批。

4月29日 区红十字会召开2009年医院少儿住院基金和少儿学生医疗保障工作会议。区各少儿基金收费医院、定点医院分管院长出席会议。

5月6日 由上海新马建设（集团）有限公司赞助、区红十字会与区教育局联合举办的“新马杯”嘉定区中小学生红十字知识竞赛，在区青少年活动中心小天使剧场举行决赛，由初赛中胜出的12支队伍参赛，最终普通小学、怀少学校分获小学组和中学组一等奖。副区长、区红十字会会长夏以群、区教育局局长毛长红、区红十字会常务副会长王晓燕、上海新马建设（集团）有限公司董事长周其林等出席此次活动。

5月7日 600多名红十字志愿者和群众代表齐聚博乐广场，隆重纪念第62届“5·8”世界红十字日暨嘉定区红十字志愿服务总队成立仪式。上海市红十字会党组书记、第一副会长马强，中共嘉定区委副书记曹一丁，区人大副主任张国民，副区长、区红十字会会长夏以群，区政协副主席章宇慧等领导出席了仪式，并向志愿服务队授旗。

附：嘉定区红十字会志愿者工作委员会组成人员名单。

主　任：王晓燕（嘉定区红十字会常务副会长）。

副主任：汪丽萍（嘉定区红十字会副会长）、徐　磊（共青团上海市嘉定区委员会）、时　洁（嘉定镇街道副主任）。

委　员：李　斌（嘉定区中心医院党委副书记）、卢秀臻（嘉定区

工商联调研员）

秘书长：朱培令（嘉定区红十字会秘书长）

秘　书：葛文华（嘉定区红十字会干部）

5月12日　区红十字会与成佳学校举行“爱心联盟签约仪式”，为该校提供为期三年、每年两万元的捐赠款，用于脑瘫儿童康复训练项目。区人大、教育局、残联及红十字会的有关领导出席签约仪式。

5月27日　区红十字会在嘉定影剧院举行嘉定区遗体（角膜）捐献登记者联谊会——“春蚕之家”成立仪式。上海市红十字会副会长李明磊、嘉定区副区长、区红十字会会长夏以群等领导出席仪式。

附1：上海市红十字会副会长李明磊《在嘉定区红十字会遗体捐献志愿者联谊会成立仪式上的讲话》。

各位志愿者、红会干部：大家好！

今天，我非常荣幸参加嘉定区红十字会遗体捐献志愿者联谊会成立仪式。在此，我谨代表上海市红十字会向仪式的圆满举行表示热烈的祝贺！向全体遗体（角膜）捐献志愿者的无私行为致以崇高的敬意！

上海于1982年起开展遗体捐献工作，是全国最早开展遗体捐献工作的城市之一。截止到2008年年底，上海共有遗体捐献登记者22986名，角膜捐献登记者3954名，遗体捐献实现4711名，角膜捐献实现47名。其中嘉定区的志愿者达415名，实现夙愿者33名。

生命，因短暂和仅有一次而显得更为宝贵。遗体（角膜）捐献者却使短暂的生命获得了永恒，让生命的价值得以升华。你们以身后无偿捐献遗体的高尚行为，为人类攀登医学高峰提供了基石，为一些人获得新生成为可能；你们用生命最后的力量去贡献社会、关爱他人，使人类生命的价值得以升华，获得了永恒。你们的善举使“人道、博爱、奉献”的红十字精神得以弘扬，为建设社会主义精神文明发挥了积极的作用。

嘉定区红十字会遗体捐献志愿者联谊会在今天正式成立，标志着嘉定区的遗体（角膜）捐献工作迈上了一个崭新的台阶。现在，我就遗体捐献工作提几点希望：一是希望遗体捐献志愿者联谊会成立之后，各分会的召集人能够充分发挥主观能动性，积极组织会内的志愿者经常性地开展一些活动，为志愿者们提供交流互动的平台，以增进了解，相互关怀，并带动更多的市民参与；二是希望广大志愿者能够充分发挥聪明才智，为联谊会的茁壮成长献计献策，多提宝贵的意见和建议，促进联谊会各项工作尽快步入正规化、系统化的渠道；三是希望嘉定区红十字会在联谊会成立的基础上，继续勤于思考，积极探索活动开展的长效机制，并确保各项配套措施的齐备和到位，在全市起到表率作用。

我相信，通过广大志愿者的现身说法，必定能够带动更多的市民加入到遗体捐献志愿者的行列。我也相信，有了诸多热心志愿者的积极参与，联谊会的活动必将开展得有声有色，嘉定的遗体捐献工作也必将取得更大的成绩。

谢谢大家!

附2:《嘉定区遗体（角膜）捐献登记者联谊会章程》。

第一条　本会名称：嘉定区遗体（角膜）捐献登记者联谊会。

第二条　本会性质：嘉定区遗体（角膜）捐献登记者联谊会是在嘉定区红十字会指导下，开展“自我组织、自我学习、自我服务”活动的群众性组织。

第三条　本会宗旨：是以会员的自身行为宣传科学，倡导移风易俗和献身人类医学事业的崇高精神，并感召更多的居民加入到遗体捐献志愿者队伍中来。

第四条　本会接受嘉定区红十字会指导和监督管理。

第五条　凡在嘉定区红十字会进行遗体（角膜）捐献登记的自动成为联谊会会员。

第六条　会员必须拥护本会章程；积极参加本会活动；主动宣传，为遗体（角膜）捐献事业出力。

第七条　本会设立会长一名、副会长一名、秘书长一名。负责“联谊会”的日常工作，确保联谊会秩序正常。

第八条　经费来源：曹王禅寺捐赠；本会经费的使用情况接受会员监督。

5月28日　区红十字会与区供销合作总社在黄渡镇文化活动中心广场联合举办“送货下乡”商品义卖活动，为居民提供食品、服装、小家电等价廉物美的商品供选购。

5月31日　区红十字、区教育局有关领导走访慰问区内3名大病儿童，送上“嘉定区佛教云翔十方医疗帮困基金”。该基金全年累计对47名重大病患儿进行帮困，送出善款9.9万元。

6月13日　区红十字会在马陆镇北管村开展“送医下乡”“送货下乡”活动。

同日　区红十字会对上海大学嘉定校区的部分志愿者开展救护员培训。

6 月 25 日　区红十字会“市政府实事项目中期评估会”在新成路街道举行。救护培训工作是上海市政府 2008—2010 年实事项目，到 2010 年，我区现场急救要完成救护员 4100 人，现场急救普及 31900 人。今年是实事项目实施的第二年，我区要完成救护员 1367 人，普及培训 10633 人。至 5 月底，共培训救护员 1329 名，完成率 97.2%，普及培训 4058 名，完成率 38.2%。

6 月 30 日—7 月 1 日　区红十字会在青浦红十字备灾救灾中心举办“嘉定区红十字会干部业务培训班”，对 16 名红会干部及联络员开展业务培训。

7 月 1 日　区红十字会对《嘉定区市民大病重病帮扶项目实施计划》政策进行调整。

7 月 6 日　安亭中学 28 岁的数学老师匡春明在华山医院成功实施造血干细胞捐献移植，接受者是来自江苏的一位 23 岁的女性。上海市红十字会、共青团上海市委、嘉定区红十字会、团区委、教育局及安亭中学相关领导前往医院慰问，并为匡老师颁发博爱奖章、上海市红十字会荣誉证书、上海市优秀青年志愿者荣誉证书。

7 月 14 日　区红十字会 10 位代表参加上海市红十字会第八次会员代表大会。上海市副市长沈晓明、中国红十字会会长彭珮云到会祝贺并讲话。

7 月 17 日　区红十字会召开“传达市红十字会第八次会员代表大会精神暨嘉定区红十字会半年总结会”。

7 月 21 日　区红十字会召开救护培训区级师资年中会议。会上，区级师资们针对今年培训中遇到的一些问题再次进行了研究，统一了修改方案。

7 月 29 日　区少儿住院基金管委会工作会议在马陆葡萄主题公园召开。副区长、区红会会长夏以群，常务副会长王晓燕、区教育局副局长朱芳、区卫生局副局长许文忠等出席会议。

是日　上海市红十字系统第三季度工作例会在马陆葡萄主题公园召开。

8 月 3 日　区红十字会在上海大学嘉定校区为大一新生开设普及培训课，一共 9 个班。悉尼商学院和数码学院的志愿者们在这次培训中起到了积极的作用。

8 月 7 日　《上海市嘉定区红十字会关于葛文华同志任职的通知》（嘉红〔2009〕12 号）。

嘉定区各镇、街道、工业区、菊园新区红十字会：

区红十字会决定：任命葛文华同志为上海市嘉定区红十字会事务中心副主任（试用期一年）。

特此通知。

8月11日 新成路街道红十字会举办"迎世博，争做救护小能手"红十字急救演练活动。来自各社区的200多名暑期学生参加了此次活动。

8月13日 区红十字会组织街（镇）红十字会会长赴威海学习考察。

8月14日 区红十字会下发《关于为"莫拉克"台风灾害捐款事宜的紧急通知》（嘉红〔2009〕13号）。

各镇、街道、工业区、菊园新区红十字会：

近日，台风"莫拉克"重创海峡两岸部分地区，给当地群众的生命和财产造成了重大损失。根据《中国红十字会总会关于为台湾"莫拉克"台风灾害捐款事宜的紧急通知》（红总字〔2009〕64号）的精神，各级红十字会要安排人员，做好接受捐赠的相关工作。现将具体要求通知如下：

一、各街镇红十字会要以高度的责任感和使命感，妥善安排工作，认真做好捐赠咨询电话的接听和救灾捐款的接受工作。

二、认真做好救灾捐赠的登记、统计、上报工作。凡接受捐款，请将统计日报表于次日上午10点前报区红十字会办公室；并于每月25日前将专项救灾款汇入"上海市嘉定区红十字会人道救助基金"，定向捐赠台湾的捐款须予以注明，专项统计。

8月17日 区红十字会召开深入学习实践科学发展观活动总结大会，对本会学习实践活动开展群众满意度测评，满意率达100%。区委第二指导检查组组长汤洪良对我会工作给予了充分肯定和高度评价。

8月18日 上海市嘉定区红十字会、上海市嘉定区民政局制订《嘉定区市民大病重病帮扶项目实施计划》（嘉红〔2009〕11号）。

《嘉定区市民大病重病帮扶项目实施计划》

一、指导思想

为进一步完善现代社会救助体系，缓解市民因病致贫或因病返贫的家庭困难，维护社会稳定，促进社会和谐发展，特制订本计划。

本计划按照"政府牵头、部门配合、社会参与"的工作原则和社区市民综合帮扶工作要求，坚持实行社会救助"一口上下"的运行机制，在政府的积极倡导和推动下，充分调动社会积极因素，有效整合各种帮扶资源，根据辖区群众的实际情况开展工作。

二、主管部门

嘉定区红十字会、嘉定区民政局为本计划的共同主管部门，嘉定区红十字会具体负责实施。

三、资金来源

（一）嘉定区“市民综合帮扶专项资金”；（二）嘉定区红十字会人道救助基金；（三）各镇（街道）、工业区及菊园新区（以下简称“街镇”）社会互助资金承担实际救助发生数额的50%。

四、帮扶条件

帮扶对象须符合下列条件：

（一）具有本区常住户籍的居民；（二）患大病、重病；（三）家庭人均收入低于上年度嘉定区职工年平均工资；（四）已完成（享受）医疗综合减负、医疗救助等前位保障措施并且确实因大病、重病造成基本生活困难的家庭。

五、帮扶程序

（一）申请

申请者本人（或直系亲属、监护人）向户籍所在地红十字会提出书面申请，如实填写《嘉定区市民大病重病帮扶审批表》，并携带如下有关证件、证明和材料：

1. 本人身份证或户口簿原件及复印件；2. 医疗单位诊断证明，医疗费支付发票复印件；3. 前位保障所支付的相关单位证明原件；4. 家庭成员收入证明原件等。

（二）受理

1. 初审。街镇对申请人证明材料进行核实，并对申请人资格进行初审。初审合格条件为前位保障后待帮扶总金额超过本计划规定的起付线。

起付线=家庭年收入−当年度上海市城镇低收入标准×12×家庭人数。

2. 审批。经初审合格的，街镇红十字会于每月15日前报区红十字会审批。

3. 审核与备案。区红十字会审批后于每月22日前提交区社会救助工作领导小组办公室审核备案。

4. 信息上报。本计划作为区社会救助“一口上下”实体运作项目，相关帮扶信息录入区社会救助“一口上下”信息系统。

（三）支付

区红十字会将审批结果及救助金于每月29日前下拨到街镇红十字会，由街镇红十字会负责下发。

六、帮扶要求

（一）病种

1. 慢性肾功能衰竭（尿毒症）；2. 恶性肿瘤；3. 严重传染性肝炎；4. 白血病、血友病和再生障碍性贫血；5. 颅脑肿瘤需手术者及脑中风急性期；6. 精神病；7. 心脏病（限于心脏瓣膜置换手术、冠状动脉旁路手术、安装起搏器、心脏搭桥手术）；8. 严重烧伤等突发性非工伤灾祸治疗期的；9. 除上述8类病种之外治疗费用巨大的疾病。

（二）就诊机构：本市所有医保定点医院。

（三）“本年度待帮扶总金额”定义如下：

本年度待帮扶总金额=全年自负医药费–前位保障支付额。

全年自负医药费是指当年度内，发生按照本市基本医疗保险诊疗项目、医疗服务设施和用药范围以及支付标准规定执行的医药费发票自负总额。

前位保障是指应先于本计划帮扶之前支付的、申请人有条件享受的所有社会医疗保障和补助，包括“城保”基本医疗保险、大病保险、综合减负；“镇保”基本医疗保险、大病保险；少儿住院互助基金、少儿学生医疗保障；农村合作医疗保险及大病补助；总工会互助保障；公务员医疗补助；民政救助；红十字会救助等。

本年度个人自负医药费用不包括以下各项费用：

1. 应由前位保障支付而未支付，暂由自己垫付的医疗费用；2. 不能提供有效原始证明（发票）的医疗费用；3. 跨年度累计的医疗费用；4. 交通肇事、打架斗殴、吸毒、酗酒和赌博等不法行为、自杀行为及属工伤认定范围内的致伤发生的医疗费用。

七、帮扶标准

凡符合本计划规定，本年度个人自负医药费发票额总额超过帮扶起付线的金额（简称“待帮扶金额”），按以下标准分段确定帮扶比例：

（一）待帮扶金额在2万元以内（含2万元）部分，帮扶40%，余者自负；

（二）待帮扶金额在2万元以上4万元以内（含4万元）部分，帮扶50%，余者自负；

（三）待帮扶金额在4万元以上6万元以内（含6万元）部分，帮扶60%，余者自负；

（四）待帮扶金额在6万元以上部分，帮扶70%，余者自负。

帮扶金额全年累计最高不超过6万元。帮扶条件和标准将根据资金募集情况作适时调整。

八、帮扶对象违法行为的处理

帮扶金发放后将上网公告，对采用虚报或者隐瞒实情、伪造证明材料等手段骗取、冒领帮扶金的，一经查实，将追回其已经领取的帮扶金，并依法追究法律责任。

九、本计划由区红十字会负责解释。

十、本计划自二〇〇九年七月一日起执行。

8月20日 区就业服务中心员工高达在华山医院实施造血干细胞捐献移植。

8月24日 中共上海市嘉定区红十字会党组作出《嘉定区红十字会深入学习实践科学发展观活动总结》（嘉红党组〔2009〕6号）。

中共上海市嘉定区委员会：

我会是第一批开展深入学习实践科学发展观活动单位，根据区委学习实践科学发展观活动的总体部署和要求，在第二指导检查组的大力帮助和精心指导下，结合我会特点与实际，精诚团结、真抓实干，全面落实各项活动要求，圆满完成各项任务。现将我会学习实践活动总结如下：

一、基本情况

我会的学习实践活动自2009年3月4日正式展开，经历了“学习调研、分析检查、整改落实”三个阶段。在开展学习实践活动的过程中，我会紧紧围绕“党员干部受教育、科学发展上水平、人民群众得实惠”的总体要求，切实抓住“学习实践科学发展观，增强红十字救灾、救护、救助能力”的活动载体，落实各项措施，促使学习实践活动扎实有效地开展。

在学习调研阶段，我会深入调查研究，开展思想大讨论，着力转变不适应、不符合科学发展要求的思想观念，领导班子和全体干部职工对科学发展观的科学内涵、精神实质和根本要求有了更全面系统的认识，为学习实践活动的顺利开展奠定了理论与实践的基础；在分析检查阶段，通过领导班子专题民主生活会，认真查摆问题、找准差距，着力解决影响和制约科学发展的突出问题，对当前我区经济社会发展的大好局势下如何推进红十字工作有了更深刻的思考；在整改落实阶段，以分析检查报告为依据，实事求是，集中解决突出问题，着力构建有利于科学发展的体制机制，对如何结合嘉定实际充分履行红十字会工作职能提出了更高的要求与目标。

在整个学习实践活动中，我会切实注重把科学发展观贯彻到红十字工作实践的全过程，通过深入基层调查研究、组建红十字志愿服务总队、成立遗体（角膜）捐献登记者联谊会、"送医下乡"、"送货下乡"、"送清凉"、设置宣传版面等丰富多彩的活动和有效举措，进一步促进各项工作更加符合科学发展观的要求，更加符合广大人民群众的意愿和需要。

我会学习实践活动的开展得到了党员群众的大力支持和高度评价，21位党员群众积极踊跃参加了群众满意度测评。群众满意度测评结果：参加群众满意度测评的党员群众有21人；发出测评表21份，收回测评表21份，收回率100%；经无记名测评，评价为满意的有21人，满意率达100%；收集群众意见和建议2条。

二、主要做法

我会在开展学习实践活动的过程中，严格按照区委学习实践活动领导小组及指导组的工作安排和要求，坚持高标准、高质量完成规定动作，并努力联系实际推进各项工作的开展，主要体现"七个重抓"：

（一）重抓起步开局

一是认真组织实施。我会学习实践活动自3月初正式启动以来，严格按照区委的统一部署和要求，制订了学习实践活动总体方案及各阶段活动方案；确定了"学习实践科学发展观，增强红十字救灾、救护、救助能力"的活动载体；成立了领导小组和办公室；选定了群众代表，精心组织、有效落实，有力促进学习实践活动的有序开展。

二是加强学习培训。注重集中学习与自学相结合；倾听动员报告与观看录像片相结合；中心组学习和学习实践活动相结合；理论学习与红十字会业务实践相结合。要求每位党员认真系统掌握学习科学发展观理论要领及党的十七大重要精神，每个阶段开展心得体会讨论交流，力求融会贯通，着力提升思想认识，为学习实践活动打下了扎实的理论基础。

（二）重抓实践调研

新班子秉承务实高效的工作作风，带着问题深入基层一线，对红十字工作开展全面的调查研究，这为今后红十字工作外延与内涵的拓展奠定了厚实基础。

一是深入基层一线。根据当前工作面临的实际困难与问题，我会紧紧围绕“如何提升红十字会的社会影响力？红十字工作的具体抓手是什么？难点在何处？如何发挥红十字帮扶作用？如何保质保量完成市政府实事项目——群众性现场急救培训工作？”等课题，每个班子成员各带一队，分别深入13个街镇扎实开展调研工作。

二是形成调研成果。通过座谈会、个别访谈等形式，广泛听取干部群众和社会各界对红十字工作的意见和建议，并形成三篇富有针对性和指导性的调研报告：一是加大宣传力度，扩大社会影响，推动红十字事业新发展；二是分析现状，寻求突破红十字工作瓶颈制约的有效举措；三是关于如何拓展红十字帮扶事业的思考。

（三）重抓群众评议

在学习实践活动的过程中，我们始终把相信群众、依靠群众和扩大群众参与面贯穿始终。

一是尊重民意。为了更好地汇集群众意见，凝聚群众智慧，接受群众评议和监督，我会通过召开座谈会、下发意见征询表等多种形式，广泛征求社会各界对红十字工作的意见和建议。向各街镇红十字会工作分管副镇长发放《意见和建议征求表》；邀请多名富有爱心、有较强参政议政能力的群众代表全程参与活动的全过程。

二是开展大讨论。在解放思想大讨论中，受邀代表坚持做到重点问题不放过、热点问题不遗漏、难点问题不畏惧、敏感问题不回避，对红十字工作提出了一系列富有建设性、可行性的意见和设想。

（四）重抓分析检查报告质量

领导班子分析检查报告是学习调研活动的成果和共识，是整改落实阶段的依据和方向。

一是召开民主生活会。结合我会班子建设实际，召开专题民主生活会。班子成员深入查找影响和制约科学发展的突出问题，撰写个人发言材料，认真开展自我批评，积极寻求解决突出问题与促进科学发展的有效举措。民主生活会的召开，使领导班子心更齐、劲更足。

二是广泛征求意见。在充分发扬民主、形成科学发展共识的基础上，班子成员结合自身思想和工作实际，深入剖析查找原因，形成我会领导班子分析检查报告。通过座谈会、评议会等多种形式，多次征询听取群众意见和建议，对分析检查报告不断完善。

（五）重抓薄弱环节

在调研基础上，认真梳理、剖析当前红会工作存在的问题和面临的困难，尤其针对“红十字理念不够深入人心，社会影响力不够”问题，整合多方资源，在部分体育场馆、大型商场等公共场所，设计制作展示以急救知识为主题的红十字宣传版面；在马陆葡萄主题公园、永盛公寓外来人员集中居住区，专门开辟了红十字知识宣传专栏；在各街镇社区服务中心，开辟综合宣传版面，力求在各个层面，以多种形式，用心、着力广泛宣传红十字知识，使广大市民在日常生活中潜移默化地感受到红十字知识的熏陶，扩大红十字会的社会影响力。

（六）重抓机制建设

针对在学习调研和分析检查阶段梳理提炼出来的突出问题，红会党组召开专题会议，精心制订整改落实方案。围绕扩大社会影响力、加强队伍建设、推动志愿服务和强化基层管理等方面，列出12项整改方案，明确牵头落实人、责任部门和时间节点，并将整改落实方案予以公布，接受群众监督。

一是认真做好制度政策的废、改、立。各科室根据工作实际，实事求是地把解决问题和建章立制有机结合，对现有27项制度进行全面的梳理。对不适应工作要求的制度予以废除，共废除5项制度；对制度中部分不适应的进行完善，共完善20项制度；对缺失的制度进行订立，重新建立2项制度。

二是壮大红十字干部队伍。为解决基层红十字会人手紧缺、红会干部身兼数职的难题，通过择优选聘的形式，为12个街镇配备红十字联络员，增强了街镇红会干部力量。这一举措健全了基层组织网络体系，创新了红会干部使用机制。

（七）重抓整改落实

人民群众得实惠是搞好学习实践活动的目的。我会把理论学习与实践活动紧密结合，通过一系列丰富多彩体现群众意愿的活动，从点滴的小事做起，以点带面，切实解决群众反映强烈的问题及当前红十字工作面临的困难，充分体现“人道、博爱、奉献”的红十字精神，努力把好事做实、把实事做好，让群众得到实惠。

举办“新马杯”嘉定区中小学生红十字知识竞赛，使红十字青少年对红十字运动相关知识有了更深的了解；成立红十字志愿服务总队，健全工作机制，逐步弥补政府功能和市场服务的某些缺位和不足；成立嘉定区遗体（角膜）捐献登记者联谊会，为我区的遗体（角膜）捐献登记者提供了互相交流、互相学习以及体现关爱的平台；开展“送医下乡”、“送货下乡”活动，为农村百姓提供免费医疗服务和价廉物美的商品，得到了百姓的普遍欢迎和好评。

三、取得成效

学习实践活动的开展，使我会全体党员干部精神更加振奋、作风更加务实、人心更加凝聚，主要取得以下三方面成效：

（一）明确了实现作为的目标

通过学习实践活动，取得了转变观念、实现作为的成效。

一是转变了观念。通过科学发展观的理论学习，提高了党员干部的思想认识，破除“重管理轻服务”的观念，做到在服务中加强管理，在管理中体现服务，提高了工作前瞻性；通过解放思想大讨论，全体党员干部充分认识到落实科学发展观的必要性和紧迫性，进一步拓展了工作视野，集中了民智，红十字事业的发展思路和路径更加清晰。

二是明确了主攻方向。通过学习实践活动，我会领导干部深刻地体会到要实现红十字事业蓬勃和谐发展，必须用科学发展观来指导和统筹工作；通过深入基层的调查研究，找到了差距，明确了方向；运用科学发展观的方法论正确处理重点突破与全面推进、总体目标与年度目标的关系，形成了我会近、中、长期整改措施，为促进我区红十字事业的有序发展奠定了坚实的基础。

（二）提振了克服困难的信心

通过学习实践活动，取得了克服困难、提振信心的成效。

一是凝聚了人心。通过学习实践活动，对红十字工作存在的困难与问题，如红十字影响力较小、机制不够完善、救助实力不足等作了认真剖析，力求寻找与人民群众的需求紧密结合的有效举措；通过成立志愿服务总队、遗体（角膜）捐献登记者联谊会等活动的开展，整合了热心人士的资源，进一步凝聚了人道爱心力量。

二是促进了活动成效。我会领导班子借学习实践活动之契机，深入一线、冷静地思考当前红十字事业的发展状况，理清了思路；通过学习、调研、讨论，依靠群众力量，实事求是地查找差距与不足，认真剖析存在问题的主客观原因，以求真务实的工作作风，脚踏实地地寻求突破制约瓶颈的有效举措，形成了高质量的调研报告和领导班子分析检查报告；通过完善体制机制，加强了基层红会队伍建设，增强了红十字工作实力。

（三）提升了服务群众的能力

通过学习实践活动，取得了提升能力水平、促进科学发展的成效。

一是集中了民智。由各部门对照当前工作实际，本着实事求是的原则，广泛听取群众建议，把解决问题和建章立制有机结合起来，对现有制度进行了修订完善，认真做好制度政策的废、改、立，进一步完善体制机制；通过深入一线的调查研究，掌握了基层红十字工作的动态和状况，了解到群众的所需所求；通过群众满意度的测评，增强了红十字工作的动力。

二是提升了服务能力。领导班子高度重视自身建设，坚持按照新时期党员领导干部先进性具体标准严格要求，做到了党风廉政建设常抓不懈，不断建立健全民主监督机制，树立了领导班子集体在群众心目中的威信和良好形象。通过学习实践活动，从管全局、谋大事、出思路、工水平等方面着手，不断提高了领导班子驾驭全局与科学决策的能力、解决各种矛盾的能力、创建和谐红会的能力；通过各种形式的学习培训和宣传教育，有效提高了红十字会系统广大专兼职干部的理论水平；积极落实整改措施，化被动为主动、化不利因素为积极因素、少强调客观因素多作主观努力，增强了红会干部的工作热情、服务意识和解决问题的能力。

半年的学习实践活动取得了显著的成效，但深入学习实践科学发展观活动，是一项长期而重大的政治任务，不可能一蹴而就，还存在着诸多不足。如：对科学发展观的理解还不够全面、思考还不够深入；查找的问题还不能得到全面的解决；服务群众的能力还需进一步提高等，这些将有待于在今后的工作中加以改进和落实。

深入学习实践科学发展观活动，是推动我区红十字事业发展的强大动力，也是加强领导班子和党员干部队伍建设的迫切需要。新的发展形势，红十字工作迎来了前所未有的大好机遇，我会将深入贯彻落实区委要求，用科学发展观武装头脑，以奋发有为的精神状态，求真务实的工作作风，努力实现有作为才能有地位，开创我区红十字工作新局面。

8 月 25 日、27 日 区红十字会对区妇幼保健院的红十字志愿者进行救护员培训。

8 月 27 日 区人大副主任张国民到区红十字会开展调研，常务副会长王晓燕汇报工作。

8 月 28 日 嘉定区中心医院召开申报红十字医院动员大会，邀请区红十字会事务中心副主任葛文华同志作红十字知识培训，院领导、各科主任、护士长及职工代表近 120 人参加会议。

8 月 30 日 南翔镇红十字救护队代表我区参加上海市红十字会“世界急救日”急救比赛初赛，并以第三名的成绩进入决赛。

8 月 区红十字会与区遗体（角膜）捐献登记者联谊会联合开展夏

日“送清凉”活动，为100多位80岁以上的登记者送上慰问品。

9月10日 区红十字会排演的小品《临危》在华山医院参加中国红十字会灾害应急演练，代表上海市群众性现场初级急救队伍向来自全国各省及德国的专家展示，获得了较高的评价。

9月11日 区红十字会组织各镇（街道）红十字会干部参加在浦东东方艺术中心由中国红十字总会主办、上海市红十字会承办的“急救为人道、健康迎世博”——2009年“世界急救日”主题活动，南翔镇红十字救护队代表我区参加急救技术比赛决赛，荣获社区组第一名。

9月12日 区红十字会与嘉定镇街道红十字会在城中罗宾森广场，联合举办“世界急救日”纪念活动，为市民开展义诊、义卖、急救演示、理发、家电维修等。

9月20日 区红十字会向市红十字会报送《关于上海市嘉定区妇幼保健院冠名红十字医疗机构的初审报告》和《关于上海市嘉定区中心医院冠名红十字医疗机构的初审报告》，请核准该两院冠名红十字医院的申请。

9月22日 区红十字会《关于召开嘉定区红十字会第四次会员代表大会的请示》（嘉红〔2009〕14号）。

中共上海市嘉定区委员会：

上海市嘉定区红十字会于2004年4月召开了第三次会员代表大会，五年来，在区委、区政府的关心支持下，在市红十字会的指导帮助下，嘉定的红十字事业取得了较大的发展。嘉定区红十字会以弘扬“人道、博爱、奉献”的红十字精神为宗旨，认真履行“救灾、救护、救助”的工作职能，积极参与嘉定区精神文明建设，在备灾救灾、人道救助、志愿服务、急救培训、少儿住院基金以及培养红十字青少年等工作中，发挥了政府的助手作用，赢得了人民群众的信任和支持。根据《中华人民共和国红十字会法》《中国红十字会章程》的有关规定，会员代表大会每五年召开一次，应于2009年换届。现将有关事项请示如下：

一、会议的主要任务

这次大会将在嘉定区委和区政府正确领导下，认真学习贯彻党的十七大会议精神，以“三个代表”重要思想和科学发展观理论为指导，以《中华人民共和国红十字会法》《中国红十字会章程》为依据，按照中国红十字会关于建设有中国特色的红十字事业要求，回顾总结嘉定区红十字会第三届理事会五年来的工作以及今后五年工作规划，探索在社会主义市场经济条件下红十字工作的特点和优势，选举产生嘉定区红十字会第四届理事会，进一步动员全区红十字会会员、红十字志愿工作者在参与嘉定的两个文明建设中继续发挥积极作用，为加快嘉定新城建设，促进嘉定经济持续健康发展，塑造上海城市精神做出新的贡献。

二、会议的主要议程

（一）审议通过嘉定区红十字会第三届理事会工作报告及工作规划；

（二）选举产生嘉定区红十字会第四届理事会理事；

（三）召开四届一次理事会议；

（四）通过大会决议；

（五）领导讲话。

三、会议的规模和时间

作为本区红十字会系统的一次盛会，本次代表大会应有较为广泛的代表性和影响力，会议贯彻简朴、务实的精神，会议人数为200名。大会拟定于11月中旬召开，会期半天。

四、代表的名额、构成及产生

（一）代表名额及构成

1. 区级机关代表：20名，占10%；

2. 镇（街道）代表：80名，占40%；

3. 企业界代表：20名，占10%；

4. 红十字医疗卫生单位代表：30名，占15%；

5. 教育系统及红十字青少年代表（包括大学）：30名，占15%；

6. 社会团体代表：10名，占5%；

7. 特邀代表：10名，占5%。

（二）代表的产生

嘉定区红十字会第四届理事会理事候选人为当然代表；各红十字会组织按代表名额分配数，在广泛征求会员意见并听取代表人选所在单位意见后，由理事会确认；特邀代表由区红十字会与有关方面协商后确定；根据工作需要，由区红十字会确定列席代表。

五、嘉定区红十字会第四届理事会组成名额和领导职数

根据《上海市红十字会组织规程》，结合嘉定的实际情况，嘉定区红十字会第四届理事会理事51名，常务理事7名，其中会长1名、常务副会长1名、副会长4名、秘书长1名。

六、有关筹备工作

嘉定区红十字会第四次会员代表大会，拟邀请区委、区政府、区人大、区政协主要领导，上海市红十字会领导出席大会；并请区委主要领

导和上海市红十字会领导讲话。同时请嘉定电视台、嘉定报作相应的宣传报道。

以上请示当否，请批复。

10月10日 区红十字会下发《关于推荐嘉定区红十字会第四次会员代表大会代表的通知》(嘉红〔2009〕15号)。

各部、委、办、局、街道、镇、工业区、菊园新区、社会团体及有关企(事)业单位：

按照《中华人民共和国红十字会法》《中国红十字会章程》等规定，嘉定区红十字会将于11月中旬召开“嘉定区红十字会第四次会员代表大会”。为了使代表大会能够顺利召开，请各有关单位认真做好代表推荐工作，现将有关事项通知如下：

一、代表的条件

代表大会的代表，应该是具有选举权的红十字会会员，是红十字会会员中的优秀分子。

1. 拥护党和国家的各项方针政策，遵纪守法，爱岗敬业。

2. 积极宣传、贯彻落实《中华人民共和国红十字会法》和《中国红十字会章程》。

3. 热爱红十字事业，积极履行各项职责，有奉献精神、参与意识和议事能力。

4. 在履行人道宗旨，开展各项工作中做出贡献的基层专兼职干部、会员或志愿者。

二、代表的产生

嘉定区红十字会第四届理事会理事候选人为当然代表；各级组织按代表名额分配数，在广泛征求会员意见并听取代表人选所在单位意见后，由理事会确认；特邀代表由区红十字会与有关方面协商后确定。

三、具体要求

请各单位根据代表名额分配表（附件1）的要求认真推荐代表人选，填写《嘉定区红十字会第四次会员代表大会代表汇总表》（附件2）、《嘉定区红十字会第四次会员代表大会代表登记表》(附件3)，于10月26日前，将汇总表一份、代表登记表一式两份加盖单位公章后报区红十字会办公室（请同时上报汇总表电子版）。

附件1. 嘉定区红十字会第四次会员代表大会代表名额分配表（略）。

附件2. 嘉定区红十字会第四次会员代表大会代表汇总表（略）。

附件3. 嘉定区红十字会第四次会员代表大会代表登记表（略）。

是日 区红十字会《关于申请〈嘉定报〉专版用于嘉定区红十字会工作概况介绍的请示》(嘉红〔2009〕16 号)。

嘉定区人民政府办公室:

为广泛宣传红十字知识和理念，进一步扩大红十字会的社会影响力，经副区长、区红十字会会长夏以群同意，在嘉定区红十字会第四次会员代表大会召开前夕，通过《嘉定报》全面介绍嘉定区红十字会的工作及新的五年发展规划纲要。为此，我会拟于 11 月中旬申请《嘉定报》专版（一版）用于介绍嘉定区红十字会各项工作开展概况。

当否，请批示。

10 月上旬 安亭中学加晨、周夏曦同学在红十字国际委员会与中国红十字会总会主办的作文竞赛中获优胜奖。

10 月 19 日 区红十字会荣获中国红十字会总会主办的纪念汶川地震一周年“富士杯·全国红十字青少年防灾避险知识竞赛”活动最佳组织奖。

10 月 22 日 上海市第 22 个敬老日前夕，区红十字会常务副会长王晓燕到徐行镇小庙村开展敬老慰问活动。

10 月 24 日 区红十字会组织干部职工赴上海展览中心参观由中国 2010 年上海世博会组织委员会主办的“2010 年上海世博会历史回顾展览”。

同日 作为辖区内的一所高校——上海工艺美术学院，在上海市红十字会主办的“2009 年上海市高校红十字现场初级急救比赛”中，获得了学生组及教工组的二等奖。

10 月 27 日 区红十字会常务副会长王晓燕参加在北京召开的全国红十字会第九次会员代表大会。温家宝总理以及李长春、习近平、李克强等中央政治局常委出席了开幕式。回良玉副总理代表党中央、国务院致祝词。胡锦涛总书记为第 42 届南丁格尔奖章中国获奖者颁奖。

10 月 28 日 新成路街道红十字救护队代表嘉定区社区民防队，参加上海市首届社区民防运动会，获得团体总分第二名。

10 月 31 日 2009 学年少儿住院基金新学年收费工作顺利完成。全区参加少儿基金的有 86183 人次，覆盖率 99.54%，缴费金额 5170980 元；本市城镇低保家庭子女少儿基金缴费减免 1158 人，减免金额 69480 元；地震灾区学生减免 66 人，减免金额 3960 元。据统计，2008 学年市少儿住院基金共为嘉定区 4605 人次患儿支付住院及特殊门诊医疗费 479.58 万元，占总收入的 106.16%。

10 月 今年是市政府实事项目实施第二年，目标是完成救护员培训 1367 人，普及培训 10633 人。至 10 月底，我区共培训救护员 1370 名，完成率 100.2%；普及培训 10668 名，完成率 100.3%。

8 月—10 月 区红十字会开展莫拉克台风救灾募捐。

11 月 5 日 上海工艺美术学院联合嘉定公安消防支队、嘉定区菊园新区红十字会等单位，在校内开展火灾逃生演练，校红十字救护队给大家作了“现场急救和心肺复苏演示”。学院全体辅导员、宿舍管理员、部分学生以及菊园新区学校、企事业单位代表等 500 余人观摩了演练。

11 月 6 日 市红十字会、市教委四名评审来我区开展上海市第六批红十字工作达标学校验收，集中听取了大众工业学校、新成路小学创建工作汇报，查阅了相关材料，并分别对两所学校的 10 名老师、10 名学生做了问卷调查。

是日 区红十字会《关于邀请区委书记金建忠等领导同志出席嘉定区红十字会第四次会员代表大会的请示》（嘉红〔2009〕17 号）。

中共嘉定区委员会：

嘉定区红十字会第四次会员代表大会拟定于 12 月 10 日在嘉定区政府广厦厅召开，会期半天（下午 1：30 开始，区领导出席约 1 小时）。会议出席近 200 名代表。会议主要内容：审议通过嘉定区红十字会第三届理事会工作报告及工作规划；表彰沈婷等四名造血干细胞捐献者；选举产生嘉定区红十字会第四届理事会；通过大会决议；领导讲话。

本次会议是嘉定区红十字会 2004 年以来的一次重要会议，会议的召开，必将进一步推动嘉定区红十字事业发展。会议邀请区委书记金建忠、区长孙继伟、区人大主任陈士维、区政协主席周关东、区委副书记曹一丁同志出席，同时也邀请了市红十字会常务副会长马强出席。会议邀请区委书记金建忠讲话，区长孙继伟担任名誉会长，区委副书记曹一丁同志宣读表彰决定，区人大主任陈士维、区政协主席周关东等领导为造血干细胞捐献者颁奖。

以上请示当否，请批示。

11 月 21 日 由区红十字会主办、马陆镇红十字会承办的红十字物资义卖活动在马陆镇永盛公寓举行，活动共募得义卖款近 1500 元。

11 月 25 日 市红十字会常务副会长马强一行来到嘉定区红十字会，对落实 2009 年市政府实事项目——救护培训工作进行年终考核。副区长夏以群、区红十字会常务副会长王晓燕、副会长汪丽萍及部分街镇红会干部、救护师资、督导员参加。

11 月 30 日 嘉定区副区长倪耀明一行来到区红十字会，就募捐、帮困救助工作开展调研，为红会拓宽工作思路、拓展服务领域提出可行性建议。

是日 区红十字会决定，12 月 10 日召开“嘉定区红十字会第四次会员代表大会”。

12 月 1 日 在第 22 个“世界艾滋病日”之际，区红十字会与区疾控中心等单位在嘉定影剧院广场联合举办现场咨询活动，发放宣传资料。

是日 区红十字会《关于上海市嘉定区中心医院申请冠名嘉定区红十字医院的请示》（嘉红〔2009〕19 号）。

上海市红十字会：

根据《中国红十字会章程》《上海市红十字医疗机构管理办法》及《2009 年上海市红十字医疗机构工作要点》（沪红发〔2009〕第 13 号）文件精神，《嘉定区中心医院关于冠名红十字医院的请示》及《上海市嘉定区卫生局〈关于同意嘉定区中心医院申报冠名红十字医院的批复〉》（嘉卫〔2009〕31 号），拟申请冠名嘉定区红十字医院。

上海市嘉定区中心医院作为嘉定区红十字会团体会员单位，长期以来坚持向全院职工宣传红十字精神、宗旨及基本知识，定期缴纳会费并在医疗服务中体现红十字人道救助精神。经嘉定区红十字会初审并经讨论决定，认为该院符合上海市红十字医疗机构的标准，特向上海市红十字会提出冠名红十字医院的申请。

妥否？请批复。

附件：《关于上海市嘉定区中心医院冠名红十字医院的初审报告》。

上海市红十字会：

嘉定区中心医院创建于 1947 年，是一所集医疗、科研、预防、教学于一身的二级甲等综合性医院，2005 年又名上海交通大学医学院附属仁济医院嘉定分院，2006 年挂牌上海交通大学医学院教学医院，2008 年挂牌上海医药高等专科学校附属医院。医院党政领导一直非常重视医院的全面发展，在加强、完善医院内部建设的同时，重视医院红十字工作，在 2002 年就成立了医院红十字会，提出了创建红十字医疗机构工作目标与计划，在这过程中，医院认真贯彻《中华人民共和国红十字会法》《中华人民共和国红十字标志使用办法》《中国红十字会章程》和

《中华人民共和国红十字会条例》，认真履行红十字会法规赋予的职责，发扬红十字“人道、博爱、奉献”的精神，积极支持和参与红十字工作。在组织建设方面：成立了红十字理事会，明确兼职工作人员；在会费缴纳方面：从2002年以来一直按时上缴会费，每年按规定上缴的会费在1000元以上；在宣传培训方面：建立培训制度，开展层层培训，科长以上中层干部由区红十字会专题培训，其他职工由医院师资开展培训，新职工培训率为100%，并组织全员红十字知识测试，将学习和考试参与率和合格率列入各科指令性工作完成情况的考核，与科室绩效挂钩，将培训工作落实到实处。在医院内营造红十字宣传氛围，开辟宣传专栏，在网站上开辟红十字工作页面，做好与区、市红十字网站的链接；在志愿服务方面：建立了一支20人以上的青年志愿者队伍，每年开展4次以上的送医下乡服务，为边远地区的村民送去红十字的关爱；在救灾救助方面：成立了每支12人的两支专业医疗应急救护队，在区内重大特发交通事故处置、雪灾救治、F1世界锦标赛等医疗保障工作发挥了重要作用；在募集捐赠方面：设立了医院人道救助基金，每年开展“5·8”义诊，将义诊费全部上缴区红十字会，院内每年募捐2万元以上的资金，对弃婴、弃儿、盲流等开展救治救助，在医院内设立了红十字募捐箱、接受捐赠，不断增强救助实力，在职工中广泛开展宣传造血干细胞捐献和无偿献血的意义，大力宣扬“生命不能等待，为了他人的健康志愿捐献造血干细胞”和“无偿献血是每个公民的应尽责任”的理念，至今医院已有68人加入了中华骨髓库，每年积极参加无偿献血，做到自发献血，超额完成献血任务，积极支持区遗体捐献工作，为遗体捐献志愿者提供绿色通道，以优质、便捷服务为遗体捐献者提供方便。在规范管理上逐步建立了会员发展制度、会费收缴制度、会议制度、学习制度等一系列制度，保障了红十字事业的良好发展。

经嘉定区红十字会初审并经讨论决定，认为该院符合上海市红十字医疗机构的标准，同意该院提出冠名红十字医院的申请。

特此报告。

是日 区红十字会《关于上海市嘉定区妇幼保健院申请冠名嘉定区红十字妇幼保健院的请示》（嘉红〔2009〕20号）。

上海市红十字会：

根据《中国红十字会章程》《上海市红十字医疗机构管理办法》及《2009年上海市红十字医疗机构工作要点》（沪红发〔2009〕第13号）文件精神，嘉定区妇幼保健院《关于冠名嘉定区红十字妇幼保健院的请示》及《上海市嘉定区卫生局〈关于同意嘉定区妇幼保健院申报冠名红十字医院的批复〉》（嘉卫〔2009〕32号），拟申请冠名嘉定区红十字医院。

上海市嘉定区妇幼保健院作为嘉定区红十字会团体会员单位，长期以来坚持向全院职工宣传红十字精神、宗旨及基本知识，定期缴纳会费并在医疗服务中体现红十字人道救助精神。经嘉定区红十字会初审并经讨论决定，认为该院符合上海市红十字医疗机构的标准，特向上海市红十字会提出冠名红十字妇幼保健院的申请。

妥否？请批复！

附件：《关于上海市嘉定区妇幼保健院冠名红十字妇幼保健院的初审报告》。

上海市红十字会：

嘉定区妇幼保健院始建于1981年，是一所集医疗、保健、科研与教学为一体的二级甲等妇幼保健专科医院。医院党政领导一直非常重视医院的全面发展，在加强、完善医院内部建设的同时，重视医院红十字工作，在2003年就成立了医院红十字会，提出了创建红十字医疗机构工作目标与计划，在这过程中，医院认真贯彻《中华人民共和国红十字会法》《中华人民共和国红十字标志使用办法》《中国红十字会章程》和《中华人民共和国红十字会条例》，认真履行红十字会法规赋予的职责，发扬红十字“人道、博爱、奉献”的精神，积极支持和参与红十字工作。在组织建设方面：成立了红十字理事会，明确兼职工作人员；在会费缴纳方面：从2002年以来一直按时上缴会费，每年按规定上缴的会费在500元以上；在宣传培训方面：在医院健康教育宣传栏内张贴宣传标语，制作宣传板报、横幅、利用医院电子屏幕进行红十字精神宣传教育，利用院务会、科室晨会对医院职工进行红十字精神灌输，新职工培训率为100%；在志愿服务方面：建立了志愿者队伍，以义诊、专题讲座、健康知识咨询等各种形式开展志愿服务，以志愿者无私奉献的精神为弱势群体送去红十字的关爱；在救灾救助方面：成立了医疗应急救护队，每年组织2~3次急救知识及技能培训，选派优秀队员参加区卫生局应急救护队，在F1世界锦标赛等医疗保障工作发挥了积极作用；支持区红十字会工作，组队参加2007年上海市红十字系统“现场急救小品”并获优胜奖，2009年7月获得上海市新生儿复苏技能第一名；在募集捐赠方面：设立了医院人道救助基金，每年开展“5·8”义诊，将义诊费全部上缴区红十字会，院内每年募捐2万元以上的资金，对特困孕产妇实施人道救助，在医院内设立了红十字募捐箱接受捐赠，不断增强救助实力，在职工中广泛开展宣传造血干细胞捐献和无偿献血的意义，每年无偿献血15人次以上，有45位热血青年加入了中华骨髓库；在规范管理上逐步建立了会员发展制度、会费收缴制度、会议制度、学习制度等一系列制度，保障了红十字事业的良好发展。

经嘉定区红十字会初审并经讨论决定，认为该院符合上海市红十字医疗机构的标准，同意该院提出冠名红十字妇幼保健院的申请。

特此报告。

12月4日 嘉定区中心医院、嘉定区妇幼保健院被命名为上海市嘉定区红十字医院、上海市嘉定区红十字妇幼保健院。

12月5日 区红十字会在工业区草庵村开展“送医下乡”“送货下乡”活动。

12月10日 嘉定区红十字会第四次会员代表大会在区政府广厦厅召开，189名会员代表参加会议。区委书记金建忠，副书记曹一丁，区人大主任陈士维，区政协副主席章宇慧，副区长、区红十字会会长夏以群出席会议，市红十字会常务副会长马强到会祝贺。大会选举产生了第四届理事会理事55名，召开四届一次理事会议，聘请区长孙继伟为名誉会长，选举夏以群担任会长，王晓燕担任常务副会长，毛长红、张潮、郑益川、汪丽萍担任副会长。

附1：《彰显人道　促进和谐　实现嘉定红十字事业新跨越——嘉定区红十字会第四次会员代表大会工作报告》（嘉定区红十字会常务副会长王晓燕）

各位代表：

今天，嘉定区红十字会召开第四次会员代表大会，这是一次开拓创新、继往开来的大会，意义深远。

本次大会的主题是：以邓小平理论和“三个代表”重要思想为指导，深入贯彻落实科学发展观，认真执行《中华人民共和国红十字会法》，大力弘扬“人道、博爱、奉献”的红十字精神，广泛动员人道力量，充分发挥红十字会作为政府在人道救助领域的助手作用，为构建和谐社会做出应有的贡献。

我代表区红十字会第三届理事会，向大会做工作报告，请予审议。

过去五年的工作回顾

过去的五年是我国改革开放和全面建设小康社会取得重大进展的五年，也是红十字事业蓬勃发展的五年。在嘉定区委、区政府的关心支持下、在上海市红十字会的具体指导下，区红十字会抓住前所未有的发展机遇，始终以保护人的生命和健康为宗旨，紧紧围绕“救灾”、“救护”、“救助”的工作职能，夯实基础，勇于创新，较好地完成了《2004—2008年工作规划》的主要任务，为嘉定的经济发展和社会稳定发挥了红十字会的独特作用。

一、夯实组织基础，坚定不移地理顺管理体制

1. 实现区红十字会建制单列

在区委、区政府的高度重视下，按照上海市编委文件精神，嘉定区红十字会于2005年9月建制单列，完全地从区卫生局托管的体制中独立出来。2006年4月，又成立嘉定区红十字会事务中心，配备专职干部，并先后落实与改善了办公用房。管理体制的突破，为嘉定红十字事业发展提供了难能可贵的物质基础和组织保障，使红十字会工作的开展有了质的飞跃，工作效能明显提高。

2. 壮大街镇红十字干部队伍

全区12个街镇红十字会均配备了专兼职红十字干部，100%召开了会员代表大会。为解决街镇红会干部身兼数职的难题，2009年区红十字会通过给予一定经济补偿的方式，择优选聘了12名热心红十字工作的联络员，这一举措创新了红会干部使用机制，增强了街镇红会干部力量。

3. 健全社区、学校红十字组织网络

全区相继建立了145个社区红十字服务站，形成了比较健全的社区红十字服务网络。2004年，嘉定率先成功创建为“全国社区红十字服务示范区”；南翔镇、嘉定镇街道等8个街镇成功创建为“上海市红十字服务示范社区”。

积极开展学校红十字达标创建活动，推进中小学红十字会在组织机构、经费、发展会员、开展活动等制度建设。目前，全区有55所中小学校建立了学校红十字会；有13所学校被命名为“上海市红十字工作达标学校”；有28所学校被命名为“嘉定区红十字工作达标学校”。2008年，城中路小学被命名为“全国红十字模范校”，有力地推动了我区学校红十字会工作上新台阶。

4. 创建具有红十字特色的志愿者服务队

2009年5月，“嘉定区红十字志愿服务总队”首次成立，成为我区红十字会工作的一个亮点，标志着我区红十字志愿服务工作进入了一个崭新的阶段。总队下设遗体捐献、造血干细胞捐献、医疗服务、应急救

援和综合性志愿服务队5支直属分队和13支街镇分队。

至2009年10月，我区红十字会发展红十字基层组织387个，团体会员单位327个，红十字会员26510名，为红十字工作的广泛开展奠定了扎实的社会基础。

二、增强“三救”实力，满腔热情地展示人道风采

1. 灾害救援凝聚人心

我区红十字会全力参与国内外灾害援助行动，发挥了一个国际性组织独特的优势和作用。五年来，我区红十字会广泛动员人道力量，汇聚社会各方爱心，累计募集救灾款项达3784.68万元，募集物资折合人民币约369.96万元。其中，为“5·12”汶川地震受灾地区募集救灾款达3586.16万元，募捐物资折合人民币329.37万元；为印度洋海啸受灾地区募集捐款85.76万元；为南方冰雪灾害募集捐款45.41万元；为湖南、江西、云南等受灾地区募集救灾款物107.94万元。

尤其，面对突如其来的“5·12”汶川地震，区红十字会与各街镇红十字会纷纷迅速行动，严密部署，全力以赴开展救灾募捐工作。其中马陆镇、区教育局、区国资公司、西上海集团、真新街道等单位捐款都在百万元以上，特别是马陆镇捐款高达737.13万元。

我区红十字会被上海市红十字会授予印度洋海啸捐款优秀组织奖、“5·12”汶川地震抗震救灾最佳组织奖。

2. 人道救助领域成效显著

近年来，我区红十字会不断完善筹资机制，加大筹资力度，救助实力明显增强。截至2009年10月底，我区红十字人道救助基金达443.53万元，为人道救助工作的广泛开展提供了有力的物质保障。

在市红十字会发起的“千万人帮万家”救助活动基础上，2007年区红十字会与区民政局联合制定《嘉定区市民大病重病帮扶项目实施计划》，对我区因患八类大病重病而致贫的人群可给予最高达6万元的帮困救助金。此项举措得到了相关单位和爱心企业的有力支持，嘉定区光彩事业促进会向区红十字会捐赠100万元。上海云翔寺出资50万元，设立“嘉定区佛教云翔十方医疗帮困基金”，为嘉定社会和谐稳定发挥了红十字会积极的人道救助作用。

2004—2009年期间，嘉定区红十字会累计向全区5615户贫困家庭实施救助，发放帮困救助款物达774.83万元。

3. 急救培训实事项目有力推进

群众性现场初级急救培训工作是国际红十字运动传统的特色工作。

2008年，市政府将现场初级急救培训工作列为政府实事项目，我区三年内将完成4100名红十字救护员和31900名居民的现场急救普及培训工作。我会及时制定《嘉定区红十字会2008—2010年现场急救普及培训工作实施意见》，成立领导小组，在社区、企业、学校及机关事业单位中全面落实培训工作。在市红十字会组织的实事项目评估及教学质量测评中得到了充分的肯定和高度的评价。其中新成路街道、江桥镇、华亭镇严格按照红会要求，扎实开展培训，成绩突出。

为了营造市民广泛参与学习、了解和掌握急救技能的良好氛围，我会编印了15万册《常见意外伤害及现场急救技能》知识手册，分发给社区居民；利用"世界急救日"宣传契机，举办"急救技能大比武"、"急救知识竞赛"等活动。两年来，共培训救护员3123名，完成三年任务数的76.2%；普及培训21958名，完成三年任务数的68.8%，有效提高了市民的自救互救能力。2008年，菊园新区红十字救护队代表我区荣获上海市纪念"世界急救日"暨实施市政府实事项目群众性现场救护操作比赛（社区组）二等奖；2009年，南翔镇红十字救护队代表我区荣获上海市"救护为人道、健康迎世博"——"世界急救日"现场初级急救技能比赛（社区组）一等奖，并代表上海市向来自全国各省及国外的专家展示。

三、弘扬博爱意识，扎扎实实地开创特色工作

1. 造血干细胞、遗体捐献工作亮点凸显

整合资源优势，我会与团区委每年联合举办造血干细胞捐献集中血检活动，越来越多的爱心青年加入到造血干细胞捐献志愿者队伍中来。2006、2007年，嘉定区红十字会先后两年荣获市红十字会造血干细胞捐献征募工作优秀组织奖。2008年，上海晓陆贸易有限公司陆水军；2009年，安亭中学教师沈婷、匡春明；区来沪人员就业服务中心工作人员高达，共4名志愿者成功实施了造血干细胞移植手术，挽救了患者的生命，以实际行动弘扬了红十字精神。

坚持以人为本，不断拓展遗体捐献人文纪念的内涵。每年3月1日——"上海市遗体捐献纪念日"，区红十字会组织登记者及实现者家属代表赴青浦福寿园参观纪念，并开展座谈会、走访慰问等活动，以缅怀遗体捐献的先驱者，弘扬登记者的无私爱心。2009年，获曹王禅寺50万元捐助，设立了"嘉定区遗体（角膜）捐献基金"，用于捐献登记者的人文关怀和人道关爱。同时，区红十字会与中心医院共同倡导，向登记者赠送就医VIP卡，专门为捐献登记者提供就医绿色通道，享受快

捷特需的医疗服务。2009年5月，又成立了嘉定区遗体（角膜）捐献登记者联谊会——“春蚕之家”，为捐献登记者朋友们架起了一座相互沟通的“爱心桥”，进一步激发了人们的热情与爱心，提升了嘉定城市精神风貌。

五年来，全区共有1700余名爱心青年加入中国造血干细胞捐献者资料库上海市分库；有遗体（角膜）捐献登记者448人，实现捐献者40人。

2. 红十字关爱进农村活动深受欢迎

2009年，我会借势借力，与卫生局、供销社联手，积极开展“红十字关爱进农村，播撒爱心传真情”活动。区中心医院组织了多名具有丰富临床医疗经验的优秀志愿者，到徐行小庙村、马陆北管村、工业区草庵村等开展送医下乡活动，为村民提供医疗咨询、上门诊疗等服务，并把区红十字“爱心超市”带到农村，使村民以便捷的方式、低廉的价格购买到自己所需的各种日用品。区供销社在黄渡市民广场开展食品、服装、小家电和药品等十多个品种的义卖送货下乡活动，并将义卖款全部赠予区红十字会。

3. 红十字青少年活动丰富多彩

坚持把弘扬红十字精神与青少年德育教育紧密结合。学校通过开展入会宣誓仪式、主题班会、知识竞赛、现场急救比赛等富有特色的红十字活动，加深青少年会员对红十字本质内涵的理解；通过开展募捐、爱心义卖、上街服务、慰问孤老等好人好事活动，增强青少年会员的博爱之心。2008年，5000名学生参加“红十字青少年与奥运同行——自救互救知识竞赛”；2万余名学生参加“书信传递关爱——给灾区同龄人写一封信”活动；2009年，1300余名学生参加“新马杯”嘉定区中小学红十字知识竞赛，多彩的活动展现了红十字青少年朝气蓬勃的风采，培养了学生乐于奉献的良好意识，有力地推动了校园文化建设。

2007年安亭中学荣获市红十字会群众性现场初级救护比赛中学组一等奖；2009年我区红十字会在中国红十字会总会主办的纪念汶川地震一周年“富士杯·全国红十字青少年防灾避险知识竞赛”活动中，获得最佳组织奖；2009年实验小学陆州、大众工业学校崔怡青等4位同学荣获全国青少年红十字知识网络竞赛优胜奖。

4. 少儿住院基金和少儿居保工作扎实开展

少儿住院基金是由市红十字会、市教委、市卫生局于1996年联合举办的一项非赢利性的互助共济、节余滚存的社会公益性事业，我区每年有8万余名婴幼儿和中小学生参加。五年来，基金收入2141.31万元，同期为全区22279人次患儿支付医疗费2239.51万元，其中为1350人次特殊门诊患儿支付特殊门诊费用74万元。2006年9月实施居民保险以来，共为我区9687人次患儿结算医疗费用721.55万元，最高报销金额8.41万元。

四、加大宣传力度，锲而不舍地提振社会影响力

1. 社会知晓率空前提高

2007年5月“嘉定区红十字会网站”的开通，使红十字会对外宣传有了一个开放互动的平台，使市民了解红十字工作有了一个直接动态的窗口，在红十字会与广大市民之间构筑了一座心与心交流的桥梁。到目前为止，网站点击率达12万余次，有效地宣传了我区红十字会的工作动态。

设计制作了以红十字运动的起源、基本原则、红十字标志等为内容的综合宣传版面，在各社区、学校、机关等场所宣传红十字知识；结合迎世博工作，整合区体育局、区供销社、移动公司嘉定分公司等部门的资源优势，在部分体育场馆、大型商场等公共场所，开辟红十字宣传专栏；在马陆葡萄主题公园、永盛公寓等，展示以急救知识为主题的红十字宣传版面，广泛宣传红十字知识，扩大社会影响力。

2. 红十字法律法规宣传有力

以红十字运动基本知识及红十字法律法规为重点，积极开展“五五”普法活动，累计宣传培训达20万人次，有效提高了红十字法律法规的社会知晓率。2005—2007年度，荣获上海市红十字运动基本知识传播工作一等奖。

2006年以来，以安亭中学、南翔中学等作为红十字人道法宣传基地，开展了探索国际人道法培训试点工作，使学生了解和理解《人道法》的作用和意义。红十字国际委员会官员曾3次到试点学校进行实地考察与指导，并给予了充分肯定和高度的赞许。2009年，在红十字国际委员会与中国红十字会总会主办的探索人道法作文比赛中，安亭中学加晨、周夏曦的作文获奖，并将代表中国参加红十字国际委员会比赛。

3. 募捐箱设立爱心涌动

红十字募捐箱是宣传红十字精神的好形式，更是群众奉献爱心的好渠道。2008年，区红十字会与上海邑亘网络管理有限公司签订《电子募捐箱捐赠合作协议》，并下发《红十字募捐箱管理规定》，为红十字募捐

箱的广泛设置和规范管理奠定了良好的基础。全区共设置募捐箱350个，其中电子募捐箱120个；五年来，募捐箱筹集捐款29.17万元。

4. 加强交流合作促进发展

嘉定区红十字会高度重视与兄弟区县、兄弟省市的交流学习，并通过互访交流，增进友谊，开阔视野。2007年11月，区红十字会与内蒙古自治区鄂尔多斯市红十字会签订协议建立友好红十字会，双方多次进行了友好交流。此外，组织各级红十字会干部赴珠海市、厦门市红十字会考察，学习借鉴先进工作经验。

各位代表，回顾过去，我们心潮澎湃。过去的五年，是我区红十字会抓住机遇、迎接挑战、快速发展的五年；是全区红十字工作者、会员、志愿者携手人道、改善民生、促进和谐的五年；是备受社会各界关注支持、值得骄傲的不平凡的五年。红十字事业的每一点成绩、每一步发展，都离不开区委、区政府的高度重视，离不开爱心人士的参与合作，离不开红十字人的扎实工作。在此，请允许我代表嘉定区红十字会向热心支持红十字事业的各级领导、同志们表示衷心的感谢！

在鼓舞人心的成绩面前，我们也清醒地认识到，红十字工作仍面临许多困难和不足，如红十字知识和理念的传播力度需进一步加大；区级红十字会的救助实力需进一步增强；红十字专兼职干部的业务素质需进一步提升等，这些问题需要我们在今后的工作中，以发展的眼光、包容的胸襟、创新的精神，认真加以完善和解决。

五年来的基本经验

红十字事业是一项造福人类的崇高事业，无数红十字同仁致力于弘扬人道精神、实施人道救助，为改善民生、促进和谐发挥了独特的作用。我们深刻体会到：

一、党政支持和社会各界参与，是红十字事业发展的关键

近年来，红十字会的独特优势和作用已愈加凸显，红十字会是党和政府在人道救助领域的得力助手。嘉定红十字工作之所以在促进社会和谐中发挥着重要作用，关键是得到了区委、区政府的高度重视和支持，得到了社会各界爱心人士的参与合作。作为一个国际性组织的社会团体，只有党和政府的强有力支撑，帮助解决红十字事业发展中的实际困难和问题；只有社会各界的广泛参与，从财力、人力、物力给予无偿援助，红十字事业才能经久不衰、充满生机活力。

二、服务大局和民众，是红十字工作立足的基石

红十字会是从事人道主义工作的社会救助团体。动员人道力量、致力于改善弱势群体境况、竭诚为人们服务是红十字工作的立足点和根本点。红十字会必须在“党政关心、社会支持、群众需要、能力所及”的结合点上设计和开展工作，真心实意地为最需要帮助的困难群众服务，将红十字“人道、博爱、奉献”精神与我国救死扶伤、扶危济困、敬老助残等美德相结合，用良好的服务和公信力赢得全社会的信赖和支持，充分发挥红十字的人道救助作用。

三、凝聚人道和爱心，是做强红十字的基础

社会各界的共同参与和支持是嘉定红十字事业快速发展的强大动力。作为一个社会团体，红十字的工作领域广泛，涉及灾害救援、现场救护、社会救助、扶危济贫等方面，红十字会既要争取政府的资助，又要广泛动员人道力量。积极主动向社会募集资金，广泛接受社会的监督，提升红十字会的社会公信力。大力推动志愿服务，加强与社会各界的合作，广泛借势、借力、借脑，在公益组织林立的格局中引领潮流。

四、发挥优势和特色，是红十字永葆活力的根本

经历百年历史积淀的红十字会具有其他团体无可比拟的社会公信力，有利于动员社会各界爱心人士，齐心协力改善弱势群体境况。红十字会具有中立性，倡导包容，尊重差异，有利于促进人与人之间的沟通交流、互助合作。作为一个国际性组织的公益机构，红十字会必须克服“等靠要”、因循守旧的思想，按照社会团体的运作方式开展工作。创造性地开展人道救助工作，精心打造有特色的公益品牌或项目，凸显红十字会的性质和宗旨，焕发红十字会的生命力和感召力。

今后五年的工作建议

今后五年，是上海实现“四个率先”、建设“四个中心”快速发展重要时期；也是嘉定新一轮经济社会全面发展的关键时期；更是红十字事业蓬勃发展的重要机遇期，需要我们热爱执着于红十字工作，豪情满怀、锐意进取，为实现嘉定红十字事业的新跨越而不懈努力。

今后五年工作的指导思想是：坚定不移地走中国特色红十字事业发展道路，以科学发展观为统领，履行红十字会法赋予的职责，以服务民众、帮助改善弱势群体境况为出发点和落脚点，以增强红十字组织的社会公信力、“三救”实力、工作活力及凝聚力为目标，当好政府人道领域的助手，将红十字会建设成为应急反应科学化、公益项目品牌化、宣传筹资长效化、组织建设规范化、志愿服务特色化、运行机制社会化的人道救助团体，为构建和谐社会做出更大的贡献。

今后五年，着力抓好四方面重点工作：

一、弘扬红十字精神，营造发展氛围

红十字事业是以“弘扬人道主义精神，保护人的生命和健康，促进人类和平进步”为宗旨的崇高事业。吸引热心社会公益事业的组织和个人共同参与红十字会的各项工作，优化红十字事业发展环境是红十字人应尽的义务。发挥各种媒体的传播作用，提高广大市民对红十字会的认知度，增强社会各界对红十字工作的认识和理解，为红十字事业的发展奠定更为广泛的群众基础；借助社会各类资源，开展“五八博爱周”、“世界急救日”等活动，广泛传播红十字精神，拓展红十字宣传阵地；结合红十字人道救助、人道服务工作，以社区、学校、企业及机关事业单位为重点，建立红十字宣传教育基地，宣传红十字运动基本知识和红十字法律法规，争取社会普遍认同并支持红十字运动，形成有利于红十字事业发展的社会氛围。

二、整合多方资源，增强服务能力

积极争取政府的资助，广泛动员社会人道力量，探索项目化、基金式筹资方式，建立可持续的筹资机制。创设通讯、网络、募捐箱等小额捐赠平台，探索面向民众募捐的有效途径；挖掘企业爱心资源优势，以红十字人道精神焕发企业社会责任感，吸引企业有识之士参与捐助活动，打造爱心企业联盟、博爱捐助港等筹资项目品牌，设立专项基金；掌握弱势群体的真正难处，把困难群体最迫切、最需要关心和帮助的事项列为重点救助项目，继续有效推进“嘉定区市民大病重病帮扶项目实施计划”，不断增强对社会弱势群体的救助力度。

三、动员社会力量，拓展工作领域

红十字会是从事人道主义工作的社会救助团体。要结合我区改革发展的新形势、新任务，从群众的需求出发，不断深化红十字会“救灾、救护、救助”等传统业务，拓展新的工作领域。依托社区、企业、学校力量，深化群众性现场初级急救培训，扎扎实实地把市政府实事项目做实做好；加强红十字志愿服务队伍建设和管理，提升红十字志愿服务水平，将红十字志愿服务与精神文明建设相结合，不断壮大造血干细胞和遗体捐献志愿者队伍，组织开展“红十字与世博同行”等志愿服务活动；联合教育、卫生、共青团等部门，深化红十字青少年工作，结合学生德育和素质教育，开展红十字青少年夏令营、敬老助残、扶危济困等活动；以社区红十字服务站为触角，不断充实社区服务内容和服务项目，把红十字关爱进社区落到实处。

四、加强自身建设，做实做强红十字事业

要服务大局发挥红十字自身的独特优势，必须高度重视组织体制、机制和队伍建设，为促进红十字事业可持续发展，提供必需的组织、制度、队伍和能力保障。注重基层组织的运行活力，加强街镇、学校红十字会、社区红十字服务站等基层组织建设，创建一批组织建设规范、活动特色鲜明、服务平台巩固、会员和志愿者作用发挥好的模范红十字基层组织；充分发挥理事的作用，调动广大专兼职干部的积极性、主动性、创造性；通过各类培训和实践活动，加强队伍能力建设，打造一支热心红十字事业、积极进取、精通业务、善于做群众工作的红十字干部队伍，不断增强红十字的活力、实力、公信力和凝聚力。

各位代表，展望未来，我们激情满怀。未来五年，将是嘉定红十字事业在新的起点上阔步前行、昂扬奋发的五年；将是红十字人埋头苦干、拼搏奉献的五年。

150年前，国际红十字运动的创始人亨利·杜南曾向世人疾呼："我们必须衷心地向各个国家、各个阶层的人们发出呼吁，无论是伟人还是最穷困的劳动者，因为所有人都能在各自的领域、用不同的方式做些力所能及的事情，共同推动这项人道工作向前发展"。150年过去了，红十字运动已经从最初的伤兵救护团体，发展成为今天最大的国际人道主义组织。

红十字事业是崇高伟大的事业，红十字人是充满热情爱心的人。让我们以科学发展观为统领，紧紧围绕嘉定经济社会发展大局，凝聚社会各界人道力量，齐心协力，振奋精神，将"人道、博爱、奉献"的红十字精神展示到各项工作中，为促进社会和谐进步谱写新的篇章。

附2：嘉定区总工会、共青团嘉定区委员会、嘉定区妇女联合会、嘉定区残疾人联合会《致嘉定区红十字会第四次会员代表大会的贺辞》。

在全面建设小康社会，深入学习实践科学发展观的新形势下，我们迎来了嘉定区红十字会第四次会员代表大会的胜利召开，这是嘉定区红十字会面向新形势、总结新经验、谋求新发展的一次盛会。在此，我谨代表嘉定区总工会、共青团嘉定区委员会、嘉定区妇女联合会、嘉定区残疾人联合会等群众组织和社会团体，向大会的召开表示热烈的祝贺！向出席大会的全体代表致以诚挚的问候！向全区红十字工作者、广大会员、志愿者以及关心支持红十字事业的社会各界人士致以崇高的敬意和良好的祝愿！

红十字事业是一项造福人类、崇高而伟大的事业，在保护人的生命和健康、促进人类和平进步等方面发挥了重要作用。发展红十字事业是国家的需要、人民的需要、时代的需要，也是全面建设小康社会的需要。多年来，嘉定区红十字会坚持以邓小平理论和“三个代表”重要思想为指导，认真履行《中华人民共和国红十字会法》所赋予的神圣职责，始终致力于人道主义事业，积极动员社会各界，救助困难弱势群体，弘扬人道主义精神，在促进社会和谐稳定和文明发展方面都取得了可喜的成绩。特别是在“5·12”汶川大地震、南方冰雪灾害等特大自然灾害援助工作中，充分展现了红十字会独特的风采，也充分见证了广大市民对红十字会的信任与支持。红十字会的工作赢得了党和政府的高度评价，赢得了社会各界的广泛赞誉，红十字会已经成为改善民生、促进和谐的一支重要力量。

多年来，嘉定区各群众组织和社会团体与红十字会紧密团结、互相支持、加强协作、共同发展，建立了深厚的友谊。尤其是嘉定区红十字会与共青团嘉定区委多次共同举办“点燃生命的希望——造血干细胞捐献集中血检活动”，动员越来越多的热血青年投身于社会公益事业，积极构筑“人道、博爱、奉献”的爱心长城，为弘扬城市新风发挥着积极的作用。

各位代表、同志们，随着现代化建设进程的不断推进，随着嘉定新一轮发展的不断深入，我们群众组织和社会团体将面临新的机遇和挑战，也必将肩负起更加光荣而艰巨的任务。我们相信，嘉定红十字事业一定能够继续发扬优良传统和作风，发挥自身优势和特色，积极开拓更加辉煌的明天。让我们脚踏实地、锐意进取，同心同德、携手共进，为完成时代赋予我们的崇高使命而努力奋斗！

最后，预祝嘉定区红十字会第四次会员代表大会圆满成功！

嘉定区总工会、共青团嘉定区委员会、嘉定区妇女联合会、嘉定区残疾人联合会

附3：区红十字会第四届理事会《致嘉定区红十字会第三届理事会理事的感谢信》。

嘉定区红十字会第三届理事会理事：

值此嘉定区红十字会第四次会员代表大会胜利召开之际，我们怀着崇敬的心情，谨以第四届理事会的名义，向您长期以来对嘉定红十字事业的关心与支持表示崇高的敬意和衷心的感谢！

五年来，嘉定的红十字事业在上海市红十字会的直接关心指导下，在嘉定区委、区政府的正确领导和亲切关怀下，通过第三届理事会全体理事的共同努力，在组织建设、赈济救护、宣传培训、红十字青少年工作等方面都取得了很大的成绩，全面完成了第三次会员代表大会上制定的工作规划，推动了嘉定红十字事业的长足发展，受到了社会各界的肯定和好评。

在过去的五年里，你们为红十字事业尽心尽责，带领广大红十字工作者、会员和志愿者团结奋进、高效务实、开拓创新地开展各项工作，你们用智慧丰富了人道救助工作的内涵，用爱心温暖了弱势群体的心田，用行动弘扬了“人道、博爱、奉献”的红十字精神。

近日，我们迎来了嘉定区红十字会第四次会员代表大会的胜利召开，新一届理事会将以你们为榜样，认真贯彻落实“三个代表”重要思想，积极开创具有嘉定特色的红十字事业新局面，与时俱进，继往开来，为推动嘉定红十字事业发展、促进社会和谐进步而努力奋斗，做出新的贡献！

最后，再次向您表示最诚挚的感谢！同时也真诚地希望您能一如既往地关注嘉定红十字事业的发展，并继续关心支持我们的工作！

衷心祝愿您身体健康，工作顺利，幸福美满！

附4：《嘉定区红十字事业发展规划纲要·草案（2010—2014）》。

今后五年，是上海实现“四个率先”、建设“四个中心”、快速发展的重要时期，也是嘉定新一轮经济社会全面大发展的关键时期。红十字会作为政府在人道救助领域的助手，要抓住机遇，迎接挑战，推动社会和谐发展。依据《中华人民共和国红十字会法》《上海市红十字会条例》、全国及上海市红十字事业发展规划的要求，结合嘉定实际，制定本规划纲要。

一、指导思想

坚定不移地走中国特色红十字事业发展道路，以科学发展观为统领，履行红十字会法赋予的职责，以服务民众、帮助改善弱势群体境况为出发点和落脚点，以增强红十字组织的社会公信力、“三救”实力、工作活力及凝聚力为目标，当好政府人道领域的助手，将红十字会建设成为应急反应科学化、公益项目品牌化、宣传筹资长效化、组织建设规范化、志愿服务特色化、运行机制社会化的人道救助团体，为构建和谐社会做出更大的贡献。

二、主要任务

（一）增强应急能力，开展“红十字救援行动”

加快组建红十字紧急救援队。组建覆盖全区、协调统一的红十字医疗救护队，发挥冠名红十字医疗机构在大型灾害救护中的专业优势；健全2支区级红十字紧急救援队、完善12支街镇级红十字救护队、组建居（村）委会救护队，形成层级清晰的红十字紧急救援队伍网络。依托各种社会力量，开展与民防、消防、卫生等部门的合作演练，提高红十字应急救援能力。

加大备灾救灾物资筹集与管理力度。与相关企业建立友好联动机制，想方设法、多渠道筹集备灾救灾物资，不断增加物资储备，增强应急救助实力。制定救灾物资管理制度，加强对物资调剂中心、物资募集站的规范化管理，并主动接受政府、社会各界及捐赠人的监督，定期向社会公布项目实施进度和资金使用情况。

（二）致力挽救生命，开展“红十字救护行动”

深化应急救护培训。巩固和完善群众性现场初级急救知识和技能的普及培训工作。到2010年底，全面完成“4100名红十字现场初级救护员和31900名群众的现场初级急救普及培训”的市政府实事项目，积极探索建立救护培训工作长效运行机制，打造红十字救护培训品牌。

宣传推动造血干细胞、遗体捐献。广泛组织动员有志青年加入造血干细胞捐献者资料库上海分库，力争到2014年新增入库人数1500人。争取政府支持和委托，有力推动遗体、器官捐献工作的开展。

（三）关注困难群体，开展“红十字救助行动”

深化红十字博爱行动。深入开展“千万人帮万家”“嘉定区市民大病重病帮扶项目”“云翔十方医疗帮困”等救助活动，积极争取相关部门的支持和参与，加大对最困难群体的救助力度，把红十字会的关爱和温暖送到困难群众家中，为嘉定社会和谐稳定发挥红十字的人道救助作用。

红十字关爱进社区。以“红十字服务站”为依托，以“送医下乡”“送货下乡”的活动形式为载体，开展传播红十字知识、募捐救助、应急救护、健康教育、志愿服务等内容的社区红十字服务工作，逐步实现服务工作规范化。

关爱艾滋病患者和感染者。贯彻实施国家《艾滋病防治条例》，大力开展艾滋病预防知识的普及和反歧视宣传；积极参与政府多部门艾滋病防治合作项目，协助政府做好对艾滋病患者的关爱工作。

（四）弘扬红十字精神，开展“红十字传播行动”

拓展红十字理念传播渠道。充分利用红十字会的宣传舆论阵地，加强与报刊、网络、电视、电台等各种媒体的合作，拓展我区红十字网站的功能，广泛开展红十字运动基本知识及法律法规进社区、进学校、进机关、进军营活动，在全社会加强传播力度。探索和创新如车载视频、户外媒体等多种宣传途径，制作知识性强、趣味性高、适应性广、具有鲜明红十字特点的宣传品，多渠道、全方位开展宣传工作。结合 2010 年上海世博会、2011 年上海市红十字会成立 100 周年、“5·8”世界红十字日等重大活动，开展内容丰富多彩、群众喜闻乐见的主题宣传，不断提升红十字会的社会知晓度和公信力。到 2014 年，完成红十字普及培训人数 2.6 万人。

加强宣传队伍和阵地建设。通过开展工作研讨和经验交流，培训骨干，加强红十字队伍的能力建设，提升宣传工作的水平。发挥红十字报刊及网站等媒体的阵地作用，使之成为广大会员、志愿者以及社会各界了解红十字信息的重要窗口。组建红十字新闻宣传志愿服务队，借助社会资源拓展红十字宣传阵地，增强社会各界对红十字工作的认识和支持，为红十字事业的发展奠定广泛的社会基础。

深入开展理论与实践调研。认真研究和总结国际红十字与红新月运动在中国的发展规律，研讨中国特色红十字核心价值和红十字文化；加强红十字工作实践调研，掌握一手材料，坚持用理论指导实践，推进红十字会各项工作。

（五）夯实工作基础，开展“红十字强会行动”

大力加强基层组织建设。健全基层红十字会管理体制，加大行业红十字会组建力度，增强红十字组织的活力。不断完善社区红十字服务站的功能，巩固“全国社区红十字服务示范区”创建成果，探索建立星级服务站评选制度等管理机制。

不断壮大红十字会员队伍。积极探索会员管理机制，健全会员发展、注册、缴费、转会、退会等制度。加强会费的收缴、管理和使用，提高会费收缴率。积极拓展活动平台，提高会员参与红十字活动的积极性。到 2014 年新增会员 2 万名，团体会员每年新增 10%。

全面发展红十字青少年。组建教育系统行业红十字会，加强学校红十字工作。加大人道法在学校中的宣传力度，推进“探索国际人道法”项目。建立红十字青少年活动基地，组织开展丰富多彩的红十字青少年活动，打造红十字青少年活动品牌。加强少儿住院互助基金的日常管理，发挥好基金的互助保障功能，不断提高基金参与率。到2014年，新增“上海市红十字工作达标学校”4所、“嘉定区红十字工作达标学校”8所；创建“上海市红十字学校”1所；争创“全国红十字模范校”1所。

（六）动员人道力量，开展“红十字志愿服务行动”

建设红十字志愿服务网络体系。在学校、社区、企事业单位等领域发展红十字志愿者队伍，组建“应急救援、卫生关怀、人道救助、捐献造血干细胞、遗体捐献、筹资劝募、红十字精神传播”等方面的红十字志愿服务组织，形成按专业、分领域的红十字志愿服务体系。广泛开展红十字志愿服务活动，做到红十字志愿服务与红十字基层组织建设结合、与社区服务结合、与红十字自身建设结合。

发挥红十字志愿服务的积极作用。认真贯彻执行《上海市遗体捐献条例》，做好条例颁布十周年纪念活动及遗体捐献纪念日活动，充分发挥“嘉定区遗体捐献登记者联谊会”作用。配合上海世博会等大型活动，组织开展“红十字与世博同行”等志愿服务活动。

12月10日　区红十字会下发《关于表彰造血干细胞捐献者的决定》（嘉红〔2009〕18号）。

各镇、街道、嘉定工业区、菊园新区红十字会：

为弘扬红十字人道主义精神，更好地发挥先进青年的模范带头作用，促进我区红十字工作的进一步发展。根据《上海市红十字会条例》，嘉定区红十字会决定对成功捐献造血干细胞的4位志愿者陆水军、沈婷、匡春明、高达予以表彰，并授予“博爱之星”的光荣称号。

希望受到表彰的先进个人珍惜荣誉，再接再厉，为嘉定区红十字事业的发展再立新功。同时我们号召全社会的青年人积极行动起来，以先进模范为榜样，不断发扬红十字“人道、博爱、奉献”的精神，为病患点燃生的希望，积极加入到造血干细胞捐献者资料库中，为提升城市精神风貌，为嘉定经济和社会的发展做出新贡献。

12月11日　区红十字会党组书记、常务副会长王晓燕，区卫生局党委书记顾惠文等领导在新成路街道王陈芳副主任的陪同下，走访慰问家住新成路街道墅沟路的阳阳小朋友，为孩子送上了5000元的“云翔十方”救助款。

12月14日　区红十字会在南翔古猗园召开街镇联络员工作座谈会。

12月15日　区红十字会下发《关于开展2010年“千万人帮万家”红十字迎春募捐帮困活动的通知》（嘉红〔2009〕21号），部署迎春帮困活动，要求各镇、街道、嘉定工业区、菊园新区红十字会，做好各项相关工作，并上报活动书面小结。

同日 区红十字会函告嘉定区卫生局，同意上海市嘉定区妇幼保健院和上海市嘉定区中心医院冠名“上海市嘉定区红十字妇幼保健院”（嘉红会〔2009〕22 号）和“上海市嘉定区红十字医院”（嘉红〔2009〕23 号）。

12 月 16 日 区红十字会在外冈镇召开社区红十字服务站工作座谈会。

12 月 17 日 区红十字会在嘉定镇街道召开社区红十字服务站工作座谈会。

12 月 23 日 上海市红十字会常务副会长马强、副会长孙大红等一行来嘉定红十字会调研。

12 月 25 日 区红十字会常务副会长王晓燕、区教育局局长毛长红、区卫生局局长郑益川等 7 人参加上海市红十字会统一组团，赴四川参加援建都江堰市乡镇医疗机构竣工移交运行仪式。我会“5·12”地震灾后重建的独立对口援建项目是中兴镇公立卫生院，援助 700 万元；与静安区红十字会合力援建项目是徐渡职业高中，总投入 5738 万元，其中我会援助资金 2700 万元，2009 年 9 月正式投入使用。

12 月 31 日 区红十字会稳步实施大病重病帮扶项目，全年受理补助 450 人次、311.82 万元，最高补助额 6 万元。

12 月 《嘉定区红十字会 2009 年工作概况》发布。

2009 年，嘉定区红十字会以科学发展观为统领，以改善弱势群体生活境况为目标，以“救灾、救护、救助”职能为重点，扎实开展一系列富有成效的人道主义工作。年内，召开第四次会员代表大会，明确红十字工作发展的目标和方向，有效凝聚社会各方人道力量，为开创红十字事业新局面奠定基础。创新干部使用机制，择优选聘 12 名镇（街道）红十字联络员，充实基层红十字会工作力量；区中心医院、区妇幼保健院成功冠名为上海市红十字医疗机构；新增 5 家园林企业为红十字服务站，目前累计有红十字服务站 145 个。至年底，全区有缴纳会费的红十字团体会员单位 332 个、成人会员 2661 人、青少年会员 24009 人。

【帮困救助】 2009 年，区红十字会认真履行人道救助职能，全年募集人道救助基金 431.47 万元，历年人道救助基金账户余额 457.6 万元。在“千万人帮万家”迎春帮困活动中，向嘉定地区 647 户贫困家庭送出 27.75 万元慰问金及价值 22.75 万元的慰问品。认真落实佛教云翔十方医疗帮困项目，向47名重大病儿童送出专项帮困金9.9万元。稳步实施《嘉定区市民大病重病帮扶项目实施计划》，全年对390人次实施救助，发放帮扶金270.52万元，其中最高帮扶额6万元。积极开展莫拉克台风专项救灾捐款，募集救灾款15.87万元。及时处理来信来访，补助5人次，帮困金额2.78万元。

【实施灾后重建项目2个】 年内，区红十字会积极参与四川汶川地震灾后重建工作。12月底，由上海市红十字会统一组团，嘉定区红十字会组织部分捐赠单位代表赴四川省都江堰市参加上海市援建都江堰市乡镇医疗机构竣工移交运行仪式。根据上海市灾后重建指挥部统筹规划，确立嘉定区红十字会援助灾后重建项目2个，其中中兴镇公立卫生院为独立对口援建项目，共援助700万元；徐渡职业高中由嘉定区红十字会与静安区红十字会合力援建，总投入5738万元，其中嘉定区红十字会援助2700万元，该校于9月正式投入使用。

【造血干细胞捐献】 年内，安亭中学教师沈婷、匡春明和区就业服务中心工作人员高达共3名志愿者成功实施造血干细胞捐献，挽救患者的生命。3月5日，安亭镇团委举办造血干细胞捐献集中血检活动；5月7日，区红十字会与团区委在博乐广场联合举办集中血检活动。全年共有314名青年志愿者资料被中国造血干细胞捐献者资料库上海市分库收录。

【遗体捐献】 2009年，全区接受遗体捐献登记72人、角膜捐献登记2人。累计遗体捐献登记者481人、角膜捐献登记者8人，实现遗愿45人。年内，区红十字会认真开展“遗体捐献纪念日”活动，组织30名登记者及实现者家属代表赴青浦福寿园参观，并开展座谈会、走访慰问等活动。在嘉定区中心医院的支持下，向登记者赠送就医VIP卡，提供就医“绿色通道”。获上海嘉定曹王禅寺50万元捐助，设立“嘉定区遗体捐献基金”，对遗体捐献登记者开展人文关怀和人道关爱。5月27日，区红十字会在嘉定影剧院举行嘉定区遗体（角膜）捐献登记者联谊会——“春蚕之家”成立仪式。联谊会通过开展“夏日送清凉”、联欢会等关爱活动，创新模式，搭建平台，着力打造有特色、重服务的工作机制。

【成立红十字志愿服务队】 5月7日，结合纪念“5·8”世界红十字日活动，区红十字会在博乐广场举行嘉定区红十字志愿服务总队成立仪式，总队下设遗体捐献、造血干细胞捐献、医疗服务、应急救援和综合性志愿服务队5支直属分队和13支镇（街道）分队，共有志愿者千余人。

【宣传与培训】 2009年，区红十字会充分发挥网络、电视、报纸等媒体的宣传作用，通过区红十字会网站发布新闻110条，通过嘉定电视台发布新闻13条，通过《嘉定报》发布新闻7条、制作专版1期。设计制作120块宣传板，在学校、社区等场所进行宣传。结合迎世博工作，在区内部分体育场馆、大型商场等公共场所设计制作以急救知识为主题的宣传板，向市民赠送《常见意外伤害及现场急救技能》知识手册6万余册。全年培训红十字救护员1370人，普及培训10668人。9月10日，南翔镇红十字救护队赴华山医院参加中国红十字会灾害应急演练，代表上海市向来自全国各省及德国的专家展示，得到专家好评；9月11日，南翔镇红十字救护队代表嘉定区参加上海市"世界急救日"现场初级急救技能决赛，获社区组第一名。年内，区红十字会认真贯彻落实"五五"普法规划，对红十字服务站负责人、志愿工作者、红十字冠名医院职工、镇（街道）联络员、社区居民等人员开展培训，累计开展红十字运动基本知识培训100人、普法培训5000人，进一步提高红十字知识普及率。

【红十字关爱进农村】 年内，区红十字会与区卫生局、区供销社联手，积极开展"红十字关爱进农村，播撒爱心传真情"活动。先后到徐行镇小庙村、马陆镇北管村、嘉定工业区草庵村、安亭镇黄渡市民广场开展义诊、义卖活动，募集义卖款1.12万元。

【红十字青少年教育】 年内，区红十字会积极开展红十字青少年活动。与区教育局联合举办"新马杯"嘉定区中小学生红十字知识竞赛，1300余人参加，普通小学、怀少学校分获小学组和中学组一等奖。组织青少年参加由中国红十字会总会主办的纪念汶川地震一周年"富士杯·全国红十字青少年防灾避险知识竞赛"活动，获最佳组织奖。区实验小学陆州、上海市大众工业学校崔怡青等4位同学获全国青少年红十字知识网络竞赛优胜奖。积极开展"探索人道法"培训，2月26日，红十字国际委员会代表辛格和东亚地区办事处助理赵琪等赴安亭中学视察"探索人道法"培训工作。安亭中学加晨、周夏曦在红十字国际委员会与中国红十字会总会主办的"探索人道法"作文比赛中获奖，并代表中国参加红十字国际委员会的比赛。年中，上海市大众工业学校、新成路小学成功创建为上海市红十字工作达标学校。

【少儿住院基金与基本医疗保险】 2009学年，全区参加少儿住院基金86183人次，覆盖率99.54%，缴费金额517.1万元。年内，区红十字会做好少儿基金缴费减免工作，“低保”减免1158人，减免费用6.95万元；地震灾区学生减免66人，减免费用0.4万元。加强定点医院监管，市、区专家组赴定点医院审核病史共1642份。2008学年，市少儿住院基金为嘉定区4605人次患儿支付医疗费479.58万元，占学年总收入的106.16%，其中为291人次大病患儿支付特殊门诊费15.16万元。开展少儿居民医疗保险费用结算工作，2008学年共受理少儿居民医疗保险住院费用结算3532人次，支付金额252.18万元；最高报销金额8.41万元。

【荣誉榜】

单位：

嘉定区红十字会，2009年8月荣获2008—2009年度中国红十字会总会报刊宣传表扬奖（中国红十字会总会报刊社）。

嘉定区红十字会，2009年9月荣获上海市“救护为人道　健康迎世博”——2009年“世界急救日”现场初级急救技能决赛（社区组）一等奖（上海市红十字会）。

嘉定区红十字会，2009年9月荣获中国红十字会总会主办的纪念汶川地震一周年“富视杯·全国红十字青少年防灾避险知识竞赛”活动最佳组织奖（中国红十字会总会）。

嘉定区红十字会，2009年10月荣获2005—2007学年少儿住院互助基金工作先进集体（上海市少儿住院基金管理办公室）。

个人：

朱培令，2009年10月荣获中国红十字工作者荣誉证章（中国红十字会总会）。

李海青，2009年10月荣获中国红十字工作者荣誉证章（中国红十字会总会）。

2010 年

1 月 8 日　区政府、区教育局、区红十字会领导节前走访慰问菊园新区和工业区朱桥村的两名患病学生家庭。

1 月 26 日　区红十字会、区委统战部有关领导走访落户在嘉定工业区的维吾尔族群众阿迪力·阿吉和徐行镇的周文英两个困难家庭，向他们送上救助款并致以节日问候。

1 月 28 日　嘉定区召开教育系统红十字会第一次会员代表大会，选举了教育系统红十字会第一届理事会 19 名理事和会长、副会长。区红十字会会长、副区长夏以群、区红十字会常务副会长王晓燕以及市红十字会副会长李明磊出席了会议。

1 月 29 日　区红十字会在嘉定城区开展为海地地震灾区募捐活动。

2 月 1 日　嘉定区红十字会下发《关于嘉定区红十字会机关科室调整的通知》(嘉红〔2010〕1 号)。

各镇、街道、嘉定工业区、菊园新区红十字会：

为了大力弘扬“人道、博爱、奉献”的红十字精神，充分发挥红十字会作为政府在人道救助领域的助手作用，进一步做好区红十字会的各项工作，从2010 年1 月起，区红十字会对机关科室进行调整，现将有关事项通知如下：

下设三个科室：基层建设部、赈济救护部、志愿服务部。

人员分工：葛文华任基层建设部部长；李海青任赈济救护部部长；李峰任志愿服务部部长。

主要职责：

基层建设部：

1. 组织建设：红十字团体、个人会员发展；基层红十字会发展；行业红十字会组建及红十字青少年等日常管理工作。

2. 办公室事务：收发文处理、会议记录、红会公文及相关材料起草、信息拟写及上报、发布工作、爱国卫生工作。

3. 宣传工作：红十字法律宣传、红十字运动基本知识传播、艾滋病宣传教育等工作。

4. 政府实事项目：群众性现场初级急救培训工作。

5. 遗体捐献：遗体捐献登记、联谊会等相关工作。

6. 红十字医疗机构：红十字冠名医院管理、培训等工作。

赈济救护部：

1. 红十字服务站：红十字服务站发展及管理工作。

2. 物资管理：募集中心物资、库房管理工作。

3. 募捐工作：红十字会款物募集、赈济工作；募捐箱设置及管理工作；帮扶项目梳理及实施工作。

4. 档案网络：文书、声像、设备等业务归档；信息化管理、红十字网站日常管理及维护；统计、保密、安全等工作。

5. 少儿医疗保障：少儿基金、少儿学保管理工作。

6. 支部工作：配合机关党支部做好相关工作。

志愿服务部：

1. 志愿工作者：志愿者日常培训、组织管理工作。

2. 造血干细胞：造血干细胞捐献初期动员、集中血检、配合市红会做好捐献准备工作。

3. 财务管理：固定资产管理；财务管理及出纳工作。

4. 后勤保障：会务、后勤保障等机关事务工作。

5. 重大病项目：做好重大病帮扶审核、执行等相关工作。

6. 征订报刊：市、区下达的报刊征订及发放工作。

是日 嘉定区红十字会《关于同意成立嘉定区教育系统红十字会的函》（嘉红〔2010〕2号）。

嘉定区教育系统红十字会：

根据中国红十字会、教育部联合下发的《学校红十字会工作规则》《关于进一步推进学校红十字会工作意见》文件精神，嘉定区教育局于2010年1月成立嘉定区教育系统红十字会。希红十字会加强红十字青少年基层组织建设，保障经费，积极开展以弘扬红十字“人道、博爱、奉献”精神为主题的青少年活动，使其真正成为推进学校德育教育和素质教育的有效载体。

特此函复。

是日 嘉定区红十字会《关于印发〈嘉定区红十字会2009年工作总结〉的通知》（嘉红〔2010〕3号）。

嘉定区各镇、街道、工业区、菊园新区红十字会：

现将《嘉定区红十字会2009年工作总结》印发给你们，请认真学习。

附件一：《夯实基础　不断提振红十字社会影响力——嘉定区红十字会2009年工作总结》（略）。

2月2日　嘉定区红十字会《关于印发〈嘉定区红十字会2010年工作要点〉的通知》（嘉红〔2010〕4号）。

嘉定区各镇、街道、工业区、菊园新区、教育局红十字会：

现将《嘉定区红十字会2010年工作要点》印发给你们，请按照文件要求，结合辖区实际，认真落实有关工作。

附件：《嘉定区红十字会2010年工作要点》。

2010年是上海承办"世博会"的喜庆之年，也是红十字会能力建设之年。面对新的形势和任务，嘉定区红十字会将以科学发展观为统领，以构建和谐社会为切入点，紧紧围绕党和政府的中心工作，牢牢把握红十字事业发展的目标，动员和争取更多的社会资源力量，积极探索红十字工作的有效抓手，开拓创新、求真务实，为服务世博、服务社会发挥红十字会的独特作用，努力开创嘉定红十字事业新局面。

一、创机制强基础，夯实组织实力

强化建设队伍。在各街镇及区相关职能部门中选聘调研员为红十字指导员，创立街镇和行业红十字会指导员队伍。充分利用指导员工作经验丰富、区域情况熟悉的资源优势，协助基层加强红十字理念与知识的传播、会员队伍的发展与建设、红十字工作的组织与协调等，形成指导员、联络员、专兼职红十字工作人员为一体的街镇红十字干部队伍。

壮大会员力量。健全现有会员管理机制，规范会费的收缴和使月，提高会费收缴率。加大入会宣传力度，广泛动员社会力量，不断吸收不同阶层的人士加入红十字会，增强红十字队伍实力。积极创设内容丰富、形式多样的会员活动平台，提高会员参与红十字的热情和积极性，增强组织感召力。年内，成人会员在现有基础上新增50%，团体会员单位在现有基础上新增15%。

注重阵地发展。以致力于服务民众、帮助改善困难群体境况为社区红十字服务站的出发点和落脚点，梳理现有站点服务项目，认真剖析存在的困难与不足，拓展服务功能，提升服务水平。整合社区多方资源，因地制宜、精心策划，培育一批有特色、有影响力的"一品一特"红十字服务站点，吸引和凝聚更多的社区居民参与红十字事业，夯实红十字群众基础。探索有效激励机制，建立并实施星级红十字服务站评选制度，以点带面，把红十字服务站建设成为居民温馨的家园。

加大组建力度。会同教育、卫生、国资委等部门，建立行业红十字会，发挥行业优势。规范行业红十字会工作机制，健全会员代表大会制度。以教育行业红十字会为试点，通过开展创建达标、教育培训以及举办丰富多彩的红十字传播活动，着力打造红十字青少年活动品牌，有力带动学校红十字工作的有序开展。

二、拓渠道重救助，增强社会公信力

创设筹资项目化。广泛汇聚各种救助力量，寻找有效救助活动载体，把红十字精神与企业文化紧密结合，争取企业资金支撑，拓展募集筹资渠道。根据不同缘由的困难群体，设计不同类别的救助项目，设立帮困筹资项目库。年内，将启动失智老人关怀计划、结对学生爱心成长、贫困癌症妇女资助、“金拐杖圆梦”、交通事故受害者温暖行动等十个“专项救助项目”的实施。强化募捐箱管理，发挥“众人拾柴火焰高”的募捐效应。继续筹资援建中兴镇公立卫生院配套设施，做好援助都江堰市灾后重建工作。

探索救助新举措。积极争取相关政府职能部门的支持和参与，增强救助资金实力，扎扎实实推进“千万人帮万家”“嘉定区市民大病重病帮扶项目”“云翔十方医疗帮困”等救助活动的开展，扩大救助面，做实传统救助项目。完善救助金事后补偿的滞后机制，将与中心医院合作，针对“三大困难人群”，即家庭经济贫困人群、因病致困人群、意外事故人群，探索事先介入的有效补偿举措，加大对弱势群体的救助力度，把钱用在刀刃上，真正做到雪中送炭，把红十字会的关爱和温暖送到困难群众家中。

提升应急救灾能力。发挥志愿者作用，对现有仓库物资进行全面清理，及时更新所需物资的储备，分门别类建立物资进出明细账目，完善对区红十字会物资调剂中心、物资募集站的规范化管理，主动接受政府、社会各界及捐赠人的监督，提高社会公信力。借助企业资源优势，与特定企业建立友好联动合作机制，创立备灾救灾新模式，增强应急救助实力。以企业现有的物资仓库为基地，由企业捐助一定数量的物资，共建备灾救灾仓库。年内，将完成棉被、饮用水、食品、帐篷等灵活新颖的红十字备灾仓库的建立。

三、优服务展风采，彰显爱心凝聚力

拓展志愿服务领域。在志愿服务队成立的基础上，加强志愿服务队管理，结合专业、爱好、特长等，培育多支训练有素、热情高涨的志愿者服务队伍。以社区红十字服务站为依托，挖掘社区居民中蕴藏着奉献爱心、服务社会的强大力量，在各街镇试点红十字服务站建立社区红十字志愿服务队和基地。探索志愿服务有效形式，通过志愿者活动沙龙、友谊赛等形式，扩大志愿服务影响力，凸显红十字志愿者在服务世博、服务嘉定区域发展中的独特作用，形成分工明确、各具特色、彰显人道主义精神的志愿服务体系。

深入开展志愿捐献。组织开展遗体捐献纪念日活动，充分发挥“嘉定区遗体（角膜）捐献登记者联谊会”作用，凝聚不同层次的爱心人士加入到捐献行列中来，打造富有特色、注重服务的遗体捐献工作新平台。加强宣传发动，有力推进造血干细胞捐献工作的持续开展，广泛组织动员有志青年加入造血干细胞捐献者资料库上海分库，年内完成新增入库人数300人。认真完成政府委托，宣传启动器官、组织捐献工作的开展；认真开展无偿献血、艾滋病预防知识的宣传，协助政府做好对艾滋病患者的关爱工作。

互助共济献爱心。整合多方资源，与卫生局、供销社等部门联手，以“送医下乡”、“送货下乡”的活动形式为载体，深入开展“红十字关爱进农村、播撒爱心传真情”主题活动。倡导互助共济，加大少儿基金宣传力度；强化日常管理，保障基金收支平衡，确保少儿基金规范有序开展；加强与卫生、教育等部门的通力协作，合力完成2010学年少儿基金收费工作，力争覆盖率达到99%以上，以促进少儿健康成长。

四、扩宣传严培训，提升服务能力

开拓传播渠道。内强素质、外塑形象，充分利用红十字会网站资源，拓展网站功能，丰富网站内涵。加强与媒体的沟通合作，通过报刊、电视台、电台及户内外视频等各类媒体，大张旗鼓地开展红十字理念和知识的传播。借助社区专栏、公共活动场所等公众集聚效应，制作具有鲜明红十字特点的宣传品，设计专题宣传版面，开辟红十字宣传阵地，多渠道、全方位营造红十字舆论氛围。

突显培训效果。不断完善各项培训措施，严格督导，把好质量关，以事故高发行业和中小学校为救护培训重点领域，着力提高开展自救互救知识培训的能力，全面完成救护培训政府实事项目。探索建立自力更生为主的救护培训长效机制，打造红十字救护培训品牌，带出“三支队伍”：探索考核激励举措，强化不同层面的师资力量，带出一支有专业水准的红十字志愿者教师队伍；探索深化评估考核办法，培养一批在小区、楼宇中胜任现场急救任务的急救骨干队伍；探索展示红十字特点的青少年夏令营活动载体，有效提升青少年应急救援能力。加快组建覆盖全区、协调统一红十字紧急救援队，形成“区——街镇——居（村）委会”三级救援网络。

注重能力建设。加强对红十字志愿者、服务站负责人等对象的业务培训，提高专业素质和服务水平。加强作风建设，激发红十字工作者、志愿者及会员的荣誉感和使命感，建设一支热心红十字事业、不怕困难、不等不靠、善于调查研究、善于做群众工作的红十字队伍，增强红十字工作活力和实力。加强红十字运动基本知识及法律法规的宣传培训，年内完成红十字普及培训及国际人道法传播5200人，不断提高各级红十字会依法办会、依法治会、依法兴会的能力。

五、抓活动促发展，提振红十字影响力

以“健康庆世博，人道展风采”为主题，通过论坛、比技能、征文与演讲等形式开展系列活动，倡导博爱，凝聚社会各界人士积极投身红十字事业。

急救技能大比武。以“5·8”红十字博爱周为契机，联合教育局、卫生局、民防办、团委、安监局、地区办、体育局等相关单位，在全区范围内开展急救技能演练展示活动，有效巩固市政府实事项目实施成果，提高红十字应急救援能力，减少因突发事件带来的危害。此外，通过举办红十字青少年成人仪式等倡导博爱、主题鲜明的活动，进一步强化“5·8”博爱周的宣传氛围。

红十字论坛展风采。在“2010年上海世博会”“世界急救日”活动期间，举办国际红十字论坛。诚邀红十字国际委员会官员、社会名流和各界人士，共同探讨红十字理念，倡导爱心慈善，加强合作交流，将红十字精神与中国传统文化相融合、与嘉定城市发展相结合、与世博会的成功举办相呼应，努力展现红十字会这一国际性组织的良好形象，不断提升公信力和影响力。

征文演讲赛水平。在全区范围举办红十字征文演讲比赛，鼓励广大市民共同参与红十字理念的探讨，强化红十字精神在广大市民中的传播和渗透，使红十字理论水平在当前基础上得到新的提升，并以此推动市民素质的提高，城市精神文明风貌的改善。

交流合作拓展视野。积极参加上级红十字会组织的对外交流项目，学习和引进国外先进理念、做法和经验。努力创造条件，加强与兄弟省市、区县红十字会及其他社会团体的交流与合作，拓宽工作联系与信息沟通渠道，学习借鉴其他地区的典型事例与经验。通过互访交流，增进友谊，开阔视野，拓展合作领域，促进共同发展。

2月2日 嘉定区红十字会《关于印发〈2010年嘉定区各街镇红十字会工作考核标准〉的通知》(嘉红〔2010〕5号)。

嘉定区各镇、街道、工业区、菊园新区、教育局红十字会：

现将《2010年嘉定区各街镇红十字会工作考核标准》印发给你们，请按照要求，认真落实有关工作。

附件一：《2010年嘉定区各街镇红十字会工作考核表》(略)。

2月3日 区委常委、统战部部长张敏在区工商联党组书记陈蕴珠、区红十字会常务副会长王晓燕陪同下，与光彩事业促进会的部分企业家，走访慰问了马陆镇大病重病对象张宸羽和马如兰，并送去了大病重病帮扶金。

是日 上海市嘉定区红十字医院在全院发起“情系海地　爱心捐赠”活动，并于医院门诊大厅设立集中捐赠点。

3月5日 区红十字会联合团区委在南翔镇上海南亚覆铜箔板有限公司开展造血干细胞捐献志愿者征募活动。

3月8日 嘉定区红十字会《关于申请〈嘉定报〉刊登嘉定区红十字会征文启事的请示》(嘉红〔2010〕6号)。

嘉定区人民政府办公室：

今年的“5·8”是第63个世界红十字日，也正逢2010年世博会在上海举办，为纪念这个特殊的日子，为了充分展现我区各界人士近年参与人道救灾、救护、救助，支持红十字事业发展，关注世博，服务世博的风貌与热情，经副区长、区红十字会会长夏以群同意，通过《嘉定报》刊登“彰显人道，奉献世博，促进和谐”——嘉定区红十字会征文启事。为此，我会拟于3月15日前申请《嘉定报》刊登征文启事。

当否，请批示。

3月10日 嘉定区红十字会《关于申请“上海嘉定”门户网站刊登嘉定区红十字会征文启事的请示》(嘉红〔2010〕7号)。

嘉定区人民政府办公室：

今年的“5·8”是第63个世界红十字日，也正逢2010年世博会在上海举办，为纪念这个特殊的日子，为了充分展现我区各界人士近年参与人道救灾、救护、救助，支持红十字事业发展，关注世博、服务世博的风貌与热情，经副区长、区红十字会会长夏以群同意，通过“上海嘉定”门户网站刊登“彰显人道，奉献世博，促进和谐”——嘉定区红十字会征文启事。为此，我会拟于3月15日前申请在“上海嘉定”门户网站刊登征文启事。

当否，请批示。

3月12日 区红十字会、区卫生局在区中心医院医技楼多功能厅联合主办“迎世博、现场急救技能大比武”活动，来自全区卫生系统各医疗单位的20支代表队参加了比赛。

3月13日 区红十字会在华亭镇北新村徐村卫生服务站举行“红十字关爱进农村、播撒爱心传真情”活动，为离中心城区较远的农村村民送去爱心、温暖和服务，传递“人道、博爱、奉献”的红十字精神。

3月16日 区红十字会举行“人道救助项目”论证会。来自相关部、委、办、局、各街镇及有关合作单位的20多位代表参加了会议。副区长倪耀明、市红十字会副会长孙大红、赈济救护部部长滕桂香等领导莅会指导。

3月17日 上海慧中服饰有限公司向嘉定区红十字会捐赠各类品牌女装3万余件，总价值近600万元，充实了区红十字会备灾救灾物资储备。

3月31日 嘉定区召开2010年少儿住院基金监督工作会议，研究和探讨进一步强化少儿基金监督管理工作。区红十字会常务副会长王晓燕、区卫生局医政科科长谢岳林及部分二级定点医院分管院长出席会议。

4月2日 区红十字会决定，于4月7日召开嘉定区红十字会四届二次理事扩大会议。

4月6日 嘉定区红十字会下发《关于开展2010年纪念“5·8”世界红十字日活动的通知》（嘉红〔2010〕8号）。

嘉定区各镇、街道、工业区、菊园新区、教育局红十字会、医疗卫生系统红十字团体会员单位：

今年的5月8日是第63个世界红十字日，恰逢中国2010年上海世博会召开。根据上海市红十字会《关于开展2010年纪念“5·8”世界红十字日活动的通知》（沪红发〔2010〕43号）精神，我会将围绕“携手人道，参与世博”的活动主题，发动基层红十字会在辖区内以多种形式，大力宣传第63届世界红十字纪念日，积极营造良好的活动氛围，不断扩大红十字运动的社会影响力。

活动内容：

1. 积极参与上海市红十字会组织的各项活动；

2. 教育局红十字会积极参与上海市红十字青少年文化节活动；

3. 开展“携手人道，参与世博”——嘉定区2010年纪念“5·8”世界红十字日灾害应急技能大比武活动；

4. 开展“博爱疁城，真情传递”——嘉定区红十字会“长者关怀”行动启动仪式；

5. 集中开展“红十字关爱进农村，播撒爱心传真情”百名红十字医务志愿者送医下乡活动；

6. 各医院将5月8日当天的门诊挂号费、诊疗费收入捐赠给区红十字人道救助基金；

7. 以“5·8”世界红十字日活动为契机，广泛开展红十字运动基本知识普及宣传活动；

活动要求：

1. 各街镇、教育局红十字会、医院等单位要积极发动，制订计划，认真组织并开展富有特色的“5·8”系列活动，在活动中要注意资料积累，及时上报有特色的活动信息。

2. 各医院请于5月12日前将活动总结及活动情况汇总表（附件一）上报至所属街镇红十字会。

各街镇、教育局红十字会请于4月20日前完成活动计划的上报，5月15日前将活动总结、活动情况汇总表（附件二）上报区红十字会。

附件一、二（略）。

是日 区红十字会下发《关于做好为西南旱灾地区捐款工作的通知》。

各镇、街道、工业区、菊园新区红十字会：

自2009年秋季以来，我国西南地区旱情持续加重，给群众生活、经济发展造成了严重的影响。根据中国红十字会总会《关于支援旱灾地区红十字会开展救助工作的紧急通知》（红总字〔2010〕19号）精神，号召各省市红十字会大力发扬“一方有难、八方支援”的人道精神，积极向受灾地区提供力所能及的援助。鉴于运输成本的原因，募捐以现金为主。

请各街镇红十字会本着高度的责任感和使命感，在辖区内开展募捐宣传，并认真做好捐赠电话接听、救灾捐款接受、登记和上报等工作。凡接受捐款，请将统计日报表于次日上午10点前报区红十字会办公室；并于每月25日前将专项救灾款汇入“上海市嘉定区红十字会人道救助基金”，请注明“西南旱灾捐款”。

4月7日 区红十字会部署落实中国红十字会总会《关于支援旱灾

地区红十字会开展救助工作的紧急通知》（红总字〔2010〕19号）精神，要求各街镇红十字会本着高度的责任感和使命感，在辖区内开展募捐宣传，并认真做好捐赠电话接听、救灾捐款接受、登记和上报等工作。

同日 区红十字会四届二次理事扩大会举行。来自全区四届理事会理事、红十字工作指导员及部分企业代表等50多人参加了会议。夏以群会长与12个街镇红十字会会长签订了《2010年目标管理责任书》，并为被选聘的14位红十字工作指导员颁发了聘书。市红十字会孙大红副会长到会祝贺。常务副会长王晓燕主持会议。

4月13日 新成路街道红十字会在街道办事处举行为“西南旱灾地区”捐款活动。

4月15日 上海市红十字会下发《关于做好为青海玉树地震灾区捐款相关工作的紧急通知》（沪红发〔2010〕57号）。

各区（县）红十字会：

2010年4月14日7时49分，青海省玉树州玉树县发生7.1级地震。据统计，青海玉树地震已造成400人遇难，上万人受伤，大量房屋倒塌，估计灾情还要进一步发展。目前，中国红十字会总会根据灾情发展已启动了一级应急响应，总会“999”紧急救援队已紧急集合，赶赴灾区开展抗震救灾工作。

中国红十字会总会希望各地大力弘扬人道、博爱、奉献的红十字精神，及时为灾区筹措救灾资金、急需的食品及生活用品，确保救灾工作的顺利开展。有关灾情和红十字系统参与救灾情况，请登录中国红十字会网站：www.redcross.org.cn查询。

请各区（县）红十字会要以高度的责任感和使命感，有序开展募捐工作，组织人员加强值班，认真做好捐赠咨询电话的接听及接受救灾捐款的工作。做好救灾捐赠的登记、统计、上报工作。请将捐赠日报表（见附件）于每天上午11点前报赈济救护部。

附件：《为玉树地震灾区募捐统计日报表》（略）。

同日 区红十字会下发《关于做好青海玉树地震灾区捐款相关工作的紧急通知》。

各镇、街道、工业区、菊园新区红十字会，嘉定区区级机关党工委：

2010年4月14日7时49分，青海省玉树州玉树县发生7.1级地震。据统计，青海玉树地震已造成400人遇难，上万人受伤，大量房屋倒塌，估计灾情还将进一步发展。目前，中国红十字会总会根据灾情发展已启动了一级应急响应，总会“999”紧急救援队已紧急集合，赶赴灾区开展抗震救灾工作。同时，总会呼吁各地大力弘扬人道、博爱、奉献的红十字精神，及时为灾区筹措救灾资金、急需的食品及生活用品，确保救灾工作的顺利开展。

请各街镇红十字会以高度的责任感和使命感，有序开展募捐工作，组织人员加强值班，认真做好捐赠咨询电话接听以及救灾捐赠的接受、登记、统计、上报工作。凡接受捐款，请将统计日报表（见附件）于次日上午10点前报区红十字会办公室；并于每月25日前将专项救灾款汇入“上海市嘉定区红十字会人道救助基金”，请注明“青海玉树地震捐款”。

4月16日 嘉定区红十字会《关于申请〈嘉定报〉刊登〈嘉定区红十字会向社会各界紧急呼吁〉的请示》（嘉红〔2010〕9号）。

嘉定区人民政府办公室：

4月14日，青海省玉树县发生7.1级地震，当地气候严寒，缺少医疗器械、药物，灾区急需帐篷、被褥等基本生活用品。为此，我会拟于4月19日申请在《嘉定报》刊登《嘉定区红十字会向社会各界紧急呼吁》。

当否，请批示。

4月18日 嘉定区文广局的团员青年们走上街头，进行慈善义卖，为青海玉树地震灾区群众争取募集更多的善款。

4月20日 区红十字会“长者关怀”行动暨太太乐“爱老活动”启动仪式在嘉定镇街道老年人日间照料中心举行。嘉定区人大副主任张国民、副区长费小妹、嘉定镇街道办事处主任张锋、区红十字会常务副会长王晓燕等领导出席仪式，上海市红十字会赈济救护部部长滕桂香以及项目捐赠企业上海太太乐食品有限公司副总经理刘宪生应邀出席。

4月23日 嘉定区委副书记曹一丁亲临区红十字会，关心青海玉树赈灾情况。截至目前，区红十字会已接受青海玉树地震赈灾爱心善款75万元。

4月27日 上海市红十字南丁格尔志愿护理服务队嘉定分队在区红十字会举行宣誓并召开第一次会议。

4月 区红十字会少儿住院基金管理办公室被上海市嘉定区总工会授予“工人先锋号”的奖牌。

5月8日 第63个世界红十字日，区红十字会在博乐市民广场举行以“携手人道、参与世博”为主题的灾害应急技能大比武活动。上海市红十字会副会长李明磊，嘉定区副区长、区红十字会会长夏以群莅临祝贺。来自全区各街镇的12支红十字救护队144名队员参加了防毒面具穿戴、消防接力灭火、心肺复苏、识别民防应急器材、综合急救等五项技能大赛。经过激烈的竞争，南翔镇红十字救护队获得了团体一等奖。

同日，区红十字会与区卫生局联合开展义务就诊送医下乡活动，以纪念“5·8”世界红十字日和“5·12”国际护士节。

5月10日 区红十字会在徐行镇召开红十字服务站现场会，来自全区12个街镇的红会干部参加会议。区红十字会副会长汪丽萍在会上强调，红十字服务站建设重在“人”与“活力”，要凸显实用性，切实符合百姓的需求。

5月15日 嘉定区红十字会下发《关于表彰造血干细胞捐献者的决定》（嘉红〔2010〕10号）。

各镇、街道、嘉定工业区、菊园新区红十字会、区建交委：

为弘扬红十字人道主义精神，更好地发挥先进青年的模范带头作用，促进我区红十字工作的进一步发展。根据《上海市红十字会条例》，嘉定区红十字会决定对成功捐献造血干细胞的志愿者徐麟予以表彰，并授予“博爱之星”的光荣称号。

希望受到表彰的先进个人珍惜荣誉，再接再厉，为嘉定区红十字事业的发展再立新功。同时我们号召全社会的青年人积极行动起来，以先进模范为榜样，不断发扬红十字“人道、博爱、奉献”的精神，为病患点燃生的希望，积极加入到造血干细胞捐献者资料库中，为提升城市精神风貌，为嘉定经济和社会的发展做出新贡献。

5月24日 嘉定区红十字会下发《关于成立嘉定区红十字会指导员队伍的通知》（嘉红〔2010〕11号）。

各镇、街道、工业区、菊园新区、教育系统行业红十字会及有关单位：

为推动我区红十字工作深入持久、健康有序地开展，进一步壮大基层干部队伍，特成立嘉定区红十字会指导员队伍。充分利用指导员工作经验丰富、区域情况熟悉的资源优势，协助基层红十字会加强红十字理念与知识的传播、会员队伍的发展与建设、红十字工作的组织与协调等各项工作。指导员名单如下：（按姓氏笔画为序）

马秋华　真新街道办事处副调研员

马健雄　嘉定工业区管委会调研员

王生兴　安亭镇人民政府副调研员

王黎明　新成路街道办事处副调研员

朱永明　菊园新区管委会副调研员

许德林　外冈镇人民政府副调研员
张舜明　马陆镇人民政府副调研员
李国兴　华亭镇人民政府副调研员
汪卫平　嘉定区教育局副调研员
陆建中　嘉定镇街道办事处副调研员
陈进根　嘉定区红十字会调研员
周建国　南翔镇人民政府副调研员
周显明　徐行镇人民政府副调研员
黄仁兴　江桥镇人民政府副调研员

5月25日　区红十字指导员工作会议在区红十字会召开。14位红十字指导员是在各街镇及区相关职能部门中选聘的调研员。创立街镇和行业红十字会指导员队伍是嘉定区红十字会组织建设的有力举措，开辟了上海红十字指导员队伍之先河。

5月27日　上海市红十字会志愿服务部部长周湘兰、副部长张瑾，就志愿服务工作开展情况来嘉定区红十字会进行调研，并实地参观了徐行镇小庙村试点红十字服务站。

5月31日　“六一”儿童节来临之际，嘉定区副区长、区红十字会会长夏以群、区教育局局长毛长红、区卫生局党委书记顾惠文、上海三牛食品有限公司总经理徐志英等一行走访慰问我区部分大病儿童，向他们致以节日祝福。

5月　截至本月底，区红十字会共有青少年会员27522名，其中今年发展3513名；成人会员2805名，其中今年发展144名；团体会员单位334个，其中今年发展2个；基层组织419个，其中今年发展29个。

6月2日　上海嘉原电子科技有限公司向嘉定区红十字会捐赠了30辆轮椅车，希望通过红十字会向青海玉树地震灾区的人民献上一份爱心。

6月3日　河北省张家口市红十字会考察团一行30余人在上海市红十字会青少年工作部部长李江英的陪同下，来到嘉定区红十字会考察交流。

6月9日　金山区红十字会常务副会长李美玲等一行10余人来到嘉定参观交流，嘉定区红会常务副会长王晓燕、副会长汪丽萍陪同实地参观了嘉定区第一个标准化红十字服务站建设点——小庙村红十字服务站。

6月10日　上海市红十字会综合办公室主任杨钧仪一行，就基层组织建设工作来嘉定红十字会开展调研。

6月21日 嘉定区造血干细胞志愿捐献者顾中华为挽救一名8岁男孩的生命，在市一医院国际医疗保健中心接受造血干细胞采集。他是上海总第174例，嘉定2010年第2例成功捐献造血干细胞的志愿者。市红十字会、团市委以及嘉定区红十字会、团区委等领导为其颁发了“中华骨髓库造血干细胞荣誉证书”“上海市优秀青年志愿者证书”及“博爱之星”荣誉证书。

是日 嘉定区红十字会下发《关于表彰造血干细胞捐献者的决定》（嘉红〔2010〕12号）。

各镇、街道、嘉定工业区、菊园新区红十字会：

为弘扬红十字人道主义精神，更好地发挥先进青年的模范带头作用，促进我区红十字工作的进一步发展。根据《上海市红十字会条例》，嘉定区红十字会决定对成功捐献造血干细胞的志愿者顾中华予以表彰，并授予“博爱之星”的光荣称号。

希望受到表彰的先进个人珍惜荣誉，再接再厉，为嘉定区红十字事业的发展再立新功。同时我们号召全社会的青年人积极行动起来，以先进模范为榜样，不断发扬红十字“人道、博爱、奉献”的精神，为病患点燃生的希望，积极加入到造血干细胞捐献者资料库中，为提升城市精神风貌，为嘉定经济和社会的发展做出新贡献。

6月23日 上海市红十字会常务副会长马强、副会长孙大红等一行来嘉定调研，实地视察了徐行镇小庙村红十字服务站、马陆镇红十字老年护理院及红十字备灾救灾仓库之一——上海小绵羊实业有限公司。

6月26日 区红十字会在新成路街道市民广场举行“弘扬红十字精神，争做世博先锋”红十字知识宣传活动。

6月 嘉定区少儿住院基金管理办公室被上海市质量协会、上海市总工会、共青团上海市委员会、上海市妇女联合会四部门联合评为“用户满意服务明星”班组。

6月30日 区红十字会就下半年工作作出安排。下半年主要工作：一是加强项目管理，推进项目实施；二是加强服务站管理，推进软件建设；三是加强库房管理，建立物资清册；四是加强档案管理，完成档案进馆；五是完成少儿基金新学年收费工作；六是认真做好准备，迎接条线考核。

7月14日 嘉定区委常委、副区长徐斌带领区红十字会常务副会长王晓燕、区卫生局局长郑益川、区国资委主任杨正球、真新街道党工委书记吴斌等一行 12 人赴都江堰中兴镇，参加援建中兴卫生院辅助用房捐赠仪式。仪式上，嘉定区红十字会常务副会长王晓燕与中兴卫生院院长董麟签订捐赠协议；副区长徐斌代表嘉定区红十字会向中兴卫生院捐赠 70 万元人民币。都江堰市政协主席高润川、市卫生局局长陈光建等领导出席仪式。

7 月 15 日 区红十字会副会长汪丽萍主持召开暑期大学生社会实践座谈会，与嘉定区委组织部安排到区红十字会参加社会实践的 2 名优秀大学生进行座谈。

7 月 16 日 区红十字会副会长汪丽萍为暑期社会实践的 5 位大学生进行红十字运动基本知识与理念的培训。

7 月 23 日 嘉定区召开 2010 年上半年经济小区工作会议。会上，嘉定区经济小区协会会长庄建平向区红十字会捐赠专款 100 万元，用于社区红十字服务站建设。常务副会长王晓燕代表区红十字会接受捐赠。

7 月 29 日 嘉定区少儿基金专家组就嘉定区中医医院今年 4、5 月份的少儿住院病史进行审核，并及时将发现的问题向院方进行反馈。

8 月 3 日 嘉定区红十字会下发《关于表彰造血干细胞捐献者的决定》(嘉红〔2010〕13 号)。

各镇、街道、嘉定工业区、菊园新区红十字会：

为弘扬红十字人道主义精神，更好地发挥先进青年的模范带头作用，促进我区红十字工作的进一步发展。根据《上海市红十字会条例》，嘉定区红十字会决定对成功捐献造血干细胞的志愿者沈秋彦予以表彰，并授予“博爱之星”的光荣称号。

希望受到表彰的先进个人珍惜荣誉，再接再厉，为嘉定区红十字事业的发展再立新功。同时我们号召全社会的青年人积极行动起来，以先进模范为榜样，不断发扬红十字“人道、博爱、奉献”的精神，为病患点燃生的希望，积极加入到造血干细胞捐献者资料库中，为提升城市精神风貌，为嘉定经济和社会的发展做出新贡献。

8 月 9 日 嘉定区召开少儿基金管委会工作会议，就如何有序开展新学年收费工作，如何有效控制基金不合理支出，如何进一步提高农民工子女参与率以及工作中遇到的一些问题进行了讨论和研究，达成共识。副区长、区少儿基金管委会主任夏以群，区红十字会常务副会长王晓燕，区教育局副局长朱芳，区卫生局副局长许文忠等领导出席。

8 月 9 日—10 日 区红十字会在马陆镇、新成路街道分片召开街镇红十字会工作研讨会，对救护培训长效机制、红十字服务站建设等问题进行专题研讨。

8月10日 普陀区红十字会常务副会长马毓等一行来到嘉定红十字会考察交流，实地参观了徐行镇小庙村红十字服务站。

8月18日 区红十字会通知各镇、街道、菊园新区、工业区红十字会及有关单位，定于8月25日在区政府广厦厅举行嘉定区红十字会人道救助项目库启动暨“助学成才”结对签约仪式。

出席对象：

1. 市、区有关领导；

2. 各街镇红十字会分管镇长（主任）、红十字指导员、红会干部、红十字联络员；

3. 项目赞助单位、项目参与单位的代表；

4. “助学成才”结对学生及学校陪同老师1名；

5. “助学成才”结对单位代表；

6. “助学成才”志愿服务队成员；

7. 各区（县）红十字会常务副会长（或副会长）。

是日 嘉定区红十字会下发《关于开展2010年“世界急救日”活动的通知》（嘉红〔2010〕14号）。

嘉定区各镇、街道、嘉定工业区、菊园新区、教育局红十字会：

红十字会与红新月会国际联合会将每年9月的第二个星期六定为“世界急救日”。今年9月11日为“世界急救日”，活动主题是“急救为人人”。根据上海市红十字会《关于开展2010年“世界急救日”宣传活动的通知》精神，嘉定区红十字会将围绕活动主题，开展以下活动：

1. 积极参加“全国红十字应急救护大赛”、“全国防灾减灾知识大赛”及上海市红十字会世界急救日救护演练活动。

2. 与区交通局、区民防办共同举办嘉定区纪念世界急救日应急灾害演练活动。

3. 与区民防办共同举办小学生应急运动会。

4. 9月份为“上海市红十字会群众性现场初级急救知识宣传月”，区红十字会将以组织上街宣传、张贴海报等形式宣传群众性现场初级急救知识。

各镇、街道、嘉定工业区、菊园新区、教育局红十字会要抓住“世界急救日”宣传月活动的契机，除积极配合区红会开展各项活动外，要通过各种形式，广泛开展宣传，切实增强市民的急救意识，推进红十字救护工作。

请将“世界急救日”活动安排于8月25日前上报，活动书面小结9月15日前报基层建设部。

同日 嘉定区红十字会制定《嘉定区红十字指导员工作意见》（嘉红〔2010〕15号）。

嘉定区各镇、街道、嘉定工业区、菊园新区、教育局红十字会：

做好红十字工作的关键在于建设一支“想做事、能做事、会做事”的工作团队。设置红十字指导员（以下简称指导员）是加强我区红十字组织建设的一次探索和实践。为规范指导员工作，充分发挥指导员作用，特拟定以下意见：

一、设置与管理

各镇（街道）、工业区、菊园新区、教育系统已建立红十字会组织的各配备指导员1名。选配方法是：各基层红十字会从现任调研员（副调研员）中推荐一名热爱红十字工作，乐于奉献，身体健康，有工作能力的同志，经区红十字会审核确定，区红十字会理事会聘任。指导员任期原则上为一届，根据需要可继续聘用。

红十字指导员由区红十字会统一管理，协助基层红十字会会长开展工作。

二、工作任务

（一）宣传红十字知识和有关法律法规、传播和推崇红十字精神。

（二）指导街镇红会干部和红十字联络员工作。

（三）协助街镇红十字工作的组织与协调，2010年重点协助做好红十字会会员发展和管理工作及社区红十字工作。

（四）完成红十字会交办的其他任务。

三、工作制度

（一）根据区红十字会的工作要点，年初制定指导员工作计划，年底做好工作总结。

（二）有针对性地对指导员进行培训。主要是学习红十字基本知识的培训、法律法规的培训和外出交流学习。计划每年组织培训不少于2次.

（三）组织双月活动。每逢单月按计划到各街镇进行活动，围绕区红十字会中心工作，每次活动确定一个议题开展研讨，所到的单位要进行交流发言，介绍特色工作和亮点工作。

（四）指导员工作每年进行考核总结，成绩突出者予以表彰奖励。

附件：2010年工作安排表（略）。

8月17日 嘉定区红十字会《关于增加嘉定区红十字会事务中心编制的请示》（嘉红〔2010〕16号）。

上海市嘉定区机构编制委员会：

红十字会是从事人道主义工作的社会团体；是党和政府在人道工作领域的得力助手；是构建社会主义和谐社会的重要力量。嘉定区红十字会于2005年9月建制单列，行政编制3名。2006年4月成立嘉定区红十字会事务中心，事业编制3人，随着红十字事业的不断发展，红十字工作的内涵和外延不断扩大，人员紧缺的状况日益突出。从以下主要工作情况来看：

一、救灾工作

2006年共募集救灾款23.28万元，募集棉衣等救灾物资1554件，价值18.13万元；2008年为我国南方部分地区雨雪冰冻灾害、5·12汶川地震募集善款3631.57万元，救灾物资329.37万元；2010年为海地地震、玉树地震、西南旱灾等募集善款475.58万元，目前甘肃舟曲泥石流募捐工作正在进行中。随着社会公益事业的不断发展，民众对慈善事业参与热情的不断提升，救灾募捐成为经常性工作内容。

二、救助工作

2006年人道救助基金累计募集66.32万元，募集物资折合人民币18.14万元，用于本地区帮困救助45.47万元，受益1552人次；2009年，募集人道救助基金410.67万元，物资22.75万元，用于“千万人帮万家”、重大病帮扶项目等救助362.34万元，受益1139人次，最高帮困金额6万元；2010年至7月底，已经为“千万人帮万家”、“大病重病帮扶”等项目，发放救助款351.86万元，受益1626人次，目前“长者关怀”、“助学成才”结对、“救心行动”等15个救助项目已经建成，项目的规范化管理更是需要专业的人才。

三、救护培训工作

2006年在2个企业开展急救培训，有29名员工取得救护员证书；2008年以来急救培训列入上海市政府实事工程，累计培训4365名救护员，急救普及培训32591名。随着社会文明程度的不断提高，急救知识的普及和培训也成为我们日常工作内容，2011年将列入嘉定区政府实事工程。

四、其他工作

为进一步加大宣传力度以及募捐工作社会透明度，2007年建立区红十字会工作网站，每年增加的工作信息在60-80篇，募捐的善款在网站公示，提升了红十字会社会公信力，却大大增加了工作量和工作的难度；另外遗体捐献志愿者从2006年的263名增加到现在508名，造血干细胞捐献志愿者2010年已有近1800名，成功实施移植手术的有7名。志愿者队伍的扩大，需要加强管理和跟上服务。

面对因病致贫等社会弱势群体的求助，“动员人道力量，改善最易受损害人群的境遇”的任务任重道远；面对流动人口的不断增加、城市老龄化程度的不断提高，社会管理工作形势严峻，必须跟上变化的节奏，不断适应形势发展的需要，这样区红十字会才能有活力、有生机，才能当好政府的助手，才能受到群众的欢迎。为了更好地适应当前红十字工作的发展，满足区红十字会依法履职以及开展各项活动的需要，增加事业单位编制迫在眉睫。为此，恳请区编委批准我会增加事业编制3名。

妥否，请批复。

附件：郊区红十字会人员配备情况汇总表。

郊区红十字会人员配备情况汇总表

区县	行政编制数	事业编制数	借聘人员数	工作人员合计
金山	4	6	5	15
青浦	3	6	3	12
松江	3	4	5	12
闵行	5	3	5	13
宝山	3	6	7	16
浦东	7	4	12	23
奉贤	4	4	5	13
嘉定	3	3	4	10

备注：统计日期截至2010年8月17日。

是日 嘉定区中心医院（区红十字医院）在住院部底楼举行红十字爱心义卖，通过义卖募集的近5000元资金将全部捐入区红十字医院人道救助基金，用于贫困就医者的救助。

8月20日 区红十字会在罗宾森广场开展爱心义卖活动，为甘肃省甘南藏族自治州舟曲县发生的特大泥石流受灾群众筹集善款。

8月25日 区红十字会在嘉定区政府广厦厅举行嘉定区红十字会人道救助项目库启动暨“助学成才”结对签约仪式。来自全区各街镇红会干部、捐赠单位代表、受助学生等200余人参加会议。副区长、区红十字会会长夏以群向各项目资助单位颁发了人道救助证章。来自我区的60名受助学生与资助企业签订了助学成才合约。区委副书记曹一丁、上海市红十字会副会长孙大红等领导出席会议，各区县红十字会常务副会长到会祝贺。

8月25日、29日 区红十字会分别与区卫生局、区教育局联合召开2010学年少儿住院基金工作会议。经副区长、区红十字会会长、区少儿基金管委会主任夏以群多方协调，区教育局大力支持，将我区以农民工子女为主的学校的学生参加少儿基金费用统一纳入政府财政，由政府出资，为符合条件的农民工子女提供基本医疗保障，为少年儿童的身体健康撑起“保护伞”。

8月26日 上海柏铃惠国际贸易有限公司向嘉定区红十字会捐赠家具和搪瓷用品，总价值近4万元。根据公司意愿，这批物资分别送往徐行、唐行2家敬老院，用于改善敬老院老人的生活居住条件。

近日，上海翔实玻璃有限公司向我会捐款30万元，为舟曲泥石流灾区人民奉献一份爱心。

9月1日 嘉定区红十字会《关于申请〈嘉定报〉刊登嘉定区红十字会人道救助项目库专版的请示》（嘉红〔2010〕17号）。

嘉定区人民政府办公室：

在区委、区政府的高度重视下，在各有关部门、企业以及社会各界的鼎力相助下，嘉定区人道救助项目库于8月25日全面启动。为了进一步提高项目库的知晓度，经副区长、区红十字会会长夏以群同意，通过《嘉定报》刊登嘉定区红十字会人道救助项目库专版（半版）。为此，我会拟于9月15日前申请《嘉定报》刊登专版。

当否，请批示。

9月11日 由中国红十字会总会、中国红十字世博爱基金主办，红十字会与红新月会国际联合会、红十字国际委员会、上海世博会事务协调局协办，上海市红十字会承办的“2010年世界急救日主题活动”于上海世博园大洋洲广场举行。荣获全国首届红十字救护大赛一、二等奖的天津队、上海队、北京队在现场进行了精彩的救护技能表演，浦东新区、松江区、奉贤区、嘉定区选送了5个群众性文艺节目。南翔镇红十字会演出的小品《着火》，展示了我市群众性现场初级急救培训的成果；马陆镇红十字会的合唱《歌声与微笑》将活动推向了高潮。精彩的表演获得了有关领导和现场观众的好评。红十字国际委员会东亚地区代表，中国红十字会总会副会长王海京，上海市红十字会党组书记、常务副会长马强，中国红十字世博爱基金发起人兼秘书长张东旭及各区县红十字会领导等200多人参加了活动。

9月中旬 区红十字会组织遗体捐献登记者联谊会——“春蚕之家”的部分老年朋友赴萧山参观交流学习，陶冶心情，共同探讨振兴联谊会之策。

10月9日 上海仙乐息园向嘉定区红十字会捐赠人民币15万元，用于红十字宣传工作。

10月15日 晚上，区红十字会与徐行镇小庙村等多家单位在小庙村老年活动中心广场联合举办“共创共建、共享和谐”重阳佳节文艺演出活动。特邀沪上多位知名演员表演沪剧、锡剧、滑稽戏等节目，区红十字会等结对共建单位、小庙村老年腰鼓队同台献演。

10月16日 区红十字会与区体育总会、区老年人体育协会、市老年基金会嘉定分会联合举办“庆世博盛会、展老年风采”——老年人“第三套太极柔力球”展示活动，200多名老人踊跃参加，我区部分遗体捐献登记者也参加了这次活动。

10月27日 嘉定区2010学年少儿住院互助基金缴费工作日前全部完成。据统计，全区婴幼儿和学生应参加104420名，实际参加104005名，基金参与率99.6%，缴费金额624.03万元，创历史新高。

10月29日 嘉定工业区举行“城乡联动、共创先锋”基层党组织结对共建签约仪式。区级机关党工委、区红十字会等23家区级机关党组织与嘉定工业区下属27个村（居）党（总）支部结对共建，开启了今后三年的牵手共建活动。区红十字会与嘉定工业区娄塘社区、朱家桥村支部分别签订了为期三年的结对共建协议。

11月5日 区红十字会举行助学成才志愿服务队成立仪式。

11月15日 区红十字会第一时间向静安区红十字会捐赠“11·15”火灾事故救助款10万元，以表达对受灾市民的深切慰问和人道关爱。

11月25日 区红十字会常务副会长王晓燕等一行来到成佳学校，对“阳光天使”项目运作情况进行工作指导。

同日 常务副会长王晓燕、菊园新区管委会副主任徐雪平等一行上门走访了菊园新区3户火灾受灾家庭，送上“雪中送炭”救助款1.2万元。

11月26日 上海市红十字会组织各区县红十字会干部、志愿者赴南京红十字会专题考察学习遗体（角膜）捐献、登记工作，卢秀臻、刘惠萍代表嘉定区红十字会参加考察活动。

11月29日 嘉定区红十字会下发《关于开展2011年“千万人帮万家”红十字迎春募捐帮困活动的通知》(嘉红〔2010〕18号)。

各镇、街道、嘉定工业区、菊园新区红十字会:

为大力弘扬“人道、博爱、奉献”的红十字精神,切实做好红十字人道救助工作,帮助困难群众度过一个安乐祥和的春节。根据上海市红十字会的统一安排,于2010年12月至2011年2月期间,我区各级红十字会要以“千万人帮万家”活动为抓手,积极做好红十字迎春募捐帮困活动。现将有关事项通知如下:

一、帮困对象

“千万人帮万家”活动的帮困对象主要为困难家庭中的肿瘤病患者、麻风病致残者、精神病患者、遭遇意外灾害的生活困难者及各种因病致贫家庭中的患者。

二、帮困人数及慰问金额

我区2011年红十字迎春帮困慰问575人次(户),每人次(户)帮困款物为500元,其中400元为现金,100元为帮困购物卡,慰问款物总计28.75万元。各街镇红十字会帮困名额分配表见“附件1”。

三、时间安排

1.2010年12月上旬,区红十字会召开工作布置会。

2.2010年12月25日,为上海市红十字系统“千万人帮万家”上街募捐活动日。区红十字会在罗宾森广场设募捐点,开展上街劝募活动;各街镇红十字会在辖区内选定一个电子募捐箱设置单位作为募捐点,开展集中劝募活动。

3.2011年1月中旬,区红十字会举行2011年“千万人帮万家”——帮困主题活动启动仪式。

4.2011年春节前夕,各级红十字会组织开展本辖区帮困慰问活动。

四、活动要求

1.要充分重视“千万人帮万家”迎春募捐帮困活动,把红十字会品牌项目做好、做实、做强,做到早计划、细安排、重落实,因地制宜、精心组织、规范操作。要避免多渠道重复帮困,并确保在春节前把帮困款物送至帮困对象。

2.要以“千万人帮万家”活动为契机,精心策划组织好集中募捐活动,在全市形成红十字千万人捐款帮万家的公募氛围,力争以帮困慰问活动促进募捐工作再掀新高潮。每个街镇红十字会落实好1个募捐点，每个募捐点捐款在3000元—5000元。

3. 要邀请热心红十字公益事业的企事业单位、社会知名人士和捐赠者代表参与帮困慰问等活动，以汇聚更多的爱心人士来关心和支持红十字事业。要加大宣传力度，争取有线电视台等各类媒体的支持，对大额捐赠单位的典型事例和现场感人的慰问活动进行深度宣传报道，以扩大红十字会影响面。

五、活动汇总

请于2011年2月15日前将活动小结、迎春帮困名单汇总表（附件2）电子版报区红十字会，并做好相关资料的存档。

附件：

1. 各街镇红十字会帮困名额分配表（略）。

2. 2011年“千万人帮万家”红十字迎春帮困名单汇总表（略）。

12月3日 上海格尔汽车附件有限公司副总裁徐皓、孔飞彪代表企业向嘉定区红十字会捐赠人民币60万元，希望通过红十字会帮助更多的困难群众，以表达企业关注民生、关爱弱势的美好心愿。

12月16日 区红十字会召开“嘉定区2008—2010救护培训工作总结表彰会”，来自全区各街镇、行业红十字会的红会干部、指导员、联络员及部分救护培训师资40余人参加了会议。上海市红十字会副会长孙大红应邀出席会议。

12月25日 圣诞节之际，适逢上海市红十字系统“千万人帮万家”上街募捐活动日，嘉定区红十字会联合嘉定镇街道红十字会、清水路小学红十字会在热闹商区——罗宾森广场举行上街劝募活动。

与此同时，全区11个街镇也于当天设点开展劝募活动。

12月30日 嘉定区红十字会《关于印发〈嘉定区2008—2010年救护培训工作总结〉的通知》（嘉红〔2010〕19号）。

各镇、街道、嘉定工业区、菊园新区、教育局红十字会：

现将《嘉定区2008—2010年救护培训工作总结》印发给你们，请认真学习。

附件：《嘉定区2008—2010年救护培训工作总结》（略）。

是日 嘉定区红十字会《关于印发〈嘉定区2010年“彰显人道，奉献世博，促进和谐”征文活动获奖名单〉的通知》（嘉红〔2010〕20号）。

各镇、街道、嘉定工业区、菊园新区、教育局红十字会：

经过专家组的认真评审，“嘉定区2010年‘彰显人道，奉献世博，促进和谐'征文活动”评选工作已经结束，现将获奖名单印发给你们。

附件：《嘉定区2010年“彰显人道，奉献世博，促进和谐”征文活动获奖名单》（略）。

12月 2011年红十字迎春帮困活动即将拉开帷幕之际，彩皇（上海）精密化学有限公司总经理藤田进一、副总经理竹山修次代表企业向嘉定区红十字会“千万人帮万家”项目捐款10万元，以此表达企业对弱势群体和公益的一片爱心。

同月 区红十字会发表《区红会2010年工作总结》（摘要）。

至2010年12月，全区共有青少年会员27523名，其中今年发展3514名；成人会员3106名，其中今年发展445名；团体会员单位337个，其中今年发展5个；基层组织420个，其中今年发展30个。

成立我区首个行业红十字会——教育系统红十字会，选举产生了教育系统红十字会第一届理事会理事、副会长、会长。交通行业红十字会也正在筹备中。

成立了“长者关怀志愿者”及“红十字服务站志愿者”队伍，目前已有188名人员参加了红十字志愿者队伍。

今年，区红十字会积极推动“人道救助项目库”建设，推出红十字助医类、红十字助学类、红十字救灾类、红十字助老类、红十字人道关爱行动等5大类15个项目，由社会各界18家爱心企业赞助，运作资金达700多万元。

全年共募集人道救助基金1387.25万元，接受社会各界捐助物资629.41万元，目前共支出812.71万元。

与上海小绵羊实业有限公司、上海三牛食品有限公司、上海碧纯饮用水有限公司、上海鑫苑休闲用品有限公司、上海内野有限公司联手共建棉被、饼干、饮用水、帐篷、毛巾等5个红十字备灾救灾仓库。先后累计，进一步充实了我会备灾救灾物资储备。在玉树地震发生后，小绵羊公司迅速响应，及时调配了价值20万元的冬被1000条送往灾区。

全面完成市政府实事项目。至10月底，共培训救护员1297名，完成率110.6%，普及培训10723名，完成率100.8%，其中救护员中世博志愿者186名，普及1483名。

与团区委联合，在南翔、工业区及新成地区集中组织了272名爱心青年参加了造血干细胞血检。3名志愿者分别成功实施了造血干细胞捐献移植手术，挽救了3名患者的生命。目前我区共办理遗体捐献登记536人、累计实现捐献47人。

与区卫生局、供销社联手，继续开展活动。先后14次到12个街镇开展“红十字关爱进农村，播撒爱心传真情”活动，为村民提供医疗咨询和上门诊疗，并把区红十字“爱心超市”带到农村。

2010学年，我区少儿基金应参加者104420人，实际参加者104005人，参与率达99.6%，收费金额624.03万元，创历史新高。目前，全区17所民办民工子弟学校的15680名学生都免费参加了少儿基金，参与率达100%，收费金额94.08万元，为这些孩子提供了基本的医疗保障。

全年，通过嘉定区红十字会网站、区政务网发布新闻167条；通过《嘉定报》发布新闻5条、专版半版；接受嘉定电视台、嘉定电台关于急救培训等内容的专访2次；上海新闻坊栏目宣传3次；向总会网站提供信息11条，向市红十字会报送信息89条，有效展示了我区红十字会工作动态。

2011 年

1 月 4 日 上海市红十字会青少年工作部部长李江英、上海市教委体卫艺科处处长丛海鹰一行 5 人来我区，开展上海市红十字工作示范学校的验收工作。

1 月 11 日 四川省都江堰市中兴镇党委书记冯林率党政代表团一行 17 人来到嘉定区红十字会访问，送上“千里驰援、无私奉献、大爱无疆、恩重情深”的铭牌和感谢信。区红十字会常务副会长王晓燕、副会长汪丽萍接待了代表团一行。

1 月 16 日 嘉定区红十字会文艺宣传志愿服务队成立仪式暨迎春联欢会在嘉定福利院隆重举行。200 多名福利院老人兴高采烈地参加了活动仪式，成立仪式由区红十字会汪丽萍副会长主持。活动仪式后，区红十字会、嘉定镇街道领导共同走访看望了福利院两位百岁老寿星。

1 月 17 日 刚刚闭幕的上海市嘉定区第四届人民代表大会第六次会议审议通过政府工作报告，其中“向 3 万户家庭免费提供应急包并开展应急逃生培训；开展各类救护培训 8500 人次”被列为嘉定区 2011 年政府实事项目。

1 月 19 日 嘉定区红十字会常务副会长王晓燕、副会长汪丽萍、嘉定区闽商投资企业协会会长李成抛、党支部书记叶松茂等一行冒雪走访慰问了徐行镇、嘉定工业区的 5 户特困家庭，为他们送上春节前的浓浓暖意。此次慰问爱心款由嘉定区闽商投资企业协会 5 名即将转正的预备党员所捐赠。

1 月 20 日 嘉定区红十字会第四届理事会第三次扩大会议在新成路街道顺利召开。区红十字会理事、指导员及项目赞助企业代表等 60 余人出席。夏以群会长与各街镇红十字会会长签订了《2011 年目标管理责任书》并作重要讲话。

会议审议通过了调整理事名单，陈宾、单东萍、徐雪平三人担任理事；经民主选举，区民政局局长陈宾担任第四届理事会副会长。

常务副会长王晓燕向大会做工作报告，全面总结了2010年各项工作，提出了2011年“完善组织网络、提升实践能力、提升服务水平、营造大宣传格局”的工作目标。2011年，嘉定区红十字会拟在原有15个人道救助项目的基础上，新设立“用爱聆听”复聪、“格尔”爱心帮困、“爱老护齿”、“助学成才”奖励基金、“采埃孚”健康体检、“彩皇”帮困救助6个项目。上海格尔汽车附件有限公司、安吉汽车物流有限公司、延锋伟世通汽车饰件系统有限公司等12家企业代表到会并捐赠赞助资金总额达200万元。此外，上海徐行经济城企业家俱乐部于日前向嘉定区红十字会捐款10万元，用于建立“助学成才奖励基金”，对“助学成才”项目的优秀受助学生、优秀志愿者进行表彰奖励。

附件1：《嘉定区红十字人道救助基金2010年度财务收支报告》。

各位理事：

我受常务理事会委托，向理事会报告嘉定区红十字人道救助基金2010年度财务收支情况：

2010年初基金余额457.59万元。2010年度基金总收入1463.55万元；其他收入（利息收入）2.67万元。

基金总支出为899.1万元。本年度基金结余554.23万元。

至2010年底基金滚存经费结余为1022.04万元（其中：重大病帮扶款-44.59万元、人道救助项目库经费161.13万元、人道救助基金905.5万元）。

一、收入情况

总收入1463.55万元。

1. 人道救助收入1455.4万元。

（1）重大病帮扶款263.25万元。

（2）各镇街道等单位“千万人帮万家”募捐收入549.57万元。

（3）“募捐箱”捐款收入12.38万元。

（4）义诊费收入6.89万元。

（5）曹王禅寺捐款5万元。

（6）云翔寺捐款10万元。

（7）海地地震捐款10.13万元。

（8）红十字捐款20.48万元。

（9）青海地震捐款320.12万元。

（10）甘肃舟曲泥石流捐款40万元。

（11）11.15火灾捐款1.58万元。

（12）人道救助项目库捐款216万元。

2. 利息收入2.67万元。

3. 上级补助5.48万元

二、支出情况

总支出899.1万元。

（1）各镇“千万人帮万家”帮困支出39.97万元。

（2）人道救助项目库支出54.86万元。

（3）各街镇重大病帮扶款支出336.34万元。

（4）支付各街镇“云翔十方”少儿大病帮困金10万元。

（5）遗体捐献者活动经费8.12万元。

（6）购物帮困17.08万元。

（7）11.15火灾支出10万元。

（8）帮困补助4.5万元。

（9）海地地震捐款20.1万元。

（10）青海地震捐款320.12万元。

（11）援建都江堰35万元。

（12）甘肃舟曲泥石流捐款40万元。

（13）捐赠证书、奖牌、资料等费用支出3.01万元。

附件2：《嘉定区红十字会第四届理事会第三次会议关于通过调整理事的决议》。

根据《中国红十字会章程》的有关规定，经嘉定区红十字会第四届理事会第三次会议审议并通过，原嘉定区红十字会第四届理事会理事：区民政局张潮、嘉定镇街道时洁2人因工作变动等原因不再担任理事，原理事单位依次推荐陈宾、单东萍继任理事。

增补菊园新区徐雪平为嘉定区红十字会第四届理事会理事。

是日 嘉定区红十字会副会长王晓燕、区妇联主席郑艳辉、区女企业家协会会长傅月琴、上海国际汽车城经济发展中心总经理陆勤燕等一行，冒着棉絮般大雪，来到安亭镇走访慰问部分妇科重症困难妇女，向困难姐妹表示节日的问候与衷心的祝福，并送去红十字会“妇科重症救助”慰问金，鼓励她们树立信心，勇敢战胜病魔，早日恢复健康。

1月24日 嘉定区红十字会《关于印发〈2010年嘉定区红十字会工作总结〉的通知》（嘉红〔2011〕1号）。

嘉定区各镇、街道、工业区、菊园新区、教育局红十字会：

现将《2010年嘉定区红十字会工作总结》印发给你们，请认真学习。

附件:《2010 年嘉定区红十字会工作总结》(略)。

是日 嘉定区红十字会《关于印发〈2011 年嘉定区红十字会工作要点〉的通知》(嘉红〔2011〕2 号)。

嘉定区各镇、街道、工业区、菊园新区、教育局红十字会:

现将《2011 年嘉定区红十字会工作要点》印发给你们,请认真学习。

附件:《2011 年嘉定区红十字会工作要点》(略)。

同日 嘉定区红十字会助学成才项目志愿服务队年会在区教工之家顺利举行。区红十字会副会长汪丽萍出席会议。

1 月 25 日 嘉定区红十字会制定《嘉定区 2011—2013 年群众性现场初级急救培训实施意见》(嘉红〔2011〕3 号)。

嘉定区各镇、街道、工业区、菊园新区、教育局红十字会:

群众性现场初级急救培训是红十字会救灾、救护、救助三大职责之一,是提高百姓在突发灾害、意外事件和危重病发生时的自救、互救的应急能力。为进一步满足人民群众日益增长的安全、健康需求,参与城市公共安全建设,构建社会主义和谐社会,根据中国红十字会总会及上海市红十字会救护培训工作的要求,嘉定区红十字会特制定本实施意见。

一、指导思想

为进一步普及群众性现场初级急救知识,推广应急救护技能;深化救护师资、救护员的复训工作,巩固培训成果;巩固应急救护志愿者队伍,定期开展专项演练;扩大全民培训覆盖面,增强群众避险逃生和自救互救能力,满足社会需求。

二、目标任务

1. 健全应急救护培训网络,完善应急救护培训管理体系,不断扩大红十字急救培训品牌的社会知晓率和影响力。

2. 深入开展群众性现场初级急救培训。2011—2013 年我区计划开展救护员培训 5000 人次,普及 10000 人次、讲座 10000 人次。

3. 扩大红十字培训师资队伍,规范师资和教学管理,发挥师资志愿者队伍作用。

三、工作措施

1. 成立领导小组。由区政府牵头、区红十字会、区民防办等相关单位成立嘉定区群众性现场初级急救培训工作领导小组。

2. 制定教学计划。为确保急救培训教学活动长效、有序、有效规范推进，切实提高市民的自救互救能力，实施全区统一的教学计划。救护员为集中培训，普及培训、讲座根据百姓需求开设。在各镇、街道、行业红十字会原有现场急救培训站不定期开展教研组活动，区级教研组根据基层培训站的反馈信息，不断完善教学大纲、教案等。

3. 实施考核发证。为提高教学质量，保证教学效果，有效实施紧急救护，参加救护员、普及培训的学员经考核，合格者统一发证。

4. 加强督导评估。为加强对群众性现场急救培训工作的指导，及时对培训质量进行评估，不断提高教学质量和效果，以保证此项工作持续、有效地进行，区红十字会成立培训工作督导组。

四、应急演练

1. 各镇、街道、社区单位、居（村）委会、楼宇建立群众性救护组织网络。

2. 定期开展各级救护网络市民防灾减灾应急逃生演练。

附件：（略）。

是日 嘉定区红十字会在嘉定新城发展有限公司会议室举行“爱心助学”活动，10 名结对学生及志愿者受邀参加，与捐助人共度新春。新城公司总裁李俭、副总裁蒋丽敏、区红十字会常务副会长王晓燕等领导出席。

同日 嘉定区委组织部副部长朱明荣、区红十字会常务副会长王晓燕、区园林署署长龚和解、上海格尔汽车附件有限公司总裁办副主任徐燕等一行走访慰问了家住嘉定工业区南苑三村的陈同学家庭，在新春佳节即将到来之际送上了一份诚挚的祝福。

上海格尔汽车附件有限公司送上了 1 万元“格尔”爱心帮困款，区园林署与陈同学签订“助学成才”结对协议，将连续三年向陈同学提供助学金，帮助他顺利完成学业。

1 月 26 日 嘉定区红十字会常务副会长王晓燕等一行走访了家住安亭镇的两名孤儿，向他们表示节日的慰问。

2 月 15 日 区红十字会在上海贺寿食品有限公司举行企业备灾救灾仓库授牌仪式并签订协议。区红十字会常务副会长王晓燕、江桥镇副镇长金惠萍等领导出席仪式。

是日 嘉定区副区长、区红十字会会长夏以群来到江桥镇社区卫生服务中心，就红十字老年护理院工作开展调研。区红十字会常务副会长王晓燕等陪同。

2月16日 嘉定区遗体（角膜）捐献登记者联谊会（“春蚕之家”联谊会）在区红十字会大会议室召开2011年工作座谈会。联谊会正副会长、秘书长、发展部长、活动部长和各组组长参加会议，区红十字会党组书记、常务副会长王晓燕与会并讲话。座谈会由联谊会副会长瞿大我主持。卢秀臻会长对2010年工作作了总结，并就2011年联谊会工作提出了要求。

2月17日 徐行镇受助群众武耀康的妻子专程将“情系万家，暖送人间”的锦旗和感谢信送到区红十字会常务副会长王晓燕的手中，衷心感谢红十字会对残疾退伍军人家庭的关爱。

2月23日 嘉定区2011年红十字工作会议在真新街道召开。区红十字会常务副会长王晓燕主持会议，汪丽萍副会长对2011年的红会工作进行了全面部署。区教育局、各街镇红十字会干部及联络员30余人参加了会议。

2月25日 嘉定区红十字会副会长汪丽萍应邀到嘉定镇街道州桥社区居委会，为70多位社区居民作“人道、博爱、奉献”的红十字精神主题演讲。

2月28日 嘉定区红十字会基层建设部部长葛文华、“春蚕之家”联谊会会长卢秀臻作为“民生热线”栏目的嘉宾，就遗体捐献工作的开展接受了嘉定广播电台主持人卢意的专访，回答听众在BBS留言上的问题，并与交大医学院的研究生进行在线互动。

3月1日 上海市第九个遗体捐献暨《上海市遗体捐献条例》颁布实施十周年纪念日，上海市红十字会在福寿园以“奉献——生命之歌”为主题举行遗体捐献纪念日活动。嘉定区红十字会组织遗体（角膜）捐献登记者代表、2010年遗体捐献实现者家属代表及文艺宣传志愿服务队成员80余人，参加了市纪念活动。

3月2日 嘉定区红十字指导员工作会议在江桥镇召开。指导员们就红十字会员发展、遗体捐献、募捐箱管理等问题展开了热烈讨论。区红十字会常务副会长王晓燕、副会长汪丽萍等领导出席了会议。

3月4日 团区委组织开展“志愿服务牵手共行，华彩青春建功嘉园——嘉定区‘纪念学习雷锋活动48周年志愿服务集中行动日’活动”，区红十字会在菊园新区分会场为团员青年发放造血干细胞、救护培训等宣传资料，并现场招募了造血干细胞捐献志愿者。

3月5日 区红十字会、区中心医院组织外科、内科、康复科、口腔科、妇产科、泌尿科、防保科等科室医务专家组成的红十字志愿服务医疗队，到徐行镇钱桥村红十字服务站开展送医下乡活动，纪念第48个全国“学雷锋纪念日”暨第12个“中国青年志愿者服务日”。此次活动，共为群众义诊、咨询达200余人次。

3月7日 嘉定区红十字会常务副会长王晓燕、安亭镇副镇长徐绮红等来到安亭镇星光村看望并慰问因家中失火而遭受严重损失的村民老姚一家，送上区红十字会“雪中送炭”项目慰问金8000元。

3月9日 俄罗斯圣彼得堡红十字代表团一行6人在市红十字会副会长李明磊的陪同下来嘉定访问。区红十字会常务副会长王晓燕、副会长汪丽萍盛情接待。宾主双方在友好的氛围中，就红十字工作进行了探讨和交流。代表团一行还参观考察了嘉定孔庙和南翔古猗园红十字服务站。

3月15日 上海市红十字会副会长李明磊、青少年工作部部长李江英、信息传播部副部长崔月芳等一行，在嘉定区红十字会常务副会长王晓燕、区红十字会副会长汪丽萍、区教育局副局长朱芳的陪同下来到大众工业学校调研红十字工作。

3月16日 上海市红十字会考核组一行6人来嘉定区对“2008—2010市政府实事项目救护培训工作”开展考核。嘉定区红十字会常务副会长王晓燕、副会长汪丽萍及项目工作的相关人员参加了考核会。

同日 上海太太乐食品有限公司向嘉定区红十字会捐赠了价值6万元的太太乐调味品礼盒，用于慰问嘉定地区部分失智老人和高龄贫困老人。

3月18日 嘉定区红十字会召开办公会议，认真学习贯彻上海市红十字会八届三次理事会精神。会上，区红十字会常务副会长王晓燕向全体工作人员介绍了市红十字会八届三次理事会会议情况，并就中国红十字会会长华建敏在中国红十字会九届二次理事会上的重要讲话、市红十字会会长沈晓明的讲话、市红十字会2010年工作汇报和2011年工作要点等内容作了重点解读。同时结合我区红十字工作开展的实际情况，要求各相关部室深入学习贯彻会议精神，扎实推进我区红十字工作，力争进一步把我区红十字工作做实、做深。

3月18日—20日 “2011上海（国际）自驾游博览会”在上海汽车会展中心举办。为普及和推广应急救护知识，使市民了解自救互救的基本知识和技能，在紧急情况下发挥最大的救护作用，嘉定区红十字会于3月19日至20日在会展中心开展“自驾游应急救护专题讲座与模拟演练”活动。

区红十字会救护培训教研组的9位老师采取图文并茂的形式为市民们作了一场生动的应急救护知识讲座，使市民们初步掌握现场救护的原则及止血、包扎、骨折固定、搬运四项技能，并在现场挑选市民参加模拟演练。市民们积极参与，互动良好，反响热烈。大家普遍认为，无论是在自驾游过程中，还是在平时的生活中，学习了解有关灾害应急、创伤救护等方面的知识，提高自救互救能力是非常必要的。两天的活动共有近300名市民参与，获得了良好的社会反响。

3月22日 在“5·12”汶川发生特大地震即将三周年之际，中共嘉定区委副书记曹一丁率代表团赴都江堰市实地考察对口援建工作，并再次向中兴镇捐赠了20万元爱心助学款，实地考察了援建都江堰市的重点项目。区红十字会常务副会长王晓燕等随往考察。

3月25日 嘉定区红十字会下发《关于表彰嘉定区红十字遗体捐献志愿服务队优秀志愿者的决定》(嘉红〔2011〕4号)。

嘉定区各镇、街道、工业区、菊园新区、教育局红十字会：

为弘扬红十字人道主义精神，更好地发挥先进典型的模范带头作用，促进我区红十字志愿服务工作的进一步发展。经研究决定，对在遗体捐献志愿服务工作中做出突出成绩的瞿大我、陆开斌、李瑛、肖宝发、张绪西、朱建萍、钱琳7名同志授予“嘉定区红十字遗体捐献志愿服务队优秀志愿者”称号。

希望受到表彰的先进个人珍惜荣誉，再接再厉，为嘉定区红十字事业的发展再立新功。同时号召全社会的爱心人士以先进模范为榜样，不断发扬红十字“人道、博爱、奉献”的精神，积极投入红十字志愿服务实践，为促进精神文明建设，为嘉定经济和社会的发展做出新贡献。

是日 嘉定区红十字会《关于嘉定区少儿住院基金管理办公室聘用人员的报告》(嘉红〔2011〕5号)。

上海市少儿住院基金管理办公室：

嘉定区少儿基金办根据市少儿基金办有关人员核定规定，聘用工作人员二名，现有工作人员李嘉提出解除合同申请，定于2011年3月31日解除聘用关系。

为了能继续做好我区少年儿童的医疗互助基金的医疗证办理、住院基金经费结算的初审、监督检查、医疗经费申请给付初审、特殊门诊费用的报销等工作，嘉定区少儿基金办拟从2011年3月16日起聘用儿保医师陆红菊，女性，1956年6月17日出生，中专文化程度，1974年12月参加工作，曾在嘉定区妇幼保健院担任儿保科长，担任嘉定区卫生局幼儿园所长及嘉定区牙防所党支部书记，2010年7月退休。

陆红菊同志一贯工作认真负责，积极主动，为人诚实本分，条理清楚，有较好的组织、宣传、协调能力，同意聘用陆红菊同志为少儿基金办工作人员。

特此报告。

是日 2011—2013年嘉定区政府实事项目——群众性现场初级急救培训工作启动仪式在区红十字会举行。区红十字会常务副会长王晓燕、副会长汪丽萍出席，各街镇、教育局红十字会干部及全体救护培训师资50余人参加了会议。

同日 “奉献让世界更祥和——嘉定区纪念《上海市遗体捐献条例》颁布实施十周年活动”在新成路街道文化活动中心举行。上海市红十字会志愿服务部部长周湘兰出席并讲话。区遗体捐献登记者联谊会（“春蚕之家”联谊会）顾问、区老领导周丽玲，中共嘉定区委宣传部副部长、区文明办主任徐嵘，区红十字会党组书记、常务副会长王晓燕，上海市红十字会遗体与器官捐献办公室副主任汤兆祥，新成路街道办事处副主任王陈芳，以及全区遗体（角膜）捐献登记者代表、遗体捐献实现者家属代表等300多人参加了纪念活动。

3月28日 上海鸿元展印有限公司通过嘉定区红十字会，向“3·11”日本地震灾区捐款3.4万元，体现了爱心无国界人道主义精神。嘉定区红十字会副会长汪丽萍向上海鸿元展印有限公司颁发了荣誉证书。

4月2日 嘉定区红十字会《关于承办“中华文化与红十字运动”论坛的请示》（嘉红〔2011〕6号）。

中共嘉定区委员会、嘉定区人民政府：

今年是上海市红十字会成立一百周年，也是第64个“5·8”世界红十字日，为宣传“人道、博爱、奉献”的红十字理念，促进人类和平进步事业，上海市红十字会将在嘉定举办“中华文化与红十字运动”论坛，嘉定区红十字会为承办单位。

本次论坛将诚邀来自全国的红十字精英、专家学者和志愿者齐聚嘉定，共同探讨“中华文化与红十字运动”，凝聚社会爱心力量，推动红十字事业的蓬勃发展。

附件：《“5·8”世界红十字日论坛方案》（略）。

4月6日 嘉定区红十字会下发《关于开展2011年纪念“5·8”世界红十字日活动的通知》（嘉红〔2011〕7号）。

嘉定区各镇、街道、工业区、菊园新区、教育局红十字会、医疗卫生系统红十字团体会员单位：

今年的5月8日是第64个世界红十字日，又恰逢上海市红十字会成立一百周年。根据中国红十字总会及上海市红十字会有关“5·8”活动通知精神，我会将紧紧围绕“携手人道促和谐，志愿服务为民生”的活动主题，发动基层红十字会在辖区内以多种形式，积极开展丰富多彩的各类纪念活动。大力宣传第64届世界红十字纪念日，积极营造良好的活动氛围，不断扩大红十字运动的社会影响力。

一、活动内容

（一）积极参与上海市红十字会组织的各项活动

1. 积极承办纪念上海市红十字会成立一百周年系列活动之一：“中华文化与红十字运动”主题论坛。

2. 配合市红会，以“志愿者与志愿服务年”为主题，围绕“救灾、救护、救助”和重大活动，开展与红十字志愿服务相关的活动。

3. 积极参与第二届上海市红十字青少年文化节各项活动。

（二）4月11日，举行由嘉定区红十字会、嘉定区环保局共同主办，菊园新区管委会承办的以“爱心奉献、真情付出，支持环保、倡导低碳”为主体的“嘉定区爱心低碳行动启动仪式”。全区各街镇红十字会在“5·8”期间开展爱心低碳行动。

（三）4月15日—17日，以F1赛事的举办为有利契机，由嘉定区红十字会主办、上海千聚餐饮管理有限公司赞助，在F1国际赛车场水景广场开展“千聚爱心　牵手F1”红十字志愿者劝募、红十字知识宣传、急救技能演示及指导及上海千聚餐饮管理有限公司爱心募捐活动。

（四）以“5·8”世界红十字日活动为契机，与卫生系统联合举办全区范围的义诊活动。

（五）教育系统红十字会以“5·8”世界红十字日活动为契机，以学校红十字会为单位开展义卖活动；5月中旬，在上海市大众工业学校开展造血干细胞集中血检活动。

（六）5月下旬开展以“爱，让世界更美好!”为主题的演讲比赛，在此基础上，选拔优秀选手组成嘉定区红十字会巡回宣讲团。

（七）积极开展“建党90周年送温暖”活动。

（八）结合上海市红十字会成立一百周年，做好宣传，在各街镇主要路口设置大型广告牌。

二、活动要求

1. 各街镇、教育局红十字会、医院等单位要积极发动，制订计划，认真组织并开展富有特色的“5·8”系列活动，在活动中要注意资料积累，及时上报有特色的活动信息。

2. 各医院请于5月12日前将活动总结及活动情况汇总表（附件一）上报至所属街镇红十字会。

3. 各学校请于5月12日前将活动总结及活动情况汇总表（附件一）上报至教育局红十字会。

各街镇、教育局红十字会请于4月20日前完成活动计划的上报，5月15日前将活动总结、活动情况汇总表（附件二）上报区红十字会基层建设部。

附件：（略）。

4月11日 由嘉定区红十字会、嘉定区环境保护局联合举办的“爱心低碳行动”启动仪式在菊园新区文化活动中心广场隆重举行。副区长夏以群向红十字物资募集志愿服务队授旗。来自全区各街镇红十字会、区环保局、区教育局及物资义卖单位的代表、社区群众等200余人参加了活动。上海市红十字会常务副会长马强、市环保局副局长孙建等领导出席仪式。

附件1：嘉定区红十字会常务副会长王晓燕《在嘉定区“爱心低碳行动”启动仪式上的讲话》。

尊敬的各位领导、各位来宾：

今天，我们相聚在这里，举行“红十字爱心低碳行动”启动仪式，以弘扬中华民族扶贫济困美德，倡导社会互助精神，提升群众环保意识。今年是上海市红十字会成立100周年，又是中国共产党建党90周年，我们将以“爱心低碳行动”来纪念这一特殊而有意义的时刻。在此，我谨代表嘉定区红十字会向出席今天仪式的各界代表表示热烈的欢迎！向长期关心支持红十字事业的爱心人士表示衷心的感谢！向前来参加爱心义卖活动、慷慨捐赠以及热衷环保事业的广大市民和企事业单位代表致以崇高的敬意！

一直以来，嘉定区红十字会在各级领导的重视关心和社会各界的支持参与下，认真履行“救灾、救护、救助”职能，大力弘扬“人道、博爱、奉献”精神，创新思路，整合资源，积极主动地开展各项人道主义工作，从物质上、精神上支持和援助困难群体，得到了群众的好评和社会的肯定，也为我们逐步拓展人道救助领域工作开辟新路。

今年，我们联合区环保局在全区范围内倡导开展爱心低碳行动，呼吁广大市民捐出家中的闲置物品，奉献一份无私爱心，为处在困境中的朋友提供援助，为建设低碳环保的绿色家园贡献力量。我们将在全区12个街镇建立红十字物资募集站，以固定站点接收群众和企业的日常捐赠；并组建红十字物资募集志愿服务队，借助志愿者的力量，做好物资的接受、整理、分类、定价等日常工作。在活动形式上，我们采取物资义卖和物资交换两种方式。一是在双休日、节假日集中地点开展义卖活动，把市民捐赠的物资以低廉的价格送进工地、送到社区，以筹集更多的善款，惠及更多的百姓；二是通过搭建物资交换平台，发动群众以相互交换物品的形式，各换所需，使闲置物品得到再循环、再利用。同时，我们要通过加大宣传力度，扩大社会影响，树立良好口碑，引起市民关注，使广大群众通过爱心低碳行动这一平台，逐步形成自觉交换物品、自愿捐赠物品的良好意识，并通过规范、有序、持久的长期运作，带动更多的热心市民参与到这一活动中来，从而达到倡导环保、弘扬爱心的最终目的。

中国的红十字事业和环境保护事业，都是伴随着新中国的蓬勃发展而逐步茁壮成长起来的，都是人类精神文明高度发展的产物。红十字运动的宗旨是保护人的生命和健康，而保护环境与红十字会保护生命的宗旨息息相关、紧密相连。我们感到：挽救一个生命就是挽救一个家庭，就是促进社会和谐，推动可持续发展。我们承担着这项伟大的使命，需要倾注更多的爱心和精力。发起“爱心低碳行动”，就是立足“生活更美好、百姓更幸福”这一目标，呼吁广大市民选择一种更加有利于环境保护的、绿色低碳的生活方式，捐出自己尚可使用的闲置物品用于爱心义卖，在做到物尽其用的同时又献出了一份爱心，帮助身边生活困难的人。把“爱心”与“低碳”紧密融合，就是我们活动的意义所在。

红十字会是一个“爱的舞台”，是一个展现热心人士无私奉献的舞台，更是一个传播爱、赋予爱的舞台。在播撒爱心的过程中，红十字精神得以弘扬，红十字理念得以深化，红十字事业得以不断发展。回顾我区红十字事业的发展历程，尽管风风雨雨，任重道远，但也成效显现，获得了良好的口碑。在此，我向大家郑重承诺：我们一定会珍惜荣誉，严格遵守《中华人民共和国红十字会法》和《上海市红十字会条例》的相关规定，负责任地用好每一分善款。

最后，我真诚希望广大市民能够积极参与到“爱心低碳行动”中来，让我们凝聚爱心，汇聚力量，更好地传播环保理念，更有力地改善困难群众的生活状况，让红十字精神传承不息，也为打造绿色、低碳的健康家园尽一份绵薄之力。

谢谢大家!

附2：区红十字会、区环境保护局《“爱心低碳行动”倡议书》。

滴水汇大江，碎石堆海岛。中华民族自古以来就有扶贫帮困、乐善好施的优良美德，在物质文明和精神文明大步迈进的今天，互相帮助、患难扶持更是当前构建和谐社会倡导的时代新风。

嘉定区红十字会、嘉定区环境保护局联合发起“爱心低碳行动”，旨在倡导低碳生活，弘扬“人道、博爱、奉献”的红十字精神。活动以“爱心奉献、真情付出；支持环保、倡导低碳”为主题，所募集的物资将通过爱心义卖的形式，进一步充实嘉定区红十字会人道救助基金，用于对辖区内困难群体的帮困救助。嘉定区红十字会真诚呼吁：为了让生活在同一片蓝天下的你我共沐阳光，共享幸福，请捐出一件闲置物品，奉献一份无私爱心；用您的仁爱之心为处于困境中的朋友带来温暖和希望，用您的明智之举为建设低碳环保的绿色家园贡献绵薄之力。

让我们共同携手，把点滴的付出凝聚成爱心的长虹，以博大的胸怀铸就人间的温情，用无私的爱心把我们生活的城市装扮得更加美好和谐!

4月12日　嘉定二中红十字会第一次会员代表大会在雄壮的国歌声中拉开了序幕。大会选举产生了第一届理事会会长、副会长、秘书长等共十五位理事。嘉定二中管文洁副校长主持会议。嘉定区红十字会副会长汪丽萍到会祝贺。

4月15日—17日　F1中国大奖赛期间，来自上海科技学院、上海工艺美术职业学院、上海师范大学天华进修学院和嘉定一中的红十字志愿者们，放弃休息，志愿参加“千聚爱心　牵手F1”红十字服务活动，筹集善款近万元，发放红十字宣传册数千份。

4月18日　嘉定一中召开红十字会第一次会员代表大会。师生代表共70人参加会议。大会选举产生了嘉定一中第一届理事会会长、副会长、秘书长等共十七位理事。嘉定区红十字会副会长汪丽萍女士到会祝贺。

4月21日　嘉定区红十字会《关于李峰同志任八级普通管理岗位的请示》(嘉红〔2011〕8号)。

嘉定区人社局：

为进一步调动工作人员的工作积极性和主动性，切实做好我区红十字工作，现根据岗位设置和工作需要，经民主推荐，区红十字会党组研究决定，李峰同志拟任事务中心八级普通管理岗位。

附件：李峰同志考察材料（略）。

是日 嘉定区红十字会下发《关于李海青同志任职的通知》（嘉红〔2011〕9号）。

嘉定区各镇、街道、工业区、菊园新区、教育局红十字会：

区红十字会决定：任命李海青同志为上海市嘉定区红十字会事务中心副主任（试用期一年）。

特此通知。

同日 嘉定区红十字会下发《关于成立嘉定区红十字会2011年市政府实事项目领导小组和工作小组的通知》（嘉红〔2011〕10号）。

嘉定区各镇、街道、工业区、菊园新区红十字会：

完成“为5000名社区重度失智困难老人配送护理用品项目”已被列为2011年上海市政府要完成的与人民生活密切相关的实事。为保证项目的具体实施，现成立嘉定区红十字会2011年市政府实事项目领导小组和工作小组：

一、领导小组

组长：夏以群（嘉定区人民政府副区长、区红十字会会长）；

副组长：王晓燕（嘉定区红十字会常务副会长）、陈宾（嘉定区民政局局长）、陈蕴珠（嘉定区工商联合会党组书记）；

组员：陈阳（嘉定区民政局老龄工作科科长）、葛文华（嘉定区红十字会基层建设部部长）、李海青（嘉定区红十字会赈济救护部部长）、李峰（嘉定区红十字会志愿服务部部长）。

二、工作小组

组长：王晓燕（嘉定区红十字会常务副会长）；

组员：李海青（嘉定区红十字会赈济救护部部长）、邵一（嘉定区红十字会赈济救护部专职干部）、彭海英（嘉定区安亭镇红十字会秘书长）、张寿明（嘉定区马陆镇红十字会秘书长）、庞珍绵（嘉定区南翔镇红十字会秘书长）、金晓萍（嘉定区江桥镇红十字会秘书长）、罗英（嘉定区徐行镇红十字会秘书长）、陆苡玮（嘉定区外冈镇红十字会秘书长）、陈蓓芳（嘉定区华亭镇红十字会秘书长）、冯根兴（嘉定区嘉定镇街道红十字会秘书长）、赵乾顺（嘉定区新成路街道红十字会秘书长）、唐志刚（嘉定区真新街道红十字会秘书长）、冯磊（嘉定工业区红十字会秘书长）、高红珠（嘉定区菊园新区红十字会秘书长）。

领导小组及工作小组人员若有变动，由岗位接任者自然递补。

同日 嘉定区红十字会制定《关于落实为社区重度失智困难老人配送护理用品项目的实施意见》（嘉红〔2011〕11号）。

嘉定区各镇、街道、工业区、菊园新区红十字会：

为确保完成2011年市政府实事项目——“为5000名社区重度失智困难老人配送护理用品项目”（以下简称“项目”）工作，规范护理用品配送、开展老年介护知识培训以及项目志愿服务等工作，特制定本实施意见。

一、项目内容

为嘉定区社区重度困难失智老人提供护理用品配送服务；为患者家属及看护人员开展老年介护相关知识培训；组织志愿者为患者提供与项目有关的服务。

二、组织保障

为确保项目在本辖区的有效落实和稳步推进，成立区项目领导小组，负责项目的组织实施和统筹协调；成立项目工作小组，负责项目的具体实施，办公地点设在区红十字会赈济救护部。

三、工作职责

区红十字会负责制定项目实施计划，审定服务对象，开展项目管理；组织、协调街（镇）红十字会落实项目实施；对街（镇）项目负责人、志愿者进行培训，组织实施老年介护相关知识培训；协助市红十字会做好项目督导、评估、检查等工作。

街（镇）红十字会负责组织居（村）委会红十字组织（红十字服务站）落实项目实施计划，筛选提交服务对象名单等。

居（村）委会红十字组织（红十字服务站）负责组织志愿者排摸并征求服务对象意愿；组织志愿者对审定的服务对象开展定期上门探望、发送护理用品等相关服务；组织家属及陪护人员参加老年介护培训等。

四、申请条件

患者本人具有本市户籍；年龄在60周岁及以上；患者本人及夫妻双方月平均收入等于或低于2010年上海市最低工资标准1120元；患者大小便失禁，生活不能自理，居家护理；有能履行监护职责的合法监护人。

五、申请程序

1. 符合申请条件且愿意接受服务的老人，可向户口所在地居（村）委会红十字组织（红十字服务站）提出申请（应附医院疾病诊断意见复印件)，并由患者监护人（亲属）填写《申请表》(见附件1)。

2. 居（村）委会红十字组织（红十字服务站）在收到申请后，应上门核实并填写《审批表》（见附件2）报街（镇）红十字会；街（镇）红十字会复核汇总后报区红十字会。

六、服务内容

1. 护理用品配送：对本区符合项目补助条件的老人，每人每月提供价值约155元的护理用品，其中成人纸尿裤20条、一次性尿片70片、床用护理垫10片。

2. 为患者家属及看护人员进行老年介护相关知识培训。

3. 组织志愿者定期为患者提供与本项目有关的无偿服务。

七、服务终止

1. 终止条件：

（1）患者或配偶收入增加，超出申请条件；

（2）患者很少使用或未使用发送的护理用品；

（3）患者去世；

（4）其他不宜继续提供服务的情况。

2. 终止程序：

（1）患者监护人或志愿者填写《终止单》(见附件3）送交所属居（村）委会红十字组织（红十字服务站)。

（2）居（村）委会红十字组织（红十字服务站）在接到终止服务申请的三个工作日内完成审核、终止服务，报街（镇）红十字会；街（镇）红十字会在三个工作日内完成复核，报区红十字会备案。

八、资金保障

1. 项目经费按照“合理、必需、保基本”的原则，由市、区红十字会两级统筹。

2. 区红十字会设立项目专项基金，实行专款专用。主要用于采购和配发护理用品；开展老年介护相关知识培训；开展项目宣传、评估、总结、志愿服务及实施过程中发生的其他相关费用。

九、工作要求

1. 建立健全项目管理信息库。街（镇）红十字会应根据统一要求，及时准确地做好每月数据的上网录入、更新和统计工作。

2. 加强护理用品管理。街（镇）红十字会应指定专人负责护理用品的签收、发放、入账、汇总等工作；志愿者领送及患者监护人领用护理用品均需办理签收手续（见附件4、5)。

3. 加强资料管理，建立服务对象档案。各级红十字会要认真做好项目申请、审批、护理用品签收、志愿者名册等相关资料的收集归档工作；做好服务对象个人及家庭信息的保密工作。

4. 居（村）委会具体工作人员（志愿者）与服务对象应建立相对稳定的对口服务关系，每次上门服务须事先联系。志愿者应佩带红十字志愿者证，首次上门应由居（村）委会人员陪同。

5. 实事项目采取两级评估制。区红十字会与区民政局建立项目实施情况沟通机制；建立区项目督导评估组，定期开展项目实施情况交流、检查和督导（见附件6）。采取多种形式，按照5%～10%比例进行服务质量满意度测评。

6. 加大项目宣传力度。各级红十字会要通过广播、电视、报纸、网络等多种途径开展项目宣传，为项目服务的可持续发展争取社会资源，进一步扩大红十字会的社会影响力。

附件：（略）。

同日 嘉定区四家“红十字冠名医院”——中心医院、妇幼保健院、迎园医院、江桥红十字老年护理院院长一行在区红十字会常务副会长王晓燕、副会长汪丽萍的带领下，前往闵行区华漕社区卫生服务中心参观学习。市红十字会赈济救护部部长滕桂香应邀前往指导。

区红十字会向迎园医院和江桥红十字老年护理院捐赠了洗发车。

4月25日 嘉定区红十字会在安亭镇会议中心召开第二季度工作例会。各街镇、教育局红十字会干部20余人参加了会议。常务副会长王晓燕传达了上海市红十字会第八届三次理事会的主要精神。会上，菊园新区、工业区红十字会分别就爱心低碳行动、社区困难失智老人关怀救助项目作了交流发言。

4月27日 南京市红十字会考察团一行来到嘉定区红十字会进行考察。区红十字会副会长汪丽萍盛情接待。

4月28日 “格尔爱心”项目救助款发放仪式在嘉定区红十字会会议室举行。市红十字会赈济救护部滕桂香部长，以及嘉定区各街镇的红会干部、受助家庭代表等30余人参加了仪式。该项目由上海格尔汽车附件有限公司赞助，运作资金60万元，分三年实施，用于对嘉定地区家庭成员身患重大疾病的60户贫困家庭进行救助，每户给予一次性补助1万元。

5月6日 上海市红十字会成立100周年系列活动之一“中华文化与红十字运动——暨纪念‘5·8’世界红十字日”论坛在有着浓厚儒家

文化底蕴的历史古城嘉定召开。嘉定区区长、区红十字会名誉会长孙继伟出席论坛并致辞，论坛由上海市红十字会副会长李明磊主持，来自国际国内红十字同仁、社会各界人士代表等200余人参加了论坛。

5月6日—8日 为纪念第64个“5·8”世界红十字日和上海市红十字会成立100周年，嘉定区红十字会以“携手人道促和谐，志愿服务为民生”为主题的系列活动。6日，由区红十字会、区老干部局、嘉定镇街道联合举办的“老干部防灾自救知识讲座”在街道党员服务中心举行。来自嘉定镇街道的40余位离退休老干部参加了讲座。8日，嘉定区迎园医院举行亨利·杜南铜像揭幕暨嘉定区红十字会捐赠仪式，区红十字会副会长汪丽萍、新成路街道副主任王陈芳共同为铜像揭幕。近百名红十字志愿者在新落成的亨利·杜南铜像前举行了红十字入会宣誓仪式。同日，各街镇红十字会开展了以“博爱奉献，倡导低碳”为主题的“5·8”纪念专题活动，社区红十字志愿者、校红十字青少年踊跃参加红十字劝募及义卖活动，全区共募得善款近五万元。与此同时，各街镇红十字志愿者们还佩戴红十字胸章奔赴各敬老院，为住院老人们剪剪指甲、整理床铺、拉拉家常。此外，区红十字会与区卫生局还在全区范围内联合举行了“送医下乡”义诊活动。

5月17日 嘉定区红十字会《关于申请民办农民工子女小学教师体检经费的请示》（嘉红〔2011〕12号）。

嘉定区人口综合服务和管理领导小组：

为进一步关注我区民办农民工子女小学教师的身体状况，嘉定区红十字会于2011年设立“健康园丁”项目，拟对我区民办农民工子女小学中的非本市户籍教师进行健康体检，以保障教师身体健康，体现人道关爱。

为确保项目的顺利实施，今年我会拟向区人口综合服务和管理领导小组申请体检经费5万元。其中马陆镇2万元、徐行镇1.5万元、嘉定工业区1.5万元。

5月25日 区红十字会轮椅捐赠仪式在区委老干部局多功能厅举行。区红十字会党组书记、常务副会长王晓燕代表红十字会向本区离休干部赠送了10辆轮椅。区委组织部副部长、区委老干部局局长黄正德代表老干部局和广大老干部向红十字会表示了衷心感谢。

5月30日 “六一”儿童节来临之际，嘉定区副区长夏以群、区红十字会常务副会长王晓燕、区教育局局长毛长红、区卫生局党委书记顾惠文等一行走访慰问了家住安亭镇的2名大病儿童，向这些遭受疾病摧残的孩子送上节日的礼物。

同日 嘉定区红十字会机关工作人员以《生命之歌》为主题，以大合唱的形式，参加了由区级机关党工委举办的第八届职工文艺汇演入围节目预演。

6月1日 嘉定区红十字会、嘉定区团委和嘉定新城发展有限公司联合主办的“爱满嘉定 关爱孤儿”活动在嘉定新城展示馆多功能厅举行。嘉定区副区长夏以群、区红十字会常务副会长王晓燕、团区委书记汤艳、嘉定新城发展有限公司副总裁蒋丽敏等领导出席活动，并与15位孤儿及志愿者们共同欢度“六一”。

6月7日 嘉定区红十字会与区文广局联手，在嘉定地区农村数字电影播放时，加放时长一分钟的《上海市红十字会宣传片》，播放周期将达5个月。

6月15日 嘉定区红十字会备灾救灾仓库授牌仪式在华荣科技股份有限公司会议室举行。区红十字会常务副会长王晓燕、徐行镇副镇长张敏、华荣科技股份有限公司执行总裁李妙华等出席仪式。

仪式上，嘉定区红十字会与华荣科技股份有限公司签订协议，在未来10年，华荣公司把部分库房无偿用于红十字备灾仓库，并将价值30万元的照明设备作为备灾物资存放入库，并将根据需要，随时启动。区红十字会常务副会长王晓燕向华荣公司代表授牌。

6月16日 嘉定区光彩事业促进会“2011—2013年光彩项目”签约仪式在区人民政府广厦厅举行。区委副书记曹一丁、区委统战部部长张敏、副区长费小妹、倪耀明等领导出席仪式。仪式上，嘉定区光彩事业促进会向区红十字会捐款100万元。常务副会长王晓燕代表区红十字会与区光彩会副会长魏中浩签约接受捐赠。

6月19日 嘉定区红十字会在区进修学院举办了两期应急救护知识普及培训，共有十个班。区红十字会为每个班级配备了经验丰富的师资。全区600位民办农民子弟学校教师参加了培训。

6月24日 为更好地配合上海市政府实事项目——“为5000名社区重度失智困难老人配送护理用品”，嘉定区红十字会成立“长者关怀”志愿服务队，并申报成为中国红十字总会志愿服务项目，力求打造一支具有自身特色、可供全国推广的志愿者队伍。

同日 嘉定区标准化红十字服务站建设推进会在江桥镇召开。来自各街镇的红十字指导员、红会干部及部分基层红十字服务站负责人参加了会议，上海市红十字会副会长李明磊到会指导。来自徐行镇小庙村党支部、南翔镇虹翔社区红十字服务站、江桥镇红十字会等五位代表分别作了发言。会议由嘉定区红十字会副会长汪丽萍主持。

6月30日 嘉定区红十字会常务副会长王晓燕、徐行镇党委副书记王瑛瑾等一行走访慰问家住徐行镇徐行村的刘女士家庭，为她送上今年第二笔红十字大病重病帮扶救助金28080元，以及夏被、食品等慰问品。

6月 反映捐献造血干细胞的电视专题片《生命的华彩》（陶继明编剧，蔡逸欧摄制），荣获上海市区（县）红十字青少年工作短片制作比赛优秀故事案例短片奖。

7月6日 嘉定区红十字会救护培训区级师资教学工作会议在工业区管委会召开。从60多位镇级师资中选拔出的试讲教师代表及区级骨干师资参加会议，区红十字会副会长汪丽萍出席会议并讲话。会上，授课教师从学员结构层次、培训效果等角度纷纷交流感受，对教学过程中遇到的难题与困惑进行了探讨。

7月13日 上海市红十字会常务副会长马强、市民政局副局级巡视员蔡茗升等一行对嘉定区2011年市政府实事项目——“为5000名社区重度失智困难老人配送护理用品项目”开展情况进行中期评估。

评估会后，市评估组一行走访了嘉定镇街道一位99岁高龄的项目受助对象，代表红十字人向老人致以亲切而真挚地问候。

7月14日 嘉定区红十字会邀请市红十字会培训交流中心主任张谨前来指导救护培训工作。张主任对我会在培训过程中遇到的教学内容变动性、学员结构差异性等方面问题做了详细的解答和探讨。区红十字会常务副会长王晓燕、副会长汪丽萍出席汇报、讨论。

同日 嘉定区交通运输管理局召开系统红十字会筹备会，局下属8家基层单位行政主要负责人参加了会议，局长陈彪到会并做讲话。会议由朱洪标副局长主持，区红十字会副会长汪丽萍应邀前往指导。

7月15日 嘉定区江桥镇私营业主王文斌在家人的陪同下走进上海市第一人民医院造血干细胞采集室，为小男孩捐献造血干细胞。这是我区今年第一例成功捐献造血干细胞的志愿者。目前，我区已有8名志愿者成功捐献造血干细胞，为拯救白血病患者奉献自己的爱心。

是日 嘉定区红十字会下发《关于表彰造血干细胞捐献者的决定》（嘉红〔2011〕13号）。

各镇、街道、嘉定工业区、菊园新区、教育局红十字会：

为弘扬红十字人道主义精神，更好地发挥先进青年的模范带头作用，促进我区红十字工作的进一步发展。根据《上海市红十字会条例》，嘉定区红十字会决定对成功捐献造血干细胞的志愿者王文斌予以表彰，并授予“博爱之星”的光荣称号。

希望受到表彰的先进个人珍惜荣誉，再接再厉，为嘉定区红十字事业的发展再立新功。同时我们号召全社会的青年人积极行动起来，以先进模范为榜样，不断发扬红十字“人道、博爱、奉献”的精神，为病患点燃生的希望，积极加入到造血干细胞捐献者资料库中，为提升城市精神风貌，为嘉定经济和社会的发展做出新贡献。

7 月 18 日 嘉定区红十字会召开机关全体工作人员会议，重点传达学习上海市红十字工作专题会议精神。会上，区红十字会副会长汪丽萍详细传达了中国红十字会总会廉政工作会议精神，专题学习了上海市红十字会关于规范捐赠行为、规范与企业的合作、规范人道救助基金及物资管理等方面的工作要求。

7 月 20 日 嘉定区红十字会 2011 年上半年工作会议在菊园新区管委会会议中心举行。各街镇及教育系统红十字会干部出席会议。菊园新区、徐行镇、真新街道、江桥镇的红会干部分别对本街镇红十字工作作了交流发言。会上，常务副会长王晓燕强调要做好下半年“组织建设、队伍建设和制度建设”三方面工作重点。会议由区红十字会副会长汪丽萍主持。

7 月 22 日 嘉定区食品药品监督管理局向嘉定区红十字会送来了全体机关工作人员募捐的 145 件物品，其中包括电饭煲、榨汁机、棉被、书本等生活常用物品，以实际行动支持红十字的爱心事业。这批物资将通过爱心义卖的形式，充实嘉定区红十字会人道救助基金，用于对辖区内困难人群的救助。

是日 嘉定区红十字会遗体（角膜）捐献登记者联谊会组织全体组长赴江桥镇参观考察嘉定区红十字会“太太乐”爱老助老人道救助项目的战略伙伴企业——上海太太乐食品有限公司。

7 月 25 日、26 日 嘉定区红十字会常务副会长王晓燕、副会长汪丽萍携同“春蚕之家”联谊会成员冒着高温，走访慰问区内 80 岁以上遗体捐献登记者，向他们致以夏日问候。

7 月 27 日 “红色青春　点燃生命的希望”2011 年嘉定区团员青年造血干细胞首场集中血检活动在安亭举行，安亭镇各村、社区、企事业单位的 63 名青年志愿者纷纷登记捐献造血干细胞，郑重承诺今后将为配对成功的患者进行捐赠。而今年区红十字会造血干细胞捐献活动也由此拉开序幕。

8 月 18 日 2011 年嘉定区少儿住院互助基金管委会工作会议在区红十字会召开，副区长、区红会会长夏以群，区教育局副局长朱芳，区卫生局等有关领导出席会议。会议明确了新学年少儿住院基金工作的职责、任务和要求，为我区新学年少儿住院基金工作的顺利开展奠定了良好的基础。区红十字会党组书记张丽萍主持会议。

8 月 22 日 嘉定区红十字会党组书记张丽萍在江桥镇副镇长钱伟勤的陪同下，来到江宁社区慰问因楼道失火而遭受严重损失的两户家庭，并各送上“雪中送炭”项目救助款 2 万元。

8 月 23 日 嘉定区红十字会下发《关于开展 2011 年“世界急救日”活动的通知》（嘉红〔2011〕14 号）。

嘉定区各镇、街道、嘉定工业区、菊园新区、教育局红十字会：

红十字会与红新月会国际联合会将每年 9 月的第二个星期六定为“世界急救日”。今年 9 月 10 日为“世界急救日”，活动主题是“红十字‘救’在身边”。根据上海市红十字会《关于开展 2011 年“世界急救日”主题活动的通知》精神，嘉定区红十字会将围绕活动主题，开展以下活动：

1. 积极参加上海市红十字会世界急救日应急演练、救护培训精品课程评选、征文等各项活动。

2. 8 月 26 日举办嘉定区红十字救护培训教研活动。

3. 9 月举办嘉定区红十字会纪念世界急救日“爱，让世界更美好”演讲比赛。

4. 9 月举办嘉定区红十字会造血干细胞集中血检活动。

各镇、街道、嘉定工业区、菊园新区、教育局红十字会要抓住“世界急救日”宣传月活动的契机，积极配合区红会开展各项活动，同时各单位根据实际情况通过各种形式广泛开展宣传，切实增强市民的急救意识，推进红十字救护工作。

请 8 月 30 日前上报“世界急救日”活动安排，9 月 15 日前上报活动书面小结。

8 月 24 日 嘉定区红十字会老年介护知识培训在迎园医院正式启动。来自迎园老年护理院的部分医护人员、重度失智老人家属及看护人员 30 余人参加了培训，由市老年介护培训师资张云芳老师为学员们授课。

8 月 26 日 嘉定区红十字会与嘉定新城公司共同举行 2011 年暑期

爱心助学活动。区红十字会党组书记张丽萍，新城公司监事长张连龙、副总裁蒋丽敏等领导出席爱心助学座谈会。新城公司结对的区红十字会“助学成才”项目受助学生以及嘉定工业区福蕴社区受助学生、福蕴社区代表、“助学成才”结对项目志愿者等参加活动。

是日 嘉定区红十字会救护师资教研活动在新成路街道举行，全区36名镇级救护师资参加此次活动，活动分操作实践与理论讲座两部分。市红十字会培训交流中心办公室主任姚月琴应邀前来作救护培训知识讲座。

8月27日、29日 嘉定区少儿基金办联合区教育局、区卫生局召开2011学年少儿基金收费工作会议。区教育局副局长朱芳、区卫生局副局长许文忠、区红十字会秘书长朱培令等相关领导出席会议。会议最后，区少儿基金办还分别对参加会议的学校和医院经办人员进行了少儿基金收费工作的业务培训。

8月29日 嘉定区红十字会教学经验丰富的区级救护师资王惠琴老师应邀到区老干部局，开展老年意外伤害现场救护知识培训，来自全区的一百多名老干部工作者参加了培训。

8月30日 嘉定区红十字会举办以“爱，让世界更美好”为主题的演讲比赛初赛。来自各街镇、委办局的21名选手参加了比赛。

9月3日 嘉定区红十字会“采埃孚”健康园丁项目启动仪式在工业区社区卫生服务中心举行，区红十字会党组书记张丽萍，区教育局局长毛长红，区卫生局副局长许文忠，区社建办副主任陈钢，工业区社会发展部部长张敏，采埃孚转向系统有限公司兆万松、党委副书记严维华等领导出席活动。

9月4日 嘉定区“春蚕之家”联谊会在嘉定区图书馆举办《常见意外伤害及现场急救知识》讲座。讲座邀请了区红十字会的优秀讲师邵宁芳担任主讲，共有100余名志愿者参加。

9月7日 嘉定区红十字会在外来从业人员集居中心——马陆镇永盛公寓开展爱心义卖活动，300多名外来从业朋友及红十字志愿者踊跃参加了义卖。

9月9日 中秋佳节来临之际，上海三牛食品有限公司向嘉定区红十字会捐赠价值14968元的月饼，希望通过区红十字会为嘉定社会福利院、嘉定区迎园老年护理院和新成路街道敬老院的老人们送上月饼，致以节日的问候，以表达企业对老人的一份关爱。

9月13日 “爱，让世界更美好”——嘉定区红十字会演讲比赛暨嘉定区区级机关红十字工作委员会成立仪式在区综合办公大楼广厦厅隆重举行。上海市红十字会副会长李明磊专程到会祝贺，嘉定区副区长、红十字会会长夏以群，原嘉定区副区长、红十字会原会长周丽玲，嘉定区区级机关党工委书记魏滨海，市红十字会信息传播部副部长崔月芳等领导出席活动仪式。区级机关各党组织负责人、各街镇及教育局的红会干部、社区标准化红十字服务站负责人等160余人参加了此次活动。

9月17日 嘉定区红十字会配合区民防办在新成路街道迎园广场开展第11个全民国防教育日宣传活动。区委常委、副区长庄木弟亲临活动现场指导。嘉定区红十字会党组书记张丽萍、区级救护培训师资、红十字救护员及志愿者20余人参加活动。

9月26日 重阳节之际，嘉定区红十字会区级骨干救护师资王惠琴老师为40多位区政府办公室离退休老干部举办“老年意外伤害现场救护暨常见疾病预防知识”讲座。

9月27日 嘉定区红十字会文艺宣传队和巡回演讲团来到新成街道社区文化中心，举行首场以“爱，让世界更美好”为主题的巡回演讲和演出，向市民传播自愿无偿的志愿服务理念、“人道、博爱、奉献”的红十字精神和社会主义核心价值观。

9月28日 嘉定区红十字会为菊园新区嘉枫社区居民举办了一场红十字应急救护知识讲座。这是嘉枫社区在上海地铁十号线事故发生后，特别邀请区红十字会为社区居民开设的讲座，旨在提高居民们应对意外伤害的能力。

9月28日、29日 由嘉定区红十字会、共青团嘉定区委员会联合举办的2011年嘉定区团员青年造血干细胞集中血检活动在嘉定区影剧院和江桥镇举行。嘉定区红十字会党组书记张丽萍、嘉定团区委副书记朱虹等领导出席活动，来自全区各委、办、局、上海科技学院及部分街镇的243名团员青年志愿者参加了集中血检。

9月30日 嘉定区教育系统红十字会一届二次理事会在区教育局召开。来自教育系统红十字会的19名理事参加了会议。嘉定区教育局局长、区红十字会副会长、区教育系统红十字会会长毛长红，区教育局副局长、区教育系统红十字会副会长朱芳出席会议。嘉定区红十字会党组书记张丽萍到会祝贺。

附：嘉定区教育系统红十字会一届二次理事会理事名单。

毛长红（区教育局局长）、朱芳（女，区教育局副局长）、唐燕（女，区教育局团工委书记）、许海蓉（女，区教育局体卫科艺科副科长）、马永其（嘉定区同济黄渡小学书记、校长）、须立新（女，桃李园实验学校党支部书记、校长）、张洁（女，马陆小学副校长）、张甦（女，城中路小学党支部书记、校长）、李琳（女，南翔中学学生管理处主任）、苏海萍（女，徐行中学副校长）、邱新（女曙城实验学校校长）、陆其华，（嘉定区第一中学党总支副书记）、林晓萍（女，朱桥学校校长）、许伟（区震川中学校长）、金海兴（嘉定区曹阳二中附属江桥实验中学党支部书记、校长）、高康（上海市大众工业学校党总支书记、校长）、苏莉萍（女，区绿地小学党支部书记、校长）、朱一兵（女，新成路小学校长）、许海峰（区第二中学副校长）。

10月8日 嘉定区政府实事工程——民众家庭应急包首发暨培训仪式在嘉定镇街道举行。区委常委、副区长庄木弟，区民防办主任叶晓华，嘉定镇街道党工委书记范意萍，区红十字会副会长汪丽萍等领导出席仪式，来自我区各街镇的武装部长及嘉定镇街道各社区居民100余人参加了活动。

10月11日 嘉定区红十字会2011年救护培训工作研讨会在安亭镇政府举行。上海市红十字会赈济救护部部长滕桂香、嘉定区红十字会党组书记张丽萍、上海市红十字会培训交流中心办公室主任姚月琴出席会议，来自我区部分街镇红会干部、救护培训师资与救护队队员代表等19人参加了会议。会议由嘉定区红十字会副会长汪丽萍主持。

10月21日 浦东新区红十字会一行18人在秘书长李勤的带领下来到嘉定区红十字会交流学习。嘉定区红十字会副会长汪丽萍陪同李勤秘书长一行实地参观了嘉定镇街道塔城路社区及州桥社区两家红十字服务站。

10月24日 嘉定区红十字会2011年第三季度工作会议在区红会举行。来自各街镇及行业红会干部20余人参加了会议。会议由嘉定区红十字会副会长汪丽萍主持。

会后，红会干部们在张丽萍书记的带领下，前往昆山市红十字会交流学习，受到了昆山市红十字会常务副会长刘超英的热情接待，实地参观了昆山泾河村红十字服务站、博爱超市等。

10月26日 嘉定区2011学年少儿住院基金收费工作全面完成。2011学年我区0～18周岁参加少儿住院基金人数共106645人，比2010学年同期增加2640人，基金缴费金额为8531600元。其中全区14所民办农民工子女学校14601名学生全部参加少儿住院基金。同时，区少儿住院基金办为1159名低保学生办理缴费减免手续，减免费用合计92720元。

10月28日 嘉定区红十字会文艺宣传队和巡回演讲团来到嘉定镇

街道办事处会场开展以“爱，让世界更美好”为主题的巡回演讲和演出，向市民传播自愿无偿的志愿服务理念，“人道、博爱、奉献”的红十字精神和社会主义核心价值观。

11 月 2 日 嘉定区区级机关巾帼联谊会女干部救护培训讲座首次在新城公司举行。红十字会教学经验丰富的区级救护师资张云芳老师应邀前往授课，全区 20 名女处级干部参加了培训。

11 月 8 日 嘉定区红十字会召开 2011 年冠名红十字医疗机构评估会议。上海市红十字会副会长孙大红应邀前来指导，区红十字会党组书记张丽萍出席会议。会议由区红十字会副会长汪丽萍主持。会上，我区三家“冠名红十字医疗机构”——区中心医院、区妇幼保健院、江桥镇社区卫生服务中心负责人就医院红十字工作作了专题汇报。

11 月 9 日 嘉定区红十字会助学成才项目推进会在嘉定镇街道举行，助学成才志愿服务队负责人杨泳舲老师及项目志愿者近 50 人参加会议。

11 月 11 日 嘉定区红十字会召开遗体捐献工作座谈会。区红十字会党组书记张丽萍、党组成员朱培令在座谈会上认真听取了区遗体（角膜）捐献登记者联谊会的负责人、组长代表和部分街道、镇的红会干部对本区近年开展遗体捐献志愿服务工作情况的汇报交流以及对今后工作的意见建议。

11 月 18 日 奉贤区红十字会一行 20 余人在常务副会长沈春梅的带领下来到嘉定区红十字会交流学习。双方就当前共同关心关注的组织基础、队伍建设、强化“三救”等工作进行了深入的探讨。嘉定区红十字会副会长汪丽萍还陪同沈春梅会长一行冒雨参观了南翔镇古猗园、丰翔社区标准化红十字服务站。

11 月 24 日 嘉定区红十字会召开市级红十字达标学校复审工作会议。全区 11 所市级达标学校、4 所市级示范学校、1 所全国模范学校校长以及区教育局相关科室负责人参加了会议。嘉定区红十字会党组书记张丽萍出席会议，上海市红十字会青少年工作部部长李江英应邀到会指导。会议由区红十字会副会长汪丽萍主持。

同日，嘉定区红十字会文艺宣传队和巡回演讲团到嘉定工业区裕民社区进行演讲、演出，进一步向市民传播“人道、博爱、奉献”的红十字精神，弘扬社会主义核心价值观。

11 月 24 日—25 日 市红十字会在奉贤举办“上海市遗体捐献志愿服务培训会议”。嘉定区遗体（角膜）捐献登记者联谊会会长卢秀臻、副会长瞿大我参加了培训会议。

12 月 1 日 嘉定区外冈镇 29 岁的医务工作者陈亮在家人的陪同下，走进上海市第一人民医院造血干细胞采集室，捐献造血干细胞，救治一名同样 29 岁患白血病的杭州女孩。这是我区今年第二例成功捐献造血干细胞的志愿者。

上海市红十字会、团市委、区红十字会、团区委、镇红十字会、镇团委、捐献者所在单位社区卫生服务中心分别为陈亮颁发造血干细胞荣誉证书、纪念奖章，送上慰问金，并授予他上海市优秀青年志愿者、嘉定区“博爱之星”等荣誉称号。

同日 嘉定区红十字会下发《关于表彰造血干细胞捐献者的决定》（嘉红〔2011〕15 号）。

各镇、街道、嘉定工业区、菊园新区红十字会：

为弘扬红十字人道主义精神，更好地发挥先进青年的模范带头作用，促进我区红十字工作的进一步发展。根据《上海市红十字会条例》，嘉定区红十字会决定对成功捐献造血干细胞的志愿者陈亮予以表彰，并授予“博爱之星”的光荣称号。

希望受到表彰的先进个人珍惜荣誉，再接再厉，为嘉定区红十字事业的发展再立新功。同时我们号召全社会的青年人积极行动起来，以先进模范为榜样，不断发扬红十字“人道、博爱、奉献”的精神，为病患点燃生的希望，积极加入到造血干细胞捐献者资料库中，为提升城市精神风貌，为嘉定经济和社会的发展做出新贡献。

12 月 1 日、2 日 嘉定区红十字会联合区卫生局、区疾控中心等单位在江桥镇沃尔玛广场和上海科学技术职业学院举行预防艾滋病系列宣传活动，借此使广大群众了解艾滋病的危害性，养成健康文明的生活方式，营造有利于艾滋病防治的社会环境，朝着“行动起来，向‘零’艾滋迈进”。

12 月 2 日 上海市红十字会成立 100 周年纪念大会在上海展览中心友谊会堂隆重举行。中共中央政治局委员、上海市委书记俞正声出席纪念大会，全国人大常委会副委员长、中国红十字会会长华建敏出席大会并讲话。上海市委副书记、市长、市红十字会名誉会长韩正、市人大常委会主任刘云耕、市政协主席冯国勤、市委副书记殷一璀等出席大会。副市长、市红十字会会长沈晓明主持会议。

大会表彰并向第四十三届国际南丁格尔奖获得者、上海市人道博爱特别贡献奖获得者，上海市红十字工作先进集体、先进个人代表及荣获上海市人道博爱奖的集体和个人代表颁奖。

嘉定区红十字会、徐行镇小庙村红十字会、嘉定区中心医院、上海小绵羊实业有限公司分别荣获2006—2010年度上海市红十字工作先进集体。嘉定区安亭高级中学教师、嘉定区第一位嘉定籍造血干细胞捐献志愿者沈婷，南翔镇红会干部庞珍绵，江桥镇红会干部金晓萍，嘉定区红十字会理事、嘉定区广播电视台主持人童生辉，嘉定区红十字会“春蚕之家”联谊会副会长瞿大我，分别荣获2006—2010年度上海市红十字工作先进个人。嘉定区红十字会代表团一行19人在党组书记张丽萍的带领下参加了大会。

同日 由嘉定区红十字会、嘉定区妇联共同发起的妇科重症救助项目——“爱心编织行动”启动仪式在马陆镇天马社区广场举行。区委副书记曹一丁、市妇联副主席黎蓉、区人大副主任张国民、区政协副主席章宇慧、区红十字会党组书记张丽萍、区妇联主席俞敏、马陆镇镇长张玉利等领导出席活动。

12月4日、5日 12月5日是第26个“国际志愿者日”，嘉定区红十字会分别于4日和5日在嘉定区老年护理院和马陆镇开展志愿服务系列活动。区人大常委会主任陈士维、区政协副主席章宇慧、区红十字会党组书记张丽萍、嘉定新城管委会副主任、（马陆镇）副镇长张敏及区红十字会党组成员、秘书长朱培令等领导出席活动。

12月7日 为纪念第26个国际志愿者日，嘉定区红十字会副会长汪丽萍、“助学成才”志愿服务队队长杨泳舲作为“民生热线”栏目的嘉宾，就嘉定区红十字会志愿服务工作的开展接受了嘉定广播电台主持人童生辉的专访，并与热心听众进行在线互动交流，热情解答听众提问。

12月9日 近期，嘉定区红十字会调研组一行在区红十字会党组书记张丽萍、副会长汪丽萍的带领下，前往各街镇、社区红十字服务站开展工作调研。此次调研，着重五个方面的课题：一是探索社区标准化红十字服务站规范运作机制，有效发挥其功能效应；二是试点探索志愿服务项目，把志愿服务与精神文明建设有机结合；三是深化帮困项目库建设，做实做强红十字重点品牌项目；四是加强募捐箱规范化管理，切实发挥爱心凝聚作用；五是挖掘社会各方资源，促进团体和成人会员发展。调研采取课题座谈与实地检查相结合方式进行。

12月11日 嘉定区红十字会下发《关于开展2012年“千万人帮万家”红十字迎春募捐帮困活动的通知》（嘉红〔2011〕16号），要求嘉定区各镇、街道、工业区、菊园新区红十字会，切实做好迎春帮困各有关事项，并及时上报活动小结。

12 月 20 日 嘉定区和金山区红十字会遗体（角膜）捐献登记者联谊会在嘉定菊园新区文化活动中心举行“爱，让世界更美好——2012 年元旦迎新联欢会”。上海市红十字会志愿服务部部长周湘兰、市红会遗体捐献办公室副主任汤兆祥、金山区红十字会常务副会长李美玲、嘉定区红十字会党组成员、秘书长朱培令等领导与会，并同两区遗体（角膜）捐献志愿者、遗体捐献实现者家属代表等 100 多人一起开展联欢。

12 月 21 日 嘉定区副区长李原、区府办副主任杨海荣一行来到区红十字会开展调研，为红会开拓工作思路、拓展服务领域提出了期望和要求。李原副区长充分肯定了嘉定区红十字会基础扎实、亮点工作突出、工作富有成效，同时希望把明年工作做得更加扎实有效。

同日 上海市红十字会在上海艺海剧院召开“博爱于心、志愿于行——上海市红十字会首届星级志愿者表彰大会”，对 2008 至 2010 年度符合一至四星级标准的星级志愿者共 6047 人进行表彰。其中四星级志愿者 956 人（嘉定 114 人）、三星级志愿者 853 人（嘉定 53 人）、二星级志愿者 1195 人（嘉定 30 人）、一星级志愿者 3043 人（嘉定 60 人）。表彰大会上，嘉定区教师进修学院退休教师、嘉定区红十字会遗体（角膜）捐献志愿者联谊会副会长、四星级志愿者瞿大我，作为星级志愿者代表（共 4 人）上台接受了“实话实说”（星级志愿者代表互动节目）主持人的现场采访，介绍了他与作曲家易凤林老师一起创作全国首支遗体捐献者之歌——《生命之歌》和组建全市首支红十字文艺宣传志愿服务队开展宣传活动的过程与感悟。

12 月 23 日 上海市红十字会青少年工作部部长李江英率第七批市红十字达标学校验收组一行，对嘉定区普通小学和迎园中学 2 所新申报市红十字工作达标学校进行验收评审。嘉定区红十字会副会长汪丽萍全程陪同。验收评审采取集中汇报和实地检查相结合的方式。

12 月 27 日 嘉定区红十字会召开救护培训区级师资座谈会，承担我会救护培训任务的区级骨干师资参加了会议。今年，嘉定区红十字会副会长汪丽萍带领分管红会干部、区级师资到各街镇听课，从镇级优秀师资中选拔出嘉定工业区潘伟平老师、真新街道陈建新老师，聘任为救护培训区级师资。全年，嘉定区共培训救护员 1719 名，完成率 101.1%；普及与讲座培训均为 3577 名，完成率 102.2%，提前超额完成当年的培训任务。

2012 年

1 月 上旬，春节即将来临之际，嘉定区人社局退管中心退休干部书法班师生向区红十字会赠送对联 50 幅，并将通过红十字志愿者对遗体（角膜）捐献登记者和实现者家属代表进行上门慰问。

1 月 10 日 嘉定区红十字会与区计生委在新成路街道社区文化活动中心多功能厅举行 2012 年迎春联欢活动。来自各街镇分管领导、红十字指导员、红会与计生干部 100 多人齐聚一堂，共迎新年。区计生委主任王晓燕、区红十字会党组书记张丽萍应邀参加。

1 月 11 日 嘉定区红十字会“千万人帮万家”迎春送温暖主题活动在江桥镇红十字老年护理院隆重举行。上海市红十字会副会长孙大红、嘉定区人民政府副区长李原、江桥镇镇长汪洁、嘉定区红十字会党组书记张丽萍等领导出席，护理院老年长辈、医生护士及红十字志愿者等 80 多人参加活动。活动仪式由嘉定区红十字会副会长汪丽萍主持。

1 月 14 日 嘉定新城公司与嘉定区红十字会举行“爱心结对 1+1”助学签约仪式。新城公司党委书记、总裁李俭，区红十字会党组书记、常务副会长张丽萍，新城公司监事会主席张连龙等领导出席活动。公司党员干部与 34 名新增助学学生签订了“爱心助学”协议书，并送上了助学金。区红会“助学成才”项目中与新城公司结对的受助学生，项目志愿者，公司中层干部、党员 100 余人参加活动。

1 月 16 日 区委副书记、区长马春雷，区委常委、政法委书记倪耀明，区人大副主任张敏，副区长李原、朱建江，区政协副主席严菊明一行在区红十字会党组书记张丽萍、徐行镇镇长胡明华等陪同下走访慰问了徐行村闵东组骨髓瘤癌症患者刘洪明家庭，并送上了红十字慰问金 10011 元。

1 月 21 日 嘉定区红十字会在本部举办救护培训讲座，来自嘉定镇街道汇龙潭社区的近 20 户楼组居民家庭成员参加了培训，区级资深救护老师张云芳应邀授课。

1 月 30 日　嘉定区红十字会遗体（角膜）捐献登记者联谊会（“春蚕之家”联谊会）召开 2012 年工作座谈会。联谊会卢秀臻会长、瞿大我副会长以及各镇、街道小组组长总结交流了去年工作情况和今年工作打算。区红十字会党组书记张丽萍与会并作总结讲话，区红会秘书长朱培令出席了会议。

2 月 6 日　嘉定区红十字会《关于申请〈嘉定报〉刊登遗体捐献工作开展 30 周年专版的请示》（嘉红〔2012〕2 号）。

嘉定区人民政府办公室：

3 月 1 日是上海市遗体捐献纪念日，今年是上海市开展遗体捐献工作 30 周年。为了更好地弘扬“人道、博爱、奉献”的红十字精神，倡导移风易俗的社会新风，嘉定区红十字会将开展以“奉献，让生命更灿烂”为主题的宣传月活动。经副区长李原同意，通过《嘉定报》刊登纪念遗体捐献工作开展 30 周年专版。为此，我会拟于 3 月 12 日前申请《嘉定报》刊登一个专版。

2 月 16 日　嘉定区红十字会第四届理事会第四次会议在区政府综合大楼 A200 会议室隆重召开。嘉定区委副书记刘海涛、副区长李原出席会议并讲话。来自我区各条战线的理事参加了会议。会议由区卫生局局长、区红十字会副会长郑益川主持。

会上，嘉定区副区长、区红十字会会长李原与各街镇红十字会会长签订了 2012 年红十字工作目标管理责任书。

附：嘉定区红十字会《关于嘉定区红十字会第四届理事会第四次会议选举结果的报告》（嘉红〔2012〕4 号）。

中共嘉定区委员会、嘉定区人民政府：

嘉定区红十字会第四届理事会第四次会议于 2012 年 2 月 16 日召开，会议聘请了嘉定区红十字会名誉会长；选举产生了嘉定区红十字会第四届理事会会长、常务副会长；并审议通过了调整和增补理事名单。现将选举结果报告如下：

名誉会长：区委副书记、区长马春雷；

会长：副区长李原；

常务副会长：区红十字会党组书记张丽萍；

调整和增补理事名单（按姓氏笔画为序）：冯传生、朱虹、李原、杨叶芳、沈蓉、张丽萍、陈彪、陈兴华、陈彩兴、罗惠兰、顾建业、徐慧泉、黄月珠。

特此报告。

是日 嘉定区红十字会《关于印发〈2011 年嘉定区红十字会工作总结〉和〈2012 年嘉定区红十字会工作要点〉的通知》（嘉红〔2012〕3 号）。

嘉定区各镇、街道、工业区、菊园新区、教育局红十字会、嘉定区区级机关委红十字工作委员会：

现将嘉定区红十字会第四届第四次理事会审议通过的《2011 年嘉定区红十字会工作总结》和《2012 年嘉定区红十字会工作要点》印发给你们，请结合实际情况，制定工作实施方案，推进红十字事业的发展。

附件：《2011 年嘉定区红十字会工作总结》《2012 年嘉定区红十字会工作要点》（略）。

2 月 26 日 区图书馆的团员青年充分发挥图书馆的文化传播功能，在区图书馆的少儿馆开启了红十字志愿者“周末故事会”导读活动，旨在小读者中广泛传播“人道、博爱、奉献”的红十字精神和文化。

2 月 27 日 嘉定区遗体捐献工作宣传月启动仪式在徐行镇文化体育活动中心隆重举行。嘉定区副区长、区红十字会会长李原，区红十字会常务副会长张丽萍，徐行镇党委副书记王宇伟、副镇长顾建业等领导出席活动仪式。上海市红十字会副会长李明磊到会讲话。

活动仪式上，区红十字宣讲团志愿者代表进行了精彩的演讲；区红十字会和徐行镇文艺宣传志愿者服务队为大家献上了歌伴舞《让世界充满爱》、沪剧《遗体捐献功德无量》、大合唱《生命之歌》等文艺节目。各街镇红会干部、联络员、遗体捐献登记者代表、徐行镇居民等 300 余人参加了此次活动。

3 月 6 日 嘉定区红十字会第一季度工作例会在嘉定镇街道办事处召开。各街镇及行业红会干部 20 余人参加会议。会议传达了总会九届三次理事会、市红十字会八届四次理事会、区红十字会四届四次理事会会议精神。

是日 嘉定区红十字会备灾救灾仓库揭牌仪式在上海申欧企业发展有限公司举行。嘉定区副区长、区红十字会会长李原，上海申欧发展有限公司董事长姜祁云，徐行镇镇长胡明华，区红十字会常务副会长张丽萍等领导出席仪式。区红十字会常务副会长张丽萍与上海申欧企业发展有限公司董事长姜祁云签订了红十字备灾救灾协议。

是日 嘉定区红十字会专门召开街镇红会干部救护培训工作会议，及时了解基层培训情况，准确掌握工作进度。

同日 为期五天的嘉定区红十字救护培训师资初训班在浏河青少年

活动营地展开，28 名营地教职员工参加了培训。培训讲师由区红十字会与教育局联合邀请上海市红十字会的资深师资担任。

3 月 7 日 上海市红十字会一行 9 人在常务副会长马强的带领下来嘉定调研。嘉定区副区长、区红十字会会长李原，区红十字会常务副会长张丽萍、副会长汪丽萍等参加了会议。

是日 嘉定区遗体（角膜）捐献登记者联谊会副会长瞿大我和区红十字会事务中心副主任葛文华作为嘉宾又一次走进嘉定电台，接受主持人童生辉的专访。

3 月 13 日 应嘉定广播电视台的邀请，嘉定区红十字事务中心副主任葛文华、“助学成才”项目志愿者服务队严根发老师、受助学生小波接受了“民生热线”的专访。

3 月 14 日 嘉定区红十字会 2012 年救护培训公开课在上海工艺美术职业学院举行，由区红十字会骨干师资王惠琴老师授课。上海市红十字会培训交流中心主任张谨、办公室主任姚月琴，区红十字会常务副会长张丽萍、副会长汪丽萍亲临现场听课。区红十字会全体救护培训师资、红会干部及联络员、学生等 120 余人参加学习培训。

3 月 20 日 嘉定区红十字会《关于印发〈嘉定区标准化红十字服务站创建标准〉和〈嘉定区示范红十字服务站创建标准〉的通知》（嘉红〔2012〕5 号）。

嘉定区各镇、街道、嘉定新城（马陆镇）、嘉定工业区、菊园新区红十字会：

社区红十字服务站是红十字会传播人道主义的重要平台，是开展志愿服务的窗口。为进一步规范管理、扩大宣传、深化服务，大力弘扬“人道、博爱、奉献”的红十字精神，做实做深我区红十字服务站工作，积极探索长效管理与激励机制，着力提升为民服务水平，扩大红十字社会影响力，特制订社区红十字服务站建设标准。

现将《嘉定区标准化红十字服务站创建标准》和《嘉定区示范红十字服务站创建标准》印发给你们，请结合实际情况，制定工作实施方案，推进区域内红十字服务站的建设与发展。

附件：《嘉定区标准化红十字服务站创建标准》《嘉定区示范红十字服务站创建标准》（略）。

3 月 22 日 “嘉定区纪念上海市开展遗体捐献工作 30 周年座谈会”在区红十字会大会议室召开。嘉定最早进行遗体（角膜）捐献的登记者、实现者家属代表以及《春蚕之家》联谊会组长代表 32 人与会。

嘉定区红十字会党组书记、常务副会长张丽萍，副会长汪丽萍，秘书长朱培令出席了座谈会。会议由嘉定区遗体（角膜）捐献登记者组成的《春蚕之家》联谊会会长卢秀臻主持。

3月28日 中共嘉定区红十字会党组《关于提名推荐朱培令同志为嘉定区红十字会党组纪检组组长人选的报告》（嘉红党组〔2012〕1号）。

中共嘉定区委：

根据《嘉定区党政领导干部选拔任用工作初始提名办法（试行）》（嘉委办〔2012〕1号）要求，2012年3月26日，嘉定区红十字会召开党组会议，集体讨论决定，提名推荐朱培令同志为嘉定区红十字会党组纪检组组长人选。

特此报告。

3月29日 嘉定区冠名红十字医疗机构工作会议在区红十字会召开。各冠名红十字医院会长、秘书长参加了会议。会议由区红十字会副会长汪丽萍主持。

是日 嘉定区红十字会下发《关于印发〈关于落实2012年嘉定区政府实事项目——"为重度失智困难老人配送护理用品并开展患者家属老年介入护理培训"工作的实施意见〉的通知》（嘉红〔2012〕6号）。

嘉定区各镇、街道、嘉定新城（马陆镇）、嘉定工业区、菊园新区红十字会：

"为重度失智困难老人配送护理用品并开展患者家属老年介入护理培训"被列入嘉定区2012年政府实事项目。为确保项目的实施，规范护理用品配送、开展老年介护知识培训以及项目志愿服务等工作，现将《关于落实2012年嘉定区政府实事项目——"为重度失智困难老人配送护理用品并开展患者家属老年介入护理培训"工作的实施意见》印发给你们，请结合实际情况，制定方案，认真落实，规范操作，将实事项目做细做深做实。

附件：《实施意见》（略）。

3月30日 嘉定区红十字会在南翔镇召开2012年嘉定区政府实事项目——"为重度失智老人配送护理用品并开展患者家属老年介入护理培训"推进会。全区各街镇红会干部参加会议，会议由区红十字会副会长汪丽萍主持。南翔镇、安亭镇和江桥镇红十字会分别就项目操作过程中积累的经验和遇到的困难作了交流发言。

3月31日 嘉定区人大副主任张国民、区人大教科文卫工委主任徐秀龙等一行来区红十字会调研，指导工作。区红十字会常务副会长张丽萍、副会长汪丽萍陪同调研。

4月6日 嘉定区红十字会下发《关于开展纪念“5·8”世界红十字日活动的通知》（嘉红〔2012〕7号）致嘉定区各镇、街道、嘉定新城（马陆镇）、嘉定工业区、菊园新区、教育局红十字会，区级机关红十字工作委员会、区红十字医疗机构、医疗卫生系统红十字团体会员单位，要求届时开展好相关各项活动，并及时上报活动计划和总结。

4月23日 中共嘉定区红十字会支部委员会《关于上海市嘉定区红十字会党支部换届选举大会选举书记的情况报告》（嘉红党组〔2012〕2号）。

嘉定区区级机关党工委：

嘉定区红十字会党支部换届选举大会，于2012年4月23日召开，选举新一届区红十字会党支部书记。本次大会应到有选举权的党员7名，实到6名，因病请假1名。书记选举结果：汪丽萍（得6票）当选为书记。

特此报告。

是日 嘉定区红十字会、嘉定区教育局红十字会联合下发《关于命名嘉定区红十字工作达标学校的通知》（嘉红〔2012〕8号）。

嘉定区各学校红十字会：

为进一步发挥学校红十字工作在学生德育教育、素质教育、生命安全教育中的独特作用，使学校红十字创建活动成为学校精神文明建设的重要载体，嘉定区红十字会会同嘉定区教育局红十字会于2011年11月在全区中、小学校中开展了新一批“嘉定区红十字工作达标学校”创建评审工作；经验收评审，决定命名嘉定区金鹤小学等8所中、小学校为“嘉定区红十字工作达标学校”（名单见附件）。

希望我区各学校红十字会以学校红十字达标创建工作为抓手，进一步加强制度建设，促进工作规范，丰富活动载体，创新活动方式，深化理念教育，推进品牌建设，努力实现学校红十字工作的“六有”标准，在工作达标的基础上，积极争创“上海市红十字工作达标学校”。

特此通知。

附件：2011年嘉定区红十字工作达标学校名单（略）。

4月24日 在上海市第十个遗体捐献纪念日暨全国首座“红十字遗体捐献者纪念碑”落成十周年的纪念日之际，上海市红十字会在福寿园举行以“生命在奉献中延续”为主题的纪念日活动，上海市红十字遗体捐献志愿服务队同时也宣告成立。嘉定区红十字会组织2011年遗体

（角膜）捐献登记者、实现者家属及区红十字会文艺宣传志愿服务队成员 120 余人，参加了市红会的纪念活动。

同日 嘉定区精神文明建设大会召开，造血干细胞捐献者、2010—2011 年度嘉定区十佳志愿者王文斌等在会上受到表彰。

4 月 26 日 嘉定区红十字会举行造血干细胞捐献者座谈会。区红十字会常务副会长张丽萍、区文明办副主任金芳及 9 名造血干细胞捐献者参加了座谈会。会议由区红十字会副会长汪丽萍主持。

4 月 28 日 嘉定区红十字会举行处级干部急救培训，教学经验丰富的救护培训师资张云芳老师为来自全区各部门 20 余位处级干部授课。

5 月 8 日 由嘉定区红十字会、共青团嘉定区委员会、嘉定区精神文明建设委员会办公室联合举办的 2012 年嘉定区团员青年造血干细胞集中血检活动在安亭镇文化体育服务中心拉开序幕。嘉定区红十字会党组书记、常务副会长张丽萍，嘉定团区委副书记朱虹，嘉定区文明办副主任金芳等领导出席活动，来自全区各单位的 280 名团员青年志愿者参加了本次集中血检。

是日 嘉定区纪念“5 · 8”世界红十字日主题活动在安亭文化活动中心电影厅隆重举行。上海市红十字会副会长李明磊到会祝贺，嘉定区委副书记刘海涛、区政协副主席章宇慧等领导出席。副区长、区红十字会会长李原和区人大副主任陆晞为嘉定区红十字文化传播基地揭牌。区光彩事业促进会、区经济小区协会及上海国际汽车城经济发展中心三家爱心企业向区红十字会捐赠人道救助资金。

本次活动以情景剧、歌舞、朗诵、合唱等形式，分“爱的力量、生命赞歌、大爱无疆”三个篇章弘扬“人道、博爱、奉献”的红十字精神，以身边真实的故事、感人的事迹、卓越的风采，展示红十字的人道力量。区红十字会专兼职副会长，各街镇和行业红十字会分管领导，区群团组织负责人和部分爱心企业代表，以及各街镇红十字指导员、红会干部、联络员、志愿者和居民代表等 300 余人参加了此次活动。

5 月 9 日 区红十字会与区卫生局在全区范围内联合举行送医下乡义诊活动，纪念第 65 个“5 · 8”世界红十字日和“5 · 12”国际护士节 100 周年。全区各红十字医疗机构、红十字团体会员单位共组织了 168 位专家组成 13 支志愿服务队，在嘉新居委、华亭敬老院等 12 个村、居委设立义诊点，为近 5000 名嘉定百姓提供义诊咨询。区卫生局党委书记郑艳辉、区红十字会党组书记张丽萍等有关领导慰问了部分医务人员。

5 月 11 日　嘉定区计划生育协会、区红十字会和区妇联在嘉定妇幼保健院学术报告厅联合举办“嘉定区纪念第十六届母亲节暨鼎申济困母亲行动启动仪式”。嘉定区委副书记刘海涛为亨利·杜南像揭牌；区政协副主席章宇慧为区妇保院生育关怀项目点授牌；区红十字会常务副会长张丽萍向困难母亲代表发放了慰问救助金；区卫生局党委书记郑艳辉向困难母亲赠送女性健康保险。区人大副主任张国民、区政协副主席章宇慧等领导出席了此次活动。济困母亲行动项目为嘉定区红十字人道救助项目之一，2011 年 8 月，上海鼎申置业发展有限公司向嘉定区红十字会捐赠 30 万元用于救助困难母亲。

是日　嘉定区红十字会和区民防办等部门在菊园新区举行“防灾减灾日”集中宣传活动，纪念 5 月 12 日我国第四个“防灾减灾日”。活动以高层商务楼消防应急救援演练开场，商务楼中的工作人员与消防官兵迅速行动，救灾搜救、撤离、安置工作有条不紊，生动逼真，取得了良好的实战和宣传效果。

是日　嘉定区中医医院举行庆祝“5·12”国际护士节 100 周年暨嘉定区红十字会爱心轮椅捐赠仪式。区卫生局副局长陆璇、区红十字会副会长汪丽萍、区中医院党政领导及相关科室负责人等 70 多人出席活动。

5 月 15 日　红十字青少年工作现场观摩活动在嘉定区城中路小学隆重举行。上海市红十字会副会长李明磊，嘉定区副区长、区红十字会会长李原出席活动并为城中路小学亨利·杜南像揭牌，区教育局党委书记、局长姚伟，区红十字会党组书记、常务副会长张丽萍，市红十字会青少年工作部副处级调研员洪义共同为 2011 年区级红十字达标学校颁发证书。活动中，三年级学生举行了红十字新会员入会仪式；部分师生表演了小品《爱的救护》，现场还展示了急救技能。来自我区中小学、中专职技校红十字会会长、副会长及部分小学生 200 余人参加了活动。

5 月 16 日　嘉定区红十字会《关于转发〈关于纪念上海市红十字会开展遗体捐献工作三十周年征文活动的通知〉的通知》（嘉红〔2012〕9 号）。

嘉定区各镇、街道、嘉定新城（马陆镇）、嘉定工业区、菊园新区红十字会、嘉定区“春蚕之家”联谊会：

现将上海市红十字会沪红发（2012）39 号文《关于纪念上海市红十字会开展遗体捐献工作三十周年征文活动的通知》转发给你们，请按照文件精神，积极参与，做好征文活动的征稿工作。

5月22日 端午传统佳节来临之际，嘉定区红十字会机关党支部组织机关党员前往徐行镇小庙村，与小庙村党员干部一起开展结对联谊活动——包粽子比赛，通过寓教于乐的形式，传承中华传统文化。

6月1日 嘉定区副区长、区红十字会会长李原，区红十字会常务副会长张丽萍等领导出席了“爱暖成佳，童心飞扬——成佳学校六一主题活动”，并走访了家住安亭镇、新成路街道等街镇的4名大病儿童，向这些身患疾病的孩子送上节日的慰问和社会的关爱。此次活动，上海绿洲投资控股集团有限公司董事长范长云和上海雷博司电器有限公司副总经理王汐丹分别代表公司向嘉定区红十字会阳光天使项目捐款10万元和3万元，用于自闭症和脑瘫患儿的康复训练，副区长、区红十字会会长李原向两家爱心企业颁发了荣誉证书。

6月2日 为普及和推广应急救护知识，使市民了解自救互救的基本知识和技能，在紧急情况下发挥最大的救护作用，嘉定区红十字会于6月2日在上海汽车会展中心开展“自驾游应急救护专题讲座与模拟演练”活动。70余位市民聆听并观摩了讲座和演练。

6月4日 嘉定区红十字会下发《关于印发〈嘉定区市民大病重病帮扶项目实施方案〉的通知》(嘉红〔2012〕10号)。

嘉定区各镇、街道，嘉定新城（马陆镇)、嘉定工业区、菊园新区红十字会:

根据社会救助“一口上下”的运行机制和加强社会救助工作规范化建设的要求，嘉定区红十字会对嘉红〔2009〕11号《嘉定区市民大病重病帮扶项目实施计划》进行了修改和调整，现将修订后的《嘉定区市民大病重病帮扶项目实施方案》印发给你们，请认真学习，规范操作，严格把关，将项目做实做细。

附件一:《嘉定区市民大病重病帮扶项目实施方案》(略)。

附件二:《嘉定区市民大病重病帮扶审批表》(略)。

6月6日 嘉定区医疗急救中心红十字救护队成立。这支具有专业素养的红十字救护队的成立，将肩负起我区突发事件、意外事故、自然灾害中的应急救援、物资援助和宣传现代救护理念的重任，从而有效提升了嘉定区红十字会的救援实力。

6月20日 嘉定区“春蚕之家”——遗体（角膜）捐献登记者联谊会第二届会员代表大会隆重召开。上海市红十字会遗体（器官）捐献志愿服务总队副队长过知津代表市志愿服务总队向大会致贺词。大会审议通过了由第一届联谊会会长卢秀臻作的工作报告，以及联谊会经费报告和第二届会长、副会长、秘书长建议名单，卢秀臻连任联谊会第二届会长；大会向获得2008—2010年度上海市红十字星级志愿者称号的会员颁发了荣誉证书。联谊会聘请了原区人大副主任、区红十字会原会长周丽玲为顾问。上海市红十字会遗体与器官捐献办公室副主任汤兆祥，嘉定区红十字会党组书记、常务副会长张丽萍，区红十字会副会长汪丽萍，区红十字会纪检组长、秘书长朱培令，区文明办创建科科长季琴等领导出席了大会。联谊会会员代表、区遗体捐献实现者家属代表、基层红会干部和志愿者代表等120余人参加会议。大会由联谊会副会长瞿大我主持。

6月23日　嘉定区瞿大我与虹口区的过知津以上海市红十字遗体与器官捐献志愿服务总队副队长的身份，同嘉定区红十字会志愿服务部部长李峰同志一行三人，受中国红十字总会的邀请，前往杭州观摩“第五届中国移植运动会暨第四届中国器官捐献日”开幕式。运动会有来自全国29个省、市（包括港澳地区）的1001名运动员参赛。

世界移植运动会主席及创始人Slapak教授、中国红十字总会赈济救护部李立东副部长、浙江省卫生厅副厅长马伟抗教授、中华医学会器官移植学分会主任委员郑树森院士等专家和领导出席并讲话。

6月25日　嘉定区红十字会党支部组织机关党员前往上海警备区训练场，开展“迎七一·军营一日”活动，感受子弟兵军营生活，观摩战士队列、擒拿格斗、实弹射击等技能训练。

6月26日　嘉定区红十字会、嘉定区卫生局联合下发《关于成立嘉定区冠名红十字医疗机构检查评估工作领导小组及成员的通知》（嘉红〔2012〕11号）。

嘉定区各冠名红十字医疗机构：

根据中国红十字会总会和卫生部的《关于开展冠名红十字医疗机构检查评估工作》的文件精神及上海市红十字会做好本市医疗机构检查评估和规范整改工作的要求，为确保我区冠名红十字医疗机构检查评估工作的有序开展，特成立嘉定区冠名红十字医疗机构检查评估工作领导小组：

组长：张丽萍（区红十字会党组书记、常务副会长）；

副组长：汪丽萍（区红十字会副会长）、陆璇（区卫生局副局长）；

成员：谢岳林（区卫生局医政科科长）、葛文华（区红十字会事务中心副主任）、金晓萍（江桥镇红十字会秘书长）、张寿明（马陆镇红十字会秘书长）、邵一（区红十字会赈济救护部专职干部）。

6 月 27 日 嘉定区红十字会《关于嘉定区红十字会所属事业单位类别划分的请示》（嘉红〔2012〕12 号）。

区编委：

根据《关于嘉定区开展事业单位分类试点工作方案》（嘉编〔2012〕19 号）的要求，结合本部门工作实际，经研究，对我委（办、局）所属事业单位的类别划分请示如下：

一、基本情况

嘉定区红十字会所属事业单位共有 1 个，事业编制 5 名，实有人员 5 名。

二、类别划分

我会所属嘉定区红十字会事务中心类别划分为公益一类。

特此请示。

附件：《嘉定区红十字会所属事业单位类别划分方案》（略）。

6 月 28 日、29 日 嘉定区红十字会与嘉定区卫生局联合评估组一行 5 人在嘉定区红十字会副会长汪丽萍的带领下，对嘉定区红十字医院、区红十字妇幼保健院、区红十字老年护理院、江桥红十字老年护理院四家冠名红十字医疗机构进行实地评估考核。

7 月 2 日 嘉定区遗体（角膜）捐献登记者联谊会（“春蚕之家”联谊会）在区红十字会会议室召开联谊会第二届工作班子成员和各组组长首次工作会议。会议由联谊会副会长瞿大我主持。卢秀臻会长对联谊会 2012 年上半年工作作了回顾总结；对下半年工作和活动的开展作了部署；对进一步修改完善联谊会规章制度做了说明。

7 月 4 日 在“5·12”汶川大地震过去四周年之际，嘉定区副区长朱建江、区政协副主席章宇慧率代表团一行 10 人赴都江堰市中兴镇实地考察对口援建工作，区合作交流办主任陶维平、真新街道办事处主任赵杰、区红十字会常务副会长张丽萍、副会长汪丽萍等随行。

7 月 9 日 嘉定区红十字会 2012 年上半年工作总结会议在区红十字会大会议室召开。会议由区红十字会党组书记、常务副会长张丽萍主持，来自我区各街镇、教育系统红十字会和区级机关红十字工作委员会的红会干部 20 余人参加了本次会议。

7 月 11 日 在庆祝建军 85 周年之际，嘉定区军休干部座谈会在区军休所会议室召开。区民政局党委书记归华芳、区红十字会常务副会长张丽萍等出席会议并讲话。区红十字会还给军休所赠送了五辆轮椅车。

7 月 16 日 嘉定区红十字会《关于聘用居保工作人员的请示》（嘉

红〔2012〕13号)。

上海市少儿住院基金管理办公室:

嘉定区红十字会少儿住院基金管理办公室根据市居保(少儿学生住院)、少儿住院基金人员核定,聘用工作人员4名,现有工作人员冯海提出解除合同申请,于2012年7月10日解除聘用关系。为了能继续做好我区少年儿童的医疗保障网上认证、信息报送、来电来访咨询接待、新生儿零星报销以及少儿基金有关工作,嘉定区少儿基金办拟从2012年7月16日起聘用蔡玲为居保(少儿学生住院)工作人员,基本情况见附表。

以上请示妥否,请批复。

附件:居保聘用人员申请表(略)。

7月23日 嘉定区红十字会在嘉定区图书馆、区红十字文化传播基地举行“六五”普法、红十字运动基本知识培训暨书法作品捐赠仪式。区人大副主任张国民、区红十字会常务副会长张丽萍、上海市红十字会信息传播部副部长崔月芳等领导出席活动仪式。来自全区各街镇、区机关党工委、区教育局红十字会干部及各红十字社区服务站的负责人、社会爱心人士近120人参加活动。活动仪式由区红十字会副会长汪丽萍主持。

7月25日、26日 43名平均年龄60岁以上的红十字宣传队志愿者,冒着酷暑,来到南翔永乐敬老院和华亭敬老院,为敬老院老人和周边社区居民400多人作“爱,让世界更美好”主题演讲和演出。

宣传队队长瞿大我老师,最近被上海市红十字会聘任为市红十字遗体(器官)捐献志愿服务总队负责宣传工作副队长,他亲自上台作了专题宣讲,宣传红十字理念和开展遗体(器官)捐献的意义和使命。

7月30日 日前,嘉定区外冈镇红十字会联合镇团委举办“自护我能行”青少年暑期夏令营活动。镇红十字会救护师资、红十字志愿者、社区卫生服务中心徐雪明医师,为青少年进行了创伤救护、意外事件现场处理方面的知识及技能传授。

是日 嘉定区红十字会常务副会长张丽萍、副会长汪丽萍、党组纪检组长朱培令和“春蚕之家”联谊会负责人冒着高温,上门走访慰问遗体(角膜)捐献登记者中的年长者,送上夏日的问候和美好的祝愿。他们仔细询问了老人的生活状况,嘱咐老人天气炎热要注意防暑降温,要保重身体,开心过好每一天。各街镇红会干部和“春蚕之家”联谊会组长也不顾炎热,上门走访慰问遗体(角膜)捐献登记者中的高龄老人。

7 月 31 日 嘉定区红十字会常务副会长张丽萍，为心脏病患儿小伊、白血病患儿小张家长送上了救助金和来自社会各界的关爱。患儿家长分别向市、区、镇红十字会送上写有“献爱心人间自有真情在，好政策老百姓倍感实惠”、“身在异乡不思乡，沐浴党的好阳光”为内容的锦旗，朴实的话语由衷地表达了他们的感激之情。

8 月 1 日 上海市红十字会副会长李明磊带领志愿服务部、信息传播部等职能部门负责人赴嘉定红十字会调研指导工作。

即日起，青少年浏河活动营地的红十字救护师资对 1800 多名高一新生和 1800 余名高二学农学生进行自救互救知识、技能和应对突发事件能力的普及培训。

8 月 3 日 区红十字会少儿住院互助基金办召开工作会议。会议根据新近人员调整的情况，明确了各自工作任务和分工，学习了有关规章制度，并对 2012 学年收费工作作了部署。会议由区红十字会秘书长、少儿住院基金办主任朱培令主持。区少儿基金、少儿医保办公室全体工作人员参加了会议。

8 月 6 日 各街镇红十字会根据不同年龄段学生的需要开展了形式多样、内容丰富的暑期培训活动，以进一步弘扬红十字“人道、博爱、奉献”的精神，提高红十字青少年的安全防范意识，培养他们在突发事件中“自救、互救”的能力。

8 月 7 日 区政协主席贝晓曦来到安亭镇民丰路 897 弄和亭佳苑社区的一户居民家中，探望受光彩项目资助的居家老人。区红十字会党组书记、常务副会长张丽萍，区委统战部副部长、区工商联党组书记、副主席倪琴等陪同。嘉定区红十字会“光彩长者关怀”项目自 2010 年 7 月启动以来，已为全区近 700 位（6635 人次）困难失智老人送去关爱，缓解受助家庭的经济困难，支持和帮助失智老人提高生活质量。

8 月 16 日 嘉定区红十字会本月 2 日、13 日组织收看《国务院关于促进红十字事业发展的意见》新闻发布会实况和召开机关干部专题学习会议后，再次组织机关干部认真学习贯彻《意见》精神和中国红十字会会长华建敏、上海市红十字会马强有关宣传贯彻《意见》的重要讲话精神，以及上海市区（县）红十字会常务副会长专题学习会精神。

附：《国务院关于促进红十字事业发展的意见》（国发〔2012〕25 号）。

各省、自治区、直辖市人民政府，国务院各部委、各直属机构：

党和政府历来高度重视红十字事业。改革开放特别是《中华人民共和国红十字会法》公布施行以来，我国红十字事业取得了长足发展。中国红十字会作为中华人民共和国统一的红十字组织和国际红十字运动的重要成员，遵守宪法和法律，遵循国际红十字运动基本原则，依照中国参加的日内瓦公约及其附加议定书，认真履行法定职责，充分发挥其在人道领域的政府助手作用，为我国经济社会发展做出了重要贡献，成为社会主义和谐社会建设的重要力量、精神文明建设的生力军和民间外交的重要渠道。为促进我国红十字事业健康可持续发展，现提出以下意见。

一、充分认识发展红十字事业的重要意义

（一）红十字事业是中国特色社会主义事业的重要组成部分。中国红十字会秉承“人道、博爱、奉献”的红十字精神，致力于动员社会力量，改善最易受损害群体境况，协助政府履行人道领域的国际承诺，做了大量卓有成效的工作。特别是近年来，中国红十字会积极服务经济社会发展大局，在参与应急救援、应急救护、人道救助、无偿献血、造血干细胞捐献、遗体和人体器官捐献、国际人道援助以及开展民间外交等方面发挥了不可替代的作用，对于保护人民群众生命与健康、促进社会和谐文明进步，具有十分重要的促进作用。

（二）发展红十字事业是加强和创新社会管理、保障和改善民生的现实需要。当前，我国正处于发展的重要战略机遇期，同时也处于社会矛盾凸显期，发展中不平衡、不协调、不可持续问题依然突出，迫切需要进一步加强和创新社会管理，发挥红十字会等社会组织的积极作用。红十字会作为从事人道主义工作的社会救助团体，在开展人道救助、反映民生诉求、化解社会矛盾等方面具有独特优势。发展红十字事业，有利于加强以保障和改善民生为重点的社会建设，有利于建设中国特色社会主义社会管理体系。

（三）弘扬红十字精神是加强社会主义核心价值体系建设的重要内容。“人道、博爱、奉献”的红十字精神，与中华民族优秀传统文化一脉相承，与社会主义核心价值体系高度契合，是人类社会文明进步的重要体现。弘扬红十字精神，传播红十字文化，是繁荣和发展社会主义文化、加强社会主义核心价值体系建设的重要内容，是提高中华民族思想道德素质、推动社会主义精神文明建设的必然要求。

二、着力推进红十字事业改革创新

（四）积极推进红十字会体制机制创新。建立与社会主义市场经济体制和国际人道主义原则相适应的体制机制，理顺政府与红十字会的关系，使红十字会在人道救助工作中发挥更大作用。改革和完善红十字会内部治理结构，创新管理模式，强化民主决策机制，提高组织执行能力。加大上级红十字会对下级红十字会的财务监督、业务指导、工作督查力度，下级红十字会主要专职负责人的任免提名要听取上一级红十字会的意见。在有条件的地方红十字会开展社会组织改革试点，探索建立“高效、透明、规范”的管理体制和运行机制。

（五）着力打造公开透明的红十字会。公开透明是提升红十字会社会公信力的重要保证，信息化建设是推进公开透明的重要手段。各级红十字会要按照规定严格执行信息公开制度，做到资金募集、财务管理、招标采购、分配使用等捐赠信息公开透明，切实保障捐赠人和社会公众的知情权、监督权。要建立健全新闻发言人制度，及时、全面、真实、准确地向社会发布相关信息，及时回应社会关切。各地要将红十字会的信息化建设纳入当地信息化建设总体规划，提升红十字会的科学管理和信息公开水平。

（六）全面建立综合性监督体系。有效的监督是红十字事业健康发展的重要保证。要建立和完善法律监督、政府监督、社会监督、自我监督相结合的综合性监督体系。要按照《中华人民共和国红十字会法》的有关规定，建立健全红十字会经费审查监督制度。监察、审计部门要加强对红十字会的监察、审计。红十字会要建立社会监督委员会，对捐赠款物的管理、使用情况进行监督；建立绩效考评和问责机制，严格实行责任追究。

三、积极支持红十字会依法履行职责

（七）建立健全红十字应急救援体系。红十字应急救援体系是国家应急救援体系的重要组成部分。要把红十字应急救援工作纳入政府灾害应急响应体系，各地可根据实际需要，把红十字备灾救灾中心或物资库建设列入当地防灾减灾规划统筹考虑。支持红十字会依托志愿人员建立各类救援队伍，提高民间救援的专业化水平。依法保障红十字会组织社会力量执行国内国际应急救援任务，为依法使用红十字标志并执行应急救援任务的人员、物资和交通工具等提供便捷通道，保证优先通行并减免相关费用。

（八）建立红十字应急救护培训长效机制。要充分发挥红十字会在公众参与的应急救护培训中的主体作用。支持红十字会在易发生意外伤害的教育、公共安全等领域以及交通运输、矿山、建筑、电力等行业中开展应急救护培训。积极推动红十字救护培训进社区、进农村、进学校、进企业、进机关，不断提高应急救护知识在人民群众中的普及率。

（九）提高红十字会人道救助能力。支持红十字会面向困难群体开展符合其宗旨的人道救助工作。重点对贫困人口集中的地区加大救助力度，推动实施“红十字博爱送万家”、“红十字博爱家园”、“红十字天使计划”等品牌项目和活动。在农村和社区大力开展以健康服务、大病医疗救助、扶贫帮困等为内容的社会救助活动，完善城乡红十字人道服务体系。支持红十字会结合实际，兴办医疗、康复、养老等与其宗旨相符的社会公益事业，并给予政策扶持。大力支持中西部尤其是西部欠发达地区的人道救助工作。

（十）加强无偿献血、造血干细胞捐献、遗体和人体器官捐献工作。红十字会依法参与无偿献血的宣传推动和表彰奖励工作。积极推进中华骨髓库和地方分库建设，不断扩大库容量，提高管理的信息化和规范化水平。支持红十字会依法开展遗体、人体器官捐献工作，探索在省级以上红十字会设立人体器官捐献救助基金，为捐受双方提供必要的人道救助。要充分尊重捐献人的意愿，按照公平、公正、科学的要求，建立严格的管理制度，确保捐献人及法定受益人的合法权益。

（十一）积极开展国际人道援助和港澳台交流合作。支持和指导红十字会积极参与国际红十字运动和国家对外人道援助工作，将红十字会的对外人道援助工作纳入国家对外援助整体部署。支持和指导红十字会依照有关规定设立民间国际人道援助基金，建立以专职工作人员为骨干、志愿人员为主体的民间救援队伍，提高红十字会参与国际人道救援的能力。

加强与香港、澳门红十字会之间的联系，在人道救援、志愿服务、红十字青少年等方面加强交流与合作。加强与台湾红十字组织的交流与合作，增进包括青少年在内的两岸民众之间的沟通和互助，发挥红十字组织在推进祖国统一大业中的独特作用。

四、大力加强红十字会的组织和队伍建设

（十二）加强红十字会组织建设。继续推进红十字会理顺管理体制，加强市、县级红十字会的组织机构建设，为红十字事业发展提供组织保障。在乡村、街道、社区、学校等积极发展红十字志愿服务组织，发挥其在新农村建设、和谐社区建设、文明校园建设中的作用。支持红十字会加强会员服务，保障会员权利。将红十字青少年工作纳入未成年人思想道德建设和大学生思想政治教育的整体规划。加强对冠名红十字（会）机构的规范化管理。

（十三）完善红十字会法人治理结构。根据《中华人民共和国红十字会法》和《中国红十字会章程》，优化理事会、常务理事会人员构成，提高执行委员会的执行力，完善专家咨询论证制度，健全民主决策程序，强化决策和监督职能。

（十四）加强红十字会人才队伍建设。支持红十字会创新选人用人机制，通过公开选拔、竞争上岗等多种方式充实红十字会管理队伍，通过招聘项目人员等方式充实专业人才队伍，促进工作人员的轮岗交流和合理流动。加强教育培训，提高红十字工作人员的职业化水平，建设一支具有国际视野、专业素质和敬业奉献、清正廉洁的红十字工作人员队伍。

（十五）加强红十字志愿者队伍建设。将红十字志愿服务工作纳入当地志愿服务工作整体规划和公共文明指数测评体系。支持红十字会建立和完善按专业、分领域的红十字志愿服务体系，拓展红十字志愿服务范围，为社会各界参与志愿服务提供平台和渠道。红十字志愿服务组织符合条件的，按照规定履行登记手续。红十字会要加强对志愿者骨干的培训，发挥其在志愿服务工作中的组织引领作用。积极推行志愿服务积分和评比制度，对优秀的红十字志愿者给予宣传和表彰。

五、不断优化红十字事业发展的社会环境

（十六）营造有利于红十字事业发展的法制环境。加强《中华人民共和国红十字会法》、《中华人民共和国红十字标志使用办法》等法律法规的宣传教育，加强执法监督检查，保障红十字会依法办会，依法履责，独立自主开展工作。推动修订和完善相关法律法规。加大对红十字标志的保护力度，依法查处擅自使用或滥用、篡改红十字标志的违法行为。

（十七）营造有利于红十字事业发展的政策环境。在政府行政管理体制改革中，有计划、有步骤地委托红十字会承担与人道救助有关的工作，实施与其核心业务有关的项目。支持红十字会依法独立开展募捐、接受和使用捐赠款物。红十字会使用捐赠资金开展人道救助工作所产生的实际成本，可从捐赠资金中据实列支，并向社会公开，捐赠资金不得用于在编人员及机构的经费支出。从捐赠资金中列支实际成本，应在接受捐赠时向捐赠者事前明示，严格限制列支额度和使用范围。企业、个人等社会力量向红十字事业的捐赠，按规定享受所得税税前扣除政策。红十字会应将财政拨款资金和社会捐赠资金分开管理。

（十八）营造有利于红十字事业发展的舆论环境。新闻宣传部门要加大对红十字事业的宣传力度，支持红十字会建立人道传播平台。大力宣传红十字事业发展进程中涌现出的先进人物和感人事迹。表彰为人道主义事业做出突出贡献的单位和个人。深入开展红十字理论研究，大力宣传红十字文化在引领社会道德风尚、提升精神文明程度和推动文化大发展大繁荣中的积极作用。充分发挥中国国际人道法国家委员会的协调和咨询作用，积极开展国际人道法领域的国际交流合作，促进国际人道法在中国的传播和实施。

六、切实加强对红十字事业的领导和支持

（十九）加强对红十字事业的组织领导。各级政府要把红十字工作列入重要议事日程，在编制国民经济和社会发展规划时，同步编制红十字事业发展专项规划。政府分管联系领导要定期听取红十字会工作汇报，专题研究和指导红十字会工作，帮助解决红十字事业发展过程中遇到的困难和问题。

（二十）加大对红十字事业的财政投入。各级政府要依法对红十字会开展工作给予支持和资助，保障红十字会依法履行职责。根据红十字会的法定职能，逐步增加对红十字事业的经费投入。建立并完善政府向包括红十字会在内的社会组织购买服务制度，推动红十字事业可持续发展。加大中央集中专项彩票公益金对红十字会的支持力度，对资金使用情况进行绩效考评，严格资金管理，提高使用效益。

（二十一）形成促进红十字事业发展的合力。红十字事业需要社会各方面力量广泛参与和支持。红十字会要切实增强责任感和使命感，动员社会组织、企事业单位、人民群众等各界力量，形成促进红十字事业发展的合力，不断开创我国红十字事业发展的新局面。

8月16日 嘉定镇街道红会根据区红十字会的要求，结合实际，多形式、有组织、有计划地开展红十字现场急救普及培训系列活动。整个活动自7月12日开始，历时一个多月，组织培训20批次，培训社区居民及学生共计1520人次，培训完成率达到104.8%；救护员培训32人。

8月18日 嘉定区红十字会与嘉定新城公司联合开展爱心托起梦想、共创美好明天——新城公司“爱心结对1+1”金秋助学活动。新城公司党委书记、总裁李俭，区红十字会党组书记、常务副会长张丽萍，新城公司监事会主席张连龙等领导出席活动。新城公司干部员工代表、受助学生、项目志愿者老师100余人参加活动。

8月19日 为在青少年中进一步弘扬“人道、博爱、奉献”的红十字精神，传播红十字文化，嘉定区红十字会利用暑假在区红十字文化传播基地——嘉定区图书馆开展“周末故事会”红十字专场活动。区图书馆红十字志愿者们为到馆的青少年进行红十字故事导读，向小读者传播红十字基本知识和文化，从小培养他们“人道、博爱、奉献”的红十字精神。

8月20日 嘉定区召开2012学年少儿住院基金管理委员会工作会议，区人民政府副区长、区红十字会会长、区少儿住院基金管委会主任李原出席会议并作了重要讲话。会议由区红十字会党组书记、常务副会长张丽萍主持。

8月23日、28日 区少儿基金办先后联合区卫生局、区教育局召开2012学年少儿基金收费工作会议。区红十字会秘书长、区少儿基金办主任朱培令，区卫生局预防科科长张耀华，区教育局体卫科艺科副科长许海蓉等出席会议。会后，区少儿基金办分别对参加会议的医院和学校经办人员进行了少儿基金收费工作的业务培训。

8月24日 上海市红十字会志愿服务部部长周湘兰带领市红会志愿服务部、上海师范大学法政学院等相关课题负责人赴嘉定开展红十字志愿服务课题调研工作。区红十字会秘书长朱培令、志愿服务部相关人员参加了调研活动。

8月27日 嘉定区红十字医院结合上海市红十字会举办的“2012年世界急救日主题活动”及上海市卫生局、嘉定区卫生局开展的“卫生系统应急大练兵活动”，组织28名红十字应急救护队队员在实训室举行了红十字现场紧急“救援救护”专题培训。

8月28日 嘉定区红十字会下发《关于开展2012年“世界急救日”主题活动的通知》（嘉红〔2012〕14号）。

嘉定区各镇、街道、嘉定新城（马陆镇）、嘉定工业区、菊园新区、教育局红十字会；区级机关红十字工作委员会：

红十字会与红新月会国际联合会将每年9月的第二个星期六定为“世界急救日”。中国红十字会总会将今年9月8日“世界急救日”主题活动定名为“生命高于一切”。根据上海市红十字会《关于开展2012年“世界急救日”主题活动的通知》精神，嘉定区红十字会将围绕活动主题，开展以下活动：

1. 9月1日，嘉定区红十字医院（嘉定区中心医院）参加上海市红十字会举办的冠名红十字中心医院紧急救援队培训。

2. 9月5日—7日，嘉定区红十字会救护培训教研组副组长、真新街道卫生服务中心医生陈建新作为上海市红十字救护队成员参加中国红十字会总会在北京举办的“第二届全国红十字应急救护大赛”。

3. 9 月 8 日，菊园新区红十字救护队代表我区参加上海市红十字会举办的“2012 年世界急救日主题活动暨社区红十字应急救护队演练比赛”活动。

4. 9 月 12 日，嘉定区红十字会在真新街道文化活动中心举办“生命高于一切”——2012 年嘉定区世界急救日主题活动暨“健康园丁”项目启动仪式。

各镇、街道、嘉定新城（马陆镇）、嘉定工业区、菊园新区、教育局红十字会，区级机关红十字工作委员会要以“世界急救日”为契机，积极配合区红会开展各项活动，同时各单位结合实际情况，组织开展宣传培训、健康咨询、应急演练等形式多样的活动，切实增强市民的急救意识，推进红十字应急救援等工作。

请于 9 月 5 日前上报“世界急救日”活动安排，9 月 15 日前上报活动书面小结。

8 月 嘉定区红十字会和区教育局红十字会利用暑假，于浏河营地开展青少年急救培训。浏河营地把救护培训内容列入高一新生军训课程，在军训活动中专门增设了红十字会救护技能知识普及培训，经培训合格者由区红十字会颁发证书。急救培训工作由营地教师负责，采用急救理论知识讲座和演示实践相结合的形式，对中学生进行创伤救护（止血、包扎、骨折固定）、伤员搬运、心肺复苏等急救技能知识培训。嘉定区红十字会和区教育局红十字会将依托嘉定区少儿浏河营地筹备建立嘉定区青少年红十字教育培训基地，使之成为集红十字文化传播、救护培训演练、志愿服务实践等为一体的红十字青少年教育培训学堂。

9 月 4 日 嘉定区红十字会召开 2012 年区政府实事项目工作会议。会议由区红十字会党组书记、常务副会长张丽萍主持。区红十字会副会长汪丽萍，秘书长朱培令，各街镇红十字会会长等参加会议。

9 月 5 日—7 日 区级师资陈建新被选拔进入上海队，参加中国红十字会总会在北京举行的第二届应急救护大赛。

9 月 8 日 菊园新区红十字救护队代表嘉定区红十字会参加上海市红十字会应急救护演练活动，展示了我区红十字救护队的风采。

9 月 10 日 嘉定区江桥镇红十字会组织开展了家庭应急包培训启动仪式，相关社区的两委班子人员、条线干部、楼组长及居民代表共 150 人参与。仪式结束后，2012 年首批 150 只家庭应急包发放到 150 户居民手中，在发放应急包的同时，镇红十字会还为居民进行了现场应急急救知识和应急包使用的培训。

9月12日 由嘉定区红十字会主办、真新街道办事处承办的嘉定区2012年世界急救日主题活动暨“健康园丁”项目启动仪式在真新街道文化活动中心举行。上海市红十字会常务副会长马强，嘉定区副区长、区红十字会会长李原，上海市红十字会赈济救护部部长滕桂香，真新街道办事处党工委副书记田晓余，区社工委书记、社建办主任张潮，区民政局局长陈宾，区红十字会常务副会长张丽萍等领导出席活动。来自全区相关委办局分管领导、街镇分管领导、红会干部、救护培训师资、14所民办农民工子女学校校长及市民代表230余人参加活动。

9月13日 上海市红十字会志愿服务培训交流会在上海建工锦江大酒店5楼会议室举行。各区（县）红十字会志愿服务工作分管领导、志愿服务部负责人、志愿服务队骨干等40多人参加培训。

9月14日 嘉定区红十字会、马陆镇红十字会于彩皇（上海）精密化学有限公司举行向云南地震灾区捐赠仪式。仪式上，彩皇（上海）精密化学有限公司总经理藤田进一向区红十字会定向捐赠20万元人民币，用于救助云南地震灾后重建，区红十字会常务副会长张丽萍接受企业捐赠，并与马陆镇红十字会会长张敏一起向企业颁发了荣誉证书和证章，感谢企业彰显“人道、博爱、奉献”的红十字精神，为灾区人民送去爱的温暖。

9月15日 嘉定区红十字会参加了我区民防警报试鸣集中宣传活动。

9月24日 云南省迪庆州红十字代表团一行来嘉定区红十字会交流学习，实地参观了菊园新区红十字募集站。区合作交流办主任陶维平、区红十字会常务副会长张丽萍、副会长汪丽萍等领导陪同接待。

同日 区红十字会参加了嘉定区首届民众防护知识竞赛活动。

9月27日 嘉定区红十字会携手嘉定区台办在上海元祖食品有限公司的大力支持下，来到嘉定区红十字团体会员单位——嘉定区迎园医院老年护理院开展“中秋送关爱”活动。嘉定区红十字会常务副会长张丽萍、区台办副主任龚丽亚、新成路街道党工委副书记钱小萍，元祖公司行企总部协理刘柏君等一行在迎园医院领导的陪同下，来到了老年护理病房，为老人们送上了元祖月饼和社会对老人们的一份关爱。

同日 嘉定区2012年“世界急救日”系列活动暨“格尔爱心”救助款发放仪式在嘉定工业区举行，嘉定区红十字会常务副会长张丽萍、嘉定工业区党工委副书记韩强、上海格尔汽车附件有限公司党支部书记叶宏辉，以及来自全区各街镇的红会干部、受助家庭代表、社区群众代表等130余人参加了仪式。

同日 嘉定区红十字会2012年第三季度工作例会暨学习贯彻《国务院关于促进红十字事业发展的意见》专题会议在嘉定工业区管委会会议室召开。常务副会长张丽萍主持会议，各街镇、教育系统红十字会和区级机关红十字工作委员会的红会干部20余人参加了本次会议。

9月28日 新成路街道红十字会在嘉乐社区举行“新成路街道‘博爱’服务基地”揭牌仪式暨嘉乐社区爱心义卖活动。嘉定区红十字会常务副会长张丽萍，嘉定区妇联主席俞敏出席仪式并共同为博爱服务基地揭牌。仪式由街道红十字会会长、街道办事处副主任徐慧泉主持。

9月29日 嘉定区红十字急救普及培训在区财政局举行，区财政局副局长卢伟及近50名机关干部参加了培训。本次培训由区红十字救护培训教研组组长王惠琴老师主讲。

10月11日 嘉定区红十字会志愿服务队宣讲团一行来到了外冈镇，开展“奉献，让生命更灿烂”的宣讲活动，外冈镇相关条线负责人、志愿者代表、社区居民近200人参加了活动。

10月12日 由区老干部局主办，区红十字会、区残联等部门联办的为老干部咨询服务活动在区老干部局大院举行。嘉定区委副书记刘海涛，区委组织部副部长、老干部局局长黄正德，区红十字会党组成员、纪检组组长朱培令出席活动。

10月16日—17日 嘉定区红十字会遗体（角膜）捐献登记者联谊会（“春蚕之家”联谊会）骨干成员（正副会长、秘书长、组长等）一行20人，在区红十字会常务副会长张丽萍和秘书长朱培令带领下赴南京学习考察。

10月23日 嘉定区红十字会常务副会长张丽萍等来到菊园新区嘉保社区检查指导新创建的标准化红十字服务站工作，新区管委会副主任冯传生陪同并介绍服务站运作情况。

10月25日 2012新学年少儿基金收费工作日前圆满完成。据统计，2012学年嘉定区参加少儿基金单位数为148家，比2011年增加了9家，参加少儿基金人数共114303人，比2011学年增加了7660人。全区14所民办农民工子女学校共有15680名学生参加少儿住院基金。2012学年基金缴费金额为914.424万元，比2011学年增加了61.28万元；同时区少儿住院基金办为1003名低保学生办理缴费减免手续，减免费用合计80240元。

10月26日 以“人道的力量”为主题的嘉定区红十字会备灾救灾

仓库揭牌仪式，在徐行镇上海露西尔旅游用品有限公司举行。上海市红十字会赈济救护部部长滕桂香、徐行镇党委书记张德祺共同为区红十字会第9家备灾救灾仓库揭牌；嘉定区红十字会常务副会长张丽萍接受了朱怡总经理代表公司向区红十字会捐赠的物资；嘉定区副区长、区红十字会会长李原向公司代表颁发了捐赠证书和证章。有关领导及我区的9家备灾救灾仓库企业负责人、企业员工、徐行镇居（村）委红会干部等70余人参加仪式。随后，区红十字会救护师资岳筱芳老师为露西尔的员工进行了急救知识的培训。

仪式结束后，嘉定区红十字会在徐行镇政府会议室召开了2012年备灾救灾仓库工作座谈会。区红十字会常务副会长张丽萍，徐行镇副镇长顾建业及我区的9家备灾救灾仓库企业负责人参加了会议。

10月27日 嘉定区遗体（角膜）捐献登记者联谊会嘉定镇组和区红十字会文艺宣传志愿服务队的部分成员共80多人，集中在州桥社区文化活动室开展敬老节联谊活动。区红十字会文艺宣传志愿服务队和联谊会中的文艺骨干表演了男女声独唱、小组唱、沪剧和越剧、戏曲演唱、舞蹈、二胡独奏等精彩的节目，展现了红十字志愿者的才华与精神风貌。

10月31日 嘉定区“为老服务爱心联盟”公益项目启动暨“红十字爱心助老服务基地”揭牌仪式在安亭镇黄渡敬老院举行。嘉定区民政局局长陈宾，安亭镇副镇长黄月珠，区红十字会常务副会长张丽萍等领导，以及爱心联盟单位代表、区各养老机构负责人、老年人代表、志愿者等70多人参加了仪式。仪式由嘉定区民政局党委书记归华芳主持。

是日 嘉定区少儿住院基金管理办公室组织区少儿住院基金督查组前往嘉定区中心医院开展为期一天的专项检查工作。督查组成员共抽查了区中心医院2011年10月至2012年8月间的46份非儿科住院病史、住院费用明细账单，查看了少儿基金A、B汇总表，还实地查看了区中心医院儿科病房管理等情况。

11月1日 嘉定区红十字会制定、完善各资助项目实施计划，分别如下。

《嘉定区红十字会“千万人帮万家”帮困项目计划书》

一、项目对象

项目帮困对象主要为困难家庭中的肿瘤病患者、麻风病致残者、精神病患者、因病致贫老人、遭遇意外灾害的受害者等。

二、项目内容

根据上海市红十字会统一部署，于每年春节前夕，区红十字会对区内符合帮困条件的弱势人群给予款物救助。

三、救助程序

1. 各街镇红十字会对辖区内符合帮困条件的对象进行认真排摸，初步审核，形成帮困名册；

2. 区红十字会对帮困人员信息进行复核后，根据“上下一口”救助原则，向街镇红十字会下拨专项救助款物，由街镇红十字会将救助款物下发至受助对象，并办理签收手续。

3. 街镇红十字会及时汇总辖区迎春帮困情况，上报区红十字会；各级红十字会分别做好材料归档工作。

《嘉定区红十字会“用爱聆听”项目计划书》

为进一步关爱残疾儿童，嘉定区红十字会设立“用爱聆听”项目，对我区患有先天性耳聋的贫困儿童实施人工耳蜗“复聪”手术，使患儿能够聆听到这个世界美好的声音。

一、项目对象

具有本市户籍（或父母一方为本市户籍）的0~7岁贫困聋儿，经约定医疗机构（上海市眼耳鼻喉科医院、上海新华医院）鉴定，符合人工耳蜗植入条件（其中听力≥100dB），可以申请办理人工耳蜗植入手续。手术后，可享受一次性补贴6万元。

二、操作程序

1. 填写《上海市聋儿人工耳蜗植入手术补助申请表》一式三份：

（1）家长填写申请理由并签名；

（2）街镇残联填写审核意见并盖章；

（3）区残联填写审核意见并盖章。

2. 送市人工耳蜗基地鉴定，再报市残康办审核。

3. 到约定医疗机构（上海市眼耳鼻喉科医院、上海新华医院）进行人工耳蜗植入手术并进行康复训练。

注：附带材料

1.《上海市聋儿人工耳蜗植入医学报告书》

2. 听力诊断书

3. 医学影像诊断书

4. 智力发育情况报告书（IQ测试报告书）

5. 聋儿及其父母户口簿、身份证（原件及复印件）

（户口簿要全部复印，包括第一页；身份证要正反面复印）

三、项目内容

1. 按规定给予手术患儿一次性补贴6万元。

2. 用于购买添置语训设施等帮助开展术后患儿的恢复工作。

3. 组织项目赞助单位对手术成功的患儿进行上门慰问，给予生活补助，体现社会关爱。

《嘉定区红十字会“舒缓疗护”救助项目》

一、项目内容

区红十字会为在新成路街道社区卫生服务中心就医的贫困肿瘤晚期患者的居家舒缓疗护（医保范围内的止痛药物自付部分）提供人道救助。

二、申请救助条件

（一）符合市卫生局确定的舒缓疗护服务收治标准，经新成路街道社区卫生服务中心确定为居家舒缓疗护服务对象；

（二）本区户籍，且居住在新成路街道；

（三）患者本人月收入等于或低于上年本市职工月平均工资（2011年为4331元）。

三、救助流程

（一）救助申请

1. 患者或监护人在新成路街道社区卫生服务中心领取《居家舒缓疗护项目救助申请表》，经新成路街道社区卫生服务中心确定作为居家舒缓疗护服务对象。

2. 向新成路街道红十字会专管员提交申请，并提供以下材料：

(1)《居家舒缓疗护项目救助申请表》；

(2) 患者身份证和户籍证明复印件；

(3) 二级及以上医院明确病理学诊断或明确影像学诊断复印件；

(4) 患者工作单位或街（镇）出具的收入证明原件。

(5) 患者本人或监护人建设银行卡（存折）复印件（监护人账户还需提供监护人身份证复印件）。

（二）受理审批

1. 街（镇）红会（专管员）对救助材料进行审核，并将符合救助条件的服务对象名单汇总表和申请材料送区红会；

2. 区红会对救助申请材料提出审批意见。将同意救助的服务对象名单汇总表报市红会备核，同时复送社区卫生服务中心和街道红会专管员；

（三）救助费用认定

1. 每月25日前，新成路街道社区卫生服务中心将当月服务对象医保范围内的止痛药物自付费用清单报区红会。

2. 每月30前，区红会审核后将救助清单报市红会，同时反馈街道红会和社区卫生服务中心。

（四）救助费用拨付

1. 每月初，市红会在收到各区县红会报送的救助清单后5个工作日内，将救助款拨付给区红会。

2. 区红会每月初将救助款划拨到患者“项目救助专用银行卡（存折）内。

（五）救助终止（暂停）

患者因逝世等原因终止服务的或因疾病住院治疗暂停自付的，经新成路街道社区卫生服务中心确认登记并报街道红会专管员转区红会，予以终止或暂停救助。

《嘉定区红十字会“助学成才”奖励基金实施计划书》

为保障“助学成才”项目的有序推进，嘉定区红十字会设立“助学成才”奖励基金，对项目优秀学生、优秀志愿者进行表彰奖励，组织开展相关活动，以进一步传播人道，弘扬爱心。

项目内容。根据企业爱心捐赠设立专项基金，用于以下支出：

1. 对嘉定区红十字会“助学成才”项目中成绩优秀、进步较大的受助学生以及乐于奉献、表现突出的志愿者进行表彰奖励。

2. “助学成才”项目实施过程中的宣传、培训等运作经费。

《嘉定区红十字会“造血干细胞征募（骨髓库）”项目》

白血病俗称“血癌”，是一种恶性程度极高的血液病，是我国十大高发恶性肿瘤之一，严重威胁患者的生命安全。我国目前至少有400万白血病患者，每年以3万到4万的速度增加，主要发病年龄在30岁以下，其中50%以上是儿童。造血干细胞移植是目前根治白血病最为有效方法之一，患者通过输注他人正常的造血干细胞，可重建健康的造血系统和免疫系统，达到治疗疾病的目的。

上海市红十字会自1992年启动造血干细胞征募工作，是全国首批开展非血缘关系骨髓捐献供者工作的六个城市之一。1996年，由本会征募的非血缘关系外周血造血干细胞移植手术在华山医院获得移植成功，成为全国首例。至2011年10月底，共招募造血干细胞捐献者10万余人，累计为220位国内外患者提供了造血干细胞，患者移植术后长期生存率（五年以上）达到55%。

本项目募集的款项主要用于造血干细胞捐献的宣传、志愿者的征募、检测、检查、人文关怀、捐献者回访等项目提供经费支持。

爱心点燃生命希望，您的奉献将为患者及其家庭重燃生命之火！期盼更多爱心人士和企业（单位）加入到拯救白血病患者生命的队伍中来。

《嘉定区红十字会“老年介护公益培训”项目》

上海市已进入老龄化城市，据统计65岁以上的户籍老人已占总人口的16%以上。调查发现，居家养老的老年人达到90%以上。全市有几十万罹患各种疾病，尤其是部分失智和失能的老人因生活不能自理，需要专业医疗护理，而老年护理机构床位极度紧缺，远远不能满足他们的需要。

如何为这些困难的老人提供生活照料、医学护理和紧急救助等服务，已经成为急待解决的社会问题。2004年起，上海市红十字会通过国际交流与支援，开展了对照料老人的家属和护工的老年介护培训，培训的内容包括老年人的心理护理，老年人常见症状护理及用药、老年人日常生活介护操作技能等，指导老年人充分发挥肌体残存机能，减缓退化，从而提高老年人的生活质量。

本项目主要针对社区居家养老老人家属和护工等公益培训。

《嘉定区红十字会“预防艾滋、反对歧视志愿服务行动”项目》

近年来，艾滋病在我国呈现出总体低流行、部分地区疫情严重的态势。拒绝无知，消除恐惧，以科学的态度对待艾滋病，掌握正确的预防艾滋病知识，不仅关系到个人的生命与健康，更事关整个社会的和谐与发展。

上海市红十字会每年在大学生中开展的“预防艾滋病与反歧视青年同伴教育”，以及“12·1”世界艾滋病日集中组织开展面向全市的预防艾滋病大型系列宣传活动，取得了良好的社会反响。

“预防艾滋、反对歧视志愿服务行动”项目主要是通过宣传预防艾滋病的知识和理念，组织和动员社会各界以实际行动传播预防艾滋病知识，争做“倡导平等、反对歧视、人道关怀”的红丝带使者，使受教育者在养成自身健康生活方式的同时，积极向社会其他人士传递正确的预防艾滋病知识以及科学的理念。

预防艾滋，人人有责。衷心希望您能关心、支持本项目的开展，凝聚更多的人道力量，携手同行，为营造尊重、平等、友爱的和谐环境而努力，使更多的人共享生命的阳光！

《嘉定区红十字会“困难重度失智老人”救助（光彩长者关怀）项目实施方案》

一、申请条件

申请“项目”服务的对象应同时具备以下条件：

1. 患者本人具有本市户籍；

2. 患者本人月平均收入等于或低于上海市2011年最低基本工资且夫妻双方月平均收入等于或低于上述标准；

3. 患者年龄在60周岁及以上；

4. 患者大小便失禁、生活不能自理且居家护理；

5. 有明确合法的监护人，并能履行监护职责、配合“项目”服务等。

二、申请程序

1. 符合申请条件且愿意接受服务的老人，可在申请期限内向患者户口所在地居（村）委会红十字组织（红十字服务站）提出申请，并由患者监护人（亲属）填写《申请表》。

2. 居（村）委会红十字组织（红十字服务站）在收到申请后，应实地核实并填写“审批表”报街镇红十字会；街镇红十字会复核汇总后报区红十字会。

三、服务内容

1. 为符合条件的患者每人每月提供一定数量的护理用品（包括成人纸尿裤、一次性尿片和床用护理垫等）；

2. 为患者家属及看护人员进行老年介护相关知识培训；

3. 组织志愿者为患者提供与本项目相关的服务。

四、服务终止

如发生下述情况之一，监护人应提出终止服务申请；“项目”工作人员及志愿者等也应提出终止服务建议：

1. 患者或配偶收入明显增加，超出申请条件要求；

2. 患者去世；

3. 患者领取的护理用品未使用或很少使用；

4. 其他需要终止服务的原因。

提出终止服务申请或建议的，应填写《终止单》送交居（村）委会红十字组织（红十字服务站）。

患者所属居（村）委会红十字组织（红十字服务站）须在接到终止服务申请的三个工作日内完成初审，并报送街镇红十字会；街镇红十字会应在三个工作日内完成审核，报区红十字会备案。

五、资金保障

1. 资金来源：嘉定区政府实事项目经费/嘉定区光彩事业促进会

2. 资金用途：依据《上海市红十字人道救助基金管理办法》，设立“项目”专项基金，实行专款专用。主要用于采购和配发护理用品；开展老年介护相关知识培训；开展“项目”宣传、调研及“项目”实施过程中发生的相关费用。

六、管理评估

1. 居（村）委会具体工作人员（志愿者）与服务对象应建立相对稳定的对口服务关系，每次上门服务须事先联系。志愿者应佩带红十字志愿服务证，首次上门应由居（村）委会红十字组织专兼职人员陪同。

2. 护理用品由区红十字会通过市红十字会统一招标的采购单位进行采购，区、街镇红十字会指定专人负责入账、发送、统计等工作，志愿者领送及患者监护人领用均须办理签收手续。

3. 街镇红十字会应建立服务对象档案，档案内容完整、齐全；信息更新及时、准确。同时，要认真做好“项目”相关资料的收集归档，并维护服务对象个人及家庭的隐私。

4. 采取多种形式，按照5%～10%比例进行服务质量满意度测评；定期进行“项目”实施情况开展交流、评估。

5. 承办单位发现问题应及时整改，整改不力或有下列情况之一的，取消“项目”承办资格：

（1）执行不力，造成工作重大失误的；

（2）虚报虚领，造成社会不良影响的；

（3）管理混乱，造成物资重大损失的；

（4）评估不合格的。

七、本方案由嘉定区红十字会负责解释

嘉定区红十字会“关爱生命”项目实施方案

虽然医疗技术不断在进步，但对癌症患者精神上的支持和抚慰也很重要，嘉定区红十字会设立“关爱生命”项目，旨在帮助患者克服惊慌、恐惧、焦虑等情绪，不仅帮助大家走出心理阴影，还激发了治疗与康复的正能量，共同勇敢地与疾病抗争。

积极组织志愿者为癌症患者提供陪护、心理辅导、保健知识讲解等服务，必要时也可为患者家属提供心理咨询。通过该项目各阶段活动，希望能够帮助患者包括家属，正确面对疾病，减少忧郁症的发病率，并用志愿者的热情与活力引导他们尽早融入社会。

项目的具体运作由嘉定区癌症俱乐部承担，并不定期地向区红十字会汇报项目开展情况。

《嘉定区红十字会“救心行动”项目实施方案》

一、救助对象

（一）具有上海市户籍或参加上海市中小学生、婴幼儿住院医疗互助基金（以下简称“少儿住院互助基金”）；

（二）年龄在0～18周岁；

（三）确诊患有先天性心脏病；

（四）父母双方月平均收入等于或低于上海市最低基本工资的困难家庭，且自愿接受项目救助。

二、救助标准

（一）医疗救助

1. 参加“居保”或“少儿住院互助基金”的患儿，门诊、手术费用经“居保”或“少儿住院互助基金”报销后，自负部分费用由市、区红十字会给予资助；

2. 未参加“居保”与“少儿住院互助基金”的患儿，门诊、手术费用由市、区红十字会给予资助。

（二）帮困救助

患儿实施手术治疗后给予一次性帮困救助。标准按患儿病情给予分类救助（轻度2000元/每人，中度4000元/每人，重度6000元/每人），病情程度以医院诊断为准。

三、资金保障

项目由上海市红十字会人道救助基金青少年助医专项基金、嘉定区红十字会人道救助基金出资或社会各界定向捐赠。

四、组织实施

上海市红十字会负责项目资金落实和组织管理；嘉定区红十字会配

合落实项目资金，并负责本辖区项目的实施、救助对象的审核及救助款发放；街（镇）红十字会负责救助对象的排摸、接受申请及初审。

定点医院（市儿童医学中心、市胸科医院）组织专家组负责患儿疾病的初检、诊断、筛选和手术治疗。

五、救助流程

（一）申请

患儿法定监护人向户籍所在地街（镇）红十字会（或“少儿住院互助基金”所属区红十字会）提交书面申请表，并提供下列证件、证明和材料：

1. 患儿和父母的户籍证明及参加本市“少儿住院互助基金”证明复印件；

2. 本市二级甲等以上医疗机构出具的疾病诊断、检查报告复印件；

3. 患儿父母收入证明。

（二）受理

1. 申请对象为本市户籍的，街（镇）红十字会对申请人有关证件、证明材料进行核实，并提出初审意见，区红十字会审核通过后将名单汇总报市红十字会。

2. 申请对象为非本市户籍的，区红十字会会同区“少儿住院互助基金”对申请人有关证件、证明材料进行核实，审核通过后将名单汇总报市红十字会。

（三）初检

1. 市红十字会会同区红十字会组织患儿集中在相关医院就诊检查。

2. 定点医院专家组完成初检诊断报告，并制定治疗方案报市红十字会。

3. 区红十字会配合医院将患儿初检结果及治疗方案反馈申请人。

（四）治疗

1. 患儿法定监护人与定点医院按照医疗手术规范办理相关手续。

2. 定点医院负责实施手术及相关治疗。

3. 患儿法定监护人提出治疗救助申请。

（五）费用支付

1. 医疗救助款：患儿门诊初检费用及住院治疗费用中由市、区红十字会资助部分，由市红十字会与定点医院集中结算。

2. 帮困救助款：市红十字会在收到定点医院“治疗申请表”反馈后一周内，将救助款划拨区红十字会。区红十字会及时通知患儿法定监护人凭出院小结至区红十字会领取救助款。

《嘉定区红十字会“雪中送炭”应急救援项目计划书》

一、救助对象

因火灾、龙卷风、雷电等突发（自然）灾害造成人员伤亡和财产损失，需生活救助的受灾家庭。

二、救助形式

对符合救助条件的受灾家庭，按受损直接经济损失结合实际情况给予一定补助，无人员伤亡的最高限额10000元，有人员伤亡的最高限额20000元。

三、救助程序

1. 灾情发生后，社区救灾联络员应及时向街镇红十字会报灾，居（村）委红十字会、街镇红十字会应即刻赶赴现场，了解灾情，在第一时间代表区红十字会向受灾家庭送上500～1000元的生活必需品或慰问金；同时向区红十字会上报灾情及慰问情况。

2. 区红十字会在3个工作日内完成灾情复核，视应急救助需要，待专业部门灾害鉴定完毕后，对符合救助条件的受灾家庭，按受损直接经济损失结合实际情况给予一定补助。

3. 如涉及灾情严重、有人员伤害的，区红十字会根据消防等政府相关部门的灾情评估，制定救灾计划，并及时报市红十字会开展联合救助。

《嘉定区红十字会“春蚕之家”项目计划书》

一、项目对象

嘉定区遗体（角膜）捐献登记者、实现者家属及器官捐献登记者。

二、项目内容

设立“嘉定区遗体捐献基金”，以联谊会为平台，通过组织开展纪念活动、走访慰问、片组座谈会等多种形式，向我区遗体（角膜）捐献登记者、实现者家属以及器官捐献登记者实施人文关怀与人道关爱，以弘扬奉献，激发爱心，进一步提升城市精神风貌。

《嘉定区红十字会“造血干细胞移植”救助项目》

一、救助对象

申请救助的患者必须同时符合以下条件：

（一）患者具有上海市户籍，或在沪高校注册全日制就读生以及已参加上海市中小学生、婴幼儿住院医疗互助基金（以下简称“少儿住院互助基金”）的非本市户籍对象；

（二）救助对象（家庭）收入标准：家庭人均月收入低于上年度上海市全市职工月平均工资；

（三）患者在本市造血干细胞移植定点医院施行移植手术后；

（四）符合造血干细胞移植手术要求的适应症：急性白血病第一、第二次缓解期，其中 AML-M3 为第二次缓解期以后；慢性髓细胞白血病（慢性期）；非髓性淋巴瘤（Ⅲ期、Ⅳ期）；多发性骨髓瘤（Ⅱ期、Ⅲ期）；骨髓增生异常综合症；重型再生障碍性贫血等上海市医疗保险局认定的造血干细胞移植治疗医保支付的各项适应症。

二、救助标准

（一）施行非血缘（骨髓、外周血）造血干细胞移植，给予一次性救助 6 万元；

（二）施行血缘（骨髓、外周血）和自体造血干细胞移植，给予一次性救助 2 万元。

三、救助资金分担

（一）在沪高校注册全日制就读生及参加“少儿住院互助基金”的患者，救助款由市红十字会造血干细胞移植专项助医基金全额支付；

（二）上述范围外的患者救助，由市红十字会、区（县）红十字会按 1：1 比例，从人道救助基金或社会募集专项基金支付；

（三）年度人均财政收入低于“标准线”（每年有上海市红十字会确定）的区（县），当年完成上年度全市区（县）红十字会平均救助人数的救助额度后，可申请由市红十字会全额支付救助款。

四、组织实施

（一）市红十字会负责项目管理、救助审批及由市红十字会承担的相关救助基金的拨付。

（二）街（镇）红十字会负责接受本市户籍患者救助申请和初审。

（三）区（县）“少儿基金办”负责接受非本市户籍“少儿住院互助基金”参保患者救助申请和初审。

（四）区（县）红十字会负责对本市户籍患者以及参加“少儿住院互助基金”患者救助申请的复审、救助金的发放（包括市、区（县）红十字会承担的救助金）。

（五）各高校红十字会负责本校非本市户籍在沪高校注册全日制就读生救助申请的接受、初审、申报和救助金的发放。

（六）定点医院负责对救助对象疾病的诊断、治疗和相关证明资料的提供。

五、救助流程

（一）申请

造血干细胞移植患者申请救助，须在实施移植手术后3个月内提交书面申请（附件1）并附有以下材料：

1. 定点移植医院出具的“造血干细胞移植证明”（附件2）；

2. 街（镇）及有关单位出具的本人和家庭成员收入证明；

3. 身份证、户籍证明、学籍证明（或参加本市“少儿住院互助基金”证明）复印件；

4. 高分辨配型报告复印件。

（二）受理

1. 申请对象为本市户籍的，由街（镇）红十字会接受申请并对救助申请材料进行逐一审核，提出初审意见后报区（县）红十字会。区（县）红十字会提出复核意见后报市红十字会。

2. 申请对象为非本市户籍在沪高校注册全日制就读生的，由高校红十字会接受申请并进行核实后提出初审意见报市红十字会。

3. 申请对象为非本市户籍“少儿住院互助基金”参保患者的，由区（县）“少儿基金办”接受申请并对救助申请材料进行逐一审核，提出初审意见后报区（县）红十字会。区（县）红十字会提出复核意见后报市红十字会。

每季度第一个月的上旬，市红十字会组织评审组专家对上季度提出申请救助的材料进行集中评审，符合条件的，履行拨付手续；对不符合条件的，书面反馈区（县）红十字会或高校红十字会。

（三）拨付

市红十字会在救助申请通过审核后5个工作日内，将救助款拨付给区（县）红十字会或高校红十字会。

区（县）红十字会或高校红十字会须在收到拨款的5个工作日内，向市红十字会开具收据。并通知患者（或法定监护人）领取医疗救助款。

（四）领取

患者施行造血干细胞移植手术后，患者（或法定监护人）须凭身份证原件和出院小结（或医院证明）至区（县）红十字会、高校红十字会领取救助款。

六、归案保密

各级红十字会对造血干细胞移植患者的申请、审批、拨付救助款的相关材料，要按照档案管理要求，进行管理。

各级红十字组织和工作人员要切实维护患者的隐私权。

七、定点医院

上海市红十字会造血干细胞移植医疗救助项目定点医院为：上海儿童医学中心、长海医院、长征医院、瑞金医院、新华医院、华山医院、市第一人民医院、上海道培医院。

本《实施方案》由上海市红十字会负责解释。

《嘉定区红十字会“嘉定区市民大病重病”帮扶项目实施方案》

一、帮扶条件

（一）具有本区常住户籍的居民；

（二）患大病、重病：

1. 慢性肾功能衰竭（尿毒症）；

2. 恶性肿瘤；

3. 严重传染性肝炎；

4. 白血病、血友病和再生障碍性贫血；

5. 颅脑肿瘤需手术者及脑中风急性期；

6. 精神病；

7. 心脏病（限于心脏瓣膜置换手术、冠状动脉旁路手术、安装起博器、心脏搭桥手术）；

8. 严重烧伤等突发性非工伤灾祸治疗期的；

9. 除上述8类病种之外治疗费用巨大的疾病。

（三）低保、低收入家庭；

（四）在本市所有医保定点医院就诊；

（五）已完成（享受）医疗综合减负、医疗救助等前位保障措施并且确实因大病、重病造成基本生活困难的家庭。

二、帮扶程序

（一）申请

申请者本人（或直系亲属、监护人）向户籍所在地村（居）委会提出书面申请，如实填写《嘉定区市民大病重病帮扶审批表》，并携带如下有关证件、证明和材料：

1. 本人身份证或户口簿原件及复印件；

2. 医疗单位诊断证明，医疗费支付发票原件及复印件；

3. 前位保障所支付的相关单位证明原件；

4. 民政部门低保、低收入证明。

（二）受理

1. 初审及审批。各镇、街道，嘉定新城（马陆镇）、工业区及菊园新区（以下简称“街镇”）红十字会对申请人证明材料进行核实，并对申请人资格进行初审。经初审合格的，在完成前位保障后，于每月15日前上报区红十字会审批。

2. 信息上报。区红十字会审批后，将相关帮扶信息录入区社会救助“一口上下”信息系统及嘉定区网络监察系统。

（三）支付

区红十字会每次将审批结果及救助金于当月底前下拨到街镇红十字会，由街镇红十字会负责下发。

三、帮扶标准

（一）帮扶金额=（本年度自负医药费–前位保障支付金额）×帮扶比例。

本年度自负医药费是指年度内，发生按照本市基本医疗保险诊疗项目、医疗服务设施和用药范围以及支付标准规定执行的医药费发票自负总额。

前位保障是指应先于本方案帮扶之前支付的、申请人有条件享受的所有社会医疗保障和补助，包括“城保”基本医疗保险、大病保险、综合减负；“镇保”基本医疗保险、大病保险；少儿学生医疗保障、少儿住院互助基金；农村合作医疗保险及大病补助；总工会互助保障；公务员医疗补助；民政救助；红十字会救助等。

本年度个人自负医药费用不包括以下各项费用：

1. 应由前位保障支付而未支付，暂由自己垫付的医疗费用；

2. 不能提供有效原始证明（发票）的医疗费用；

3. 跨年度累计的医疗费用；

4. 交通肇事、打架斗殴、吸毒、酗酒和赌博等不法行为、自杀行为及属工伤认定范围内的致伤发生的医疗费用。

（二）帮扶比例

1. 待帮扶金额累计在2万元以内（含2万元）部分，帮扶比例40%；

2. 待帮扶金额累计在4万元以内（含4万元）部分，帮扶比例50%；

3. 待帮扶金额累计在6万元以内（含6万元）部分，帮扶比例60%；

4. 待帮扶金额累计在6万元以上部分，帮扶比例70%。

待帮扶金额为本年度自负医药费减去前位保障支付金额。

帮扶金额全年累计最高不超过6万元。

四、资金来源

（一）嘉定区红十字会人道救助基金（“蓝天下的至爱”联合募捐款）；

（二）各街镇社会互助资金承担实际救助发生数额的50%。

五、工作要求

（一）加强领导。区红十字会成立项目领导小组，负责项目的实施和管理，各街镇红十字会要严格按照帮扶要求，切实维护困难群众利益，采取建立社会救助民主评议小组和公示等有效制度，开展项目实施，让困难群众得到应有的救助帮扶。

（二）加强宣传。各级红十字会要通过广播、电视、报纸、网络等多种途径开展宣传，向辖区群众宣传大病重病帮扶政策，营造良好的社会氛围，让困难群众感受社会的关爱。

（三）加强监督。区红十字会成立救助项目督导小组，对项目实施情况进行定期或不定期的回访、检查、督导，听取和征求困难群众的意见，发现问题及时督促改进。对采用虚报或者隐瞒实情、伪造证明材料等手段骗取、冒领帮扶金的，一经查实，将追回其已经领取的帮扶金，并依法追究相关责任。

《嘉定区红十字会“阳光天使”康复项目实施方案》

一、项目意义

重度残疾儿童是社会的组成部分，每一个重度残疾儿童的背后都蕴含着一个不幸的家庭，让孩子幸福成长成了这些家庭的最终梦想。对这些特殊的孩子实施家庭式的康复训练，对提高儿童的生存质量，营造和谐的社会环境都有着非常深远的社会意义。

二、项目对象

嘉定地区23名重度残疾儿童，其中校内康复儿童8人，家庭康复儿童15人。

三、服务内容

项目通过社区、学校与医院的合作，为儿童康复提供多方位的支持，改变家长单一的抚养方式，减轻儿童的障碍程度，帮助儿童树立生活信心，健康快乐地成长，切实提高重度残疾儿童今后的生活质量。项目服务内容如下：

1. 通过医生的专业鉴定，对重度残疾儿童的肢体功能进行专业评定，提出有效的康复训练方案。

2. 由教师和医生组成团队为重度残疾儿童上门服务，研究康复模式，形成有效方法，切实提高儿童的运动技能。

3. 邀请医生为教师和家长开设讲座，提高教师和家长的康复训练技能。

4. 为重度残疾儿童的学习生活环境提出合理化的意见和建议，营造良好的生活环境。

四、具体措施

项目的具体运作由嘉定区成佳学校承担，需不定期向区红十字会汇报项目开展情况。

1. 对全区23位需要康复的重度残疾学生情况进行调查和评估，形成评估报告。

2. 校内康复

（1）每周一次，康复医生对学生进行生理康复有关的肢体康复、运动康复训练，做好康复训练记录。

（2）康复医生对学生的家长、老师开设讲座，指导教师、家长进行日常的康复训练。

（3）康复医生进行个案跟踪课题的研究，形成《脑瘫儿童肢体康复训练的个案研究》的研究报告。

3. 家庭康复

（1）每2周一次，根据学生的能力情况，对需要送教上门的学生实施和生理康复有关的肢体康复、运动康复训练，并填写康复服务记录，形成康复训练档案。

（2）对学生家长进行家庭日常康复指导，对儿童的学习生活环境提出合理化的意见和建议。

（3）对送教学生的情况进行总结和评估，并进行家长满意度调查。

《嘉定区红十字会“红十字关爱进社区”项目计划书》

一、项目内容

通过在全区各街镇建设标准化红十字服务站的形式，进一步加强服务站办公场地、办公家具、服务器械等设施配备，建立健全志愿者、救灾员等工作队伍，规范管理，有序运作，以便更好地向社区居民传播人道主义精神，提供红十字志愿服务，有效发挥红十字服务站的积极作用。

二、红十字服务站职能定位

红十字服务站是红十字会下设的传播人道主义的窗口，是实施人道救助和便民服务的场所，是红十字会在基层社区的志愿服务点、募捐帮困点、报灾救灾点、宣传培训点、咨询交心点。

三、红十字服务站主要任务

1. 红十字运动基本知识、健康保健、红十字法律法规知识宣传；
2. 组织开展造血干细胞、遗体（角膜）捐献、器官捐献宣传登记；
3. 开展群众性初级急救和家庭保健培训；
4. 为居民量血压及简易小伤处理；
5. 租借轮椅车、拐杖等便民服务器材；
6. 对突发事件进行及时报灾，协助救助；
7. 对特困家庭申报救助及具体实施；
8. 开展救灾、救助募捐工作；
9. 开展各种形式的志愿服务工作等。

《嘉定区红十字会“格尔爱心”帮困项目计划书》

一、救助对象

户籍在嘉定地区有多名家庭成员患有恶性肿瘤、尿毒症、白血病、再生障碍性贫血、脏器移植等重大疾病的贫困家庭（“疾病诊断”需提供本市二级甲等以上医疗机构证明；“户”的界定以户口簿为准）。

二、救助形式

对符合救助条件的贫困家庭，按实际困难情况给予1万元经济补助。每户家庭只能享受一次该项目救助。

三、救助程序

1. 各街镇红十字会通过村（居）委会对辖区内符合帮困条件的对象进行认真排摸，初步审核，形成帮困名册，填写帮困救助申请表，随同相关材料一并报区红十字会审批。

2. 区红十字会复核申请材料，建立帮困家庭信息库，对符合条件的受助家庭给予经济救助；或向街镇红十字会下拨专项救助款，由街镇红十字会将救助款下发至受助家庭，规范办理签收手续。

3. 区红十字会及时汇总“格尔”爱心帮困情况，做好材料归档；定期将项目实施情况向赞助企业反馈。

《嘉定区红十字会“情暖童心”项目计划书》

一、项目对象

患白血病、血友病、再生障碍性贫血、恶性肿瘤、尿毒症等重大病且医疗费支出额较大，并具有嘉定户籍或参加少儿住院互助基金的患儿。

二、项目内容

每年“六一”国际儿童节期间，区红十字会对区内符合帮困条件的重大病儿童给予医疗补助；每年10月，对当年第一次补助后新发病且符合帮困条件的重大病患儿给予医疗补助。

三、救助程序

1. 嘉定区少儿住院基金管理办公室、各街镇红十字会负责对符合帮困条件的对象进行认真排摸，由申请人填写帮困申请表；

2. 区红十字会对帮困对象情况进行审核后，提出医疗补助意见；

3. 区红十字会向受助少儿下发医疗补助款（物），办理签收手续，做好资料整理归档。

《嘉定区红十字会“助学成才”结对项目计划书》

一、项目对象

在本区各中、小学校、职（技）校就读的品学兼优、家境清寒或因家庭突遭变故而导致贫困的学生。

二、具体措施

1. 区教育局通过学校对符合结对条件的学生进行排摸，由学生提出申请，所在学校初审并向区教育局申报，经区教育局审批后确定，并建立受助学生信息库。

2. 区红十字会搭建平台，借助社会资源，实现企（事）业单位或社会人士与贫困学生的爱心结对。

3. 结对单位或个人通过现金补助、赠送学习用品等形式，为结对学生提供学习和生活上的援助，帮助其顺利完成学业。同时，用体贴和真情关爱学生，让其感受社会大家庭的温暖，鼓励学生逆境向上，好好学习，将来回报社会。

4. 区红十字会组建“助学成才”志愿服务队，做好结对学生情况的跟踪和反馈，并做好记录。

《嘉定区红十字会“爱心牵手”助孤项目计划书》

一、项目对象

嘉定地区的孤儿。

二、项目内容

1. 定期上门慰问照顾。通过志愿者与孤儿“一对一”的结对方式，利用各种形式每月一次对孤儿的生活和学习予以照顾，力所能及地帮助其解决生活上的难题，用体贴和真情关爱孤儿，给予他们精神和经济上的支持，让他们感受家的温馨和社会大家庭的温暖。

2. 开展节日关爱活动。利用儿童节、中秋节等假日，项目志愿者可组织策划联欢会、集体郊游、观看演出等有意义的活动，创造机会让孤儿走入社会、融入群体，鼓励孤儿克服自卑，关爱他人。

3. 开展服务技能培训。针对项目对象的特殊性，对项目志愿者开展心理疏导等常用服务技能培训，使志愿者们能够更好地为结对孤儿提供服务。同时做好项目跟踪管理和反馈，促进项目健康持续发展。

《嘉定区红十字会“妇科重症救助”项目计划书》

一、项目对象

嘉定地区因患妇科恶性肿瘤而致贫的女性。

二、项目内容

1. 开展上门慰问。通过志愿者与受助对象结对的方式，用体贴和真情关爱重症女性，力所能及地帮助她们解决生活上的难题，给予精神和经济上的支持，让她们感受社会的温暖，促进疾病早日康复。

2. 组织关爱活动。利用妇女节、母亲节等假日，项目志愿者可组织策划联欢会、观看演出等有意义的活动，创造机会让受助对象融入群体，加强交流，克服自卑，树立信心。

3. 加强技能培训。针对项目对象的特殊性，对项目志愿者开展心理疏导等常用服务技能培训，使志愿者们能够更好地为受助对象提供服务。同时做好项目跟踪管理和反馈，促进项目健康持续开展。

《嘉定区红十字会“金拐杖圆梦行动”项目计划书》

一、项目对象

1. 母亲年满50周岁以上的独生子女死亡家庭

2. 青年志愿者

二、项目内容

1. 亲情结对予以生活照顾、精神慰藉。通过志愿者一对一的结对方式，经常利用各种形式对老人嘘寒问暖，定期上门，对老人的生活予以照顾，精神予以慰藉，力所能及地帮助其解决生活上的难题，用体贴和真情关爱他们，让他们重温家的温暖，体会社会大家庭的温暖。

2. 节日探望予以物质帮扶。除了平日的电话问候、上门探望，同时在这些让老人们倍感伤感、孤寂的如中秋、春节等节日到来时，区协会可统一为志愿者购置物品探望结对家庭，区红十字会和计生协领导适时走访慰问这些特殊家庭。每年各种形式的走访慰问不少于两次。

3. 开展志愿者服务技能的培训。开展“金拐杖圆梦行动”志愿者心理疏导等服务技能的培训。针对志愿者们服务的对象，教会志愿者们一些常用的心理疏导等服务技能，使这些志愿者能更好地为结对家庭提供服务。

4. 建立激励机制。在实施过程中，建立对志愿者的激励机制，注重挖掘、培育、树立志愿者典型，对优秀志愿者进行奖励表彰；同时做好跟踪管理和服务，促进“金拐杖圆梦行动”健康持续发展。

5. 搭建交流平台予以精神慰藉。搭建交流平台——圆梦心屋，适时组织志愿者、家庭之间的交流联谊等活动，通过活动了解志愿者的工作现状、碰到的各种困难，探求改善服务的有效途径；通过交流，增进彼此间相互了解、信任与理解。

6. 加大宣传力度。要在全社会大力倡导团结、友爱、互助、进步的共产主义道德，大力弘扬志愿者精神，以老吾老以及人之老的精神境界关爱空巢老人，让他们感受到被理解、重视和尊重。

项目的具体运作由嘉定区计划生育协会承担，并不定期地向区红十字会汇报项目开展情况。

《嘉定区红十字会“爱从头开始”护理项目计划书》

一、项目对象

嘉定区医院部分病区长期卧床的住院病人。

二、项目内容

区红十字会向医院部分病区捐赠爱心床边洗头车，供长期卧床的住院病患使用。医院红十字志愿者定期为长期卧床的住院病人免费进行洗头护理，保持病人头部清洁舒适。

《嘉定区红十字会“采埃孚健康园丁”项目计划书》

一、项目对象

我区民办农民工子女小学中，非本市户籍的教师。

二、项目内容

对符合条件的教师提供每三年一次的健康体检。

三、救助程序

1. 通过各街镇教委对我区已成立基层红十字会的民办农民工子女小学进行梳理，对其中符合条件的非本市户籍教师名单进行汇总，形成电子信息库。

2. 区红会对我区民办农民工子女小学中非本市户籍的教师进行体检、送医上门、健康知识讲座、提供心灵慰藉等，以保障教师身体健康，体现人道关爱。

《嘉定区红十字会“鼎申济困母亲行动”计划书》

一、项目对象

计划生育家庭经济困难母亲

二、项目内容

1. 经常利用各种形式对受助对象嘘寒问暖，定期上门，对老人的生活予以照顾，精神予以慰藉，力所能及地帮助其解决生活上的难题，用体贴和真情关爱他们，让他们重温家的温暖，体会社会大家庭的温暖。

2. 电话问候、上门探望，在中秋、春节等节日到来时，区协会可统一为志愿者购置物品探望结对家庭，区红十字会和计生协领导适时走访慰问这些特殊家庭。

项目的具体运作由嘉定区计划生育协会承担，并不定期地向区红十字会汇报项目开展情况。

《嘉定区红十字会“现场初级急救”公益培训项目》

随着经济的发展、社会的进步、人民生活质量的提高，以及灾害频发，群众渴求获得更多的健康知识和救护技能。

嘉定区红十字会开展的群众性“现场初级急救公益培训”项目旨在对公众提供现场救护技能的培训，通过培训的人员可以在专业医护人员没有到达前，对现场伤员实施及时、科学、有效的初步救护。近年来，经过培训的消防战士、乘务员、教师及其他公民，在生产、生活和社会活动中运用所学习的各种救护技能，救护了不少伤病员。如对于在建筑工地遇到锐器扎入人体深部组织的伤者，对于因火灾窒息的生命垂危者、对于因食道异物梗塞的老年人、儿童，对于在旅游途中突然心跳、呼吸停止者等，均成功实施了现场初级急救，为医院救治赢得了宝贵时间，有效地减少了伤残和死亡，挽救了无数的生命。

本项目主要针对群众现场初级急救公益培训。内容有：创伤救护四大技术（创伤止血、伤口包扎、骨折固定、伤员搬运），心肺复苏技术（针对心跳、呼吸突然停止的病人），气道异物梗塞急救技能，逃生避险技能，常见疾病现场急救方法等。

申请者可致电各街镇红十字会报名参加。

《嘉定区红十字会“人道救助项目库”介绍（2012版）》

（1）困难重度失智老人救助（光彩长者关怀）

简介：为了改善困难失智老人的生活状况，缓解其家庭经济困难，支持和帮助失智老人提高生活质量，区红十字会设立“光彩长者关怀”项目，为嘉定地区的居家困难重度“失智”老人提供部分护理用品实物救助（包括成人纸尿裤、一次性尿片和床用护理垫等）和为家属提供老年介护知识普及培训，组织开展志愿服务等。

出资：嘉定区政府实事项目经费/嘉定区光彩事业促进会

（2）用爱聆听

简介：为进一步关爱残疾儿童，区红十字会设立“用爱聆听”复聪项目，对我区患有先天性耳聋的贫困儿童实施人工耳蜗“复聪”手术，使患儿能够聆听到这个世界美好的声音。

赞助：

安吉汽车物流有限公司

延锋伟世通汽车饰件系统有限公司

上海皮尔博格有色零部件有限公司

上海科尔本施密特活塞有限公司

上海汽车制动系统有限公司

上海小糸车灯有限公司

（3）千万人帮万家

简介：为使本市贫困家庭度过一个安乐祥和的春节，上海市红十字会于1999年启动“千万人帮万家”帮困项目。区红十字会在春节前夕，对本区困难家庭中的肿瘤病患者、麻风病致残者、精神病患者、因病致贫老人、遭遇意外灾害的受害者等弱势人群开展迎春走访慰问。

赞助：彩皇（上海）精密化学有限公司/嘉定区红十字会人道救助基金

（4）救心行动

简介：为使我区贫困家庭中符合手术条件的先天性心脏病患儿得到及时有效的治疗，区红十字会设立“救心行动”项目，对患儿实施手术所需的医疗费用，经少儿居保和少儿住院基金支付后的剩余部分予以救助。

赞助：上海新城万嘉房地产有限公司

上海龙湖置业发展有限公司

上海市机械施工有限公司

路劲地产集团上海隽翔房地产开发有限公司

（5）雪中送炭

简介：为对因火灾、龙卷风、雷电等突发灾害造成人员伤亡和财产损失的家庭及时给予生活救助，区红十字会设立“雪中送炭”应急救援项目，第一时间慰问受灾家庭，向他们提供现金和物资援助，帮助其尽快走出灾害阴影，恢复正常生活。

赞助：上海同济经济园区发展有限公司

上海燃料电池汽车动力系统有限公司

（6）春蚕之家

简介：为进一步加强遗体（角膜）捐献工作，倡导移风易俗的社会新风，促进医学科学事业的发展，区红十字会设立“春蚕之家”项目，以联谊会为平台，向遗体（角膜）捐献登记者开展人文关怀与人道关爱。

赞助：上海嘉定曹王禅寺

（7）舒缓疗护

简介：为提高晚期肿瘤患者临终生命质量，促进医疗资源合理利用，区红十字会配合上级红十字会设立“舒缓疗护”项目，为在试点社区卫生服务中心就医的贫困肿瘤晚期患者的居家舒缓疗护（临终关怀）医保范围内的止痛药物自付部分予以人道救助。

出资：上海市红十字会/嘉定区红十字会

（8）造血干细胞移植救助项目

简介：为更好关心白血病患者，缓解患者家庭术后经济压力，嘉定区红十字会设立造血干细胞移植救助项目，对符合条件的困难家庭进行造血干细胞移植患者的生活和治疗进行补助。

出资：嘉定区红十字会人道救助基金

（9）大病重病帮扶项目

简介：为缓解重大病特困家庭的经济负担，区红十字会推出“大病重病帮扶项目”，对本区患有慢性肾功能衰竭、恶性肿瘤、严重传染性肝炎、白血病、血友病和再生障碍性贫血、颅脑肿瘤需手术者及脑中风急性期、精神病、心脏病、严重烧伤等8类重大病的特困人群按规定给予医疗费专项补助，年最高补助额达6万元。

出资：嘉定区红十字会人道救助基金/各街镇社会互助资金

（10）阳光天使

简介：为进一步关爱自闭症儿童及脑瘫患儿，改善和提高生活质量，区红十字会实施“阳光天使”康复项目，对嘉定地区患有自闭症的儿童及脑瘫儿童提供身心康复训练专项经费补助。该项目委托嘉定区成佳学校组织实施。

赞助：上海绿洲投资控股集团有限公司

上海雷博司电器有限公司

（11）红十字关爱进社区

简介：为进一步加强红十字服务站建设，更好地传播红十字理念，弘扬红十字精神，区红十字会设立“红十字关爱进社区”项目，通过在全区建立标准化服务站，为社区居民提供多项符合红十字运动宗旨的人道服务，把爱心传送给最需要帮助的人。

赞助：嘉定区经济小区协会

（12）格尔爱心

简介：为进一步缓解重大病贫困家庭的经济压力，区红十字会设立“格尔”爱心帮困项目，对区内有多名家庭成员身患重大病的家庭实施专项救助，资助他们持续有效地开展治疗，重树对生活的信心。

赞助：上海格尔汽车附件有限公司

（13）情暖童心

简介：为缓解嘉定地区重大病少儿的家庭经济负担，资助其持续有效地开展治疗，区红十字会设立“情暖童心”项目，对本区患白血病、恶性肿瘤等重大疾病的儿童给予专项帮困救助。

出资：嘉定区红十字会人道救助基金

（14）助学成才

简介：为改善贫困学生家庭的生活压力，缓解经济困难，区红十字会设立“助学成才”结对项目，通过贫困学生与企（事）业单位和社会人士结对的方式，借助社会爱心力量，资助百名品学兼优的贫困学生，帮助其顺利完成学业，让贫困学生感受到社会的关爱和温暖。

赞助：企（事）业单位和个人

（15）爱心牵手

简介：为了让失去双亲的孤儿感受到社会大家庭的温暖，健康快乐地成长，区红十字会设立“爱心牵手”助孤项目，通过志愿者上门慰问、组织活动等形式，为我区孤儿提供精神和物质方面的援助，保障孤儿身心健康。

赞助：上海嘉定新城发展有限公司

（16）妇科重症救助

简介：为向嘉定地区因患妇科恶性肿瘤而致贫的女性提供精神慰藉，鼓励她们树立信心，勇敢战胜病魔，早日恢复健康，区红十字会设立“妇科重症特困妇女救助项目”。

赞助：上海国际汽车城经济发展中心/嘉定区女企业家协会

（17）金拐杖圆梦

简介：为了对嘉定地区因意外或疾病丧失独生子女的家庭给予人道关爱，提供心灵慰藉，帮助他们减轻伤痛，重新树立对生活的信心，区红十字会开展“金拐杖圆梦”项目，向这些特殊的人群提供援助。

赞助：上海杰宝大王企业发展有限公司

（18）爱从头开始

简介：为给长期卧床的病人提供更温馨的服务，区红十字会设立“爱从头开始”护理项目，通过向医院捐赠爱心床边洗头车，为病人提供舒适、安全、洁净的头部护理，提高患者生活质量。

赞助：嘉定区马陆镇商会

（19）健康园丁

简介：为进一步关注我区民办农民工子女小学教师的身体状况，区红十字会设立健康园丁项目，对我区民办农民工子女小学的教师进行体检、送医上门、健康知识讲座等，以保障教师身体健康，体现人道关爱。

赞助：嘉定区人口综合服务和管理领导小组/上海采埃孚转向系统有限公司

（20）“助学成才”奖励基金

简介：为保障“助学成才”项目的有序推进，区红十字会设立‘助学成才”奖励基金，对项目优秀结对学生、优秀志愿者进行表彰奖励，组织开展相关活动，以进一步传播人道，弘扬爱心。

赞助：徐行经济城企业家俱乐部

（21）鼎申济困母亲行动

简介：为切实关怀计划生育家庭经济困难母亲，区红十字会与区计划生育协会联合开展“鼎申济困母亲行动”，由上海鼎申置业发展有限公司出资赞助，给予贫困母亲一定的经济资助和生活关怀。

赞助：上海鼎申置业发展有限公司

（22）关爱生命

简介：为向嘉定地区的癌症患者提供人道关爱，给予心灵慰藉，帮助他们减轻伤痛，重新树立对生活的信心，区红十字会开展“关爱生命”项目，向这些特殊的人群提供帮助。

赞助：上海市嘉加（集团）有限公司

（23）现场初级急救公益培训项目

简介：为提高公众现场救护技能，嘉定区红十字会设立现场初级急救公益培训项目，通过培训的人员可以在专业医护人员没有到达前，对现场伤员实施及时、科学、有效的初步救护。2011—2013年，嘉定区红十字会开展的群众性现场初级急救培训列入区政府实事项目，三年内需完成救护员、普及、讲座等培训25000人次。

（24）老年介护公益培训项目

简介：为改善困难失智和失能老人生活，向老人提供生活照料、医学护理和紧急救助等服务，嘉定区红十字会组织开展对照料老人的家属和护工的老年介护培训，培训的内容包括老年人的心理护理，老年人常见症状护理及用药、老年人日常生活介护操作技能等，指导老年人充分发挥肌体残存机能，减缓退化，从而提高老年人的生活质量。

（25）造血干细胞征募（骨髓库）项目

简介：为鼓励号召符合条件的市民加入造血干细胞捐献志愿者行列，嘉定区红十字会设立造血干细胞征募（骨髓库）项目，项目主要针对造血干细胞捐献的宣传、志愿者的征募、检测、检查、人文关怀、捐献者回访等项目提供经费支持。造血干细胞移植是目前根治白血病最为有效方法之一，患者通过输注他人正常的造血干细胞，可重建健康的造血系统和免疫系统，达到治疗疾病的目的。

（26）预防艾滋、反对歧视志愿服务行动项目

简介：为宣传预防艾滋病的知识和理念，嘉定区红十字会发起“预

防艾滋、反对歧视志愿服务行动”，组织和动员社会各界以实际行动传播预防艾滋病知识，争做“倡导平等、反对歧视、人道关怀”的红丝带使者，使受教育者在养成自身健康生活方式的同时，积极向社会其他人士传递正确的预防艾滋病知识以及科学的理念。

11 月 6 日　嘉定区外冈镇红十字会第二次会员代表大会在镇政府多功能厅隆重召开。大会听取并审议了副镇长陈彪代表第一届理事会所做的《锐意进取　真抓实干　不断推进红十字事业》的工作报告，选举产生了新一届理事 15 名、副会长 2 名、会长 1 名，同时聘请外冈镇党委书记唐忠为名誉会长。嘉定区红十字会常务副会长张丽萍代表区红十字会到会祝贺并讲话，副会长汪丽萍、秘书长朱培令、外冈镇镇长陆晓忠等领导出席会议，来自镇机关、村（社区）、企事业单位正式及列席代表近百人参加会议。

11 月 11 日　嘉定区红十字文化传播基地——嘉定区图书馆三楼多功能厅，首次开展以低幼儿童为对象的“周末故事会”活动，进一步丰富“周末故事会”的形式和内容，努力营造学校、家庭、社会“三位一体”的阅读环境。

11 月 12 日　嘉定区红十字会继 11 月 8 日组织机关全体党员干部集体收看党的十八大开幕式现场直播后，机关党支部又于今日组织专题学习胡锦涛同志所做的《坚定不移沿着中国特色社会主义道路前进，为全面建成小康社会而奋斗》的十八大报告。

11 月 13 日　嘉定区红十字会机关工作人员、各街镇红十字会专兼职干部一行 18 人，在区红十字会常务副会长张丽萍、副会长汪丽萍的带领下赴苏州红十字会交流学习，受到苏州市红十字会常务副会长严琇凤、老会长郝如一、苏州大学教授池子华等的热情接待。

11 月 14 日　嘉定区红十字会下发《关于葛文华等同志任免职的通知》（嘉红〔2012〕15 号）。

嘉定区各镇、街道、嘉定新城（马陆镇）、嘉定工业区、菊园新区、教育局红十字会；区级机关红十字工作委员会：

区红十字会决定：任命葛文华同志为上海市嘉定区红十字会事务中心主任（试用期一年）。

免去朱培令同志上海市嘉定区红十字会事务中心主任（兼）职务。

免去葛文华同志上海市嘉定区红十字会事务中心副主任职务。

特此通知。

11 月 22 日　上海市红十字会常务副会长马强、信息传播部副部长崔月芳来我区嘉定二中调研红十字青少年工作。区教育局党委书记王晓燕、区红十字会常务副会长张丽萍等陪同调研。

11 月 23 日 嘉定区红十字青少年工作会议在区教育局召开，区红十字会常务副会长张丽萍、区教育局副局长俞勇彪出席会议，18 所市达标学校校长参加会议。会议由区红十字会副会长汪丽萍主持。

11 月 27 日 嘉定区红十字会联合团区委、嘉定工业区团工委、嘉定镇社区（街道）团工委在工业区卫生服务中心开展造血干细胞捐献集中血检活动。嘉定工业区党工委副书记韩强、团区委副书记朱虹、区红十字会秘书长朱培令，以及工业区、嘉定镇基层单位团支部书记、团员青年 60 多人参加了活动。本次活动共成功采集造血干细胞血样 53 份。截至目前，嘉定区共有造血干细胞捐献志愿者 2573 人，其中有 10 人已光荣成为捐献者。

11 月 28 日 嘉定区江桥镇红十字会第二次会员代表大会胜利召开。大会听取并审议了第一届理事会所做的《践行人道　彰显博爱　不断开创江桥镇红十字事业新局面》的工作报告，选举产生了新一届理事 26 名，会长、副会长各 1 名；同时聘请江桥镇党委副书记、镇长汪洁为名誉会长。嘉定区红十字会常务副会长张丽萍到会祝贺并讲话，副会长汪丽萍，江桥镇党委副书记、镇长汪洁，副镇长钱伟勤等领导出席会议，来自江桥镇各村、社区、学校、企事业单位、红十字团体单位的 142 名代表参加会议。钱伟勤主持会议。

11 月 29 日 嘉定区红十字会在嘉定区红十字妇幼保健院召开 2012 年冠名红十字医疗机构工作总结会。嘉定区红十字会常务副会长张丽萍、副会长汪丽萍、区卫生局副局长陆璇以及我区各家红十字医疗机构的院长、办公室主任近 20 人参加了会议。会议由区红十字会副会长汪丽萍主持。

11 月 30 日 在第 25 个“世界艾滋病日”来临之际，由嘉定区防治艾滋病工作委员会主办，区卫生局、区人口与计划生育委员会、同济大学承办，区红十字会、区疾病预防控制中心协办的“嘉定区社会各界 2012 年世界艾滋病日活动启动仪式暨防控艾滋病宣讲会”在同济大学国际会议中心举行，嘉定区计生委主任金慧萍、区红十字会常务副会长张丽萍、区卫生局副局长许文忠等领导，各单位联络员、基层干部、企事业单位代表、社区居民、流动人口、大中学校学生等 350 余人参加了活动。活动由区疾病预防控制中心主任庄琴主持。

12 月 4 日 为迎接第 27 个国际志愿者日，嘉定区文明办、嘉定区红十字会、嘉定区民政局、嘉定镇街道办事处联合在嘉定社会福利院举行“国际志愿者日”主题活动。嘉定区文明办主任徐嵘，嘉定区民政局局长陈宾、党委书记归华芳，区红十字会常务副会长张丽萍，嘉定镇街道办事处主任张锋等领导出席，红十字志愿者代表、嘉定福利院老人共150多人参加活动。现场，红十字志愿者们为福利院的老人们开展了剪指甲、量血压、健康咨询等服务。

12月10日 嘉定区“红十字宣讲团”工作会议在区红十字会召开，区红十字会常务副会长张丽萍出席，区“红十字宣讲团”成员、区机关工作人员近40人参加会议。此次会议进一步规范和明确了区“红十字宣讲团”工作开展的要求。区红十字会副会长汪丽萍主持会议。

12月13日—14日 上海市红十字会志愿服务培训交流会在嘉定举行。市、区县红十字会志愿服务负责人、骨干志愿者代表、六所遗体接受站负责人共计70余人参加了培训。会上揭晓了“大爱三十年”——纪念上海市红十字会开展遗体捐献工作三十周年征文活动的评选情况，嘉定区红十字会获“优秀组织奖”，并有1篇征文获特等奖、3篇获一等奖、4篇获二等奖、5篇获三等奖。市红十字会李明磊副会长出席会议并讲话。

12月14日 嘉定区红十字会下发《关于成立修志工作领导小组的通知》（嘉红〔2012〕16号）。

嘉定区各镇、街道、嘉定新城（马陆镇）、嘉定工业区、菊园新区、教育局红十字会；区级机关红十字工作委员会：

为了切实做好《嘉定区志》红十字会部分的编撰工作，经研究，决定成立嘉定区红十字会《嘉定区志》修志工作领导小组。组成人员如下：

组长：张丽萍（党组书记、常务副会长）；

副组长：汪丽萍（党组成员、副会长）、朱培令（党组成员、纪检组长、秘书长）；

组员：葛文华（事务中心主任）、李峰（志愿服务部部长）。

修志工作领导小组下设办公室，由汪丽萍兼任主任，由葛文华兼任副主任；各科室人员、各街镇、教育局、区级机关红会干部为办公室组成人员。

12月25日 为挽救一名9岁男孩的生命，26岁的嘉定区红十字会少儿基金工作人员沈洁在上海复旦大学附属华山医院，为浙江一名9岁的白血病患儿捐献造血干细胞。嘉定区副区长、区红十字会会长李原，上海市红十字会副会长李明磊，嘉定区红十字会常务副会长张丽萍，团市委、团区委、区文明办等有关领导在医院病房亲切看望慰问了沈洁，授予她中华骨髓库荣誉奖牌、上海市红十字会荣誉证书、上海市红十字会博爱奖章、嘉定红十字会“博爱之星”。沈洁光荣地成为上海第257例，嘉定第11例成功捐献造血干细胞的志愿者，也是上海红十字会系统首名进行造血干细胞移植的志愿者。

是日 嘉定区红十字会做出《关于表彰造血干细胞捐献者的决定》（嘉红〔2012〕17号）。

嘉定区各镇、街道、嘉定新城（马陆镇）、嘉定工业区、菊园新区、教育局红十字会；区级机关红十字工作委员会：

为弘扬红十字人道主义精神，更好地发挥先进青年的模范带头作用，促进我区红十字工作的进一步发展。根据《上海市红十字会条例》，嘉定区红十字会决定对成功捐献造血干细胞的志愿者沈洁予以表彰，并授予“博爱之星”的光荣称号。

希望受到表彰的先进个人珍惜荣誉，再接再厉，为嘉定区红十字事业的发展再立新功。同时我们号召全社会的青年人积极行动起来，以先进模范为榜样，不断发扬红十字“人道、博爱、奉献”的精神，为病患点燃生的希望，积极加入到造血干细胞捐献者资料库中，为提升城市精神风貌，为嘉定经济和社会的发展做出新贡献。

12月26日 嘉定区红十字会下发《关于开展2013年“千万人帮万家”红十字迎春募捐帮困活动的通知》（嘉红〔2012〕18号），要求嘉定区各镇、街道、嘉定新城（马陆镇）、嘉定工业区、菊园新区红十字会，根据上海市红十字会的统一安排，于2012年12月至2013年2月期间，以“千万人帮万家”活动为主题，积极做好红十字迎春募捐帮困活动。

12月31日 嘉定区红十字会下发《关于嘉定区优秀红十字志愿者和志愿服务队评选工作的通知》（嘉红〔2012〕19号）。

嘉定区各镇、街道、嘉定新城（马陆镇）、嘉定工业区、菊园新区、教育局红十字会；区级机关红十字工作委员会：

为认真贯彻国务院《关于促进红十字事业发展的意见》，进一步弘扬“人道、博爱、奉献”的红十字精神，不断加强红十字志愿者队伍建设，根据《中国红十字志愿者表彰奖励办法》及《上海市红十字志愿服务管理办法（暂行）》规定，嘉定区红十字会决定评选表彰一批优秀红十字志愿者和志愿服务队。现将有关评选活动通知如下：

一、评选目的

积极弘扬红十字志愿者的奉献精神，广泛宣传红十字志愿者的感人事迹，推动志愿者活动更加广泛深入地开展。

二、评选项目

嘉定区优秀红十字志愿者60名；

嘉定区优秀红十字志愿服务队25支。

三、评选范围

近三年来，在各项志愿服务活动中发挥积极作用、表现突出、成绩显著的优秀红十字志愿者和志愿服务队。

四、评选条件

（一）优秀红十字志愿者

1. 积极践行红十字精神和志愿精神，具有较强的社会责任感；

2. 在参与市、区各项重大社会活动中，有效提供志愿服务，特别在组织开展遗体捐献、造血干细胞捐献、助学成才、救护培训、医疗救助等志愿服务中表现突出，取得显著成绩；

3. 以“服务他人、奉献社会”为宗旨，利用业余时间，以自己的智慧、能力和技能，积极参与志愿者服务活动两年以上，累计不少于240小时服务时间。

（二）优秀红十字志愿服务队

1. 组织开展的志愿服务活动成效突出，具有良好的社会声誉。

2. 组织管理规范、运行良好，具有较强的吸引力和凝聚力。

3. 组织成立2年以上，成员人数一般不少于30人。

五、评选方法及要求

（一）优秀红十字志愿者、优秀红十字志愿服务队由基层红十字会按照评选条件，自下而上推荐报送，各街镇、行业红十字会评审后按分配名额报送优秀红十字志愿者候选人和优秀红十字志愿服务队候选队伍。

（二）所有推荐材料必须填写推荐表并附事迹材料，一式两份，单位盖章。推荐表主要事迹一栏300字左右，事迹材料1000字左右，内容真实感人，情节生动。于2013年1月28日前书面报区红十字会志愿服务部。

12月 《嘉定区红十字会2012年工作总结》发布。

2012年，区红十字会在区委、区政府的正确领导下，在市红十字会的指导重视下，深入贯彻落实科学发展观，认真学习贯彻国务院《关于促进红十字事业发展的意见》(以下简称《意见》)和市第十次党代会、区第五次党代会精神，以加强组织能力建设，提升红十字会社会公信力为重点，坚持围绕中心、服务大局、创先争优，积极发挥红十字会作为政府在人道救助领域的助手作用，顺利完成了全年的各项工作和任务。

一、以深入开展创先争优活动为抓手，不断提高干部能力素质

提高红十字会干部的能力和素质，是提升红十字会公信力的关键。今年，我会把加强干部队伍建设，注重提升干部的能力素质放到了重要的议事日程，着重加强红会干部、指导员、联络员等队伍建设。一是组织机关党员干部学习了党的十八大精神和市、区党代会等精神；以争创“学习型、服务型、高效型、创新型、廉洁型”五型机关和干部为目标，开展了“零距离·大走访”创先争优主题实践活动，每位班子成员与3～5名基层党员群众结对，并为结对家庭协调解决实际困难；组织观看了《忠诚与背叛》《信仰》等电教片；开展了“迎七一·军营一日”活动；每位党员撰写学习体会文章等，通过各种教育学习活动的开展，机关党员干部的能力素质得到进一步提高。二是组织各街镇分管领导、红会干部等参加市红十字会组织的红十字系统干部培训班。三是通过召开红会干部季度例会，实事项目推进会、总结会等，既对红会干部进行了业务和相关知识的培训，又围绕具体工作开展了交流，为扎实开展红十字工作打下基础。四是在征求基层意见的基础上，对指导员队伍进行了调整，定期召开指导员工作会议，交流通报情况，使指导员作用得到进一步发挥。五是为深入学习贯彻国务院《意见》精神，我会分别组织街镇分管领导、红会干部、联络员、指导员学习解读《意见》精神。

二、以扎实开展实事项目为内容，认真履行“三救”工作职能

1. 救护培训工作超额完成。救护培训工作是区政府实事项目，根据培训要求，我会认真做好培训的安排、教学辅导、教学质量抽查、督导等工作。一是举办公开课，提高师资授课水平。3月14日，我会在上海工艺美术职业学院举行2012年救护培训公开课，120余人参加培训。二是与部门合作，开展自救互救宣传、培训、演练等工作。6月2日，我会与区旅游局联合在上海汽车会展中心开展“自驾游应急救护专题讲座与模拟演练”活动，进一步向市民普及了应急救护知识。三是成立红十字专业救护队。在区卫生局的大力支持下，对区医疗急救中心的60多位职工进行救护员培训，并举行嘉定区医疗急救中心红十字救护队成立仪式。四是救护培训内容列入区处级干部和新任公务员培训班课程。在今年举办的三期培训班上对干部进行救护知识专题培训，让机关干部对救护知识有了进一步的了解。五是组织参与上级红十字会应急救护演练活动。区级师资、真新街道社区卫生服务中心陈建新入选上海队，参加总会应急救护比赛；菊园新区红十字救护队代表区红十字会参加上海市红十字会应急救护演练活动。全年共培训救护员 345 人，普及培训 13706 人，讲座 148 人次，完成率为 170.46%。

2. 老年介护培训提前完成。老年介护培训是区政府的实事项目内容之一。我会严格按照项目要求，以安亭镇、嘉定镇、南翔镇、工业区为培训点，先后开设了四期老年介护培训班，由上海市红十字会老年介护师资——江桥红十字老年护理院护士长李华萍担任讲师，先后为全区 450 名失智老人家属和看护人员普及了老年介护知识。

3. 帮困救助工作成效明显。我会按照市红十字会的要求调整充实了人道救助项目库，目前，共设 26 个人道救助项目，进一步扩大了红十字帮困救助的覆盖面。重点实施以下项目：

——区政府实事项目（为重度失智老人配送护理用品）。我会成立了 2012 年区政府实事项目领导小组和工作小组，研究制定《嘉定区红十字会关于落实为社区重度失智困难老人配送护理用品项目的实施意见》，对新申请的对象，我会安排专人会同街镇红会干部上门走访确认。截至 12 月底，总计为 3759 人次提供项目救助，所用资金达 81.3 万元。

——大病重病帮扶项目。全年共审批帮扶对象 264 名，帮扶金额 122 万元。

——妇科重症救助项目。救助对象 44 名，救助金额 4.4 万元。

——千万人帮万家项目。年初，我会在嘉定区江桥红十字老年护理院举行“千万人帮万家”迎春送温暖主题活动，共向全区困难群众发放价值 31.95 万元的款物，惠及 639 户困难家庭。

——助学成才项目。今年嘉定新城公司等爱心企业和个人又与 53 名优秀困难家庭学生签订助学协议。目前，已先后有 113 名优秀困难家庭学生得到来自社会各界爱心人士的资助。同时，我会定期召开助学爱心企业和项目志愿者老师座谈会，为项目的实施提供良好保障。

——情暖童心项目。“六一”期间，共为来自我区 10 个街镇的 31 名患病家庭困难儿童提供救助，总金额 2.7 万元（含先天性心脏病救助 0.6 万元）。

——阳光天使项目。6 月 1 日，上海绿洲投资控股集团有限公司和上海雷博司电器有限公司分别向区红十字会阳光天使项目定向捐款 10 万元和 3 万元，用于成佳学校自闭症和脑瘫患儿的康复训练等。共为近

30名患儿提供康复训练。

——鼎申济困母亲行动项目。上海鼎申置业发展有限公司向区红十字会人道救助基金捐赠30万元，用于对困难母亲实施救助。5月11日，在区红十字妇幼保健院举行“鼎申济困母亲行动”项目启动仪式。

——雪中送炭项目。为安亭镇、江桥镇、外冈镇的3户火灾受灾家庭给予市、区两级救助共计2.2万元。

——造血干细胞移植救助项目。市、区红十字会为安亭镇一位接受造血干细胞移植的患者合计救助6万元。

——格尔爱心项目。向全区20户双癌症家庭每户一次性补助一万元，共计20万元。

——健康园丁项目。由嘉定区人口综合服务和管理领导小组出资，为全区14所民办农民工子女小学的685位教师赠送急救包和健康礼包，所用资金11.35万元。

——舒缓疗护（临终关怀）项目。新成路街道迎园医院是我区舒缓疗护的试点单位，区红十字会积极与区卫生局沟通联系，赴迎园医院实地了解情况，并成立红十字舒缓疗护志愿者服务队，共同推进实事项目的开展。

此外，区红十字会还及时发动做好向云南彝良地震灾区的捐款工作，共接收云南彝良地震捐款24.97万元。其中单位捐款4笔，合计人民币24.52万元；个人捐款17笔，合计人民币0.45万元。先后为区军休所离退休老干部、区中医院共送上了11辆轮椅车。在中秋节来临之际，协同区台办将元祖食品公司捐赠的100盒月饼赠送到迎园医院老年护理院，为老年人送上中秋的美好祝福。

4. 备灾救灾工作有效推进。近年来，区红十字会积极探索备灾救灾新机制，与爱心企业联手建立红十字备灾救灾仓库，进一步加大了红十字会备灾物资的储备力度，不断提高应急救灾能力。自2009年4月至2011年底，共建立了7家备灾救灾仓库。2012年在徐行镇政府领导的重视和支持下，区红十字会分别与隶属徐行镇的上海申欧企业发展有限公司、上海露西尔旅游用品有限公司签订备灾救灾协议，新建立了两家备灾救灾仓库企业。3月6日，区红十字会联合区计生委、区妇联举行了以“弘扬人道、关爱女性”为主题的备灾救灾仓库揭牌仪式，上海申欧企业发展有限公司向区妇联和徐行镇妇联捐赠了价值8800元的妇女用品，用于帮助家庭困难的妇女。10月26日，在备灾救灾仓库揭牌仪式上，上海露西尔旅游用品有限公司向区红十字会捐赠价值57560元的物资。同时，区红十字会召开备灾救灾仓库企业负责人座谈会，共同讨论备灾救灾工作长效机制，使企业的爱心及时传递给困难群众。

三、以红十字重大纪念日为契机，拓宽“红十字文化”传播渠道

1. 精心组织，纪念“5·8”世界红十字日主题活动丰富多彩。一是在安亭镇文化中心举行“红十字——人道力量”纪念“5·8”世界红十字日主题活动。活动以“情景剧、歌舞、朗诵、合唱”等文艺的形式，分“爱的力量、生命赞歌、大爱无疆”三个篇章弘扬“人道、博爱、奉献”的红十字精神，以身边真实的故事、感人的事迹、卓越的风采，展示红十字的人道力量。主题活动上，区光彩事业促进会、区经济小区协会及上海国际汽车城经济发展中心三家爱心企业向区红十字会人道救助基金捐款合计65万元；设立在区图书馆的区红十字文化传播基地也正式揭牌。二是开展红十字青少年工作现场观摩活动。区红十字会和区教育局联合在城中路小学举行“童心飞扬·人道力量”为主题的嘉定区红十字青少年工作现场观摩活动。全区61所中小学红十字会会长和秘书长参加会议，市红十字会副会长李明磊、副区长李原为落成校园内的“亨利·杜南”像揭牌。三是开展“防灾减灾日”集中宣传活动。与区民防办等部门联合在菊园新区开展“5·12防灾减灾日”集中宣传活动。活动现场向市民发放急救小册子和宣传纪念品500余份。四是开展纪念“世界急救日”系列活动。9月12日，我会在真新街道文化活动中心举行嘉定区2012年世界急救日主题活动暨“健康园丁”项目启动仪式。9月27日，我会在嘉定工业区举行2012年世界急救日系列活动暨“格尔爱心”救助款发放仪式。

2. 加强协调，依靠媒体加大红十字宣传力度。我会充分发挥网络、电视、报纸、广播等媒体的宣传作用，不断创新宣传的形式和内容，扩大宣传的覆盖面。一是充分发挥区红十字会网站、区政务网功能，在网站上添加红十字相关宣传短片，并及时发布最新信息，全年共发布信息134篇，被上海市红十字会录用87篇、《中国红十字》录用2篇。二是编印《嘉定红十字》小报六期，下发至街镇领导、红会干部、联络员，以及各村居委会、红十字服务站，进一步扩大红十字宣传覆盖面。三是两次走进“民生热线”专栏。就遗体（角膜）捐献工作和“助学成才”项目接受专访，与听众展开互动，赢得良好的社会反响。四是“5·8”宣传周期间，在嘉定电视台黄金时段滚动播出红十字公益宣传片14次，并在中鸿百货的大电子屏滚动播放红十字公益宣传片770余次。五是编印新版《人道救助项目库》和《共同的世界，你我的行动》两本宣传册，下发至红十字服务站等，扩大市民对区红十字工作的知晓度。

四、以夯实基础完善制度为重点，不断提升红十字会社会公信力

1. 抓组织建设。年初，在对现有红十字基层组织、团体会员单位、个人会员、青少年会员的相关情况进行排摸与梳理的基础上，各街镇按要求做好新会员和会员单位的发展工作。共新增团体会员单位29家，成人会员2350人，青少年会员4525人。2月16日，我会召开了四届四次理事会。会上，副区长、区红十字会会长李原与各街镇红十字会会长签订了2012年红十字工作目标管理责任书。会议聘请区长马春雷为嘉定区红十字会名誉会长；选举了会长和常务副会长。新成路街道、工业区、外冈镇、江桥镇红十字会分别召开会员代表大会，完成换届选举工作。

2. 抓制度建设。我会建立了物资管理制度，明确分工、责任到人，设置专人统一管理仓库物资；物资进出，需有两人签字确认，并做好台账记录；每季度组织人员对仓库物资进行盘点，确保账物相符，并出具库存物资汇总确认单，确保物资管理规范。完成2009—2011年人道救助基金、少儿住院互助基金和备灾物资的年度审计工作。建立募捐箱管理制度，针对电子募捐箱和小型募捐箱的特点，采用合理的管理措施，对全区169个普通型募捐箱，113台电子募捐箱进行了排摸调查，认真及时做好募捐箱的日常管理和清点工作。

3. 抓监督检查。年初，区监察局、区民政局与我会联合下发《关于开展对社会救助政策落实和专项资金使用情况专项检查的通知》。按照“自查自纠、重点抽查、整改落实”三个阶段，分别对12个街镇的2010—2011年大病重病帮扶资金的拨付运行、专项管理制度建设及执行情况进行了实地全面的检查。在整改落实阶段，区红十字会根据专题会议精神，修改了《嘉定区市民大病重病帮扶项目实施方案》，下发至各街镇红十字会加以严格执行。

4. 抓信息公开。根据市红十字会的要求，推进信息公开工作。一是通过区红十字会网站，以“爱心榜”的形式每月两次公开爱心企业和爱心人士捐赠款物的信息。二是在区四届四次理事会上，审议通过2011年度人道救助基金财务收支情况报告。三是帮困项目库内容公开。调整人道救助项目的名称、简介、帮困的对象条件、申请程序等，并继续在区红十字会网站上予以公开。

五、以弘扬“人道、博爱、奉献”为己任，努力做好志愿服务工作

1. 发挥“春蚕之家”品牌优势。我会以“春蚕之家”联谊会为载

体，以联谊会换届为契机，进一步宣传《上海市遗体捐献工作规程》。

一是开展遗体捐献工作宣传月活动。今年，是上海市正式接受遗体（角膜）登记30周年，为加大宣传力度，创新宣传方式，营造工作氛围，我会开展了以“奉献，让生命更灿烂”为主题的遗体捐献工作宣传月五个一活动。即：举行一次宣传月启动仪式；参加一次“民生热线”专访；开设一期《嘉定报》宣传专版；召开一次遗体捐献登记者代表、实现者家属代表座谈会；组织一次2011年遗体捐献登记者、实现者家属参加市红十字会组织的遗体捐献纪念日活动。

二是召开区“春蚕之家”——遗体（角膜）捐献登记者联谊会第二届会员代表大会。大会继续聘请原区人大副主任、区红十字会会长周丽玲女士为联谊会顾问；卢秀臻女士连任联谊会会长。

三是认真做好遗体（角膜）捐献登记基础工作。年内共有101名社区居民办理了遗体（角膜）捐献登记；区红十字会共慰问19名实现者家属，慰问金额0.95万元。

四是开展为80岁及以上遗体（角膜）捐献登记志愿者“夏日送清凉”活动。

五是开展学习交流活动。组织遗体捐献登记者代表赴第二军医大学遗体接受站、南京红十字会志友社学习考察及观摩“第五届中国移植运动会暨第四届中国器官捐献日”开幕式等。

六是组织人员参加市红十字会开展的“大爱三十年”征文活动，并协助市红十字会做好对征文的收集和评审工作。我区红十字会获“优秀组织奖”，征文获特等奖1篇、一等奖3篇、二等奖4篇、三等奖5篇。

七是12月17日召开“春蚕之家”联谊会年会，对联谊会一年工作进行总结，并表彰了遗体捐献工作志愿者骨干。联谊会副会长瞿大我获中国红十字会优秀志愿者荣誉称号。

2. 开展红十字志愿服务活动。

一是以“学雷锋”活动为契机，参加了由团区委在南翔镇组织的志愿服务活动，共发放遗体捐献、造血干细胞捐献、救护培训等宣传折页300多份。

二是在徐行、江桥、安亭、外冈等开展了“爱，让世界更美好”巡回宣讲暨文艺演出，有2100多名社区居民参加了活动。

三是充分发挥区图书馆红十字文化传播基地的作用，在少儿馆开启了红十字志愿者“周末故事会”导读活动。共举办了近50场，120多名志愿者参加了志愿服务，近700人次小朋友参加了导读活动。

四是举行造血干细胞捐献者座谈会，进一步推进造血干细胞捐献志愿者行动。

五是两次举行了以“点滴奉献，谱写青春赞歌”为主题的造血干细胞集中血检活动，共有380名团员青年志愿者参加，其中333名志愿者成功加入中华骨髓库，2名志愿者成功捐献造血干细胞，我区少儿基金办公室工作人员沈洁成为全市红十字系统捐献造血干细胞第一位。同时，区红十字会组织参加市红十字会造血干细胞口号征集活动，两位参赛者获三等奖。

六是建立了红十字爱心助老服务基地。我会与区民政局联手，先后在安亭镇黄渡敬老院和嘉定福利院举行“为老服务爱心联盟”公益项目启动暨“区红十字爱心助老服务基地”揭牌仪式。基地的建立拓展了区红十字志愿服务的新途径、新内涵。

3. 继续开展“送医下乡”义诊活动。联合区卫生局在全区范围内举行“送医下乡”义诊活动。义诊活动由全区各冠名红十字医疗机构、医疗系统红十字团体会员单位组织内科、外科、妇产科等168位专家组成13支志愿服务队，在嘉新居委、华亭敬老院等12个村、居委设立义诊点，为近5000名嘉定百姓提供义诊咨询、健康教育、测量血压、医疗宣传资料发放等服务，受到居民的普遍欢迎。

六、以“达标创建”为目标，不断推进红十字工作扎实开展

1. 积极推进红十字服务站建设。在去年已建60家标准化红十字服务站的基础上，年初修改下发《标准化红十字服务站创建标准》和《示范红十字服务站创建标准》。2012年共新建24家标准化服务站，并配合市红十字会开展了对市建红十字服务站的运转情况进行入户调查。

2. 积极开展红十字青少年工作。一是开展学校红十字观摩活动，拓展学校之间的交流学习。二是培训教育系统内红十字救护师资，探索救护培训新方法。浏河青少年活动营地26名教职工经培训考核，成为救护培训师资。三是积极开展市级红十字示范学校创建工作，上海大众工业学校和上海嘉定疁城实验学校通过上海市红十字示范学校验收。四是认真组织学校参加探索人道法师资培训、急救师资培训、红十字示范校会长培训等。五是参加各类红十字青少年比赛活动。组织我区1000名中小学、中专职技校学生参加总会的青少年红十字运动基本知识竞赛活动；组织师生参加上海市第三届红十字青少年文化节活动，外冈、华亭两位老师获得“红十字——人道力量”主题明信片设计比赛三等奖。

3. 认真完成冠名红十字医疗机构自查评估工作。根据中国红十字会总会和卫生部的《关于开展冠名红十字医疗机构检查评估工作》的文件精神及上海市红十字会做好本市医疗机构检查评估和规范整改工作的要求。我会与区卫生局联合专题召开冠名红十字医疗机构负责人会议，成立检查评估工作领导小组，加强辅导，要求医院做好自查自纠工作，迎接上级红十字会的检查评估。同时，我会还上门对四家冠名红十字医疗机构加强工作辅导。6 月 28 日—29 日，我会会同区卫生局对四家冠名红十字医疗机构进行检查评估和考核，并初步提出整改意见。经上级部门的复查，我区四家红十字医疗机构全部通过考核，保留冠名。

4. 认真做好少儿住院互助基金工作。按照少儿住院互助基金管理办法，进一步加强少儿住院基金工作宣传，完善少儿住院互助基金工作。修订和完善少儿住院基金工作制度，进一步加强对定点医疗机构的监督与管理，认真做好居保（少儿住院）工作，做好审核、统计、分析、结算和费用报销等各项工作。完成新学年少儿基金参保工作，2012 学年嘉定区参加少儿基金单位数为 148 家，人数为 114303 人，参加率为 99.62%。其中 0～5 周岁参加人数为 32537 人，参加率为 98.74%；6～18 周岁参加人数为 81766 人，参加率为 99.8%。全区 14 所民办农民工子女学校共有 15680 名学生参加少儿住院基金。基金缴费金额为 914.424 万元，区少儿住院基金办为 1003 名低保学生办理缴费减免手续，减免费用合计 80240 元。

2013 年

1 月 15 日　嘉定区红十字会《关于采购空调等办公用品的报告》（嘉红〔2013〕1 号）。

上海市少儿住院基金管理办公室：

嘉定区少儿住院基金办共有工作人员 4 名（2 名少儿基金，2 名少儿学保）。为方便患儿家长办理有关事务，我区少儿住院基金办在底楼大厅设置服务“窗口”，因大厅面积大，原来一台立式空调不能满足温度要求，影响工作效率，因此区少儿住院基金办需增购一台大金 FVXS72GV2CW/RXS72GMVZC 柜式空调机，价格在 9800 元左右。

同时嘉定区少儿住院基金办财务软件一直借用嘉定区卫生局金蝶财务软件，因财务软件的升级，原来的软件已经不能继续使用。根据少儿住院基金财务工作的需要，拟购买金蝶财务软件一套及配套 HP Laser Jet 1020 打印机一台，金蝶财务软件价格 8500 元（含当年软件维护费），打印机 1200 元。采购以上办公用品所需经费在少儿住院基金历年结余资金中支出。

特此报告。

1 月 21 日　中共上海市嘉定区红十字会党组《关于殷成海同志任主任科员的请示》（嘉红党组〔2013〕1 号）。

中共嘉定区委组织部：

根据 2012 年嘉定区军转安置工作要求，嘉定区红十字会接收副团职军转干部一名，为落实好军转干部的关于职务安排的要求，关心好、使用好军转干部，充分调动军转干部的工作积极性和主动性，切实做好军转安置的有关工作，殷成海同志拟任嘉定区红十字会主任科员。

嘉定区红十字会机关行政编制为 3 名，设常务副会长 1 名，副会长 1 名，科级领导 1 名。现实有常务副会长 1 名，副会长 1 名，纪检组长 1 名。

当否，请批复。

附件：殷成海同志基本情况（略）。

1月25日 嘉定区红十字会《关于嘉定区红十字会第四届理事会第五次会议选举结果的报告》（嘉红〔2013〕2号）。

中共嘉定区委员会、嘉定区人民政府：

嘉定区红十字会第四届理事会第五次会议于2013年1月24日召开，会议选举产生了嘉定区红十字会第四届理事会常务理事、副会长；并审议通过了调整和增补理事名单。现将选举结果报告如下：

常务理事、副会长：区教育局党委副书记、局长姚伟；

调整和增补理事名单（按姓氏笔画为序）：

杨玉兰、何兰、沈建明、陈钢、周飚、俞勇彪、姚伟、徐葵、黄旭元、潘晓红。

特此报告。

附：选举得票情况（略）。

2月5日 嘉定区红十字会《关于申请〈嘉定报〉刊登遗体捐献工作宣传月专版的请示》（嘉红〔2013〕3号）。

嘉定区人民政府办公室：

3月1日是上海市遗体捐献纪念日，为了更好地弘扬"人道、博爱、奉献"的红十字精神，倡导移风易俗的社会新风，嘉定区红十字会将开展宣传月活动。经副区长李原同意，通过《嘉定报》刊登纪念遗体捐献工作宣传月专版。为此，我会拟于3月12日前申请《嘉定报》刊登一个专版。

当否，请批示。

2月17日 嘉定区红十字会《关于印发〈2012年嘉定区红十字会工作总结〉、〈2013年嘉定区红十字会工作要点〉和〈2013年嘉定区街镇红十字会工作考核评分表〉的通知》（嘉红〔2013〕4号）。

嘉定区各镇、街道、嘉定新城（马陆镇）、嘉定工业区、菊园新区、教育局红十字会；区级机关红十字工作委员会：

现将《2012年嘉定区红十字会工作总结》、《2013年嘉定区红十字会工作要点》和《2013年嘉定区街镇红十字会工作考核评分表》印发给你们，请结合实际情况，制定工作实施方案，推进红十字事业的发展。

附件：《2012年嘉定区红十字会工作总结》《2013年嘉定区红十字会工作要点》《2013年嘉定区街镇红十字会工作考核评分表》（略）。

2月22日、3月6日 嘉定区红十字会先后召开助学成才项目志愿者和资助方联络员座谈会，区红十字会常务副会长张丽萍、副会长汪丽萍、助学成才志愿服务队负责人杨泳舲老师出席。杨泳舲老师向与会人员通报了志愿服务队两年多来的工作开展情况，志愿者老师代表和资助方代表分别和大家分享了自己在项目开展过程中的心得体会。会上，张丽萍会长感谢资助方、志愿者老师们对结对学生的关心帮助，充分肯定了两年来助学成才项目取得的成绩。同时对项目的开展提出三点要求：一是要进一步完善工作制度；二是要进一步整合志愿服务资源；三是要进一步加大宣传力度。嘉定区红十字会助学成才项目是区红十字会人道救助重点项目之一，截至目前，有114名学生先后得到项目资助，已有10多名学生考入复旦、上海交大等高等学府。

2月28日 中共上海市嘉定区红十字会党组、上海市嘉定区红十字会下发《关于调整领导班子成员分工的通知》（嘉红党组〔2013〕2号）。

嘉定区各镇、街道、嘉定新城（马陆镇）、嘉定工业区、菊园新区、教育局红十字会；区级机关红十字工作委员会：

经研究决定，现将区红十字会领导班子成员分工调整通知如下：

党组书记、常务副会长：张丽萍，负责党组、红十字会全面工作；主管机关事务（事务中心）、组织人事、财务、赈济救护部、少儿医疗保障工作。

党组成员、副会长：汪丽萍，分管宣传（法制）、机关党支部、基层建设部工作；负责基层组织建设、红十字服务站、救护培训、信息传播、学校红十字工作、红十字医疗机构等工作。

党组成员、纪检组组长、秘书长：朱培令，分管纪检监察、机关工会、志愿服务部工作；负责志愿服务、“三献”工作、信访、档案、保密安全、爱卫等工作；协管组织人事、少儿医疗保障工作。

特此通知。

是日 中共上海市嘉定区红十字会党组、上海市嘉定区红十字会下发《关于调整机关科室分工的通知》（嘉红党组〔2013〕3号）。

嘉定区各镇、街道、嘉定新城（马陆镇）、嘉定工业区、菊园新区、教育局红十字会；区级机关红十字工作委员会：

经研究决定，现将区红十字会机关科室分工调整通知如下：

一、基层建设部人员及工作职责

人员安排：葛文华（部长）、金婷（科员）

工作职责：

1. 组织建设：红十字团体、个人会员发展和日常管理工作；基层红十字会管理工作；会费收缴基础工作。

2. 宣传工作：信息拟写及上报、发布工作；红十字法律法规宣传、红十字运动基本知识传播、预防艾滋病宣传等工作。

3. 救护培训：救护培训、老年介护培训日常管理，组织培训、演练等工作。

4. 学校红十字：学校红十字工作的指导和管理工作。

5. 红十字医疗机构：冠名红十字医疗机构的指导和管理工作。

6. 机关事务：起草年度计划和总结等材料；公文处理、会务安排接待、年鉴撰稿、网站管理；组织人事（编制）、机关党支部等工作。

二、赈济救护部人员及工作职责

人员安排：殷成海（部长）、邵一（科员）

工作职责：

1. 红十字服务站（中心）：红十字服务站（中心）建设及管理工作。

2. 救灾救助：人道救助项目库日常管理；救助项目实施；备灾救灾仓库、款物募集、募捐箱设置及管理工作。

3. 物资管理：备灾库房及物资日常管理；配合做好固定资产管理工作。

4. 少儿医疗保障：少儿基金、少儿学保日常管理工作。

5. 其他工作：档案、安全保密工作。

三、志愿服务部人员及工作职责

人员安排：李峰（部长）、马红梅（科员）

工作职责：

1. 志愿服务工作：志愿者发展、登记、培训、管理工作；志愿服务团队（基地）建设管理等工作。

2. “三献”工作：遗体（器官）捐献工作宣传及登记；“春蚕之家”联谊会工作；造血干细胞组织、宣传、发动、集中血检等工作。

3. 财务管理：财务及出纳日常工作；少儿基金收费、固定资产管理、会费收缴、接受款物捐赠并起草信息公开内容等工作；配合做好救助项目实施工作。

4. 报刊征订：《中国红十字报》、《博爱》、《上海市红十字报》征订发放工作；配合做好《嘉定红十字》编辑工作。

5. 其他工作：统计、审计工作；工会、纪检、信访、后勤保障等工作。

特此通知。

3月1日 上海市第十一个遗体捐献纪念日，市红十字会在福寿园举行了以“生命在奉献中延续”为主题的纪念日活动。嘉定区红十字会组织2012年遗体（角膜）捐献登记者代表、实现者家属及区红十字会文艺宣传志愿服务队成员110余人参加了活动。

同日 嘉定区红十字事务中心主任葛文华、造血干细胞捐献志愿者沈洁、遗体捐献志愿者张绪西接受了嘉定广播电台“民生热线”的专访。

3月2日 区红十字会组织志愿者参加了由团区委主办的“青春聚疁城，文明志愿行”——嘉定文明城区“万名青年志愿者”注册仪式暨纪念学习雷锋活动50周年志愿服务集中行动。

3月5日 嘉定区红十字会在迎园医院举行“红十字爱心助老服务基地”揭牌仪式暨志愿服务主题实践活动，嘉定区副区长、区红十字会会长李原，新成路街道党工委书记王建新，区卫生局局长郑益川，区红十字会常务副会长张丽萍，新成路街道办事处副主任徐慧泉等领导和50多名志愿者参加了活动。

3月7日 嘉定区红十字会召开第一季度工作例会。各街镇及行业红会干部20余人参加会议，区红十字会副会长汪丽萍主持会议。会上，常务副会长张丽萍对新一年的红十字工作提出了五方面要求：一是以干部队伍建设为重点，夯实组织基础；二是以创新社会管理为重点，增强服务功能；三是以宣传红十字法律法规为重点，营造良好的舆论氛围；四是以红十字核心业务为重点，做实救助项目；五是以文明城区创建为重点，深化志愿服务。

3月8日 在上海市红十字会八届五次理事会举行的颁奖仪式上，原嘉定区教师进修学院64岁退休教师瞿大我荣获中国红十字总会优秀志愿者称号。作为上海市获此殊荣的4位志愿者之一，上海市副市长、市红十字会会长沈晓明向他颁发了荣誉证书。

3月21日 嘉定区红十字会遗体捐献登记者联谊会（“春蚕之家”联谊会）召开2013年工作座谈会。“春蚕之家”联谊会正副会长、秘书长、部分组长，遗体（器官）捐献登记者代表，遗体捐献实现者家属代表，市红会“大爱三十年”征文活动获奖代表等近30人参加座谈。区红十字会常务副会长张丽萍、副会长汪丽萍出席座谈会。

3月27日 87岁的离休老干部孙萍在嘉定区迎园医院护理病房内完成了遗体捐献登记手续。当她在《上海市遗体捐献登记表》上签上自己的名字时，感动了现场所有的人，她的子女也为母亲的行为感到骄傲。孙萍老人1945年参加革命，1946年加入中国共产党，是一位有着67年党龄的老党员、老干部，现在还担任离休支部的党小组长，仍然在为党工作着。

3月28日 嘉定区红十字会文艺宣传志愿服务队前往区“红十字爱心助老服务基地”——安亭镇黄渡敬老院举行红十字知识宣讲和文艺演出，敬老院100多位老人聆听宣讲、观看演出。

4月2日 第六个“世界自闭症日”来临之际，嘉定区红十字会常务副会长张丽萍、上海绿洲投资控股集团有限公司党委副书记肖方方在成佳学校校长、老师和街镇红会干部的陪同下，先后来到安亭镇和华亭镇的两位自闭症儿童家中进行走访慰问。嘉定区红十字会于2010年开始实施“阳光天使”康复项目，为嘉定地区患有自闭症的儿童及脑瘫患儿提供身心康复训练专项经费补助。每年10万元的项目经费由爱心企业——上海绿洲投资控股集团有限公司定向捐赠，项目由嘉定区成佳学校组织实施。

4月3日 嘉定区红十字会下发《关于开展纪念“5·8”世界红十字日活动的通知》（嘉红〔2013〕5号），要求嘉定区各镇、街道、嘉定新城（马陆镇）、嘉定工业区、菊园新区、教育局红十字会、区级机关红十字工作委员会、区红十字医疗机构、医疗卫生系统红十字团体会员单位，围绕第66个世界红十字日的主题，精心组织，搞好有关各项纪念活动，并上报计划和总结。

4月8日 嘉定区红十字会召开救护培训工作会议，承担我会救护培训任务的区级骨干师资参加会议。区红十字会副会长汪丽萍出席会议。

4月10日 为挽救江苏一名36岁患者的生命，年仅23岁的上海光机所空间激光信息技术研究中心研二学生王兆坤在上海市第一人民医院成功完成造血干细胞采集，成为上海开始造血干细胞捐献21年来第267位、嘉定区第12例成功捐献造血干细胞的志愿者。2011年9月，在一次无偿献血过程中，王兆坤申请加入中华骨髓库，两个月后，被通知与一名白血病患者初配型成功。经过初配、高配和各项身体检查后，王兆坤捐献了造血干细胞。上海市红十字会志愿服务部部长周湘兰、嘉定区红十字会常务副会长张丽萍及区文明办、团区委、上海光机所有关领导前往慰问。中国造血干细胞捐献资料库管理中心授予王兆坤“捐献造血干细胞荣誉证书”，共青团上海市委员会、上海市志愿者协会授予他“上海市优秀青年志愿者”荣誉称号，上海市红十字会授予他“造血干细胞捐献荣誉证书”，嘉定区红十字会授予他“博爱之星”荣誉称号。

是日　嘉定区红十字会下发《关于授予王兆坤“博爱之星”荣誉称号的决定》（嘉红〔2013〕6号）。

嘉定区各镇、街道、嘉定新城（马陆镇）、嘉定工业区、菊园新区、教育局红十字会；区级机关红十字工作委员会：

造血干细胞捐献是弘扬和践行人道主义精神的有效载体。近年来，在区委、区政府的领导和重视下，在社会各界爱心人士和造血干细胞捐献志愿者的大力支持下，我区造血干细胞工作取得了新的成绩。目前，我区有2500多名造血干细胞捐献登记者，累计实现12例造血干细胞捐献。为表彰先进、树立典型，区红十字会决定，授予嘉定区第12例造血干细胞捐献者——王兆坤嘉定区红十字“博爱之星”荣誉称号。

希望受到表彰的先进个人珍惜荣誉、再接再厉，继续支持和关心我区红十字事业，进一步弘扬“人道、博爱、奉献”的红十字精神。同时我们号召更多的社会爱心人士，要以先进为榜样，积极加入到志愿捐献造血干细胞的行列中来，为提升城市形象、促进精神文明建设、推动我区造血干细胞工作做出新贡献。

同日　嘉定区红十字会下发《关于举办2013年嘉定区应急技能比赛活动的通知》（嘉红〔2013〕7号）。

嘉定区各镇、街道、嘉定新城（马陆镇）、嘉定工业区、菊园新区红十字会：

为在群众中普及现场初级急救知识与技能，提高红十字救援队、红十字救护员的救护能力，全面展示我区开展应急救护培训工作的成果，进一步推进红十字应急体系建设，提高应急救护能力，根据上海市红十字会的工作要求，嘉定区红十字会定于5月23日举办2013年嘉定区应急技能比赛活动。

请各街镇红十字会根据比赛要求，认真组织本辖区红十字应急救护队开展培训及演练，并安排好有关人员准时参加竞赛活动。

附件：2013年嘉定区红十字应急救护比赛活动方案（略）。

4月12日　嘉定区红十字会召开2013年第二季度工作例会，来自区内各街镇、教育系统红十字会和区级机关红十字工作委员会的红会干部20余人参加了会议。区红十字会副会长汪丽萍主持会议。

是日　嘉定区红十字会召开红十字募捐箱管理工作会议，各街镇红十字会募捐箱负责人出席会议。常务副会长张丽萍着重就区红十字募捐箱管理现状，从管理职责、思想认识和制度建设等方面，进一步强调了做好募捐箱管理的重要性。会议由区红十字会副会长汪丽萍主持。

是日 “关爱生命”项目救助款发放仪式在嘉定区红十字文化传播基地——区图书馆会议室举行，来自全区各街镇的受助代表、癌症协会会员等100余人参加了活动。原区红十字会会长周丽玲、区红十字会常务副会长张丽萍、副会长汪丽萍向首批受助的15位癌症患者送上了救助款，传递了爱心。嘉定区红十字文艺宣传队和癌症协会还共同为现场癌症病患者送上了一台精彩的文艺演出。

4月20日 嘉定区红十字会下发《关于做好四川雅安地震赈灾工作的通知》（嘉红〔2013〕8号）。

嘉定区各镇、街道、嘉定新城（马陆镇）、嘉定工业区、菊园新区红十字会：

2013年4月20日四川省雅安市芦山县发生7.0级地震，震源深度13千米。四川、重庆、陕西、湖南多地震感强烈。截至当天17时，地震已造成近百人死亡，3000多人受伤，灾区电力中断，供需系统遭到破坏，多处房屋受损。地震发生后，上海市红十字会立即与灾区红十字会取得联系，当日紧急发送救灾款100万元；发运救灾物资价值75.8万元（近2000个生活应急包、2000条毛毯）运向灾区。

根据上海市红十字会《关于做好四川雅安地震赈灾工作的通知》要求，现将相关事宜通知如下：

一、本次救灾工作由总会统一协调，各级红会未经总会批准不得自行安排工作人员、志愿者前往灾区。

二、请各街镇红十字会发出呼吁、安排值班、接受捐款。将接受捐款情况于次日上午10时前报嘉定区红十字会赈济救护部。

三、根据总会通知要求，本次募捐以捐赠资金为主，重点满足灾区重建和受灾群众长期安置需求。本次救灾捐款须集中上缴区红十字会，由区红十字会统一全部上缴市红十字会。

四、对社会各界有捐物意向的，须经灾区确认需求后方可接受捐赠。

附件：（略）。

4月21日 四川省雅安市芦山县4月20日发生7.0级地震后，嘉定区红十字会及时联系上海市红十字会，立即增加值班力量，接受社会爱心人士捐赠。4月21日，区红十字会在机关进行总动员，贯彻落实市红十字会《关于做好四川雅安地震赈灾工作的通知》精神，并将《通知》及时下发基层红十字会，共同呼吁、安排值班、接受捐赠。

4月23日 嘉定区冠名红十字医疗机构工作会议在马陆镇社区卫生服务中心召开。各冠名红十字医院会长、秘书长等十余人参加了会议。会上，常务副会长张丽萍强调了冠名医疗机构登记注册、雅安地震捐款、应急救护培训比赛、救助项目开展等重点工作，希望各冠名医疗机构组织架构更加完善、基础工作更加扎实、与红十字结合更加紧密。会议由区红十字会副会长汪丽萍主持。

4月24日 截至4月24日，嘉定区红十字会共接受彩皇（上海）精密化学有限公司、富士通将军（上海）有限公司、上海泰实医疗科技有限公司、上海阀门厂有限公司和上海采埃孚转向系统有限公司等五家企业的捐赠雅安抗震救灾善款45万元，其中彩皇公司捐赠20万元、泰实公司捐赠10万元、其他企业各5万元。

4月28日 嘉定区红十字会和区书法家协会联合举办的“笔墨倾情　爱心飞扬”——嘉定区纪念“5·8”世界红十字日书法作品邀请展，于嘉定镇街道社区文化活动中心底楼大厅展出，至5月10日结束。展览共展出我区33位书法家精心创作的书法作品33幅。其中7位书法家为中国书法家协会会员，其余都为市、区两级书法家协会会员。“赠人玫瑰，手留余香”，嘉定区红十字会寄希望于这样的形式，为书法家和爱心人士间搭建一个爱心交流的平台，通过这一平台，让“人道、博爱、奉献”的红十字精神传播得更广泛、更深远。展览结束后，作品悉数由嘉定区国有资产经营（集团）有限公司以10万元价格认捐，所得款项全部纳入区红十字会人道救助基金，用于人道救助项目。

是日 区红会制定《嘉定区红十字会人道救助项目网络监察系统运行规则》（嘉红〔2013〕9号）。

附：《嘉定区红十字会人道救助项目网络监察系统运行规则》

一、总　则

第一条　为保障网络监察系统规范、有效、安全运行，发挥监管项目的功能和作用，强化管理行为的有效监管，提高红十字会工作效能，根据党风廉政建设责任制工作的有关要求，结合我会实际，制定本运行规则。

第二条　网络监察是一种新型的、依托网络信息技术支撑的监察方法和手段。网络监察系统是一个监察事项信息综合平台，具有信息发布、实时预警、动态监控和信息反馈等功能。

第三条　使用网络监察系统，目的是运用“制度加科技”的理念强化监督检查，规范权力运行，保证制度实施和规定执行，努力实现“权力在阳光下运行，资源在市场中配置，资金在网络上监管”的工作目标，推动预防腐败工作。

二、系统的建设和管理

第四条　网络监察系统建设遵循统一规划、统一建设、统一管理的原则，在组织实施方面实行分层分级的管理体制和工作机制。

第五条　区红十字网络监察系统的管理，由区红十字会纪检组负责，赈济救护部实施，主要职责如下：

1. 加强组织协调，安排年度系统建设任务，抓好工作落实，推进和完善网络监管项目建设。

2. 切实承担监管项目日常运行的管理职责，保障平台正常运行，每月月底前将当月救助信息输入系统，确保项目信息的真实性、及时性和完整性。

3. 加强对系统的日常维护，加强对信息员队伍的教育培训，保障系统正常运行。

4. 加强与项目建设牵头单位的沟通联系，协调解决项目建设和运行中遇到的困难和问题。

三、系统的运用和功能发挥

第六条　高度重视网络监管工作，加强领导，落实责任，协调完善和有效发挥监管功能。要定期汇报项目运行情况，与牵头单位一起研究商讨进一步完善监管功能、发挥监管效能的方法措施。

第七条　要强化责任意识，保障系统运行，运用监管项目，发挥监管作用，不断规范本单位的具体行政和管理行为，推进廉政建设。

1. 要及时掌握网络监察系统的运行情况，通过监管信息及时发现问题，认真调查、妥善处理问题。同时，要认真研究产生问题所涉及的体制、机制方面的原因，结合实际，配合相关职能部门建立健全相关制度，深化预防腐败工作。

2. 要根据业务监管范围，落实专人，加强对监管项目中各类信息的甄别，对信息反映的异常情况，要及时介入，有针对性地协调解决问题。

3. 要主动对接网络监察系统建设，积极运用监管项目设置的功能，进一步规范行为。同时，要加强信息的收集、处置、反馈工作，妥善处理各类情况。

四、监督和责任追究

第八条　要及时了解掌握平台反映或社会反馈的信息，加强对异常信息、举报投诉的核查。

第九条　区红十字会要把网络监管项目的运行管理情况、通过平台发现处理的问题以及整改落实等情况，定期汇总向区纪委、区监察局报告，并与党风廉政建设责任制考核挂钩，作为考核的重要内容。

第十条　要结合实际，把具体事项操作的规范性、数据录入的及时性、准确性等纳入条线业务考核体系，与业务考核挂钩。

第十一条　对项目建设中推进不力的相关责任人员，要视情节轻重，给予批评教育、诫勉谈话直至进行问责。

第十二条　对于故意隐瞒实情、不如实在系统上反映真实信息的单位和个人，以及因人为因素违反网络保密安全规定的行为，要实行责任追究。

五、附　则

第十三条　本运行规则由区红十字会负责解释。

第十四条　本运行规则自发布之日起施行。

5月3日　嘉定区红十字会常务副会长张丽萍、赈济救护部部长殷成海，外冈镇红十字会秘书长朱梅琴、红会干部陆苡玮一行4人来到了台安公司，感谢企业将7万余元员工及公司捐款上交区红字会的爱心善举，并向企业颁发了荣誉证书和证章，镇红十字会向企业赠送了“情系雅安造福社会　无私捐赠彰显大爱”的锦旗。

是日　嘉定区红十字会下发《关于转发上海市中小学生婴幼儿住院医疗互助基金管理办公室〈关于做好2013年度居保（少儿住院）医疗费用结算工作的通知〉的通知》（嘉红〔2013〕10号）。

嘉定区各少儿住院医疗互助基金定点医院：

现将上海市中小学生婴幼儿住院医疗互助基金管理办公室《关于做好2013年度居保（少儿住院）医疗费用结算工作的通知》转发给你们，请根据通知精神做好相关费用结算工作。

5月7日　2013年嘉定区团员青年造血干细胞集中血检活动在嘉定新城（马陆镇）文化体育服务中心拉开序幕，共有来自全区各单位300余名团员青年志愿者参加了本次活动，有270位志愿者加入了造血干细胞资料库。嘉定区红十字会党组书记、常务副会长张丽萍，嘉定区文明办副主任金芳，嘉定团区委副书记朱利益等领导慰问了青年志愿者。目前，我区已累计有2900多名团员青年志愿者加入造血干细胞资料库，其中12人配对成功，捐献了造血干细胞，点燃了患者生命的希望。

同日　爱茉莉化妆品（上海）有限公司捐款30万元，定向用于援建四川雅安地震灾区。嘉定区红十字会常务副会长张丽萍在嘉定新城（马陆镇）红会干部张华等陪同下来到爱茉莉化妆品（上海）有限公司接受善款，她对该公司做出的爱心善举表示感谢，并向该公司授予了上海市红十字会颁发的荣誉证书和证章，同时也祝愿该公司各项事业蒸蒸日上。据了解，爱茉莉太平洋集团是韩国排名第一、世界排名前20名的国际化妆品集团，于2002年在嘉定新城（马陆镇）投资建厂。

5月8日 为纪念“5·8”第66个世界红十字日，嘉定区各基层红十字会紧紧围绕“爱心飞扬、美丽嘉定”的主题，开展了形式多样的宣传活动：徐行镇红十字会在小庙村开展了防灾减灾救护演练活动；嘉定区红十字宣讲团来到越华社区开展了红十字宣讲活动；菊园新区红十字会通过义诊、黑板报、电子屏等形式开展了纪念活动；马陆镇社区卫生服务中心、学校、个体工商协会的二十多名红十字志愿者在世纪广场开展便民服务活动。

嘉定区红十字会常务副会长张丽萍一行在华亭镇红十字会会长杨叶芳等陪同下，走访慰问了家住华亭镇唐行村的再生障碍性贫血并于今年1月成功获得了造血干细胞移植的大病患儿小杨，向他表达社会和红十字会的深切关爱。

是日 嘉定区红十字会下发《关于表彰优秀红十字志愿者和志愿服务队的决定》（嘉红〔2013〕11号）。

各镇、街道、嘉定新城（马陆镇）、嘉定工业区、菊园新区、区教育局红十字会，区级机关红十字工作委员会：

志愿服务是红十字运动七项基本原则之一，是红十字精神的具体体现，是社会主义精神文明建设的重要载体。2009年5月，嘉定区成立了红十字志愿服务总队，进一步壮大了志愿者队伍，健全了志愿服务的网络。三年多来，广大红十字志愿者不断弘扬“人道、博爱、奉献”的红十字精神和“奉献、友爱、互助、进步”的志愿精神，在红十字“应急救护、人道救助、造血干细胞捐献、遗体（器官）捐献、文化传播、社区服务”等方面积极发挥志愿服务的作用，涌现出了一批热心公益、无私奉献、成绩显著的红十字志愿者和志愿服务队。

为表彰先进，激励和凝聚更多的爱心人士参与到红十字志愿服务中来，经基层红十字会推荐、区红十字会研究决定：授予吴佳燕等61名同志为“嘉定区优秀红十字志愿者”光荣称号；授予安亭镇红十字长者关怀项目志愿服务队等25支志愿服务队“嘉定区优秀红十字志愿服务队”光荣称号。

希望受到表彰的红十字志愿者和志愿服务队珍惜荣誉、再接再厉，继续支持和参与红十字志愿服务，为推动我区红十字事业的发展再创佳绩。希望全区广大志愿者、红十字会会员、红十字工作者要以先进为榜样，不断开拓创新、求真务实，继续围绕中心、服务民生，进一步弘扬“人道、博爱、奉献”的红十字精神，为推动我区红十字事业的发展做出新的更大的贡献！

附件：名单（略）。

5月9日、10日 南翔镇红十字会特邀区级师资邱国强老师为上海公路桥梁（集团）有限公司基建安装工程公司的青年员工，开展了以“提高自救能力　共促施工安全”为主题的初级急救知识培训。

5月10日 正值“5·8”世界红十字日、全国第五个“防震减灾日”之际，区红十字会“防御地震灾害、关注生命安全”防灾救灾救护演练暨地震科普馆揭牌仪式于10日上午在徐行中学举行。嘉定区副区长、区红十字会会长李原，徐行镇党委书记张德祺、镇长胡明华，区教育局党委书记王晓燕、局长姚伟，区红十字会常务副会长张丽萍，区民防办主任叶晓华等领导出席活动。副区长李原、徐行镇党委书记张德祺共同为地震科普馆揭牌。据了解，徐行中学地震科普是嘉定区第一所地震科普馆，全馆占地260平方米，分为序言区、地球知识区、地震知识展区、防震避险综合体验区、地震次生灾害展区五大展区。馆内设有心肺复苏练习区和防震减灾地震动感模拟平台，市民可以亲自感受一番地震发生前后的状态，更加直观的认识地震，并进行心肺复苏操作练习。开馆后，将向社会公众免费开放，让更多的人了解地震相关知识，提高面对灾害的自救互救能力。活动现场，学生们还操作演示了红十字救护包扎、帐篷搭建等，所用的睡袋和帐篷由区红十字会第九家备灾救灾仓库——上海露西尔旅游用品有限公司捐赠，价值11200元。

同日 嘉定区红十字会纪念“5·8”世界红十字日主题活动在区青少年活动中心小天使剧场隆重举行。上海市红十字会常务副会长马强，嘉定区委副书记刘海涛，区人大副主任王庆建，副区长、区红十字会会长李原，区政协副主席章宇慧等领导出席活动。区红十字会常务理事，区群团组织负责人，爱心企业代表，各街镇分管领导、指导员、红会干部、联络员，以及教育系统红十字会、冠名红十字医疗机构负责人，志愿者和居民代表等近400人参加了此次活动。

本次纪念活动还对25支优秀红十字志愿服务队、61个优秀红十字志愿者进行了表彰。区光彩事业促进会、上海格尔汽车附件有限公司、上海绿洲投资控股集团有限公司和上海雷博司电气股份有限公司四家爱心企业向区红十字会捐赠人道救助资金。区书法家协会向区红十字会捐赠了33幅书法作品，作品由嘉定区国有资产经营（集团）有限公司认捐。

5月21日 嘉定区红十字会下发《关于李峰同志任职的通知》（嘉红〔2013〕12号）。

各镇、街道、嘉定新城（马陆镇）、嘉定工业区、菊园新区、区教育局红十字会，区级机关红十字工作委员会：

区红十字会决定：任命李峰同志为上海市嘉定区红十字会事务中心副主任（试用期一年）。

特此通知。

5月23日 嘉定区红十字会和南翔镇政府联合举办的“人道救护、生命至上”——2013年嘉定区红十字应急救护技能比赛在嘉定二中体育馆隆重举行。上海市红十字会副会长李明磊、嘉定区人大常委会副主任王庆建、上海市红十字会赈济救护部部长滕桂香、南翔镇镇长严健明、嘉定区红十字会常务副会长张丽萍等领导出席活动，全区12支红十字应急救护队96名队员参加了比赛。各街镇分管领导、红会干部、联络员，以及教育系统红十字会、区级机关红十字工作委员会、冠名红十字医疗机构负责人，志愿者和居民代表等近200人观摩了比赛。经过近2个小时的激烈角逐，最终南翔镇红十字应急救护队荣获个人、团体一等奖，上海市红十字会副会长李明磊为他们颁发了荣誉证书。

5月29日 嘉定区红十字会下发《关于2013年嘉定区红十字应急救护技能比赛结果通报》（嘉红〔2013〕13号）。

各镇、街道、嘉定新城（马陆镇）、嘉定工业区、菊园新区、区教育局红十字会，区级机关红十字工作委员会：

嘉定区红十字会于5月23日举行“人道救护、生命至上”——2013年嘉定区红十字应急救护技能比赛。现将比赛结果通报如下：

团体综合技能比赛：

一等奖：南翔镇红十字应急救护队。

二等奖：菊园新区红十字应急救护队，安亭镇红十字应急救护队。

三等奖：外冈镇红十字应急救护队，新成路街道红十字应急救护队，江桥镇红十字应急救护队，徐行镇红十字应急救护队，嘉定镇街道红十字应急救护队，华亭镇红十字应急救护队，嘉定工业区红十字应急救护队，嘉定新城（马陆镇）红十字应急救护队，真新街道红十字应急救护队。

个人技能比赛——心肺复苏项目：

一等奖：南翔镇红十字应急救护队。

二等奖：安亭镇红十字应急救护队，菊园新区红十字应急救护队。

三等奖：华亭镇红十字应急救护队，新成路街道红十字应急救护队，徐行镇红十字应急救护队，嘉定新城（马陆镇）红十字应急救护队，真新街道红十字应急救护队，嘉定工业区红十字应急救护队，外冈镇红十字应急救护队，嘉定镇街道红十字应急救护队，江桥镇红十字应急救护队。

个人技能比赛——创伤救护项目：

一等奖：南翔镇红十字应急救护队。

二等奖：嘉定工业区红十字应急救护队，华亭镇红十字应急救护队。

三等奖：徐行镇红十字应急救护队，外冈镇红十字应急救护队，菊园新区红十字应急救护队，嘉定新城（马陆镇）红十字应急救护队，嘉定镇街道红十字应急救护队，新成路街道红十字应急救护队，安亭镇红十字应急救护队，真新街道红十字应急救护队，江桥镇红十字应急救护队。

是日 “六一”节前，嘉定区委副书记刘海涛，副区长、区红十字会会长李原，在区红十字会常务副会长张丽萍、工业区管委会副主任雷文龙、菊园新区管委会主任何蓉、区红十字会副会长汪丽萍等领导的陪同下，走访慰问了嘉定工业区和菊园新区的两位大病儿童，向孩子送上节日的祝福。

5月 本月底，嘉定区红十字会举行区级红十字应急救护技能大赛，来自各街镇的12支红十字救护队积极参赛。通过层层选拔，最终挑选了6支红十字救护队参加市级比赛，并配备经验丰富的区级救护师资开展了紧锣密鼓的集中训练。

6月1日 由嘉定区红十字会“春蚕之家”志愿者组长刘惠萍老师和新成路街道红十字会赵科长组织的“梦回童年”活动在街道敬老院举行，在“六一”这个属于孩子们的节日里，敬老院的老人们和来自迎园小学的十名少先队员欢聚一堂，活动现场还来了一批特殊的嘉宾——新成路街道的志愿者们，敬老院里不时传出阵阵欢歌笑语。

6月24日 截至2013年6月24日17：00，嘉定区红十字会共收到社会各界为四川雅安芦山地震抗震救灾捐款人民币3137422.34元（含外币折合人民币）。捐款分四批全部上交上海市红十字会人道救助基金账户。

6月28日 嘉定区红十字宣讲团2013年上半年工作总结会在区红十字会召开，区宣讲团成员和各街镇红十字宣讲员近30人参加了会议，区红十字会常务副会长张丽萍、副会长汪丽萍到会并讲话。会议由宣讲团副团长瞿大我主持。

7月1日 在嘉定区人民政府召开的区精神文明建设大会上，嘉定区红十字会受到表彰，并被授予“文明单位”荣誉称号；区红十字会少儿基金办工作人员沈洁被评为“2012年度嘉定区十佳志愿者”；“春蚕之家”联谊会志愿者朱建萍获“2012年度嘉定区十佳志愿者”提名；红十字志愿者瞿大我、邹洪鸣被评为“2012年度嘉定区优秀志愿者”；安亭镇红十字失智老人志愿服务和“关爱生命”志愿服务获“2012年度嘉定区优秀志愿服务项目”；迎园医院爱心助老志愿者服务基地获“2012年度嘉定区优秀志愿者服务基地”。

7月3日 嘉定区红十字会召开嘉定区遗体（角膜）捐献登记者联谊会（“春蚕之家”联谊会）第二季度工作例会。“春蚕之家”联谊会负责人及组长共20余人参加会议，区红十字会常务副会长张丽萍、秘书长朱培令等领导与会并讲话。会议由联谊会副会长瞿大我主持。

7月17日 嘉定区南翔镇红十字会在苏民学校举行了一场别开生面的红十字青少年夏令营活动，以拓宽红十字青少年的知识面，增强青少年遇到突发事件时的自救互救能力。

7月30日 嘉定区红十字会常务副会长张丽萍在菊园新区红十字会相关人员的陪同下，走访慰问了家住菊园新区永胜村的大病救助患者陈女士，并送上两万元造血干细胞移植项目救助款。

是日 由嘉定区红十字会组建的6支区级、街镇、学校、冠名红十字医疗机构红十字救护队圆满完成了市红十字应急救护大赛的选拔赛。

8月12日 嘉定区红十字会班子成员分三组，冒着高温酷暑，走访慰问朱鹏程等80岁以上遗体、角膜捐献登记者代表，为他们送上夏日降暑慰问品，送上了夏日的问候和美好的祝愿。到目前为止，全区累计遗体捐献登记者830名，实现捐献者108例。

8月15日 嘉定区红十字会在区委党校举办红会干部能力素质培训班。来自全区各街镇、区机关党工委、区教育局红十字会指导员、红会干部及百家红十字社区服务站的负责人112人参加了培训，仪式由区红十字会副会长汪丽萍主持，并对荣获“2012年度嘉定区十佳志愿者”、

"2012 年度嘉定区优秀志愿者"、"2012 年度嘉定区优秀志愿服务项目"、"2012 年度嘉定区优秀志愿者服务基地"的集体和个人进行了颁奖。此次培训分为理论知识、业务指导和沟通技能三部分，由苏州大学红十字运动研究中心池子华教授、上海市红十字会赈济救护部滕桂香部长、赈济救护部副调研员王子美老师分别主讲。

8 月 19 日 嘉定区少儿基金管理办公室召开管委会会议，总结回顾 2012 学年嘉定区少儿基金工作情况及财务收支情况，传达上海市少儿住院基金办 2013 学年收费工作会议精神，并对 2013 学年少儿基金收费工作进行了动员部署。嘉定区副区长、区红十字会会长李原出席会议并作讲话；区红十字会、区卫生局、区教育局等单位分管领导以及负责同志参加会议。区红十字会常务副会长张丽萍主持会议。

8 月 21 日 近日由嘉定区红十字爱心助老服务基地——迎园医院主办、新成路街道"红泥巴"爱心戏曲队协办的主题为"医患——《红泥巴》浓情似火"的戏曲活动，在迎园医院老年护理部二病区进行。近两小时的演出吸引了二病区及其他病区的住院老人，许多行动不便的老人由其家属及护理人员推着轮椅来看表演，场面温馨感人，共有近 100 人参加了本次活动。

8 月 23 日 嘉定区红十字会在工业区举办"格尔爱心"救助款发放仪式暨红十字主题宣讲活动。嘉定区红十字会副会长汪丽萍、上海格尔汽车附件有限公司党支部书记叶宏辉出席活动。"格尔爱心"救助项目设立于 2011 年，是为区内有多名家庭成员身患重大病的困难家庭实施的专项救助，三年已累计捐赠 60 万元专项救助资金。仪式结束，区红十字会宣讲团邵云霞老师为受助家庭及工业区居民代表 100 多人上了一堂生动的"红十字运动基本知识"课。

是日 嘉定新城公司举行 2013 学年助学活动，向受助学生送上助学金和慰问品。受助学生代表和新城公司员工代表分别作了交流发言。嘉定区红十字会"助学成才"项目 44 名受助学生、志愿者老师和公司全体党员干部参加活动。

8 月 27 日 嘉定区红十字会在区委党校举行"助学成才"项目三年总结会，并对 8 名荣获"嘉定区红十字会助学成才项目优秀学生"进行了表彰，受助学生小吴和他的妈妈也专程赶来为他的资助方北京银行送上"捐资助学、奉献爱心"的锦旗。项目资助方、志愿者和受助学生共 150 余人出席活动，会议由区红十字会副会长汪丽萍主持。

嘉定区红十字会"助学成才"项目自 2010 年 8 月设立以来，已为来自全区55所学校的111名品学兼优、家庭困难的学生提供救助，来自全区各行业的32家单位和个人参与项目，共发放助学款近55万元。目前已有40余位同学考入复旦大学、交通大学、嘉定一中等学校。

8月28日 上海市红十字会副会长李明磊、市红十字会志愿服务部部长周湘兰、青少年工作部部长李江英，在嘉定区红十字会常务副会长张丽萍、副会长汪丽萍、秘书长朱培令的陪同下，到嘉定新城（马陆镇）指导红十字工作并召开调研座谈会。

8月28日、29日 嘉定区少儿住院基金办分别联合区教育局、区卫生局召开2013学年少儿住院基金工作会议，传达区少儿住院基金管委会会议精神，对2012学年区少儿住院基金工作进行了总结，并部署了2013学年区少儿住院基金收费工作。来自各托幼机构、中小学、中专职技校、收费医院分管领导和少儿住院基金工作负责人共260余人参加了会议。会后，区少儿住院基金办分别对参加会议的学校和医院相关人员进行了少儿住院基金收费工作的业务培训。

8月29日 嘉定区红十字会副会长汪丽萍在工业区娄塘社区党支部书记许李丽的陪同下，走访慰问了“助学成才”项目受助学生小王，并送上2000元爱心助学款。

9月2日 嘉定区红十字会2013年造血干细胞捐献宣传会于马陆镇政府会议室召开。嘉定区红十字会常务副会长张丽萍、秘书长朱培令，嘉定新城（马陆镇）红会干部顾利伟，有关村、公司、企事业单位负责人50余人参加活动。

9月6日 嘉定区红十字会《关于采购验钞机的请示》（嘉红〔2013〕14号）。

上海市少儿住院基金管理办公室：

因2013学年少儿住院基金收费方式有所改变，现金往来数额较大，为提高工作效率，确保少儿住院基金收费工作的圆满完成，我区少儿住院基金办需增购两台JBYD-3288（C）型号的验钞机，价格为2160元。所需经费在少儿住院基金历年结余资金中支出。

是日 来自区卫生系统、区教育系统、城发公司、区房管局等单位的青年志愿者参加了在嘉定体育馆举行的由区文明办、区红十字会、团区委组织的造血干细胞集中血检活动。志愿者们认真填写报名表、签署志愿书，随后进行了抽血采样。活动当天，共采集血样44人（份）。青年志愿者们用他们的实际行动为社会和有需要的人奉献了自己的爱心，弘扬了“人道、博爱、奉献”的红十字精神。2013年，嘉定区红十字会将造血干细胞捐献志愿服务工作作为重点工作之一，加大宣传力度，精心组织活动。截至9月份，年内嘉定区红十字会已招募志愿者314名。

9月10日 嘉定造血干细胞捐献者林青老师获区“十佳师德标兵”。林青老师是马陆小学的一位优秀青年党员教师，他先后获得了嘉定区体育工作先进个人、嘉定区双师型教师、马陆镇骨干教师、马陆镇优秀学习型党员等荣誉称号。在今年的教师节上，他被评为嘉定区第六届“十佳师德标兵”。林青老师于2012年11月为北京的一位白血病患者捐献造血干细胞，挽救了患者的生命。

2006年，林青老师和学校的其他8位党团员教师一样，积极报名参加了由上海市红十字会发起的造血干细胞捐献志愿者队伍。2012年5月底的一天，林青老师接到了由上海市红十字会打来的电话，说是北京的一位白血病患者和他的血型配对成功，急需要捐献，问他是否愿意捐献。林青老师接到电话后，陷入了深深的思考，捐吧，外公身体很不好，估计不久会离开世界，自己的孩子幼小，需要照顾；不捐吧，自己是一个健康人，又是学校中的青年党员，人家在病榻上痛苦地呻吟，想到自己只要捐献一点点造血干细胞便能拯救一个生命垂危的人，甚至是一个支离破碎的家庭，心中便感到无比的欣慰与自豪，于是便暗暗下了决心：“我一定去！”第二天早上，林青老师主动打通了上海市红十字会的电话，表示愿意捐献。6月初，林青老师再次接到了上海市红十字会打来的电话，办理了一系列的捐献手续。当市红十字会的工作人员把同意捐献造血干细胞的确认书给他时，他毫不犹豫地签上了自己的名字，这时他意识到自己正在履行一名公民的基本义务，用实际行动为社会做一些力所能及的有益的事情。

林青老师瞒过了家长，生怕家人不同意；瞒过了学校的同事和领导，生怕学校的同事和领导上门探望；也不告诉区和镇红十字会。他独自于2012年11月5日，在上海第一人民医院向一位素不相识的患者捐献造血干细胞。当医务人员将采集管插入他的血管时，躺在病床上的林青老师笑了：“我很高兴，一条生命可以因我而重生。”历经4个多小时，林青老师顺利地完成了造血干细胞的采集。事后由于体育中心组的人员一再追问，才知道他捐献了造血干细胞，但他再三关照，不要宣传，教师会上也不要讲，只是一个普通的党员教师做了一件普通的事。是啊！我们经常在媒体上看到或听到为自己的亲人捐肝捐肾的感人故事，林青老师却是为非亲非故的患者捐献造血干细胞，他的古道热肠、大爱情怀更是难得。我们感到他不愧为嘉定区“十佳师德标兵”。

区红十字会得知林青老师的感人事迹后，会同嘉定区文明办、团区委等部门召开林青老师捐献造血干细胞座谈会。会上，区红十字会副会长汪丽萍宣读了《关于授予林青“博爱之星”荣誉称号的决定》；区红十字会常务副会长张丽萍向林青老师颁发了“博爱之星”荣誉证书；团区委副书记朱利益、嘉定新城（马陆镇）副镇长张敏向他送上了慰问金和鲜花，并向林青老师表达崇高的敬意和感谢。会上，林青老师用很朴实的语言叙述了他捐献时的心情，他认为自己捐献造血干细胞只是“普通人做的普通事”，这正是他最难能可贵的地方。张敏副镇长感谢林青老师为马陆人做出了表率，希望他的这种精神能够在嘉定新城（马陆镇）进一步弘扬，让更多的普通人能够奉献出自己的爱心。张丽萍常务副会长认为，林青老师用自己的实际行动诠释了“人道、博爱、奉献”的红十字精神，他无私奉献的博爱情怀是我们学习的榜样，希望林青老师继续支持和参与造血干细胞捐献的宣传活动，凝聚更多的爱心人士加入到造血干细胞志愿者队伍中来，为更多的患者点燃生命的希望。

9 月 11 日 嘉定区 2013 年纪念“世界急救日”主题活动暨“健康园丁”项目启动仪式在马陆社区卫生服务中心举行。区社建办主任汤艳、区红十字会常务副会长张丽萍、嘉定马陆镇副镇长张敏、区教育局副局长俞勇彪等领导出席活动。今年“世界急救日”活动以“生命与安全”为主题，以“健康园丁”现场体检和救护培训进工地为重要内容；在培训对象上不断延伸、内涵上不断丰富，从社区居民的传播拓展到多个特殊行业中的员工，增强工地安全员自救互救意识与能力。常务副会长张丽萍介绍了主题活动及“健康园丁”项目的开展情况；上海嘉宝公益基金会向区红十字会定向捐赠人道救助基金 5 万元，用于区“爱从头开始”项目；区红十字会分别向马陆社区卫生服务中心和马陆镇敬老院捐赠爱心洗头车各一台；区社建办主任汤艳为农民工子女学校的教师代表发放体检卡并宣布“健康园丁”项目启动，还为新城建设安全员代表发放了救护知识传播志愿者聘书。活动由区红十字会副会长汪丽萍主持。

新城建设工地安全员代表、“健康园丁”项目教师代表、救护培训师资，以及各街镇、系统红会干部近 90 人参加活动。

是日 嘉定区红十字会自编自导节目——小品《大爱无疆》，从机关 28 家单位的 29 个节目中脱颖而出，入围参加以“闪光的足迹”为主题的嘉定区区级机关第九届职工文艺汇演。小品情景感人、催人泪下，获得了台下领导和观众阵阵掌声。

2012 年 12 月 25 日，区红十字会少儿基金办工作人员沈洁成功捐献造血干细胞，挽救一名 9 岁男孩的生命。为弘扬人道博爱，自编自导自演小品《大爱无疆》，所有角色由区红十字会机关干部扮演，常务副会长张丽萍、副会长汪丽萍亲自上阵出演，倾情演绎。在排练过程中，大家不辞辛劳，克服人员少、工作繁重等困难，充分利用业余时间加班加点、刻苦训练。一次次的顺台词，一遍遍的抠细节，只为将最感人的故事用最真实、最朴实的方式展示，以实际行动诠释了“人道、博爱、奉献”的红十字精神。

9 月 12 日 嘉定区红十字会下发《关于授予林青“博爱之星”荣誉称号的决定》（嘉红〔2013〕15 号）。

嘉定区各镇、街道、嘉定新城（马陆镇）、嘉定工业区、菊园新区、教育局红十字会；区级机关红十字工作委员会：

造血干细胞捐献是弘扬和践行人道主义精神的有效载体。近年来，在区委、区政府的领导和重视下，在社会各界爱心人士和造血干细胞捐献志愿者的大力支持下，我区造血干细胞工作取得了新的成绩。目前，我区有 2800 多名造血干细胞捐献登记者，累计实现 12 例造血干细胞捐献。为表彰先进、树立典型，区红十字会决定，授予嘉定区第 10 例造血干细胞捐献者——林青嘉定区红十字“博爱之星”荣誉称号。

希望受到表彰的先进个人珍惜荣誉、再接再厉，继续支持和关心我区红十字事业，进一步弘扬“人道、博爱、奉献”的红十字精神。同时我们号召更多的社会爱心人士，要以先进为榜样，积极加入到志愿捐献造血干细胞的行列中来，为提升城市形象、促进精神文明建设、推动我区造血干细胞工作做出新贡献。

9 月 13 日 嘉定区红十字会常务副会长张丽萍到上海小绵羊实业有限公司，向企业颁发荣誉证书和证章，并向企业领导表达感谢之情。2013 年 8 月 28 日、31 日，云南省迪庆藏族自治州德钦县、香格里拉县和四川省得荣县交界处发生了两次地震，使德钦县遭受重创。地震无情，人间有爱，德钦县是嘉定区对口支援县，获知灾情后，区红十字会向区红十字备灾救灾仓库发出呼吁，上海小绵羊实业有限公司第一时间伸出援助之手，奉献爱心，通过嘉定区红十字会向云南德钦县地震灾区赠送 200 条棉被，价值近 4 万元，以表达企业对灾区人民的一份爱心。同时，嘉定区红十字会还向灾区送去由区红十字备灾救灾仓库——上海露西尔旅游用品有限公司捐赠的衣物、帐篷等备灾物资，价值人民币近 6 万元。嘉定区红十字会及时将价值近 10 万元的物资发往德钦县红十字会，为灾区人民渡过难关、重建家园贡献一份力量。

9月中旬 在中秋佳节来临之际，嘉定区红十字会携手上海元祖食品有限公司前往区红十字爱心助老服务基地——迎园老年护理院，开展“中秋送关爱”活动。嘉定区红十字会常务副会长张丽萍、副会长汪雨萍一行在迎园医院领导的陪同下来到老年护理病房和临终关怀舒缓疗护病房，亲手为老年患者送上元祖月饼，向他们表达中秋佳节的问候与祝福。这次走访慰问，元祖公司向迎园医院老年护理院共赠送了100盒月饼。区红十字会已连续两年在中秋前夕携手爱心企业——元祖公司向迎园医院老年护理院的老人们送上节日的慰问和人道关怀。

9月25日 嘉定区红十字会在上海工艺美术职业学院举行2013年区政府实事项目——救护培训公开课暨师资教研活动，区级、街镇救护培训师资及学生80余人参加，公开课由区级教研组副组长陈建新主讲。公开课结束后，与会师资开展了教研活动，大家首先针对陈老师的授课发表了意见，镇级师资们对一些不常遇到的授课内容及讲课过程中遇到的难点进行了交流讨论，区级师资逐一认真仔细地作了讲解，使救护培训公开课和师资教研活动取得良好效果。

9月26日 嘉定区红十字会“关爱幼苗”项目签约暨启动仪式在嘉定区红十字妇幼保健院举行，区红十字会常务副会长张丽萍、区红十字妇幼保健院院长甘晓卫、区基督教两会主任杨玉兰出席活动。仪式由区红十字妇幼保健院副院长毛红芳主持。

活动上，甘晓卫介绍了项目设立的背景、意义、内容和目标，以及如何组织开展好项目的具体措施，并表示要进一步加大对项目的推广宣传，把项目做好做实。区红十字会和区红十字妇幼保健院、区基督教两会分别签署协议，同时，区红十字会常务副会长张丽萍向捐赠方区基督教两会颁发荣誉证书和证章。

“关爱幼苗”项目旨在改善高危新生儿的生命质量，体现人道关爱，项目资金主要用于开展有关儿童早期发育评估的健康教育、指导、随访等关爱服务工作，项目年运作经费5万元，由区基督教两会定向捐赠，由区红十字妇幼保健院负责组织实施。

10月7日 嘉定区委副书记周金林来区红十字会开展调研，对区红十字会进一步开拓工作思路、扎实服务于民提出了期望和要求。近年来，区红十字会始终坚持“围绕中心、服务大局、创先争优”，积极发挥红十字会在人道领域内政府助手的作用。区红十字会党组书记、常务副会长张丽萍重点汇报了区红十字会在加强干部能力建设，提升红十字社会公信力；做实做精核心业务，提升红十字“三救、三献”实力；拓宽宣传渠道，扩大红十字社会影响力；推进品牌建设，深化志愿服务活动等方面开展的工作和取得的成效。

10 月 9 日 嘉定区红十字会 2013 年第三季度工作例会暨红十字服务站工作推进会在江桥镇政府召开。上海市红十字会副会长孙大红、嘉定区红十字会常务副会长张丽萍、江桥镇副镇长钱伟勤等领导及全区各街镇红会干部、红十字服务站负责人近 30 人参加了会议。区红十字会秘书长朱培令主持会议。

会上，孙大红副会长充分肯定了嘉定区红十字服务站建设取得的成效，并就进一步规范红十字服务站管理、拓展社区红十字服务内涵提出了三方面要求：一是将动员居民、服务社会作为红十字服务站建设的根本目标；二是将志愿者骨干队伍培育作为服务站建设重中之重；三是充分认识做好服务站工作推进红十字工作基础的重要作用。

10 月 11 日 在重阳节来临之际，为进一步弘扬中华民族尊老、爱老、敬老的传统美德，嘉定区红十字会联合区红十字医院（嘉定区中心医院）、嘉定镇街道红十字会在“区红十字爱心助老服务基地”——嘉定福利院开展爱心助老服务活动。区红十字会常务副会长张丽萍、嘉定镇街道办事处副主任陈兴华等领导和近 30 名志愿者参加了活动。活动现场，区红十字医院社工部组织了一支由消化内科、心内科、皮肤科、康复科等十几位专家组成的红十字志愿者服务队为老人们送上了健康义诊及咨询服务。来自嘉定镇街道的红十字志愿者为老人们提供了量血压、修剪指甲、理发等爱心服务。理发摊前聚集了不少老人，深受欢迎，三位理发师傅忙得不可开交。常务副会长张丽萍与福利院的老年朋友促膝交谈，关心地询问他们的身体状况，并祝福他们身体健康、节日快乐。区红十字会救灾备灾仓库——上海三牛食品有限公司为福利院的老人们送去了价值 5250 元的食品，并致以节日的问候，以表达企业对老人的一份关爱。老人们感动地说：党和政府对我们真好，不出门就能享受到这么多的服务，我们好开心啊。

本次爱心服务活动共为福利院的百余名老人理了发，90 多名测量了血压，80 多名提供了健康咨询，30 多名修剪了指甲；并发放宣传资料 200 多份。区红十字会用实际行动为老人们送去了爱心服务，给老人们带去了节日问候和欢乐，让“人道、博爱、奉献”的红十字精神洋溢在福利院这个大家庭中。

10 月 17 日 嘉定区红十字会组织遗体（角膜）捐献登记者联谊会

（“春蚕之家”联谊会）志愿者一行35人，赴上海中医药大学参观。上海中医药大学红十字会副会长、校政处处长缪晓介绍了中医药大学简况、学校红十字工作及遗体捐献工作开展情况。

嘉定区红十字会和上海中医药大学红会的领导就做好遗体捐献工作等进行了探讨和沟通。嘉定的志愿者们参观了中医药大学的遗体接受站和中医药博物馆，了解了中医文化的悠久历史和博大精深，表示自己能为祖国的医学事业做出贡献感到无上的光荣和自豪。

10月22日 近日，历时3个月的上海市红十字应急救护大赛落下帷幕，嘉定区红十字会组建的6支区级、街镇、学校、冠名红十字医疗机构红十字救护队获团体、个人等多个奖项：嘉定区红十字妇幼保健院救护队夺得了医院组团体二等奖，区红十字会救护队、安亭镇红十字救护队、大众工业学校红十字救护队分别获得区县、街镇和学校组团体三等奖；嘉定区红十字医院（嘉定区中心医院）摘得了“创伤救护单项比赛”冠亚军。同时，还获得了创伤救护个人单项三等奖4名；综合知识个人单项二等奖1名、三等奖2名；心肺复苏操作个人单项三等奖1名；个人综合比赛三等奖2名等奖项。

是日 嘉定区圆满完成2013学年少儿基金收费工作。本学年我区共有152家收费单位，参加人数117423人，基金收费9393840元，参保率为99.63%，新学年少儿基金参加人数比上学年新增3120人。今年我区继续施行少儿基金低保减免政策，共为我区825名低保学生办理缴费减免手续，减免费用合计66000元。为确保2013学年的少儿基金收费工作顺利进行，区基金办根据市少儿基金办要求，及时召开办公会议，认真学习市少儿基金办关于新学年收费工作的文件，研究制定相应的措施和办法，发现问题及时沟通协商，共同解决好工作中碰到的困难和问题，确保新学年收费工作平稳有序进行。

由于今年少儿基金收费形式有所改变，造成个别家长不理解，自新学年收费工作开始以来，来电、来访咨询人次明显增加，区基金办人员放弃午休时间，坚守工作岗位，及时做好家长、收费单位等来电、来访咨询，一次次、一遍遍地为家长答疑解惑。收费工作期间，区基金办工作人员全员上岗，区红会其他部门的同志也放弃平时休息的时间，协助少儿基金办全力做好新学年收费工作。

今年，区各收费单位通过短信平台、电话通知、家长会等途径，广泛宣传少儿基金政策，圆满完成新学年的少儿基金收费工作，为全区少年儿童的健康成长起到了很好的保障作用。

10月28日 为期一天的2013年上海市红十字会救护师资公开课在嘉定区真新街道多媒体教室拉开帷幕。市红十字会培训交流中心主任张瑾、培训部部长姚月琴亲临现场听课。此次公开课将上海市17个区、县按地域划分为东、南、西、北四个片区，分别开展师资教研活动，嘉定、普陀、松江、长宁和青浦组成西区。来自嘉定区红十字会的救护培训教研组副组长、区级骨干师资陈建新老师为大家主讲了“救护新概念”一课。陈建新以红十字基本知识为切入点，运用他丰富的医学经验和真实的临床事例，形象生动地从“救护新概念主题、现代救护原则和紧急事件的识别”三方面进行了深入浅出地讲解。课堂中，陈老师多次与在场师资热烈互动，强化教学重点。他严谨的教学态度、幽默的授课风格、愉快的课堂氛围得到了大家的一致好评。

姚月琴充分肯定了师资们的优秀表现，同时也指出了授课过程中一些要改进的细节。师资们纷纷表示，通过区县师资间的交流切磋，互学互补，有利于发现自身教学存在的问题，更好地提高教学能力，提升救护培训效果。

10月31日 上海市红十字会副会长张钢带领信息传播部一行来嘉定区调研指导红十字工作。张钢充分肯定了嘉定近年来红十字工作取得的成效。他强调，嘉定红会领导班子团结协作，团队意识强；红十字工作很扎实，基础牢固、创意新颖；善于整合资源，汇聚社会力量支持红十字工作，积极营造红十字事业良好的社会氛围。同时，他希望嘉定能继续发挥区域优势，为社会各界支持参与红十字工作搭建一个良好的平台，不断向社会传播红十字正能量。

区红十字会常务副会长张丽萍以“依法办会、依法兴会、依法履责”为重点，详细汇报了嘉定区红十字会近年来在“学习红十字法律法规和《意见》精神、加强红十字队伍建设、履行红十字‘三救’职能、打造红十字工作特色亮点和红十字筹资及财务管理”等方面取得的成效和采取的措施。座谈会上，与会人员结合工作实际就红十字核心业务、红十字文化宣传、红十字信息化建设等方面展开了热烈的交流和探讨。会后，与会领导一行观看了由嘉定区红十字会自编自导自演的小品《大爱无疆》，就如何拓展红十字文化传播渠道展开讨论，并为深入推进嘉定红十字工作提出建议。

11月1日 区红十字会纪检组组长朱培令带领基层建设部和赈济救护部相关人员，来到嘉定镇街道、新成路街道等6家单位，开展项目经费管理使用情况专项督查调研。督查组在听取各单位自2012年以来项目经费管理情况的汇报后，采取现场提问、电话回访和查看签收记录等督查方式，从经费使用情况、项目任务完成情况、救助款物发放情况等方面进行了全面督导检查。

从检查情况来看，各街（镇）红十字会都很重视红十字人道救助工作，能认真执行相关政策，救助项目总体实施情况良好，救助项目资金管理良好，未发现救助款物被侵吞、挪用等情况，都能建立起完好的街（镇）、村（社区）和个人的三级签收制度，并能对救助款数额较大的对象逐一电话联系回访，确保款物发放到位。近年来，人道救助项目的开展受到救助对象和家属的普遍好评。在检查调研中，发现个别街（镇）在代签收和归档材料完整性等方面需要进一步改进，督查组及时向街镇红十字会提出反馈意见加以改进。今后，区红十字会将进一步加大项目管理力度，以检查调研情况为基础，在完善项目管理制度、定期加强项目督查、规范项目工作流程等方面建立健全长效机制，不断增强红十字人道救助项目的管理服务水平。

11 月 5 日　上海市红十字会在嘉定区举办“上海市学校红十字工作校领导培训班（嘉定专场）”，培训工作得到嘉定区红十字会、区教育局的大力支持，全区 60 余所中小学校的 100 余名校长、副校长参加了培训。本次培训班邀请了上海市红十字会常务副会长马强就红十字运动的发展历史、红十字青少年工作的意义以及如何做好红十字青少年工作等作了深入浅出的介绍和分享。他提出，学校红十字工作要与素质教育、能力教育、知识教育有机结合起来，因此，希望校领导在学校红十字的组织建设和制度保障等方面能得到进一步的重视和支持，同时，为学校红十字工作的开展在校园内营造人道、博爱、奉献的文化环境。华东政法大学国际法学院教授管建强作了关于“国际人道法中的武器规范和人的保护”专题辅导，就“国际人道法”中涉及的人道规则和理念，结合具体案例作了生动的讲解，尤其他强调了在和平时期，在青少年中开展人道主义教育的重要性和必要性。

本次培训的校领导也是校红会的会长、副会长，通过专题讲座，大家对红十字工作尤其是红十字青少年工作有了一个更新的视角去认识和理解，对于推动全区的红十字青少年工作营造了深厚的氛围。

11 月 8 日　嘉定菊园新区红十字会第三次会员代表大会在北水湾大厦顺利召开。菊园新区管委会主任何蓉，区红十字会常务副会长张丽萍、副会长汪丽萍等领导出席会议。会议由新区管委会副主任冯传生主持。会上，张丽萍代表区红会向菊园新区红十字会第三次会员代表大会的隆重召开表示祝贺，并对近年来新区红十字工作给予了充分肯定。她希望新区红十字会在新区党工委、管委会的重视和关心下，积极争取社会各界的支持，不断加强自身建设，依法履行工作职责；并进一步做实红十字核心业务；进一步推进红十字服务站建设；进一步传播弘扬红十字文化精神，为新区的社会经济发展做出新的更大的贡献。

新区管委会主任何蓉就今后的红十字工作提出三点要求：一是转变观念、统一思想，充分认识红十字工作的重要性；二是大力探索、注重实践，全面做好红十字工作；三是加强建设、提高素质，切实保障红十字事业的持续发展。会议听取并审议了新区红十字会第二届理事会《围绕大局、彰显人道、实现红十字事业新跨越》的工作报告，选举产生了新一届理事 20 名，会长 1 名、副会长 2 名、秘书长 1 名；同时聘请菊园新区管委会主任何蓉为名誉会长。

11 月 18 日 嘉定区红十字会召开机关党员干部会议，专题传达学习党的十八届三中全会精神，部署重点工作。区红十字会党组书记、常务副会长张丽萍传达了区委书记马春雷在嘉定区党政负责干部会议上关于贯彻落实党的十八届三中全会精神的重要讲话。

11 月 21 日 新成路街道、菊园新区“春蚕之家”志愿者联谊活动在新成路街道社区学校举行。区红十字会、新成路街道、菊园新区红会干部、“春蚕之家”志愿者近 60 人参加了活动。区“春蚕之家”联谊会会长卢秀臻、副会长于健也以小组普通会员的身份参加了此次活动。志愿者刘惠珍介绍了她为实现亲人遗愿所做的努力与工作，真诚朴实、感人至深；葛金星医生朗诵了古诗和自己的心愿，菊园新区现居住众仁老人乐园的陆文英阿姨表达了自己要和家人们一样，积极参加志愿者活动，用最后的生命为医学发展做贡献的心愿。86 岁高龄离休干部孙萍老妈妈和曾经当过兵的战士们一起引吭高歌《咱当兵的人》，使联谊活动更加动人心弦。会上，大家还向今年实现夙愿的沈福元、陈建明两位捐献者表示了敬重与怀念，更向他们的家属表示了敬意和感谢。

11 月 29 日 嘉定区红十字会与工业区举行“城乡联动、共创先锋”基层党组织结对共建签约仪式。区红十字会党支部书记汪丽萍、共建单位党支部书记等十人参加签约仪式，仪式由工业区组织部部长陈冬梅主持。区红十字会机关党支部继续与嘉定工业区娄塘社区、朱家桥村、徐行镇小庙村 3 家支部结对，开启了新一轮为期三年的牵手共建活动。汪丽萍简单总结了前三年的支部结对共建活动，感谢 3 家结对共建单位三年来给予红十字工作的大力支持和帮助，把红十字工作的触角延伸到村（居），让更多的百姓了解、支持、参与红十字工作。她希望大家把红十字“三救”工作、组织建设、宣传培训活动更好地融入新一轮的结对活动中，凝聚更多的爱心人士，实实在在为困难群众和弱势群体做实事，进一步弘扬“人道、博爱、奉献”的红十字精神。

本次结对共建活动为区红十字工作的深入开展带来了契机。双方将坚持“优势互补、资源共享，量力而行、尽力而为，因地制宜、务求实效，相互促进、共同提高”的原则，推动组织共建、发展共促、人才共育、文明共创，形成“机关带基层、基层促机关”的发展态势，实现“党员受教育、群众得实惠、党建上台阶、发展见成效”的工作目标。

是日 嘉定镇街道红十字会召开“2013 年嘉定镇街道红十字会第三次会员代表大会”。按照大会选举程序，选举产生了嘉定镇街道红十字会新一届理事会，街道办事处副主任陈兴华当选为红十字会会长；街道总工会主席李强、街道卫生办主任王敏、街道社会救助事务所所长朱惠萍当选为红十字会副会长；王敏兼任红十字会秘书长；聘请了街道党工委副书记、办事处主任张锋为名誉会长。

会上，由嘉定镇街道群团组织代表、共青团嘉定镇街道团工委书记周礽贝向大会致贺辞；街道卫生办主任王敏对过去五年嘉定镇街道红十字工作开展情况做了详细汇报，对今后五年的工作提出了建议，目标明确、思路清晰，为街道红十字工作再攀新高坚定信心。会议对获得 2008—2013 年嘉定镇街道红十字工作先进集体和先进个人进行了表彰。

是日 在第 26 个“世界艾滋病日”来临之际，由嘉定区防治艾滋病工作委员会主办，区卫生局、区疾控中心承办，区红十字会、教育局、计生委、文广局、禁毒办、嘉定镇街道协办的“行动起来，向‘零’艾滋病迈进”主题宣传活动在嘉定镇街道登龙广场举行。

区红十字会、区卫生局、区计生委等十余个部门通过设摊提供咨询和义诊服务、发放宣传品等形式，宣传预防艾滋病知识。区红十字会在现场发放宣传折页、宣传品 1000 余份，向群众普及艾滋病的基本知识和预防措施，呼吁人们消除歧视，共同为艾滋病病毒感染者和艾滋病病人营造一个充满关爱的社会环境。同时，区红十字会还在地铁站点发放了设计制作的印有上海地铁便民信息的防艾知识小册页 20000 余份，既方便了百姓获取地铁网络信息，又宣传了艾滋病的预防小常识，引导市民从自身做起，坚决抵制艾滋病的流行和蔓延，营造良好的社会氛围，受到了市民的普遍欢迎。

今年“世界艾滋病日”宣传周期间，区红十字会结合自身特点，还积极组队参加了“向‘零’艾滋迈进——共抗艾滋，共担责任，共享未来”知识竞赛，并与疾控中心走访了艾滋病感染者。

12月3日 嘉定区红十字会召开2013年“红十字宣讲团”工作总结会，区红十字会常务副会长张丽萍、秘书长朱培令、红十字宣讲团成员、各街镇红会干部近50人参加了会议。

区红十字宣讲团团长蒋蔚芳对一年来宣讲团工作的开展情况进行了总结，结合2014年工作的开展提出了具体要求。江桥镇吴晓雯围绕“红会干部如何组织对象参加听讲”进行了经验交流，新成路街道、菊园新区的宣讲员代表就“红十字宣讲中的一些具体做法”作了交流发言。会上，还对2013年优胜和优秀红十字宣讲员进行了颁奖，同时为“红十字宣讲团”中心组成员颁发了聘书。

近年来，嘉定区红十字会领导始终以“服务基层、服务群众”为宗旨，指导宣讲团成员以党的十八大精神、邓小平理论和“三个代表”重要思想、科学发展观和国务院《关于促进红十字事业发展的意见》为指导，广泛开展宣讲，传播红十字文化。宣讲团成员深入基层，不断扩大宣传覆盖面；注重实效，不断提高宣讲水平。宣讲员们在宣讲活动中，内容的选择具有针对性、时效性，能根据不同群体、不同纪念日、围绕红十字核心业务进行宣讲，让现场群众积极参与，在看看、讲讲、做做中更好地理解、感受红十字文化的精髓。

嘉定区“红十字宣讲团”宣讲活动开展一年多来深受居民群众的欢迎，在提升红十字组织的社会公信力和扩大红十字会组织的影响力方面发挥积极作用。红十字宣讲活动让更多的居民群众更全面的了解了红十字文化、红十字法律法规和红十字工作中的典型事例，提高了对红十字工作的肯定和信任，有力地推动了红十字各项工作的开展，为正在开展的嘉定区创建全国文明城区活动起到了很好的促进作用。嘉定区“红十字宣讲团”自2012年12月成立以来，累计宣讲共240场，听众为13649人。

12月5日 为迎接第28个国际志愿者日的到来，更好地弘扬广大红十字志愿者们真心奉献、友爱互助的精神，倡导助人为乐的良好社会风气，嘉定区红十字会、区中心医院联手举行“嘉定区红十字志愿服务基地揭牌暨区红十字医院2013年志愿服务工作总结表彰活动”。嘉定区副区长、区红十字会会长李原，区卫生局党委书记郑艳辉，区红十字会常务副会长张丽萍，区中心医院院长黄旭元、党委书记张燕华，区红十字会副会长汪丽萍，区卫生局党委委员沈亚平，区红十字会秘书长朱培令，区中心医院党委副书记李斌，区委宣传部宣教中心主任杨叶锋等领导出席，区中心医院红十字志愿者代表、共建单位志愿者代表 110 余人参加了活动。活动由嘉定区中心医院武燕主持。

嘉定区副区长、区红十字会会长李原为嘉定区红十字志愿服务基地揭牌。区中心医院党委书记张燕华从三个方面对嘉定区中心医院 2013 年志愿服务工作进行总结：一是健全机制，规范管理，志愿服务工作基础进一步巩固；二是立足实际，突出重点，“三关爱”志愿服务活动蓬勃开展；三是项目带动，典型示范，志愿服务工作水平进一步提升。2013 年，嘉定区中心医院志愿服务力量不断壮实，管理运行机制不断完善，志愿服务成效明显，深受百姓的欢迎。目前，全院共有志愿者 1151 人，其中本院职工志愿者 505 人，院外志愿者 646 人，志愿者累计服务时长逾 2 万多小时。医院的“天使情，糖友乐”志愿者服务项目、“萤火虫”志愿者等已成为志愿者服务特色项目。区中心医院院长黄旭元宣读表彰名单，郑艳辉、张丽萍为上海市红十字应急救护大赛医院组包伤救护个人单项奖获得者颁奖，沈亚平为医院 2013 年优秀志愿服务项目颁奖，汪丽萍为星级志愿者颁发证书，李斌、杨燕为 2012—2013 年医院得奖志愿者颁奖。两位优秀志愿者代表结合自身参与志愿服务的情况进行了热情洋溢的发言。

12 月 7 日　由上海市红十字会、上海市教育委员会联合主办，以“红十字精神伴我成长”为主题的第四届上海市红十字青少年文化节闭幕式于第二军医大学军大礼堂隆重举行。

在为期 5 个多月的文化节系列活动中，嘉定区红十字会联合区教育系统红十字会积极组织区内红十字学校参与了“红十字主题微电影征集评选、学校红十字工作理论研究征文活动、红十字现场初级急救比赛、红十字青少年知识竞赛”等一系列活动，集中展示了我区红十字工作者和红十字青少年的精神风貌。经过广大师生的共同努力，红十字主题微电影《大爱无疆》荣获一等奖；全国红十字模范校——城中路小学荣获红十字知识竞赛小学组一等奖；杨柳初级中学潭智英、封浜小学李曙霞、马陆小学张洁和南翔小学范玉侠四位老师荣获学校红十字工作理论研究征文一等奖，同济黄渡小学和清水路小学等学校中的九名老师分别荣获二、三等奖；大众工业学校荣获急救比赛（中学组）团体三等奖和五个个人单项奖；震川中学的解博同学荣获 2013 年全国红十字青少年自救互救知识竞赛三等奖。

12 月 18 日　嘉定区红十字青少年培训实践基地揭牌仪式在上海市

少年儿童浏河活动营地举行。嘉定区副区长李原，上海市红十字会常务副会长马强、副会长李明磊、青少年工作部部长李江英，嘉定区教育局局长姚伟，区红十字会常务副会长张丽萍及来自我区各街镇红十字会和六十多所红十字学校的领导出席了会议，在营地拓展训练的400多名学生参加了活动。浏河活动营地是上海市教育系统第一家建立的学生野外体验教育基地，至今已经有26年历史。从2012年始，区教育局与区红十字会联手打造红十字青少年实践基地，使学生们可以在营地内开展红十字自救互救的体验项目，逐步形成规范化、课程化、规模化的红十字教学课堂。目前基地共分为红十字多媒体展厅、红十字体验馆、救灾帐篷搭建区等主要区域。

李原副区长和李明磊副会长为嘉定区红十字青少年培训实践基地揭牌。会上，还对我区2013年市级以上红十字活动中获奖的集体和个人进行了表彰。上海市红十字会常务副会长马强代表市红十字会向基地的揭牌表示祝贺，并提出三点建议：一是积极营造良好的红十字文化宣传氛围，使基地成为传播红十字文化的主阵地；二是广泛开展红十字青少年应急救护培训，提高自救互救能力；三是开展形式多样的红十字青少年实践活动，使学生在实践中得以红十字精神熏陶。

12月20日 区红十字会领导班子成员于18日至20日，分别走访慰问区红十字文艺宣传队、春蚕之家联谊会、红十字宣讲团、救护培训队及造血干细胞捐献者等11名骨干志愿者代表，并送上了慰问品。

12月23日 嘉定区红十字会下发《关于开展2014年“千万人帮万家”红十字迎春募捐帮困活动的通知》（嘉红〔2013〕16号）。

嘉定区各镇、街道、嘉定新城（马陆镇）、嘉定工业区、菊园新区红十字会：

为大力弘扬“人道、博爱、奉献”的红十字精神，切实做好红十字人道救助工作，帮助困难群众度过一个安乐祥和的春节。根据上海市红十字会的统一安排，于2013年12月至2014年2月期间，嘉定区红十字会以“千万人帮万家”活动为抓手，积极做好红十字迎春募捐帮困活动。

一、帮困对象

“千万人帮万家”活动的帮困对象主要为困难家庭中的肿瘤病患者、麻风病致残者、精神病患者、遭遇意外灾害的生活困难者及各种因病致贫家庭中的患者，并将“居家重度失智困难老人人道救助项目”中部分特困老人纳入救助范围。

二、帮困人数及慰问金额

2014 年全区计划帮困总数为 640 人次（户），按每人次（户）帮困款物 500 元的标准发放，其中帮困卡 100 元，现金 400 元；慰问款总计 32 万元。计划帮困人数及帮困卡分配详见“附件 1”。

三、时间安排

2013 年 12 月下旬，区红十字会召开工作布置会。

2014 年 1 月上旬，区红十字会举行 2014 年“千万人帮万家”迎春帮困活动启动仪式。

2013 年 12 月至 2014 年 1 月，各街镇红十字会在本辖区范围内自行组织募捐活动。

2014 年 2 月春节前，各级红十字会组织本辖区的帮困慰问活动。

2014 年 2 月 15 日前，各街镇红十字会将活动书面小结报赈济救护部。

四、活动要求

（一）要充分重视“千万人帮万家”迎春募捐帮困活动，加强组织领导，精心策划活动方案，按照《上海市募捐条例》和《上海市红十字会募捐和接受捐赠实施细则（暂行）》规范开展募集，积极争取政府和企业的支持，把红十字会品牌项目做好、做强、做实。

（二）帮困对象要早排摸、细核对，避免重复或遗漏，确保春节前把帮困款物送至帮困对象手中。坚持按照公开、公正、公平的原则，开展帮困工作，规范使用每一笔捐款，并做好帮困款物发放的登记、签收和存档工作。

（三）请在 2014 年 2 月 15 日前，登录上海市红十字会博爱项目信息管理系统（网址：zj. redcross-sha. org）——千万人帮万家项目完成救助对象和款物发放的登记和输入。

（四）邀请红十字会理事和热心红十字公益事业的企事业单位、社会知名人士及捐赠者代表参加帮困慰问等活动，以汇聚更多爱心人士来关心和支持红十字事业，以募捐带动帮困，以帮困促进募捐。

（五）要加大宣传力度，积极争取本市各大新闻媒体的支持，对大额捐赠单位和爱心人士的典型事例及现场感人的慰问活动进行深度宣传报道，并报送我会赈济救护部。

附件 1：2014 年“千万人帮万家”计划帮困人数及帮困卡分配表（略）。

12 月 26 日　嘉定区 2013 年红十字工作总结会召开，全区各街镇、行业系统红十字会指导员、秘书长、红会干部、联络员近60人参加了会议。会议由区红十字会副会长汪丽萍主持。

会上，常务副会长张丽萍衷心感谢大家对2013年区红十字工作所给予的支持和付出的努力。同时就2014年红十字重点工作的开展提出了五方面要求：一是要以深入开展党的群众路线教育实践活动为契机，进一步强化培训教育，更好地提升干部队伍服务群众的能力和水平；二是要以推进街镇红十字服务中心建设为抓手，进一步夯实组织基础，更好地发挥街镇红十字阵地的服务功能；三是要以做实“三救”核心业务为抓手，进一步完善红十字人道服务体系，更好地为居民群众提供人道关爱，完善应急救灾体系建设；四是要以红十字重大纪念日为契机，进一步传播红十字文化理念，努力提升红十字社会影响力；五是要以做好“三献”工作为抓手，进一步汇聚社会爱心，更好地做实做精志愿服务品牌项目。

副会长汪丽萍就注重提高干部素质，不断增强履职能力；注重提升“三救”实力，做实做精核心业务；注重拓宽宣传渠道，扩大红十字社会影响力；注重加强组织建设，夯实红十字工作基础等六个方面对区红十字会2013年工作的开展进行了全面的总结。在市红十字会的精心指导关心和区委区府领导的高度重视下，区镇两级红十字会上下联动、齐心协力、围绕中心、服务大局，圆满完成了全年的各项目标任务。秘书长朱培令宣读了表彰名单。

12月27日 嘉定区红十字会常务副会长张丽萍，嘉定区委统战部副部长、区民宗办主任邓惠娟，嘉定区基督教两会主任杨玉兰在嘉定工业区管委会副主任王方文、工业区红十字会会长张敏等陪同下，来到天华社区，看望慰问“情暖童心救助项目”的救助对象——大病儿童小龚家庭，向他们送上慰问品和慰问金，鼓励孩子和家长，树立信心、积极治疗。

“情暖童心救助项目”资金是由嘉定区基督教两会和上海雷博司电气股份有限公司定向捐赠的，旨在缓解大病儿童的家庭经济负担；今年元旦前夕，区红十字会对全区6名2013年下半年新发病的重大病儿童进行了救助，合计发放救助款1.3万元；项目全年累计救助30人，总金额达4.3万元。

是日 嘉定区红十字会文艺宣传志愿服务队与遗体（角膜）捐献登记者联谊会（“春蚕之家”联谊会）嘉定镇组，在嘉定镇街道社区文化活动中心601大活动室举行迎新春联谊活动。宣传队全体队员和“春蚕之家”联谊会嘉定镇组部分会员140多人参加活动。文艺宣传队队长、“春蚕之家”联谊会副会长瞿大我同志首先进行了工作总结和宣讲。

2013年，“春蚕之家”嘉定镇组今年共新登记加入遗体捐献志愿者队伍的有39人（占全区新增总数的30%），现总人数达200人（约占全区的28%），为本区红会此项工作的持续推进和品牌创建打下基础、做出了贡献。文艺宣传队表演的舞蹈、诗朗诵、时装秀、太极刀、大合唱、小组唱、独唱、越剧、锡剧、沪剧等10多个最近排练的形式丰富多样的新节目，感染了每一位与会者，又一次诠释了红十字志愿服务队的“团队精神”——“奉献之家”，志愿服务，博爱尊重；“文明之家”，崇尚科学，开创新风；“温暖之家”，幸福生活，欢乐无穷。

12月30日 本月16日，上海市第四例、嘉定区首例人体器官捐献在上海长征医院顺利实施。杨先生捐献的2个肾脏和1个肝脏，成功挽救了3名重症患者；他的一双眼角膜，也帮助眼病患者重见光明。目前患者及移植器官状态良好。上海市红十字会为杨先生家属颁发了《人体器官捐献荣誉证书》，对其无私奉献、挽救他人生命的伟大善举致以崇高的敬意和衷心的感谢。嘉定区红十字会常务副会长张丽萍等领导30日上门对杨先生家属表示亲切的慰问，充分肯定了杨先生一家的伟大善举。

是日 嘉定区红十字会下发《关于葛文华同志任职的通知》（嘉红〔2013〕17号）。

各镇、街道、嘉定新城（马陆镇）、嘉定工业区、菊园新区、区教育局红十字会，区级机关红十字工作委员会：

葛文华同志试用期至2013年11月满，经考核，任嘉定区红十字会事务中心主任。

特此通知。